INSPÍRATE / PLANIFICA / DESCUBRE / EXPLORA

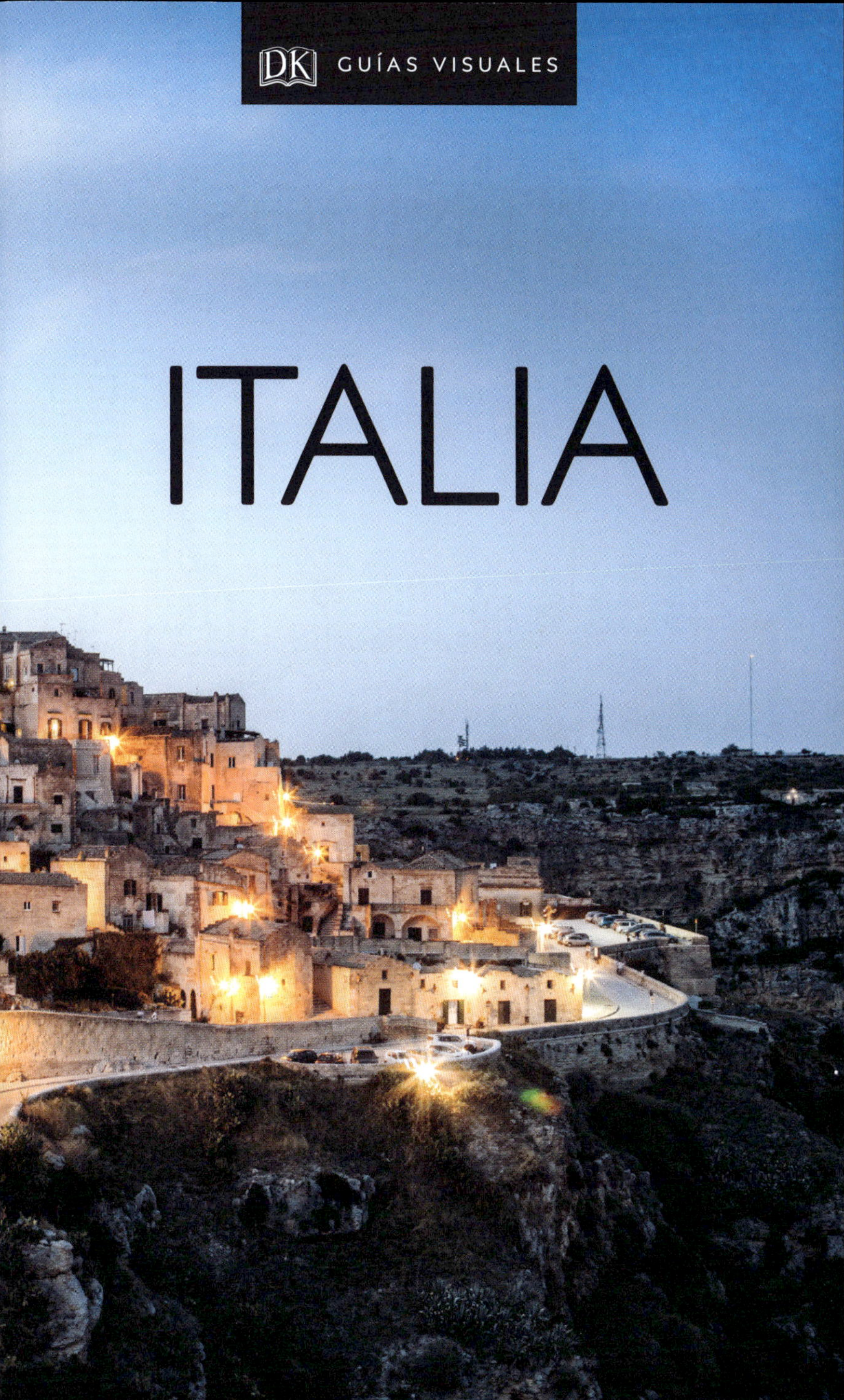
DK GUÍAS VISUALES
ITALIA

CONTENIDOS

DESCUBRE 6

EXPLORA 48

GUÍA ESENCIAL 534

Izquierda: Coliseo y Foro Romano; páginas anteriores: Matera; cubierta delantera: Castagneto Carducci al anochecer

DESCUBRE

Lago de Orta, en el Piamonte

BIENVENIDO A ITALIA

Italia lo tiene todo: magníficas plazas, mares turquesas y colinas onduladas, sin olvidar sus grandes obras de arte, los lugares declarados Patrimonio Mundial por la Unesco –más que en ningún otro país del mundo– y el gusto por la *dolce vita*. Sea cual sea el viaje soñado, la Guía Visual de Italia será una estupenda fuente de inspiración.

1 Flores en el Parco Nazionale dei Monti Sibillini, en Umbría

2 Comida tradicional italiana

3 Pintoresco canal veneciano bordeado de barcas

Italia no fue un país enteramente unificado hasta 1870; antes era un turbulento conjunto de Estados rivales cuyas lealtades e historias opuestas, por fortuna para el visitante, dieron como fruto un patrimonio artístico sin parangón en Europa. Desde la poderosa arquitectura de la antigua Roma y Pompeya a los bonitos pueblos teutónicos de las montañas del norte, y desde los elaborados palacios góticos de Venecia a las refinadas iglesias renacentistas de Florencia, un viaje por Italia es un recorrido por la historia europea.

El paisaje también es increíblemente variado. Se puede esquiar en los imponentes Dolomitas y contemplar la espectacular pirotecnia volcánica del Stromboli. Perderse en el *maquis* de las agrestes montañas de Cerdeña y avistar íbices en los valles rocosos del Parco Nazionale del Gran Paradiso. Tomar el sol en las playas inmaculadas de Apulia y beber vino en las colinas cubiertas de vides de Toscana. Si lo que se busca es belleza natural, Italia no defrauda a ningún viajero.

Con tal número de ciudades, pueblos, yacimientos arqueológicos y parajes naturales imprescindibles, Italia puede parecer abrumadora. Por eso se ha dividido el país en zonas fáciles de recorrer, con itinerarios detallados, información y consejos de expertos locales y mapas y planos exhaustivos para que la visita sea perfecta. Tanto si la estancia va a durar un fin de semana como una semana o más tiempo, esta guía Visual está diseñada para que el viajero vea lo mejor del país. Solo queda disfrutar de la guía y disfrutar de Italia.

ITALIA EN EL MAPA

Esta guía divide Italia en tres grandes regiones: el norte *(p. 50)*, el centro *(p. 214)* y el sur *(p. 440)*. Estas regiones se dividen a su vez en 20 zonas, cada una diferenciada con un color, como puede verse en el mapa adjunto.

AUSTRIA
ESLOVENIA
Udine
Ljubljana
Zagreb
Trieste
Rijecka
CROACIA
Zadar
Ancona
LAS MARCAS
p. 414
UMBRÍA
p. 400
Mar
Adriático
Dubrovnik
Pescara
L'Aquila
ROMA
p. 222
ABRUZOS, MOLISE
Y APULIA
p. 476
Foggia
EL LACIO
p. 320
Bari
Terracina
SUR DE ITALIA
NÁPOLES
p. 448
Brindisi
Salerno
Potenza
Taranto
CAMPANIA
p. 462
BASILICATA
Y CALABRIA
p. 490
Mar
Tirreno
Cosenza
Mar
Jónico
Messina
Reggio
di Calabria
Palermo
SICILIA
p. 500
Catania
Agrigento
Siracusa
0 kilómetros 100
N
EUROPA
Mar del
Norte
SUECIA
DINAMARCA
REINO
UNIDO
POLONIA
ALEMANIA
REP.
CHECA
AUSTRIA
SUIZA
HUNGRÍA
FRANCIA
CROACIA
RUMANÍA
SERBIA
ITALIA
BULGARIA
ESPAÑA
GRECIA
ARGELIA
TÚNEZ
Mar
Mediterráneo

POR QUÉ VISITAR ITALIA

Ruinas evocadoras, elegantes palacios, viñedos, café expreso y pizza recién hecha. Hay muchas razones para enamorarse de Italia y aquí están algunas de ellas.

1 EL APERITIVO

No hay mejor forma de llenar el tiempo que precede a la comida. En Italia no puede faltar una bebida espumosa fría, y la variedad de aperitivos para picar va desde las tradicionales aceitunas a exquisitos *antipasti*.

UN CRUCERO POR EL GRAN CANAL 2

Todo el mundo debería navegar por el Gran Canal de Venecia al menos una vez en la vida. Desde la cubierta del lento Vaporetto 1 se goza de las mejores vistas, no solo de las fachadas de los palacios, sino también de la vida de una ciudad en la que todo tiene que ver con el agua.

3 LA PIZZA

Este plato de probable origen napolitano es un emblema de Italia. Gruesa y con corteza en Nápoles, fina en Roma, en porciones o doblada a modo de *calzone*, la pizza tiene infinitas variedades. Allá donde se deguste, seguro que está recién salida del horno.

4 LA *PASSEGGIATA*

En cualquier pueblo o ciudad de Italia los lugareños se visten de manera informal pero elegante y salen a pasear. Se puede ir de escaparates o tomar un aperitivo, pero el principal propósito de la *passeggiata* es ver, ser vistos y encontrarse con los amigos.

PALACIOS 5

Desde las fachadas góticas venecianas a las mansiones renacentistas, los *palazzi* aportan a las ciudades italianas gran parte de su belleza. Construidos por monarcas, nobles y ricos mercaderes, muchos han sido convertidos en museos y hoteles.

MERCADOS 6

En un país que se precia de su comida es fácil hallar mercados con coloridos despliegues de productos frescos. Algunos ocupan edificios específicos y otros se instalan al aire libre, y la mayoría tienen restaurantes cerca.

SAN PEDRO AL AMANECER 7

Diseñada por Bernini, la plaza de San Pedro es uno de los espacios públicos más gloriosos del mundo. Vale la pena madrugar para verla en todo su esplendor, sin multitudes.

VESPAS 8

Lanzada en 1946 para cubrir las necesidades de un país asolado por la guerra, la Vespa se hizo famosa tras aparecer Audrey Hepburn conduciendo una en la película *Vacaciones en Roma* (1952).

9 CATEDRALES

Las catedrales italianas *(duomi)* son depositarias de parte del mejor arte que se conserva en el mundo. Abarcan todos los estilos arquitectónicos más importantes, del bizantino al barroco.

10 PLAYAS

Italia tiene 7.600 km de costa y su litoral es uno de los más variados de Europa, con playas de arena, bahías volcánicas, acantilados espectaculares y calas rocosas.

PLAZAS 11

Ya sea un rincón íntimo o un gran espacio abierto, la *piazza* es un elemento esencial de la vida cotidiana en Italia. Algunas están bordeadas de cafés y otras albergan mercados diarios.

VISITAS A VIÑEDOS 12

La mejor manera de apreciar la complejidad de los vinos italianos es conocer dónde se elaboran. Muchas pequeñas bodegas y grandes productores aceptan visitas y organizan catas.

1

2

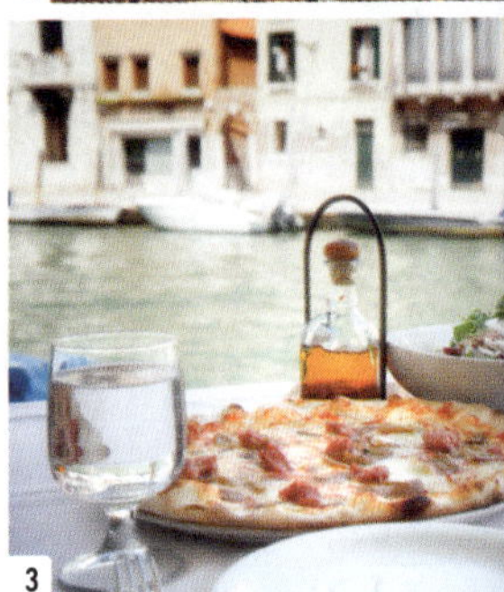

3

2 SEMANAS

Una gran ruta por Italia

Día 1

Mañana Desde el aeropuerto Marco Polo se puede ir a Venecia en *vaporetto,* perderse por la ciudad y observar a la gente desde un café mientras se planea una ruta a pie a la plaza de San Marcos. Una vez en la *piazza* es obligatorio sentarse en la terraza del Caffè Florian a tomar algo.

Tarde El Ponte dell'Accademia cruza el Gran Canal *(p. 68)* y zigzagueando por Dorsoduro se llega al animado Campo Santa Margherita *(p. 100).*

Noche Se puede cenar en un restaurante cercano, como la Osteria Alla Bifora Venezia *(Sestiere Dorsoduro 2930).*

Día 2

Mañana Vale la pena madrugar para asistir a una misa en San Marcos *(p. 72)* y ver su ambiente. Al norte están la iglesia de Santa Maria dei Miracoli *(p. 85)* y la Ca' d'Oro, con la colección de arte Giorgio Franchetti *(p. 84).* El *traghetto* lleva a Rialto *(p. 82),* en cuyo animado mercado se pueden tomar unos *cicchetti* (tentempiés) en un típico *bacaro (p. 66).*

Tarde Ca' Rezzonico *(p. 87)* ofrece una evocadora muestra de la vida aristocrática veneciana. Luego se pueden ver las colecciones de arte de la Accademia *(p. 90)* y Peggy Guggenheim *(p. 90).*

Noche El modesto bar de vinos Al Prosecco, en el Campo San Giacomo, es ideal para ver el mundo girar.

Día 3

Mañana Hay que tomar temprano un tren para visitar Florencia, empezando por el Duomo, el baptisterio y el campanil *(p. 342),* que ofrece una amplia vista de la ciudad. Hay que rodear el baptisterio románico para ver sus puertas. La comercial Via Calzaiuoli lleva a la Piazza della Signoria *(p. 346),* dominada por el Palazzo Vecchio. Hay que cruzar el medieval Ponte Vecchio *(p. 356)* para comer en la Piazza Santo Spirito *(p. 361).*

Tarde Tras ver la Cappella Brancacci *(p. 362)* se puede volver al centro para visitar los

4

5

[1] Duomo de Florencia ↑
[2] Campo dei Miracoli, en Pisa
[3] Pizza en un canal veneciano
[4] Un *gelato* ante el Panteón de Roma
[5] Ponte dell'Accademia, en Venecia

Uffizi *(p. 344)*, menos concurridos a partir de las 16.30.

Noche Se recomienda un aperitivo en Procacci 1885, en la Via Tornabuoni.

Día 4

Mañana Tras visitar el Bargello *(p. 354)*, una antigua prisión que alberga esculturas renacentistas, se puede dedicar el resto de la mañana a los frescos de Fra Angelico, en el convento de San Marco *(p. 352)*.

Tarde Después de admirar el *David* de Miguel Ángel en la Accademia *(p. 348)* se puede ir en autobús a San Miniato al Monte *(p. 362)* para gozar de las vistas.

Noche Se aconseja bajar a pie hasta el Ponte Vecchio, con tiempo para tomar un aperitivo junto al Arno antes de cenar.

Día 5

Mañana El plan es pasar el día en Pisa *(p. 378)*. En vez de ir directamente al Campo dei Miracoli *(p. 380)*, vale la pena gozar del ambiente con calma, visitando el mercado de la Piazza Vettovaglie –ideal para comer– y paseando por el lánguido Arno, bordeado de *palazzi*.

Tarde Es momento de ver los monumentos del Campo dei Miracoli y subir a la famosa torre inclinada.

Noche De vuelta en Florencia, se puede cenar en Il Latini *(Via dei Palchetti 6R)*.

Día 6

Mañana El Frecciarossa (tren de alta velocidad) lleva a Roma. Se puede empezar tomando un helado en la Piazza Navona *(p. 258)*, cerca del Panteón. El Ponte Sisto lleva al animado Trastevere *(p. 298)*, lleno de *trattorie* para comer.

Tarde Tras tomar un tranvía al Coliseo *(p. 242)* se puede pasar por el Foro Romano *(p. 246)* y el Foro Imperial de camino al Palazzo Valentini *(p. 253)*, la villa de una rica familia patricia. Luego hay que visitar los Museos Capitolinos *(p. 250)*, sin pasar por alto la vista del Foro desde la terraza de su café.

Noche En el antiguo gueto judío *(p. 264)* se puede tomar un aperitivo y luego cenar en un restaurante *kosher*.

1

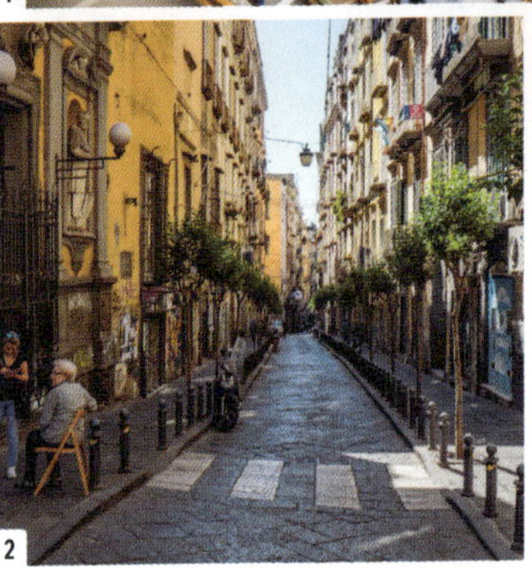
2

3

Día 7

Mañana Vale la pena madrugar para ver San Pedro *(p. 286)* sin multitudes y luego visitar los Museos Vaticanos y la capilla Sixtina *(p. 288)*. Se puede comer en una *trattoria* del Borgo Pio.

Tarde Un buen plan es tomar un tranvía al parque de la Villa Borghese y visitar el Museo e Galleria Borghese *(p. 314)* y el arte etrusco de la Villa Giulia *(p. 316)*.

Noche Tras beber algo en la terraza del Caffè delle Arti, en la Galleria Nazionale d'Arte Moderna, se puede tomar un tranvía a San Lorenzo para probar la cocina romana clásica de Pommidoro *(Piazza dei Sanniti 44/46)*.

Día 8

Mañana Se propone una excursión a Ostia Antica *(p. 326)*, volviendo a tiempo para comer en una *trattoria* de Testaccio.

Tarde Hay que ver la Piazza del Popolo y Santa Maria del Popolo *(p. 278)*, explorar los alrededores de la Piazza di Spagna *(p. 272)* y subir sus famosas escaleras.

Noche Il Simposio *(p. 298)* sirve marisco de primera. Luego se puede pasear rumbo al centro, pasar por la Fontana di Trevi *(p. 274)* y tomar un *gelato* en San Crispino *(Via della Panetteria 42)*.

Día 9

Mañana El plan es tomar el Frecciarossa a Nápoles e ir directamente a Spaccanapoli *(p. 461)* por la Via San Gregorio Armeno, llena de tiendas y talleres. Tras visitar el Duomo gótico se puede probar la pizza de Da Michele *(p. 454)*.

Tarde No hay que perderse la colección de antigüedades del Museo Archeologico Nazionale *(p. 452)*.

Noche En el barrio de Chiaia se puede tomar un aperitivo junto al mar y cenar en Da Dora *(Via Ferdinando Palasciano 30)*.

Día 10

Mañana Hay que tomar el aliscafo a Capri (p. 472) para explorar las callejuelas de Marina Grande, ir de compras a la Via Camerelle y visitar la Grotta Azzurra *(p. 473)*.

Tarde Un funicular sube a la parte alta de la ciudad, donde se puede comer en la Piazza

1 Escalera de los Museos Vaticanos ↑
2 Calles históricas de Nápoles
3 Café en la isla de Capri
4 Vista de Catania, en Sicilia
5 Aperitivo en una *piazza* de Roma
6 Galleria Borghese, en Roma

Umberto I antes de dar un paseo colina arriba hasta los restos de Villa Jovis.

Noche Se recomienda cenar antes de tomar el aliscafo de vuelta a Nápoles.

Día 11

Mañana Toca tomar un vuelo a Catania, en Sicilia, y hacer un trayecto de 80 minutos en autobús hasta Siracusa para ver su centro histórico, Ortigia *(p. 512)*. Tras admirar el Duomo se puede comer en Fratelli Burgio *(p. 513)*, en el mercado.

Tarde Se recomienda pasear por el Lungomare Levante, darse un chapuzón en el Forte Vigliena y visitar el Palazzo Bellomo *(p. 513)*.

Noche Cerca están la Fonte Aretusa y el Lungomare Alfeo, un paseo con cafés.

Día 12

Mañana Un minibús eléctrico lleva a la zona arqueológica *(p. 510)*, que alberga el teatro griego mejor conservado de Sicilia.

Tarde Tras visitar el Museo Archeologico Regionale se recomienda un descanso y un baño en el cercano Zen Lido.

Noche De vuelta en Ortigia, A Putia *(Via Roma 8)* sirve genuina cocina local.

Día 13

Mañana Conviene alquilar un coche para aprovechar el último día. Tras admirar Noto se recomienda tomar un *gelato* en el Caffè Sicilia *(Corso Vittorio Emanuele 125)*.

Tarde Se puede subir a las ruinas de Noto Antica *(p. 525)* y seguir el camino al barranco o descubrir los mosaicos romanos de la Villa Romana del Tellaro. Luego vale la pena recorrer a pie la reserva natural de Vendicari.

Noche De nuevo en Ortigia, el Hotel Gutkowski *(Lungomare Elio Vittorini 26)* ofrece inspiradas versiones de platos sicilianos.

Día 14

Mañana En el Gran Caffé del Duomo *(Piazza Duomo 18/19)* se puede desayunar frente a la fachada del Duomo de Ortigia antes de volver a Catania para volar de regreso a casa.

Petroglifos del Val Camonica (1000-400 a. C.)
Los extraordinarios petroglifos del Val Camonica, en Lombardía *(p. 175)*, son obra de pueblos que se asentaron en el valle durante el periodo Neolítico (llamados *camunni* por los romanos). Incluyen increíbles escenas de caza y un mapa.
Dónde verlos: *Val Camonica, Lombardía*

Relieves que representan a unos cazadores con sus caballos en el Val Camonica, Lombardía

ITALIA Y LA ARQUEOLOGÍA

Desde las tumbas etruscas pintadas hasta los hallazgos de la prehistoria, Italia es uno de los destinos más asombrosos para los aficionados a la arqueología. Sicilia y el sur de la península, que formaban la Magna Grecia, albergan muchas ruinas griegas. Los amantes de la civilización romana deben visitar Roma, Pompeya y Herculano.

Tumba de los Leopardos *(c.* 500 a. C.)
Los etruscos, primera gran civilización de Italia, dejaron necrópolis llenas de frescos, esculturas y cerámica que demuestran la sofisticación de su cultura. Esta tumba *(p. 327)* está decorada con escenas festivas.
Dónde verla: *Tarquinia, Lacio*

Escultura del *Fauno danzante*, Pompeya (79 d. C.)

Los romanos conquistaron la península –y gran parte de Europa– con su idioma, su organización militar y sus leyes. Para los romanos ricos la vida era placentera, con esclavos para las labores manuales y ciudades como Pompeya *(p. 466)*, llenas de teatros, villas y obras de arte, como este *Fauno danzante*.
Dónde verlo: *Museo Archeologico Nazionale, Nápoles*

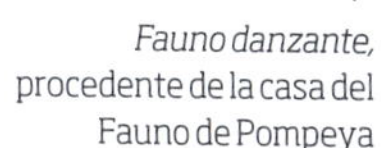

→ *Fauno danzante*, procedente de la casa del Fauno de Pompeya

Vasija griega de Akragas, Agrigento (c. 430 a. C.)

En el siglo VIII a. C. los griegos empezaron a asentarse en Sicilia y el sur de la península. Grandes intelectuales de la Grecia clásica, como Empédocles y Arquímedes, eran sicilianos. Hacia el siglo IV a. C., Siracusa era la ciudad más poderosa de la región. Esta vasija de Akragas, que muestra a los dioses Hefesto y Dionisio bebiendo vino, evidencia la riqueza de la zona.
Dónde verla: *Museo Regionale Archeologico, Agrigento* (p. 520)

↑ Vasija griega que representa a Hefesto y Dionisio hallada en el valle de los Templos, en Agrigento

Gigantes con ojos espirales, Cerdeña (*c.* 1100 a. C.)

Un ejército de gigantes con ojos espirales, creados por la misteriosa civilización de los *nuraghi*, parece montar guardia en la necrópolis del Mont'e Prama. Se desconoce su significado, pero sus armas sugieren que tenían diferentes roles militares.
Dónde verlos: *Mont'e Prama, Cerdeña*

→ Cabeza de un gigante del Mont'e Prama, con sus característicos ojos espirales

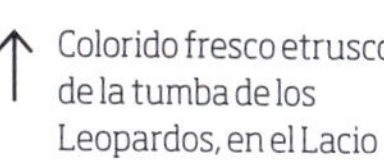

↑ Colorido fresco etrusco de la tumba de los Leopardos, en el Lacio

Techo de la capilla Sixtina

Miguel Ángel, que rechazó en un principio el encargo del papa Julio II en 1508 porque tenía poca experiencia en la pintura al fresco, trabajó en la capilla Sixtina cuatro años y creó 366 figuras. Presionado por el pontífice, el artista tuvo que pintar rápido, tanto que dejó cerdas de sus pinceles en el techo. Realizó la *Creación de Adán* en solo tres días: el blanco de los ojos del personaje bíblico es simplemente yeso sin pintar.

Dónde verlo: *Vaticano, Roma* (p. 292)

→ *Creación de Adán*, una de las nueve escenas bíblicas del techo de la capilla Sixtina

¿Lo sabías?

La técnica pictórica conocida como al fresco consiste en aplicar pintura sobre una capa de yeso todavía húmedo.

ITALIA Y LAS OBRAS DEL RENACIMIENTO

Entre los siglos XIV y XVI, las artes vivieron una explosión en Italia. Roma era el centro de la cristiandad y el resto de la península estaba ocupado por un conjunto de ciudades-Estado rivales. Cardenales, mercaderes y aristócratas alardeaban de su riqueza y poder a través del mecenazgo de artistas, arquitectos y pensadores.

David

La colosal estatua del joven héroe bíblico David, de Miguel Ángel, es quizás la escultura más famosa del mundo y la obra renacentista por antonomasia, ya que muestra con claridad la influencia del arte clásico griego y romano. El personaje era popular en la Florencia renacentista, ya que representaba a la ciudad como advertencia a Roma, que era Goliat.

Dónde verlo: *Galleria dell'Accademia, Florencia* (p. 348)

David, de Miguel Ángel, en la Galleria dell'Accademia de Florencia

TOP 5 ARTISTAS RENACENTISTAS

Giotto ***(c.*** **1270-1337):** reintrodujo el realismo en el arte medieval.

Botticelli (1445-1510): conocido por sus temas mitológicos.

Leonardo da Vinci (1452-1519): artista, inventor y arquitecto.

Miguel Ángel (1475-1564): considerado el mejor artista de su tiempo.

Tiziano (1488-1576): el primero que pintó para clientes de toda Europa.

El nacimiento de Venus

La representación de Botticelli de la diosa romana de la belleza estaba influida por el neoplatonismo, que sostenía que la contemplación de la belleza física llevaba a la comprensión de la belleza espiritual.
Dónde verlo: *Uffizi, Florencia* (p. 344)

←

Detalle de *El nacimiento de Venus* (*c.* 1483-1486), de Sandro Botticelli

La Última Cena

El frágil estado de la obra maestra de Leonardo se debe a que se pintó sobre yeso seco en vez de húmedo (como es habitual en los frescos). Su pretensión era tener más tiempo para dotar de detallismo y sutileza a la obra.
Dónde verla: *Santa Maria delle Grazie, Milán* (p. 154)

La Última Cena (*c.* 1494-1497), de Leonardo, en Santa Maria delle Grazie ↑

San Marcos, Venecia

La basílica de San Marcos *(p. 72)*, una exótica fusión de los estilos clásico, románico y gótico, refleja las tradiciones orientales de Bizancio tanto en su estructura –tiene planta de cruz griega y cinco cúpulas acampanadas– como en su fastuoso interior, cubierto por más de 4 km² de relucientes mosaicos de fondo dorado y elaboradas tallas de mármol.

Mosaicos dorados de la cúpula de la basílica de San Marcos, en Venecia

ITALIA Y SU EXCEPCIONAL ARQUITECTURA

No hay mejor lugar que Italia para admirar los hitos de la arquitectura europea. Los edificios romanos se inspiraron en gran medida en los templos griegos (aún presentes en Sicilia). Siglos después, los invasores normandos, árabes y bizantinos dieron color a los edificios románicos y góticos. Los ideales clásicos retornaron en las construcciones renacentistas y barrocas.

ESTILOS

Románico
Estilo medieval temprano que adaptó elementos romanos como el arco de medio punto.

Gótico
La arquitectura gótica, caracterizada por el uso del arco apuntado, buscó edificios más altos y ligeros.

Renacentista
Entre los siglos XIV y XVII se redescubrieron los ideales arquitectónicos clásicos de Grecia y Roma.

Barroco
Este estilo ornamental y efectista se usó en la Contrarreforma.

Coliseo, Roma

En el Coliseo *(p. 242)* se hizo un gran uso del arco de medio punto, una innovación romana empleada para construir estructuras más fuertes y altas. Cada arcada representa uno de los tres órdenes clásicos: el robusto y sencillo dórico en el primer nivel, el jónico con sus volutas en el segundo y el corintio con sus hojas de acanto en el superior.

→

El Coliseo de Roma, con sus tres arcadas

Torre Inclinada, Pisa
Los arcos de medio punto característicos del románico tienen su origen en las basílicas romanas y resurgieron en la Edad Media en edificios como la torre de Pisa *(p. 380)*. Los interiores solían ser sencillos, como los de sus predecesores romanos, y se hacía buen uso de la piedra, la geometría y la luz, elementos visibles en este famoso monumento. La inclinación no fue intencionada: la torre se construyó sobre un terreno blando compuesto de arcilla, arena y conchas.

→

La emblemática torre Inclinada de Pisa, con la catedral y el baptisterio detrás

Palazzo Ducale, Venecia
La orden cisterciense importó de Francia los arcos apuntados y la intrincada cantería de la arquitectura gótica. Los arquitectos palaciegos de Venecia adoptaron esos elementos; buen ejemplo de ello es la delicada cantería del Palazzo Ducale *(p. 76)*, cuyo estilo se combina con influencias bizantinas y árabes.

←

Logia del Palazzo Ducale de Venecia, que ofrece vistas de la isla de San Giorgio Maggiore

Tempietto de Bramante, Roma
La obra maestra de Bramante en San Pietro in Montorio *(p. 299)* es la materialización de los ideales renacentistas de orden, precisión y simetría. También es un ejemplo de la fascinación por la geometría, que, según se creía, reflejaba la perfección de Dios.

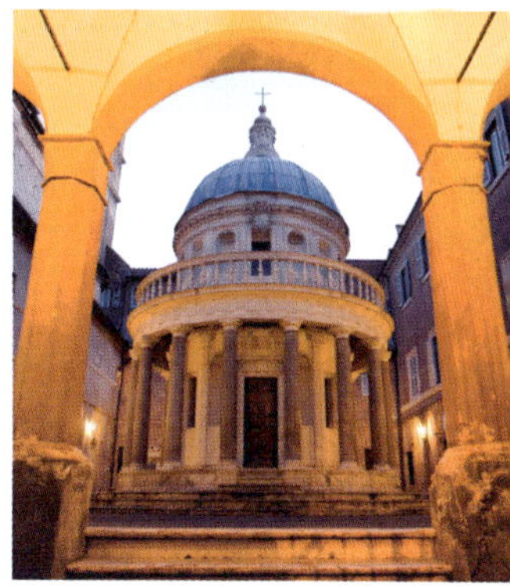

→

Tempietto de Bramante en el patio de San Pietro in Montorio, Roma

¿Lo sabías?

Queda poco de la arquitectura etrusca, debido sobre todo a que la mayoría de edificios eran de madera.

◁ Apulia y Sicilia

Apulia es una de las mayores productoras de alimentos de Italia y la larga historia de invasiones de Sicilia se refleja en su rica y variada cocina.

Qué comer: arancini *(croquetas de arroz) en Savia (Catania, Sicilia)* y burrata *(queso de leche de vaca con el centro cremoso)* y cannoli *en Roscaglione (Palermo, Sicilia).*

Qué beber: *vinos Salice Salentino y Etna rosado y vinos dulces Malvasia y Passito di Pantelleria.*

▷ Roma y el Lacio

La cocina tradicional de la región central se basa en los cortes de carne modestos, las vísceras y los platos de pasta sencillos.

Qué comer: carciofi alla giudia *(alcachofas fritas) en Piperno (Roma),* pasta alla carbonara *en Lo Zozzone* (p. 263) *y* pizza bianca *(base de pizza a veces rellena como un bocadillo) en Da Danilo (Roma).*

Qué beber: *vino Frascati.*

ITALIA PARA COMIDISTAS

Las tradiciones gastronómicas de Italia son un vivo mosaico en el que cada localidad tiene su especialidad. Aunque los vinos tienen gran fama, la cerveza artesanal está en auge. Los aperitivos siguen siendo muy populares.

◁ Venecia y el Véneto

El pescado y el marisco dominan. La debilidad por las salsas agridulces es un legado del comercio con Oriente.

Qué comer: cicchetti e ombre *(canapés tradicionales acompañados de vino) en el Bar Puppa* (p. 85), bigoli in salsa *(pasta integral con cebolla y pescado en salazón) en la Cantina Do Spade (Venecia)* y risotto al nero di seppia *(arroz con tinta de sepia) en la Osteria al Portego (Venecia).*

Qué beber: prosecco, spritz *de* Aperol *y* Valpolicella.

◁ Florencia y Toscana

Ricas sopas de judías, tostadas con paté de hígado de pollo y filetes de la preciada raza *chianina* dominan la carta.
Qué comer: ribollita *(sopa de pan y verduras) en Il Latini* (p. 371), *filete de chianina en la Trattoria Mario (Florencia) y* crostini *en la Fiaschetteria Nuvoli (Florencia).*
Qué beber: *Chianti, Brunello di Montalcino, Vernaccia di San Gimignano y* vin santo *(vino dulce).*

◁ Nápoles y Campania

Esta región es conocida por la clásica dieta mediterránea, basada en las hortalizas y el aceite de oliva.
Qué comer: mozzarella di bufala *(queso suave de leche de búfala),* pizza Margherita *en Da Michele* (p. 454) *y* sfogliatelle *(pasteles de hojaldre rellenos) en la Pasticceria Andrea Pansa (Amalfi).*
Qué beber: *Aglianico y Greco di Tufo.*

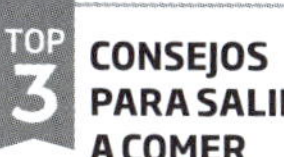

CONSEJOS PARA SALIR A COMER

Café en la barra
Tomarse el café en la barra cuesta por lo general la mitad que sentado a una mesa.

Menu fisso
Los menús suelen incluir un vaso de vino y agua, y tienen muy buenos precios.

Aperitivo
Cuando se pide una bebida se le puede ofrecer como *aperitivo.* Suele ser más cara, pero incluye *antipasti* o tentempiés que pueden elegirse en un bufé.

△ Milán y el noroeste de Italia

El *risotto,* las trufas y la polenta son populares en el interior. En Liguria destacan el marisco, el aceite de oliva y la albahaca.
Qué comer: *pasta con pesto en Il Genovese (Génova),* risotto *en la Trattoria Masuelli San Marco (Milán) y* cacciucco *(guiso de pescado y marisco) en la Trattoria Da Galileo (Livorno).*
Qué beber: *vinos* barolo *y* barbaresco, *y Campari.*

Val d'Orcia, Toscana

El valle más bello de Toscana está al sur de Siena. Sus colinas onduladas y salpicadas de cipreses aparecen al fondo de muchas pinturas renacentistas. Verde y exuberante en primavera, seco y dorado en verano, el valle cautiva en cualquier época del año. Hay que recorrer sus sinuosas carreteras y descansar en sus exquisitas ciudades.

← Puesta de sol en las pintorescas colinas del Val d'Orcia

ITALIA Y SUS MARAVILLAS NATURALES

Desde sus volcanes activos hasta su magnífico litoral, Italia es pródiga en parajes naturales hermosos. Se pueden disfrutar en coche, a pie, en barco, esquiando o tomando el sol en la playa.

Monte Etna

Con 3.350 m, el Etna es el volcán activo más alto de Europa y se halla en un estado de actividad casi constante. Se alza entre Catania y Messina, y la mejor manera de explorarlo es en teleférico. Está en todo su esplendor en invierno, cuando el pico se cubre de nieve.

Humo saliendo del cráter del Etna, cubierto de nieve ↓

SENDERISMO

En Italia cada vez más gente sale a caminar los fines de semana. Los principales destinos son Toscana, Umbría, Liguria, los lagos, Sicilia y los Dolomitas. Los senderos no están tan bien señalizados como en otros países. El CAI y otros grupos de senderistas suelen anunciar sus salidas, que están abiertas a los visitantes.

Dolomitas

Los picos dentados y cubiertos de nieve de los Dolomitas *(p. 132)* forman la frontera noreste de Italia con Austria. Se puede recorrer la Grande Strada delle Dolomiti, escalar por las vías ferratas o esquiar en los 1.200 km de fabulosas pistas de estaciones como Cortina d'Ampezzo, con su majestuosa ubicación. El senderismo, el ciclismo, el salto base, el parapente y el ala delta también son pasatiempos populares en los meses cálidos.

→

Senderistas caminando por los Dolomitas en verano

Grotte di Frasassi

Estas cuevas de las Marcas *(p. 421)*, descubiertas en 1971, contienen espectaculares formaciones calcáreas y forman el mayor sistema cavernario de Europa, del que se han explorado unos 15 km. Los visitantes pueden hacer una ruta de 1,5 km con una iluminación teatral.

←

El espectacular paisaje subterráneo de las Grotte di Frasassi

Scala dei Turchi, Agrigento

Convertido por el agua y el viento en una magnífica escalera natural, el acantilado de marga de la Scala dei Turchi *(p. 520)*, en la costa sur de Sicilia, desciende hasta un mar turquesa cristalino con una playa de cuarzo brillante ideal para darse un chapuzón después de visitar el valle de los Templos.

→

Acantilado conocido como Scala dei Turchi, en el sur de Sicilia

Cerdeña

Es un hecho aceptado que la isla de Cerdeña *(p. 526)*, en el litoral occidental de Italia, posee las mejores playas del país. Hay cientos de ellas, como las franjas de cuarzo blanco brillante de la península de Sinis, los arenales suaves y dorados de Costa Rei y las espectaculares calas de Cala Gonone. El archipiélago de La Maddalena y la Costa Smeralda, en el extremo norte de la isla, albergan los centros turísticos más exclusivos y un gran número de pintorescas calas y playas blancas con aguas de un azul caribeño.

→

Playa de cuarzo blanco de San Giovanni di Sinis, en Cerdeña

ITALIA Y SUS PRECIOSAS PLAYAS

Italia posee algunas playas fantásticas, especialmente en el sur y en las islas de Elba, Sicilia y Cerdeña. Muchas son privadas y cuentan con servicios variados, tumbonas y sombrillas que se alquilan por días y hasta semanas, pero nunca faltan pequeñas franjas de *spiaggia libera* (literalmente, playa libre).

DESCUBRIR CALABRIA

La costa tirrena de Calabria y Basilicata, mejor conocida por los italianos que por los extranjeros, posee una pequeña serie de bonitas playas de arena en torno al pintoresco pueblo de Tropea, que se funde con un espectacular acantilado blanco sobre un mar prístino. Hay otras bellas franjas costeras a ambos lados del antiguo pueblo pesquero de Maratea, al sur de Potenza.

La costa y las islas toscanas

Las playas blancas y las aguas cristalinas de Monte Argentario *(p. 398)* son encantadoras, pero los auténticos aficionados a la playa deben ir a la islita de Giglio, cuya costa está salpicada de calas arenosas, o a Elba *(p. 393)*, que tiene 150 playas, desde anchas franjas de arena a calas de guijarros.

→

Puesta de sol en el Capo d'Enfola, cerca de Portoferraio, en Elba

Sicilia

Desde las calas de guijarros blancos de la reserva natural de Zingaro, en el este, hasta la larga playa dorada de Cefalù, en el norte, y desde las espectaculares bahías de lava de las islas Eolias hasta las interminables dunas de Sampieri y Vendicari, las playas de Sicilia están entre las más variadas de Italia. Quien desee aislarse en la concurridísima temporada estival puede ir a playas solo accesibles por senderos o alquilar un barco y fondear en algunas de las ensenadas más remotas.

Mar azul y arena blanca en la playa de Guidaloca, en la costa norte de Sicilia

TOP 5 PLAYAS CERCANAS A CIUDADES

Lido, Venecia
Sus playas y campings, accesibles en *vaporetto,* son una alternativa a la ciudad.

Ostia, Roma
La larga playa de arena de Ostia, accesible en tren desde Roma, tiene muchos servicios.

Rímini, Rávena
Las interminables playas de arena de la costa adriática son muy populares e ideales para escapar de Rávena.

Plemmirio, Siracusa
Varios autobuses urbanos van a las playas de Arenella y Fontane Bianche.

Mondello, Palermo
Esta playa de arena a la que se llega en autobús urbano es ideal para escapar de Palermo.

Apulia

Las playas del litoral adriático de Apulia están entre las más bellas de la Italia continental. Las mejores están en la accidentada costa de la península de Gargano *(p. 485),* cerca de Otranto, y a lo largo de la árida costa de la península de Salento, el extremo del tacón de Italia.

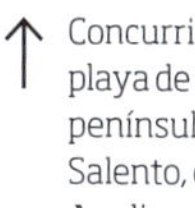

Concurrida playa de la península de Salento, en Apulia

Vestidos para la ocasión

El *Carnevale* se celebra en toda Italia y los niños se disfrazan para participar en los desfiles o simplemente para salir de paseo con sus padres. El más famoso es el de Venecia, que termina con la Cuaresma. Su origen se remonta a 1162, aunque su forma moderna data de 1979. Tanto niños como adultos portan las elaboradas máscaras venecianas. En Siena es tradición vestir atuendos medievales durante el Palio, una espectacular carrera hípica que tiene lugar en la Piazza del Campo dos veces al año: el 2 de julio y el 16 de agosto.

↑ Niños enmascarados desfilan por la calle en el Carnaval de Venecia

¿Lo sabías?

Los italianos tienen costumbres parecidas a los españoles y rara vez cenan antes de las 21.00.

ITALIA EN FAMILIA

Italia cuenta con una amplia variedad de actividades y lugares para que los niños se mantengan entretenidos. La familia está en el centro del modo de vida italiano, de modo que los niños son bienvenidos en todas partes. Un creciente número de museos y lugares de interés programan visitas para el público infantil.

Viajar en el tiempo

Los museos italianos no dejan de buscar nuevas formas de entretener a los niños. Las instalaciones de realidad virtual y los audífonos en lugares como el Palazzo Valentini y las termas de Caracalla hacen que la historia cobre vida. La audioguía infantil de los Museos Vaticanos es tan buena que a los adultos les encanta disponer de ella. En la Scuola Gladiatori Roma los niños pueden vestirse de gladiadores y aprender a luchar como ellos.

Unos niños observan una escultura en el patio de los Museos Vaticanos

↑ Estatua de Orcus, dios del inframundo, en el Sacro Bosco de Bomarzo

El parque de los monstruos de Bomarzo

Un excéntrico duque creó en el siglo XVI el Sacro Bosco de Bomarzo *(p. 325)*. Este parque temático, situado en el norte del Lazio, alberga grotescas estatuas, como una cara que grita de 6 m de altura, un elefante de tamaño real aplastando a un soldado romano y un gigante partiendo a un hombre en dos.

Pizza y *gelato*

¿Hay un chef en ciernes dentro de la familia? Las clases para aprender a hacer pizza y helado son cada vez más populares, especialmente en las grandes ciudades, y muchas veces están expresamente diseñadas para que asistan a ellas familias con niños.

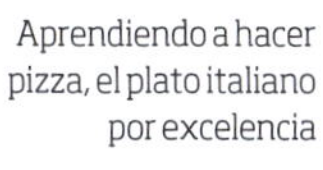

→ Aprendiendo a hacer pizza, el plato italiano por excelencia

TOP 5 CONSEJOS PARA AHORRAR

Transportes gratis
Los menores de cierta edad o estatura viajan gratis. Más información en las webs de transportes *(p. 540)*.

Abonos familiares
Hay abonos de transportes y museos en Roma, Florencia y otros grandes centros artísticos.

Playas públicas
Hay que buscar las señales de *spiaggia libera*.

Pícnics
Italia está llena de tiendas que permiten a los niños elegir los rellenos para sus bocadillos y cobran menos que los bares. En casi todas las localidades hay fuentes de agua potable.

Autobuses turísticos
En las grandes ciudades son un medio eficiente para ver muchos lugares de interés y evitar berrinches.

Verano en las termas de Caracalla

Ver un gran ballet, una ópera o un concierto con el telón de fondo de las ruinas de las termas de Caracalla bellamente iluminadas es una experiencia inolvidable. Entre los artistas que han actuado recientemente están el Tokyo Ballet, Roberto Bolle, Ennio Morricone y Björk.
Cuándo ir: *med jun, jul y ago*

Concierto al aire libre en las termas de Caracalla, en Roma

ITALIA Y SUS GRANDES EVENTOS

Tanto si se prefiere ver una ópera en uno de los entornos más increíbles de Europa, conocer la moda más vanguardista o admirar el mejor arte contemporáneo del mundo, Italia es el destino perfecto para quienes adoran los grandes espectáculos.

FESTIVALES MUSICALES

Umbria Jazz
El mayor festival de jazz de Italia, en julio.

Pistoia Blues
Este festival anual de blues, folk y rock tiene un programa muy variado. En julio.

Incontri in Terra di Siena
Evento estival de música de cámara en Toscana.

Maggio Musicale
Música clásica y ópera en el mayo musical florentino.

I-days
Este festival trae a grandes artistas a Milán cada mes de junio.

Ópera en la Arena de Verona

La Arena de Verona es uno de los escenarios más espectaculares del mundo y acoge un festival anual de ópera. También se usa para conciertos de música popular. Bob Dylan, Bruce Springsteen, Pink Floyd y Adele han actuado aquí.
Cuándo ir: *jun-ago*

Bienal de arte de Venecia

La Biennale, inaugurada en 1895, es una feria internacional de arte que se vanagloria de abrazar la controversia. Se celebra en años impares en los famosos pabellones del parque de los Giardini, el Arsenale y otros espacios de la ciudad. Vinculados a la Biennale están el Festival de Cine de Venecia, de carácter anual, y la Bienal de Arquitectura, que se celebra en años pares.
Cuándo ir: *may-nov*

→ *Support*, de Lorenzo Quinn, en la Biennale di Venezia de 2017

Festival de San Remo

Este festival musical, en el que se elige al artista que representa a Italia en Eurovisión, derrocha teatralidad. Las actuaciones son en directo, con público, y casi la mitad de la nación lo ve por televisión.
Cuándo ir: *febrero*

← La cantante italiana Eva Pevarello en el Festival de San Remo

← Puesta en escena de la ópera *Madame Butterfly*, de Puccini, en la Arena de Verona

Semana de la Moda de Milán

Fundada en 1958, la Settimana della Moda di Milano está considerada la más glamurosa de las cuatro grandes (las otras son en Nueva York, París y Londres). Hay desfiles en varios espacios de la ciudad dos veces al año. Solo unos pocos están abiertos al público, aunque algunos se hacen al aire libre.
Cuándo ir: *feb o sep*

→ Desfile de modelos en la Semana de la Moda de Milán

El padrino en Sicilia

Varias escenas de *El Padrino*, de Francis Ford Coppola, se rodaron en las remotas aldeas sicilianas de Savoca y Forza d'Agro, entre Messina y Taormina *(p. 522)*. Los entusiastas de la trilogía sobre la mafia pueden sentarse en el bar Vitelli de Savoca, donde Michael Corleone, interpretado por Al Pacino, pidió al *padrone* la mano de su hija Apollonia. Otro escenario que se puede visitar es la Chiesa Madre, en la plaza del pueblo, donde se casaron los novios.

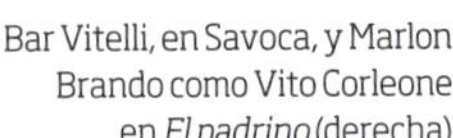

→

Bar Vitelli, en Savoca, y Marlon Brando como Vito Corleone en *El padrino* (derecha)

¿Lo sabías?

Los abuelos de Al Pacino nacieron en Corleone, lugar de origen de la familia que protagoniza *El padrino*.

ITALIA COMO INSPIRACIÓN

Italia no solo ha dado escritores de fama internacional; también ha inspirado a novelistas extranjeros, desde E. M. Forster al autor de *best sellers* Dan Brown. Shakespeare basó muchas de sus obras en historias italianas y el país ha sido escenario de incontables películas clásicas.

Una habitación con vistas a Florencia

La novela de E. M. Forster –y el filme de 1985 de James Ivory con Helena Bonham Carter– aborda el impacto de la sensual Italia en las rígidas costumbres de los viajeros eduardianos ingleses. La famosa habitación con vistas al Arno es en realidad la 414 del Hotel degli Orafi, y la plaza donde Lucy se desmaya tras presenciar una pelea es la Piazza della Signoria *(p. 346)*. Lucy y Emerson se besan por primera vez en las colinas de Fiesole, contemplando Florencia.

←

Cartel de la adaptación de 1985 de *Una habitación con vistas*, de E. M. Forster

Tom Hanks en la adaptación al cine de *Ángeles y demonios*

Ángeles y demonios en Roma

Montada en torno a los asesinatos de cuatro cardenales en cuatro lugares de Roma –la plaza de San Pedro, Santa Maria della Vittoria, Santa Maria del Popolo y la Piazza Navona–, la novela de Dan Brown es una apasionante guía de la ciudad.

TOP 5 ESCRITORES ITALIANOS

Petrarca
Este poeta del siglo XIV refinó el soneto.

Dante
Su *Divina Comedia* (1320) fue una de las primeras grandes obras en lengua italiana.

Carlo Collodi
Escribió *Las aventuras de Pinocho* por entregas para un periódico.

Umberto Eco
Se hizo famoso con su novela histórica *El nombre de la rosa*.

Italo Calvino
Sus imaginativas fábulas se han traducido a muchas lenguas.

La Chiesa di San Giorgio dei Greci aparece en las novelas del comisario Brunetti

La Venecia del comisario Brunetti

Los fans del carismático *commissario* de Donna Leon pueden descubrir Venecia con el brillante libro de Toni Sepeda *Paseos por Venecia*, que usa extractos de la saga policiaca para guiar al lector por las *calli*, *campi* y *palazzi* de la ciudad y ofrece fascinantes puntos de vista sobre la vida veneciana *(p. 58)*.

Teatro griego, Taormina

Desde la ladera de una colina, la bella Taormina ofrece hipnóticas vistas del Etna y del reluciente mar. Hay que visitar el espléndido teatro griego *(p. 522)* y fotografiar sus ruinas al anochecer, con el pico nevado del Etna y las destellantes aguas azules del Mediterráneo al este. La escena parece irreal.

Vista del mar desde la parte alta del teatro griego de Taormina

ITALIA PARA FOTOGRAFIAR

Cada una de las regiones italianas tiene su distintiva identidad geográfica y cultural. Todas ofrecen a los fotógrafos infinitas oportunidades para captar las múltiples facetas del país. Las multitudes siguen colapsando Venecia y Roma, pero hay lugares que ofrecen una alternativa a los destinos más turísticos.

Venaria Reale, Turín

Con su intrincada decoración y su llamativo suelo blanco y negro, la espectacular Galleria Grande de la suntuosa Reggia de Venaria Reale tiene 44 ventanas y 22 óculos en el techo que crean increíbles contrastes de luz y sombra. Conviene ir al atardecer en verano y usar un gran angular para obtener una perspectiva impresionante.

CONSEJO DK
Amaneceres

Conviene madrugar para hacer fotos con luz cálida y suave; no hay que olvidar el trípode para estabilizar la cámara con poca luz.

Galleria Vittorio Emanuele II, Milán

Dominada por una bóveda de hierro y vidrio, la Galleria Vittorio Emanuele II *(p. 146)* está decorada con mármol, estucos y mosaicos. Enfocando hacia la cúpula desde abajo se captura el esplendor de uno de los edificios más impactantes de Italia.

→ La enorme cubierta de la Galleria Vittorio Emanuele II

Sassi, Matera

A primera hora de la mañana, el sol tiñe las cavernosas viviendas de Matera de un suave tono dorado. Se puede lograr una perspectiva surrealista de los Sassi *(p. 494)* situando la cámara en el suelo, lo cual ofrece un punto de vista diferente del revoltijo de edificios que constituye este fascinante asentamiento troglodita.

← El revoltijo de edificios de los Sassi, en Matera

Castello di Vezio, lago de Como

Para obtener una vista despejada del lago de Como hay que subir al Castello di Vezio, un estratégico bastión medieval. Antes de ir conviene consultar su web *(www.castellodivezio.it)* para ver los eventos que acoge. Una vez al año, voluntarios con trajes de época posan como estatuas fantasmales en el castillo.

→ Vista del lago de Como desde el Castello di Vezio

↑ La fotogénica Galleria Grande de la Reggia de Venaria Reale

UN AÑO EN ITALIA

ENERO

Capodanno *(1 ene).* El Año Nuevo se celebra en toda Italia con animados fuegos artificiales y conciertos gratuitos.

△ **La Befana** *(6 ene).* Esta anciana bruja llena de regalos los calcetines de los niños.

FEBRERO

Festival de San Remo *(principios feb).* Unos 11 millones de italianos siguen las cinco veladas de competición en directo.

△ **Festa di Sant'Agata** *(4 feb),* Catania, Sicilia. Esta fiesta religiosa de dos días en honor a la santa patrona de la ciudad es la segunda más grande del mundo.

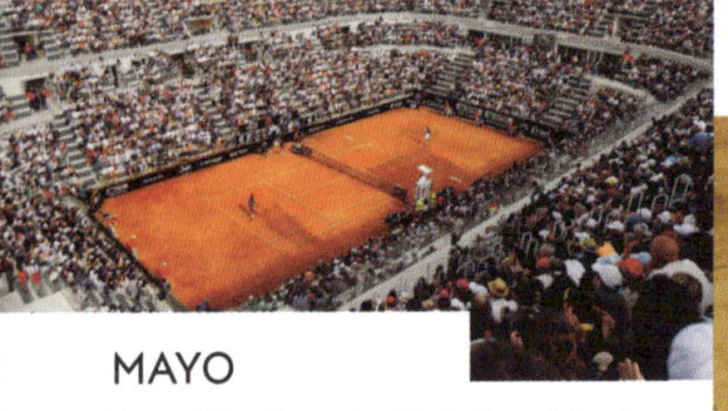

MAYO

Festa di San Domenico Abate *(1 may),* Cocullo, Abruzos. Extraordinaria procesión con una figura de santo Domingo cubierta de serpientes vivas.

△ **Open Roma** *(2ª semana may),* Roma. Prestigioso torneo de tenis en tierra batida.

Giro d'Italia *(may-jun).* Carrera ciclista internacional por etapas, una de las tres grandes.

Biennale di Venezia *(may-nov),* Venecia. La mayor exposición de arte contemporáneo del mundo.

JUNIO

△ **Calcio Storico** *(24 y otros dos días jun),* Florencia. Fútbol intenso y fuerte, como se jugaba en el siglo XVI.

Opera Festival *(jun-sep),* Verona, Véneto, y termas de Caracalla, Roma. Artistas de renombre actúan en lugares históricos.

SEPTIEMBRE

Giostra del Saracino *(1er do sep),* Arezzo, Toscana. Justas entre sarracenos y cristianos.

Regata Storica *(1er do sep),* Venecia. Procesión de barcos históricos y colorida regata de góndolas.

△ **Gran Premio d'Italia** *(principios sep),* Monza. Prueba italiana del Campeonato Mundial de Fórmula 1.

San Gennaro *(19 sep),* Nápoles. Los napolitanos esperan conteniendo el aliento para ver cómo se licúa la sangre del santo.

OCTUBRE

△ **Vendemmia** *(fechas variables).* La vendimia se celebra en toda Italia con festejos, bailes y mucha comida.

Fiera del Tartufo *(oct-nov),* Alba, Piamonte. La recogida de la famosa trufa blanca se celebra con variados eventos.

MARZO

Sagra del Mandorlo in Fiore *(1ª semana mar)*, Agrigento, Sicilia. Celebración del florecimiento del almendro entre los templos griegos.

△ **Carnevale** *(3-9 mar)*. Fiesta nacional con disfraces y pasacalles (especialmente en Viareggio y Oristano) y bailes de máscaras en Venecia.

Dolomiti Ski Jazz *(med mar)*, Trentino-Alto Adigio. Jazz en las pistas de esquí.

ABRIL

△ **Semana Santa.** La Pascua se celebra en todo el país con la bendición del papa en Roma, fuegos artificiales en Florencia y recreaciones de la Pasión de Cristo en el sur y Sicilia.

Festa di San Marco *(25 abr)*, Venecia. Regata de góndolas en honor del santo.

Maggio Musicale *(finales abr-jun)*, Florencia. Además de música, este festival incluye teatro y danza.

JULIO

Palio *(2 jul)*, Siena. El evento más famoso de Toscana consiste en una carrera hípica medieval.

△ **Giostra della Quintana** *(1er sá jul)*, Foligno, Umbría. Justa caballeresca cuyos contendientes llevan atuendos del siglo XVII.

AGOSTO

Ferragosto *(15 ago)*. Esta fiesta nacional se celebra con conciertos al aire libre, bailes y fuegos artificiales.

Stresa Festival *(finales ago-finales sep)*, Stresa, Lombardía. Cuatro semanas de conciertos y recitales.

△ **Biennale Cinema** *(finales ago/sep)*, Venecia. El festival de cine más prestigioso de Italia.

NOVIEMBRE

△ **Festa Madonna della Salute** *(21 nov)*, Venecia. Fiesta de agradecimiento a la Virgen por librar a la ciudad de la peste.

DICIEMBRE

Festa di Sant'Ambrogio *(principios dic)*, Milán. Apertura de la temporada de la Scala.

△ **Mercados navideños** *(med dic)*. En toda Italia se venden figuritas de belén, adornos y otros objetos artesanales.

Navidad *(25 dic)*, San Pedro, Roma. Bendición del papa.

UN POCO DE HISTORIA

La historia de Italia se caracteriza por la discordia y la división. La única época en que el país estuvo unido, antes del siglo XIX, fue la de los romanos. Durante siglos, papas, emperadores y Estados batallaron entre sí o contra invasores foráneos. La unificación se logró en 1870.

La época de los etruscos

La etrusca fue la primera gran civilización de Italia. Su origen es un misterio, así como su lengua, pero desde el siglo IX a. C. se extendió por el centro de la península itálica y sus mayores rivales fueron los griegos, en el sur. En el siglo VI a. C. los reyes etruscos gobernaron Roma, la ciudad que acabaría eclipsándolos.

De la República al Imperio

De la veintena de tribus que habitaban la antigua Italia destacaron los romanos, que conquistaron la península e impusieron su lengua, costumbres y leyes a las otras regiones. Su éxito se debió

1 Mapa medieval del Imperio romano ↑

2 Templo de Hércules Víctor, en el Foro Boarium de Roma.

3 Detalle de la columna de Trajano, en Roma

4 Mosaico del emperador Justiniano en San Vitale, Rávena

Cronología

753 a. C.

Fecha legendaria de la fundación de Roma por los hermanos Rómulo y Remo

509 a. C.

El último rey etrusco, Tarquinio el Soberbio, es expulsado de Roma y se establece la República

450 a. C.

Las XII Tablas codifican la ley romana, supuestamente basada en un estudio del derecho griego

265 a. C.

Tras un intento de revuelta de los esclavos, Volsinii, la última ciudad etrusca, es arrasada por los romanos; sus habitantes huyen y fundan Volsinii Novae

2

3

4

a sus destrezas militares y administrativas. La República romana estaba dirigida por dos cónsules; cuando se amplió el territorio conquistado, el poder pasó a manos de generales como Julio César, cuyos herederos fueron los primeros emperadores romanos.

La edad de oro de Roma

Desde el reinado de Augusto hasta el de Trajano, el poder de Roma creció y el Imperio se extendió desde Gran Bretaña hasta el mar Rojo. A pesar de la extravagancia de emperadores como Nerón, los impuestos y los botines siguieron llenando las arcas imperiales y los ciudadanos romanos gozaron de una gran riqueza.

La división del Imperio

Un punto de inflexión de la historia romana llegó con la decisión del emperador Constantino de construir una nueva capital en Constantinopla (Bizancio). En el siglo V el Imperio se dividió en dos y los invasores germanos empezaron a migrar al sur. El Imperio de Oriente mantuvo el control de algunas partes de Italia desde Rávena, que se convirtió en la ciudad más poderosa de la época, mientras Roma quedó en ruinas.

TOP 4 VESTIGIOS ROMANOS

Panteón
Templo perfectamente conservado *(p. 260)*.

Pompeya
Detenida en el tiempo por la ceniza volcánica *(p. 466)*.

Coliseo
Enorme estadio gladiatorio *(p. 242)*.

Villa de Adriano
Retiro rural del emperador Adriano *(p. 328)*

146 a. C.

Cartago cae ante la República romana en la II Guerra Púnica; con el tiempo se convertirá en la mayor ciudad del Imperio romano en África

44 a. C.

Las tensiones entre el Senado y Julio César desembocan en el asesinato de este y la ruptura de la República

79 d. C.

Una erupción del Vesuvio destruye Pompeya, cuyos restos se conservan bajo un manto de ceniza

161-180

Reinado de Marco Aurelio; su muerte en el año 180 se considera el inicio de la caída del Imperio de Occidente

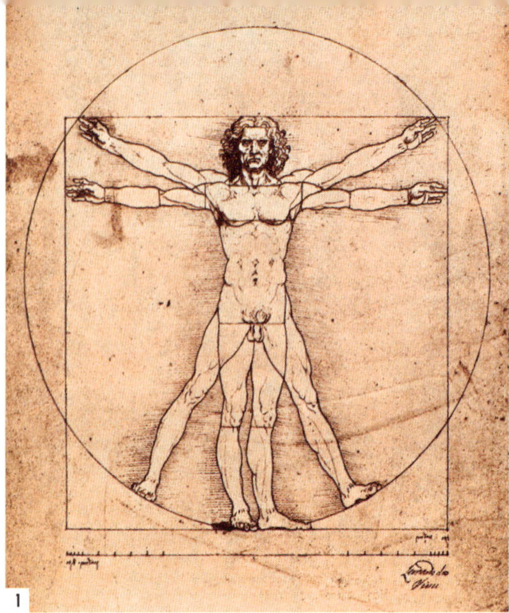

El auge de Venecia

En la Italia medieval, las oleadas de invasiones se sumaron a las luchas de poder entre papas y emperadores. En medio de la confusión, varias ciudades del norte proclamaron su independencia de los señores feudales. La más poderosa fue Venecia, que prosperó gracias al comercio con Oriente y el transporte de cruzados a Tierra Santa.

La Baja Edad Media

La vieja enemistad entre papas y emperadores creció durante el siglo XIV, alimentada por dos facciones: los güelfos, que apoyaban al papado, y los gibelinos, partidarios del poder imperial. Las ciudades aprovecharon el caos político para consolidar su fuerza construyendo murallas y torres y creando edificios públicos fortificados como el Palazzo Vecchio de Florencia, el Palazzo Pubblico de Siena y el Palazzo dei Priori de Viterbo. Con este turbulento telón de fondo surgió una nueva era pictórica inspirada por artistas como Duccio y Giotto, mientras que los poetas florentinos Dante y Petrarca sentaron las bases de la literatura italiana.

1 *Hombre de Vitruvio*, de Leonardo Da Vinci ↑

2 Marco Polo partiendo de Venecia

3 Coronación de Carlos V

4 Combate entre güelfos y gibelinos

¿Lo sabías?

El término renacimiento, tomado del francés *renaissance*, no se le aplicó al siglo XV hasta la década de 1830.

Cronología

1204

El saqueo de Constantinopla en la Cuarta Cruzada merma el poder de Bizancio

1228

Gregorio IX excomulga a Federico II, emperador del Sacro Imperio Romano Germánico; la rivalidad entre güelfos y gibelinos se recrudece

1320

Dante termina la *Divina Comedia*, que reserva a los papas los peores castigos del infierno

1378-1415

Cisma de Occidente: los papas y antipapas de Roma y Aviñón ponen en riesgo la estabilidad de Europa

1434

El rico banquero y mecenas Cosme de Médicis sube al poder en Florencia

3

4

El Renacimiento

La Italia del siglo XV vio un florecimiento de las artes y la erudición sin parangón en Europa desde la época clásica. Los arquitectos se inspiraron en los modelos griegos y romanos, mientras que la pintura, con una nueva comprensión de la perspectiva y la anatomía, produjo una generación de maestros como Leonardo da Vinci, Rafael y Miguel Ángel. El patronazgo de este renacer artístico dependió de poderosas dinastías como los Médicis de Florencia, a los que imitaron los papas.

La Contrarreforma

Después del saqueo de Roma por las fuerzas imperiales en 1527, Italia quedó a merced de Carlos V, emperador del Sacro Imperio Romano Germánico. En respuesta a la creciente amenaza del protestantismo, la doctrina conocida como Contrarreforma, respaldada por la Inquisición, impuso una rígida ortodoxia. Se crearon nuevas órdenes religiosas, como la jesuita, para propagar la fe en ultramar. El espíritu misionero inspiró las formas efectistas del barroco, concebido para conquistar mediante el asombro y la emoción.

JUICIO A GALILEO

El gran astrónomo Galileo chocó frecuentemente con la Inquisición. Tras ser llamado a Roma por promover la herejía en 1633, se le obligó a negar que la Tierra y los otros planetas giraban en torno al Sol y sufrió arresto domiciliario el resto de su vida.

1436

Brunelleschi termina la cúpula de la catedral de Florencia por encargo de los Médicis

1475

Nace Miguel Ángel

1503

Empieza el papado de Julio II, el más poderoso de los papas del Renacimiento

1542

Se funda la Inquisición romana

1545-1563

El Concilio de Trento sienta las bases de la Contrarreforma

1

2

El *Grand Tour*

La Italia de finales del siglo XVIII, con sus tesoros artísticos y sus ruinas clásicas, se convirtió en el primer destino turístico de Europa. Los jóvenes aristócratas visitaban Roma, Florencia y Venecia como parte del llamado *Grand Tour*. Artistas y poetas buscaban inspiración en el glorioso pasado de Roma. En 1800, tras conquistar y unificar brevemente Italia, Napoleón amenazaba con acabar con el antiguo régimen, pero en 1815 se restauró el *statu quo*.

El *Risorgimento*

El término *Risorgimento* (Resurgimiento) designa las cinco décadas de lucha por la liberación del dominio extranjero que culminó en la unificación de Italia en 1870. En 1848 los patriotas se alzaron contra Austria en Milán y Venecia, contra los Borbones en Nápoles y Sicilia, y contra el papa en Roma, donde se proclamó la República. Garibaldi la defendió con valentía, pero las revueltas estaban demasiado aisladas. En 1859 el movimiento se organizó mejor, con Víctor Manuel II a la cabeza. En dos años se conquistó todo el territorio menos Venecia y Roma, que tardarían una década en caer.

↑ Víctor Manuel II, primer rey de Italia desde el siglo VI

Cronología

1870
Roma sucumbe a las tropas monárquicas y se convierte en capital de Italia

1922
Los fascistas marchan sobre Roma y Mussolini forma Gobierno

1936
Italia conquista Abisinia y forma con Alemania un eje contra el comunismo

1943
Los aliados desembarcan en Sicilia, Italia firma un armisticio y el nuevo Gobierno de Badoglio declara la guerra a Alemania

1960
Roma acoge los Juegos Olímpicos y los primeros Juegos Paralímpicos oficiales

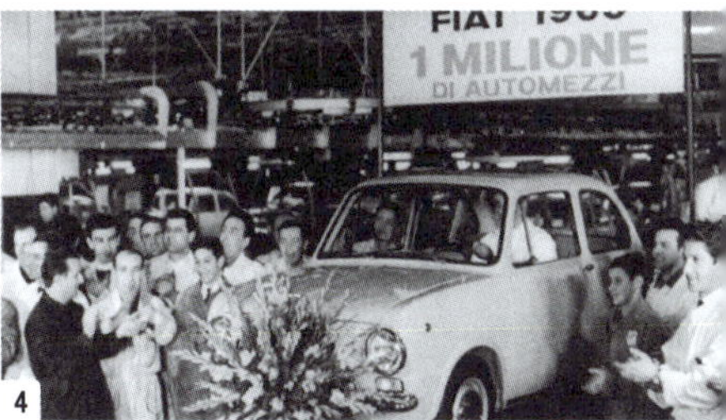

El fascismo y la II Guerra Mundial

Los fascistas de Mussolini (1922-1943) prometieron grandeza a los italianos, pero solo trajeron humillación. Italia entró en la II Guerra Mundial de la mano de la Alemania nazi y se pasó al bando aliado tras la exitosa invasión británica y estadounidense de Sicilia.

Tras la contienda, la recuperación económica fue posible gracias a las grandes empresas del norte, como Fiat. A pesar de las coaliciones inestables, el terrorismo en la década de 1970 y la corrupción política de la década de 1990 (con numerosos ministros y funcionarios implicados), la segunda mitad del siglo XX fue próspera para Italia. Muchas familias gozaron de un nivel de vida impensable para la generación anterior.

Italia en la actualidad

En junio de 2018, en Italia se formó el primer Gobierno de corte populista de la Europa occidental. El país sigue luchando con un sistema legal increíblemente complicado, una enorme deuda pública y un alto desempleo, y la economía lleva estancada una década.

1 Adolf Hitler y Benito Mussolini ↑

2 Representación dieciochesca de una galería llena de arte italiano

3 Sesión del Senado italiano

4 Fábrica de Fiat en Turín en 1965

1990
Copa Mundial de Fútbol en Italia

1997
Un terremoto daña los frescos de Giotto en Asís

2009
Un terremoto en los Abruzos mata a 314 personas y destruye L'Aquila

2011
La dimisión de Silvio Berlusconi da paso al Gobierno de Mario Monti

2013
Elección del papa Francisco

EXPLORA

Piazza Navona, Roma

NORTE DE ITALIA

La plaza veneciana de San Marcos al anochecer

NORTE DE ITALIA
EN EL MAPA

Esta sección divide el norte de Italia en siete zonas, diferenciadas con un color, como puede verse en el mapa adjunto. En las páginas que siguen se amplía la información de cada zona.

Worgl
Innsbruck
Landeck
AUSTRIA
Sankt Michael im Lungau
Brunico
Malles Venosta
Bressanone
Merano
Spittal an der Drau
Villach
Bolzano
Cortina d'Ampezzo
Tolmezzo
TRENTINO-ALTO ADIGIO
p. 128
ESLOVENIA
FRIUL-VENECIA JULIA
Belluno
Trento
Udine
Vittorio Veneto
Pordenone
Rovereto
Gorizia
EL VÉNETO Y FRIUL
p. 102
Aquileia
Monfalcone
Lago di Garda
Treviso
Trieste
Vicenza
Sirmione
Verona
Mestre
Padua
VENECIA
p. 58
VÉNETO
CROACIA
Mantua
Chioggia
Rovigo
Po
Rovinj
Ferrara
Reggio Emilia
Pula
Módena
Comacchio
Mar Adriático
EMILIA-ROMAÑA
Bolonia
Rávena
Imola
ITALIA
Forlì
Lucca
Prato
Florencia
Arno
Bibbiena
TOSCANA
Volterra
Arezzo
Siena
Campiglia Marittima

CONOCIENDO EL NORTE DE ITALIA

El motor económico de la Italia peninsular abarca una inmensa variedad de paisajes, desde los Alpes, los Dolomitas y los lagos septentrionales hasta los mundialmente famosos viñedos del Piamonte y la espectacular costa de Liguria. En lo urbano domina Venecia, pero también tienen sus atractivos ciudades históricas como Padua, Verona, Mantua y Trieste, y ajetreadas urbes como Milán, Turín y Génova.

PÁGINA 58

VENECIA

Esta increíble ciudad de canales y palacios góticos construida en las orillas cenagosas del mar Adriático es única. En el pasado fue una potencia comercial y naval del Mediterráneo y en la actualidad tiene un nuevo rol. Sus palacios se han convertido en museos, tiendas, hoteles y apartamentos, y sus conventos son ahora centros de restauración de obras de arte. Apenas tiene temporada baja, pero visitar esta mágica ciudad en invierno y recorrer las callejuelas apartadas de las rutas más trilladas es la mejor manera de hallar rincones libres de multitudes.

Lo mejor
Perderse sin preocuparse

Qué ver
San Marcos y el Palazzo Ducale

Experiencias
Una ombra (vaso de vino blanco) con cicchetti (aperitivos) en uno de los bares tradicionales del mercado de Rialto

PÁGINA 102

EL VÉNETO Y FRIUL

El Véneto es una región de extraordinarios contrastes: opone la belleza natural de los Dolomitas y las colinas Euganeas a magníficas ciudades antiguas como Verona, Vicenza y Padua. Aquí se puede combinar fácilmente el turismo con el senderismo, el esquí y la cata de vinos en los numerosos viñedos de la zona. Friul-Venecia Julia es una de las regiones menos visitadas de Italia y produce algunos de los mejores vinos blancos del país.

Lo mejor
Las escapadas románticas y el singular ambiente fronterizo entre Oriente y Occidente de Trieste

Qué ver
El balcón de Julieta, en Verona, y los frescos de Giotto en la Capella degli Scrovegni, en Padua

Experiencias
Una ópera al aire libre en la Arena de Verona

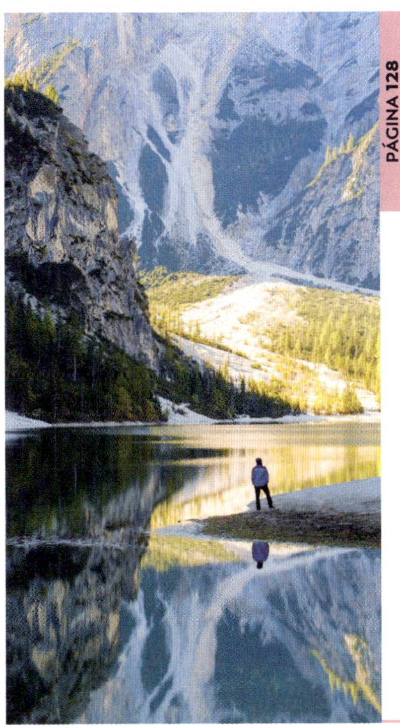

PÁGINA 128

TRENTINO-ALTO ADIGIO

Dominados por los majestuosos picos de los Dolomitas, el Trentino, de habla italiana, y el Alto Adigio o Südtirol, de habla germana, forman la región más septentrional de Italia. Limita con Austria y Suiza, e históricamente ha sido campo de batalla; dan fe de ello los castillos medievales que protegían el valle del Adigio. Gracias a sus espectaculares montañas y sus inmaculados lagos, ríos, bosques y pastos, esta región es una de las mejores para practicar esquí, senderismo y alpinismo.

Lo mejor
Los deportes de aventura en los Dolomitas y los balnearios de la región

Qué ver
Las espectaculares vías ferratas y la estación de esquí de Madonna di Campiglio

Experiencias
Las cervezas artesanales de las numerosas fábricas de Trento

PÁGINA 142

MILÁN

La capital italiana de la moda es una ciudad impecable, rica, activa e internacional. Tiene un centro histórico fabuloso, dominado por la catedral gótica más impresionante de Italia. Es el lugar de creación de obras de arte tan famosas como *La Última Cena*, de Leonardo, y alberga el célebre Teatro alla Scala, meca de la ópera. Es una ciudad ideal para ir de compras, la calidad de sus restaurantes es muy alta y la regeneración de edificios industriales y de barrios venidos a menos, como el de los Navigli, ha aumentado las opciones para salir y divertirse.

Lo mejor
Las compras y los bares elegantes

Qué ver
La Última Cena, *de Leonardo, y el Castello Sforzesco*

Experiencias
La animada vida nocturna del barrio de los Navigli

PÁGINA 162

LOMBARDÍA Y LOS LAGOS

Bordeados por los Alpes y formados por glaciares, los lagos italianos tienen en sus orillas bonitas ciudades, exuberantes villas y magníficos jardines. De los tres grandes lagos, solo el de Como queda enteramente en Lombardía; el Maggiore tiene una parte en el Piamonte, y el de Garda, en el Véneto. Las ciudades históricas de Bérgamo, Pavía, Cremona y Mantua ofrecen otro aspecto de la región y los senderos y picos del Parco Nazionale dello Stelvio son ideales para gozar de la naturaleza.

Lo mejor
Los bellos paisajes lacustres y los deportes acuáticos

Qué ver
Lago de Como, lago de Garda y Mantua

Experiencias
Un recital de violín en Cremona

PÁGINA 180

VALLE DE AOSTA Y PIAMONTE

Colindantes con Francia y bordeados por los Alpes, el Valle de Aosta y el Piamonte pertenecieron a la Casa de Saboya hasta el siglo XVIII y la influencia de la cultura francesa se nota en la cocina y el dialecto. El Valle de Aosta es una región rural, una serie de bellos valles alpinos y picos espectaculares con excelentes estaciones de esquí. El Piamonte se extiende desde la industrial llanura del Po, dominada por la capital, Turín, hasta los viñedos de Barolo y Le Langhe.

Lo mejor

El esquí y el paisaje montañoso

Qué ver

Movimiento slow food, *Parco del Gran Paradiso y Turín*

Experiencias

Salir a buscar trufas o una cata de vinos en Barolo

PÁGINA 200

LIGURIA

Al pie de una cadena montañosa cubierta de viñedos, Liguria posee una de las costas más bellas y espectaculares de Italia, con casas de colores pastel que gozan del sol mediterráneo en un benigno microclima. El tramo más atractivo es la Riviera di Levante, al sur de la ajetreada capital regional, la ciudad portuaria de Génova, entre Camogli y los pueblos de las Cinque Terre. Al norte de Génova, la Riviera di Ponente es una estrecha franja de llanura costera que se extiende hasta la frontera francesa e incluye grandes centros turísticos como San Remo.

Lo mejor

Los baños en el mar y los senderos costeros

Qué ver

Los pueblos costeros de colores pastel de Camogli y las Cinque Terre

Experiencias

Las trofie *(unos fideos rizados típicos de Liguria) con pesto fresco*

Varias góndolas amarradas en el Gran Canal

VENECIA

Venecia, situada en el extremo noroeste de Italia, se convirtió en un provincia bizantina independiente en el siglo X. El trato comercial con Oriente y la victoria en la Cruzada de 1204 le aportaron riqueza y poder, que fue perdiendo a manos de sus rivales turcos y europeos. Hoy comercia con la región del Véneto, que se extiende desde las llanuras hasta los Dolomitas.

Venecia es una de las pocas ciudades del mundo que puede describirse como única. Parece increíble, pero sobrevive contra todo pronóstico edificada sobre varias capas de barro, expuesta a las mareas del Adriático y a frecuentes inundaciones. Durante la Edad Media, bajo el mandato de los dux (magistrados supremos), Venecia expandió su poder e influencia por el Mediterráneo hasta Constantinopla (hoy Estambul). Su inmensa riqueza se reflejó en el arte y la arquitectura de la ciudad.

La opulencia de San Marcos atestigua la posición de Venecia como potencia mundial desde el siglo XII al XIV. Sin embargo, fue perdiendo terreno lentamente ante los nuevos Estados europeos, hasta caer ante Napoleón en el año 1797. Finalmente, Venecia se unió al Reino de Italia en 1866, facilitando la unidad del país por primera vez en su historia.

Su esencia es la misma que hace 200 años. Todavía resuena el eco de los pasos y los gritos de los barqueros. Los únicos motores que se escuchan son los de las barcazas de suministro o los de los *vaporettos* y los taxis acuáticos. Sus calles desgastadas se siguen recorriendo a pie. Más de 20 millones de visitantes sucumben cada año a la magia de este lugar de *calles de agua* y reminiscencias del pasado en cada esquina.

VENECIA

Esencial

1. Basilica di San Marco
2. Palazzo Ducale
3. Santa Maria Gloriosa dei Frari
4. Rialto

Lugares de interés

5. Madonna dell'Orto
6. Ca' d'Oro
7. San Giovanni Grisostomo
8. Santa Maria dei Miracoli
9. San Polo
10. Scuola Grande di San Rocco
11. Ca' Rezzonico
12. San Nicolò dei Mendicoli
13. San Sebastiano
14. Santa Maria della Salute
15. Punta della Dogana
16. Accademia
17. Colección Peggy Guggenheim
18. Santo Stefano
19. Torre dell'Orologio
20. Campanile
21. Museo Correr
22. San Zaccaria
23. Santa Maria Formosa
24. Santi Giovanni e Paolo
25. Estatua de Colleoni
26. Scuola di San Giorgio degli Schiavoni
27. Arsenale
28. Torcello
29. Giudecca
30. San Giorgio Maggiore
31. Murano
32. Burano

Dónde comer

(1) Osteria Alla Ciurma
(2) La Palanca
(3) Osteria Santa Marina
(4) La Zucca
(5) Trattoria dalla Marisa

Dónde beber

(6) Bar Puppa
(7) Al Timon
(8) Bacarando in Corte dell'Orso
(9) Skyline Rooftop Bar
(10) Harry's Dolci

Dónde comprar

(11) Ca' Macana
(12) Papier Mache Venezia
(13) Maschere di Guerrino Lovato

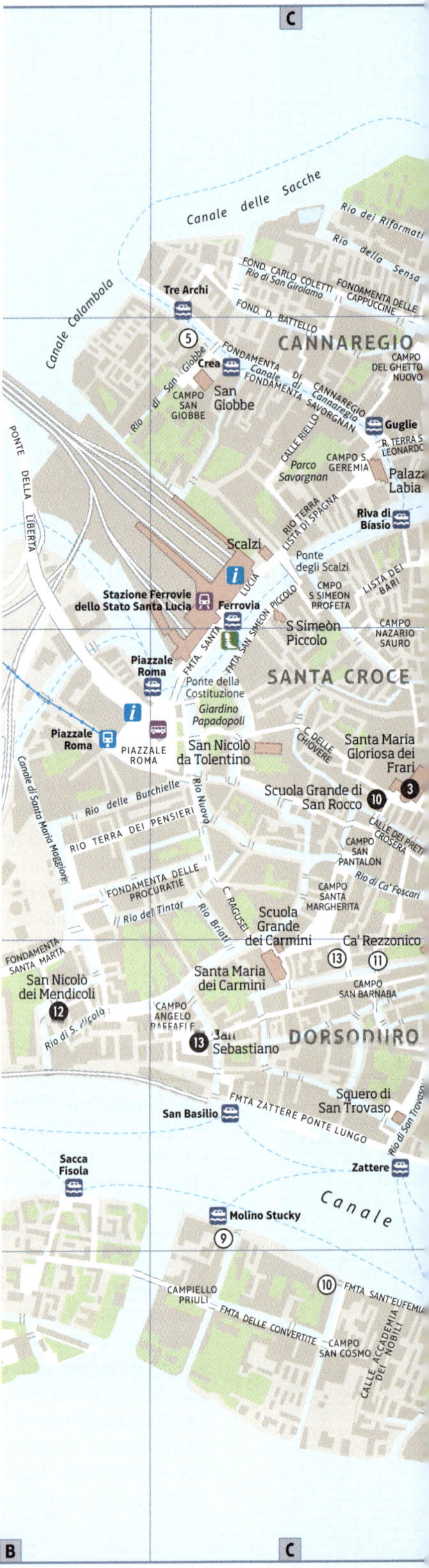

D
E
F
Las islas
Aeropuerto de Venecia
Canale Osellino
Torcello 28
Mazzorbo
Burano 32
Laguna Veneto
Murano 31
Lazzaretto Nuovo
Sant' Erasmo
Área del mapa principal de Venecia
San Michele
Tronchetto
VENECIA
Vignole
Certosa
Lido
Santa Maria delle Grazie
San Servolo
0 km 3
1
2
3
4
5
Canale delle Fondamenta Nuove
Orto
Sant'Alvise
Campo di Sant'Alvise
Campiello Piave
Fmta Madonna dell'Orto
5 Madonna dell'Orto
Fmta della Sensa
Campo dei Mori
Palazzo Mastelli
Sacca della Misericordia
Fmta d. Ormesini
Fond. della Misericordia
Museo Ebraico
Santa Maria della Misericórdia
Fondamenta Nuove
Gesuiti
Campo dei Gesuiti
Fondamente Nove
Campo San Marcuola
San Marcuola
Campo della Maddalena
Strada Nova
Fondaco dei Turchi
San Stae
Campo San Stae
Campo S Felice
Ca' d'Oro 6
Ca' d'Oro
Palazzo Mocenigo
Campo dei Santi Apostoli
Campiello Widman
Calle del Fumo
Fond. dei Mendicanti
Ospedale
Ospedale Civile
Campo S. Maria Nova
Statue of Colleoni
Santa Maria dei Miracoli 8
25
24 Santi Giovanni e Paolo
Campo SS Giovanni e Paolo
Barbaria delle Tole
Rio di San Giovanni Laterano
Celestia
San Francesco della Vigna
Campo d. Celestia
Campo S. Giacomo dell'Orio
Campo San Cassiano
Campo d. Pescheria
Rialto Mercato
San Giovanni Grisostomo 7
4 Rialto
Campo S. Bartolomeo
Campo San Marina
SAN POLO
Sant'Aponàl
Ruga Vecchia S. Giovanni
Riva del Vin
Rialto
Campo Santa Maria Formosa
CASTELLO
San Lorenzo
Campo S. Ternita
Campo San Polo
9 San Polo
Campo San Silvestro
San Silvestro
Riva del Carbon
San Salvatore
Sal. San Lio
23 Santa Maria Formosa
Ruga Giuffa
Campo San Lorenzo
26 Scuola di San Giorgio degli Schiavoni
Arsenale 27
Campo San Toma
San Tomà
Gran Canal
Sant'Angelo
Museo Fortuny
Campo San Luca
Calle dei Fabbri
Merceria
San Zulian
Spadaria
Sal. dei Greci
22 San Zaccaria
Campo Bandiera e Moro
Campo Arsenale
Campo Manin
Scala Contarini del Bovolo
Torre dell' Orologio 19
1 Basilica di San Marco
Campo S. Zaccaria
San Giovanni in Bragora
Campo Sant'Angelo
SAN MARCO
Campo S. Fantin
Campanile 20
Sal San Samuele
Museo Correr 21
Piazza San Marco
2 Palazzo Ducale
Riva degli Schiavoni
San Samuele
18 Santo Stefano
Teatro La Fenice
San Zaccaria
Arsenale
Riva Ca' di Dio
Campo Santo Stefano
Campo San Maurizio
Calle Larga XXII Marzo
Campo San Moise
Ca' Rezzonico
San Marco-Vallaresso
San Marco-Giardinetti
Campo San Biagio
Accademia
Campo San Vidal
Ponte dell'Accademia
Giglio
Salute
Bacino di San Marco
Canale di San Marco
16 Accademia
Campo San Vio
17 Colección Peggy Guggenheim
Santa Maria della Salute 14
15 Punta della Dogana
Rio Terra d. Catecumeni
Campo San Giorgio
San Giorgio
30 San Giorgio Maggiore
Fmta Zattere ai Gesuati
Fmta Zattere allo Spirito Santo
Spirito Santo
Hotel Cipriani
della Giudecca
Zitelle
Fondamenta d. Zitelle
Le Zitelle
VENECIA
Palanca
Ponte Lungo
Redentore
Fondamenta San Giacomo
Fondamenta della Croce
C. d. Croce
29 Giudecca
LA GIUDECCA
0 metros 400
N

1

3

2

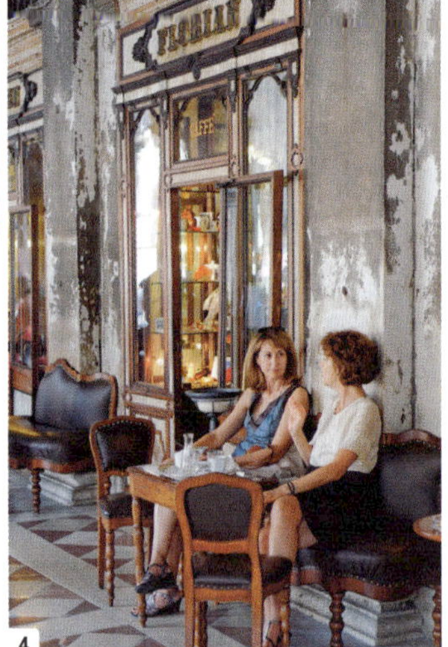

4

→

1 Paseo en Góndola bajo el puente de Rialto

2 Soplado del vidrio en Murano

3 Líneas de casas de color pastel en el canal, Burano

4 Café en el Caffè Florian

2 DÍAS

Un fin de semana en Venecia

Día 1

Mañana La jornada comienza en el ajetreado mercado de Rialto *(p. 82)*, con una parada a media mañana para unos *cicchetti* (aperitivos) y *prosecco* en uno de sus bares de vinos. A continuación, tomar el *vaporetto* a lo largo del Gran Canal. No solo es uno de los mejores (y más rápidos) medios para moverse por Venecia, sino también uno de los más baratos, lo que es una bendición cuando se está en una de las ciudades más caras del mundo. La línea 1 lleva a San Marco en 25 minutos, y desde aquí hay un corto paseo hasta la basílica de San Marcos *(p. 72)*. Hay visitas guiadas a diario en varios horarios, pero los mosaicos se aprecian mejor con la luz matinal. No hay que perderse el tesoro, que incluye joyas, relicarios y piezas islámicas y bizantinas de tiempo de las Cruzadas. Después hay que ir al adyacente Palazzo Ducale *(p. 76)* para admirar las pinturas de Tiziano, Tintoretto y el Veronés y las opulentas estancias que ocupaba el dux.

Tarde Tras un reparador almuerzo, se explora el distrito de San Polo *(p. 86)*, el menor *sestiere* veneciano, antes de encaminarse al magnífico templo gótico de Santa Maria Gloriosa dei Frari *(p. 80)* para ver *La Asunción de la Virgen* de Tiziano.

Noche El día termina con un *spritz* de Campari a modo de aperitivo en el siempre animado Campo Santa Margherita *(p. 100)*.

Día 2

Mañana Acabado el desayuno, la ruta empieza en el *sestiere* de Dorsoduro para visitar Ca' Rezzonico *(p. 87)*, palacio convertido en museo del siglo XVIII veneciano. El viaje en el tiempo sigue en la Accademia *(p. 90)*, que exhibe arte anterior al siglo XIX, y se completa con la Colección Peggy Guggenheim *(p. 90)*, una excepcional selección de pintura y escultura modernas. Conviene estimularse con un expreso en la cafetería del Guggenheim antes de lanzarse a un pintoresco zigzagueo callejero hacia Fondamente Nuove, de donde salen los *vaporetti* que recorren el sector norte de la laguna. De camino hay que parar en la iglesia renacentista de Santa Maria dei Miracoli *(p. 85)* y comerse unos espaguetis con almejas en la *trattoria* Da Rioba *(Fondamenta de la Misericordia 2553)*, al lado del canal en Cannaregio.

Tarde Con el estómago lleno, conviene tomar el *traghetto* (ferri) a la isla de Torcello *(p. 96)*, tan pequeña como hermosa, cuya iglesia de Santa Maria Assunta posee algunos de los más deslumbrantes mosaicos de Venecia. Destacan las representaciones de ángeles, diablos, bestias y fuego infernal en el *Juicio Universal* que ocupa el muro oeste.

Noche El camino para ir a cenar a Locanda Cipriani *(p. 66)* ofrece unas inolvidables vistas de la ciudad.

Parco delle Rimembranze

Apartado de las calles masificadas, este parque público en la isla de Sant'Elena es un refugio de tranquilidad y verdor. Está dedicado a los soldados venecianos muertos en la II Guerra Mundial. Sus senderos se extienden entre los árboles y alrededor de bancos y estatuas de personajes ilustres. Es el lugar perfecto para relajarse al aire libre y disfrutar de buenas vistas de la laguna.

Vista de la laguna desde el Parco delle Rimembranze

LUGARES TRANQUILOS DE VENECIA

Un viaje a Venecia quedaría incompleto sin algunos de sus atractivos más turísticos. Pero a solo unos pasos de los lugares atestados de grupos organizados hay otros asombrosamente tranquilos. Desde antiguas iglesias a plácidos jardines, estos sitios invitan a conocerlos con calma.

San Lazzaro degli Armeni

Toma su nombre de san Lázaro, patrón de los leprosos. Esta pequeña isla de la laguna fue habitada en el siglo XVIII por un monje armenio que construyó un monasterio, una iglesia y una biblioteca, todos ellos entre idílicos jardines. Hoy los monjes ofrecen visitas guiadas a este sereno complejo.

→

Isla de San Lazzaro degli Armeni

CONSEJO DK
Eludir los cruceros

Los cruceros traen riadas de gente a Venecia. Conviene consultar en Internet las llegadas *(www.ports.cruisett.com)* para ir de visita en los días más tranquilos.

Palazzo Grimani

Residencia original del dux Antonio Grimani, el Palazzo Grimani combina rasgos toscanos y romanos con arquitectura de tradición veneciana. El interior está bellamente decorado con espléndidos estucados y frescos de artistas manieristas como Francesco Salviati, Francesco Menzocchi y Federico Zuccari.

→ La galería escultórica del Palazzo Grimani

Palazzo Mocenigo

Antiguo hogar de una de las familias más antiguas de la ciudad, ofrece una de las escasas oportunidades de visitar un *palazzo* en impecable estado de conservación. El Museo del Tejido abierto en su interior muestra refinadas telas y elegantes prendas de los siglos XVI y XVII, embellecidos con bordados y encajes.

← Vestidos exhibidos en el Museo del Tejido del Palazzo Mocenigo

Chiesa di Santo Stefano

Campo Santo Stefano suele estar lleno de turistas comiendo y bebiendo en las numerosas cafeterías que hay de camino al puente de la Accademia, pero el silencioso interior de la iglesia del siglo XIV que lleva el mismo nombre de la plaza es un remanso de paz.

→ Nave principal de la Chiesa di Santo Stefano

Bacari

Típicos de Venecia, los *bacari* son bares a los que los lugareños van para tomar el aperitivo y *cicchetti* (tapas). Los venecianos suelen frecuentarlos tras el trabajo o para tomar algo con los amigos antes de cenar. **Los *bacari* más selectos:** *Al Bottegon* (Fondamenta Nani 992), *Ai DiVini* (Fondamenta Trapolin 5905) y *Osteria al Squero* (Dorsoduro 943-4).

Un camarero preparando platos de *cicchetti* en un *bacari*

VENECIA PARA COMIDISTAS

Cerca de Piazza San Marco hay *trattorias* de barrio en las que los lugareños consumen espaguetis. Las heladerías de la ciudad ofrecen sus delicias a todas horas, mientras que los *sestieri* (distritos) periféricos ofrecen *bacari* (bares) con sugerentes *spritz* de Campari y aperitivos.

MERCADO DE RIALTO

Para hacer como un veneciano, hay que visitar el mercado de Rialto, con sus coloridos puestos de frutas y vegetales a lo largo del Gran Canal en San Polo. Al lado se halla Pescaria, el mercado de pescado, en el que por las mañanas los pescadores venden sus capturas diarias de pulpo, calamar, cangrejos y pez espada. Abierto a diario salvo los domingos, es mejor vistar el mercado por la mañana temprano, cuando hay mejor oferta. Además, por la tarde apenas quedan puestos.

Cena de postín

Hay muchas opciones para una cena de postín en Venecia, destino predilecto de ricos y famosos. Suele haber estrictas normas de vestimenta, que conviene preguntar al reservar. **Lugares para una cena de postín:** *Locanda Cipriani (*Piazza Santa Fosca, Torcello), *Antica Osteria Cera* (Via Marghera 24) y *Venissa* (Fondamenta di Santa Caterina 3).

Bares

En ellos se congregan los venecianos para desayunar café y cruasanes. Si se entra a uno antes de las 11.00, lo suyo es pedir un cremoso *cappucino*. Después de esa hora, se impone un expreso o un *macchiato* (expreso con una cucharada de espuma de leche). **Los mejores bares de Venecia:** *Bar Puppa* (p. 85), *Bar Pasticceria di Chiusso Pierino* (Salizzada dei Greci 3306), *Tonolo* (Calle S. Pantalon 3764).

↓ Café y romanticismo junto a los canales en Venecia

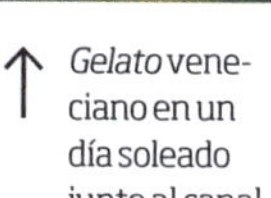

↑ *Gelato* veneciano en un día soleado junto al canal

Gelaterie

El *gelato* (helado) es un estilo de vida en Venecia, donde los lugareños quedan para tomarse uno a cualquier hora del día. ***Gelaterie* más recomendables de Venecia:** *Grom gelato* (Campo San Barnaba), *Boutique del Gelato* (Salizzada San Lio 5727) y *Gelateria Nico* (Fodamenta Zattere al Ponte Longo 922).

Trattorias y osterias

Las *trattorias* venecianas son pequeñas, de propiedad familiar y con cartas breves, mientras que las *osterias* suelen centrarse en los vinos y ofrecer menú del día. **Las mejores *trattorias* y *osterias* de Venecia:** *La Vedova* (Calle Cà d'Oro 3912), *Al Timon (p. 85)* y *Alla Ciurma* (Calle Galiazza 406/A)

← Venissa, uno de los muchos restaurantes para una cena de lujo en Venecia

→ Mesas en la terraza de una *osteria* en una colorida calle veneciana

EL GRAN CANAL
DE SANTA LUCIA AL RIALTO

La mejor forma de ver el Gran Canal es en vaporetto. Lo recorren dos líneas. Los palacios que lo flanquean fueron edificados en el espacio de cinco siglos, de modo que ofrecen un repaso a la historia de la ciudad.

El Gran Canal serpentea por el corazón de Venecia y conecta sus distintos barrios. Desde tiempos remotos, fue una ruta clave para el comercio y el transporte, por lo que las familias ricas construyeron sus palacios en sus márgenes. El más espectacular de este tramo es la gótica Ca' d'Oro, cuya fachada estuvo revestida en tiempos con elementos dorados. Santa Lucía, la estación de tren, une la ciudad con la península.

Vista del Ponte degli Scalzi y San Geremia al fondo. ↑

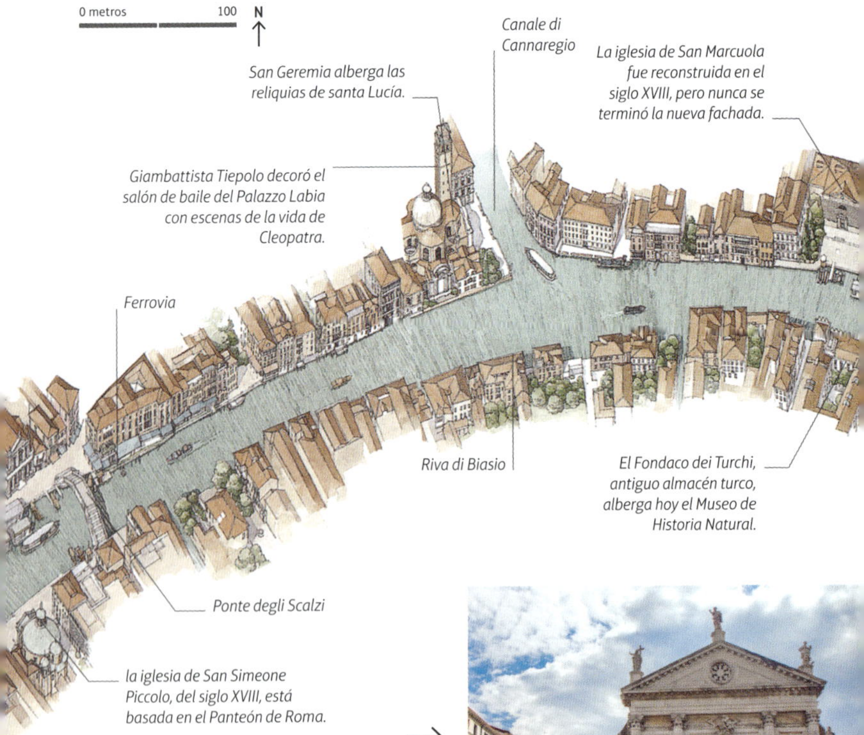

0 metros 100 N

Canale di Cannaregio

San Geremia alberga las reliquias de santa Lucía.

La iglesia de San Marcuola fue reconstruida en el siglo XVIII, pero nunca se terminó la nueva fachada.

Giambattista Tiepolo decoró el salón de baile del Palazzo Labia con escenas de la vida de Cleopatra.

Ferrovia

Riva di Biasio

El Fondaco dei Turchi, antiguo almacén turco, alberga hoy el Museo de Historia Natural.

Ponte degli Scalzi

la iglesia de San Simeone Piccolo, del siglo XVIII, está basada en el Panteón de Roma.

→

La fachada barroca de San Stae, profusamente decorada con estatuas

↑ Esculturas del interior del magnífico palacio Ca' d'Oro

LAS GÓNDOLAS DE VENECIA

La góndola forma parte de Venecia desde el siglo XI. Con su esbelto casco y plano interior, está perfectamente adaptada para surcar los estrechos y poco profundos canales. La proa está ligeramente curvada a la izquierda, para contrarrestar la acción del remo y evitar que gire en redondo. En 1562 se decretó que todas las góndolas fueran negras para evitar ostentaciones de riqueza. En ocasiones especiales se decoran con flores.

El compositor alemán Richard Wagner murió en el Palazzo Vendramin Calergi en 1883.

La Ca' d' Oro, con su delicada tracería gótica, es de los palacios más bonitos de Venecia.

En la fachada del Palazzo Sagredo se combinan arcos bizantinos y góticos.

La fachada de San Stae está adornada con estatuas.

Puente de Rialto

El palacio barroco Ca' Pesaro alberga una galería de arte moderno.

La Pescheria ha albergado el mercado de pescado durante seis siglos.

↑ Vista aérea del Gran Canal desde Santa Lucia hasta el Rialto

EL GRAN CANAL
DEL RIALTO A SAN MARCOS

Tras pasar el Rialto, el río se dobla sobre sí mismo en un tramo conocido como *La Volta*. Luego se ensancha y la vista se hace espectacular al acercarse a San Marcos. Puede que las fachadas y los cimientos estén desgastados por las mareas, pero el canal sigue siendo bellísimo.

El barrio que rodea el puente del Rialto es el más antiguo y transitado de la ciudad. Esta zona, tradicional centro comercial, aún sigue alojando junto al canal mercadillos de comida junto a los abarrotados muelles. Tras pasar la espléndida curva de *La Volta*, la vista del Gran Canal es una de las más bonitas de Venecia. Cerca de la desembocadura se encuentra la magnífica iglesia de La Salute con la transitada dársena de San Marcos de fondo.

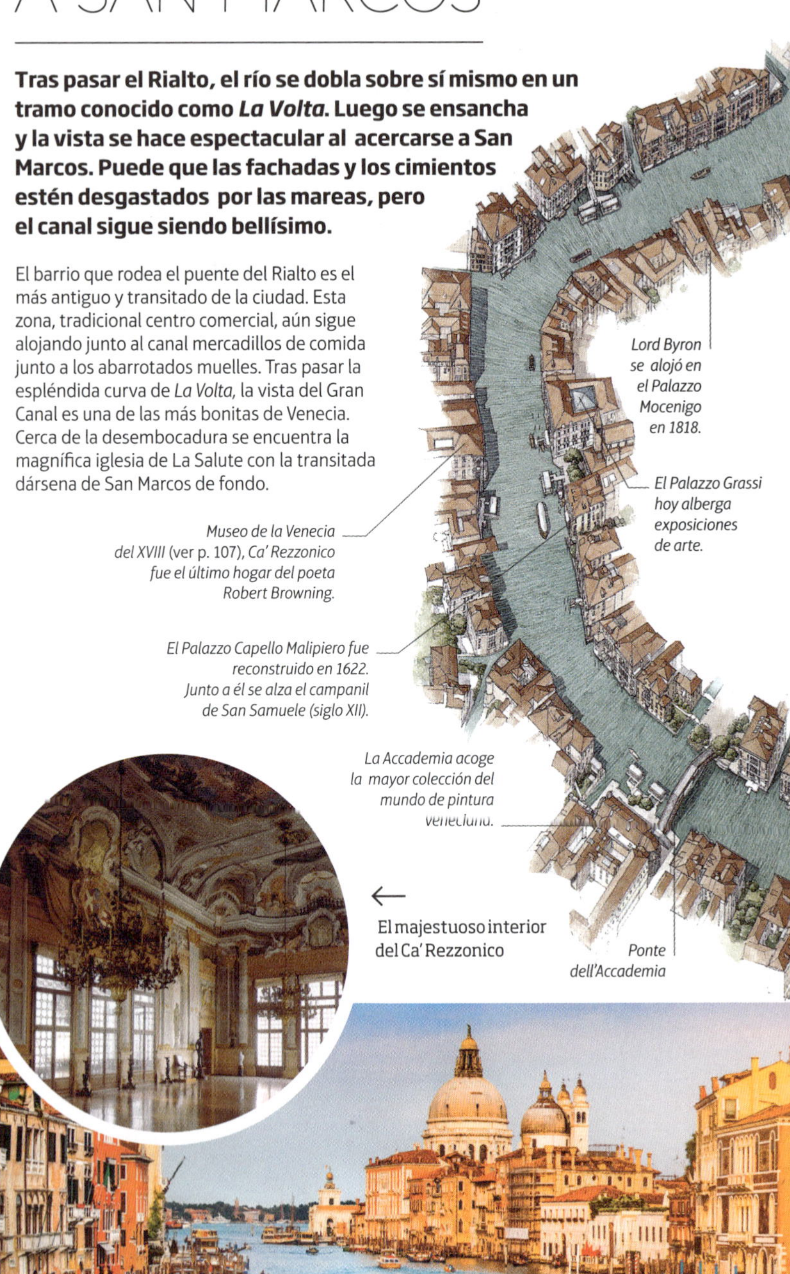

Museo de la Venecia del XVIII (ver p. 107), *Ca' Rezzonico fue el último hogar del poeta Robert Browning.*

Lord Byron se alojó en el Palazzo Mocenigo en 1818.

El Palazzo Grassi hoy alberga exposiciones de arte.

El Palazzo Capello Malipiero fue reconstruido en 1622. Junto a él se alza el campanil de San Samuele (siglo XII).

La Accademia acoge la mayor colección del mundo de pintura veneciana.

Ponte dell'Accademia

← El majestuoso interior del Ca' Rezzonico

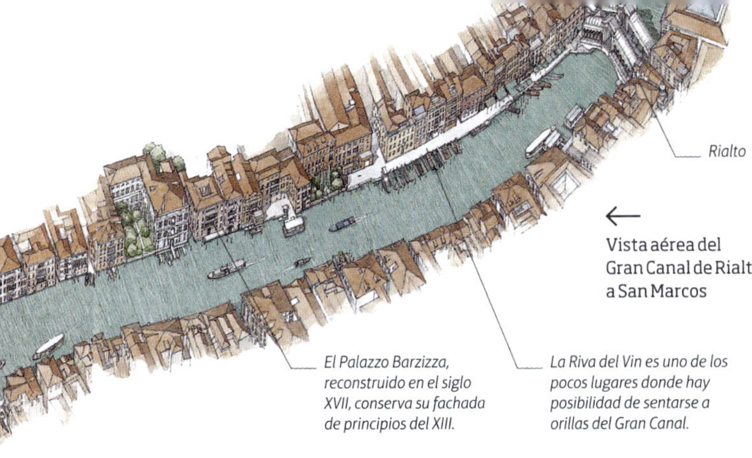

Rialto
El Palazzo Barzizza, reconstruido en el siglo XVII, conserva su fachada de principios del XIII.
La Riva del Vin es uno de los pocos lugares donde hay posibilidad de sentarse a orillas del Gran Canal.

← Vista aérea del Gran Canal de Rialto a San Marcos

LA MEJOR FOTO
Gran Canal

Para hacer una foto emblemática del Gran Canal, el mejor lugar es el Ponte dell'Accademia. Hay que llegar aproximadamente media hora antes del ocaso y apuntar la cámara hacia San Marcos y Santa Maria della Salute.

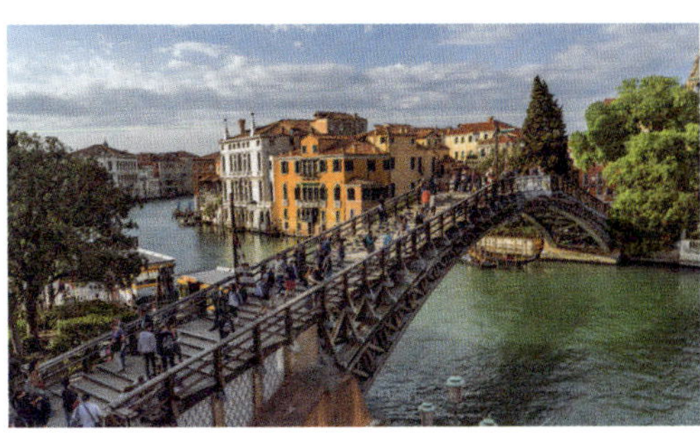

↑ Un grupo de gente cruza el canal por el Ponte dell'Accademia

El Palazzo Gritti-Pisani es ahora un lujoso hotel.

Harry's Bar, fundado en 1931 por Giuseppe Cipriani, es famoso por sus cócteles.

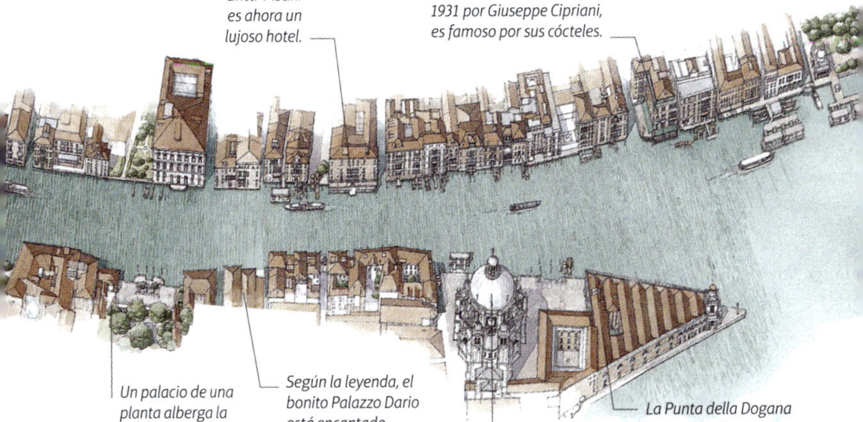

Un palacio de una planta alberga la gran colección de de arte moderno de Peggy Guggenheim.

Según la leyenda, el bonito Palazzo Dario está encantado. Muchos de sus propietarios murieron prematuramente o perdieron su fortuna.

La Punta della Dogana (aduana), alberga una colección de arte contemporáneo.

Cerca de un millón de pilotes de madera soportan el peso de la iglesia barroca Santa Maria della Salute.

← Vista panorámica del Gran Canal hacia Santa Maria della Salute

0 metros 100 N

1

BASILICA DI SAN MARCO

E3 Piazza San Marco San Marco 9.30-17.00 lu-sá, 14.00-16.30 do
basilicasanmarco.it

Oscura, misteriosa y repleta de tesoros de la conquista veneciana, la famosa basílica combina estilos arquitectónicos y decorativos de Oriente y Occidente en una de las grandes construcciones del continente. En su interior, la iglesia bizantina está recubierta de mosaicos dorados, iconos y relieves en mármol.

Exterior de San Marcos

San Marcos, con planta de cruz griega y coronada por cinco grandes cúpulas, debe su esplendor oriental a los numerosos tesoros del imperio veneciano de ultramar. Entre ellos se encuentran las copias de los caballos de bronce traídos de Constantinopla en 1204 y numerosas columnas, bajorrelieves y mármoles policromados repartidos por la fachada. Mosaicos de distintas épocas adornan las cinco puertas, mientras que el pórtico principal está enmarcado por uno de los relieves románicos (1240-1265) más bellos de Italia. La construcción data del siglo IX, pero la iglesia actual es la tercera levantada en este lugar.

↑ Relieves románicos rodean los arcos del pórtico principal

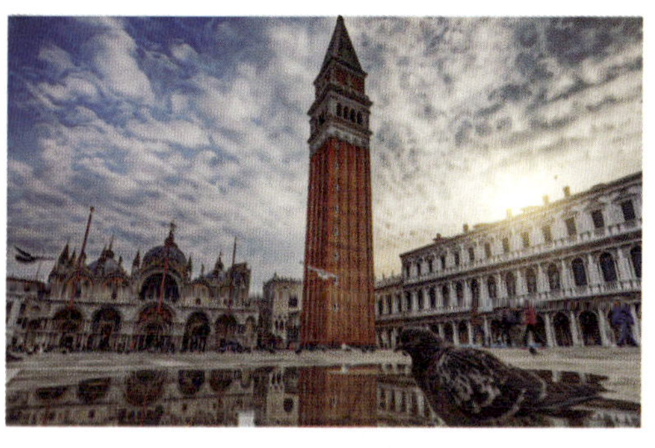

San Marcos debe su esplendor oriental a los numerosos tesoros del imperio veneciano de ultramar.

Fachada y campanil de la basílica, vistos desde Piazza San Marco

Cronología

828-978

▲ Se levanta una iglesia para acoger las reliquias de san Marcos, robadas en Alejandría. Se quema en el 976 y se rehace en el 978

978-1117

▲ Una gran basílica, la *Casa de San Marcos,* sustituye a la iglesia, en un reflejo del creciente poder de Venecia

1117-c.1300

▲ Se añaden 4.240 m² de mosaicos dorados a las cúpulas, paredes y suelos de la basílica

1807

▲ San Marcos pasa de capilla privada de los dux a catedral de Venecia en 1807, en sustitución de San Pietro di Castello

Esencial ☆

Mármoles policromados adornan el exterior de la basílica

Interior de la basílica

El magnífico interior de San Marcos está repleto de mosaicos, que comienzan en el nártex o atrio de la basílica y culminan en los paneles de las cúpulas de Pentecostés y la Ascensión. La cúpula del Génesis, en el atrio, cuenta con una Creación descrita en círculos concéntricos. El pavimento es de mosaicos de mármol y cristal. Los escalones desde el atrio llevan al Museo Marciano, que alberga los caballos de la basílica. Otros tesoros incluyen la Pala d'Oro, el icono Nicopeia y las piezas de plata, oro y cristal del Tesoro.

Las estatuas de San Marcos y los ángeles, que coronan el arco central, son de principios del XV.
La cúpula de Pentecostés fue probablemente la primera en decorarse con mosaicos.
Los cuatro caballos de San Marcos son réplicas de los originales de bronce, ahora en el museo de la basílica.

El magnífico interior de San Marcos está repleto de mosaicos, que culminan en los paneles de las cúpulas de Pentecostés y la Ascensión.

→

Mosaico de Cristo en la Gloria en la gran cúpula de la Ascensión

La cúpula de la Ascensión tiene un mosaico del siglo XIII con Cristo rodeado de ángeles, los 12 apóstoles y la Virgen María.
Las columnas de alabastro del baldaquino del altar están adornadas con escenas del Nuevo Testamento.
El cuerpo de san Marcos, que se creía perdido en el incendio del 976, reapareció en este lugar en 1094, cuando se consagró la nueva iglesia.
Pavimento de mosaico con aves y animales.
El Tesoro alberga valiosos objetos de Italia y Constantinopla.

PALA D'ORO

Tras la Cappella di San Clemente se encuentra la entrada al mayor tesoro de San Marcos: la Pala d'Oro. Este retablo tachonado de joyas consiste en 250 esmaltes en pan de oro, con un marco de plata dorada. Napoleón robó algunas de las gemas en el año 1797, pero el retablo conserva todavía perlas, rubíes y zafiros.

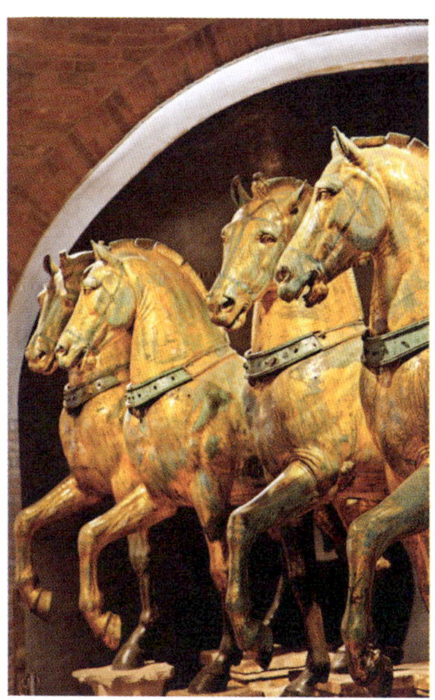

Mosaicos

Los mosaicos más antiguos, del siglo XII, son obra de artesanos de Oriente. Sus delicadas técnicas pronto fueron adoptadas por artesanos venecianos, que poco a poco se encargaron de la decoración de la basílica combinando la inspiración bizantina con influencias occidentales. Durante el siglo XVI se reprodujeron en mosaico muchos bocetos de Tintoretto, Tiziano, el Veronés y otros artistas importantes.

Museo Marciano

La indicación Loggia dei Cavalli lleva al Museo Marciano, desde cuya galería se disfruta de una fantástica vista de la basílica. La estrella del museo son los caballos de bronce, robados del hipódromo de Constantinopla en 1204.

Los caballos de bronce se exponen en el Museo Marciano

2 

PALAZZO DUCALE

E3 Piazza San Marco 1 San Marco 8.30-17.30 diario (abr-oct: hasta 19.00); última entrada: 1 hora antes del cierre 1 ene, 25 dic visitmuve.it

El Palazzo Ducale, en el que se combinan la arquitectura bizantina, gótica y renacentista, fue la residencia oficial de los 120 dux que gobernaron Venecia del 697 a 1797. Artistas como Tiziano, Tintoretto y Bellini rivalizaron por embellecer el palacio con pinturas y esculturas, al igual que los arquitectos Antonio Rizzo y Pietro Lombardo, responsable este último de la fachada occidental.

El Palazzo Ducale se erigió en el siglo IX a modo de fortaleza. Pese a los incendios que sufrió en el siglo XVI, el edificio actual debe su apariencia exterior a las obras realizadas en el siglo XIV y principios del XV. Para crear esta obra gótica de gran ligereza, los venecianos rompieron con la tradición, al colocar la masa del palacio (de mármol veronés rosa) sobre un calado de logias y porches (de piedra blanca de Istria).

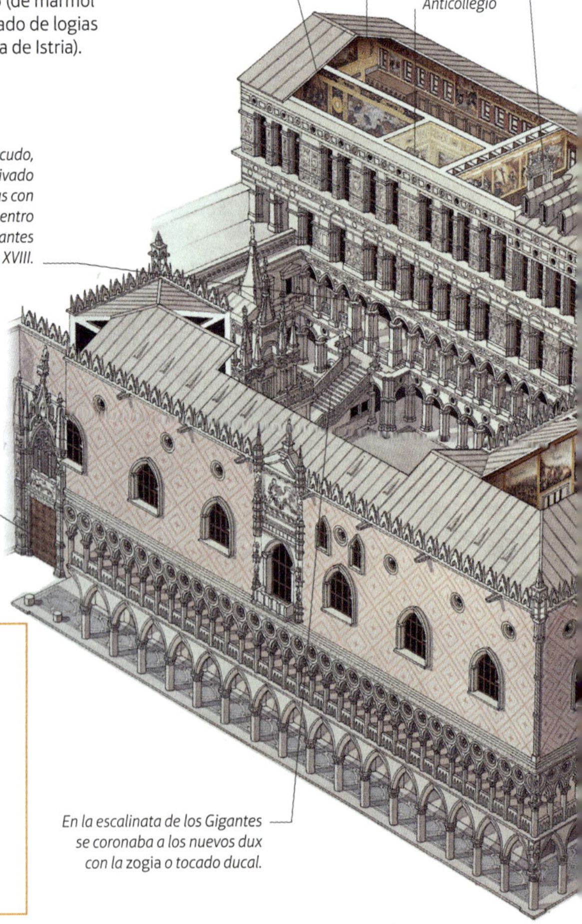

Sala del Senato

Sala delle Quattro Porte

Sala del Collegio

Anticollegio

Las paredes de la Sala dello Scudo, antiguo aposento privado del dux, están cubiertas con mapamundis. En el centro hay dos globos gigantes del siglo XVIII.

La Porta della Carta fue la entrada principal al palacio.

En la escalinata de los Gigantes se coronaba a los nuevos dux con la zogia o tocado ducal.

CONSEJO DK
Evitar colas

Para evitar las colas en el Palazzo Ducale, es recomendable comprar la entrada antes en Internet. Si no, en el Museo Correr se puede adquirir una entrada combinada para evitar la espera.

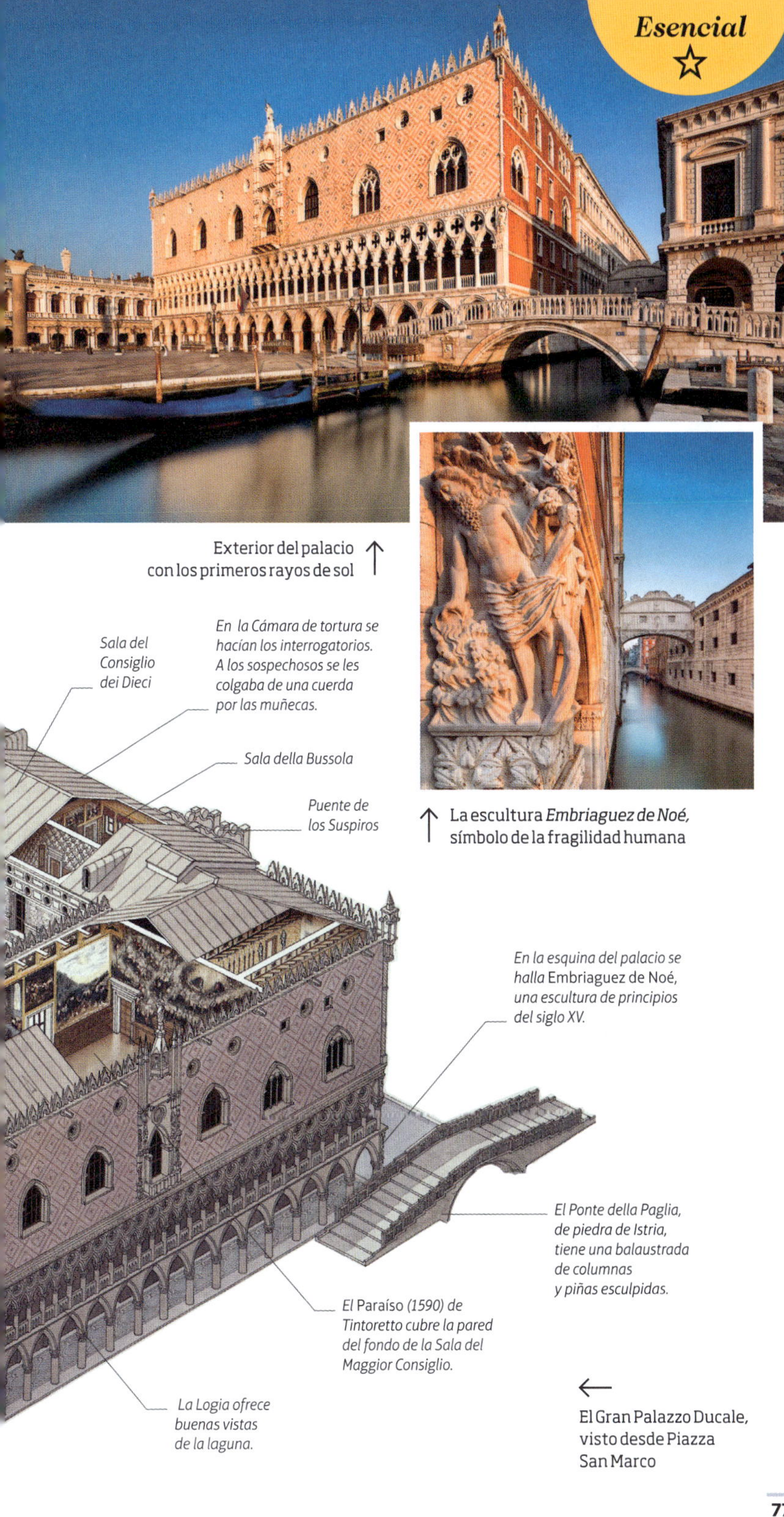
Esencial
Sala del Consiglio dei Dieci
En la Cámara de tortura se hacían los interrogatorios. A los sospechosos se les colgaba de una cuerda por las muñecas.
Sala della Bussola
Puente de los Suspiros
En la esquina del palacio se halla Embriaguez de Noé, una escultura de principios del siglo XV.
El Ponte della Paglia, de piedra de Istria, tiene una balaustrada de columnas y piñas esculpidas.
El Paraíso (1590) de Tintoretto cubre la pared del fondo de la Sala del Maggior Consiglio.
La Logia ofrece buenas vistas de la laguna.

↑ Exterior del palacio con los primeros rayos de sol

↑ La escultura *Embriaguez de Noé,* símbolo de la fragilidad humana

← El Gran Palazzo Ducale, visto desde Piazza San Marco

Visitando el palacio Ducal

La visita al palacio recorre cámaras y salones profusamente decorados, distribuidos en cuatro plantas, y culmina con el puente de los Suspiros y los calabozos. La visita *Recorridos Secretos* permite acceder a partes normalmente cerradas, como la celda de la que se escapó Casanova.

Apartamento ducal y salas institucionales

La residencia privada del dux, en la segunda planta, se construyó tras el incendio de 1483. Saqueada por orden de Napoleón, carece de mobiliario, pero los fastuosos techos y las repisas labradas de las chimeneas dan idea de cómo vivían los dux. La Sala dello Scudo contiene mapas y cartas, mientras que la galería de las fotografías alberga incoherentes paneles demoniacos en madera de Hieronymus Bosch, el Bosco.

La Scala d'Oro lleva al tercer piso y a las salas institucionales. En la Sala del Consiglio dei Dieci, el poderoso consejo creado en 1310 se reunía para investigar y juzgar delitos relacionados con la seguridad del Estado. Napoleón robó algunas de las obras del

Rapto de Europa, del Veronés, en la cámara Anticollegio

→

La magnífica Sala del Maggior Consiglio, con el *Paraíso* de Tintoretto

↑ Un frío pasillo lleva a las celdas en la prisión del palacio

¿QUIÉN PODÍA UNIRSE AL GRAN CONSEJO?

A mediados del siglo XVI, el Gran Consejo tenía alrededor de 2.000 miembros. Cualquier noble veneciano de más de 25 años podía pertenecer a él, a no ser que se casara con una plebeya. Desde 1646, los comerciantes o profesionales podían comprar su pertenencia con 100.000 ducados.

Veronés del techo, pero dos de los más bonitos volvieron en 1920: *Juventud y Vejez* y *Juno derramando sus dones sobre Venecia* (ambos de 1553-1554).

El magnífico Anticollegio era la sala de espera para quienes iban a reunirse con el Consejo. Las paredes del fondo están decoradas con escenas mitológicas de Tintoretto: *Forja de Vulcano, Tres Gracias y Mercurio, Baco y Ariadna* y *Minerva aleja a Marte*, todas pintadas en 1578. La obra del Veronés *Rapto de Europa* (1580), en el lado opuesto a la ventana, es la más llamativa de las obras del palacio.

En la Sala della Bussola estaban las cabezas de león, en las que se podían dejar denuncias anónimas por delitos reales o imaginarios. La puerta de madera lleva a las salas de los diez consejeros, la de los inquisidores, la cámara de tortura y la prisión.

La estrella del palacio es la monumental Sala del Maggior Consiglio, en la que se reunía el Gran Consejo para votar sobre asuntos constitucionales, aprobar leyes y elegir a los altos cargos de la Serenísima República. El enorme *Paraíso* (1587-1590) de Tintoretto ocupa la pared oriental. Con unas medidas de 7,45 por 24,65 metros, es uno de los óleos más grandes del mundo. El friso de las paredes muestra a 76 dux, obra de discípulos de Tintoretto. El retrato cubierto por una cortina es de Marin Falier, decapitado por traición en 1355.

¿Lo sabías?

El mujeriego Casanova escapó de las prisiones del palacio a través de un agujero en el techo de su celda.

Prisiones

El puente de los Suspiros une el palacio con las denominadas Nuevas Prisiones, construidas entre 1556 y 1595. En lo alto del palacio, justo debajo del tejado de plomo, se sitúan las celdas *piombi* (de plomo). Los prisioneros estaban aquí más cómodos que en las *pozzi*, ubicadas en el frío y húmedo sótano. Las celdas sin ventanas aún estás cubiertas con pintadas de los reos.

SANTA MARIA GLORIOSA DEI FRARI

C3 Campo dei Frari San Tomà 9.00-18.00 lu-sá, 13.00-18.00 do y festivos religiosos 1 ene, 25 dic y misa chorusvenezia.org

Comúnmente conocida como el Frari (deformación de *frati*, hermanos), esta vasta iglesia gótica empequeñece el este de San Polo. El espacioso interior impresiona por su tamaño y por la calidad de sus piezas de arte, con obras maestras de Tiziano y Giovanni Bellini, una estatua de Donatello y varios sepulcros.

La primera iglesia fue construida por monjes franciscanos en 1250-1338, pero otra mucho mayor la reemplazó en el siglo XV. El laberíntico monasterio y sus patios, aledaños a la iglesia, han albergado el Archivo Estatal de Venecia desde la caída de la República. Sus 300 salas están llenas de valiosos documentos de la historia de la ciudad desde el siglo IX.

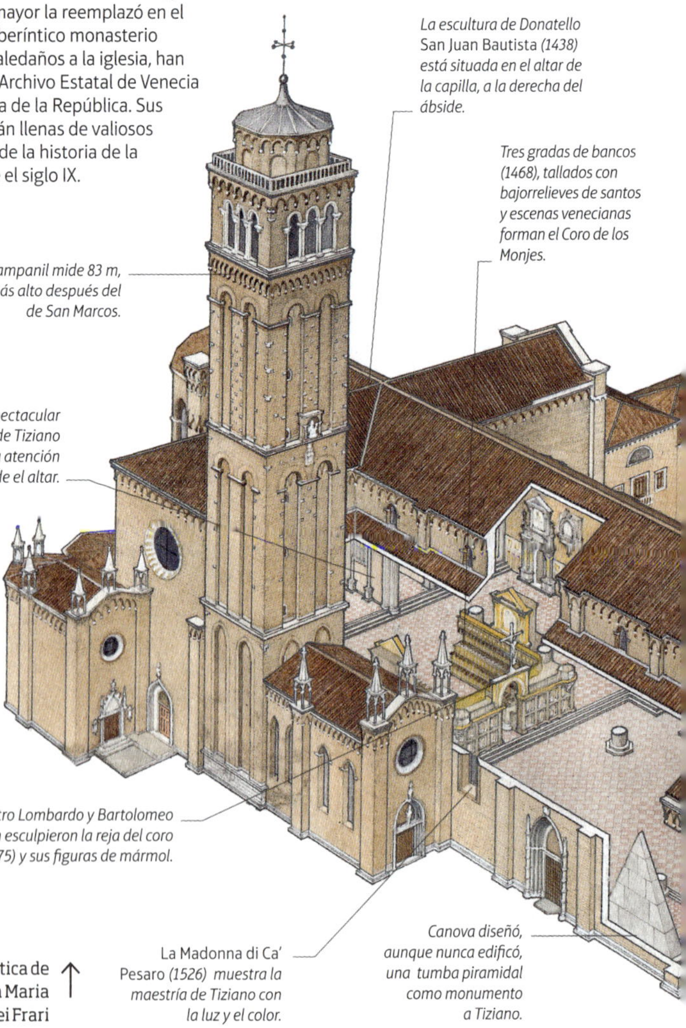

La escultura de Donatello San Juan Bautista *(1438) está situada en el altar de la capilla, a la derecha del ábside.*

Tres gradas de bancos (1468), tallados con bajorrelieves de santos y escenas venecianas forman el Coro de los Monjes.

El campanil mide 83 m, el más alto después del de San Marcos.

La espectacular Asunción *de Tiziano (1518) llama la atención desde el altar.*

Pietro Lombardo y Bartolomeo Bon esculpieron la reja del coro (1475) y sus figuras de mármol.

La Madonna di Ca' Pesaro *(1526) muestra la maestría de Tiziano con la luz y el color.*

Canova diseñó, aunque nunca edificó, una tumba piramidal como monumento a Tiziano.

La iglesia gótica de Santa Maria Gloriosa dei Frari ↑

1 La entrada de Santa Maria Gloriosa dei Frari da al canal Rio dei Frari

2 La famosa *Asunción* de Tiziano domina el ábside

3 El retablo de la sacristía, *La Virgen y el Niño* (1488), de Bellini, es una de las pinturas renacentistas más bellas de Venecia

4 El antiguo monasterio de la iglesia alberga el Archivo Estatal de Venecia

4

RIALTO

E3 Rialto

El corazón comercial de Venecia debe su nombre a *rivo alto* (ribera alta) y fue una de las primeras zonas de Venecia en ser habitadas. Primero distrito financiero y luego comercial, sigue siendo una de las áreas más concurridas de la ciudad. Tanto lugareños como turistas se agolpan en los puestos de Erberia (mercado de fruta y verdura) y Pescheria (mercado de pescado), mientras que el famoso puente de Rialto se llena de gente que busca un recuerdo o contempla la intensa actividad del Gran Canal.

→ Una góndola se mece en las aguas del Gran Canal, con el puente de Rialto de fondo

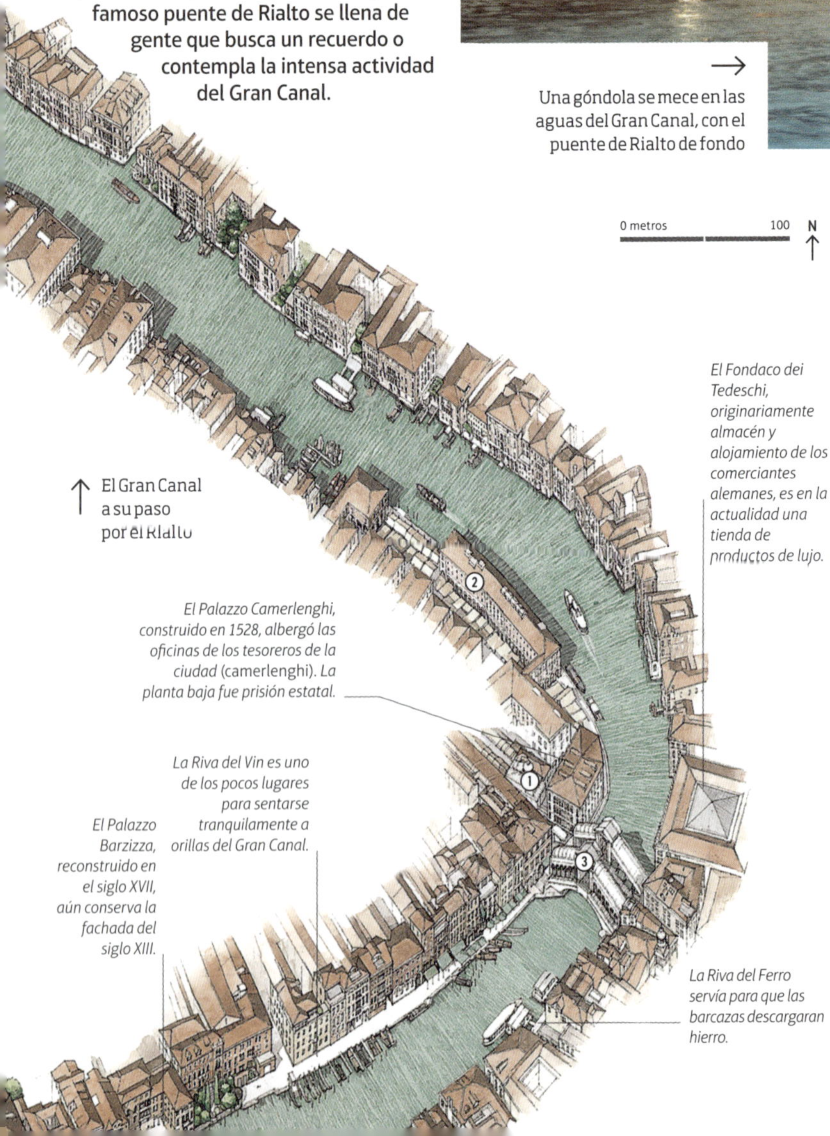

0 metros 100 N

El Fondaco dei Tedeschi, originariamente almacén y alojamiento de los comerciantes alemanes, es en la actualidad una tienda de productos de lujo.

↑ El Gran Canal a su paso por el Rialto

El Palazzo Camerlenghi, construido en 1528, albergó las oficinas de los tesoreros de la ciudad (camerlenghi). *La planta baja fue prisión estatal.*

La Riva del Vin es uno de los pocos lugares para sentarse tranquilamente a orillas del Gran Canal.

El Palazzo Barzizza, reconstruido en el siglo XVII, aún conserva la fachada del siglo XIII.

La Riva del Ferro servía para que las barcazas descargaran hierro.

Esencial ☆

¿Lo sabías?

Un puente de Rialto anterior se derrumbó por el peso de un banquete de bodas en 1444.

San Giacomo di Rialto

Campo San Giacomo, San Polo 041 522 47 45 9.30-12.00 y 16.00-17.00 lu-sá, 11.00-12.00 do Durante misa

Se cree que la primera iglesia levantada en este lugar se fundó en el siglo V, lo que la convierte en la más antigua de Venecia. El edificio actual, que data de entre los siglos XI y XII, sufrió una amplia restauración en 1601. El pórtico gótico original y el gran reloj de 24 horas en su fachada (siglo XV) son los elementos más destacados del templo.

La figura agachada ubicada en el extremo de la plaza es el llamado Gobbo (jorobado) del Rialto. En el siglo XVI esta estatua recibía a los condenados por delitos menores que se veían obligados a correr desde la Piazza de San Marco a esta plaza del Rialto.

Mercado del Rialto

San Polo Amanecer-12.30 lu-sá (mercado de fruta y verdura); amanecer-12.30 ma-sá (mercado de pescado)

Los venecianos llevan cientos de años yendo a comprar fruta y verdura al mercado de Erberia. Las barcazas llegan al amanecer y se descargan en el muelle junto al Gran Canal. Entre los productos locales destacan la *radicchio* (achicoria) roja de Treviso, y espárragos y alcachofas *baby* de las islas de Sant'Erasmo y Vignole. En la cercana Pescheria se despachan lenguados, sardinas, rayas, calamares, cangrejos, almejas y otros pescados y mariscos.

Puente del Rialto

Pocos visitantes se van de Venecia sin haber cruzado el puente del Rialto. El más antiguo de los cuatro puentes del Gran Canal constituye un magnífico lugar para observar el ir y venir de las barcas. En Venecia se hacían puentes de piedra desde el siglo XII, pero hasta 1588, después del colapso, deterioro o sabotaje de las viejas estructuras de madera, no se diseñó un puente de piedra para el Rialto. Tras meses de deliberaciones, el proyecto de Antonio da Ponte se impuso a otros como los de Andrea Palladio, Jacopo Sansovino y Miguel Ángel. Completado en 1591, el puente de 48 metros fue el único medio de cruzar a pie el Gran Canal hasta que en 1854 se construyó el puente de la Accademia.

CONSEJO DK:
El mercado del Rialto

Para ver el mercado en pleno apogeo, conviene llegar pronto; a mediodía los vendedores comienzan a recoger.

LUGARES DE INTERÉS

5

Madonna dell'Orto

D1 Campo Madonna dell'Orto Madonna dell'Orto 10.00-17.00 lu-sá, 12.00-17.00 do y festivos 1 ene, 25 dic madonnadellorto.org

Esta preciosa iglesia gótica, fundada a mediados del siglo XIV, se dedicó a san Cristóbal, patrón de los viajeros, para que protegiera a los barqueros que llevaban pasajeros a las islas de la laguna norte. Sobre el pórtico principal todavía se alza una estatua del santo (siglo XV), que fue bellamente restaurada por la fundación Venecia en Peligro. La iglesia cambió de patrón y fue reconstruida a principios del siglo XV, después de que se hallase en un huerto *(orto)* cercano una estatua de la Virgen María que se dice tenía milagrosos poderes.

El interior es grande y nada recargado. A la derecha se puede apreciar una magnífica tela de Cima da Cornegliano, *San Juan Bautista y otros santos* (*c.* 1493). El espacio vacío en la capilla opuesta pertenece a *La Virgen y el Niño* (*c.* 1478) de Bellini, robado por tercera vez en 1993.

Lo mejor son las pinturas de Tintoretto, incluida la *Presentación de la Virgen en el templo*, en la nave derecha. Sus obras más dramáticas son las que decoran el presbiterio (1562-1564). A la derecha se encuentra el *Juicio Final*, cuyo turbulento contenido hizo que la mujer de John Ruskin, Effie, saliera huyendo de la iglesia.

En La *adoración del becerro de oro*, situada a la izquierda, la figura que lleva el becerro puede ser un *retrato* del artista, que era feligrés de esta iglesia.

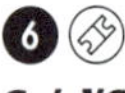

6

Ca' d'Oro

D2 Calle Ca' d'Oro Ca' d'Oro 8.15-14.00 lu, 8.15-19.15 ma-sá y 9.00-19.00 do 1 ene, 1 may, 25 dic cadoro.org

En 1420, Marino Contarini, un rico patricio, encargó la construcción de lo que él esperaba fuese el palacio más grandioso de la ciudad. La intrincada talla del edificio la llevó a cabo un equipo de artistas venecianos y lombardos, mientras que la fachada fue adornada con los acabados más caros y decorativos, que incluían pan de oro, bermellón y azul ultramarino. El palacio fue remodelado a lo largo de los años, y en el siglo XVIII se encontraba en un estado

> **A la derecha se encuentra el *Juicio Final*, cuyo turbulento contenido hizo que la mujer del escritor John Ruskin, Effie, saliera huyendo de la iglesia.**

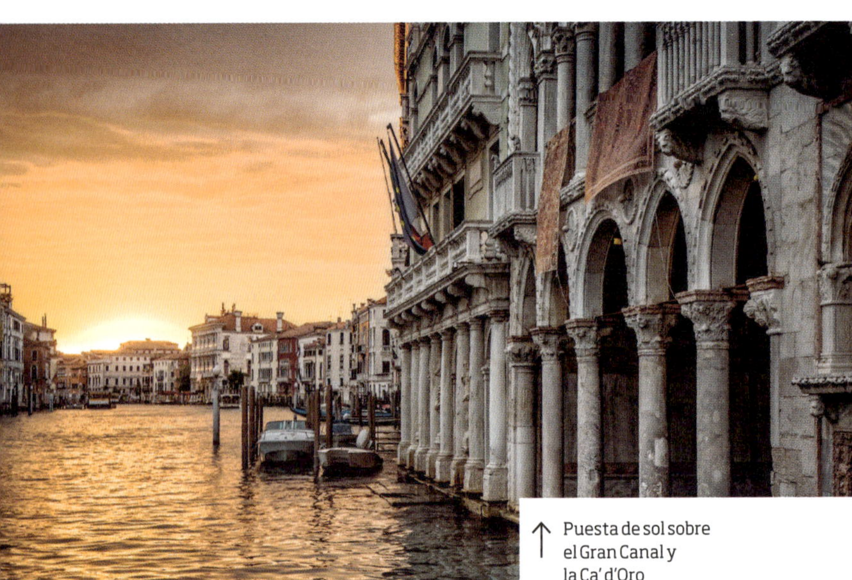

↑ Puesta de sol sobre el Gran Canal y la Ca' d'Oro

Bar Puppa
Recomendable por sus *cicchetti* (tapas) y su oferta de vinos.
E2 Calle della Spezier 4800
041 476 14 54

Al Timon
Lugar con buen ambiente donde pararse a tomar un *spritz* de Aperol; popular entre los venecianos.
D2 Fondamenta dei Ormesini 2754
041 524 60 66

Bacarando in Corte dell'Orso
Este local ofrece vino y *prosecco* en su terraza y en su interior, a un minuto andando del puente de Rialto.
E3 Corte dell'Orso
041 523 82 80

prácticamente de abandono. En 1846 fue adquirido por el príncipe ruso Trubetzkoy para la famosa bailarina Maria Taglioni. Esta supervisó la brutal restauración en la que el palacio perdió, entre otros elementos, su escalinata y gran parte de la mampostería original. Fue rescatado finalmente por el barón Giorgio Franchetti, mecenas adinerado que donó al Estado el edificio y su colección privada de arte en 1915.

El lugar de honor en la primera de las dos plantas de la galería lo ocupa *San Sebastián* (1506), última obra de Andrea Mantegna. El resto está expuesto alrededor del vestíbulo *(portego)*, donde destacan el vívido *Doble retrato (c.* 1493) del escultor Tullio Lombardo; el luneto *Virgen y Niño* de Sansovino (*c.* 1530). Las salas situadas a la derecha del *portego* contienen numerosos bronces y medallones, con algunas piezas de Pisanello y Gentile Bellini. Las pinturas incluyen la famosa *Virgen de los ojos bellos,* atribuida a Giovani Bellini, una *Virgen y Niño* atribuida a Alvise Vivarini (ambas de finales del XV) y la *Anunciación y Muerte de la Virgen* de Carpaccio (ambas *c.* 1504). Hay una sala a la izquierda de artistas no venecianos, en la que destaca la *Flagelación* de Luca Signorelli *(c.* 1480). Una bella escalinata lleva a la segunda planta, que comienza con una sala de tapices. Contiene diversos bronces de Alessandro Vittoria y pinturas de Tiziano y Van Dyck. El *portego* tiene frescos *(c.* 1532) del claustro de Santo Stefano, obra de Pordenone, y la antesala contiene frescos dañados de Tiziano procedentes del Fondaco dei Tedeschi.

San Giovanni Grisostomo

E3 Campo San Giovanni Grisostomo 041 523 52 93 Rialto 8.15-12.15 Y 15.00-19.00 diario Durante misa

Esta iglesia de color terracota se encuentra cerca del Rialto. Construida entre los años 1479 y 1504 con diseño renacentista, es la última obra de Mauro Coducci. El interior, con planta de cruz griega, es oscuro e íntimo. Sobre el primer altar de la derecha está *San Jerónimo con san Cristóbal y san Agustín* de Giovanni Bellini. Fue probablemente la última tela que pintó, con más de 80 años.

Sobre el altar mayor pende el *San Juan Crisóstomo y seis santos* (1509-1511) del artista Sebastiano del Piombo.

↑ *Presentación de la Virgen en el templo,* de Tintoretto, en Madonna dell'Orto

Santa Maria dei Miracoli

E3 Campo dei Miracoli Rialto o Fondamenta Nuove 10.30-16.30 lu-sá 1 ene, 25 dic chorusvenezia.org

Obra maestra del Quattrocento, muchos venecianos eligen esta iglesia para casarse.

El arquitecto Piero Lombardo construyó esta iglesia en 1481-1489 para conservar *Virgen y Niño* (1408), una pintura con supuestos poderes milagrosos. La tela, del artista Nicolò di Pietro, aún puede apreciarse sobre el altar.

El interior del templo está adornado con mármol rosa, blanco y gris. Está coronado por una bóveda de cañón de 1528 con retratos de santos y profetas. La balaustrada, entre la nave y el presbiterio, está decorada con las figuras de san Francisco, el arcángel Gabriel, la Virgen y santa Clara, todas de Tullio Lombardo, cuya mano también se aprecia en torno al altar mayor y en los medallones de los evangelistas en la cúpula.

Sobre la puerta principal se sitúa el coro, usado originalmente por las monjas del convento vecino, que entraban a la iglesia por una galería superior.

San Polo

D3 Campo San Polo San Silvestro 10.30-16.30 lu-sá 1 ene, 25 dic chorusvenezia.org

Esta iglesia merece una visita por el pórtico gótico y los leones románicos al pie del campanil del siglo XIV.

Dentro, hay que seguir las señas del *Via Crucis del Tiepolo*. Son 14 lienzos con las estaciones de la Cruz (1749) obra de Giandomenico Tiepolo; muchas de estas obras incluyen precisos retratos de la vida veneciana del siglo XVIII. La iglesia alberga también pinturas del Veronés, Palma el el Joven y *La Última Cena* de Tintoretto.

Scuola Grande di San Rocco

C3 Campo San Rocco San Tomà 9.30-17.30 diario 1 ene, 25 dic scuolagrandesanrocco.it

Fundada en honor a San Rocco (san Roque), santo que dedicó su vida a socorrer a los enfermos, la Scuola abrió como hermandad de caridad. Empezó a construirse en 1515 con Bartolomeo Bon y Scarpagnino continuó con ella hasta su muerte en 1549. Las obras fueron financiadas por donaciones de venecianos devotos del santo y la Scuola no tardó en convertirse en una de las más ricas de Venecia. En 1564, sus miembros encargaron a Tintoretto la decoración de las paredes y techos.

La serie de la planta baja se realizó entre 1582-1587, cuando Tintoretto tenía 60 años, y se compone de ocho grandes pinturas que ilustran la vida de María. La serie comienza con *La Anunciación* y termina con *La Asunción*.

Las apacibles escenas de *La huida a Egipto, Santa María Magdalena* y *Santa María de Egipto* destacan por su serenidad, que se refleja sobre todo en la contemplación espiritual del ermitaño arrepentido en *Santa María de Egipto.* En los tres cuadros, los paisajes, a base de pinceladas rápidas, constituyen una parte importante de la composición final.

La escalinata de Scarpagnino (1544-1546), con el tramo superior decorado con dos grandes cuadros que conmemoran la peste de 1630, lleva al salón superior. En esta parte las paredes y techos están decorados con temas bíblicos pintados por Tintoretto de 1575 a 1581.

Las pinturas del techo son escenas del Antiguo Testamento. Los tres frescos cuadrados del centro muestran episodios del Libro del Éxodo: *Moisés saca agua de la roca, El milagro de la serpiente de bronce* y *La caída de maná en el desierto.* Estos aluden a los fines caritativos de la Scuola: aliviar la sed, la enfermedad y el hambre. Las tres pinturas son composiciones de mucho movimiento.

Los enormes frescos de las paredes de la sala son episodios del Nuevo Testamento relacionados con los del techo. Dos de las pinturas más impresionantes son *La tentación de Cristo,* que muestra a un joven Satanás ofreciendo pan a Jesucristo, y *La adoración de los pastores,* ambas compuestas en dos mitades. En la segunda aparece una figura femenina,

El monumental salón superior de la Scuola Grande di San Rocco

los pastores y el buey abajo y la Sagrada Familia y algunos observadores arriba.

Los espléndidos relieves debajo de las pinturas los añadió en el siglo XVII el escultor Francesco Pianta. Las figuras son alegóricas e incluyen (junto al altar) una caricatura de Tintoretto con paleta y pinceles que representa a la Pintura. La obra *Cristo llevando la Cruz* se atribuyó a Giorgione, pero muchos expertos creen que es de Tiziano.

Cerca de la entrada a la Sala dell'Albergo se encuentra *La Anunciación* de Tiziano. La Sala dell'Albergo contiene la más impresionante de las obras de Tintoretto: *La Crucifixión* (1565). De ella diría Henry James: "No hay pintura que contenga tanto sobre la vida humana; lo tiene todo, incluida la más exquisita belleza". Tintoretto comenzó la serie de pinturas que se puede observar en esta sala en 1564, cuando ganó el encargo con la pintura de techo *San Roque en la Gloria*. En la pared opuesta a *La Crucifixión* se observan episodios de la Pasión: *Jesucristo ante Pilatos, La coronación con espinas* y *La ascensión al calvario*.

La iglesia de **San Rocco** está muy vinculada a la Scuola. Diseñada por el escultor y arquitecto Bartolomeo Bon en 1489 y reconstruida en gran parte en 1725, el exterior es una mezcla de estilos. Dentro, el presbiterio está decorado con pinturas de Tintoretto sobre la vida de san Roque.

San Rocco
Campo San Rocco
041 523 48 64 San Tomà
9.30-17.30 diario (hasta 12.30 el 1 ene, do de Pascua y 25 dic)

11 Ca' Rezzonico

D4 Fondamenta Rezzonico 3136 Ca' Rezzonico 10.00-17.00 mi-lu (abr-oct: hasta 18.00); última entrada: 1 h antes del cierre 1 ene, 25 dic visitmuve.it

Este *palazzo* alberga el museo dedicado a la Venecia del XVIII, con salas llenas de frescos, lienzos y objetos de época tomados de otros palacios y museos.

La construcción del edificio la comenzó Longhena (arquitecto de Santa Maria della Salute) en 1667, pero la familia Bon se quedó sin fondos antes de que se empezase la segunda planta. En 1712 fue adquirido por la familia Rezzonico de Génova, que gastó gran parte de su fortuna en completar el palacio. En 1888 se lo venderían al poeta Robert Browning y su hijo Pen.

El salón de baile de Giorgio Massari, que ocupa el ancho del edificio, es hoy su mayor atractivo. Está adornado con arañas doradas, muebles tallados por Andrea Brustolon y un techo con trampantojos. Otras habitaciones tienen frescos de Giambattista Tiepolo, incluida su *Alegoría nupcial* (1758), y uno de su hijo Giandomenico, que estuvo en principio en su villa de Zianigo. En las paredes cuelgan cuadros de Longhi, Guardi y –raro en Venecia– Canaletto. En el piso superior se puede contemplar una reconstrucción de una botica del siglo XVIII y la Pinacoteca Martini.

CARNAVAL

El gusto de los venecianos por la intriga se refleja en el carnaval, la animada fiesta que precede a la abstinencia de la Cuaresma. Las máscaras y los trajes juegan un papel fundamental en este mundo anónimo: se eliminan las divisiones sociales, los participantes se implican en bromas y todo vale. La tradición del Carnaval de Venecia comenzó en el siglo XI y su mayor popularidad y extravagancia llegó en el siglo XVIII.

San Nicolò dei Mendicoli

B4 Campo San Nicolò 041 275 03 82 San Basilio 10.00-12.00 y 15.00-17.30 lu-sá, 9.00-12.00 do y festivos

Esta bella iglesia contrasta notablemente con el aspecto de abandono que presentan sus alrededores. Fue fundada en el siglo VII y ha sufrido varias reconstrucciones. El porche del lado norte es del siglo XV y antes resguardaba a los mendigos o *mendicanti* que dieron nombre a la iglesia.

Gracias a la fundación Venecia en Peligro, la iglesia se sometió en la década de 1970 a una de las restauraciones más completas desde las inundaciones de 1966. Estas llegaron a obligar al párroco a moverse por la iglesia en un pequeño bote. El suelo, que se hallaba 30 cm bajo el nivel de los canales, fue alzado ligeramente para evitar más daños. Se reconstruyeron el techo y los muros más bajos y se restauraron pinturas y estatuas.

El interior se encuentra magníficamente decorado, en especial la nave con sus doradas estatuas de madera del siglo XVI, entre ellas la figura del propio San Nicolò. En los muros superiores se puede contemplar una serie de pinturas de la vida de Jesucristo (*c.* 1553) de Alvise dal Friso y otros discípulos del Veronés.

En el exterior, una pequeña columna sujeta un león de piedra, que imita humildemente la columna de San Marcos en la Piazzetta.

San Sebastiano

C4 Campo San Sebastiano San Basilio 10.30-16.20 lu-sá 1 ene, 15 ago, 25 dic chorusvenezia.org

Esta iglesia del siglo XVI posee uno de los interiores más homogéneos de toda Venecia. Debe su esplendor al Veronés, a quien se le encargó de 1555 a 1560 y de nuevo en 1570 la decoración del techo de la sacristía, el techo de la nave, el friso, el lado este del coro, el altar mayor, las puertas de los paneles del órgano y el presbiterio.

Las pinturas son radiantes y suntuosas. Las de la sacristía reproducen la *Coronación de la Virgen* y *los cuatro evangelistas*.

Del resto de lienzos destacan los tres que narran la historia de Ester, esposa de Jerjes I de Persia, famosa por asegurar la liberación del pueblo judío.

↑ El techo pintado por el Veronés en la iglesia de San Sebastiano

Paolo Veronese (el Veronés) está enterrado en esta iglesia. La tumba se encuentra a la izquierda del presbiterio.

Santa Maria della Salute

D4-E4 Campo della Salute Salute 9.30-12.00 y 15.00-17.30 diario (iglesia principal); 15.00-17.00 do (sacristía) Mañanas de festivos religiosos basilicasalute venezia.it

La gran iglesia barroca en la desembocadura del Gran Canal es una de las obras arquitectónicas más impresionantes de Venecia. Henry James la comparó con "una gran señora en el umbral de su salón". Fue edificada como agradecimiento por la liberación de la ciudad de la peste de 1630, de ahí el nombre de *Salute* (salud y salvación).

Cada 21 de noviembre, los devotos encienden velas y se acercan cruzando un puente de barcos extendido a lo ancho del Gran Canal, como celebración.

Baldassare Longhena comenzó las obras en 1630,

EL *SPRITZ*

El *spritz* es habitual en Italia, sobre todo en el Véneto, donde nació en el siglo XIX. Las dos versiones más populares se elaboran con Aperol o Campari, según los gustos. El licor se mezcla con *prosecco* o soda y vino blanco, y habitualmente se sirve con una aceituna o una rodaja de naranja.

con 32 años, y trabajó en ella el resto de su vida. Se completó en 1687, cinco años después de su muerte.

El interior es sobrio. Consiste en un gran espacio octogonal bajo la cúpula y seis capillas que salen del deambulatorio. El presbiterio abovedado y el altar mayor atraen la vista desde la puerta principal.

El grupo escultórico del altar de Giusto Le Corte representa a la Virgen y el Niño protegiendo a Venecia de la peste. Las mejores pinturas están en la sacristía a la izquierda del altar: el retablo de Tiziano *San Marcos entronizado con los santos Cosme, Damián, Roque y Sebastián* (1511-1512) y las impresionantes pinturas del techo *Caín y Abel*, *El sacrificio de Abraham e Isaac* y *David y Goliat* (1540-1549). *Las bodas de Caná* (1551), en la pared opuesta a la entrada, es obra de Jacopo Tintoretto.

Punta della Dogana

E4 Campo della Salute Salute 10-00-19.00 lu-do (la taquilla cierra a las 18.00) 25 dic palazzograssi.it

La magnífica Punta della Dogana (antigua aduana), del siglo XVII, fue restaurada por el arquitecto japonés Tadao Ando e inaugurada en 2009 como museo de arte contemporáneo. Conjuntamente con el Palazzo Grassi, alberga la colección de arte contemporáneo del multimillonario francés François Pinault. Expone obras importantes de artistas como Jeff Koons, Takeshi Murakami, Rachel Whiteread y los hermanos Chapman. El edificio ofrece excelentes vistas hacia San Marcos, San Giorgio y los dos principales canales de Venecia.

Mejores lugares para comprar máscaras de carnaval:

Ca' Macana
Amplia selección de máscaras y taller de fabricación en la tienda.

C4 Calle de le Botteghe 3172 camacana.com

Papier Mache Venezia
Los venecianos compran sus máscaras en este local.

E3 Castello 5174/B/517 papiermache.it

Maschere di Guerrino Lovato
Esta tienda ha surtido de máscaras a filmes como *Eyes Wide Shut*.

C4 Canal Dorsoduro 3063 maskedart.com

↑ Santa Maria della Salute, a la entrada del Gran Canal

16   

Accademia

D4 Campo della Carità 1050 Accademia 8.15-19-15 ma-do, 8.15-14.00 lu gallerie accademia.org

La Accademia alberga, en tres antiguos edificios religiosos, la mayor colección que existe de arte veneciano. La base de la colección fue la Accademia di Belle Arti, fundada en 1750 por el pintor Giovanni Battista Piazetta. En 1807, Napoleón trasladó la colección a su actual ubicación, enriqueciéndola con obras de iglesias y monasterios.

Las pinturas y retablos del museo, que abarcan cinco siglos, ofrecen un amplio espectro de la escuela veneciana, desde Bizancio, al Renacimiento, el Barroco y el rococó. Quizás lo más destacado de la colección sea la famosa *La tempestad* (*c.* 1507), de Giorgione, en la que parece probable que el autor estaba recreando una fantasía más que retratando un tema específico.

La colección gótica internacional muestra la influencia de Bizancio en los primeros pintores venecianos. Paolo Veneziano, fundador de la escuela veneciana, muestra rasgos orientales y occidentales en su *Coronación de la Virgen* (1325). El ritmo lineal es indudablemente gótico, pero el fondo dorado y el efecto general son claramente bizantinos.

Entre las joyas de la colección renacentista están la *Virgen y el Niño entre San Juan Bautista y un santo* (*c.* 1504), de Giovanni Bellini; el *San Jorge* (*c.* 1460) de Andrea Mantegna; la *Cena en casa de Levi* (1573), del Veronés; y la última pintura de Tiziano, *La Piedad* (1575-1576). Otras obras imprescindibles son *Vista de Venecia*, de Canaletto, de 1763, y el relato de la trágica historia de santa Úrsula a través de nueve obras de gran tamaño (1495-1500) de Vittore Carpacio.

Virgen y el Niño, de Bellini, una estrella de la Accademia

17    

Colección Peggy Guggenheim

D4 Palazzo Venier dei Leoni Accademia 10.00-18.00 mi-lu 25 dic guggenheim-venice.it

En 1949, el Palazzo Venier dei Leoni, del siglo XVIII, fue adquirido como residencia particular por la millonaria estadounidense Peggy Guggenheim (1898-1979), una coleccionista, tratante y mecenas de arte, quien favoreció las carreras de

Las luminosas salas y los enormes lienzos modernistas ofrecen un gran contraste con las pinturas renacentistas de la mayoría de las iglesias y museos venecianos.

muchos artistas innovadores del arte abstracto y surrealista. Uno de ellos fue Max Ernst, su segundo marido.

El Guggenheim es el mejor lugar para ver arte del siglo XX. Las luminosas salas y los enormes lienzos modernistas ofrecen un gran contraste con las pinturas renacentistas de la mayoría de las iglesias y museos venecianos. La colección cuenta con 200 pinturas y esculturas, que representan los movimientos más influyentes del arte moderno del siglo XX. El comedor alberga notables obras cubistas, como *El poeta*, de Picasso, y una sala entera está dedicada a Jackson Pollock, descubierto por Guggenheim.

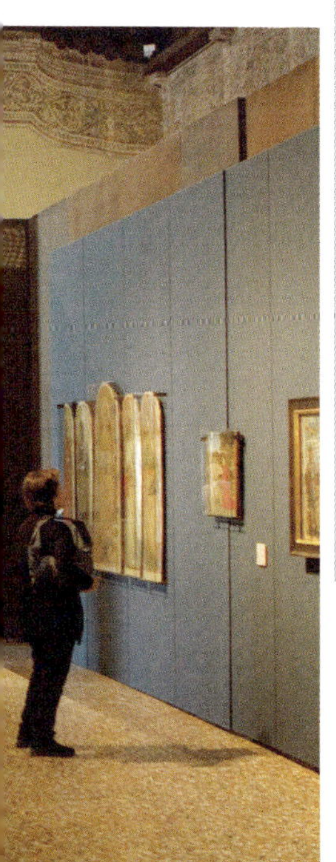

Otros artistas representados son Braque, Chagall, De Chirico, Dalí, Duchamp, Léger, Kandinsky, Klee, Mondrian, Miró, Malevich, Rothko, Bacon y Magritte, cuyo *Imperio de luz* (1953-1954) muestra una escena nocturna de una casa oscura en un bosque bajo un claro cielo diurno. La colección de esculturas, entre las que está la elegante *Maiastra* (1912) de Constantin Brancusi, está distribuida por la casa y por el jardín.

El Angelo della Città (*Ángel de la ciudadela*, 1948), en la terraza que da al Gran Canal, es posiblemente la pieza más provocativa. Muestra un hombre sentado en un caballo y erecto en todos los sentidos.

Hay presentaciones en varios idiomas sobre Peggy Guggenheim y su colección a diario, y el museo realiza talleres para niños los domingos.

Santo Stefano

D4 Campo Santo Stefano Accademia o Sant'Angelo 10.30-16.30 lu-sá 1 ene, do de Resurrección, 15 ago, 25 dic chorusvenezia.org

Desacralizada seis veces a causa de la sangre derramada dentro de sus muros, Santo Stefano es una de las iglesias más bonitas de Venecia y destaca por sus líneas serenas. Data del siglo XIV y se modificó en el XV. El pórtico es obra de Bartolomeo Bon y cuenta con un campanil inclinado. El interior posee un espléndido techo en quilla, tirantes tallados y una sacristía llena de valiosas pinturas.

Galería llena de valiosas obras de arte en la Accademia

Osteria Alla Ciurma

Los venecianos acuden a esta agradable osteria por sus *cicchetti* fritos y sus vinos locales.

D3 Calle Galiazza 406/A 340 686 3561 do

La Palanca

Sencillo café que sirve deliciosos tagliatelle *funghi porcini*.

D5 Giudecca 448 041 528 77 19 cenas y do

Osteria Santa Marina

Restaurante caro, pero de calidad; excelente menú degustación a base de marisco.

E3 Campo Santa Marina 5911 do osteriadisantamarina.com

La Zucca

Osteria familiar que sirve platos vegetarianos como la lasaña de calabacín y almendra.

D2 Santa Croce 1762 do lazucca.it

Trattoria dalla Marisa

En este local el cocinero elige a diario los platos que prepara.

C2 Cannaregio 652 041 720 211 do cenas, lu, mi

↑ El Campanile, dominando la laguna

CONSEJO DK
Multas por las palomas

Las palomas eran extraoficialmente las mascotas de Venecia, y unas 40.000 vivían en la Piazza San Marco y alrededores. En 2008, la ciudad aprobó una ley que prohibía alimentarlas. Las multas para quienes les den de comer pueden llegar a los 700 €.

19  

Torre dell'Orologio

E3 Piazza San Marco San Marco 1 ene, 25 dic visitmuve.it

Esta ornamentada torre de reloj, situada al norte de la plaza, se levantó a finales del siglo XV. Se piensa que Mauro Coducci contribuyó a su creación. La esfera del reloj presenta las fases de la luna y los signos del Zodiaco y se diseñó pensando en los marineros. Una leyenda cuenta que, cuando fue completado, se les sacaron los ojos a los inventores del mecanismo para que no pudieran hacer una copia.

En el nivel superior, el león alado de san Marcos destaca ante un fondo azul y estrellado. Arriba del todo se sitúan las dos figuras de bronce conocidas como *Mori*, o moros, que tocan la campana cada hora. Las visitas guiadas a la torre, que hay que reservar previamente, parten de la taquilla del Museo Correr.

20 

Campanile

E3 Piazza San Marco San Marco diario; abr: 9.00-16.45; may-ago: 8.30-20.45; sep: 8.30-19.45; oct-mar: 9.30-16.45 basilicasanmarco.it

Desde lo alto del Campanile de San Marcos se divisan la ciudad, la laguna y, en los días claros, los Alpes. Fue aquí donde Galileo hizo una demostración de su telescopio al dux Leonardo Donà en 1609. Para ello subió por la rampa interior. Ahora hay un ascensor.

La primera torre, completada en 1173, era un faro para guiar a los navegantes en la laguna. En la Edad Media sirvió para colgar una jaula desde lo alto, donde se encerraba a los presos, a algunos hasta la muerte. En julio de 1902 la torre se derrumbó repentinamente. Solo sufrieron daños la Loggetta, al pie de la torre, y el gato del guarda. Inmediatamente llegaron donaciones para su reconstrucción y al año siguiente se colocaba la primera piedra para un campanil *dov'era e com'era* (donde estaba y como era). La nueva torre abrió el 25 de abril (San Marcos) de 1912.

21   

Museo Correr

E3-E4 Procuratie Nuove; entrada por Ala Napoleonica San Marco 10.00-17.00 diario (abr-oct: hasta 19.00) 1 ene, 25 dic visitmuve.it

Teodoro Correr legó a Venecia su colección de arte en 1830 y con ello creó la base del museo Cívico de la ciudad.

Las primeras salas ofrecen un buen fondo neoclásico para las primeras estatuas de Antonio Canova (1757-1822). El resto de la planta narra la historia de la República veneciana con mapas, monedas, armaduras y objetos de los dux. La segunda planta alberga una colección de pintura solo superada por la de la Accademia.

Las obras están colgadas cronológicamente, de modo que se puede ver la influencia de los artistas ferrarenses, paduanos y flamencos en los miembros de esta escuela.

Los lienzos más famosos son los de Carpaccio: *Retrato del hombre del gorro rojo* (*c.* 1490) y *Las dos mujeres venecianas* (*c.* 1507). El último se conoce tradicionalmente, aunque posiblemente de manera incorrecta, como *Las cortesanas* por los cortos vestidos que llevan. El Museo del Risorgimento de la misma planta repasa la historia de Venecia hasta la unificación con Italia en 1866.

San Zaccaria

F3 Campo San Zaccaria 041 522 12 57 San Zaccaria 10.00-12.00 y 16.00-18.00 lu-sá; 16.00-18.00 do y festivos

Situada en una tranquila plaza cercana a las concurridas terminales de ferri, San Zaccaria es una mezcla de estilos gótico-flamígero y renacentista clásico. Fundada en el siglo IX, se reconstruyó entre 1444 y 1515. Antonio Gambello comenzó en estilo gótico y, a su muerte en 1481, Mauro Coducci añadió los detalles clásicos.

La costumbre mandaba que cada domingo de Resurrección el dux acudiera a San Zaccaria en señal de agradecimiento, porque las monjas habían cedido parte de su jardín para que la plaza de San Marcos pudiera ser ampliada.

En el interior destaca *La Virgen y el Niño con santos* (1505) de Giovanni Bellini, en la nave norte. En la nave de la derecha hay una puerta que conduce a la capilla de San Atanasio, desde la que a su vez se alcanza la capilla de San Tarasio. Esta contiene frescos (1442) del florentino Andrea del Castagno y polípticos (1443-1444) de Antonio Vivarini y Giovanni d'Alemagna.

Santa Maria Formosa

E3 Campo Santa Maria Formosa Rialto 10.30-16.20 lu-sá 1 ene, do de Resurrección, 15 ago, 25 dic chorusvenezia.org

Diseñada por Mauro Coducci en 1492, esta iglesia cuenta con dos fachadas, una que da al campo, y la otra, al canal. El campanil, que fue añadido en 1688, presenta una cara grotesca en su base.

En el interior destacan un tríptico (1473) obra de Bartolomeo Vivarini y *Santa Bárbara* (*c.* 1510) de Palma il Vecchio.

La Torre dell' Orologio, con su escultura del león alado (círculo)

Las imponentes torres y el puente de madera del Arsenale

Santi Giovanni e Paolo

E3 Campo Santi Giovanni e Paolo Fondamente Nuove u Ospedale Civile 9.00-18.00 diario basilicasanti giovanniepaolo.it

Llamada familiarmente San Zanipolo, San Juan y San Pablo compite con el Frari por ser la iglesia gótica más bella de la ciudad. Situada en la zona de Castello, algo retirada del área turística, suele estar muy tranquila.

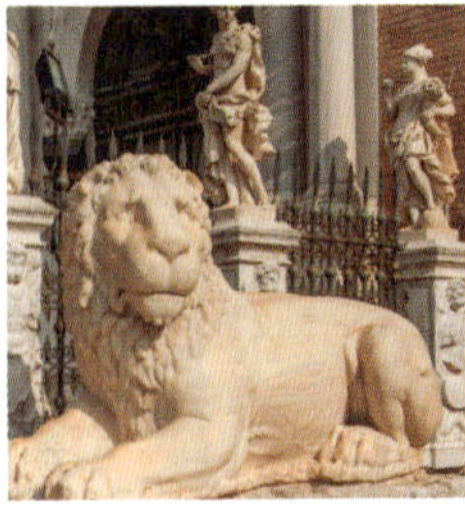

Uno de los leones de piedra que vigilan la entrada del Arsenale de Venecia

Fue edificada por los dominicos en el siglo XIV y sorprende por su tamaño y austeridad arquitectónica. Conocida como el Panteón de Venecia, alberga monumentos a 25 dux. Entre ellos destacan los elaborados por la familia Lombardi y otros escultores.

El acceso es a través de una puerta decorada con relieves bizantinos y tallas del escultor italiano Bartolomeo Bon. Se cree que esta puerta es una de las primeras obras renacentistas de Venecia. La estatua de bronce situada en el lado opuesto de la iglesia es un monumento al dux Sebastiano Venier, que estuvo al mando de la flota en Lepanto. Cerca está la tumba de Andrea Vendramin, realizada por Pietro Lombardo en 1476-1478 con la forma de un arco del triunfo romano.

Entre lo más destacado de la iglesia están el altar mayor barroco y los frescos del siglo XVI atribuidos a Palma el Joven, además de la tumba renacentista del dux Nicoló Marcello, de Pietro Lombardo. El políptico (1465) de Giovanni Bellini muestra al español san Vicente Ferrer flanqueado por san Sebastián y san Cristóbal. Cerca se encuentra la tumba de Pietro Mocenigo, que recuerda los logros militares del dux cuando era gran capitán de las fuerzas venecianas.

Algo más adelante, en el lado derecho, está la Capella di San Domenico, que contiene el pie de santa Catalina de Siena en un precioso relicario. Los frescos de esta capilla son de Giovanni Battista Piazzetta, cuyo dominio del color, la perspectiva y el escorzo

CURIOSIDADES

Venezia FC

Para vivir el fútbol local, entre enero y mayo se puede ir a ver un partido del Venezia FC en el Stadio Pierluigi Penzo. Las entradas pueden adquirirse en su página web *(www.veneziafc.club)*.

en *Gloria de Santo Domingo* se dice que influyeron en el joven Tiepolo.

Estatua de Colleoni

E3 Campo Santi Giovanni e Paolo Ospedale Civile

Bartolomeo Colleoni, famoso jefe de mercenarios, dejó su fortuna a la República bajo la condición de que se colocara su estatua frente a San Marcos. Esto habría roto con la tradición, así que el Senado hizo colocar la estatua de Colleoni frente a la Scuola di San Marco y no frente a la basílica. Piedra angular de la escultura *quattrocentista*, la estatua ecuestre (1481-1488), que transmite mucha fuerza y movimiento, es obra del florentino Andrea Verrocchio, pero el modelo en bronce lo hizo Alessandro Leopardi.

Scuola di San Giorgio degli Schiavoni

F3 Calle Furlani, Castello 3959a 041 522 88 28 San Zaccaria 13.30-17.30 lu, 9.30-17.30 ma-sá, 9.30-13.30 do 1 ene, 1 may, 25 dic y otros festivos religiosos

Esta pequeña joya alberga algunas de las mejores pinturas de Vittore Carpaccio. Le fueron encargadas por los Schiavoni, la comunidad eslavo-dálmata de Venecia.

La Scuola se estableció en 1451 y fue reconstruida en 1551. Desde entonces ha cambiado poco. El exquisito friso, elaborado entre 1502 y 1508, muestra escenas de las vidas de san Jorge, san Trifón y san Jerónimo. Cada episodio del ciclo narrativo es notable por sus colores vivos, su minucioso detalle y su reflejo histórico de la vida veneciana. Destacan *San Jorge matando al dragón* y *San Jerónimo llevando el león domado al monasterio.*

Hacia el siglo XVI el Arsenale se había convertido en el mayor astillero del mundo, capaz de construir una galera en 24 horas con un sistema en cadena.

Arsenale

F3 Arsenale

El Arsenale fue fundado en el siglo XII y para el XVI se había convertido en el mayor astillero del mundo, capaz de construir una galera en 24 horas con un sistema en cadena. Rodeado por murallas, era como una ciudad dentro de otra. En la actualidad se usa como espacio de exposiciones para la Bienal. Su puerta del siglo XV, torres gemelas y leones guardianes pueden verse desde el *campo* o el puente exterior. La puerta es obra de Antonio Gambello, y a menudo se cita como la primera construcción renacentista veneciana.

Cerca, en Campo San Biagio, el **Museo Storico Navale** repasa la historia naval veneciana. Los objetos expuestos muestran frisos de las famosas galeras del pasado y una réplica del *Bucintoro*, la barcaza ceremonial del dux.

Museo Storico Navale
Campo San Biagio
8.45-17.00 diario
Festivos
visitmuve.it

La vocación de San Mateo, de Carpaccio, en la Scuola di San Giorgio degli Schiavoni

Torcello

1F 12 desde Fondamenta Nuove, luego el 9 desde Burano

Colonizada entre los siglos V y VI, la isla de Torcello fue un enclave próspero, con palacios, iglesias y una población que se dice que alcanzó los 20.000 habitantes. Con el auge de Venecia llegó el declive de Torcello. Hoy apenas viven en la isla 60 personas y todo lo que queda de su esplendor es la catedral bizantina de Santa Maria Assunta, la iglesia de Santa Fosca y el recuerdo de la gloria pasada.

Fundada en 639 pero modificada por completo en 1008, **Santa Maria Assunta** conserva su forma románica y su pórtico del siglo IX. El campanil de la catedral ofrece excelentes vistas. En el interior hay mosaicos del Juicio Final de los siglos XII y XIII con demonios, ángeles, bestias e incendios. El iconostasio está realizado con paneles de mármol en los que aparecen pavos reales bebiendo de la fuente de la vida eterna.

Junto a la catedral está **Santa Fosca,** elegante iglesia con planta de cruz griega rodeada de un pórtico de cinco lados con columnas y capiteles historiados.

El **Museo di Torcello,** en el aledaño edificio gótico, alberga restos arqueológicos de la isla y el valioso tesoro de la iglesia.

Santa Maria Assunta
041 730 119
10.30-16.00 diario (mar-oct: hasta las 18.00)
1 ene, 25 dic

Santa Fosca
Solo durante las misas

Museo di Torcello
Campo San Biagio
10.30-17.00 ma-do (mar-oct: hasta 17.30) Festivos
museodi torcello.provincia.venezia.it

¿Lo sabías?

Daphne du Maurier ideó la trama de *No mires ahora* durante una visita a Torcello.

Giudecca

D5 2, 4.1 o 4.2

En los días de la República, la isla de Giudecca estaba repleta de palacios y jardines. En la actualidad no es más que un barrio de la ciudad, con estrechos callejones llenos de apartamentos, plazas descuidadas y palacios muy deteriorados. Muchas de sus antiguas fábricas han sido convertidas en modernos alojamientos. El amplio muelle que rodea la isla es un paseo muy agradable con bonitas vistas de Venecia. El nombre de Giudecca, que en el pasado se pensaba que hacía referencia a los judíos *(giudei)* que vivieron en este lugar en el siglo XIII, es probable que derive de

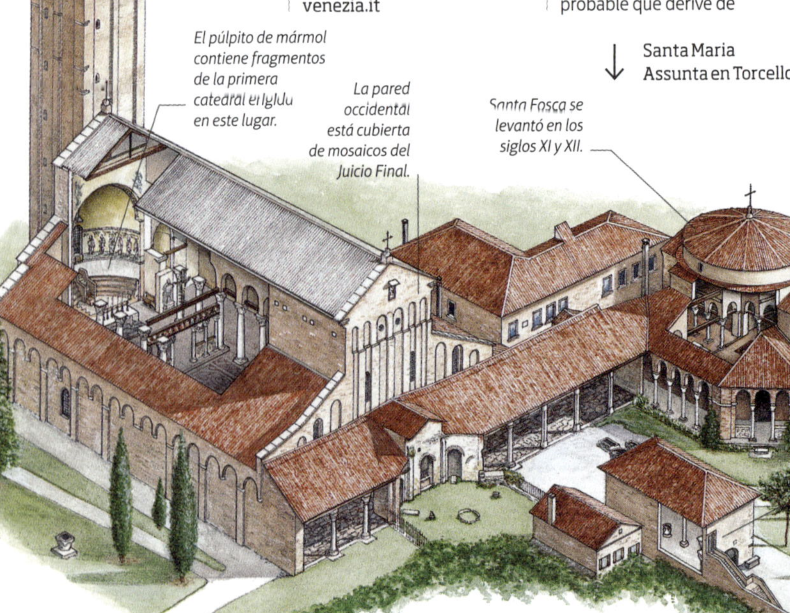

El campanil tiene excelentes vistas de la laguna.
El púlpito de mármol contiene fragmentos de la primera catedral erigida en este lugar.
La pared occidental está cubierta de mosaicos del Juicio Final.
Santa Fosca se levantó en los siglos XI y XII.

↓ Santa Maria Assunta en Torcello

↑ La iglesia de San Giorgio Maggiore, obra de Palladio, en la isla del mismo nombre

giudicati (los juzgados). El término se relaciona con unos aristócratas problemáticos a los que, ya en el siglo IX, se les prohibió entrar en la isla.

El hotel Cipriani, uno de los alojamientos más lujosos de Venecia, está situado en la punta de la isla. En el extremo oeste se levanta el neogótico Molino Stucky, un antiguo molino harinero que en la actualidad alberga el hotel Hilton de Venecia.

El principal monumento de Giudecca es la iglesia de Palladio, **Il Redentore,** construida en 1577-1592 para dar gracias por el fin de la peste de 1576, que se cobró la vida de un tercio de la población de la ciudad. El interior de inspiración clásica contrasta con el estilo recargado de la mayoría de las iglesias venecianas. Las principales pinturas, de Paolo Veronese y Alvise Vivarini, se encuentran en la sacristía, a la derecha del coro.

El Museo di Torcello contiene hallazgos arqueológicos.

Il Redentore

Campo Redentore Redentore 10.00-16.30 lu-sá 1 ene, 25 dic chorusvenezia.org

30

San Giorgio Maggiore

F4 041 522 78 27 San Giorgio abr-oct: 9.00-19.00 diario; nov-mar: 8.30-18.00 diario

La pequeña isla de San Giorgio Maggiore queda frente a la Piazzeta. La iglesia y el monasterio, construidos en 1566-1610, son uno de los grandes logros de Andrea Palladio. La fachada y el sereno interior de proporciones perfectas son típicos de Palladio.

En los muros del presbiterio de San Giorgio Maggiore hay dos obras de Tintoretto: *La Última Cena* y *Recogida del maná* (ambas de 1594). En la capilla de los Muertos está su última obra, *La deposición* (1592-1594), terminada por su hijo Domenico.

El campanil ofrece un magnífico panorama de la ciudad y la laguna. Abajo quedan el claustro del monasterio, ahora parte de la **Fondazione Cini,** un centro cultural que ofrece exposiciones internacionales.

Fondazione Cini

solo visitas guiadas, consultar la página web cini.it

Skyline Rooftop Bar

Skyline tiene un aire de Miami, con cómodos sofás, taburetes blancos y, de noche, iluminación violeta. Su gran atractivo son las vistas de Venecia, pero los cócteles no están mal.

C4 Molino Stucky, Via Giudecca 810 hilton.com

Harry's Dolci

Forma parte de la apreciada cadena Cipriani, que abrió el primer Harry's Bar en Venecia en 1931. En su terraza junto al muelle, camareros con pajarita sirven cócteles Bellini a clientes con sombreros panamá.

C5 Fondamenta San Biagio 773 cipriani.com

31

Murano

F1 4.1, 4.2 o 12 desde Fondamenta Nuove; 3 desde Piazzale Roma

Igual que Venecia, Murano comprende un puñado de islotes unidos por puentes. Ha sido el centro de la industria vidriera desde 1291, cuando los hornos y artesanos fueron trasladados aquí para evitar los incendios y los desagradables efectos del humo en la ciudad.

Históricamente, Murano debe su prosperidad al vidrio, y ya en los siglos XV y XVI era el primer centro productor de Europa. Los artesanos recibían privilegios sin precedentes, pero quienes salían de la isla en busca de negocio eran duramente castigados, incluso con la muerte. Aunque algunos palacios de Murano conservan algo de su pasado esplendor, y su basílica sigue en pie, la mayoría de los turistas acuden por el cristal. A algunos, las propias fábricas les ofrecen viajes gratuitos en San Marcos, otros van en una excursión y otros en los *vaporetti*.

Algunas de las instalaciones están descuidadas, pero el cristal se sigue produciendo en grandes cantidades. Hay piezas magníficas (incluyendo algunas importadas del Lejano Oriente), y merece la pena localizar las principales fábricas. Muchos hornos cierran el fin de semana.

CRISTAL DE MURANO

Uno de los atractivos de un viaje a Murano es ver una demostración de la técnica del vidrio soplado. El maestro soplador toma un amasijo de pasta fundida y la coloca en el extremo de una vara de hierro que gira, tuerce y sopla hasta darle la forma de un vaso, un pájaro, un león, una copa de vino o cualquier otra. Tras la demostración, se visita la tienda, donde hay algo de presión para comprar, aunque no hay obligación.

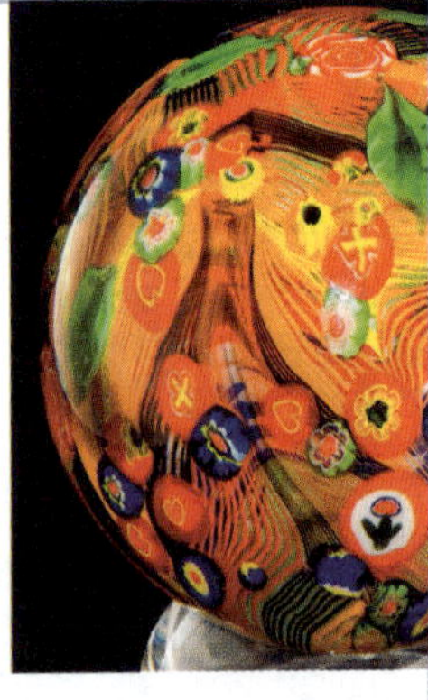

↑ Una colorida esfera de cristal de Murano

Museo del Vetro

Palazzo Giustinian, Fondamenta Giustinian 10.00-18.00 diario (nov-mar: hasta las 17.00) 1 ene, 1 may, 25 dic museovetro.visitmuve.it

Este museo del cristal alberga una gran colección de piezas antiguas, entre las que destaca la copa nupcial Barovier (1470-1480), con esmaltes de Angelo Barovier. También cuenta con una sección de cristal moderno.

↑ Esferas de cristal en una fábrica de Murano

↑ Las coloridas casas de pescadores junto a un canal de Burano

Basilica dei Santi Maria e Donato
Fondamenta Giustinian
041 73 90 56
9.00-12.00 y 15.30-19.00 diario (nov-mar: hasta 18.00) do mañanas
La indiscutible joya arquitectónica de la isla de Murano es la Basilica dei Santi Maria e Donato, cuyo magnífico ábside con columnas se refleja en las aguas del canal de San Donato. A pesar a las amplias restauraciones llevadas a cabo en el siglo XIX, esta iglesia original del siglo XII sigue conservando gran parte de su belleza original. Destacan en ella sus columnas bizantino-venecianas y el tejado gótico en forma de quilla de barco. Un evocador mosaico de la Virgen de pie sobre un fondo dorado decora el ábside, y conserva también otros mosaicos medievales de figuras geométricas, criaturas míticas y símbolos inexplicables. El suelo de la iglesia, de 1140, es igualmente bello, y en su imaginería incorpora fragmentos de cristal antiguo de las fundiciones de la isla.

32 

Burano

F1 12 desde Fondamenta Nuove; 14 desde San Zaccaria via Lido y Punta Sabbioni

Burano es, con sus canales salpicados de casas pintadas, la isla de mayor colorido y se la distingue desde lejos por la torre inclinada de su iglesia.

La calle principal es Via Baldassare Galupi, donde hay puestos de encaje y ropa de cama y *trattorias* que sirven pescado fresco.

Museo del Merletto
Piazza Baldassare Galuppi 187 10.00-18.00 ma-do (nov-mar: hasta 17.00) 1 ene, 25 dic
visitmuve.it
Las gentes de Burano son pescadores y artesanos del encaje por tradición.

Todavía puede verse a los pescadores en el puerto, pero es raro ver a los encajeros. Sin embargo, en el siglo XVI el encaje local era el más preciado en Europa. Después de un bache en el siglo XVIII, la industria revivió y se abrió una escuela de encaje aquí en 1872. La auténtica manufactura puede verse en la escuela, actualmente un museo en el que también se exponen encajes antiguos.

Mejores lugares para comprar cristal de Murano.

Davide Penso
Un artesano que crea collares y pendientes (asequibles) dando forma a trozos de cristal de colores con una llama.

F1 Fondamenta Riva Longa 48, Murano
davidepenso.com

L'ISOLA - The Carlo Moretti Showroom
Esta fábrica fundada por los hermanos Carlo y Giovanni crea preciosas cristalerías de dinámicas formas y colores.

D3 Calle de le Botteghe 2970, Venecia
lisola.com

Marina e Susanna Sent
Las hermanas Sent crean joyas y esculturas en cristal usando técnicas que han pasado de generación en generación.

F1 Fondamenta Serenella 20, Murano
marinaesusannasent.com

UN PASEO DORSODURO

Distancia 1,3 km **Vaporetto** Ca' Rezzonico
Tiempo 15 minutos

El animado Campo Santa Margherita es el corazón del *sestiere* de Dorsoduro. La plaza bulle de actividad, sobre todo por la mañana, con los puestos del mercado, y por la tarde con los estudiantes de la cercana Ca'Foscari, ahora parte de la Universidad de Venecia. En los alrededores destacan Ca'Rezzonico y la Scuola Grande dei Carmini, que contiene decoraciones de Tiepolo. El canal Rio San Barnaba se aprecia mejor desde el Ponte dei Pugni, cerca de la barcaza de fruta y verdura, que también merece una visita. La zona más tranquila del *sestiere* se encuentra en las sombreadas plazas con bellas residencias al este del edificio de la colección Peggy Guggenheim.

El Campo Santa Margherita es ideal para descansar en un café.

La Scuola Grande dei Carmini alberga nueve paneles de techo (1739-1744) en el salón del piso superior, pintados por Tiepolo para los carmelitas.

El Palazzo Zenobio, de finales del siglo XVII, ahora es una sala de exposiciones temporales. Se puede visitar su salón de baile (siglo XVIII) con un permiso.

Santa Maria dei Carmini tiene un porche lateral gótico con relieves bizantinos.

Fondamenta Gherardini, junto a Rio San Barnaba, es uno de los canales más bonitos del sestiere.

Ponte dei Pugni era escenario de peleas a puñetazos entre facciones rivales. Se prohibieron en 1705 por su violencia.

↑ Barcazas en el canal junto a Campo San Barnaba

Mapa localizador
Para más detalle, ver p. 60

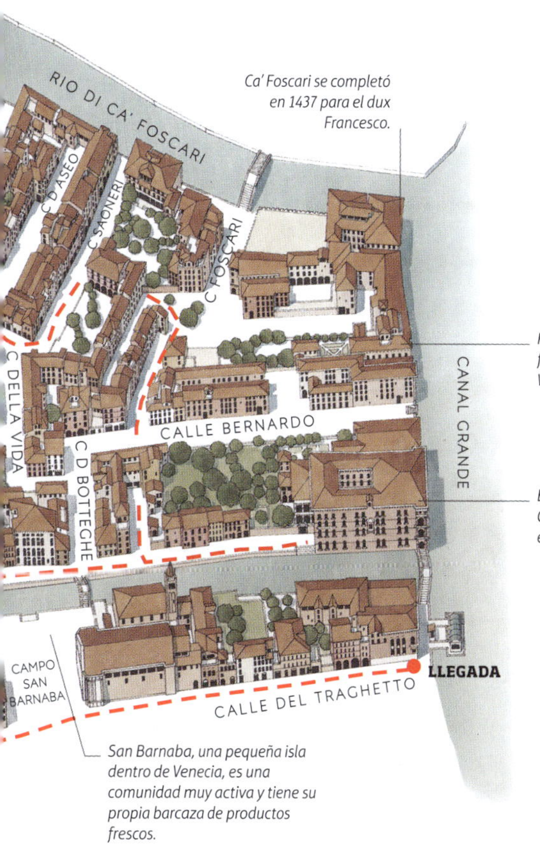

Ca' Foscari se completó en 1437 para el dux Francesco.

Palazzo Giustinian, fue residencia de Wagner en 1858.

El salón de baile de Ca' Rezzonico ocupa el ancho del palazzo.

San Barnaba, una pequeña isla dentro de Venecia, es una comunidad muy activa y tiene su propia barcaza de productos frescos.

¿Lo sabías?

Dorsoduro, a diferencia de buena parte de Venecia, está construido sobre un subsuelo sólido. De ahí su nombre, *espalda dura*.

Puesta de sol en Verona

EL VÉNETO Y FRIUL

El Véneto es una región de grandes contrastes que la convierten en una de las regiones más fascinantes de Italia. Las ciudades de Verona, Padua y Vicenza destacan por su arquitectura, iglesias y museos. Las villas del interior rural están bellamente decoradas con frescos de escenas mitológicas. La laguna tiene concurridos puertos pesqueros y centros de playa, mientras que en el norte se levantan los majestuosos Dolomitas, con su belleza alpina y excelentes lugares para el senderismo.

Los romanos edificaron puestos fronterizos en esta fértil tierra de limos, que actualmente sobreviven como las ciudades de Vicenza, Padua, Verona y Treviso. Situadas estratégicamente en el centro de la red de calzadas romanas, las ciudades prosperaron bajo el dominio de Roma, pero sufrieron la oleada de invasiónes germánicas del siglo V.

La región recuperó su riqueza bajo el benévolo gobierno del imperio veneciano. Las ciudades medievales del Véneto se encontraban junto a importantes rutas comerciales como la Serenissima, la vía que unía las ciudades portuarias de Venecia y Génova con el paso Brenner, utilizado por los comerciantes para cruzar los Alpes desde el norte de Europa. La riqueza producida por la agricultura, el comercio y los botines de guerra financiaron el embellecimiento de estas ciudades y la construcción de palacios y edificios públicos renacentistas, muchos de ellos diseñados por el gran arquitecto Andrea Palladio.

El Véneto es en la actualidad un próspero exportador de vino, productor textil y centro agrícola; y Friul constituye una región eminentemente agraria y, al mismo tiempo, centro de tecnología punta. A pesar de vivir algo eclipsadas por Venecia, ambas regiones resultan populares destinos turísticos y gozan de una abundante variedad de atractivos y de lugares de interés.

EL VÉNETO Y FRIUL
0 kilómetros 25
N
TRENTINO-ALTO ADIGIO
p. 128
TRENTINO-ALTO ADIGIO
LOMBARDÍA Y LOS LAGOS
p. 162
EMILIA-ROMAÑA
p. 424
EMILIA-ROMAÑA
VÉNETO
CORTINA D'AMPEZZO 12
BELLUNO 13
CONEGLIANO 11
BASSANO DEL GRAPPA 8
ASOLO 9
CASTELFRANCO VENETO 10
TREVISO 7
VICENZA 4
VERONA 1
PADUA 2 3
CANAL BRENTA 6
COLINAS EUGANEAS 5
Brunico
Dobbiaco
Bressanone
Merano
Chiusa
Marebbe
Bolzano
Corvara
Passo Pordoi
Canazei
Livinallongo
Monte Marmolada 3.354m
Alleghe
Moena
Predazzo
Forno di Zoldo
Agordo
Longarone
Gosaldo
Cembra
Ponte nelle Alpi
Trento
Borgo Valsugana
Santa Giustina
Fadalto
Lardaro
Feltre
Mel
Fonzaso
Arsiè
Vittorio Veneto
Arco
Riva del Garda
Rovereto
Enego
Follina
Valdobbiadene
Asiago
Tonezza
Valstagna
Possagno
Campione del Garda
Malcesine
Caltrano
Maser
Susegana
Marostica
Montebelluna
Schio
Recoaro Terme
Thiene
Rosà
Peri
Torri del Benaco
Lago de Garda
Valdagno
Cittadella
Treviso
Dolcè
Selva di Progno
Resana
Garda
Chiampo
Mogliano Veneto
Lazise
Grezzana
Camposampiero
Peschiera del Garda
Bussolengo
Arzignano
Noale
Campodarsego
Mestre
Soave
Longare
Vigonza
Verona Villafranca
San Bonifacio
Lonigo
Strà
Venecia
Valeggio sul Mincio
Villafranca di Verona
Abano Terme
Albaredo d'Adige
Legnaro
Alberoni
Isola della Scala
Battaglia Terme
Piove di Sacco
Bovolone
Minerbe
Montagnana
Monselice
Bovolenta
Chioggia
Cerea
Legnago
Este
Bagnoli di Sopra
Badia Polesine
Adige
Anguillara Veneta
Cavarzere
Lendinara
Po
Ostiglia
Suzzara
Rovigo
Loreo
Rosolina
Castelmassa
Adria
Gonzaga
Guastalla
Ficarolo
Crespino
Polesella
Papozze
Taglio di Po
Pilastri
Mirandola
Occhiobello
Porto Tolle
Novellara
Mesola
Finale Emilia
Ferrara
Carpi
Gnocchetta
Bomporto
Malalbergo
Portomaggiore
Módena
San Giovanni in Persiceto
Comacchio
Porto Garibald
Argenta
Sassuolo
Bologna Guglielmo Marconi
Sant Alberto
Bolonia
A22
A4
A31
A27
A57
A13
A1
S12
S11
S47
S48
S49
S50
S51
S53
S309
S434
S482
S16
S10
S13
S9
RA8

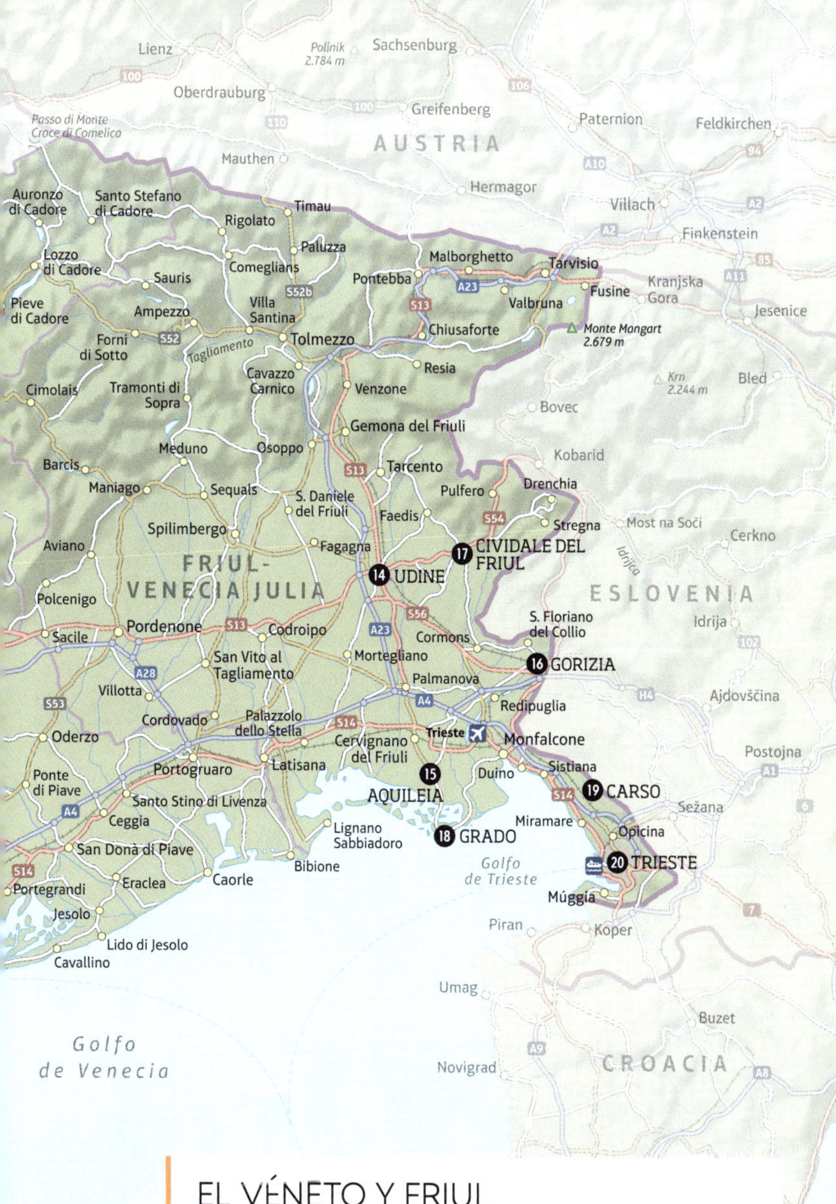

EL VÉNETO Y FRIUL

Esencial

1. Verona
2. Padua
3. Cappella degli Scrovegni, Padua
4. Vicenza

Lugares de interés

5. Colinas Euganeas
6. Canal Brenta
7. Treviso
8. Bassano del Grappa
9. Asolo
10. Castelfranco Veneto
11. Conegliano
12. Cortina d'Ampezzo
13. Belluno
14. Udine
15. Aquileia
16. Gorizia
17. Cividale del Friul
18. Grado
19. Carso
20. Trieste

1 Viñedos de uva para *prosecco* en las colinas del Véneto

2 Vendimia

3 Embutido y queso curado

4 Botella de *prosecco* de Valdobbiadene y *panettone*

2 DÍAS

Ruta enológica por el Véneto en torno al prosecco

Día 1

Mañana El viaje arranca en Valdobbiadene con una copa de *prosecco* a media mañana en el Bar Alpino *(Via Mazzolini 14, Valdobbiadene)*, antes de desplazarse a la granja restaurada que alberga la Osteria Senz'Oste *(Str. delle Treziese, Valdobbiadene)* para un almuerzo tipo pícnic a base de pan, diferentes embutidos y aceitunas.

Tarde Los viñedos de Nino Franco *(Via Garibaldi 147, 31049 Valdobbiadene)*, uno de los más reputados productores de *prosecco*, son algo que no hay que perderse. Es imprescindible ir con reserva. Tras la visita guiada con degustación, la cata de espumosos sigue en la fresca bodega de piedra de la elegante finca Bisol *(Via Follo 33, Santo Stefano di Valdobbiadene)*.

Noche Antes de pernoctar en el embriagador hotel Villa del Poggio *(Via dei Pascoli, 8/a, San Pietro di Feletto)*, situado en una hacienda vinícola, se habrán catado los platos de cocina local presentados con primor en Locanda da Marinelli *(Via Castella, 5, Farra di Soligo)* y maridados con vinos de la región, cuna del *prosecco*.

Día 2

Mañana Tras desayunar sin prisas en el hotel, se enfila hacia Carpenè Malvolti *(Via Antonio Carpenè, 1, Conegliano)*, una de las bodegas familiares más antiguas de la zona, en el centro de Conegliano. Las siguientes cepas en la lista son las de Zardetto, en un recóndito paraje de las colinas de Conegliano *(Via Martiri delle Foibe, Scomigo)*, donde usan modernas técnicas para crear uno de los *proseccos* más preciados.

Tarde Para tener sitio en la Trattoria Ristoro Fos de Marai *(Via Santo Stefano, 20, Valdobbiadene, cerrado lu noche y ma)* es preciso reservar. La especialidad es carne hecha a la parrilla con guarnición de verduras, todo ello servido en mesas con vistas a las viñas.

Noche Relais Dolce Vita *(Str. Masare, 4, Valdobbiadene)* es una evocadora granja familiar con piscina y extraordinarias panorámicas de las colinas donde maduran las uvas del *prosecco*. Los amables dueños, Monica y Renato, organizan excursiones de un día, reservan en restaurantes e informan sobre la región a sus huéspedes mientras toman un vino con ellos.

Vista del río Adigio con el campanario del Duomo al fondo

VERONA

C2 Villafranca 14 km al SO Piazzale 25 Aprile
Via degli Alpini 9; www.turismoverona.eu

Verona es un vibrante centro comercial, la mayor ciudad del Véneto (por delante de Venecia) y una de las más prósperas del norte de Italia. Su centro histórico alberga magníficas ruinas romanas y bellos palacios construidos con *rosso di Verona*, el mármol local de tono rosado.

San Zeno Maggiore

Piazza San Zeno mar-oct: 8.30-18.00 lu-sá, 12.30-18.00 do; nov-feb: 10.00-13.00 y 13.30-17.00 lu-sá, 12.30-17.00 do
chieseverona.it

San Zenón, construida en 1120-1138 como santuario del patrón de Verona, es la iglesia románica más ornamentada del norte de Italia. La fachada cuenta con un rosetón, relieves en mármol y un pórtico con doselete. Destacan los paneles de bronce de las puertas, de los siglos XI y XII. Se cree que la torre al norte del templo cubre la tumba del rey Pipino de Italia (777-810).

Castelvecchio

Corso Castelvecchio 2 045 80 62 611 dic-oct: 13.30-19.30 lu, 8.30-19.30 ma-do; última entrada: 4 min antes del cierre 1 ene, 25 y 26 dic
museodicastelvecchio.comune.verona.it

Este imponente castillo, edificado por Canagrande II entre 1355 y 1375, alberga una de las mejores galerías de arte de la zona, excluida Venecia. La sección medieval y renacentista ilustra la influencia del arte del norte en los pintores locales. Además, hay vistas del medieval Ponte Scaligero, que lleva al Arsenal, con jardines en su parte delantera.

Arena

Piazza Brà 13.30-19.30 lu, 8.30-19.30 ma-do 1 ene, 25 dic; jun-ago: desde media tarde en días de representación; oct-may: lu
arena.it

El anfiteatro romano de Verona, completado el año 30, es el tercero más grande del mundo después del Coliseo de Roma y el anfiteatro de Santa Maria Capua Vetere, cerca de Nápoles. Podía dar cabida a casi toda la población de la Verona romana y a él acudían visitantes de todo el Véneto para ver las luchas de gladiadores. Desde entonces ha visto ejecuciones, ferias, corridas de toros y ópera.

San Lorenzo

Corso Cavour 28 045 805 00 00 Diario Durante misas

San Lorenzo es una de las iglesias menos conocidas, aunque una de las más bellas. Construida en 1117 sobre los restos de una basílica paleocristiana, el exterior románico, con franjas alternas

Esencial ☆

Cronología

1263

▲ La familia Scaligeri inicia sus 124 años al frente del Gobierno de Verona. Emplean tácticas despiadadas para llegar al poder, pero una vez en él traen la paz a la ciudad

1301

Dante es recibido en la corte de los Scaligeri y dedica la parte final de su *Divina Comedia* al gobernante Canagrande I

1387

Verona cae en manos de los Visconti de Milán, y luego una sucesión de foráneos –Venecia, Francia y Austria– gobiernan la ciudad

1597

▲ Shakespeare sitúa *Romeo y Julieta* en Verona

1866

▼ El Véneto se une a Italia

de piedra y ladrillo, es típico de las iglesias veronesas. El campanario data del siglo XV, y los frescos del interior, del siglo XIII. Cuenta con dos singulares torres cilíndricas.

Duomo

Piazza Duomo **Diario (do por la tarde)** **chiese verona.it**

La catedral de Verona se empezó en 1139 y cuenta con un pórtico románico esculpido por Nicolò, uno de los dos maestros albañiles responsables de la fachada de San Zeno Maggiore. Aquí esculpió las figuras de Oliverio y Rolando, dos caballeros de Carlomagno.

En el interior destaca *La Asunción* (1535-1540) de Tiziano y fuera hay un claustro románico con las ruinas de las anteriores iglesias a la vista. El baptisterio del siglo VIII, o San Giovanni in Fonte (ASan Juan de la fuente), es de mampostería romana; la pila de mármol se esculpió en 1220.

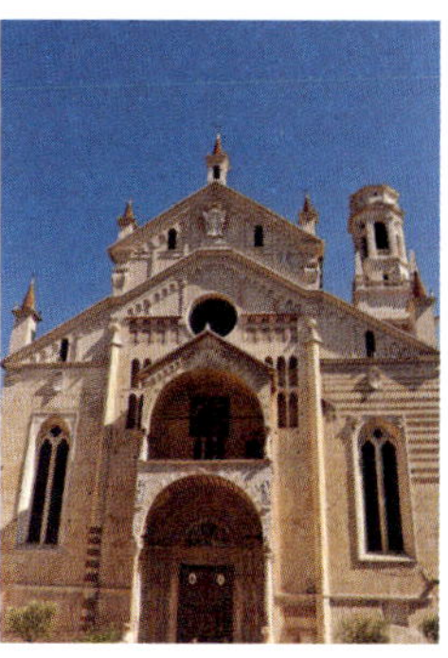

↑ La fachada oeste del Duomo de Verona, obra de Nicolò

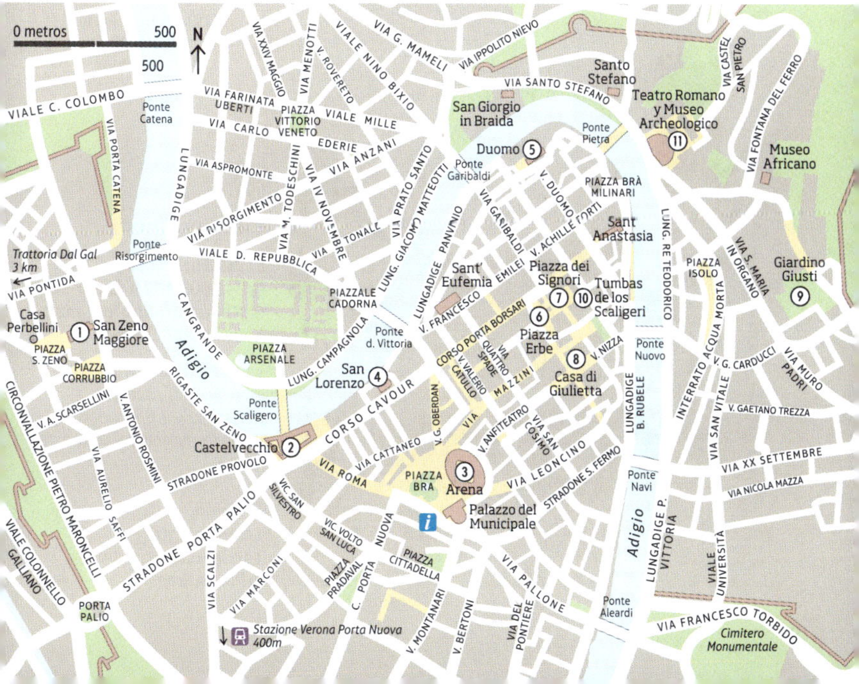

Piazza Erbe

Esta plaza lleva el nombre del viejo mercado de hierbas aromáticas. En la actualidad, los puestos venden desde bocadillos de cerdo asado a las finas hierbas hasta fruta fresca. En el extremo norte de la plaza se encuentra el Palazzo Maffei (1668), barroco y coronado con estatuas. En el lado oeste está la Casa dei Mercanti, edificio del siglo XVII construido sobre los cimientos de otro que se remonta a 1301. Enfrente todavía pueden verse frescos en los muros sobre los cafés.

Piazza dei Signori

Torre dei Lamberti 045 927 30 27 10.00-19.00 diario

En el centro de la plaza se yergue una estatua de Dante del siglo XIX que parece mirar al Palazzo del Capitano, antiguo hogar de los generales veroneses, del siglo XIV. Junto a él se encuentra el igualmente intimidatorio Palazzo della Ragione, el tribunal de justicia. Ambos fueron construidos en el siglo XIV. Desde lo alto de la Torre dei Lamberti (84 m) se ven los Alpes.

Casa di Giulietta

Via Cappello 23 Diario (lu solo tarde)

La tragedia de Romeo y Julieta, dos jóvenes amantes de familias rivales, ha inspirado numerosos poemas, ballets y obras de teatro.

En la Casa di Giulietta, Romeo escaló hasta el balcón de Julieta; en realidad es una posada restaurada del siglo XIII. La ruinosa Casa di Romeo está a pocas calles de aquí, en Via Arche Scaligeri.

La llamada Tomba di Giulietta está expuesta en una cripta bajo el claustro de San Francesco al Corso, en la Via del Pontiere.

Casa Perbellini

Esta *trattoria* con estrella Michelin es como la cocina de un amigo, que es justo lo que pretenden los propietarios. La cocina abierta es más un escenario que una zona de preparación de comida, y los clientes pueden hablar con los cocineros mientras estos trabajan.

Piazza San Zeno, 16
lu y do

$$$

Trattoria Dal Gal

Este acogedor local de barrio elabora pasta fresca y la sirve con vinos de la tierra. A diario se puede escoger entre cinco platos de pasta diferentes; hay degustación de postres que puede incluir desde tiramisú a fresas y sorbete.

Via Don Gregorio Segala, 39
lu y do cenas

Giardino Giusti

Via Giardino Giusti 2 045 803 40 29 abr-sep: 9.00-20.00 diario (oct-mar: hasta 19.00) 25 dic

Este bello jardín renacentista data de 1580 y combina naturaleza y artificialidad: el jardín formal inferior contrasta

← Los viandantes admiran la fuente de la Piazza Erbe

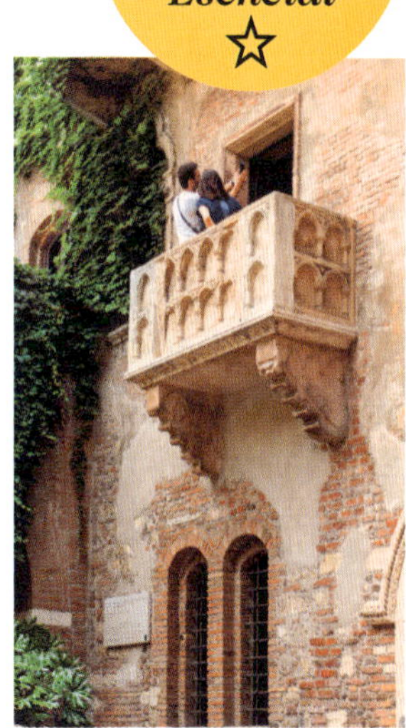

Esencial

↑ Unos visitantes se toman una foto en el famoso balcón de la Casa di Giulietta

← El jardín inferior del bello Giardino Giusti

En la actualidad, los puestos venden de todo, desde bocadillos de cerdo asado a las finas hierbas a fruta fresca.

con los bosques silvestres del superior. El autor inglés John Evelyn pensaba que este era el jardín más bello de Europa.

Tumbas de los Scaligeri

Via Arche Scaligeri

Junto a la entrada de la pequeña iglesia románica de Santa Maria Antica, de la que fueron feligreses los poderosos Scaligeri, se encuentran numerosas tumbas de los antiguos gobernadores de Verona. Destaca junto a la entrada la tumba de Canagrande I (1329), coronada por una estatua ecuestre del mismo, copia de la original, que puede verse ahora en Castelvecchio *(p. 108)*.

Teatro Romano y Museo Archeologico

Regaste Redentore 2
045 800 03 60 13.30-19.30 lu (todo el día en festivos), 8.30-19.30 ma-do
Pronto en días de representación, 1 ene, 25 y 26 dic

El escenario del teatro del siglo I a. C. no se ha conservado, pero el semicírculo de asientos está casi intacto y ofrece fantásticas vistas de Verona. Un ascensor sube a los visitantes al monasterio de arriba, ahora museo arqueológico. La exposición alrededor del claustro y en las antiguas celdas de los monjes incluye mosaicos, cerámica y cristal.

TOP 5 PROPUESTAS ROMÁNTICAS

Verona in Love
El festival Verona in Love se desarrolla por toda la ciudad en febrero *(www.dolcementeinlove.com)*.

Catas de vinos
Con una bicicleta alquilada y merienda, una opción es una cata de vinos en las verdes colinas que rodean Verona.

Río Adigio
Un paseo al atardecer a orillas del río Adigio.

Giardino Giusti
Perderse entre las estatuas, grutas y laberintos del Giardino Giusti.

Trattoria Dal Gal
Una cena romántica a la luz de las velas en la Trattoria Dal Gal.

↑ El lago rodeado de estatuas de la Piazza Prato della Valle de Padua

2

PADUA

D2 Piazza Boschetti Piazzale della Stazione; www.turismopadova.it

Padua es una ciudad universitaria con una ilustre historia académica. Rica en arte y arquitectura, alberga dos lugares especialmente notables. La Cappella degli Scrovegni *(p. 114)*, al norte, es famosa por los frescos de Giotto y está integrada en el conjunto que forman la iglesia y los museos Eremitani. Por otro lado, la basílica de San Antonio es uno de los destinos de peregrinaje más populares de Italia.

1 Duomo y baptisterio

Piazza Duomo 049 65 69 14 10.00-18.00 diario 1 ene, Semana Santa, 25 dic

El Duomo se construyó en 1552, con la participación de Miguel Ángel, sobre una catedral del siglo XIV. Junto a él se halla un baptisterio *(c.* 1200). El interior está decorado con frescos *(c.* 1378) de Giusto de' Menabuoi que representan episodios de la Biblia, incluidas escenas de la Creación y la Crucifixión.

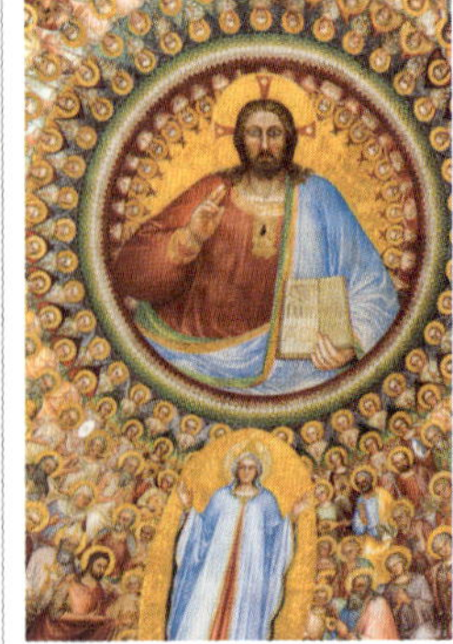

↑ Fresco de Cristo, de Giusto de' Menabuoi, Duomo de Padua

2 Palazzo della Ragione

Piazza delle Erbe (entrada por el ayuntamiento) 049 820 50 06 9.00-19.00 ma-do (nov-ene: hasta las 18.00) 1 ene, 1 may, 25 y 26 dic

El palacio de la Razón se construyó en 1218 como tribunal de justicia y sala consistorial de Padua. El gran salón principal estaba decorado con frescos de Giottoque ardieron en un incendio en 1420. Las paredes están cubiertas por frescos de Nicola Miretto.

3 Chiesa degli Eremitani y Museo Civico Eremitani

Piazza Eremitani 8 Diario (capilla); 9.00-19.00 ma-do (museo) 1 ene, 1 may, 25 y 26 dic turismopadova.it

La iglesia Eremitani se levantó entre 1276 y 1306 y contiene bellas tumbas y frescos de Andrea Mantegna.

El Museo Civico Eremitani guarda una colección de me-

Belle Parti
La tradición va desde las mesas con velas y manteles blancos a los camareros trajeados. El sumiller ayuda a maridar los platos con vinos de la zona.

Via Belle Parti 11 do

$$$

Osteria Dal Capo
El menú ofrece delicias de temporada, como lasaña con achicoria, o *tagliatelle* negros con castañas y calabaza.

Via Obizzi 2 do comidas y cenas; lu comidas

dallones romanos, monedas de Venecia, una sala arqueológica y una galería de arte.

Basilica di Sant'Antonio

Piazza del Santo 049 822 56 52 6.20-18.45 diario

Esta exótica iglesia, con sus agujas y cúpulas bizantinas, también es llamada Il Santo. Se empezó en 1232 para albergar los restos de san Antonio de Padua. Dentro, el altar mayor contiene *Los milagros de San Antonio* (1444-1445), relieves de Donatello.

Estatua de Gattamelata

Junto a la entrada de la basílica se levanta una gran obra renacentista: la estatua del soldado Gattamelata, obra de Donatello de 1452.

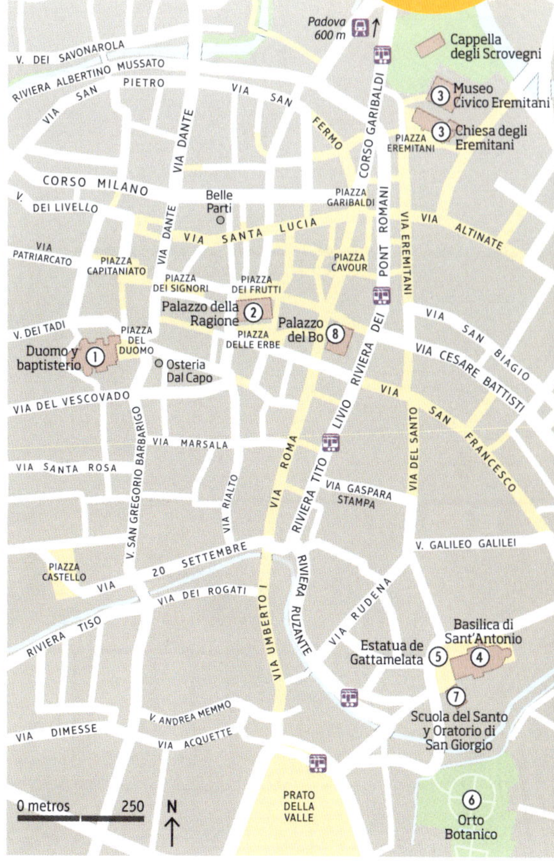

Orto Botanico

Via Orto Botanico 15 ma-do (abr-may: diario) 1 ene, 25 dic ortobotanicopd.it

El jardín botánico es uno de los más antiguos de Europa (1545). En él se cultivaron lilas, girasoles y patatas por primera vez en Italia.

Scuola del Santo y Oratorio di San Giorgio

Piazza del Santo 11 049 822 56 52 ma-do

Estos edificios albergan cinco excelentes frescos, incluidas las primeras pinturas documentadas de Tiziano. Entre ellas figuran dos escenas de la vida de san Antonio, de 1511. Las pinturas de San Giorgio las pintaron entre 1378 y 1384 Altichiero da Zevio y Jacopo Avenzo.

Palazzo del Bo

Via VIII Febbraio 2 Solo visitas guiadas (lu-sá) unipd.it

El histórico edificio principal de la Universidad albergaba la facultad de Medicina. La visita incluye el púlpito desde el que Galileo daba clases y la sala de anatomía (1594), la más antigua del mundo.

Los frescos de Giotto cubren las paredes de la capilla de los Scrovegni ↑

Esencial ☆

CAPPELLA DEGLI SCROVEGNI, PADUA

D2 Piazza Eremitani A Piazzale Boschetti 9.00-19.00 diario; reserva obligatoria Festivos cappelladegliscrovegni.it

Enrico Scrovegni construyó la capilla en el año 1303, esperando que así libraría a su difunto padre, usurero, de la condenación eterna descrita por Dante en su *Infierno*. El interior está completamente cubierto de frescos sobre la vida de Jesús, pintados por Giotto entre 1303 y 1305. Debido a su fuerza narrativa, ejercieron una poderosa influencia en el desarrollo del arte europeo.

Los frescos de Giotto

Al gran artista florentino Giotto (1266-1337) se le ha considerado padre del Renacimiento y de la recuperación de la tradición clásica para el arte occidental. Los frescos de esta capilla –con su sentido espacial, naturalismo y drama narrativo– constituyen una ruptura con la tradición bizantina de los 1.000 años anteriores. En escenas como *Lamento sobre Cristo muerto*, las figuras tridimensionales poco estilizadas desprenden naturalidad y expresan claramente las emociones. Aunque en vida fue considerado un gran artista, pocas de las obras que se le atribuyen están totalmente documentadas. Sin embargo, no debe dudarse de su autoría en los frescos de la Cappella degli Scrovegni.

↑ Exterior de la Cappella degli Scrovegni

← *La Presentación de María en el templo*, de Giotto

GUÍA DE LA CAPILLA

El número de visitantes está restringido, por lo que es obligatorio reservar por adelantado en la página web. Los visitantes deben pasar 15 minutos en una sala de descontaminación en la que también se proyecta un vídeo sobre la capilla y sus frescos. La duración de la visita se limita a 15 minutos.

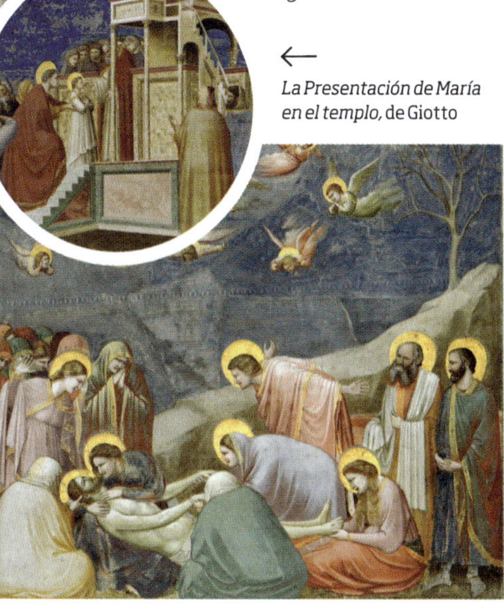

↑ Las figuras mostrando su dolor en el *Lamento sobre Cristo muerto*, de Giotto

VICENZA

C2 Piazza Stazione Piazza Matteotti 12; www.vicenzae.org

Se la conoce como la ciudad adoptiva de Andrea Palladio (1508-1580), que empezó como albañil y acabó siendo uno de los arquitectos más influyentes de todos los tiempos. Al pasear por la ciudad, famosa en todo el mundo por su espléndida y variada arquitectura, se puede ver la evolución del estilo de Palladio. Vicenza, una de las ciudades más ricas del Véneto, cuenta con una amplia variedad de cafés y tiendas elegantes.

Piazza dei Signori

Esta plaza en el corazón de Vicenza está dominada por el **Palazzo della Ragione,** con una balaustrada con estatuas de dioses romanos y griegos. A menudo llamado Basílica, ahora se utiliza como centro de exposiciones. Junto a él está la Torre di Piazza, del siglo XII.

La Loggia del Capitaniato, al noroeste, fue construida por Palladio en 1571.

Palazzo della Ragione

Piazza dei Signori 04 44222811 Solo para exposiciones, conciertos y visitas guiadas lu

Teatro Olimpico

Piazza Matteotti 11 Jul-ago: 10.00-18.00 ma-sá; sep-jun: 9.00-17.00 ma-do Durante actuaciones teatrolimpicovicenza.it

Palladio empezó a trabajar en el Teatro Olímpico, el más antiguo de Europa, en 1579, pero murió un año después. Su discípulo Vicenzo Scamozzi siguió con el proyecto y completó el escenario a tiempo de su apertura en 1585. Usando madera y yeso pintados para parecer mármol, creó un trampantojo que muestra unas calles perdiéndose en el horizonte.

Museo Civico

Piazza Matteotti 37-39 jul-ago: 10.00-18.00 ma-do; sep-jun: 9.00-17.00 ma-do museicivicivicenza.it

Está situado en el Palazzo Chiericati, que fue construido por Palladio.

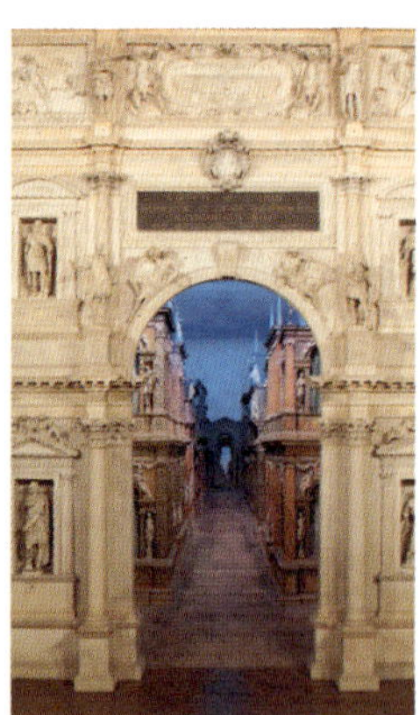

→ El elaborado escenario del Teatro Olimpico

El Palazzo della Ragione y la Torre di Piazza en la Piazza dei Signori

Entre los retablos góticos de Vicenza que exhibe está la *Crucifixión* (1468-1470) de Hans Memling.

Santa Corona

Contrà Santa Corona 0444 22 28 11 ma-do 12.00-15.00, do de Resurrección

Esta iglesia gótica se construyó en 1261 para albergar una espina donada por Luis IX de Francia, que se dice pertenecía a la corona de espinas de Jesucristo. Destacan pinturas como el *Bautismo de Cristo* (*c.* 1500) de Giovanni Bellini y la *Adoración de los Magos* (1573), de Paolo Veronese (el Veronés).

Monte Berico

Viale X Giugno 87 Diario (do solo tarde) monteberico.it

Monte Berico es una colina llena de cipreses donde los ciudadanos ricos tenían sus casas de campo en las que huir del calor del verano. La basílica está dedicada a la Virgen, que se dice que se apareció aquí para anunciar que Vicenza se salvaría de la peste de 1426-1428.

San Lorenzo

Piazza San Lorenzo 7.00-12.00 y 15.30-19.00 diario

El pórtico de esta iglesia posee magníficos relieves góticos, con figuras de la Virgen y el Niño y de san Francisco y santa Clara.

Villa Valmarana ai Nani

Via dei Nani 8 0444 32 18 03 10.00-16.00 (mar-oct: hasta 18.00) villavalmarana.com

El muro de Villa Valmarana (construida en 1688 por Antonio Muttoni) está coronado por las figuras de enanos que han dado al edificio el nombre de *ai nani.*

En el interior, cubren las paredes frescos de Tiepolo, que muestran a dioses del Olimpo observando desde las nubes escenas épicas de Homero y Virgilio. En la Foresteria (casa de huéspedes) hay frescos del siglo XVIII pintados por el hijo de Tiepolo, Giandomenico.

Esencial ☆

La Rotonda

Via Rotonda 45 0444 32 17 93 mi y sá (villa); ma-do (jardín) villalarotonda.it

Esta villa perfectamente simétrica, también conocida como Villa Capra Valmarana, es el arquetipo de la arquitectura palladiana. El diseño, que consiste en una cúpula sobre un cubo, recibió inmediatos elogios porque se funde perfectamente con los alrededores.

La villa, edificada en 1550-1552, cuenta con imitaciones en Londres, San Petersburgo y Nueva Delhi.

PALLADIO

Andrea Palladio fue quizás el arquitecto más demandado del siglo XVI. Inspirado por autores como Vitruvio y Virgilio, Palladio diseñó para sus clientes elegantes palacios y villas con reminiscencias de la edad de oro clásica. Su tratado *Los cuatro libros de la arquitectura* le valió el reconocimiento internacional.

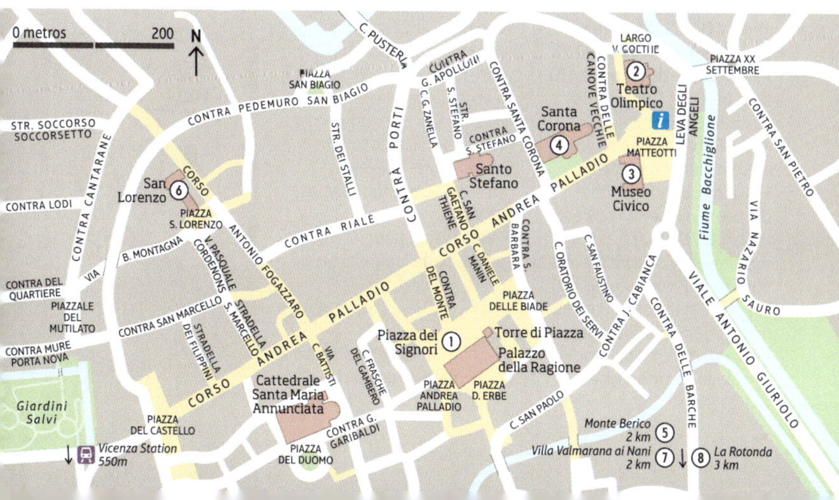

LUGARES DE INTERÉS

Colinas Euganeas

C2 A Terme Euganee, Montegrotto Terme Viale Stazione 60, Montegrotto Terme; www.turismopadova.it

Las colinas Euganeas, antiguos volcanes, se alzan abruptamente en la llanura. Hay manantiales de agua caliente en las termas de Abano y Montegrotto, donde abundan los balnearios, que ofrecen desde baños de barro a inmersiones en aguas sulfurosas.

Abbazia di Praglia

Via Abbazia di Praglia 16, Bresseo di Teolo ma-do (solo tardes) Festivos religiosos praglia.it

El monasterio benedictino de Praglia, 6 km al oeste de Abano Terme, es un tranquilo remanso donde los monjes cultivan hierbas y restauran manuscritos. También ofrecen visitas guiadas a algunas zonas de la abadía y a la iglesia (1490-1548), en la que destacan los claustros. Y cuentan con bancos tallados, en el coro y el refectorio, además de pinturas y frescos de Zelotti, pintor veronés del siglo XVI.

Casa di Petrarca

Via Valleselle 4, Arquà Petrarca 0429 71 82 92 ma-do (también lu si es festivo) Festivos

La pintoresca localidad de Arquà Petrarca, situada en el extremo meridional de las Euganeas, lleva el nombre del poeta medieval Francesco Petrarca (1304-1374), que vivió sus últimos años aquí. Su casa tenía frescos con escenas de sus poemas líricos y dominaba un paisaje de olivos y viñas. Está enterrado en un sencillo sarcófago situado frente a la iglesia.

¿Lo sabías?

Treviso, a 30 minutos en tren, es una estupenda base para explorar Venecia sin gastar tanto en hoteles.

Villa Barbarigo

Via Diana 2, Valsanzibio feb-nov: diario valsanzibiogiardino.it

Al norte de Arquà está la Villa Barbarigo (siglo XVIII), con un magnífico jardín barroco diseñado por Antonio Barbarigo en 1669. Cuenta con estatuas, fuentes, un laberinto, parterres, lagos y avenidas de cipreses.

Canal Brenta

D2 Padua y Venecia Venezia Santa Lucia, Padua A Mira, Dolo y Strà

A lo largo de los siglos, se han desviado los ríos que daban a la laguna veneciana para evitar que se encenagara. El Brenta se canalizó en dos secciones: la rama antigua, entre Padua y Fusina (al oeste de Venecia), data del siglo XVI y fluye a lo largo de 36 km. Pronto se descubrió su potencial como vía de transporte y no tardaron en construirse villas en sus orillas. Hoy pueden admirarse muchas de ellas –la carretera S11 transcurre paralela al canal– y varias están abiertas al público.

Villa Pisani (siglo XVIII), en Strà, tiene un fresco en el techo de Tiepolo. **Barchessa Valmarana,** en Mira, está decorada siguiendo el estilo del siglo XVIII. En el pueblo de Malcontenta se encuentra la famosa **Villa Foscari,** o Villa Malcontenta, una de las más bellas de Palladio. Data de

Maison Matilda

Este hotel, en un palacio del siglo XIX, cuenta con seis habitaciones de diferente decoración. La Charming (encantadora) tiene suelo de parqué y una cama con dosel. El desayuno se sirve durante todo el día en un agradable patio.

Via Jacopo Riccati, Treviso maisonmatilda.com

→ Un bonito puente de madera cruza el río Sile en Treviso

1560 y en el interior hay frescos de Zelotti.

Villa Pisani
Via Pisani, Strà ma-do mar-oct: ma-sá; nov-feb: sá y do 1 ene, 1 may, 25 dic villapisani.beniculturali.it

Barchessa Valmarana
Via Valmarana 11, Mira 10.00-16-30 ma-do (mar-oct: hasta 18.00) villavalmarana.net

Villa Foscari
Via dei Turisti 9, Malcontenta ma y mi, vi-do mañanas nov-mar lamalcontenta.com

Treviso

D2 FS Via Fiumicelli 30, Piazza Borsa; www.visittreviso.it

La calle Calmaggiore es buen lugar para empezar a recorrer esta ciudad fortificada. La calle une el Duomo con el Palazzo dei Trecento, el ayuntamiento reconstruido del siglo XIII.

El Duomo data del siglo XII, pero ha sido reconstruido varias veces. Dentro compiten *La Anunciación* (1570) de Tiziano y el fresco de *La Adoración de los Magos* (1520) de Il Pordenone. En el **Museo Civico** hay más pinturas de Tiziano y de otros renacentistas.

El animado mercado de pescado se monta en una isla del río Sile de martes a sábado por las mañanas.

La iglesia de **San Nicolò**, junto a las murallas de la ciudad (siglo XVI), alberga interesantes frescos, incluida la primera representación artística de unos anteojos.

Museo Civico
Chiesa Santa Caterina, Piazzetta Mario Botter 1 ma-do Festivos museicivicitreviso.it

Chiesa di San Nicolò
Via San Nicolò 0422 54 86 26 Diario

→

Una barca amarrada a un pequeño muelle en un canal de Treviso

Bar Beltrame

Los bares de las plazas no agradan a todo el mundo, pero el Beltrame es tan agradable que es difícil no pararse. Los asientos de mimbre dispuestos bajo los arcos de piedra se llenan por la noche de lugareños que acuden a tomarse un *spritz* de Campari o una copa de *prosecco*, que se sirven con minisándwiches y patatas fritas.

Piazza dei Signori, Treviso 0422 54 07 89 ju

8

Bassano del Grappa

D1 Vicenza FS
Plaza Garibaldi, 34; www.comune.bassano.gov.it

Esta tranquila ciudad se halla al pie del monte Grappa. El Ponte degli Alpini, diseñado en 1569 por Andrea Palladio, cruza el río Brenta. Está hecho de madera para que no se rompa cuando baja el agua del deshielo. Bassano es famoso por su cerámica mayólica (decorada y vidriada), de la que hay una exposición en el **Palazzo Sturm.**

De aquí procede la *grappa*, el licor que se obtiene de los posos *(graspa)* que quedan tras la elaboración de vino; en el **Museo degli Alpini** se informa sobre el proceso, y también sobre el impacto que tuvo en la zona la I Guerra Mundial.

Palazzo Sturm
Via Schiavonetti
lu y mi-sá
museibassano.it

Museo degli Alpini
Via Angarano 2
ma-do anamontegrappa.it

Asolo

D1 Treviso
Piazza Garibaldi 73; ju-do; www.asolo.it

Este diminuto pueblo amurallado estuvo gobernado por la reina Caterina Cornaro (1454-1510), esposa veneciana del rey de Chipre que envenenó a su marido para entregar Chipre a Venecia. El cardenal Pietro Bembo acuñó el verbo *asolare* para describir la amarga vida en el exilio que vivió aquí esta mujer. Asolo ha enamorado a muchos de sus visitantes, entre ellos al poeta inglés Robert Browning, uno de cuyos libros de poesía lleva por nombre *Asolanda* (1889).

En Maser, 10 km al este del pueblo, está **Villa Barbaro.** Fue diseñada por Palladio hacia 1555 en colaboración con el Veronés, y combina perfectamente simetría y luz con espaciosas salas con trampantojos.

Villa Barbaro
Maser abr-oct: 11.00-17.00 ma-do; nov-mar: 11.00-17.00 sá, do y festivos 1 ene, do de Resurrección, 25 dic villadimaser.it

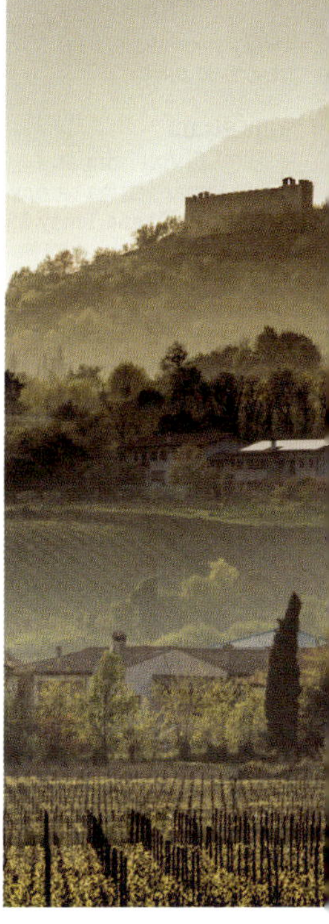

Castelfranco Veneto

D2 Treviso FS
Via Riccati 14; 0423 49 50 00; ma-sá mañanas

El centro histórico de Castelfranco Veneto se halla rodeado de murallas bien preservadas. La **Casa di Giorgione,** donde se dice que nació el pintor Giorgione (1478-1511), es un museo centrado en su vida. Su innovador uso del paisaje como forma ambiental y no decorativa puede apreciarse en la obra *La tempestad* *(p. 90)*, su cuadro más famoso.

Unos 8 km al noreste, en Fanzolo, está **Villa Emo** *(c.* 1555). La diseñó Palladio y es típicamente suya: un cubo

El Ponte degli Alpini, obra de Andrea Palladio, en Bassano del Grappa

Las colinas con cipreses rodean el pueblo amurallado de Asolo

con dos alas simétricas. En el interior hay magníficos frescos de Zenotti.

Casa di Giorgione
Piazza San Liberale
ma-do mañanas (y tardes vi-do)
museocasagiorgione.it

Villa Emo
Via Stazione 5, Fanzolo Diario 1 ene, 25 y 31 dic villaemo.org

Conegliano

D1 Treviso FS
Via XX Settembre 132; 0438 212 30

Conegliano se alza entre viñedos dedicados al *prosecco*, y los vinicultores de toda Italia aprenden su profesión en la famosa escuela vinícola de Conegliano. La Via XX Settembre, la calle principal, con soportales, está flanqueada por *palazzi* del siglo XV al XVIII, muchos de estilo gótico veneciano o decorados con borrosos frescos. El Duomo contiene la obra de arte más importante de la ciudad, *Virgen y Niño con santos* (1493), un retablo del artista local Cima da Conegliano (1460-1518).

En la **Casa di Cima,** donde nació el artista, se exponen reproducciones de sus obras más famosas. Conegliano utilizaba las colinas de los alrededores como fondo; esas mismas colinas pueden verse desde los jardines que rodean las ruinas de las torres y almenas del Castelvecchio (castillo viejo), del siglo X.

Casa di Cima
Via Cima 24 0438 224 94 sá y do, solo tardes y durante exposiciones temporales

LA CARRETERA DE LOS DOLOMITAS

La Strada delle Dolomiti, o carretera de los Dolomitas, es un hito de la construcción vial. Entra en el Véneto a través del Passo Pordoi, que, a 2.239 metros, es el más bonito de los puertos de los Dolomitas. Desde él, la carretera S48 transcurre de forma sinuosa otros 35 km hacia el este, hasta Cortina d'Ampezzo.

Hay muchos sitios donde pararse para disfrutar de las espectaculares vistas. En muchas estaciones de esquí los teleféricos llevan a los visitantes hasta los refugios alpinos (algunos de ellos con cafés), abiertos de mediados de junio a mediados de septiembre. Estos refugios marcan el inicio de una serie de senderos señalizados.

Cortina d'Ampezzo

D1 Belluno
Corso Italia 81;
www.infodolomiti.it

La mejor estación de esquí de Italia está bien provista de restaurantes y bares. Cortina se encuentra en medio del espectacular entorno de los Dolomitas, lo que explica su atractivo: un fantástico paisaje de riscos y agujas sobre los árboles.

Cuenta con buenas instalaciones deportivas porque albergó los Juegos Olímpicos de invierno en 1956. Además del esquí de descenso o alpino y el de travesía, también hay salto y bobsleigh, junto con un estadio olímpico de hielo, varias piscinas, canchas de tenis e hípica.

En verano, Cortina se convierte en un excelente punto de partida para caminantes. Se puede hallar información sobre los senderos y excursiones con guía en la oficina de turismo o, en verano, en la oficina de guías que se encuentra enfrente.

Mejores hoteles de gama media en Cortina d'Ampezzo.

Villa Blu Cortina
Elegancia en la montaña, con mobiliario alpino de color caramelo, alfombras y grandes vistas.

Località Verocai 73
hotelvillablu cortina.it

Hotel Ambra Cortina
Hotel con 24 bonitas habitaciones en tonos madera y con cortinas de flores, algunas con bañera de hidromasaje, *spas* y camas con dosel.

Via XXIX Maggio 28
hotelambracortina.it

Panda
Agradable hotel familiar con habitaciones sencillas pero cómodas. Algunas tienen terraza privada y hay también un apartamento independiente en el piso superior.

Via Roma 64
cortinahotelpanda.it

Belluno

D1 FS Piazza Duomo 2; www.info dolomiti.it

La pintoresca Belluno hace de puente entre dos partes diferentes del Véneto, las llanuras del sur y los Dolomitas al norte. Ambas pueden avistarse desde la Porta Rugo (siglo XII) en el extremo sur de Via Mezzaterra, la calle principal de la ciudad antigua.

Pero es más espectacular el panorama desde el campanario del Duomo, del siglo XVI aunque reconstruido posteriormente. El baptisterio cercano alberga una tapa de pila con la figura de san Juan Bautista tallada por Andrea Brustolon (1662-1732). También hay obras de Brustolon en las iglesias de San Pietro (Via San Pietro) y Santo Stefano (Piazza di Santo Stefano). Al norte de la Piazza del Duomo están el Palazzo dei Rettori (1491) –antiguo hogar de los gobernantes venecianos de la ciudad– y la Torre Civica del siglo XII, único resto del castillo medieval.

El **Museo Civico** contiene pinturas de Bartolomeo Montagna (1450-1523) y de Sebastiano Ricci (1659-1734) y una notable sección arqueológica. Al norte del museo está la Piazza del Mercato, la más bella de Belluno, con sus palacios renacentistas y su fuente de 1410. Al sur de la ciudad se halla la pintoresca estación de esquí de Alpe del Nevegal; en verano se puede subir en telesilla desde Faverghera por la ladera de la montaña hasta los 1.600 m para disfrutar de las extensas vistas.

Museo Civico
Via Roma 28
ma y mi, ju mañanas, vi-do
museo.comune.belluno.it

→ Las laderas nevadas en torno a la estación de esquí de Cortina d'Ampezzo

DÓNDE IR EN CORTINA

Cortina es uno de los centros de vacaciones de moda en Italia. Aparte de las montañas, el ocio aquí consiste en comprar en la calle principal, Corso Italia, y tomarse algo en el Bar Arnika *(Corso Italia 983)* o un *prosecco* en la Enoteca *(Via del Mercato 5)*. Para comer algo, el bar Dok Dall'Ava LP 26 *(Largo delle Poste 26)* ofrece embutido para acompañar el vino. El mejor lugar después de esquiar es la Birreria Hacker Pschorr *(Via Stazione 7)*, y para bailar el VIP club *(Corso Italia 207)*.

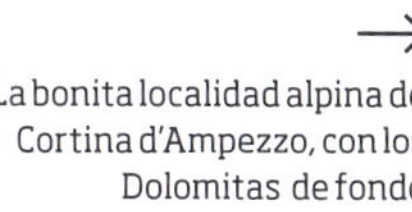

→ La bonita localidad alpina de Cortina d'Ampezzo, con los Dolomitas de fondo

14

Udine

D1 FS 🚌 i Piazza I Maggio 7; www.turismo fvg.it

Udine es una ciudad de arquitectura variada y sorprendente. En el centro está la Piazza della Libertà, donde se hallan la Loggia del Lionello (1448-1456), de ladrillo rosa y estilo gótico veneciano, y el Caffè Contarena (1915), de estilo *art déco*. Enfrente, la simetría renacentista del Porticato di San Giovanni la interrumpe la Torre dell'Orologio (1527), coronada por dos árabes de bronce que dan la hora. También destacan la fuente de 1542, dos estatuas del siglo XVIII y la columna que sostiene al león de san Marcos.

Más allá del Arco Bollani, diseñado por Palladio en 1556, una escalinata sube a una colina que ofrece buenas vistas. En la colina está el castillo del siglo XVI, que alberga el **Musei Civici e Galleria di Storia e Arte Antica,** con las espléndidas colecciones de arte y arqueología de la ciudad.

Al sureste de la plaza Matteotti, donde tiene lugar un pequeño mercado, están el Oratorio della Purità y el Duomo con su campanario octogonal. Ambos albergan pinturas y frescos de Tiepolo (1696-1770). Se pueden ver más obras de Tiepolo en el **Museo Diocesano e Galleria Tiepolo,** en el antiguo Palazzo Arcivescovile, que el artista decoró con frescos.

Fuera de Codroipo, 24 km al oeste, está la impresionante **Villa Manin,** antiguo retiro de Ludovico Manin, el último dux veneciano (1725-1802). Una carretera atraviesa sus dominios y permite ver la casa y sus jardines incluso cuando está cerrada al público.

Musei Civici e Galleria di Storia e Arte Antica
Castello di Udine
0432 27 25 91 ma-do
1 ene, Semana Santa, 1 may, 25 dic

Museo Diocesano e Galleria Tiepolo
Piazza Patriarcato 1
0432 22 50 03 mi-lu
1 ene, Semana Santa, 25 dic

Villa Manin
Piazza del Doge, Passariano 0432 82 12 10
ma-do solo para exposiciones 1 ene, 25 dic

Rosenbar
Local familiar que ofrece un excelente menú degustación. En verano tiene terraza.

Via Duca d'Aosta 96, Gorizia rosenbar.it

Al Piave
Trattoria casera con platos como el estofado de ternera y excelente carta de vinos.

Via Cormons 6, Gorizia trattoriaalpiave.it

Ca di Pieri
Popular casa de comidas que sirve platos como los *gnocchi* y el *minestrone,* y crepes con mermelada de albaricoque.

Via Piero Antonio Codelli 5, Gorizia 0481 53 33 08

↑ Logia gótica veneciana en Udine, ciudad conocida por su arquitectura ecléctica

SIMBOLISMO DEL ARTE PALEOCRISTIANO

Los cristianos sufrieron persecuciones hasta que Constantino decretó la libertad de culto en el año 313. Antes desarrollaron un lenguaje de símbolos para expresar sus creencias, y muchos aparecen en los mosaicos y sarcófagos de mármol de Aquileia. Entre ellos, destacan los peces, o el acrónimo ICHTHUS (Iesous CHristos THeou Uios Soter, Jesucristo, Hijo de Dios, Salvador), en griego antiguo.

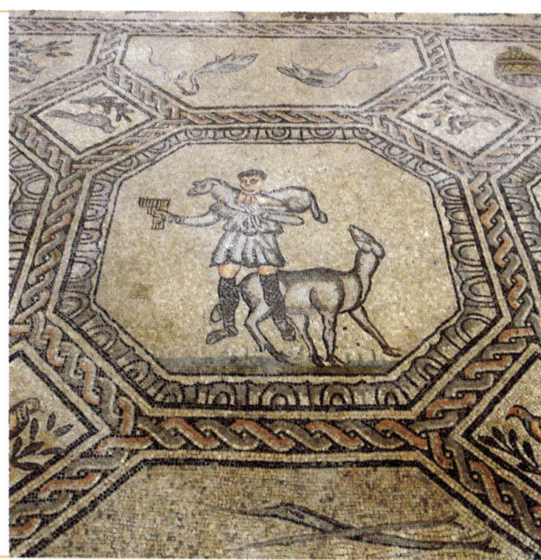

Aquileia

D2 Via Julia Augusta; www.turismofvg.it

Aquileia es un pueblecito rodeado de ruinas de villas palaciegas, baños, templos y edificios de mercado, muestra del antiguo esplendor del Imperio romano.

Fue aquí donde el emperador Augusto recibió a Herodes el Grande, rey de Judea, en el año 10 a. C., y también donde en el 381 de nuestra era celebró la Iglesia un concilio para establecer ciertas doctrinas. En el siglo V, sin embargo, la ciudad fue abandonada tras varios saqueos.

En un grupo de islas de la laguna adriática, unidas a tierra firme por una estrecha pasarela, se sitúa Grado, convertido en puerto de Aquileia en el siglo II y refugio durante las invasiones bárbaras. En la actualidad es un popular destino de playa. En el centro de la localidad está el Duomo, con frescos del siglo VI en el ábside. Cerca, en la iglesia de Santa Maria delle Grazie, hay más mosaicos del siglo VI.

Basilica

Piazza Capitolo 0431 919719 Diario Durante misa

Se fundó en el año 313 y todavía conserva gran parte de su estructura original, incluido el magnífico suelo de mosaico de la nave y de la Cripta degli Scavi. Los diseños son una mezcla de dibujos geométricos, historias bíblicas y escenas cotidianas. Destaca la historia de Jonás, que fue engullido por un monstruo marino.

Museo Archeologico Nazionale

Via Roma 1 ma-do museoarcheologicoaquileia.beniculturali.it

Este museo exhibe mosaicos y relieves en piedra (de los siglos I al III) junto con cristal, ámbar y una colección de moscas de oro, que antes adornaban el velo de una matrona romana.

Museo Paleocristiano

Località Monastero 043191131 8.30-13.30 ju-sá

Cerca del antiguo muelle de Aquileia, junto al río Natissa (antes navegable), este museo se centra en el arte paleocristiano (siglos IV a VI).

Gorizia

E1 Corso Italia 9; www.turismofvg.it

Gorizia estuvo en el ojo del huracán durante las dos guerras mundiales y el Tratado de París dividió la ciudad en dos, quedando parte en Italia y parte en la antigua Yugoslavia (ahora Eslovenia).

El Museo Provinciale della Grande Guerra, albergado en la planta baja del **Museo Provinciale di Storia e Arte,** utiliza vídeos, fotografías y maquetas de trincheras para dar una visión realista y completa de la inutilidad, miseria y heroismo relacionados con el conflicto bélico.

En un monte cercano se alza el castillo, rodeado de murallas del siglo XVI, desde el que hay buenas vistas.

Al suroeste, las carreteras pasan por las estribaciones del Carso *(p. 126)*, una meseta caliza con túneles, cuevas y ríos subterráneos.

Museo Provinciale di Storia e Arte

Borgo Castello 13 0481 53 39 26 ma-do 25 dic

Cividale del Friuli

D1 FS 🚌 i Piazza Paolo Diacono 10; www.cividale.net

Una de las puertas de las murallas medievales de Cividale lleva al barranco del río Natisone, que cruza el Ponte del Diavolo.

Sobre la orilla norte del río se alza el **Tempietto Longobardo** (capilla lombarda), un raro ejemplo de iglesia del siglo VIII decorado con relieves estucados de santos. El **Museo Archeologico Nazionale** alberga restos de una ciudad romana y una colección de objetos lombardos que incluye joyas, marfil y armas.

El Duomo, reconstruido en 1453 tras un incendio, cuenta con un retablo de plata (siglo XIII). El **Museo Cristiano,** en la nave sur, guarda esculturas de la iglesia original. Destaca el altar donado por Ratchis, duque lombardo de Friul y rey de Italia (737-744), con relieves de la vida de Cristo.

Tempietto Longobardo

Via Monastero Maggiore 34 0432 70 08 67 Diario

↑ Cividale del Friuli, rodeada de bosques de montaña

Museo Archeologico Nazionale

Palazzo dei Provveditori Veneti, Piazza del Duomo 13 0432 70 07 00 Diario (lu solo mañanas) 1 ene, 1 may, 25 dic

Museo Cristiano

Via Condotti 1 mi-do 1 ene, 25 dic mucris.it

Grado

D2 Gorizia i Viale Dante Alighieri 72; www.turismofvg.it

Importante puerto del Imperio romano, esta ciudad en una laguna pasó a ser parte de Austria en 1815, reintegrándose en Italia tras la II Guerra Mundial. Hoy es un agradable centro vacacional , con playas limpias y un animado centro de la ciudad. La Basilica de Sant'Eufemia guarda mosaicos del siglo VI muy bien preservados.

Grado es también un popular destino de *spas*, y ofrece actividades al aire libre como el tenis, la vela y el golf.

Al Bagatto

Sirve un excelente menú degustación a base de marisco. Los platos, sofisticados y bellamente presentados, se sirven en un comedor íntimo y refinado.

Via Luigi Cadorna 7, Trieste albagatto.it

€€€

Scabar

Menú excepcional a base de productos de la zona. Merece la pena hacerse con una mesa en la terraza y pedir ravioli con gambas y el pescado del día a la parrilla.

Via Erta di Sant'Anna 63, Trieste scabar.it

Carso

D1

La región de Carso, una meseta caliza que recorre el norte de Italia, es única. Alberga un conjunto de pueblos situados junto a acantilados y algunas de las cuevas más grandes y antiguas del mundo, además de bosques, gargantas, lagos, ríos y panorámicas del Adriático, lo que atrae a senderistas y ciclistas.

Hay un centenar de emplazamientos en el Carso, y a algunos de ellos se llega en apenas 25 minutos desde Trieste, gracias a un servicio regular de autobuses.

Hacia el norte de Italia, las carreteras rurales se adentran en las colinas eslovenas, pasando por iglesias, bodegas, ríos y granjas.

Trieste

E2
Via dell'Orologio 1; www.turismofvg.it

Trieste es una bonita ciudad con un bullicioso puerto flanqueado por elegantes edificios a la orilla del Adriático.

Desde Villa Opicina, hacia el norte, hay vistas panorámicas de la ciudad, la bahía y la costa de Eslovenia.

Acquario Marino

Molo Pescheria 2, Riva Nazario Sauro 1 040 30 6201 10.00-17.00 ju-ma (may-sep: hasta 19.00)

El pequeño acuario contiene ejemplares de la fascinante vida marina del Adriático. En el piso superior hay un vivero lleno de reptiles y anfibios autóctonos y exóticos.

Castello di San Giusto

Piazza Cattedrale 3 040 309362 10.00-17.00 ma-do (may-sep: hasta 19.00)

Sobre el puerto se cierne un castillo –edificado por los gobernantes venecianos a partir de 1368– dispuesto sobre una terraza desde la que se domina el golfo de Trieste. Alberga dos museos que exponen mosaicos y una colección de armas y armaduras.

Basilica Paleocristiana

Via Madonna del Mare 11 040 426 1411 10.00-12.00 1er do de mes

Junto al castillo se encuentran las ruinas de la basílica o tribunal de justicia romano de aproximadamente el año 100. Destacan el banco de los magistrados y el trono.

Duomo

Piazza Cattedrale 2 040 322 4575 Diario

El Duomo de Trieste está construido sobre una basílica cristiana del siglo V y dos iglesias del siglo IX. Los templos fueron fusionados en el siglo XIV, lo que hace que la catedral tenga dos ábsides y una fachada asimétrica. Destacan el rosetón gótico, el campanario (que incorpora restos románicos de edificios anteriores) y dos mosaicos absidales de estilo veneciano del siglo XIII.

Museo di Storia ed Arte e Orto Lapidario

Pza della Cattedrale 1 040 31 0500 ma-do

La colección arqueológica de este museo evidencia las relaciones comerciales de Trieste con la Grecia antigua.

Grotta del Gigante

Borgo Grotta Gigante 42a 040 32 7312 ma-do (jul y ago: diario)

A las afueras de la ciudad se halla esta cueva llena de estalagmitas de gran tamaño.

Castello di Miramare

Viale Miramare, Grignano 040 22 4143 Diario

En Grignano, a 8 km al noroeste de la ciudad, se levanta este castillo en medio de frondosos jardines. Fue construido como retiro veraniego del archiduque Maximiliano en 1856-1860, unos años antes de que fuera asesinado en México.

→ El Castello di Miramare, del siglo XIX, en Grignano, cerca de Trieste

El animado puerto de Trieste ↑

El lago Braies, cerca de Cortina d'Ampezzo

TRENTINO-ALTO ADIGIO

El Trentino, de habla italiana –Trento es la capital regional–, y el Alto Adigio o Südtirol –Tirol del Sur, la región que bordea la cuenca alta del río Adigio–, de habla alemana, son muy diferentes culturalmente. Sin embargo, tienen algo en común, los majestuosos Dolomitas, con nieve tres meses al año y cubiertos de plantas alpinas los otros tres. Los glaciares han cortado las montañas de la región en una serie de valles anchos y profundos. Los viajeros han cruzado estos valles durante generaciones, como lo confirmó el extraordinario hallazgo en 1991 de un cuerpo de 5.000 años de antigüedad que el deshielo dejó al descubierto en un glaciar del Alto Adigio. El cuerpo congelado llevaba botas de cuero rellenas de paja para combatir el frío y portaba un piolet de cobre.

Con los romanos, los caminos que recorrieron los hombres del Neolítico se convirtieron en una red de calzadas y se fundaron muchas de las ciudades de la región. En la Edad Media, el Alto Adigio ya poseía una cultura muy característica bajo el mando de los condes del Tirol, cuya tierra (más tarde en manos de los Habsburgo) ocupaba los dos lados de la frontera italoaustriaca actual. La nobleza tirolesa edificó los castillos que todavía flanquean los valles y pasos de montaña con el objeto de proteger a los viajeros de los forajidos.

Otro antiguo legado es la tradición de hospitalidad que dispensan las numerosas posadas de los valles. Muchas de ellas están construidas en estilo tirolés, con bonitos balcones de madera para aprovechar el sol del invierno y aleros para mantener la nieve a raya. Ofrecen vistas maravillosas y constituyen un buen punto de partida desde el que disfrutar de los senderos y pistas de esquí de la región.

AUSTRIA
SUIZA
TRENTINO-ALTO ADIGIO
LOMBARDÍA Y LOS LAGOS
p. 162
LOMBARDÍA
1 MADONNA DI CAMPIGLIO
2 MALLES VENOSTA
3 MERANO
4 CASTELLO DI AVIO
5 ROVERETO
6 TRENTO
Sankt Gallenkirch
Prutz
Längenfeld
Partenen
Pfunds
Sölden
Piz Buin 3.312 m
Nauders
Davos
Scuol
Resia
Lago di Resia
Curon Venosta
Moso in Passiria
Ardez
Alpi Venoste
L'Altissima 3.480 m
Zernez
Burgusio
Senales
Rifiano
Glorenza
Sluderno
Castel Tirolo
Zuoz
Tubre
Spondigna
Silandro
Naturno
Santa Maria
Gomagoi
Laces
Lana
Livigno
Cima la Casina 3180 m
Samedan
Trafoi
Solda
Passo dello Stelvio
Santa Valburga
Nalles
Ortles 3.899 m
Alpi Retiche
Arnoga
Bormio
Monte Cevedale 3.757 m
Santa Gertrude
Malosco
Bagni di Rabbi
Poschiavo
Sondalo
Pejo
Malè
Cles
Sanzeno
Dimaro
Vermiglio
Tuenno
Dermulo
Ponte di Legno
Tirano
Edolo
Mezzolombardo
Carisolo
Cembra
Cascate di Nardis
Pinzolo
Piramidi di Segonzano
Molveno
Lavis
Valbondione
Baselga di Pinè
Vezzano
Stenico
Tione di Trento
Ponte Arche
Sarche
Pergine Valsugana
Chiese
Bratto
Breno
Lardaro
Ballino
Caldonazzo
Dro
Lavarone
Calliano
Tenno
Arco
Darfo
Condino
Castel Beseno
Folgaria
Lovere
Bezzecca
Riva del Garda
Pisogne
Storo
Mori
Bovegno
Brentonico
Raossi
Vestone
Ala
Gargnano
TRENTINO-ALTO ADIGIO
Peri
Salò
Bosco Chiesanuova
Valdagno
Lago de Garda
Garda
Dolcè
Desenzano del Garda
Lazise
Arzignano
Bussolengo
Peschiera del Garda
Verona

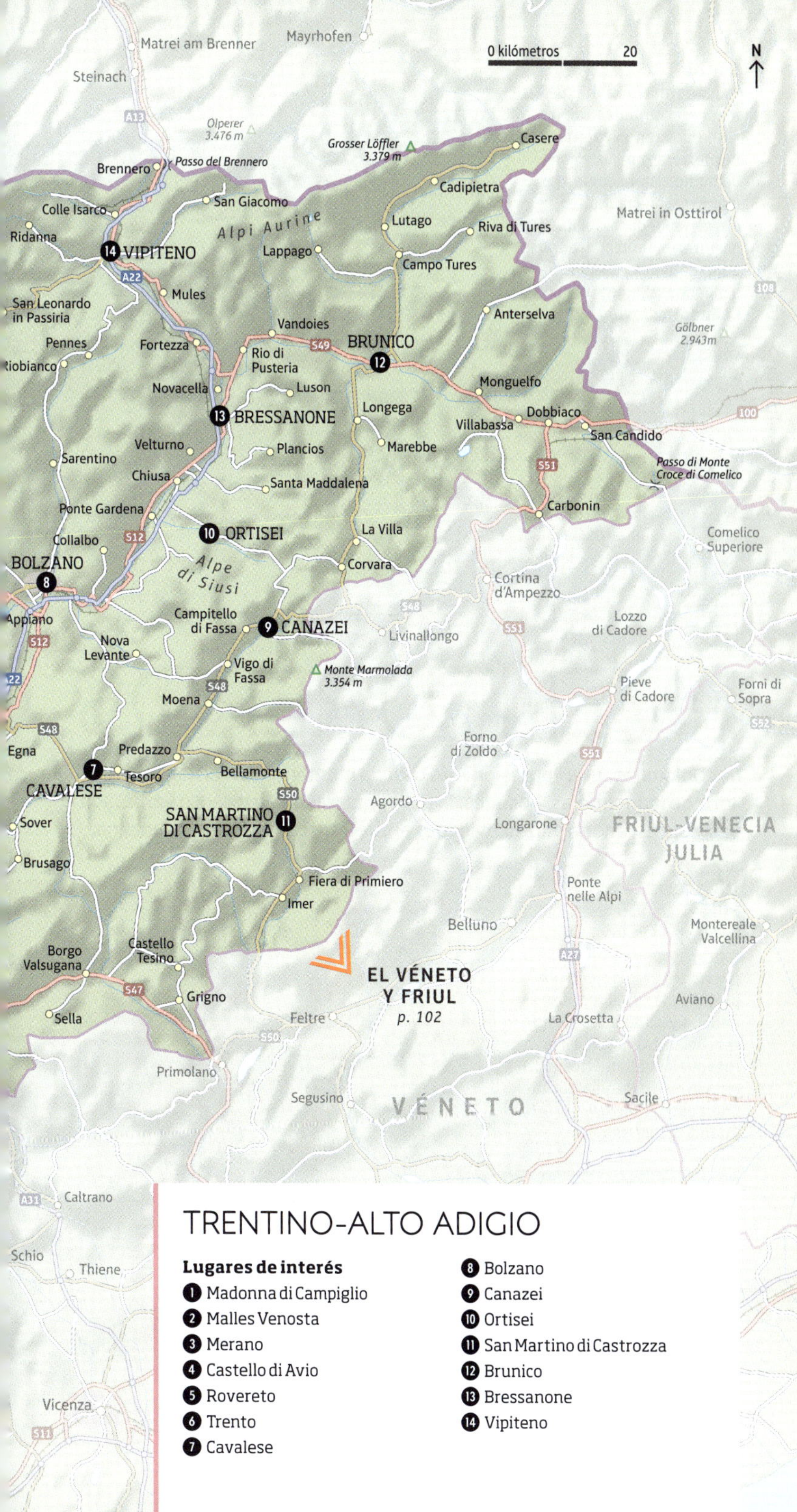

0 kilómetros 20
N
Matrei am Brenner
Mayrhofen
Steinach
A13
Olperer
3.476 m
Grosser Löffler
3.379 m
Casere
Brennero
Passo del Brennero
Cadipietra
Colle Isarco
San Giacomo
Matrei in Osttirol
Ridanna
Alpi Aurine
Lutago
Riva di Tures
14 VIPITENO
Lappago
Campo Tures
A22
Mules
108
San Leonardo
in Passiria
Vandoies
Anterselva
Gölbner
2.943m
Pennes
Fortezza
S49
BRUNICO
Riobianco
Rio di
Pusteria
12
Novacella
Luson
Monguelfo
13 BRESSANONE
Longega
Dobbiaco
100
Villabassa
San Candido
Velturno
Plancios
Marebbe
Sarentino
Chiusa
Santa Maddalena
S51
Passo di Monte
Croce di Comelico
Ponte Gardena
Carbonin
10 ORTISEI
La Villa
Collalbo
S12
Comelico
Superiore
BOLZANO
Alpe di Siusi
Corvara
8
Cortina
d'Ampezzo
S48
Appiano
Campitello
di Fassa
9 CANAZEI
Lozzo
di Cadore
S51
Livinallongo
S12
Nova
Levante
Vigo di
Fassa
Monte Marmolada
3.354 m
A22
S48
Pieve
di Cadore
Forni di
Sopra
Moena
S52
S48
Egna
Predazzo
Forno
di Zoldo
S51
7
Tesoro
Bellamonte
CAVALESE
S50
Agordo
SAN MARTINO
DI CASTROZZA
11
Sover
Longarone
FRIUL-VENECIA
JULIA
Brusago
Fiera di Primiero
Ponte
nelle Alpi
Imer
Belluno
Montereale
Valcellina
Castello
Tesino
Borgo
Valsugana
A27
EL VÉNETO
Y FRIUL
p. 102
S47
Grigno
Aviano
Sella
Feltre
La Crosetta
S50
Primolano
Segusino
VÉNETO
Sacile
A31
Caltrano
Schio
Thiene
Vicenza
S11
TRENTINO-ALTO ADIGIO
Lugares de interés
1 Madonna di Campiglio
2 Malles Venosta
3 Merano
4 Castello di Avio
5 Rovereto
6 Trento
7 Cavalese
8 Bolzano
9 Canazei
10 Ortisei
11 San Martino di Castrozza
12 Brunico
13 Bressanone
14 Vipiteno

Esquí

Esquiar en los Dolomitas permite gozar de fantásticas pistas de nieve en polvo en algunas de las mejores estaciones del mundo. Acabado el esquí, pintorescos restaurantes ofrecen abundantes platos de pasta rellena antes de retirarse a alguna de las acogedoras cabañas que salpican la región.
Cuándo ir: *dic-abr*

→ Esquiador en una pista de la estación de Madonna di Campiglio

LOS DOLOMITAS PARA AVENTUREROS

Los Dolomitas, una impresionante cadena montañosa en el nordeste de Italia llena de manantiales, bosques, lagos y praderas de un intenso verde, son el perfecto escenario para actividades al aire libre cargadas de adrenalina.

Vías ferratas

Estas vías de ascensión equipadas y señalizadas, son aptas tanto para principiantes como para expertos. Siguiendo los peldaños de metal, los cables de acero y los puentes colgantes puede hacerse la misma ruta que los militares tomaron en la II Guerra Mundial, incluido el paso de Pordoi.
Cuándo ir: *abr-sep*

Escaladores en un puente suspendido en una vía ferrata ↑

Globo aerostático

Uno de los mejores modos de ver los Dolomitas es desde un globo. El Tirol del Sur, en particular, atrae entusiastas de esta actividad. Cada enero se celebra un festival aerostático en Dobbiaco.
Cuándo ir: *ene*

→ Aeronautas disfrutando de espectaculares vistas de los Dolomitas

Equitación

Acometer los empinados riscos de los Dolomitas, sus altiplanicies y sus espeluznantes precipicios es pan comido se se cabalga un caballo de montaña autóctono. Es posible organizar excursiones y vacaciones a caballo durante todo el año, gracias a que hay diez meses de tiempo soleado.
Cuándo ir: *preferible abr-oct*

← Caballos autóctonos a los pies de los Dolomitas

TOP 3 *SPAS* EN LOS DOLOMITAS

Alpina Dolomites Lodge
D1 Compatsch 62/3, Alpe di Siusi alpinadolomites.it
Moderno y coqueto hotel *spa* centrado en tratamientos de belleza, salud y ejercicio.

Chalet Grumer Suites & Spa
C1 Via Grumeregg 4, Soprabolzano chaletgrumer.it
Recóndito *spa* de lujo en un chalé con bañeras individuales y un *spa* rústico.

Hohenwart
C1 Via Verdines 5, Scena hohenwart.com
Refinado hotel con un *spa* último modelo y magníficas instalaciones deportivas.

↑ Tirolina en el parque de aventuras Adrenaline Centre de Ronco

Aventura en los árboles

Tanto el parque de aventuras de Colfosco como el Adrenaline Centre de Ronco ofrecen retos vertiginosos, emoción al aire libre y actividades en lo alto de los árboles para todas las edades. Hay áreas de juegos infantiles para los más pequeños.
Cuándo ir: *abr-oct*

Una telecabina en medio del espectacular paisaje de montaña de Madonna di Campiglio

LUGARES DE INTERÉS

Madonna di Campiglio

C1 Via Pradalago 4; www.campigliodolomiti.it

Madonna di Campiglio es el principal centro de vacaciones de Val Meledrio. Enclavado entre las cimas de Brenta y Adamello, constituye el punto de partida perfecto para ir a caminar o esquiar. De aquí salen funiculares hacia todos los picos.

La iglesia de Pinzolo, situada 14 km al sur, tiene un fresco de la *Danza de la muerte* (1539). El inevitable baile de las figuras, tanto ricos como pobres, está acompañado de un texto en el dialecto local.

Al norte de Pinzolo, la carretera al oeste de Carisolo lleva al popular y todavía no muy explotado Val Genova.

A unos 4 km por el valle se encuentra la espectacular Cascate di Nardis, una cascada con una caída de 90 m. Se dice que las dos masas de roca en el fondo son dos demonios petrificados.

Malles Venosta

Mals Im Vinschgau

C1 FS Via San Benedetto 1; www.vinschgau.net

Malles Venosta está junto a la frontera de Suiza y Austria y durante la Edad Media hizo de aduana. La localidad tiene varias iglesias góticas cuyas agujas y torres parecen imitar los picos que rodean la ciudad. La más antigua es la diminuta iglesia de San Benedetto, un edificio carolingio del siglo IX en Via San Benedetto, con frescos de sus patronos.

El medieval **Castel Coira** (Churburg) se encuentra en Sluderno (Schluderns), 4 km al sureste de Malles. Alberga una excelente colección de armas y armaduras.

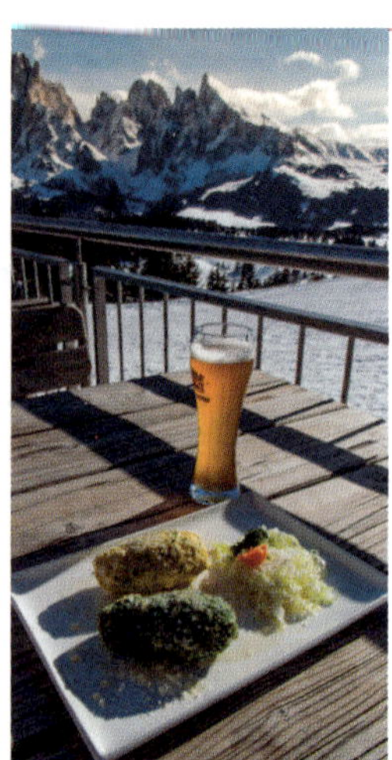

CANEDERLI

Los *canederli* son albóndigas elaboradas tradicionalmente a partir de pan duro, leche, huevos y harina. El nombre proviene del término alemán *knödel*, y se sirven como primer plato o en sopas. Los *canederli* pueden llevar perejil, queso, jamón y espinacas, y son habituales en la mayoría de los restaurantes de Trentino-Alto Adigio/Südtirol. Algunos supermercados y tiendas de productos típicos también los venden.

Unos 5 km al norte de Malles y cerniéndose sobre la ciudad de Burgusio (Burgeis) está la benedictina **Abbazia di Monte Maria** (Marienberg), fundada en el siglo XII y ampliada en los siglos XVIII y XIX. La cripta alberga frescos del siglo XII. La ciudad medieval de Glorenza se halla 2 km al sur de Malles.

Castel Coira
Churburg, Sluderno 0473 61 52 41 20 mar-oct: ma-do (y lu si es festivo)

Abbazia di Monte Maria
0473 83 13 06 (abadía); 0473 84 39 80 (museo) med mar-oct: lu-sá; nov-med mar: grupos con cita previa Festivos

Merano
Meran

C1 Corso della Libertà 45; www.meran.eu

Merano es una atractiva ciudad-balneario frecuentada por austriacos, alemanes e italianos. En Corso Libertà, una calle de elegantes tiendas y hoteles, está la Kurhaus o salón balneario (1914), ahora auditorio. El **Castello Principesco** (siglo XV) fue el hogar del archiduque Segismundo de Habsburgo.

Hay tentadores jardines junto al río Passirio, que serpentea por la localidad. La Passeggiata Lungo Passirio d'Inverno (paseo de invierno) recorre la orilla norte hasta el Ponte Romano; la Passeggiata d'Estate (paseo de verano) en la orilla sur lleva al puente medieval de Passirio.

El **Castel Tirolo** del siglo XII, 4 km al norte de Merano, alberga un fascinante museo de historia tirolesa. El recinto del **Castel Trauttmansdorff** acoge un precioso jardín botánico.

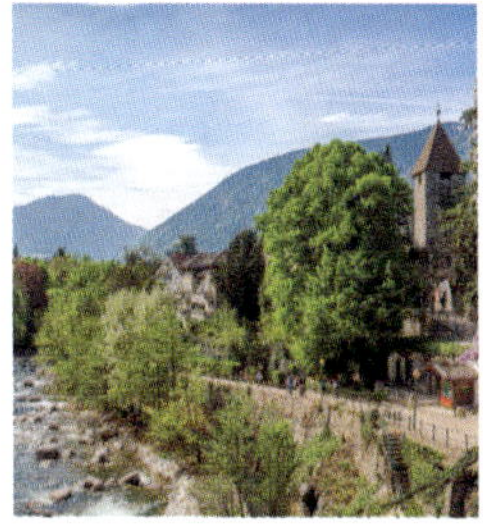

↑ Uno de los dos bonitos senderos de Merano junto al río Passirio

Castello Principesco
Via Galilei 329 018 63 90 ma-do y festivos 7 ene-Semana Santa

Castel Tirolo
Via Castello 24, Tirolo med mar-10 dic; ma-do schlosstirol.it

Castel Trauttmansdorff
Via S Valentino 51a 1 abr-15 nov: diario trauttmansdorff.it

Castello di Avio

C1 Via Castello, Sabbionara d'Avio 0464 68 44 53 A Avio, luego 3 km a pie mar-sep: 10.00-18.00 mi-do (también ma en ago); oct-nov: 10.00-17.00 mi-do; lu y ma si es festivo 3ª semana de nov-feb

El valle del Adigio está flanqueado por castillos hasta el paso Brenner, pero pocos resultan tan accesibles como el de Avio. Hoy ofrece amplias panorámicas de la zona. Este castillo data del siglo XI, pero fue ampliado en el XIII. Entre los frescos destaca una serie fantástica en la Casa delle Guardie que reproduce escenas de diversas batallas del siglo XIII.

Algunos de los mejores chalés de esquí en Madonna di Campiglio:

Chalet Laura Lodge Hotel
Este caro alojamiento de esquí merece su coste; cuenta con acceso fácil a las pistas y los senderos y un gran *spa*.

Via Pradalago 21
chaletlaura.it

DV Chalet Boutique Hotel and Spa
Hotel *spa* con habitaciones alpinas, un baño turco y bañeras calientes.

Via Castelletto Inferiore 10 dvchalet.it

Hotel Chalet del Sogno
Las habitaciones cuentan con terraza privada. Hay también un innovador *spa*.

Via Spinale 37b
hotelchaletdelsognocampiglio.com

Chalet dei Pini
Cuatro estupendos apartamentos con acceso directo a las pistas.

Via Campanil Basso 24
chaletdeipini.com

Hotel Milano
Atractivo hotel de tres estrellas con una tarifa de media pensión aceptable.

Piazza Righi 10
campigliohotelmilano.it

UN PASEO POR CEMBRA

Un paseo por las colinas con terrazas de la zona vinícola de Cembra atraviesa pueblos repletos de flores y bonitos valles. A unos 6 km al este de Cembra se encuentra la Piramidi di Segonzano, una singular serie de pilares erosionados, algunos de más de 30 metros de altura, coronados por una roca. Las vistas abarcan el valle de Cembra y los Dolomitas de fondo.

5

Rovereto

C1 FS 🚌 i Via M Del Ben 5; www.visitrovereto.it

Rovereto fue escenario de duras luchas durante la I Guerra Mundial. A su término, el castillo veneciano (1416) que domina la ciudad fue transformado en el **Museo Storico Italiano della Guerra.** Unas escaleras junto a la entrada suben al tejado, desde donde se puede ver el imponente Ossario del Castel Dante. Un poco más lejos se encuentra la Campana dei Caduti (de los caídos). Se fabricó al finalizar la II Guerra Mundial mediante la fundición de varios cañones; suena todos los días al anochecer.

Debajo del museo de guerra se halla el **Museo Civico,** con colecciones de arqueología, arte, historia natural y folclore. El **Museo di Arte Contemporanea di Trento e Rovereto (MART),** diseñado por Mario Botta, alberga arte italiano del siglo XX. Un segundo centro en Via Portici acoge arte futurista italiano.

A poco más de 8 km al norte de Rovereto está el **Castel Beseno.** Este enorme castillo fue construido y reconstruido entre los siglos XII y XVIII para vigilar la confluencia de los tres valles.

A solo 5 km al sur de Rovereto, la carretera atraviesa un valle lleno de enormes rocas fruto de desprendimientos, conocidas como Lavini di Marco o Ruina Dantesca porque aparecen en el *Infierno* (XII, 4-9) de Dante. Aquí se han descubierto las huellas fosilizadas de un dinosaurio.

Los constructores mantuvieron la armonía arquitectónica ignorando los estilos gótico y renacentista.

Museo Storico Italiano della Guerra

Via Castelbarco 7 ma-do Festivos museodellaguerra.it

Museo Civico

Borgo Santa Caterina 41 ma-do 1 ene, 5 ago, 1 nov, 25 dic fondazionemcr.it

MART

Corso Bettini 43 (museo principal); Via Portici 38 (Casa d'Arte Futurista Depero) ma-do (lunes si es festivo) mart.trento.it

Castel Beseno

 Besenello mar-oct: ma-do (lunes si es festivo); nov-feb: sá y do buonconsiglio.it

6

Trento

C1 FS 🚌 i Piazza Duomo 24; www.discover trento.it

Trento, capital de la región, cuenta con una catedral románica, un castillo y calles flanqueadas por mansiones renacentistas. Acogió el Concilio de Trento (1545-1563) convocado por la Iglesia católica para intentar que grupos como los protestantes alemanes volvieran al seno de la Iglesia católica. Las reformas tuvieron un éxito parcial.

El Duomo se construyó en estilo románico en el siglo XIII. Se terminó tres siglos después, en 1515, pero los constructores mantuvieron la armonía arquitectónica ignorando los estilos gótico y renacentista. El nombre latino de Trento, Tridentum, está

Senderismo por el Val di Fiemme, cerca de Cavalese

conmemorado en el Neptuno de la fuente del siglo XVIII de la plaza. Al oeste de Trento se inicia un recorrido panorámico circular por una carretera sinuosa que lleva al flanco norte del monte Bondone y vuelve a la ciudad por el lado oeste. Las vistas desde la carretera son magníficas, especialmente de Vaneza a Vason. Al este de Trento, Pergine marca el inicio del Val Sugana, un amplio valle con lagos. En las colinas al norte del lago Levico está la ciudad balneario de Levico Terme, con elegantes edificios neoclásicos en medio de un bello paraje arbolado.

Museo Diocesano Tridentino
Piazza Duomo 18 mi-lu 6 ene, Semana Santa, 26 jun, 15 ago, 1 nov, 25 dic museodiocesano tridentino.it
Se ubica en el Palazzo Pretorio, un imponente edificio medieval en el lado este de la plaza Duomo. Contiene relicarios de marfil, tapices flamencos y cuadros que reproducen el Concilio.

Castello del Buonconsiglio
Via Bernardo Clesio 5 ma-do (jul y ago: diario) 25 dic buon consiglio.it
Este gran castillo del siglo XIII, ampliado a posteriori con algunos edificios adicionales, forma parte de las defensas de la ciudad.

La sección sur del castillo está compuesta por el magnífico Magno Palazzo (1530), construido para los obispos-príncipes de Trento, a los que el emperador del Sacro Imperio Romano otorgó amplios poderes para conseguir su lealtad y evitar de esta manera que se pusieran del lado del Papa. La lujosa decoración incluye frescos de sátiros y ninfas de Gerolamo Romanino de 1531-1532. Las salas, que ahora albergan el Museo Provinciale, contienen pinturas, cerámica y tallas en madera del siglo XV y objetos prehistóricos, etruscos y romanos.

Cavalese

C1 Via Fratelli Bronzetti 60; www. visitfiemme.it

Cavalese es la ciudad principal del Val di Fiemme, una región de praderas aromáticas y floridas, preciosos valles boscosos y arquitectura tirolesa. En el centro de la ciudad se encuentra el **Palazzo della Magnifica Comunità.** Data del siglo XIII y fue la sede del Consejo medieval que gobernaba la zona como una región semiautónoma. Actualmente su interior panelado contiene pinturas medievales de artistas locales y una colección arqueológica. Los visitantes que recibe Cavalese acuden para pasar las

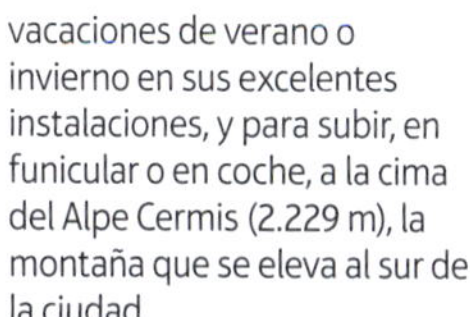

vacaciones de verano o invierno en sus excelentes instalaciones, y para subir, en funicular o en coche, a la cima del Alpe Cermis (2.229 m), la montaña que se eleva al sur de la ciudad.

En Predazzo, unos 13 km al este, el **Museo Geologico delle Dolomiti** explica la geología local.

Palazzo della Magnifica Comunità
Piazza Cesare Battisti 2 ma-do (med sep-nov y ene-junio con cita) palazzomagnifica.eu

Museo Geologico delle Dolomiti
Piazza SS Filippo e Giacomo 1 10.00-18.00 ma-do muse.it

Scrigno del Duomo
Cada tarde, a partir de las 18.00, esta *osteria* sirve uno de los mejores aperitivos de Trento: platos de embutido y queso, minisándwiches, quiches y albóndigas, todo regado con tintos, blancos o rosados por copas.
C1 Piazza del Duomo 29, Trento scrigno delduomo.com

Antica Birreria Pedavena
Enorme cervecería estilo alemán que sirve cerveza de fabricación propia, además de una buena selección de *ales* artesanas y otras.
C1 Piazza di Fiera 13, Trento birreriapedavena.com

Paisaje de los Dolomitas, cerca de Canazei

Duomo

Piazza Duomo 0471 97 86 76 10.00-12.00 y 14.00-17.00 lu-sá

Museo Archeologico

Via Museo 43 ma-do (jul, ago y dic: diario) iceman.it

TOP 3 PLATOS DE BOLZANO

Canederli
En Bolzano estas albóndigas de pan a menudo se mezclan con queso y *speck*, un tipo de jamón ahumado.
Dónde comerlo: Restaurante Mauriz Keller *(Strada Rezia 32, Ortisei)*. La versión con queso y espinacas es deliciosa.

Apple strudel
Auténtica especialidad regional a base de hojaldre, manzanas y piñones acompañados de nata montada.
Dónde comerlo: Restaurante Oberspeiser *(Klaus bei Terlan 15, Terlano)* o Café Lintner *(Via Leonardo da Vinci 8)*.

Goulash
Esta especiada sopa húngara a base de carne es muy popular en Bolzano, sin duda debido a sus inviernos fríos. Los italianos le añaden polenta líquida.
Dónde comerlo: Wirtshaus Vögele *(Via Johann Wolfgang von Goethe 3, Bolzano)*.

Bolzano

Bozen

C1 FS Via Alto Adige 60; www.bolzano-bozen.it

Bolzano, capital del Alto Adigio, separa Trentino (de habla italiana) del Alto Adigio o Südtirol (de habla alemana) y tiene un marcado aire tirolés. El centro antiguo, con la Piazza Walther como núcleo, alberga el **Duomo** gótico (siglo XV), con sus tejas multicolores y su elaborada aguja. La importancia del vino en la economía local se aprecia en la puerta del Vino del Duomo, tallada con figuras trabajando en las viñas.

En la plaza Walther está la estatua de Walther von der Vogelweide, un trovador del siglo XIII nacido, según la leyenda, en esta zona. Al norte de la plaza las calles están flanqueadas por casas adornadas con hastiales, balcones y ventanas con miradores.

El moderno **Museo Archeologico** da cobijo a impresionantes restos de la la Edad de Piedra, la Edad del Bronce, la Edad del Hierro, la época romana y la de Carlomagno. El punto central de la exposición es Ötzi, el famoso *hombre de hielo* de 5.000 años de antigüedad.

Canazei

D1 Piazza Marconi 5; www.fassa.com

Canazei es un buen lugar desde donde explorar los Dolomitas. En verano se puede subir en telesilla a los miradores, desde los que se aprecia la belleza de estas montañas. Los puntos panorámicos más famosos son Pecol y Col de Rossi, a los que se llega en el funicular del Belvedere desde Via Pareda en Canazei; al norte se ven los acantilados del grupo de Sella, con Sasso Lungo al oeste y

Marmolada, el pico más alto de los Dolomitas (3.343 m), hacia el sur.

En Vigo di Fassa, 13 km al suroeste, el **Museo Ladino** se centra en los pueblos de habla ladina. El ladino –una lengua romance– se enseña en los colegios locales y las tradiciones siguen vivas.

Museo Ladino
Località San Giovanni, Vigo di Fassa
15.00-19.00 ma-sá (jun-med sep: diario) 1 ene, 1 may, 1-9 jun, nov, 25 dic
istladin.net

IDIOMAS EN EL ALTO ADIGIO

La mayoría de los habitantes de la región de Alto Adigio/Südtirol hablan alemán, seguido de italiano, y una pequeña parte de la población emplea el ladino como dialecto materno. Las distintas lenguas reflejan dos culturas diferentes que han convivido desde que esta zona, en el pasado parte del Imperio austrohúngaro, se integró en Italia tras la I Guerra Mundial. Las señales de tráfico, estaciones y restaurantes usan tanto italiano como alemán. Los colegios enseñan en ambas y se exige ser bilingüe para trabajar en la zona.

Ortisei

Sankt Ulrich

C1 Via Rezia 1; www.valgardena.it

Ortisei es el principal destino de vacaciones del Val Gardena y un importante centro de talla de madera, ejemplos de la cual pueden verse en las tiendas de la ciudad y en el **Museo della Val Gardena** (también centrado en arqueología local).

Al sur queda la popular región de Alpe di Siusi (Seiser Alm), famosa por sus prados alpinos e iglesias con cúpulas en forma de bulbo. La mejor forma de explorar esta zona es en funicular desde Ortisei: al noreste uno sube al monte Seceda (2.518 m), donde hay senderos que llevan al grupo Odle de los Dolomitas.

Museo della Val Gardena
Via Rezia 83 dic-mar: ma-vi; med may-oct: lu-sá); 26 dic, 6 ene: diario 31 dic, 1 ene museumgherdeina.it

San Martino di Castrozza

D1 Via Passo Rolle 165; www.sanmartino.com

El centro vacacional de San Martino está situado en uno de los valles más panorámicos y accesibles de los Dolomitas del sur, lo que hace que resulte muy popular entre los excursionistas y esquiadores. Hay teleféricos que suben a Alpe Tognola (2.163 m), al suroeste del pueblo, y a Cima della Rosetta (2.609 m), al este. Ambos ofrecen vistas de los enormes picos de Pale di San Martino, que se alzan sobre un mar de prados y bosques. San Martino se encuentra rodeado casi totalmente por bosques, que en su día proporcionaban madera para la flota veneciana. En la actualidad el bosque está protegido y pueden verse en él flores alpinas, aves y otros animales con relativa facilidad.

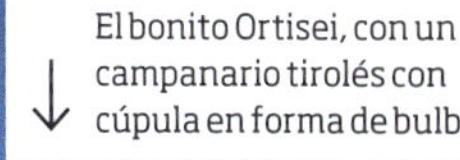

El bonito Ortisei, con un campanario tirolés con cúpula en forma de bulbo

12 Brunico

Bruneck

D1 FS 🚌 i Piazza Municipio 7; www.bruneck.com

Dominada por su castillo medieval, la atractiva Brunico conserva murallas del siglo XIV y un laberinto de estrechas calles. La iglesia de Santa Úrsula contiene un altar con relieves de la Natividad (siglo XV). En el **Museo Etnografico di Teodone** se puede ver una exposición sobre la vida agraria y las tradiciones locales; también se puede visitar una casa de labranza y un granero del siglo XVI.

Museo Etnografico di Teodone

 Via Duca di Teodone 24, Teodone Semana Santa-oct: ma-sá, do y festivos tarde (ago: solo lu) volkskundemuseum.it

13 Bressanone

Brixen

D1 FS 🚌 i Viale Ratisbona 9; www.brixen.org

Los callejones medievales de Bressanone se apiñan

↑ Músicos tocando la trompa alpina en el centro histórico de Brunico

alrededor de la catedral y el palacio de los obispos-príncipes que gobernaron la ciudad durante largo tiempo. El **Duomo** se reconstruyó en el siglo XVIII, pero conserva el claustro del XII, decorado con frescos del siglo XV. Los lujosos interiores del Palazzo Vescovile, palacio renacentista del obispo, albergan el **Museo Diocesano.** Contiene objetos del Medievo, igual que el **Museo dei Presepi,** con su colección de figuras de belén en madera de talla local.

En la localidad de Velturno (Feldthurns), 8 km al suroeste, se halla el **Castello di Velturno,** residencia renacentista de verano de los gobernantes de Bressanone, que destaca por sus frescos. Unos 3 km al norte de Bressanone se encuentra la **Abbazia**

TOP 4 *SPAS* EN TRENTINO-ALTO ADIGIO

Hotel Monchalet

C1 Via Paul Grohmann 97, Ortisei montchalet.it

Los huéspedes van de la sauna a la piscina del baño turco. El *spa* ofrece masajes y tratamientos de belleza, además de una sala de meditación.

Preidlhof Dolce Vita Spa and Resort

C1 Via San Zeno 13, Naturno preidlhof.it

Rodeado de las montañas de Merano, este hotel solo para adultos cuenta con un *spa* médico que ofrece terapias, exámenes médicos y análisis de la dieta.

San Luis Bolzano

C1 Via Verano 5, Avelengo, Bolzano sanluis-hotel.com

Este exclusivo retiro tiene elegantes chalés y cabañas en los árboles, además de un hidromasaje en el lago, saunas, salas de vapor y piscinas.

Hotel Cyprianerhof Similde Spa

C1 St-Zyprian 69, Tires, Bolzano cyprianerhof.com

Este hotel al pie de los Dolomitas ofrece un programa de ejercicio y relajación que incorpora paseos con los pies descalzos y yoga, seguido de un tiempo en una moderna sala de relajación con camas de heno y una gruta de hielo picado.

El colorido claustro del Duomo de Bressanone

La Torre dei Dodici en Vipiteno, con paisaje nevado al fondo

di Novacella, un grupo fortificado de edificios monásticos con impresionantes frescos. Más al norte, en Rio di Pusteria (Mühlbach), puede verse una muralla del siglo XVI al este de la ciudad. Esta barrera conducía a los viajeros a través de la aduana que separaba el Tirol de Görz.

Más arriba de Rio di Pusteria, al sureste, está el **Castel Rodengo** (Rodeneck), que contiene frescos del siglo XIII con escenas de batallas, del Juicio Final y de episodios del romance *Iwein* del poeta medieval Hartmann von Aue.

Duomo
Piazza Palazzo Vescovile 1 6.00-12.00 y 15.00-18.00 diario A las visitas durante la misa bz-bx.net

Museo Diocesano y Museo del Presepi
Piazza Palazzo Vescovile 2 10.00-17.00 ma-do 6 ene-med mar, nov, 24 y 25 dic hofburg.it

Castello di Velturno
Velturno med mar-med nov: ma-do castelvelturno.it

Abbazia di Novacella
Via Abbazia 1/2b, Varna 0472 83 61 89 lu-sá Festivos

Castel Rodengo
Rodengo 0472 45 40 56 med may-med oct: do-vi

Vipiteno

Sterzing

C1 Piazza Città 3; 0472 76 53 25

Vipiteno, rodeado por valles ricos en minerales, posee un ambiente muy tirolés. En Via Città Nuova, una calle en la que abundan las mansiones, se encuentran el gótico **Palazzo Comunale,** con esculturas y pinturas renacentistas, y la Torre dei Dodici, auténtico símbolo de la ciudad. Las tallas en madera del **Museo Multscher** son obra del escultor bávaro Hans Multscher, que llegó al lugar en 1456-1458 para tallar el altar de la iglesia, al sur de la ciudad.

Al oeste, el Val di Racines alberga cascadas y un puente natural de roca.

¿Lo sabías?

Los médicos italianos a menudo prescriben estancias en *spas* médicos de la región para tratar dolencias crónicas.

Palazzo Comunale
Via Città Nuova 21 0472 72 37 00 lu-vi vi tardes y festivos

Museo Multscher
Via della Commenda 11 0472 76 64 64 abr-oct: ma-sá Festivos

El castillo contiene frescos del siglo XIII con escenas de batallas, del Juicio Final y de episodios del romance *Iwein*.

Cúpula vidriada de la Galleria Vittorio Emanuele II

MILÁN

Centro económico de Italia, esta vibrante ciudad de las finanzas y la industria, de los imperios mediáticos y la moda, tiene también un impresionante patrimonio cultural. Los edificios del centro son de los más variados de Italia y sus museos están entre los mejores del país. Fundada a principios del siglo IV a. C. por tribus galas ínsubres que se instalaron en la zona donde hoy se levanta el Duomo, se convirtió posteriormente en pujante centro comercial y capital del Imperio romano occidental. El emperador Constantino promulgó en 313 el Edicto de Milán, que acabó con la persecución del cristianismo dentro de Imperio y propició una nueva etapa de la historia europea.

Los siglos V y VI marcaron un declive para Milán. Tras numerosas invasiones bárbaras, la región se disgregó en una red de ciudades-estado. El siglo XII vio nacer la Liga Lombarda, fundada por poderosos separatistas para contrarrestar a los emperadores alemanes. Las grandes familias de la región tomaron el poder, principalmente los Sforza, que gobernaron entre los siglos XIV y XVI y encargaron algunos de los mejores palacios, iglesias y obras de arte de la ciudad. Ludovico Sforza, apodado el Moro, se instaló en Milán en el Renacimiento y atrajo a su corte a artistas como Leonardo da Vinci, pero cedió el poder a los franceses en 1499.

En los siglos posteriores la ciudad cambió de manos repetidamente, quedando bajo control austriaco en 1706. Los milaneses se rebelaron en la Cinque Giornate, una revuelta que puso fin a la ocupación extranjera. El rey Vittorio Emanuele II, rey de Cerdeña, tomó el control en 1858 y envió al general Garibaldi a conquistar el resto de la península, lo que finalmente dio lugar al reino de Italia.

MILÁN
Esencial
1 Duomo
2 Castello Sforzesco y Parco Sempione
3 Pinacoteca di Brera
4 La Última Cena, de Leonardo da Vinci
Lugares de interés
5 Museo Poldi-Pezzoli
6 Teatro alla Scala
7 Palazzo Reale
8 Villa Belgiojoso Bonaparte y Galleria d'Arte Moderna (GAM)
9 Pinacoteca Ambrosiana
10 San Satiro
11 Navigli
12 Civico Museo Archeologico
13 Armani Silos
14 San Lorenzo Maggiore
15 MUDEC
16 Sant'Ambrogio
17 Museo Nazionale della Scienza
18 Fondazione Prada
Dónde beber
1 Rita & Cocktails
2 Mag Café
3 Ugo
4 Morgante Cocktail and Soul
5 La Vineria
Dónde dormir
6 Camperio House
7 Hotel Viu
8 The Yard Milano
0 metros 400
N
600 metros
A
B
C
2
3
4
5
Piazza Sempione
Arco della Pace
Arena
Acquar Civ
Torre Branca
Triennale
Parco Sempione
Castello Sforzesco
Stazione Cadorna
Cadorna
Piazzale Cadorna
Piazza Virgilio
La Última Cena, de Leonardo da Vinci
Palazzo Litta
Civico Museo Archeologico
Museo Nazionale della Scienza
Piazza Sant' Ambrogio
Sant' Ambrogio
Sant'Ambrogio
Studio Muse Francesco Messin
Piazza Sant' Agostino
Sant' Agostino
Giardini Don Luigi Giussani
Piazza Resistenza Partigiana
Porta Genova
Piazza del Rosario
Stazione Porta Genova
Porta Genova
Santa Maria delle Grazie al Naviglio
Darsena
Navigli
Porta Ticinese
Piazza XXIV Magg
MUDEC
Armani Silos
Naviglio Grande
Naviglio Pavese
Via Francesco Melzi d'Eril
Viale Elvezia
Corso Magenta
Viale Papiniano
Viale Gabriele D'Annunzio
Via Vigevano
Via Tortona
Via Savona
Corso Genova
Via Valparaiso
Via Vincenzo Foppa
Corso S. Gottardo

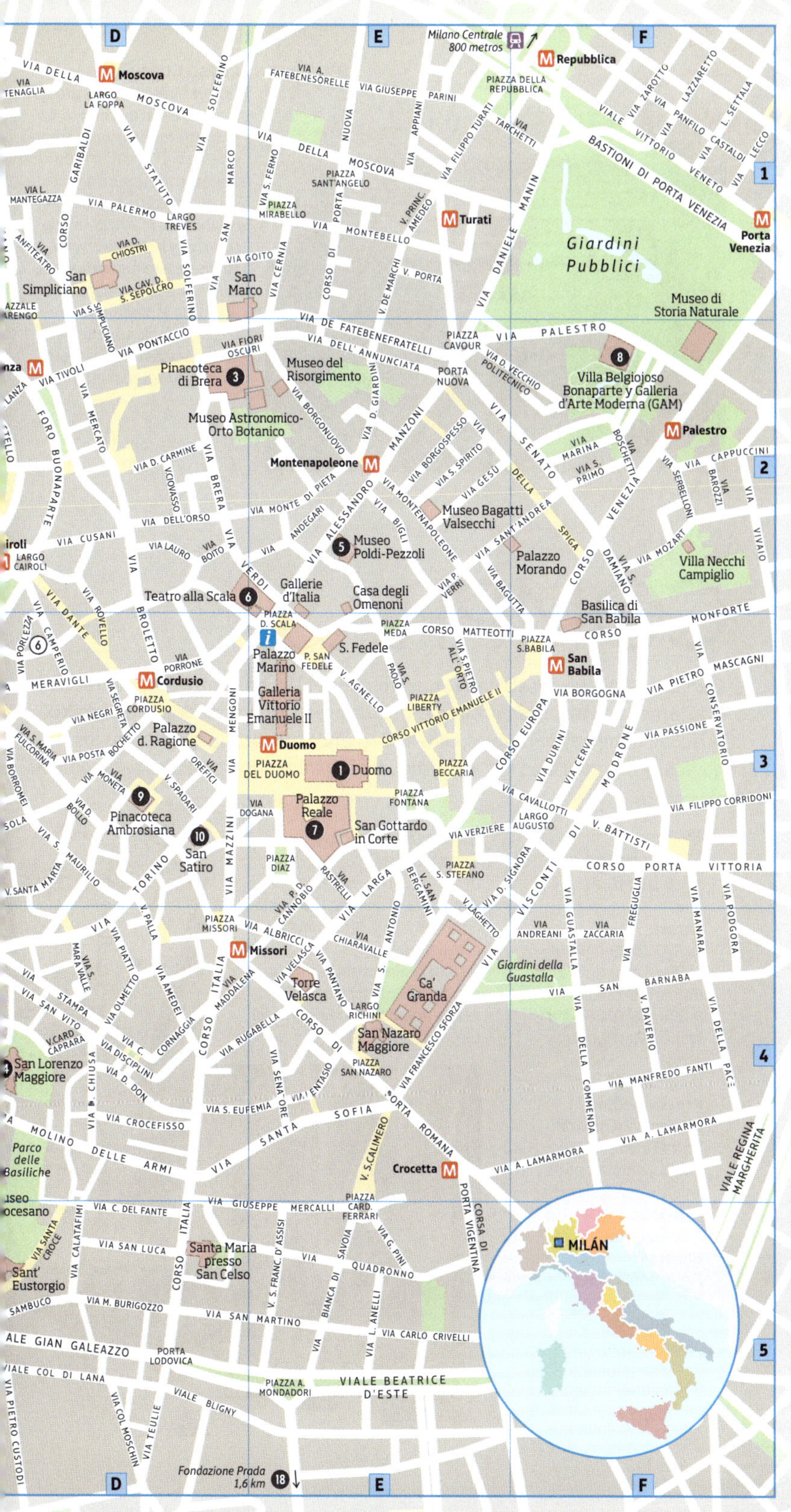

D
E
F
Milano Centrale
800 metros
Moscova
Repubblica
Piazza della Repubblica
Bastioni di Porta Venezia
Giardini Pubblici
Turati
Porta Venezia
Museo di Storia Naturale
San Simpliciano
San Marco
Piazza Cavour
Porta Nuova
Pinacoteca di Brera
Museo del Risorgimento
Villa Belgiojoso Bonaparte y Galleria d'Arte Moderna (GAM)
Museo Astronomico-Orto Botanico
Palestro
Montenapoleone
Museo Bagatti Valsecchi
Museo Poldi-Pezzoli
Palazzo Morando
Villa Necchi Campiglio
Gallerie d'Italia
Casa degli Omenoni
Teatro alla Scala
Piazza d. Scala
Basilica di San Babila
Palazzo Marino
S. Fedele
San Babila
Cordusio
Galleria Vittorio Emanuele II
Palazzo d. Ragione
Duomo
Piazza del Duomo
Pinacoteca Ambrosiana
Palazzo Reale
San Gottardo in Corte
San Satiro
Missori
Torre Velasca
Ca' Granda
Giardini della Guastalla
San Nazaro Maggiore
San Lorenzo Maggiore
Parco delle Basiliche
Crocetta
Santa Maria presso San Celso
Sant' Eustorgio
Viale Beatrice d'Este
Fondazione Prada 1,6 km
MILÁN
1
2
3
4
5

Corso Como 10

Este establecimiento, primer gran almacén del mundo, es toda una institución. Aunque el resto del Corso Como no tiene mucho que ofrecer, este superalmacén de gama alta combina de maravilla moda creativa y libros de diseño, además de restaurantes con cuidada decoración y un hotel *boutique*. Merece la pena recomendable su galería de arte, además de tomarse un café en su agradable jardín.

El café con jardín de Corso Como 10

MILÁN DE COMPRAS

Comprar es casi un pasatiempo profesional en Milán, epicentro de la confección y de la moda en Italia. Importante centro de producción textil desde el siglo XIX, la ciudad tiene hoy *boutiques*, cadenas y grandes almacenes para todos los gustos. Si la estancia es corta, hay algunos lugares imprescindibles para comprar.

TIENDAS DE MILÁN

Caras:
Biffi (Corso Genova 6)
Cuidado espacio a la última que ofrece diseños de Alexander Wang y Marni, entre otros.

Precio medio:
Dictionary (Corso di Porta Ticinese 46)
Prendas modernas de jóvenes diseñadores europeos.

Baratas:
Fiera di Sinigaglia (Ripa di Porta Ticinese)
Mercadillo popular de ropa de segunda mano, muebles, libros, vinilos y accesorios.

Galleria Vittorio Emanuele II

Diseñada por el arquitecto Giuseppe Mengoni en 1865, esta ornamentada galería comercial está llena de estilosas tiendas y cafés. Los suelos están decorados con mosaicos con los signos del Zodiaco; se dice que pisar los genitales del toro de Tauro da suerte.

Via Montenapoleone

La calle más cara de Milán forma parte del Quadrilatero della Moda. Aquí hay tiendas de lujo con prendas, joyas y zapatos de los mejores diseñadores italianos. Hay que dedicar tiempo a sumergirse en el ambiente, mirar los coches deportivos y explorar las tiendas. Para tomarse un respiro se puede escoger entre muchos bares, restaurantes y cafés caros (el mejor es Caffé Cova).

→ Dos personas miran un escaparate de Versace en Via Montenapoleone

Corso Buenos Aires

Esta importante vía comercial está especializada en el *prêt-à-porter*, con más de 350 tiendas que la convierten en la mayor concentración en Europa. A ambos lados de esta calle de 1,5 km hay establecimientos de marcas como H&M, Zara y Nike, y otros de marcas italianas como Liu Jo, Furla y Boggi.

← El tranvía en Corso Buenos Aires, calle de las grandes cadenas

Corso di Porta Ticinese

Esta calle va de Colonne di San Lorenzo a Piazza XXIV Maggio. Es un buen lugar para encontrar prendas y accesorios de jóvenes diseñadores, además de ser popular entre los milaneses por sus joyerías y tiendas de ropa de segunda mano y de discos.

→ Corso di Porta Ticinese al atardecer

↑ El impactante interior de la Galleria Vittorio Emanuele II

1

DUOMO

E3 Piazza Duomo M1, 3 1, 2, 3, 12, 14, 15, 16, 24, 27 8.00-19.00 diario (catedral principal); 10.00-18.00 ju-ma (museo); 9.00-18.00 diario (baptisterio); may-med sep: 9.00-22.00 diario; med sep-abr: 9.00-19.00 diario (terrazas del tejado) duomomilano.it

El enorme Duomo de Milán tiene un tejado de agujas de mármol originales de 1386. Sus datos son impresionantes: es la catedral gótica más grande del mundo, tiene más de 3.500 estatuas exteriores y la sostienen 52 columnas de grandes proporciones.

Desde su concepción a su conclusión, la catedral de Milán tardó casi 430 años en completarse. La construcción comenzó en 1386 con el obispo de la ciudad, Antonio da Saluzzo, como mecenas. El duque Gian Galeazzo Visconti invitó a arquitectos lombardos, alemanes y franceses a supervisar las obras e insistió en que usaran mármol de Candoglia, que fue transportado por los canales de Navigli desde el lago Maggiore. El sello oficial AUF *(ad usum fabricae)* estampado en las losas les permitía eludir los aranceles. Durante siglos, algunos de los mejores escultores y arquitectos italianos trabajaron en la catedral, entre ellos Leonardo da Vinci. El templo fue consagrado en 1418, aunque permaneció inacabado hasta el siglo XIX, cuando Napoleón, que fue coronado aquí rey de Italia, ordenó completar la fachada. Las puertas de bronce se colocaron en 1965.

→ La elevada nave, que soportan 52 pilastras

← La Madonnina, símbolo de Milán, en lo más alto del tejado

TERRAZAS DEL TEJADO

La panorámica de la ciudad desde las terrazas del tejado es inolvidable. Ofrece una vista de pájaro de Milán y de las extraordinarias agujas góticas, gárgolas, estatuas y tracería de la catedral.

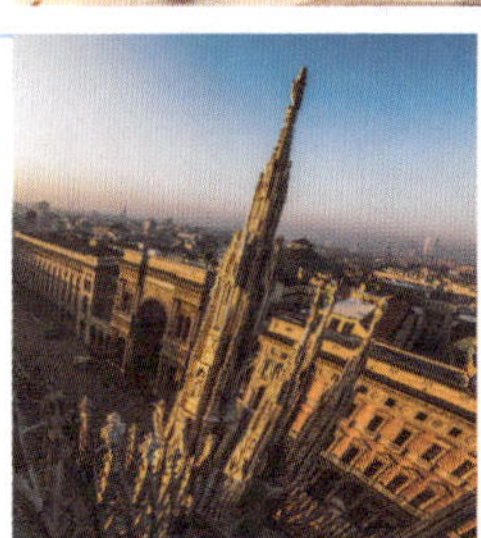

Esencial ☆

↑ La intrincada fachada gótica del Duomo de Milán

2

CASTELLO SFORZESCO Y PARCO SEMPIONE

C2 Piazza Castello Cairoli-Cadorna, 2 Lanza-Cadorna 1, 4 50, 57, 61, 94 7.00-19.30 diario (castillo); 9.00-17.30 ma-do (Musei Civici) 1 ene, Semana Santa, Lunes de Pascua, 1 may, 25 diciembre milanocastello.it

Los Sforza de Milán rigieron una de las cortes renacentistas más refinadas de Europa desde este complejo de fortalezas, castillos y torres. Desde 1896, el Castello Sforzesco alberga los museos municipales, con una gran colección de arte y elementos decorativos. El Parco Sempione, antigua reserva de caza ducal, rodea el castillo.

Francesco Sforza, convertido en gobernante de Milán en 1450, y su hijo Ludovico el Moro hicieron del castillo Sforza la sede de una de las más magníficas cortes del Renacimiento italiano, que contó con artistas como Bramante y Leonardo da Vinci. La posterior ocupación española, austriaca y francesa llevó al declive del Castello, que fue usado como acuartelamiento. En la actualidad, la Corte Ducale alberga la Raccolte di Arte Antica y el museo de arte y escultura, así como la colección mobiliaria, mientras que la Rocchetta acoge arte decorativo y los tapices Trivulzio.

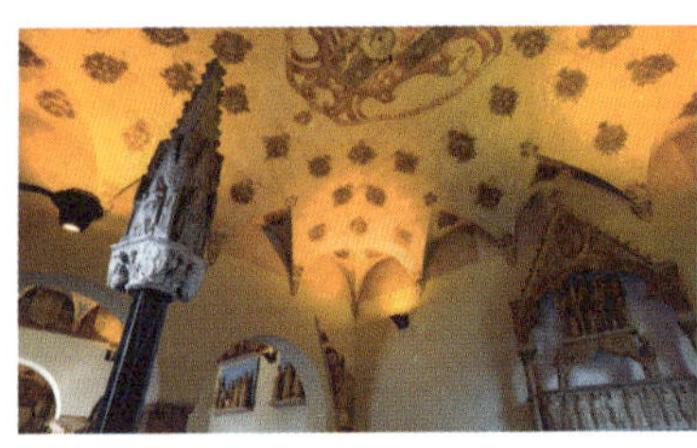

↑ Los frescos del techo de la Raccolte di Arte Antica

Esencial ☆

Los visitantes disfrutan de un paseo en el Parco Sempione, el parque que rodea el Castello Sforzesco

Fuente iluminada frente al Castello Sforzesco

Raccolte d'Arte Antica

La colección de arte antiguo está dispuesta en orden cronológico en las salas que dan a la Corte Ducale, mientras que la Pusterla dei Fabbri, del siglo XIV pero reconstruida en 1900 tras su demolición, acoge escultura de los siglos IV al VI.

La estrella de esta sección es quizás la *Piedad Rondanini* de Miguel Ángel, quien trabajó en ella hasta pocos días antes de morir en 1564. Otras piezas valiosas son el monumento funerario de Agostino Busti a Gaston de Foix, que recuerda la muerte del joven capitán en el campo de batalla de 1512, y la Sala delle Asse (1498), una sala pintada por Leonardo que simula una pérgola exterior.

Colección de muebles y pinacoteca

La colección mobiliaria muestra la evolución del diseño milanés, desde la corte del siglo XV a piezas de grandes creadores del siglo XX, como Giò Ponti y Ettore Sottsass.

La galería de arte alberga obras desde mediados del siglo XV al XVIII, con obras de Mantegna, Antonello da Messina, Giovanni Bellini, Filippo Lippi, Tiziano, Tintoretto y Canaletto.

Colección de Artes Aplicadas

La Rocchetta es conocida por exponer los espléndidos tapices Trivulzio de Bramantino. Destacan también una selección de instrumentos musicales antiguos, joyas medievales en oro y una gran colección de cristal italiano y europeo, cerámica, mayólica y porcelana.

En el sótano de la Corte Ducale hay una sección prehistórica y egipcia con objetos funerarios de culto, como una fascinante tumba de *c.* 640 a. C.

Parco Sempione

Este parque de grandes dimensiones es parte del antiguo jardín ducal y reserva de caza de los Visconti. El trazado actual fue obra de Emilio Alemagna, quien en 1890-1893 lo diseñó como un jardín inglés.

Entre los árboles se levantan un monumento a Napoleón III, la construcción metafísica de De Chirico *Baños misteriosos*, una fuente de agua sulfurosa cerca de la Arena y la Torre del Parco (108 m), construida en 1932 a base de tubos de acero con diseño de Giò Ponti.

TAPICES TRIVULZIO

Estos tapices, que llevan el nombre del general Gian Giacomo Trivulzio, que los encargó en 1503, ocupan la gran Sala della Balla (baile). Diseñados por Bramantino, las 12 escenas representan los 12 meses del año. El escudo de armas de Trivulzio (que muestra a una sirena rompiendo una lima contra un diamante) aparece en cada tapiz, junto con una imagen del sol y el signo del Zodiaco correspondiente.

Escultura de *Napoleón como Marte Pacificador* en el patio del museo

PINACOTECA DI BRERA

D2 Via Brera 28 Lanza, Montenapoleone y Duomo 61 8.30-19.15 ma-do (última admisión: 45 min antes del cierre) 1 ene, 1 may, 25 diciembre pinacotecabrera.org

La de Brera es una de las colecciones de arte más importantes de Italia, con obras maestras de destacados artistas italianos de los siglos XIII al XX, entre ellos Rafael, Mantegna, Piero della Francesca y Caravaggio. El conjunto es único porque las obras no se deben a la riqueza de la iglesia o de una familia noble, sino a las políticas de Napoleón.

El museo ocupa el imponente Palazzo di Brera, del siglo XVII, construido por los jesuitas y utilizado después como academia de arte. A principios del siglo XIX Napoleón incrementó la colección con obras robadas de las iglesias de la región, lo que permitió abrir una galería de cuadros en 1809. En los dos siglos siguientes se incorporaron algunas de las pinturas más bellas del Renacimiento y Barroco italianos.

Pintura de los siglos XIII-XV

Las salas 2-4 exhiben frescos del Oratorio de Mocchirolo, pintados por un maestro lombardo anónimo alrededor de 1365-1370. Otras piezas destacadas son *La Virgen y el Niño* de Ambrogio Lorenzetti y *Cristo Juez*, de Giovanni da Milano.

Galería de pinturas renacentistas en la Pinacoteca di Brera

Esencial ☆

GUÍA DE LA GALERÍA

La colección está expuesta en 38 salas y fue creándose a partir de cuadros de iglesias y luego de adquisiciones. Las pinturas están también agrupadas por escuelas (veneciana, toscana, lombarda). No está toda expuesta debido a programas de restauración e investigación. La Sala della Passione en la planta baja se usa para exposiciones temporales.

¿Lo sabías?

Junto al museo, frente a la Piazzetta di Brera, hay un bonito jardín botánico, un lugar agradable tras visitar la pinacoteca.

↑ *El beso,* obra patriótica y sentimental de Francesco Hayez

Pintura de los siglos XV y XVI

La sección veneciana (salas 5-9) exhibe obras de artistas que trabajaron en el Véneto en los siglos XV y XVI, entre ellos Giovanni y Gentile Bellini, Carpaccio, Tiziano y el Veronés. El *Cristo muerto* (*c.* 1480), de Mantegna, sorprende por su intensa luz y el audaz escorzo y es una de las estrellas de la colección.

En las salas 15, 18 y 19 se expone una gran colección de pinturas lombardas de los siglos XV y XVI, entre ellas obras de Bergognone, Luini, Bramantino y Vincenzo Foppa.

Las salas 20-23 ilustran los movimientos artísticos de las regiones de Emilia y Las Marcas. La escuela Ferrara está representada por artistas de renombre como Cosmè Tura, Francesco del Cossa y Ercole de' Roberti. En la 24 está el retablo de Rafael *Los desposorios de la Virgen* (1504). Algunos expertos dicen que el joven que aparece en el fondo rompiendo una vara es una autorretrato del artista. La *Sacra Conversación* (*c.* 1475), de Piero della Francesca, está en la misma sala. El huevo suspendido de una concha en esta obra maestra es un símbolo de la Inmaculada Concepción.

Pintura italiana, flamenca y holandes de los siglos XVII-XVIII

Entre los artistas no italianos de las salas 31-32 figuran Rubens, Van Dyck, Rembrandt, El Greco, Brueghel el Viejo. En la 37 se ubica *El beso* (1859), de Francesco Hayez, una obra muy reproducida que representa el optimismo imperante tras la unificación italiana.

Colección Jesi

Las 72 obras de arte moderno donadas por Emilio y Maria Jesi en 1976 y 1984 se encuentran en la sala 10. La colección, en su mayoría de artistas italianos, cubre el periodo 1910-1940.

La Última Cena, de Leonardo, en el refectorio de Santa Maria delle Grazie

4

LA ÚLTIMA CENA, DE LEONARDO DA VINCI

B3 Refectorio de Santa Maria delle Grazie, Piazza Santa Maria delle Grazie 2 M1, 2 Cadorna 16 18 8.15-19.00 ma-do Festivos, 1 may, 15 ago cenacolo vinciano.org

Esta obra maestra fue pintada para Ludovico el Moro en el refectorio de Santa Maria delle Grazie en 1495-1497. Leonardo retrata el momento en que Jesús acaba de pronunciar las palabras "Uno de vosotros me traicionará". El artista capta la sorpresa de sus discípulos de una forma tremendamente realista y vívida.

Exterior de Santa Maria delle Grazie, donde está *La Última Cena*

Leonardo sitúa a Jesús en el centro de la composición, rodeado de sus sorprendidos discípulos. Todos protestan, salvo Judas (quinto por la izquierda), al que se le cae el pan y retrocede con horror al saberse culpable. Se dice que Leonardo recorrió Milán buscando los rostros que usar para los apóstoles, y muchos de sus bocetos sobreviven en la Royal Library de Windsor (Inglaterra). La obra es famosa por los gestos de las manos de los apóstoles, tan expresivas que parece que hablan.

La fragilidad de la imagen, apagada y con manchas, hace que las visitas se limiten a 15 minutos, pero es sorprendente que aún quede algo. Leonardo pintó los frescos con témpera en lugar de emplear la técnica habitual y más duradera en la que el pigmento se mezclaba con

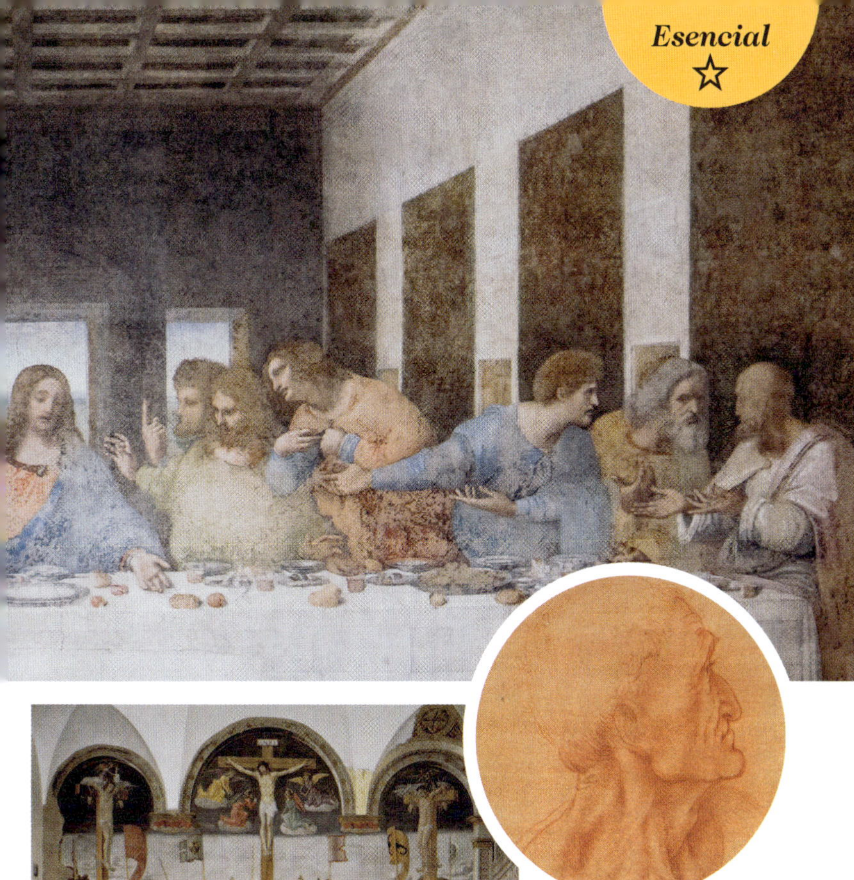

↑ El boceto de Judas, en la Royal Library de Windsor (Reino Unido)

← *La Crucifixión*, de Donato Montorfano, en la pared opuesta del refectorio

yeso. La obra comenzó a deteriorarse casi de inmediato. Posteriormente, se abrió una puerta en la zona inferior de la pintura, las tropas de Napoleón usaron la pared para prácticas de tiro y, en 1943, el resto del monasterio quedó destruido por una bomba.

En la pared opuesta del refectorio está el fresco de Donato Montorfano *La Crucifixión*, encargado por los dominicos en 1495. En esta composición densa, la inconsolable María Magdalena abraza la cruz mientras unos soldados situados a la derecha se juegan a los dados las ropas de Jesús. A ambos lados de la obra, bajo la cruz, Leonardo añadió los retratos –hoy casi invisibles– de Ludovico el Moro, su esposa Beatriz y sus hijos, además de su firma y la fecha.

LA RESTAURACIÓN

El motivo del inmediato deterioro de *La Última Cena* no fue la humedad, sino la técnica empleada por Leonardo. Ya en 1550, el historiador de arte Vasari la calificó como una "mancha deslumbrante" y la consideró una obra perdida. Ha habido muchos intentos de restaurarla, pero los retoques a menudo la han dañado más. La séptima restauración concluyó en la primavera de 1999: carece de la intensidad del original, pero al menos es auténtica.

LUGARES DE INTERÉS

Retrato de una joven, de Pollaiuolo, en el Museo Poldi-Pezzoli

5 Museo Poldi-Pezzoli

E2 Via Alessandro Manzoni 12 10.00-18.00 mi-lu Festivos museopoldipezzoli.it

Giacomo Poldi-Pezzoli fue un acaudalado noble que al morir en 1879 legó su magnífica colección de arte al Estado. La pieza más famosa es el *Retrato de una joven* de Antonio Pollaiuolo, obra renacentista del siglo XV, aunque también hay obras de Piero della Francesca, Botticelli y Mantegna.

6 Teatro alla Scala

D2-E2 Piazza della Scala teatroallascala.org

El teatro neoclásico de la ópera, conocido como La Scala, abrió en 1778 y es uno de los más prestigiosos del mundo. Cuenta con uno de los mayores escenarios de Europa y en él se representan grandes producciones. Dos horas antes de cada representación, la taquilla abre para vender entradas con descuento.

Ubicado en el teatro, el **Museo Teatrale** muestra los decorados y trajes de montajes pasados y objetos de teatro de época romana. También hay una buena vista del auditorio, con su enorme araña y sus trampantojos.

Museo Teatrale
Largo Ghiringhelli 1 (Piazza Scala) 9.00-17.30 diario museoscala.org

7 Palazzo Reale

E3 Piazza del Duomo 14.30-19.30 lu; 9.30-19.30 ma, mi, ju y do; 9.30-10.30 ju y sá palazzorealemilano.it

El antiguo palacio real, durante siglos residencia de los Visconti y otros mandatarios de Milán, alberga el Museo della Reggia. Muestra los suntuosos interiores del edificio y las cuatro fases históricas del palacio, incluidas la época neoclásica y la restauración. El Palazzo Reale es también un prestigioso lugar de exposiciones temporales de arte.

El edificio con el que linda al oeste (el Arengario) ahora alberga un museo de arte moderno, el **Museo del Novecento,** que guarda sobre todo obras de artistas italianos del siglo XX y también piezas de artistas

Sala del Museo Teatrale, situado en el Teatro de la Scala

Ecléctica mezcla de antiguo y moderno en el Museo Poldi-Pezzoli

internacionales como Braque, Kandinsky, Klee, Léger, Matisse, Mondrian y Picasso.

Museo del Novecento
Via Marconi 1
museodelnovecento.org

Villa Belgiojoso Bonaparte y Galleria d'Arte Moderna (GAM)

F2 Via Palestro 16
9.30-17.30 ma-do
gam-milano.com

Las colecciones de Milán del siglo XIX y de arte moderno se hallan en una villa neoclásica construida por Leopold Pollack en 1790 para el conde Ludovico Barbiano di Belgiojoso. Fue ocupada en 1802 por Napoleón y más tarde por el mariscal Radetzky. La villa alberga arte italiano del siglo XIX, con representación de todos los movimientos importantes, además de las colecciones Grassi y Vismara de artistas italianos y extranjeros de los siglos XIX y XX. Destacan las obras de Giorgio Morandi (1890 -1964), Carlo Carrà (1881-1966), Modigliani (1884-1920) y De Chirico (1888-1978). Entre los artistas internacionales están Van Gogh, Cézanne, Gauguin, Picasso, Matisse, Klee y Kandinsky.

CURIOSIDADES
Villa Necchi Campiglio

En esta villa *art déco* convertida en museo *(Via Mozart 14)* se rodó la película *Yo soy el amor* (2009). Alberga piezas de arte únicas y con un paseo por el jardín se puede tener una idea de la vida aristocrática de la década de 1930.

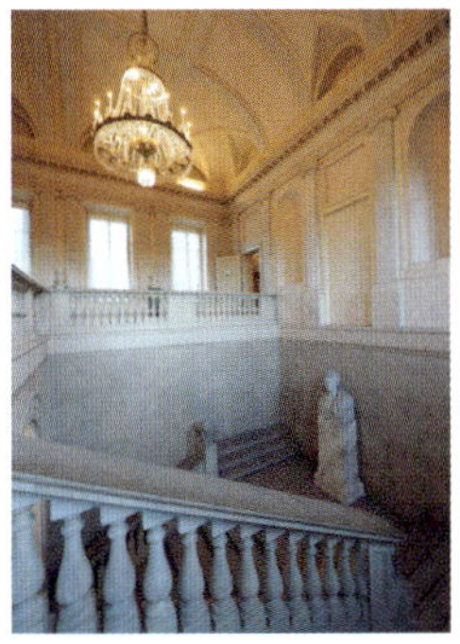

↑ Escalera de la Villa Belgiojoso Bonaparte y Galleria d'Arte Moderna

Camperio House
Estilosa residencia privada con *catering* propio, restaurante, elegante mobiliario y personal muy atento.
D3 Via Manfredo Camperio 9
camperio.com

Hotel Viu
Hotel chic situado en un edificio ecológico con un jardín vertical. Las habitaciones son minimalistas y en el tejado hay una piscina.
C1 Via Aristotile Fioravanti 6
hotelviumilan.com

The Yard Milano
Moderno hotel *boutique* lleno de objetos de arte; ofrece 32 *suites* de cuidada decoración.
C5 Piazza XXIV Maggio 8 theyardmilano.com

Bares y cafés a orillas del canal Naviglio Grande al atardecer

Pinacoteca Ambrosiana

D3 Piazza Pio XI 2
10.00-18.00 ma-do
ambrosiana.eu

La Ambrosiana es la sede de la extraordinaria biblioteca del cardenal Federico Borromeo, de más de 36.000 manuscritos, entre ellos una *Ilíada* ilustrada del siglo V, primeros manuscritos de *La Divina Comedia* (1353) de Dante y el *Códice Atlántico* (1478-1519), de Leonardo da Vinci. Para dar a conocer el máximo posible de este códice, cada tres meses se cambian las páginas que permanecen expuestas.

El edificio también alberga una colección de arte donada por Borromeo en 1618. El conjunto comprende obras desde el siglo XIV hasta principios del siglo XIX. Entre los óleos figuran *Retrato de un músico*, de Leonardo da Vinci, *La Virgen de la Eucaristía*, de Botticelli (siglo XV), un boceto del fresco de Rafael en el Vaticano *La escuela de Atenas* (siglo XVI), y *Cesta de fruta* de Caravaggio.

Asimismo, posee una notable colección de arte veneciano, que incluye pinturas de Tiepolo, Tiziano, Giorgione y Bassano, además de pinturas murales del artista lombardo de finales del siglo XV Bergognone.

San Satiro

D3 Via Speronari 3
02 87 46 83 9.30-17.30 ma-sá, 14.00-17.30 do y festivos

La iglesia de Santa Maria presso San Satiro es uno de los edificios renacentistas más bonitos de Milán. Fue construida sobre los restos de un santuario del siglo IX, del que se conserva la Cappella della Pietà; también posee un campanario del siglo XI.

El interior parece tener planta de cruz griega, pero es una ilusión creada con un trampantojo, ya que la falta de espacio obligó a Bramante a optar por una planta en forma de T simple. Sobre el altar se sitúa un fresco del siglo XIII. Junto a la nave derecha hay un baptisterio octogonal. La fachada se concluyó en el siglo XIX.

Navigli

C5 3, 9, 10, 14 74

El barrio de Navigli, uno de los más animados de Milán, surgió en torno a 90 km de canales artificiales construidos entre los siglos XII y XVI. La zona se diseñó como soporte de las crecientes rutas comerciales de la ciudad y para fomentar el transporte de mercancías como el mármol, que llegaban a la ciudad a través de los ríos Ticino y Adda.

Pese a que su construcción se inició en el siglo XII, el proyecto no cobró fuerza hasta la incorporación de Leonardo da Vinci, quien diseñó una serie de presas y, posteriormente, un segundo sistema de canales que unieron la zona de Valtellina con Milán y reforzaron el comercio de una ciudad que era entonces el principal centro industrial de Italia.

En la actualidad, la zona de Navigli abarca desde Naviglio Pavese a Naviglio Grande, y está llena de *boutiques*, cafés, restaurantes y bares a orillas de los canales. Es uno de los lugares nocturnos más populares de Milán y se visita mejor a última hora de la tarde, cuando los bares abren sus puertas y los lugareños acuden para tomar el aperitivo. En la zona hay también buenas tiendas de muebles, y hay artesanos que siguen trabajando en pequeños estudios junto al río. El último domingo de cada mes se celebra un gran mercadillo en Naviglio Grande.

12  

Civico Museo Archeologico

C3 Corso Magenta 15 02 88 44 52 08 M1, 2 Cadorna 16, 27 50, 58, 94 9.00-17.30 ma-do

A la entrada de este museo hay una maqueta del Milán romano, que ilustra la planificación urbanística y la arquitectura de la ciudad desde el siglo I al IV. La exposición comienza en una sala de la derecha que contiene piezas de barro y esculturas romanas. Al final de esta sala hay un gran fragmento de un torso de Hércules y mosaicos de suelos del siglo III d. C. En este espacio también se exhiben dos de las obras más importantes del museo: la pátera de Parabiago y la copa diatreta. La pátera es un plato bañado en plata con un relieve de la diosa Cibeles (siglo IV). La copa diatreta, fechada en el mismo periodo, es una pieza única de cristal de colores labrada con motivos intrincados.

↑ La pátera de Parabiago, en el Civico Museo Archeologico

13  

Armani Silos

A5 Via Bergognone 40 02 91 63 00 10 M2 Cadorna 3, 9, 10, 14 74 11.00-19.00 mi-do

Inaugurado en 2015 por el diseñador Giorgio Armani para celebrar sus 40 años de carrera, el museo de la moda Armani Silos ofrece una muestra del estilo inigualable creado por la famosa marca italiana. Situado en un antiguo granero de cuatro plantas, el visitante puede contemplar centenares de trajes y accesorios de las colecciones de Armani desde la década de 1980 a la actualidad, agrupados en temáticas como la ropa de diario, el exotismo, el color y la luz. El edificio tiene una estética minimalista, con techos negros, suelos de hormigón pulido y mucha luz. El visitante puede aprender más sobre los procesos de trabajo de Armani en el archivo digital, que incluye unas 2.000 imágenes de prendas y accesorios, y las fotografías más famosas de la historia de la marca.

El acabado minimalista de hormigón pulido del Armani Silos

Rita & Cocktails
Íntimo local de barrio que sirve creativos cócteles en tarros de mermelada. Conviene llegar antes de las 18.00, antes de que se llene.

B5 Via Angelo Fumagalli 1 02 837 28 65

Mag Café
Este popular bar está lleno de detalles, desde tazas de café en las paredes a faroles de hierro forjado o una bicicleta colgando del techo. Excelentes cócteles; se llena en la hora feliz.

B5 Ripa di Porta Ticinese 43 mimag.it

Ugo
Los camareros de Ugo, una de las mejores coctelerías de Navigli, elaboran un increíble *Negroni sbagliato*.

B5-C5 Via Corsico 12 lu ugobar.it

Morgante Cocktail and Soul
Bar con jardín privado que ofrece buenos martinis y aperitivos.

C5 Vicolo Privato Lavandai 2 lu morgantecocktail.com

La Vineria
Amplia carta de vinos, que se pueden combinar con embutidos como el salami, *prosciutto di Parma* y quesos de la zona.

B5 Via Casale 4 la-vineria.it

San Lorenzo Maggiore

D4 Corso di Porta Ticinese 39 8.00-18.30 lu-vi, 9.00-19.00 sá y do Cappela di Sant'Aquilino por reformas sanlorenzomaggiore.com

Esta iglesia alberga una amplia colección de restos romanos y paleocristianos. La basílica octogonal se construyó en el siglo IV sobre lo que era seguramente un anfiteatro romano y sufrió reconstrucciones en los siglos XII y XVI.

Frente a la iglesia hay 16 columnas romanas y una estatua del emperador Constantino. La Cappella di Sant'Aquilino, adornada con mosaicos del siglo IV, es románica y alberga dos sarcófagos paleocristianos. Bajo la capilla hay una sala con otros elementos arquitectónicos romanos.

MUDEC

A5 Via Tortona 56 14.30-19.30 lu, 9.30-19.30 ma (ju y sá: hasta 22.30) mudec.it

El museo de arte y cultura de Milán (MUDEC) se encuentra en el corazón del barrio del diseño de la ciudad, en Via Tortona. Está dedicado a las culturas del mundo y su relación con Milán, y promueve también actividades culturales. En su interior, la colección permanente muestra objetos cotidianos, como textiles e instrumentos musicales, donados por misioneros locales, investigadores y exploradores de Oriente Próximo, Asia y África. En su página web se ofrece el calendario de las excelentes e innovadoras exposiciones temporales.

EL SALÓN DEL MUEBLE

Cada abril, los nombres más conocidos del diseño se dan cita en Milán para el Salone del Mobile, la mayor feria de muebles del mundo. Aunque se celebra fuera de Milán, en Rho, todas las noches hay actos interesantes en el centro de la ciudad, desde charlas sobre diseño a exposiciones de muebles.

Sant'Ambrogio

C5 Piazza Sant' Ambrogio 15 10.00-12.00 y 14.30-18.00 lu-sá, 15.00-17.00 do basilicasant ambrogio.it

San Ambrosio, obispo de Milán en el siglo IV y patrón de la ciudad, era tan elocuente que, se dice, las abejas volaban a su boca atraídas por su dulce lengua. Comenzó la construcción de esta basílica en 379, aunque es principalmente románica, del siglo X. La entrada, con puertas de bronce, está flanqueada por dos campanarios. En el interior destacan las bóvedas con nervios, el púlpito y el altar del siglo IX decorado con oro, plata y piedras preciosas. Una capilla de la nave sur contiene mosaicos en la linterna. En la cripta está la tumba de san Ambrosio. Sobre el pórtico, el **Museo de Sant'Ambrogio** contiene una fascinante colección de fragmentos arquitectónicos, tapices y pinturas sobre la historia de la iglesia.

Estatua de Constantino frente a la iglesia de San Lorenzo Maggiore

Museo Sant'Ambrogio
☎ 0286 450 895 🕒 10.00-12.00 y 14.30-17.30 lu-sá, 15.00-17.00 do

17 Museo Nazionale della Scienza

B3 Via San Vittore 21
9.30-17.00 ma-do (sá y do: hasta 18.30)
museoscienza.org

Este museo, el mayor de Italia consagrado a la ciencia y la tecnología, está dedicado al transporte, la energía y las comunicaciones, además del arte y la ciencia según la obra de Leonardo da Vinci. El visitante se hace una idea de la raíces emprendedoras y artesanales de Italia a través de objetos singulares.

En la entrada, el visitante se encuentra con réplicas de aviones militares italianos, como un Farman de 1909, y otros más modernos como el caza Fiat G.91. Los amantes de los trenes pueden ver fachadas de estaciones antiguas y aprender de la historia del transporte público de Lombardía. La sección dedicada a los submarinos incluye el Toti S-506, construido tras la II Guerra Mundial.

La zona de Leonardo da Vinci expone versiones completas de sus dibujos, incluido el vehículo de combate conocido como tanque de Leonardo y una máquina de hilar.

Las salas del cine y la fotografía muestran cómo el dispositivo usado para filmar surgió de la aguja de una máquina de coser de Singer en 1851. Entre las exposiciones de la fascinante sección de televisión y teléfono está el pantelégrafo, antecesor del fax.

Además, hay instrumentos musicales de 1600 en adelante, y un interesante taller de artesanos del laúd del siglo XVII. A los niños les encanta la zona de i.lab, donde pueden experimentar y participar.

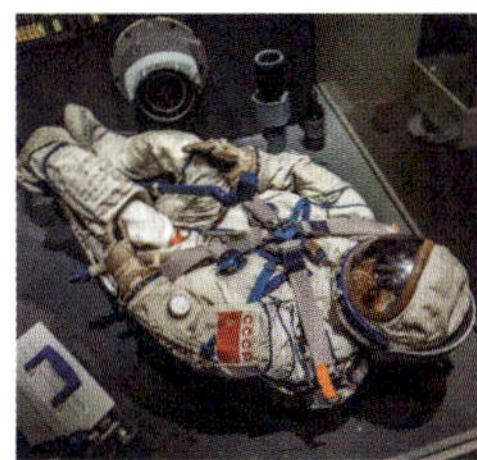

↑ Un traje de astronauta en el Museo Nazionale della Scienza

↑ El patio porticado de la basílica de Sant'Ambrogio

18 Fondazione Prada

E5 Largo Isarco 2
10.00-19.00 mi-lu (vi-do: hasta 21.00)
fondazioneprada.org

Ubicado en una antigua destilería, este museo de arte contemporáneo es idea de la pareja de empresarios de Prada Miuccia Prada y Patrizio Bertelli, que quisieron dotar a la ciudad de un espacio cultural permanente. Las exposiciones se centran en literatura, cine, música, filosofía, arte y ciencia, pero también en la forma en la que interactúan las distintas disciplinas.

Las exposiciones permanentes incluyen la Processo Grottesco (una recreación de una gruta de Mallorca) y una sala con obras de los artistas Robert Gober y Louise Bourgeois. El bar del museo, Bar Luce, fue diseñado por el cineasta estadounidense Wes Anderson, que trabajó en los detalles arquitectónicos del edificio para crear un espacio inspirado en las décadas de 1950 y 1960, y que se decoró con máquinas de *pinball*.

El pueblo de Tremezzo, a orillas del lago de Como

LOMBARDÍA Y LOS LAGOS

Apreciados por los romanos por su bonita ubicación y clima moderado, los lagos del norte de Italia –buena parte de los cuales están en Lombardía– tienen una fama merecida por combinar de forma única el magnífico paisaje con el patrimonio histórico y artístico.

Junto al lago Maggiore, el lago de Como y el lago de Garda, hay otros más pequeños y desconocidos como los de Varese, Iseo e Idro. Todos son resultado de la glaciación del Pleistoceno, que agrandó las hendiduras que ya había sobre el terreno. Las orillas de los lagos estuvieron habitadas durante la prehistoria y posteriormente fueron colonizadas por los romanos, como puede verse en el trazado de pueblos y villas del lago de Garda. Muchas iglesias, santuarios y castillos se levantaron en la Edad Media.

En invierno, los lagos pueden verse afectados por vientos procedentes del centro de Europa, pero por lo general el clima es bastante suave gracias al agua. Hay vegetación mediterránea por todos lados: viñas, olivos, adelfas y palmeras, y los abundantes y espléndidos jardines de las villas embellecen el entorno.

En el siglo XVIII, una visita a la región de los lagos era una de las paradas del *Grand Tour*, el viaje por Europa considerado esencial para la educación de los jóvenes de buena familia. Estas costas fueron también del gusto de escritores, músicos y artistas como Goethe, Stendhal, Byron, Nietzsche, Toscanini, Hesse, Klee y Hemingway. Los numerosos miradores, a los que se llega en funicular, trenes de vía estrecha y telecabinas, ofrecen panorámicas verdaderamente espectaculares.

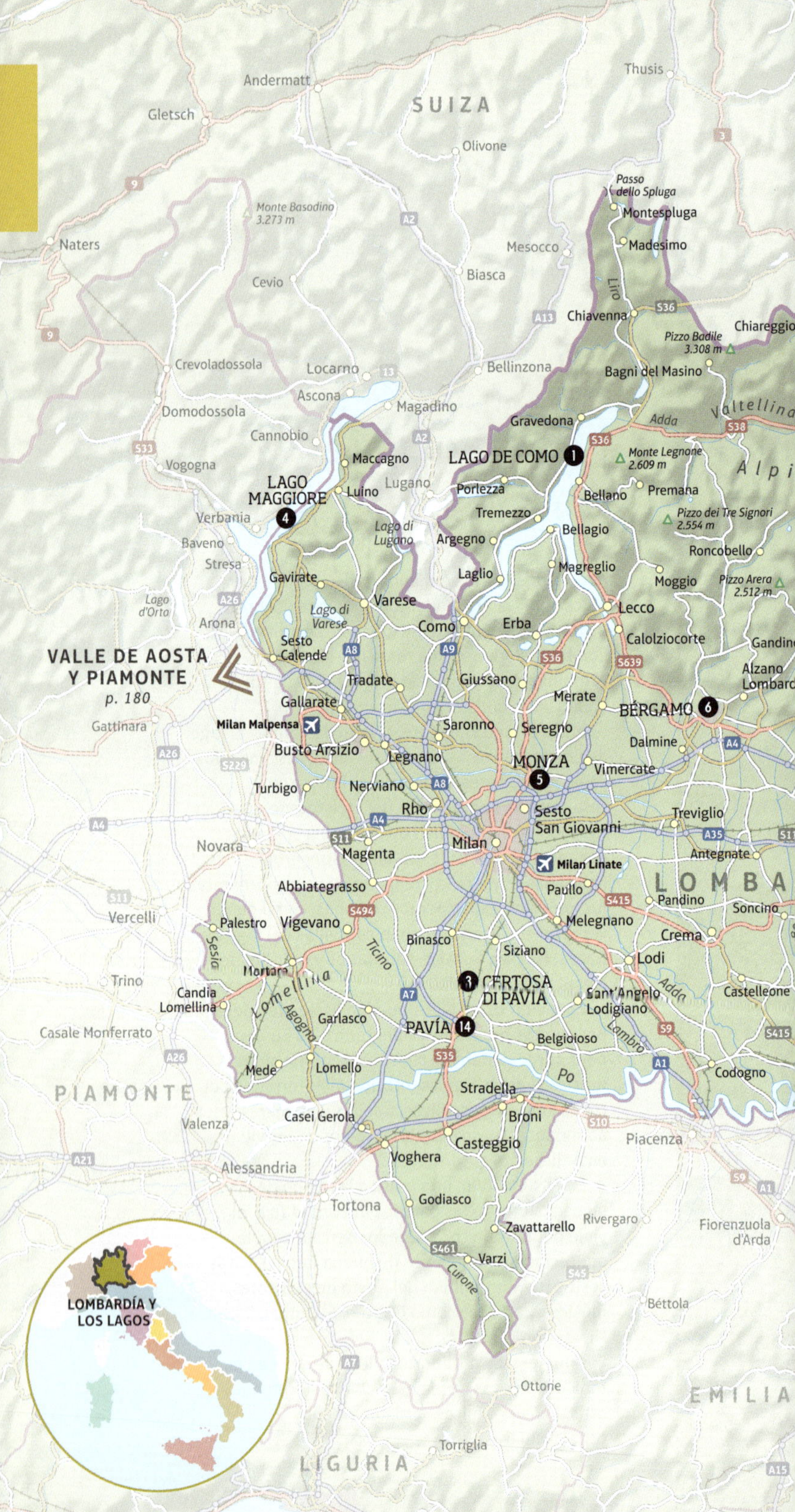
SUIZA
Andermatt
Gletsch
Thusis
Olivone
Passo dello Spluga
Montespluga
Madesimo
Monte Basodino 3.273 m
Naters
Mesocco
Biasca
Cevio
Chiavenna
Pizzo Badile 3.308 m
Chiareggio
Bagni del Masino
Crevoladossola
Locarno
Bellinzona
Ascona
Magadino
Domodossola
Cannobio
Gravedona
Valtellina
Adda
Vogogna
Maccagno
LAGO DE COMO
Monte Legnone 2.609 m
Alpi
LAGO MAGGIORE
Luino
Lugano
Porlezza
Bellano
Premana
Verbania
Tremezzo
Pizzo dei Tre Signori 2.554 m
Lago di Lugano
Argegno
Bellagio
Baveno
Stresa
Roncobello
Gavirate
Laglio
Magreglio
Moggio
Pizzo Arera 2.512 m
Lago d'Orta
Varese
Lago di Varese
Lecco
Arona
Como
Erba
Sesto Calende
Calolziocorte
Gandino
VALLE DE AOSTA Y PIAMONTE
p. 180
Tradate
Giussano
Alzano Lombardo
Gallarate
Merate
Milan Malpensa
BÉRGAMO
Gattinara
Saronno
Seregno
Busto Arsizio
Dalmine
Legnano
MONZA
Vimercate
Turbigo
Nerviano
Rho
Sesto San Giovanni
Treviglio
Novara
Magenta
Milan
Antegnate
Milan Linate
Abbiategrasso
Paullo
LOMBA
Pandino
Soncino
Vercelli
Palestro
Vigevano
Melegnano
Crema
Binasco
Ticino
Sesia
Siziano
Lodi
Mortara
CERTOSA DI PAVIA
Trino
Candia Lomellina
Lomellina
Sant'Angelo Lodigiano
Castelleone
Agogna
Garlasco
Casale Monferrato
PAVÍA
Belgioioso
Lambro
Mede
Lomello
Codogno
Po
PIAMONTE
Stradella
Casei Gerola
Broni
Valenza
Piacenza
Casteggio
Voghera
Alessandria
Tortona
Godiasco
Rivergaro
Fiorenzuola d'Arda
Zavattarello
Varzi
Curone
LOMBARDÍA Y LOS LAGOS
Bèttola
Ottone
EMILIA
Torriglia
LIGURIA

LOMBARDÍA
Y LOS LAGOS
Esencial
1 Lago de Como
2 Lago de Garda
3 Certosa di Pavia
Lugares de interés
4 Lago Maggiore
5 Monza
6 Bérgamo
7 Lago Iseo
8 Val Camonica
9 Parco Nazionale dello Stelvio
10 Brescia
11 Mantua
12 Sabbioneta
13 Cremona
14 Pavía
TRENTINO-
ALTO ADIGIO
p. 128
EL VÉNETO
Y FRIUL
p. 102
EMILIA-ROMAÑA
p. 424
PARCO NAZIONALE DELLO STELVIO
VAL CAMONICA
LAGO ISEO
BRESCIA
LAGO DE GARDA
MANTUA
SABBIONETA
CREMONA
VÉNETO
ROMAÑA
Alpi Venoste
Alpi Retiche
Orobie
Pianura Padana
Lago di Resia
Zernez
Spondigna
Livigno
Passo dello Stelvio
St. Moritz
Bormio
Santa Caterina Valfurva
Pizzo Bernina 4.049 m
Pizzo Scalino 3.323 m
Sondalo
Grosio
Ponte di Legno
Tirano
Edolo
Aprica
Adamello 3.554m
Valbondione
Capo di Ponte
Parco Nazionale delle Incisioni Rupestri
Breno
Clusone
Monte Colombine 2.215 m
Lovere
Pisogne
Riva del Garda
Rovereto
Tonezza
Bovegno
Limone sul Garda
Magasa
Marone
Carrò
Malcesine
Enego
Iseo
Barghe
Gargnano
Schio
Thiene
Rovato
Nave
Salò
Garda
Rezzato
Desenzano del Garda
Vicenza
Bussolengo
Lonato
Verona
Ghedi
Montichiari
Verona Villafranca
Manerbio
Leno
Solferino
San Bonifacio
Villafranca di Verona
Pontevico
Chiese
Casaloldo
Ostiano
Goito
Roverbella
Asola
Mincio
Montagnana
Cicognolo
Piadena
Legnago
San Daniele Po
Gazzuolo
Adigio
Ostiglia
Badia Polesine
Suzzara
Quistello
Casalmaggiore
Sermide
Viadana
Gonzaga
Poggio Rusco
Po
Fidenza
Guastalla
Occhiobello
Mirandola
Bondeno
Novellara
Parma
Ferrara
Collecchio
Carpi
Reggio nell'Emilia
Cento
Modena
Scandiano
0 kilómetros 20
N

LAGO DE COMO

B1 Como, Lecco Via Albertolli 7, Como; www.lakecomo.it

El paisaje montañoso e idílico del lago de Como ha atraído durante siglos a visitantes en busca de descanso, inspiración, paseos y navegación. La zona septentrional, especialmente, está envuelta en una misteriosa calma. El largo y estrecho lago, con su forma de espoleta resultado de la acción glacial, ofrece espléndidas vistas de los Alpes y de las localidades de Como y Lecco.

Bellagio

Este agradable centro turístico cuenta con cafés junto al lago, señoriales villas rodeadas de suntuosos jardines, empinadas callejuelas medievales y hoteles, restaurantes y tiendas de todos los precios.

Varenna

Menos turística que Bellagio, Verenna tiene un bonito paseo junto al lago, dos pequeñas iglesias con frescos medievales y dos espectaculares villas con jardines por los que pasear. A 20 minutos a pie está el castillo Vezio, con una vista excepcional del lago.

Villa Carlotta

Via Regina Teodolinda 2b Tremezzo med mar-sep: 9.00-19.30 diario; oct: 9.30-18.30 diario villacarlotta.it

El lago de Como es famoso por sus villas extravagantes, pero, aunque los jardines están abiertos, pocos de los edificios se pueden visitar. En Villa Carlotta, sin embargo, es posible recorrer los cuidados jardines y la lujosa villa de finales del Barroco.

Santa Maria del Tiglio

Piazza XI Febbraio 034 48 52 61 Los horarios varían; conviene llamar antes

Esta iglesia, situada en Gravedona, es la obra del románico lombardo más famosa de la región del Alto Lario. Destacan sus muros de piedra en franjas blancas y negras y el singular campanario octogonal de la fachada.

↑ Los bellos jardines de Villa Carlotta, con el lago de Como al fondo

←

El lago de Como, con la localidad de Gravedona de fondo

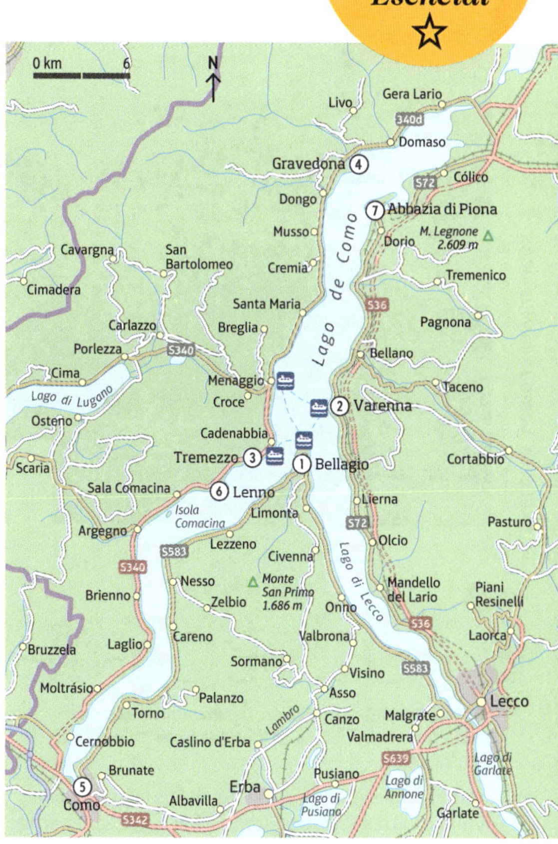

Napule e'
Restaurante junto al lago; sirve excelentes pizzas e incluso mejores *linguine* con marisco.

Via Luigi Dottesio 22
napuleofficial.it

Cascina Respaù
En las colinas sobre el lago, esta granja sirve un menú que varía, con platos como *risotto* y pasta acompañados de vinos de la tierra.

Via Santi Brigida e Respaù
031 52 36 62

Como

La ciudad que da nombre al lago tiene un bonito **Duomo** gótico-renacentista con relieves en su fachada. Desde el puerto, los visitantes pueden tomar el **funicular** hasta el pequeño pueblo de montaña de Brunate, con bonitas vistas del lago.

Duomo
Piazza del Duomo 031 331 2275 7.00-12.00 y 15.00-19.00 diario

Funicular de Brunate
Piazza A De Gasperi 031 30 36 08 6.00-22.30 diario, cada 15 min

Villa Balbianello

Lenno 034 45 61 10
med mar-med nov: 10.00.18.00 ma, ju-do

Las balaustradas con columnas rodeadas de flores que decoran los jardines de esta villa de 1784 han atraído a muchos directores de cine.

Abbazia di Piona

Via Abbazia di Piona 55
0341 94 03 31 8.30-12.00 y 14.30-19.30 diario

En el extremo de la península de Olgiasca se alza esta abadía benedictina con interesantes relieves románicos fundada en el siglo IX. Los monjes destilan y venden su propio licor, de elevada graduación.

CONSEJO DK
Mercadillo
Cada sábado, en la Piazza San Fedele de Como, los puestos del Mercato dell'Artigianato e Antiquariato venden ropa de segunda mano, arte, muebles y menaje.

↑ Malcesine y su castillo medieval, a orillas del lago de Garda

LAGO DE GARDA

C2 Peschiera del Garda, Desenzano del Garda A todos los pueblos Viale Marconi 8, Sirmione; 030 3748722

Garda, el más grande y oriental de los lagos italianos, limita con tres regiones: Trentino, al norte; Lombardía, al oeste y al sur, y el Véneto al sur y al este. El espléndido paisaje de montaña, los muchos lugares que visitar y la oferta deportiva hacen que sea muy visitado en verano.

Gardone Riviera

Este agradable centro turístico alberga **Il Vittoriale**, una desmesurada villa *art déco* construida para el escritor Gabriele D'Annunzio. Cerca se halla el **Giardino Botanico Hruska**, un conjunto de jardines botánicos en una colina con terrazas.

Il Vittoriale

Via Vittoriale 12 0365 296 511 abr-sep: 9.30-19.00 ma-do; oct-feb y mar: 9.00-17.00 ma-do; nov-ene: 9.00-17.30 mi-do

Giardino Botanico Hruska

Via Roma 2 336 410877 mar-oct: 9.00-19.00 diario

Isola del Garda

Para visitas guiadas, med abr-oct: ma-vi y do isoladelgarda.com

La mayor isla del Garda albergó un monasterio que atrajo a grandes santos medievales: Bernardino de Siena, Francisco de Asís y Antonio de Padua. Napoleón destruyó el edificio y lo sustituyó por una villa neogótica con exuberantes jardines.

Desenzano del Garda

Es uno de los pueblos más animados y populares del lago de Garda. La **Villa Romana,** del siglo IV, tiene suelos con bellos mosaicos policromados.

Villa Romana

Via Crocefisso 2 030 914 3547 8.30-17.00 ma-do (hasta 19.00 mar-med oct)

Sirmione

El castillo Rocca Scaligera, del siglo XIII, domina Sirmione. En la punta de la península está la **Grotte di Catullo,** ruinas de una villa que se cree que fue residencia del poeta Catulo.

Grotte di Catullo

Via Catullo 030 91 61 57 8.30-16.15 lu, mi-sá (jun-sep: hasta 18.45), 8.30-13.15 do

CURIOSIDADES

Ermita camaldulense

La ermita camaldulense, cerca de Garda, ofrece vistas panorámicas del lago, pero los visitantes deben respetar la naturaleza sagrada del lugar.

Villa Calicantus
Bardolino tiene fama por su tinto suave y esta bodega en las colinas produce algunos de los mejores caldos de la región. Es preciso reservar.

Via Concordia 13, Bardolino do y lu villacalicantus.it

Gardaland

Via Derna 4 nov, ene-med mar gardaland.it

Este popular parque temático ofrece montañas rusas y otras atracciones, un parque acuático, un safari por la jungla y espectáculos medievales.

Torri del Benaco

Este pequeño pueblo fue capital del lago de Garda en el siglo XIV, y de ello a fe el castillo de la familia Scaligeri de Verona. Los senderos de las montañas cercanas permiten ver relieves prehistóricos sobre roca.

Malcesine

Malcesine, una de las localidades más fascinantes del lago, está situada sobre una franja de roca impenetrable, de ahí su nombre, *mala silex* (roca inaccesible). Sus edificios históricos se arremolinan bajo el castillo medieval. Una telecabina lleva a la cumbre del monte Baldo, con amplias vistas.

→ Vista del lago de Garda desde el castillo Rocca Scaligera en Sirmione

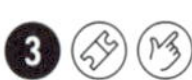

CERTOSA DI PAVIA

B2 Viale del Monumento 4, Pavia 0382 92 56 13 Desde Pavía y Milán Certosa, después 1 km a pie abr-sep: 8.30-12.00 y 14.30-18.00 ma-do; oct-mar: 9.00-12.00 y 14.30-17.00 ma-do; última admisión: 30 min antes del cierre

La Cartuja, situada unos 8 km al norte de Pavía, es la culminación de la arquitectura renacentista de Lombardía. Este monasterio, magníficamente decorado, tardó 200 años en construirse.

El monasterio y la iglesia fueron concebidos como homenaje a Gian Galeazzo Visconti, el gobernante milanés que fundó el complejo en 1396. En su creación participaron , entre otros, el gran maestro artesano del siglo XV Giovanni Antonio Amadeo. La iglesia pretendía ser una especie de mausoleo para la familia Visconti. Certosa es aún el hogar de monjes cartujos, que viven bajo un estricto voto de silencio.

La sillería del coro, del siglo XV, tiene bellos relieves e intrincada marquetería.

Varios de los altares de las capillas, del siglo XVII, tienen magníficos diseños en piedras semipreciosas (pietra dura).

La tumba de Gian Galeazzo Visconti (1351-1402) está en el transepto sur.

→ La gran Certosa di Pavia, vista desde un lateral

El retrato realista de Ludovico y su esposa Beatriz de Este se inició once años antes de la muerte de Ludovico.

El impactante retrato de Cristo (c. *1488-1493) de Bergognone es uno de los varios frescos y pinturas del artista en el transepto y las capillas.*

1 La parte inferior de la fachada (siglo XV) está decorada con estatuas y relieves de emperadores romanos, santos, apóstoles y profetas. La parte superior data de 1500

2 El claustro pequeño, con ornamentación de terracota, encierra un pequeño jardín de diseño formal

3 El techo de la iglesia está formado por una serie de intrincadas bóvedas de crucería

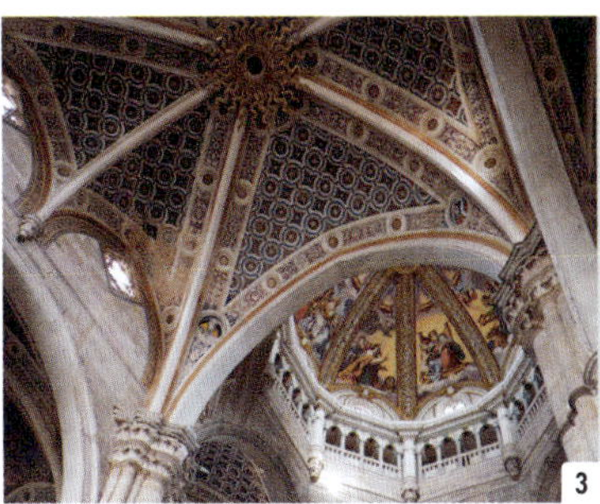

La nueva sacristía está pintada con frescos en el techo.

Las celdas de los monjes están en bonitas casas de dos pisos con jardínes privados.

RETABLO DE PERUGINO

El retablo de seis paneles es obra de Perugino y data de 1499, pero en la actualidad solo el que reproduce a Dios Padre es original; está flanqueado por dos pinturas de Bergognone. Los tres paneles originales inferiores del políptico de Perugino están en la National Gallery de Londres.

LUGARES DE INTERÉS

Lago Maggiore

B1 Verbania Stresa, Verbania, Baveno y las islas Piazza Marconi 16, Stresa; www.distrettolaghi.it

El lago Maggiore, el segundo mayor de Italia después del lago de Garda, descansa junto a las montañas y se adentra en la Suiza alpina. Las orillas están salpicadas de verbenáceas –de las que deriva el nombre latino del lago, Verbanus–, camelias y azaleas. Se puede observar una enorme estatua de bronce del cardenal Carlo Borromeo, el patrón del lago, en Arona, ciudad donde nació en 1538. Se puede ascender por su interior y mirar el lago a través de sus ojos y oídos. Arona también cuenta con un castillo en ruinas y una capilla, Santa Maria, dedicada a la familia Borromeo.

Siguiendo la costa oeste está Stresa, principal centro turístico desde el que salen las visitas a las islas. La localidad está llena de hoteles majestuosos, preciosas villas y agradables jardines. Detrás de Stresa hay un funicular que sube al monte Mottarone, un pico nevado que ofrece espectaculares vistas de las montañas, entre ellas el monte Rosa.

¿Lo sabías?

Ernest Hemingway, enamorado del lago Maggiore, se curó aquí de las heridas sufridas en la I Guerra Mundial.

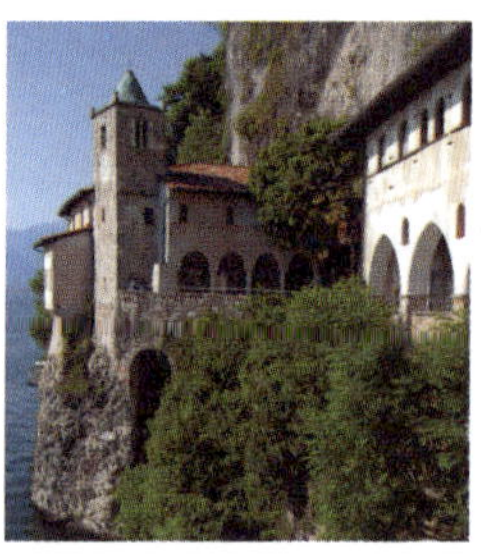

↑ Un monasterio colgado sobre el acantilado en el lago Maggiore

Las islas Borromeas, en el centro del lago, cerca de Stresa, son pequeñas joyas naturales con grutas artificiales, caprichos arquitectónicos y zonas ajardinadas. Isola Bella alberga el **Palazzo Borromeo** (siglo XVII) y sus espléndidos jardines. Isola Madre es una especie de gran

Islas del bonito lago Maggiore, rodeado de montañas boscosas

jardín botánico. La única isla habitada todo el año es Isola dei Pescatori, con una población de 50 personas. La isla privada de San Giovanni es la más pequeña, y conserva una villa que perteneció al director de orquesta Arturo Toscanini (1867-1957).

Al acercarse a Suiza, las orillas del lago se vuelven más tranquilas, pero lo siguen flanqueando atractivas villas. La **Villa Taranto,** situada en las afueras de Verbania, alberga una excelente colección de plantas exóticas.

Alrededor de tres kilómetros al oeste de la localidad de Cannobio, cerca de Suiza, se encuentra la garganta y cascada de Orrido di Sant'Anna, a la que puede accederse en barco.

Palazzo Borromeo

Isola Bella Desde Stresa princip mar-oct: 9.00-17.30 diario isoleborromee.it

Villa Taranto

Via Vittorio Veneto 111, Verbania, Pallanza 0323 40 4555 med mar-oct: diario

Monza

B2 Monza
Piazza Carducci 2; 039 32 32 22

Actualmente Monza es famoso sobre todo por su **Autodromo** de Fórmula 1, situado en un parque a las afueras. El parque alberga también un elegante pabellón de caza barroco, Villa Reale, y un campo de golf. Pero en otro tiempo Monza fue una de las ciudades más importantes de Lombardía; la reina Theodolinda (siglo VI) de la Lombardía construyó su primera catedral y legó su tesoro a la ciudad.

En el centro está el **Duomo,** con su fachada verde y blanca del siglo XIV y frescos del XV sobre la vida de Theodolinda. Detrás del altar mayor se halla una corona de hierro que se cree que perteneció a Constantino, muy valorada por la tira de hierro que se dice era uno de los clavos de la Cruz.

El Duomo guarda otros tesoros, entre ellos una gallina de plata y sus siete polluelos –simboliza la Lombardía y las siete provincias que gobernaba– y una reliquia que dicen es un diente de san Juan Bautista.

Autodromo

Parco di Monza Diario Festivos monzanet.it

Duomo

Piazza Duomo 9.00-18.00 ma-do (Museo e Tesoro del Duomo) museoduomomonza.it

Relais San Lorenzo

Elegante establecimiento en el centro de Bergamo con habitaciones modernas y un *spa* finlandés.

Piazza Lorenzo Mascheroni 9, Bergamo relaisanlorenzo.com

Gombithotel

Hotel de diseño cerca de la catedral de Bérgamo con habitaciones modernas y elegantes y vistas del barrio medieval.

Via Mario Lupo 6, Bérgamo gombithotel.com

Petronilla Hotel

Hotel chic con habitaciones minimalistas, arte contemporáneo y un buen restaurante.

Via San Lazzaro 4, Bérgamo petronillahotel.com

Hotel Splendid

Las estupendas vistas del lago y el confort distinguen a este hotel.

Via Sempione 12, Baveno hotel splendid.com

Hotel Villa e Palazzo Aminta

Preciosa villa con arañas de techo y fastuoso mobiliario.

Via Sempione Nord 123, Stresa villa-aminta.it

Puesta de sol sobre el bonito casco viejo de Bergamo Alta

6

Bérgamo

B1 FS 🚌 i Via Gombito 13; www.visitbergamo.net

Bérgamo debe mucho de su inspiración artística y esplendor arquitectónico a la influencia de Venecia, que la gobernó desde el siglo XV hasta finales del XVIII. La ciudad está dividida en dos: Bergamo Alta coronando la colina, con sus edificios medievales y renacentistas; y la más moderna Bergamo Bassa, abajo.

En la Alta destaca la Piazza Vecchia, con uno de los conjuntos arquitectónicos más bellos de la región. Incluye la Torre del Comune (siglo XII), con un reloj y una campana que toca todos los días a las 10, la Biblioteca Civica de finales del XVI y el Palazzo della Ragione, del siglo XII, adornado con un bajorrelieve del león de Venecia.

El Parco Nazionale dello Stelvio ofrece rutas excelentes y acceso a zonas remotas pobladas de íbices, marmotas, gamuzas y águilas.

Los porches del Palazzo della Ragione llevan a la Piazza del Duomo. En la plaza destaca la fachada de la Cappella Colleoni, edificada en 1476 para albergar la tumba del famoso líder político de Bérgamo Bartolomeo Colleoni. Está flanqueada por dos edificios del XIV: un baptisterio octogonal y el porche que lleva a la basílica románica de Santa Maria Maggiore. El austero exterior neoclásico de la basílica contrasta con el interior barroco, que alberga la tumba de Gaetano Donizetti (1797-1848), compositor de ópera nacido en Bérgamo.

Uno de los atractivos de la ciudad es la **Galleria dell'Accademia Carrara,** una destacada pinacoteca que cuenta con importantes obras de maestros venecianos y artistas locales, así como piezas clave de artistas del resto de Italia. En la amplia colección se incluyen obras de los siglos XV y XVI de Pisanello, Crivelli, Mantegna, Giovanni Bellini, Botticelli, Tiziano, Rafael y Perugino, cuadros del siglo XVIII de Tiepolo, Guardi y Canaletto y pinturas de Holbein, Durero, Brueghel y Velázquez.

Galleria dell'Accademia Carrara

Piazza Giacomo Carrara 82 035 23 4396 9.30-17.30 lu y vi-sá

TOP 3 **BODEGAS DE FRANCIACORTA**

Tenuta Montenisa
C2 Via Papa Paolo VI 62, Cazzago San Martino tenutamontenisa.it
Visitas guiadas y catas (con reserva) en una bodega con grandes vistas de los viñedos y de los tejados de la región.

Ca' del Bosco
C2 Via Albano Zanella 13, Erbusco cadelbosco.com
Este destacado productor de vinos de Franciacorta ofrece recorridos por sus viñedos y bodegas, además de catas.

Villa Crespia
C2 Via Valli 31, Adro 030 745 10 51
Pequeña y premiada bodega que permite visitar sus instalaciones y degustar sus vinos.

7

Lago Iseo

C1 Bergamo y Brescia Iseo Lungolago Marconi 2, Iseo; www.visitlakeiseo.info

El lago glaciar está rodeado por montañas y cascadas y cuenta con la pequeña isla de Monte Isola. En sus orillas hay un puñado de pueblos de pescadores como Sale Marasino e Iseo. Desde Marone, en la orilla este, hay una carretera hasta el pueblo de Cislano, que queda a unos 5 km aproximadamente. En esta localidad se pueden contemplar formaciones de roca en forma de aguja levantándose del suelo y cada una coronada por una roca. Los lugareños denominan *hadas del bosque* a estos pilares producto de la erosión y que conforman una de las maravillas naturales de Lombardía.

Val Camonica

C1 Brescia Capo di Ponte Via Briscioli 42, Capo di Ponte; www.turismovallecamonica.it

Este ancho valle glaciar contiene extraordinarios relieves rupestres en la roca que forman un sorprendente mural exterior desde el lago Iseo hasta Capo di Ponte y más allá. El valle es una zona de protección cultural de la Unesco. Se han descubierto más de 180.000 inscripciones, que abarcan desde el Neolítico hasta tiempos romanos. Las mejores son las del **Parco Nazionale delle Incisioni Rupestri.** Destaca la roca Naquane, con casi 1.000 figuras de la Edad del Hielo.

Parco Nazionale delle Incisioni Rupestri

Capo di Ponte
8.00-16.00 ma-do
1 ene, 1 may, 25 dic
parcoincisioni.capodiponte.beniculturali.it

Parco Nazionale dello Stelvio

C1 Trento, Bolzano, Sondrio y Brescia Desde Bormio a Santa Caterina Valfurva y Madonna dei Monti Via Roma 65, Peio (Trento); www.stelviopark.it

El Stelvio, el mayor parque nacional de Italia, es el umbral lombardo de los Dolomitas. Los glaciares están salpicados con más de 50 lagos y dominados por escarpados picos como el Gran Zebrù, el Cevedale y el Ortles –la montaña más alta de la zona con 3.905 m–.

Para los caminantes, la zona proporciona innumerables posibilidades y acceso a lugares remotos poblados de íbices, marmotas, gamuzas y águilas. El único centro urbano es Bormio, que cuenta con numerosas instalaciones de deportes de verano e invierno y que constituye una buena base desde la que explorar la zona. También alberga el **Giardino Botanico Alpino Rezia,** a 1 km del centro, con especies vegetales autóctonas.

Giardino Botanico Alpino Rezia

Via Sertorelli, Loc Rovinaccia, Bormio jun-sep diario 12.00-14.00
ortobotanicoitalia.it

FRANCIACORTA

Situada entre Milán y Verona, Franciacorta es una de las regiones vinícolas más conocidas de Italia, y sus deliciosos espumosos están ganando popularidad. A diferencia del *prosecco,* que se elabora en grandes cubas, los vinos Franciacorta se producen como el champán, con una segunda fermentación en botella. Al igual que el champán, en esta región se emplea la variedad chardonnay o pinot noir, pero gracias al suave clima, el resultado final es un sabor más complejo y refinado. El sendero Strada del Vino Franciacorta va de Brescia a Franciacorta a través de olivares y viñedos.

El pueblo de Peschiera a orillas del lago Iseo

Brescia

C2 Via Musei 32; 030 374 96 16

Segunda ciudad de Lombardía, Brescia cuenta con un rico legado artístico, desde templos romanos a la arquitectura triunfalista de la era Mussolini en la Piazza Vittoriale. Los principales lugares de interés incluyen las ruinas romanas en torno a la Piazza del Foro, que comprenden el **Tempio Capitolino,** que ahora alberga el Museo di Santa Giulia, el más importante de Brescia, y un teatro. La **Pinacoteca Civica Tosio Martinengo** tiene obras maestras de Rafael, Lorenzo Lotto y Tintoretto.

El **Duomo Vecchio,** del siglo XI, y el **Duomo Nuovo,** del XVI, son visita obligada. Una de las reliquias del Duomo Vecchio es el pendón del *Carroccio,* o carro del buey sagrado, que servía de símbolo a la medieval Liga lombarda.

La Piazza della Loggia, donde se celebra el mercado, debe su nombre a la logia renacentista construida en estilo paladiano. La iglesia del siglo XVIII de San Nazaro e San Celso en Via Bronzoni posee un retablo de Tiziano.

Tempio Capitolino
Via Musei 57a 030 240 06 40 ma, ju y do
bresciamusei.com

Pinacoteca Civica Tosio Martinengo
Via Martinengo da Barcol 030 377 49 99 ma-do

Duomo Vecchio y Nuovo
Piazza Paolo VI 030 375 70 37 9.00-12.00 y 15.00-18.00 ma-sá, 9.00-10.145 y 15.00-19.00 do

Mantua

C2 Piazza Andrea Mantegna 6; www.turismo.mantova.it

Mantua es un lugar de plazas elegantes y arquitectura aristocrática, rodeada en tres de sus lados por lagos junto al río Mincio. De ahí la humedad del clima, aunque el pasado cultural de la ciudad lo compensa con creces: aquí nació el poeta Virgilio y durante tres siglos acogió a los duques Gonzaga. También fue el refugio al cual envía Shakespeare a Romeo al exiliarse de Verona y escenario del *Rigoletto* de Verdi. Estos hechos se reflejan en los nombres de las calles, señales y monumentos de la ciudad. Los vínculos con el teatro los realza el Teatro Accademico Bibiena (siglo XVIII), en Via Accademia, que para el padre de Mozart era el más elegante que había visto.

El centro histórico gira en torno a tres plazas principales: Piazza delle Erbe, Piazza Broletto, que debe su nombre al edificio del siglo XIII con una estatua de Virgilio, y la Piazza Sordello. En esta última se encuentra el Duomo, con fachada del siglo XVIII y estucado en el interior de

Mantua fue el refugio al cual envía Shakespeare a Romeo al exiliarse de Verona y escenario del *Rigoletto* de Verdi.

Giulio Romano (*c.* 1492-1546); en otro lado de la plaza está el Palazzo Bonacolsi, con su alta torre de la prisión. La Piazza delle Erbe está dominada por la Basilica di Sant'Andrea (siglo XV), diseñada en gran parte por Leon Battista Alberti, arquitecto y teórico del Quattrocento, y ahora flanqueada por una galería con tiendas. También destaca en ella la Rotonda di San Lorenzo, del siglo XI, y el Palazzo della Ragione, en parte del siglo XIII y con una torre de reloj del XV.

Palazzo Ducale

Piazza Sordelo 40 8.15-19.15 ma-do (última admisión: 18.00) 1 ene, 1 may, 25 dic ducalemantova.org

La gran residencia de la familia Gonzaga, el Palazzo Ducale, con 500 habitaciones, ocupa la totalidad del extremo noreste de la ciudad e incorpora, además, el Castello San Giorgio –una fortaleza del siglo XIV– y una basílica.

Entre sus obras de arte destacan una serie de frescos del siglo XV de Pisanello, que reflejan escenas de la leyend artúrica, un retrato de Rubens (siglo XVII) de la familia ducal en el Salone degli Arcieri y los impresionantes frescos de Mantegna en la Camera degli Sposi (1465-1474). Estos retratan a Ludovico Gonzaga y otros miembros de su familia y corte en todo su esplendor. La sala está decorada además con imágenes de personas, animales y paisajes, completada por un techo con trampantojos de *putti* (relieves de niños desnudos) y un cielo azul. Hay que reservar si se quiere ver la Camera degli Sposi.

Palazzo Tè

Viale Tè 13.00-18.00 lu, 9.00-18.00 ma-do 25 dic palazzote.it

Al otro lado de la ciudad está el Palazzo Tè, de principios del siglo XVI. Lo construyó Giulio Romano para la familia Gonzaga como base desde la que salir a montar a caballo por el campo. En él hay una combinación de arte y arquitectura que produce efectos sorprendentes: en la Sala dei Giganti, por ejemplo, los titanes del fresco parecen estar derrumbando los pilares de la propia sala. La Sala di Amore e Psiche, decorada con escenas eróticas del *Asno de Oro* de Apuleyo, se dice que celebra el amor de Federico hacia su amante. Otras estancias están pintadas con caballos y signos del Zodiaco.

El centro histórico de Mantua, visto desde uno de los lagos que rodean la ciudad

12 

Sabbioneta

A C2 Mantua Desde Mantua i Piazza d'Armi 1; www.iatsabbioneta.org

Sabbioneta es el resultado de un experimento de arquitectura renacentista. Fue construido por Vespasiano Gonzaga Colonna (1531-1591) como la ciudad ideal y sus murallas hexagonales contienen una red perfecta de calles y edificios diseñados a escala humana. Entre los edificios destacan el Teatro All'Antica, diseñado por Scamozzi, el Palazzo Ducale y el Palazzo del Giardino, con sus frescos, que pueden visitarse como parte de un recorrido por la ciudad.

13

Cremona

A C2  **i Piazza del Comune 5; www.turismocremona.it**

Cremona, gran mercado agrario del valle del Po, es famosa sobre todo por su música, gracias a hijos tan ilustres como el compositor Claudio Monteverdi (1567-1643) y los violeros Andrea Amati (1505-1507) y Antonio Stradivari, conocido como Stradivarius (1644-1737). La ciudad está dominada por la Piazza del Comune.

Destaca el **Duomo,** en parte románico, y su campanario –que se dice es el más alto del Medievo en Italia–, conocido como el **Torrazzo;** ambos están unidos por una logia renacentista. La magnífica fachada tiene un rosetón del siglo XIII y otros toques decorativos, incluido un pórtico con estatuas de la Virgen y santos. En el interior alberga frescos del siglo XVI y tapices flamencos, así como pinturas situadas en las capillas laterales. El Torrazzo ofrece espléndidas vistas. Desde el púlpito exterior del Duomo se dirigían a la multitud predicadores itinerantes como san Bernardino de Siena.

Junto al Duomo hay un baptisterio octogonal del siglo XII, y al otro lado de la *piazza* están las arcadas de la Loggia dei Militi (siglo XIII), donde se reunían los señores de la ciudad. El **Palazzo del Comune** (ayuntamiento) también está en la plaza. Fue reconstruido en el siglo XIII.

El **Museo Civico,** en un *palazzo* del siglo XVI, alberga la Pinacoteca, que contiene pinturas, tallas de madera y cerámica. El **Museo del Violino** cuenta con una extensa muestra de instrumentos, incluyendo la colección de violines de la familia Stradivari y obras maestras de Amati y Guarnieri. También narra la historia del violín y la importancia de Cremona en su fabricación.

En las afueras de la ciudad, en la carretera a Casalmaggiore, está la iglesia de San Sigismondo (cerrada al mediodía). Aquí se casaron en 1441 Francesco Sforza y Bianca Visconti. El interior está decorado con pinturas,

¿Lo sabías?

Cremona es famosa por el *torrone,* nombre italiano del turrón.

←

El baptisterio octogonal cerca del Duomo de Cremona

ANTONIO STRADIVARI Y SUS VIOLINES

Cremona ha sido sinónimo de la fabricación de violines desde alrededor de 1530, cuando los instrumentos de Andrea Amati empezaron a ser solicitados en las cortes de toda Europa. Sin embargo, fue Antonio Stradivari, o Stradivarius, quien llevó el nivel de violero a la genialidad. Entre las paradas de un recorrido sobre Stradivarius están el Museo del Violino, el Palazzo del Comune y su lápida en los jardines de la Piazza Roma.

retablos y frescos del siglo XVI obra de artistas de la Escuela de Cremona (familia Campi, Gatti y Boccaccino).

Duomo y Torrazzo
Piazza del Comune
0372 40 71 8.00-12.00 y 15.30-19.00 lu-sá, 7.30-12.30 y 15.30-19.00 do

Palazzo del Comune
Piazza del Comune
0372 40 72 91 10.00-17.00 diario Para reuniones, festivos

Museo Civico
Via Ugolani Dati 4
0372 40 77 70 10.00-17.00 ma-do Festivos

Museo del Violino
Piazza Marconi 5
10.00-18.00 ma-do
Festivos
museodelviolino.org

Pavía

B2 Palazzo del Broletto, Piazza della Vittoria; www.visitpavia.com

En su época dorada, Pavía fue capital lombarda y más tarde presenció las coronaciones de Carlomagno y Federico Barbarroja. Incluso después de que la capital pasara a Milán en 1359, Pavía siguió siendo una ciudad importante, algo que atestiguan sus grandes iglesias románicas, torres y demás monumentos.

Además de la Cartuja *(p. 170)*, justo al norte de Pavía está la **Basilica di San Michele,** al lado de Corso Garibaldi. Fundada en el siglo VII, fue ampliamente reconstruida en el siglo XII. La fachada está decorada con frisos con símbolos y motivos de animales y en el interior las columnas están esculpidas. A la derecha del altar mayor hay una capilla con un crucifijo de plata del siglo VII.

En el centro de la ciudad, cerca de la Piazza Vittoria, hay varios monumentos antiguos, como el medieval Broletto (Ayuntamiento) con su fachada del siglo XVI y el **Duomo,** comenzado en 1488, donde trabajaron Giovanni Antonio Amadeo, Leonardo y Bramante. La cúpula se añadió en 1880. Junto a él se alzaba la Torre Civica (siglo XI), que se derrumbó en 1989. Cruza el río el Ponte Coperto, un puente renacentista cubierto con una capilla consagrada en el medio.

Pavía alberga también una de las universidades más antiguas (1361) y respetadas de Europa, que ahora ocupa varios edificios con patios neoclásicos cerca de la Strada Nuova. Esta calle sigue hacia el norte hasta el castillo del siglo XIV, que ahora ocupa el **Museo Civico.**

Al noroeste de Piazza Castello está la iglesia **San Pietro in Ciel d'Oro** (siglo XII). Ya ha perdido su techo dorado, pero contiene la magnífica capilla de San Agustín, cuyos huesos, al parecer, se trajeron desde Cartago en el siglo VIII.

Basilica di San Michele
Piazza S Michele
0382 26063 7.00-12.00 y 15.00-19.00

Duomo
Piazza del Duomo 0382 386511 9.00-12.00 y 15.00-19.00

Museo Civico
Castello Visconteo, Viale XI Febbraio 35
museicivici.pavia.it

San Pietro in Ciel d'Oro
Piazza S Pietro in Ciel d'Oro 7.00-12.00 y 15.00-19.00

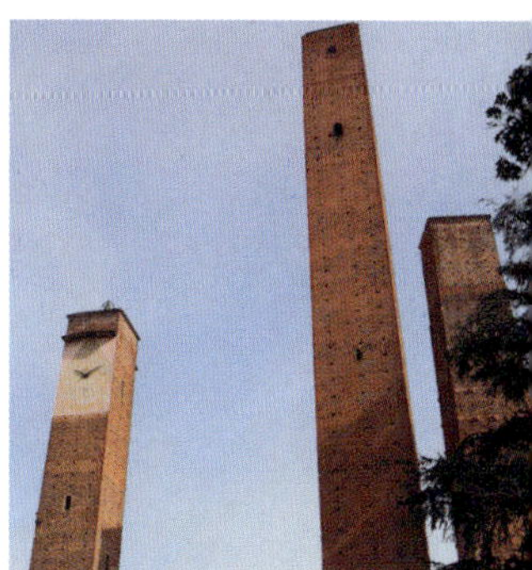

↑ Las altas torres de Pavía, reminiscencia de su antiguo estatus

Paisaje nevado en Druogno, cerca de Domodossola

VALLE DE AOSTA Y PIAMONTE

Piamonte y el vecino Valle de Aosta son –aparte de Turín y sus maravillas culturales– principalmente rurales. Al norte quedan los Alpes, con estaciones de esquí como Courmayeur, y el Parco Nazionale del Gran Paradiso. Al sur se elevan las colinas plantadas de viñas de Barolo, e interminables campos de grano y arroz, usado en el plato local, el *risotto*.

El noroeste también tiene una rica cultura. Desde el siglo XI al XVIII, Valle de Aosta y Piamonte formaron parte del principado de Saboya (de habla francesa) y recibieron influencias de ambos lados de los Alpes. Incluso hoy en día se hablan francés y dialectos locales en los valles remotos del Piamonte y en gran parte de Valle de Aosta. La influencia italiana no llegó hasta el siglo XVI con el duque Emanuele Filiberto, que colocó definitivamente la región bajo la esfera italiana; más tarde, la región desempeñó un papel clave en el *Risorgimento*, el ambicioso movimiento que unió Italia bajo un rey del Piamonte. Vestigios de esta historia son los castillos medievales de Valle de Aosta y los extraordinarios grupos de capillas o *sacri monti* construidos en las estribaciones de los Alpes. Piamonte también generó una magnífica escuela de pintura, presente en las pequeñas iglesias y en las excelentes colecciones de arte de la región. La arquitectura más impresionante del noroeste se concentra, sin duda, en Turín, una elegante ciudad barroca que cuenta, entre otras cosas, con uno de los mejores museos egipcios del mundo.

El Piamonte también es famoso por su industria –Fiat en Turín, Olivetti en Ivrea y Ferrero en Alba–, pero no ha olvidado sus raíces agrícolas: comida y bebida juegan un importante papel en la vida de la región y las colinas del sur del Piamonte producen muchos de los grandes tintos italianos.

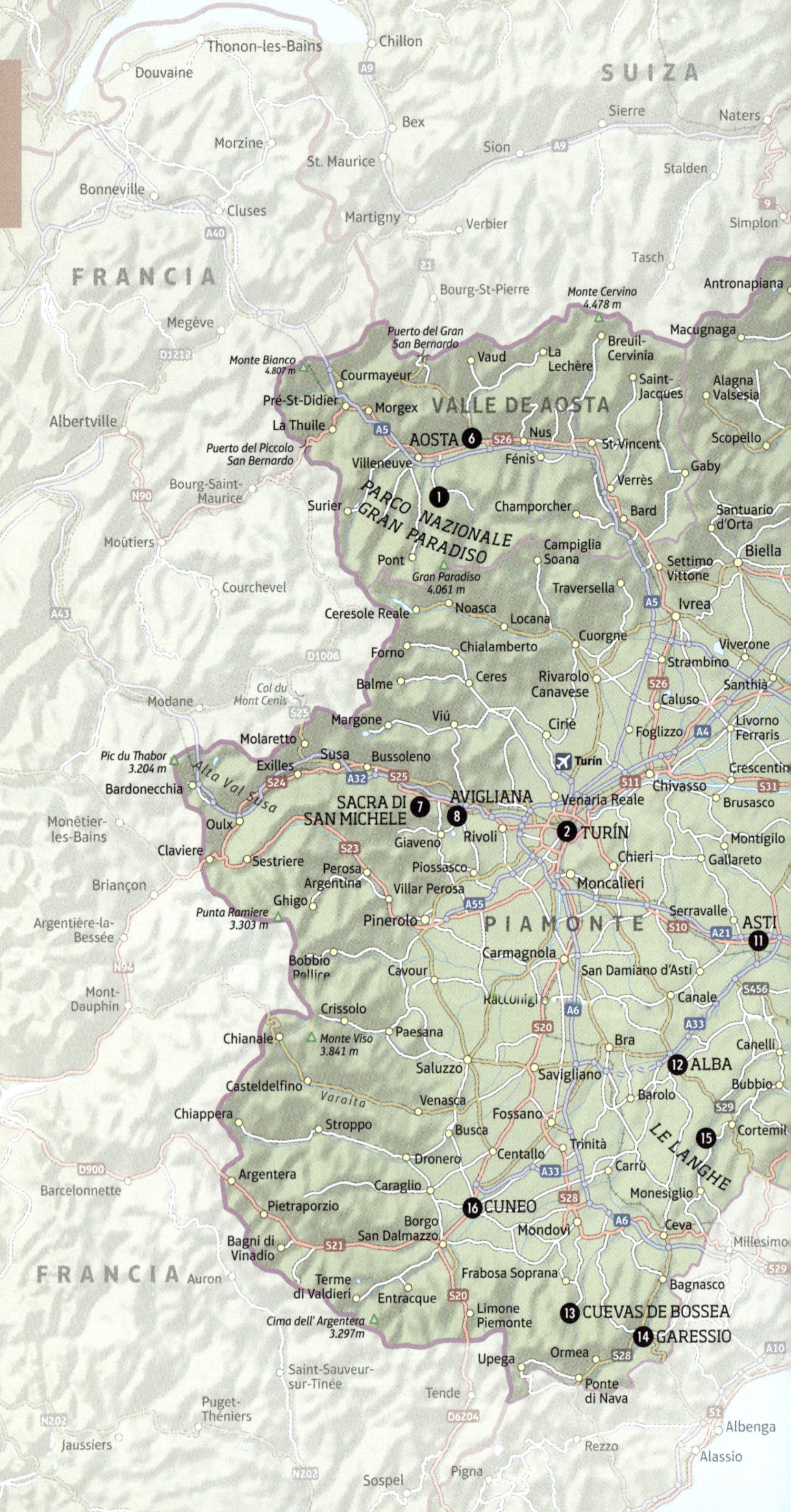

SUIZA
FRANCIA
VALLE DE AOSTA
PIAMONTE
PARCO NAZIONALE GRAN PARADISO
LE LANGHE
Alta Val Susa
Thonon-les-Bains
Chillon
Douvaine
Bex
Sierre
Naters
Sion
Morzine
St. Maurice
Stalden
Bonneville
Cluses
Martigny
Verbier
Simplon
Tasch
Bourg-St-Pierre
Monte Cervino 4.478 m
Antronapiana
Megève
Puerto del Gran San Bernardo
Macugnaga
Vaud
La Lechère
Breuil-Cervinia
Monte Bianco 4.807 m
Courmayeur
Saint-Jacques
Alagna Valsesia
Pré-St-Didier
Morgex
Albertville
La Thuile
AOSTA 6
Nus
St-Vincent
Scopello
Puerto del Piccolo San Bernardo
Villeneuve
Fénis
Gaby
Bourg-Saint-Maurice
Verrès
1
Surier
Champorcher
Bard
Santuario d'Orta
Moûtiers
Campiglia Soana
Pont
Settimo Vittone
Biella
Gran Paradiso 4.061 m
Courchevel
Traversella
Ceresole Reale
Noasca
Ivrea
Locana
Cuorgne
Forno
Chialamberto
Viverone
Strambino
Ceres
Rivarolo Canavese
Balme
Santhià
Col du Mont Cenis
Caluso
Modane
Margone
Viù
Ciriè
Foglizzo
Livorno Ferraris
Molaretto
Pic du Thabor 3.204 m
Susa
Bussoleno
Turín
Crescentino
Exilles
Bardonecchia
AVIGLIANA
Chivasso
Venaria Reale
Brusasco
SACRA DI SAN MICHELE 7
8
Monêtier-les-Bains
Oulx
2 TURÍN
Giaveno
Rivoli
Montigilo
Claviere
Chieri
Gallareto
Sestriere
Piossasco
Perosa Argentina
Moncalieri
Briançon
Villar Perosa
Ghigo
Serravalle
ASTI 11
Punta Ramiere 3.303 m
Pinerolo
Argentière-la-Bessée
Carmagnola
Bobbio Pellice
Cavour
San Damiano d'Asti
Mont-Dauphin
Racconigi
Canale
Crissolo
Chianale
Monte Viso 3.841 m
Paesana
Bra
Canelli
Saluzzo
12 ALBA
Savigliano
Casteldelfino
Bubbio
Varaita
Barolo
Venasca
Chiappera
Fossano
Stroppo
Cortemil
Busca
15
Trinità
Centallo
Dronero
Carrù
Argentera
Caraglio
Barcelonnette
Monesiglio
Pietraporzio
16 CUNEO
Borgo San Dalmazzo
Mondovì
Ceva
Bagni di Vinadio
Millesimo
Auron
Frabosa Soprana
Terme di Valdieri
Bagnasco
Entracque
Limone Piemonte
13 CUEVAS DE BOSSEA
Cima dell' Argentera 3.297 m
14 GARESSIO
Upega
Ormea
Saint-Sauveur-sur-Tinée
Ponte di Nava
Tende
Puget-Théniers
Albenga
Jaussiers
Rezzo
Alassio
Pigna
Sospel
A9
A40
21
9
D1212
N90
A43
D1006
S25
A5
S26
S24
A32
S11
S31
S23
A55
S10
A21
A4
N94
S456
A6
S20
A33
S29
D900
S28
S21
A10
D6204
N202
S1

VALLE DE AOSTA Y PIAMONTE
Esencial
1 Parco Nazionale Gran Paradiso
2 Turín
Lugares de interés
3 Domodossola
4 Lago Orta
5 Varallo
6 Aosta
7 Sacra di San Michele
8 Avigliana
9 Vercelli
10 Novara
11 Asti
12 Alba
13 Cuevas de Bossea
14 Garessio
15 Le Langhe
16 Cuneo
Münster
Airolo
Olivone
Riale
Monte Basodino 3.273 m
Faido
Formazza
Goglio
Biasca
Baceno
Maggia
Varzo
Crevoladossola
Locarno
3 DOMODOSSOLA
Magadino
Vogogna
Cannobio
Lago Maggiore
Lugano
Forno
Verbania
Baveno
Stresa
VARALLO
5
4 LAGO ORTA
Varese
Como
Orta San Giulio
Arona
Borgosesia
Cantù
Borgomanero
Milan Malpensa
Oleggio
Momo
Monza
Arborio
Vignale
Rho
Gallianta
NOVARA 10
Trecate
Milán
Milan Linate
Borgo Vercelli
9 VERCELLI
LOMBARDÍA Y LOS LAGOS
p. 162
Melegnano
Crema
Ghedi
Lodi
Trino
Stroppiana
Mortara
LOMBARDÍA
Casale Monferrato
Pavia
Corteolona
Occimiano
Codogno
Cicognolo
Stradella
Po
Cremona
Valenza
Fubine
Castelnuovo Scrivia
Casteggio
Piacenza
Felizzano
Voghera
Zibello
Oviglio
Alessandria
Tortona
Rivergaro
Fiorenzuola d'Arda
Mombaruzzo
Villalvernia
Fontanellato
Novi Ligure
San Sebastiano Curone
Perino
Fidenza
Acqui Terme
Serravalle Scrivia
Caldirola
Marsaglia
Bore
Parma
Ovada
Arquata Scrivia
Montaldo di Cosola
Ponzone
Busalla
Bardi
Fornovo di Taro
LIGURIA
Montebruno
LIGURIA
p. 200
Génova
Genoa Cristoforo Colombo
Borzonasca
Varazze
Nervi
Savona
Rapallo
Vado Ligure
Golfo di Genova
Sestri Levante
0 kilómetros 25
N
VALLE D'AOSTA Y PIAMONTE

1 Viñedos cerca de Alba

2 Cata de vinos

3 *Tagliatelle* con trufa

4 Quesos de la zona

2 DÍAS

Ruta gastronómica por el Piamonte

Día 1

Mañana En la familiar Ca del Baio *(Via Ferrere Sottano 33, Treiso)* se pueden degustar vinos ecológicos como el Barbaresco y el Nebbiolo. Las catas duran un par de horas y el coste depende de si se compra alguna botella.

Tarde Merece la pena visitar la bonita Alba *(p. 198)*, famosa por la trufa blanca. La temporada va de septiembre a enero, y en octubre y noviembre se celebra el Festival Internacional de la Trufa. La escena gastronómica de Alba es de las mejores de Italia; la mayoría de los restaurantes ofrecen platos con trufa maridados con vinos de la tierra y postres de chocolate.

Noche Cena (con reserva) en la Osteria del Boccondivino *(Via Mendicità Istruita 14, Bra)*, que forma parte del movimiento *Slow Food* de Bra. Conviene pedir el menú degustación basado en la trufa. Alojamiento en el sencillo pero agradable hotel La Corte Albertina *(Via Amedeo di Savoia 8, Bra)*.

Día 2

Mañana Tras desayunar un café y un bollo aún caliente relleno de crema en el Bar Pasticceria Converso *(Via Vittorio Emanuele II 199, Bra)*, tomar un coche hasta Marchesi di Barolo *(Via Roma 1, Barola)*. Esta finca tradicional lleva en manos de la misma familia más de 200 años. Hay que reservar para las catas y la visita de la bodega.

Tarde Desplazamiento a la agradable granja familiar piamontesa Cascina Meriame *(Meriame 1, Serralunga d'Alba)*, donde probar vinos excelentes, desde el Dolcetto d'Alba al Barbera d'Alba, y del Nebbiolo d'Alba al Barolo. Todo el proceso de producción es manual, incluida la vendimia en las 14 hectáreas de la propiedad, el prensado, la fermentación y el embotellado.

Noche Se puede pernoctar en la bodega y cenar en el cercano restaurante Guido *(Via Alba 15, Fontanafredda, Serralunga d'Alba)*, con estrella Michelin.

Cervinia

Los aficionados italianos al esquí acuden a Cervinia, en Valle de Aosta, por su ambientado apresquí, remontes panorámicos y 350 metros de pistas para todos los niveles. No es la estación más bonita, pero gracias a su altitud es posible esquiar en ella hasta mayo. También ofrece esquí en glaciares y snow-boarding en verano, a la espera del inicio de la temporada en noviembre.

Dos esquiadoras toman algo tras esquiar en Cervinia

ESTACIONES DE ESQUÍ ALPINAS

Seis regiones de Italia tocan los Alpes: Valle de Aosta, Piamonte, Lombardía, el Véneto, Trentino-Alto Adigio y Friul Venecia-Julia. En invierno, las montañas se cubren de nieve y la zona se populariza entre los esquiadores. En primavera, los senderos por las boscosas zonas de montañas llevan a pueblos remotos.

CASTILLOS Y FORTALEZAS

Valle de Aosta es una región famosa por sus castillos y fortalezas medievales, que atraen a muchos viajeros. Quizás el más conocido sea el castillo de Fènis, admirado por sus torres y torretas simétricas. El castillo de Verres, del siglo XIV, es un impresionante ejemplo de la arquitectura medieval, mientras que el museo del siglo XIX Forte di Bard acoge exposiciones de arte y obras de teatro.

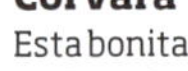

Corvara

Esta bonita estación alpina enclavada entre picos nevados en el Tirol meridional es excelente para esquiadores y ciclistas. Los hoteles son acogedores y, por lo general, familiares, y hay buenos restaurantes de montaña.

Cortina d'Ampezzo

Sede del campeonato mundial de esquí alpino en 2021, Cortina *(p. 122)* es una de las estaciones de esquí más chic del mundo. Es adecuada para esquiadores intermedios o avanzados que busquen un lugar elegante y con estilo. En sus tranquilos bares los lugareños se mezclan con miembros de la alta sociedad. En los meses de verano es una buena base para hacer senderismo.

→ Esquiadores profesionales practicando saltos en Cortina d'Ampezzo

¿Lo sabías?

Los Alpes, las montañas más jóvenes de Europa, se formaron hace apenas 65 millones de años.

Champoluc

La región de Monterosa forma parte de los *tres valles* y es uno de los secretos mejor guardados de Italia. Hay pistas rojas muy buenas, excelentes terrenos fuera de pista y zonas poco saturadas para principiantes. Los hoteles son familiares, y la escena apresquí es agradable y tranquila.

← Paisaje de montaña en Champoluc

Courmayeur

Esta estilosa estación alpina ofrece excelente esquí dentro y fuera de las pistas, además de un apresquí animado (los remontes funcionan hasta la medianoche) y buenos restaurantes de montaña. Hay tiendas de curiosidades y *delicatessen* en la calle principal, y numerosos hoteles de calidad.

→ Chalés con vistas en la estación de esquí de Courmayeur

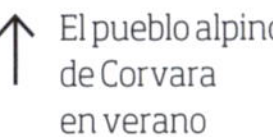

↑ El pueblo alpino de Corvara en verano

¿Lo sabías?

El parque pasó a ser reserva real de caza en 1856 para salvar al íbice de la extinción.

PARCO NAZIONALE DEL GRAN PARADISO

A1 Piamonte y Valle de Aosta Aosta y Pont Canavese Desde Aosta o Pont Canavese a los diferentes valles Centro de visitantes del Parco Nazionale del Gran Paradiso, Villaggio Minatori; www.pngp.it

Con su impresionante paraje de montañas y praderas, el hermoso Parque Nacional del Gran Paradiso fue creado en 1922 como parte de un antiguo coto de caza real de la casa de Saboya.

El parque es principalmente un centro veraniego al que acuden excursionistas a disfrutar del entorno virgen y de la fauna y flora alpinas, y también puede practicarse el esquí de fondo en los meses de invierno. El rey del parque es el íbice, aunque también hay gamuzas, perdices blancas, águilas doradas y marmotas. Una de las poblaciones principales del parque es Cogne, detrás del cual está el

El Giardino Botanico Alpino Paradisia en Valnontey

Esencial ☆

←

Puente sobre un torrente en Cogne, con el bonito fondo del Valle de Aosta

Es posible caminar por un jardín de piedras –un museo al aire libre que explica las formaciones rocosas de la zona– y subir hasta la Cascata di Lillaz.

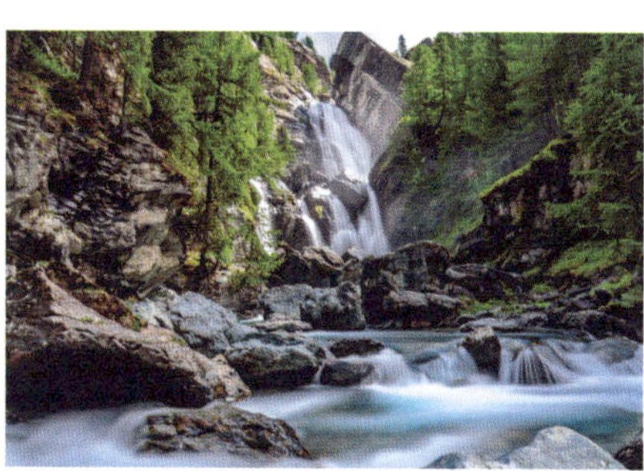

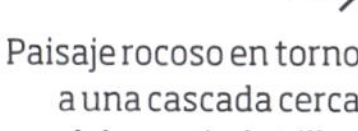

→

Paisaje rocoso en torno a una cascada cerca del caserío de Lillaz

caserío de Lillaz. Desde él es posible caminar por un jardín de piedras -un museo al aire libre que explica las formaciones rocosas de la zona- y subir hasta la Cascata di Lillaz. En Valnontey, el otro pueblo importante del parque, se ubica el **Giardino Botanico Alpino Paradisia,** un jardín botánico alpino con una red de senderos y verdes laderas con abruptas montañas de fondo. Merecen también la pena el Castello di Aymavilles (del siglo XVIII), con torres medievales, y el Val di Rhêmes-Notre-Dame, un amplio valle de bello paisaje.

Giardino Botanico Alpino Paradisia
Frazione Valnontey 0165 749 264
10.00-17.30 diario

ÍBICE

El íbice alpino, en peligro de extinción, es una especie de cabra montés que vive por encima del límite forestal del Parco Nazionale Gran Paradiso. Vive en grupos de unos 10 A 20 individuos. Los machos, reconocibles por su larga cornamenta curvada, solo se juntan con las manadas de hembras en la temporada de apareamiento, que comienza a finales del otoño. A menudo se ven ejemplares alrededor de Col Lauson al amanecer y atardecer, y también cerca de Pont. Los avistamientos son frecuentes en los meses de verano.

2

TURÍN

A2 Caselle 15 km al N FS Porta Nuova, Piazza Carlo Felice; Porta Susa, Piazza XVIII Dicembre Corso Vittorio Emanuele II 131 i Piazza Castello/Via Garibaldi; www.turismotorino.org

Turín (Torino) es sinónimo de industria y prosperidad. Enclavada en las estribaciones de los Alpes, con colinas cerca del centro, atravesada por el río Po y llena de árboles, es un poderoso centro económico pero también una ciudad llena de encanto, con arquitectura barroca, elegantes galerías comerciales y excelentes museos. Posee además el famoso Sudario de Turín, la compañía Fiat y el equipo de fútbol de la Juventus.

Duomo

Via XX Settembre 87/ Piazza San Giovanni 011 436 15 40 Diario 12.30-15.00

La catedral, edificada entre 1491 y 1498 y dedicada a san Juan Bautista, es el único edificio renacentista de Turín. El sobrio campanario (1468), que es 20 años anterior a la iglesia, contrasta con los suntuosos edificios barrocos de la ciudad; la parte superior, que data de 1720, es diseño de Filippo Juvaira. En el interior del Duomo se pueden contemplar numerosas pinturas y estatuas. A la derecha de la iglesia se encuentra la Cappella della Sacra Sindone (capilla del Santo Sudario), que está unida al Palazzo Reale *(p. 193)*. La capilla, diseñada por Guarino Guarini (1624-1683), tiene una fantástica cúpula en forma de red. El exterior de este recinto resulta igualmente digno de ver.

Palazzo Madama

Piazza Castello 10 10.00-18.00 mi-lu (hasta 19.00 do); última admisión: 1 h antes del cierre W palazzomadamatorino.it

La plaza principal de Turín albergaba un castillo medieval con elementos de las murallas romanas de la ciudad. Más tarde fue ampliado y rehabilitado y se le añadió una fachada, obra de Filippo Juvarra, a petición de una viuda de la familia real, en el siglo XVIII. El Palazzo Madama –así se llama desde entonces– está en el centro de la plaza, con una fachada majestuosa. La elegante escalinata y el primer piso están diseñados por Juvarra. Alberga el Museo Civico d'Arte Antica, que abarca desde la era grecorromana hasta el siglo XIX. Contiene el famoso *Retrato de un hombre desconocido*, de Antonello da Messina (siglo XV), y reproducciones del *Libro de horas* (*c.* 1420) del duque de Berry. Otras secciones están dedicadas a joyería, cristal, telas y mobiliario.

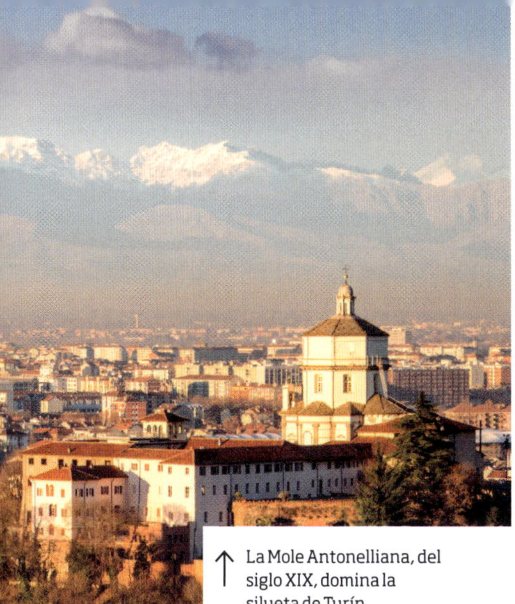

↑ La Mole Antonelliana, del siglo XIX, domina la silueta de Turín

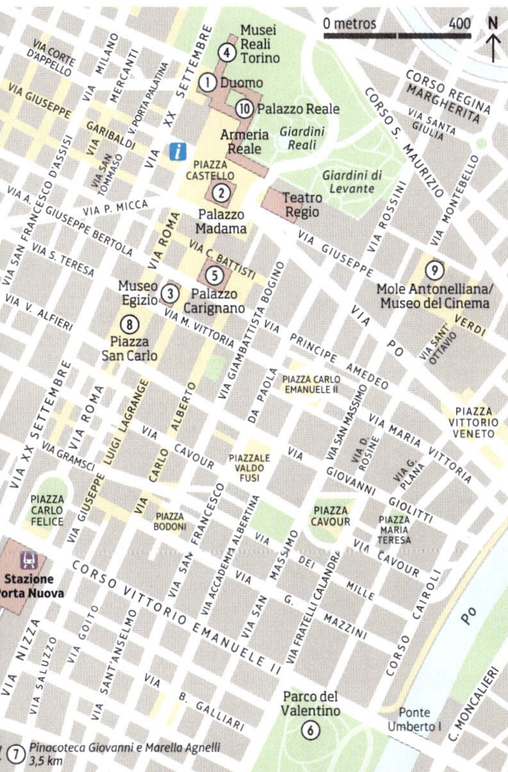

El sobrio campanario, que es 20 años anterior a la iglesia, contrasta con los suntuosos edificios barrocos de Turín.

Esencial ☆

Cronología

Siglo I a. C.

Los romanos fundan Turín

Siglo XV

▶ Creación de la Universidad de Turín

1536

▶ Emanuele Filiberto de Saboya traslada a Turín la capital

1861-1865

Turín se convierte en la primera capital de la Italia unificada

1899

▶ La familia Agnelli crea la compañía automovilística Fiat (Fabbrica Italiana Automobili Torino)

1993

▶ La Juventus de Turín gana la Copa de la UEFA de fútbol por tercera vez

↑ El Palazzo Madama, sede del Museo Civico d'Arte Antica

Museo Egizio

Via Accademia delle Scienze 6 9.00-14.00 lu, 9.00-18.30 ma-do museoegizio.it

Turín debe su Museo Egipcio al piamontés Bernardo Drovetti, que fue cónsul general francés en Egipto durante las guerras Napoleónicas. El botín que trajo al volver constituyó la base de esta gran colección. Los objetos expuestos están organizados cronológicamente desde el 4.000 a. C. al 700 d. C.

La planta baja alberga estatuas monumentales en salas decoradas por Dante Ferretti, escenógrafo ganador de un Óscar, además de la reconstrucción del templo de Ellessija (siglo XV a. C.).

En la primera planta está la galería de los féretros, como la tumba del siglo XIV a. C. de Kha y Merit, que se completa con la comida, herramientas y adornos enterrados con ellos para su viaje al más allá. La Sala de Papiros contiene una colección de gran interés: un documento, el Papiro Real, tiene una lista de todos los faraones hasta la dinastía 17 con sus fechas. El museo alberga tres versiones del *Libro de los muertos*, incluyendo la copia más antigua conocida. En la segunda planta hay artefactos del Antiguo y del Nuevo Imperio.

Musei Reali Torino

Via XX Settembre 86 9.00-19.30 ma-do; última admisión: 18.00 museireali.beniculturali.it

La colección que integra la Galleria Sabauda se inició a mediados-finales del siglo XV y la familia Saboya la fue ampliando durante siglos. Las obras se exponen en cuatro plantas en orden cronológico, desde la época medieval al siglo XVIII, en salas amplias y luminosas con explicaciones y soporte multimedia.

Entre las obras de especial interés de las escuelas italianas están las de Antonio y Paolo Pollaiolo del siglo XV *Tobias y el arcángel Rafael;* el *Ritratto di Gentiluomo,* de Bronzino, y la *Madonna con Bambino,* de Beato Angelico. Bellini, Mantegna y el Veronés se encuentran son otros de los artistas italianos presentes. Entre las obras holandesas y flamencas se incluyen importantes pinturas de Jan Van Eyck, como el *San Francisco* (siglo XV), y el *Anciano durmiendo* de Rembrandt (siglo XVII), así como varios retratos de Van Dyck. La cuarta planta alberga la colección Gualino, que contiene piezas arqueológicas de origen romano, arte oriental y una *Venere* (Venus) de Botticelli.

Palazzo Carignano

Via Accademia delle Scienze 5 10.00-18.00 ma-do (última admisión: 17.00) museorisorgimentotorino.it

Este palacio barroco es la obra maestra de Guarini y quizá el edificio más bello de Turín, con su fachada de ladrillo y su ornamentada rotonda. Fue construido en 1679 para la familia Carignano –rama de la casa de Saboya y antepasados de los reyes italianos–, pero se concluyó en el siglo XIX. El primer rey de Italia, Víctor Manuel II, nació en él en 1820.

El palacio alberga el Museo Nazionale del Risorgimento Italiano, que cuenta la historia de la unificación a través de pinturas y objetos, y presenta a Mazzini, Cavour y Garibaldi, figuras clave del *Risorgimento.*

Parco del Valentino

Corso Massimo d'Azeglio 011 4431701/02 9.00-19.00 diario (Borgo Medievale); 10.00-18.00 ma-do (castillo); med abr-med oct: 9.00-12.00 lu-vi, 15.00-19.00 sa, 10-00-13.00, 15.00-19.00 do (Orto Botanico)

Este parque alberga el Borgo Medioevale, reconstrucción de un pueblo medieval y su castillo, todo ello edificado para la exposición General Italiana de 1884. Los edificios muestran distintos tipos de construcción y se basan en las casas y castillos del Piamonte y el Valle de Aosta.

El Orto Botanico, junto al castillo, es un impresionante jardín botánico.

Kha y su esposa, Merit, adorando a Osiris, del templo de Kha, Museo Egizio

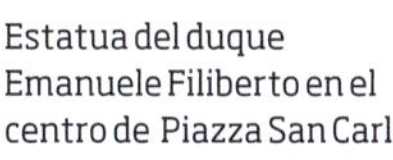

Estatua del duque Emanuele Filiberto en el centro de Piazza San Carlo

Pinacoteca Giovanni e Marella Agnelli

Lingotto, Via Nizza 230/130 10.00-19.00 ma-do (última admisión: 18.15) pinacoteca-agnelli.it

Este museo, emplazado en la azotea de la antigua fábrica de Fiat, rediseñada por el arquitecto Renzo Piano, muestra obras fechadas entre el siglo XVIII y el XX, de artistas como Manet, Picasso, Matisse y Manet.

Piazza San Carlo

El conjunto de arquitectura barroca de esta plaza le ha valido el nombre del *saloncito de Turín*. En el extremo sur están las iglesias gemelas de Santa Cristina y San Carlo, ambas de 1630, aunque la primera cuenta con una fachada barroca diseñada por Juvarra en el siglo XVIII.

En el centro de la plaza se levanta una estatua del siglo XIX del duque Emanuele Filiberto. La obra, de Carlo Marocchetti, es un emblema de la ciudad. La Galleria San Federico, en la esquina noroeste, es una elegante galería comercial.

Mole Antonelliana/ Museo del Cinema

Via Montebello 20 011 813 85 63 9.00-20.00 mi-lu (hasta 23.00 sá); última admisión: 1 h antes del cierre museocinema.it

Este edificio es el rasgo más característico del perfil de la ciudad. Tiene aspecto de pararrayos y, de hecho, un rayo destruyó los últimos metros en 1953, que fueron reemplazados. La obra de 165 m de altura de Alessandro Antonelli (1798-1888), iba a ser una sinagoga. Cuando se terminó en 1889, la ciudad la dejó sin uso durante años, hasta que pasó a albergar el Museo del Risorgimento entre 1908 y 1938. El edificio ofrece estupendas vistas desde su ascensor y es

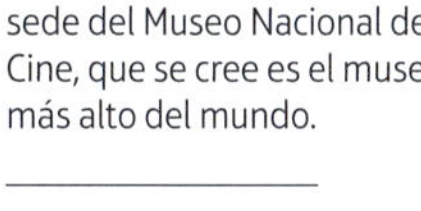

sede del Museo Nacional del Cine, que se cree es el museo más alto del mundo.

Palazzo Reale/ Polo Reale

Piazzetta Reale 8.30-19.30 ma-do; última admisión: 18.20 museireali.beniculturali.it/palazzo-reale/

La austera fachada del Palazzo Reale, diseñada por Amadeo di Castellamonte, esconde unas dependencias profusamente decoradas. Los techos los pintaron Morello, Miel y Seyter en el siglo XVII. El excepcional mobiliario data de los siglos XVII al XIX; incluye el gabinete Chino, la sala del Nicho, la sala del Trono y la innovadora Scala delle Forbici, o escalinata de las tijeras, de Juvarra (1720).

EL SUDARIO

La reliquia sagrada más famosa –y la que más dudas suscita– está en el Duomo de Turín. El Sudario, que se dice envolvió el cuerpo de Cristo tras ser crucificado, debe su fama a que tiene grabada en él la figura de un hombre crucificado.

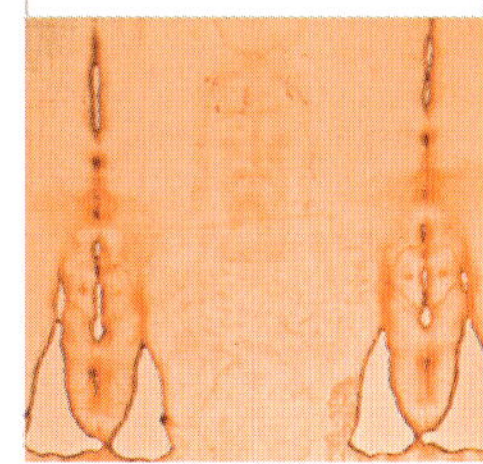

La bonita Isola San Giulio, en mitad del lago Orta

LUGARES DE INTERÉS

Domodossola

B1 Verbania
Piazza Matteotti 24; www.prodomodossola.it

Domodossola es una ciudad serrana de origen romano. En el centro está la Piazza Mercato, rodeada de porches y casas de los siglos XV y XVI.

Entre los preciosos pueblos al norte de Domodossola están Crodo, con su balneario de agua mineral fría, y Baceno, cuya iglesia de los siglos XIV-XVI contiene frescos y tallas en madera.

Lago Orta

B1

El pequeño largo Orta serpentea entre montañas y bosques. La medieval Orta San Giulio, también conocida como Sacro Monte, se levanta sobre una colina en una península de la orilla este. Lugar de peregrinaje y oración, ha sido declarada Patrimonio Mundial por la Unesco. En el centro del lago, Isola San Giulio, a la que se llega en barca, alberga la Basilica di San Giulio, del siglo XII. Hay buenas rutas de senderismo en torno al lago.

Varallo

B2 Vercelli
Corso Roma 38; www.atlvalsesiavercelli.it

El pequeño pueblo de Varallo alberga la preciosa **Santa Maria delle Grazie.** La iglesia, del siglo XV, destaca por los frescos en uno de sus muros de la vida de Cristo y de trampantojos de elementos arquitectónicos, pintados por Gaudenzio Ferrari (1484-1546).

Detrás de la iglesia arranca la subida al Sacro Monte, una comunidad religiosa edificada a unos 610 m de altura. Este monte sagrado fue fundado bajo el mecenazgo del arzobispo de Milán, san Carlo Borromeo.

La Basilica dell'Assunta es plenamente barroca. A su alrededor hay más de 40 capillas con estatuas y figuras colocadas sobre el telón de fondo de frescos de Gaudenzio Ferrari, Tanzio da Varallo y otros.

Santa Maria delle Grazie
Piazza Ferrari Diario
sacromontedivarallo.com

PUEBLOS ALPINOS

Los pequeños pueblos de la región de Valle de Aosta son populares entre los italianos en verano por sus lagos y vías ciclistas. En invierno, atraen a esquiadores y amantes del snowboard de todo el mundo. A las afueras de Turín, Cuneo gusta por su bonito centro medieval y la proximidad a las pistas de esquí. Los pueblos alpinos de Sestriere y Bardonecchi reviven en invierno, al igual que las estaciones de Courmayeur y Cervinia. Algo más apartado está Macugnaga, pequeño pueblo de montaña que es un imán para senderistas y montañeros.

Aosta

A1 FS 🚌 i Piazza Porta Pretoria 3; www.lovevda.it

Rodeada de montañas, Aosta ofrece una rica historia y magníficos paisajes. Los romanos se la arrebataron a los galos en el año 25 a. C. y aún conserva edificios construidos en honor al emperador Augusto (en el pasado la ciudad se llamaba Augusta Praetoria, nombre que con los siglos evolucionó a Aosta). El centro se compone de una red de grandes plazas.

Edera

Los lugareños vienen a este local por sus excelentes menús a base de carne y pescado fresco.

B1 Via Bersani 15, Orta San Giulio W ristoranteedera orta.com

Pizzeria La Campana

Pizzas crujientes con ingredientes sencillos en un ambiente distendido.

B1 Via Giovanetti 43, Orta San Giulio 0322 90 211

Taverna Antico Agnello

Ofrece platos como pasta con ragú de conejo y pechuga de pato.

B1 Via Solaroli 5, Miasino W ristorante anticoagnello.com

Ruinas romanas

Via Baillage (Teatro romano), Piazza Papa Giovanni XXIII (Foro romano) Diario

En tiempos romanos se entraba a Aosta por el arco de Augusto, estropeado por un tejado añadido en el siglo XVIII. Más adelante está la Porta Pretoria, cuya doble fila de arcos está flanqueada por una torre medieval. También merece la pena detenerse ante la fachada del teatro romano, de 20 m de altura. Un poco al norte se halla el anfiteatro, que está prácticamente enterrado, salvo tres columnas. En el casco antigua, junto a la catedral, está el foro romano, o mercado.

Catedral

Piazza Papa Giovanni XXIII 0165 40413 Diario; 15.00-17.00 sá y do (Museo del Tesoro) Durante misa

Este modesto santuario dedicado a san Juan Bautista tiene un interior gótico y alberga una sillería tallada del siglo XV y mosaicos en el suelo. Junto a él, el Museo del Tesoro contiene una colección de estatuillas y relicarios.

Sant'Orso

Via Sant'Orso Diario

Al este de las murallas de la ciudad queda un conjunto de edificios religiosos de época medieval. Sant'Orso tiene una fachada gótica y un interior con frescos del siglo XI y una cripta con la tumba de san Orso, patrón de Aosta.

↑ Escena bíblica que decora una capilla del Sacro Monte

Castello di Fénis

Fénis 0165764263 Diario oct-mar: lu, 1 ene, 25 dic

Este castillo a 12 km de Aosta tiene un interior bien conservado, con frescos y galerías de madera.

Castello di Issogne

Issogne 0125 9293 73 Diario 25 feb-3 mar

Este pintoresco castillo medieval está situado 38 km al sureste de Aosta. Hay una fuente con motivos decorativos entre los que sobresale un granado.

→ Ruinas romanas en Aosta, con el espectacular fondo de los Alpes

Sacra di San Michele

A2 Strada Sacra San Michele may-sep: do tarde desde Avigliana y Turín 9.30-12.30 y 14.30-17.00 ma-do (med mar-med oct: hasta 18.00) sacradisanmichele.com

Esta abadía se alza en un risco del monte Pirchiriano, a 962 m de altura. La comunidad monástica se fundó cerca del año 1000. Hubo un tiempo en que la abadía atraía a los peregrinos de camino a Roma, lo que la hizo muy poderosa y muy rica. Por ello fue saqueada con frecuencia, hasta que cayó en declive y acabó siendo suprimida en 1662.

Al santuario se llega tras subir 154 empinados escalones, esculpidos en la roca. En lo alto de esta escalera, conocida como Scalone dei Morti, se encuentra la Porta románica dello Zodiaco, que está tallada con criaturas y símbolos de los signos del Zodiaco. La iglesia data de los siglos XII y XIII. El interior contiene pinturas y frescos de los siglos XV y XVI, así como un tríptico (siglo XVI) del piamontés Defendente Ferrari.

Avigliana

A2 Turin FS Corso Laghi 389; www.turismo avigliana.it

Enclavada entre dos lagos glaciares y rodeada de elevadas montañas, Avigliana es de una gran belleza. La dominan las ruinas de un castillo en el que residieron los condes de Saboya.

Las casas medievales se conservan bien, sobre todo las de las dos plazas principales, Santa Maria y Conte Rosso. La iglesia de San Giovanni (siglos XIII-XIV) contiene pinturas de principios del XVI de Defendente Ferrari.

Vercelli

B2 FS Viale Garibaldi 90; www.atlvalsesia vercelli.it

Vercelli, capital europea del arroz, está en una vasta llanura de arrozales. La ciudad desarrolló su propia escuela de pintura en el siglo XVI. El **Museo Borgogna** es el mejor lugar para admirar las obras maestras renacentistas de Vercelli. La Basilica di Sant'Andrea es la principal joya arquitectónica de la ciudad. Construida en el siglo XIII, se dice que es el primer edificio italiano influido por el gótico del norte de Francia, estilo presente en la nave abovedada y los arbotantes. Pese a ello, en líneas generales es una espectacular obra románica erigida entre 1219 y 1227. La fachada cambia de color, del azul grisáceo inferior al rojo y blanco de las torres.

En el lado norte está el claustro del siglo XIII. La iglesia de **San Cristoforo** tiene frescos y la bella *Madonna degli Aranci*, todo ello pintado por Gaudenzio Ferrari (*c.* 1529).

Museo Borgogna

Via A Borgogna 4/6 ma-vi tardes, sá mañana (mar-med may también tardes), do mañana y tarde museoborgogna.it

San Cristoforo

Via S Cristoforo 5 0161 25 80 00 Diario

Novara

B2 FS Baluardo Quintino Sella 40; www. turismonovara.it

Las calles, plazas porticadas y edificios históricos de Novara emanan un tranquilo bienestar. Muchos de los edificios importantes se encuentran en la Piazza della Repubblica, entre ellos el patio renacentista del Broletto (ayuntamiento), con elegantes arcadas de ladrillo rojo del siglo XV y una escalinata cubierta.

Al otro lado de la plaza se encuentra el **Duomo,** reconstruido alrededor de 1865 en estilo neoclásico. El interior contiene pinturas renacentistas de la escuela de Vercelli y tapices flamencos, además de los restos de un santuario anterior, que incluye la capilla con frescos de San Siro (siglo XII) y los claustros del siglo XV. El **baptisterio** octogonal contiguo data en parte del siglo V y está pintado con escenas medievales del Apocalipsis. El **Museo della Canonica del Duomo,** junto a la catedral, expone lápidas e inscripciones de la época romana y comienzos de la cristiana.

Unas calles más allá se levanta la **Basilica di San Gaudenzio,** coronada por una cúpula con cuatro pisos y una aguja diseñadas por Alessandro Antonelli, que recuerdan a su Mole Antonelliana en Turín. En lo alto de la aguja (121 m de altura) hay una estatua de san Gaudenzio. Dentro, la iglesia, de finales del siglo XVI, alberga una espléndida colección de pinturas renacentistas y barrocas de artistas del Piamonte. Entre ellas destacan una batalla de Tanzio da Varallo y un retablo del siglo XVI de Gaudenzio Ferrari.

El imponente complejo de la abadía Sacra di San Michele

DOUJA D'OR DE ASTI

El segundo domingo de septiembre, Asti se anima con un festival de comida que dura tres días y que, se dice, es una de las representaciones más auténticas de la gastronomía rural. Agricultores y productores de la zona sirven sus mejores platos y vinos, como polenta, trufas, carne asada y pasta. Es una de las fiestas más populares de la región, por lo que conviene reservar alojamiento con tiempo.

Duomo y baptisterio

Piazza della Repubblica
0321 66 16 35 9.30-12.00 y 15.00-17.30 sá y do

Museo della Canonica del Duomo

Vicolo della Canonica 9
15.00-18.00 sá y do ago
museiduomonovara.it

Basilica di San Gaudenzio

Via S Gaudenzio 22 0321 62 98 94 8.00-12.00 y 14.30-19.00 diario

Asti

B2 FS Piazza Alfieri 34; www.astiturismo.it

Célebre por su *spumante*, vino espumoso, Asti es una ciudad noble de torres medievales y elegantes iglesias.

↑ Busto del poeta del siglo XVIII Vittorio Alfieri, nacido en Asti

En la Piazza Alfieri, una estatua recuerda al poeta y dramaturgo local Vittorio Alfieri (1749-1803).

El Corso Alfieri recorre el casco antiguo de la ciudad. En su extremo este se alza la iglesia de San Pietro in Consavia, con decoración de terracota, frescos del siglo XVII y un bonito claustro. Junto a ella se encuentra un baptisterio románico circular (siglos X-XII).

Al oeste de la Piazza Alfieri, la Collegiata di San Secondo (siglos XIII-XV), alberga un políptico renacentista de Gandolfino d'Asti y frescos del siglo XV. Los alrededores de la sección occidental del Corso Alfieri contienen varias torres medievales que dieron fama a la ciudad. El cercano Duomo, gótico del siglo XIV, cuenta con un frescos del XVIII y dos relieves (siglos XII-XIII) en la esquina oeste del crucero.

Alba

A2 Comune Cuneo Piazza Risorgimento 2; www.langheroero.it

La capital gastronómica del Piamonte, Alba, es la sede de Ferrero, el conocido exportador italiano de chocolate, y es famosa también por la preciada trufa blanca. Los aficionados al vino acuden a la región por su excelentes Barbera d'Alba y Barolo. La ciudad es muy agradable, con calles adoquinadas y edificios y palacios medievales. La calle principal, Via Cavour, lleva hasta la Piazza del Duomo y la catedral de San Lorenzo, gótica del siglo XI. Desde ella, hay quienes optan por subir a las torres Sineo, Bonino y Artesiano, que ofrecen espectaculares vistas de la ciudad. La Via Vittorio Emanuele serpentea por restaurantes y cafés antes de alcanzar en Via Calissano la Casa Do, del siglo XV, con frisos decorados en terracota.

En la ciudad hay excelentes obras de arte, principalmente en el ayuntamiento, que alberga el *Piccolo Concerto*, de Mattia Preti, de estilo Caravaggio, y el retablo del artista vanguardista Pinot Gallizio. En la cercana Piazza Savona, los restaurantes y bares se llenan a mediodía, para comer, y por la noche, cuando los lugareños se reúnen para un aperitivo en los soportales antes de cenar.

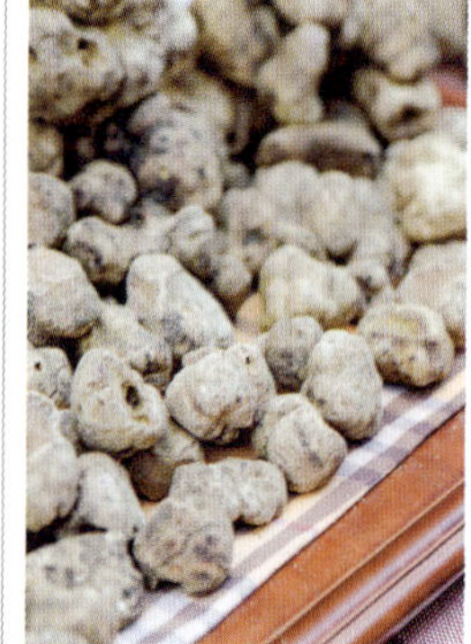

TRUFAS

Las trufas blancas de Alba están entre los hongos más valorados del mundo, y a menudo se subastan por miles de euros. Perros entrenados las buscan en los bosques de los alrededores de Alba. La cita anual más importante de la ciudad es la Feria de la Trufa Blanca, en octubre-noviembre.

13

Cuevas de Bossea

A2 Località Bossea, Comune Frabosa Soprana FS Mondovì Desde Mondovì Diario, solo para visitas guiadas grottadibossea.com

A unos 25 kilómetros al sur de Mondovì, cerca del final de una ruta panorámica que recorre el valle del torrente Corsaglia hasta los Alpes Marítimos, se encuentran las cuevas de Bossea. Estas contienen preciosas estalactitas formadas a lo largo de miles de años. Las visitas guiadas recorren distintas cámaras siguiendo ríos y lagos subterráneos. También está expuesto el esqueleto de un oso prehistórico, *Ursus spelaeus*, descubierto en las cuevas.

Se recomienda llevar un jersey, ya que la temperatura rara vez supera los 9°C.

14

Garessio

A3 Comune Cuneo FS Corso Statuto 1; www.garessio.net

Garessio, uno de los centros turísticos más bellos de los Alpes Marítimos, es poco más que un conjunto de casas rodeadas de bosques de castaños y, además, cuenta con un popular balneario.

Existe una leyenda que relata que las aguas tienen

↑ El sol cae sobre un paisaje otoñal en las colinas de Le Langhe

poderes milagrosos: en el año 980, un noble octogenario halló alivio a sus problemas circulatorios al beber esta agua, rica en minerales. Desde entonces se beben las aguas por sus propiedades médicas, sobre todo diuréticas y digestivas.

La ciudad de Ormea, 12 km al suroeste, interesa por las ruinas del castillo (siglo XI), la iglesia con frescos góticos de finales del XIV y sus atractivas casas.

Le Langhe

A2

Las colinas de Le Langhe son un paraíso gastronómico gracias a sus conocidos vinos y quesos y a la trufa blanca. La región es patrimonio de la humanidad de la Unesco gracias a la tradición vinícola de sus colinas, en las que se suceden localidades medievales como Alba, Serralunga, Morra y Verduno.

Los tejados rojos de la ciudad de Alba, famosa por sus trufas

Cuneo

A2 FS i Via Carlo Pascal 7; www.cuneoholiday.com

Cuneo significa *en forma de cuña* y el término describe a la perfección el trozo de tierra que ocupa la ciudad en la confluencia de los ríos Gesso y Stura di Demonte. A principios de noviembre se celebra la fiesta regional del queso, con variedades de queso local.

La ciudad gira en torno a la enorme Piazza Galimberti, con sus viejos porches, a la que los comerciantes vienen a pregonar sus mercancías cada martes. Durante los siglos XVIII y XIX se reconstruyó gran parte de la ciudad, dotándola de anchas avenidas, aunque el impresionante viaducto data de loa década de 1930.

La iglesia de la Santa Croce (siglo XVIII) tiene una bella fachada cóncava, obra de Francesco Gallo.

Restaurante Larossa

Establecimiento que da un nuevo giro a la cocina piamontesa, incluidas las trufas.

Via Don Giacomo Alberione 10d, Alba
W ristorantelarossa.com

Osteria dei Sognatori

Platos a base de carnes asadas y estofados, verdura fresca y pasta con trufa.

Via Macrino 8, Alba
333 787 9230

La Piola

Pequeño y animado bistró con menú a base de productos locales que cambia cada semana y suele incluir la trufa.

Piazza Risorgimento 4, Alba W lapiola-alba.it

Riomaggiore, uno de los pueblos de Cinque Terre

LIGURIA

Liguria, con sus escarpadas colinas llenas de olivos, mira al mar Tirreno. Durante siglos, el comercio marítimo fue el pilar de la provincia, trayendo a la costa azúcar, sal y pescado –sabores de la cocina regional–, además de prosperidad. Al oeste de la vibrante Génova hay playas de arena, mientras que el sureste ofrece caminatas entre los pintorescos pueblos de pescadores de Cinque Terre.

Génova cuenta con una larga historia como potencia marítima, primero como puesto comercial con Grecia y Fenicia y más tarde como capital de un pequeño imperio que llegó a eclipsar a Venecia. El gran almirante Andrea Doria era genovés, al igual que Cristóbal Colón.

El apogeo de Génova comenzó en el siglo XII, cuando consiguió vencer a los piratas sarracenos que asolaban las costas ligures. Desde entonces, la república marítima fue prosperando, aprovecharon las Cruzadas para establecer puestos comerciales en Oriente Próximo y atemorizaron a sus enemigos con su poder naval.

La época dorada se dio entre los siglos XVI y XVII. Sin embargo, la rivalidad entre los aristócratas gobernantes y los avances extranjeros, primero franceses en 1668 y luego austriacos en 1734, precipitaron el declive de la región. Liguria recuperó algo de protagonismo en el siglo XIX debido al fervor del movimiento de la unificación gracias a Giuseppe Mazzini, originario de la zona, y al revolucionario Garibaldi.

Actualmente salpican la costa, protegidas por abruptas pendientes que bajan al mar, casas de decadente elegancia, sobre todo en San Remo, donde los aristócratas pasaban los inviernos en bonitas mansiones a finales del siglo XIX.

Carmagnola
Asti
A21
Felizzano
S10
Alessandria
San Damiano d'Asti
Racconigi
A6
S456
S20
A33
Nizza Monferrato
Bra
PIAMONTE
Savigliano
Alba
Bubbio
S29
S30
Acqui Terme
A26
Fossano
VALLE DE AOSTA
Y PIAMONTE
p. 180
Ovada
Dogliani
Centallo
Rossiglione
A33
Caraglio
Monesiglio
A26
S28
S29
Sassello
Palo
Cuneo
Cairo
Montenotte
Dego
LIGU
A6
Pontinvrea
Borgo
San Dalmazzo
Millesimo
Carcare
San Giovanni
Arenzano
Bagnasco
A6
S29
Varazze
S20
Bormida
Albisola Marina
Limone
Piemonte
Bossea
Calizzano
Savona
Vado Ligure
Garessio
Bardineto
Spotorno
A10
Upega
S28
GROTTE DI
TOIRANO 10
Finale Ligure
FRANCIA
Toirano
S1
Pietra Ligure
Tende
Monesi
Borghetto Santo Spirito
Borghetto
d'Arroscia
Leca
9 ALBENGA
Triora
Rezzo
Saorge
S28
Alassio
Chiusavecchia
Pigna
Laiguéglia
Bajardo
Montalto Ligure
Marina di Andora
DOLCEACQUA
8 CERVO
5
BUSSANA
VECCHIA
Taggia
A10
Oneglia
Impéria
7
S1
Porto
Maurízio
Ventimiglia
6 SAN REMO
3
4
Bordighera
BALZI
ROSSI
VILLA
HANBURY

Mar de
Liguria

Cerdeña,
Túnez

LIGURIA

Esencial

1. Génova
2. Cinque Terre

Lugares de interés

3. Balzi Rossi
4. Villa Hanbury
5. Dolceacqua
6. San Remo
7. Bussana Vecchia
8. Cervo
9. Albenga
10. Grotte di Toirano
11. Camogli
12. Península de Portofino
13. Rapallo
14. Portovenere
15. Lerici

La llamativa fuente de la Piazza de Ferrari, en el corazón de Génova

1

GÉNOVA

B2 Cristoforo Colombo 6 km al O Stazione Principe, Piazza Acquaverde Stazione Marittima, Ponte dei Mille Aeroporto Cristoforo Colombo; www.visitgenoa.it

Hay algo tosco en Génova, el puerto comercial más importante de Italia. Se diferencia bastante de las refinadas poblaciones de la costa vecina, y las callejas de su casco antiguo tienen un aire gris industrial que le dan ese aire especial a la ciudad. Con un puerto natural y las montañas protegiéndola, Génova ganó prominencia como potencia marítima. Los palacios de Via Balbi y Via Garibaldi y las pinturas y esculturas de iglesias y museos de la ciudad son de los más bellos de Italia.

San Lorenzo (Duomo)

Piazza San Lorenzo 010 265786 Diario

El Duomo, con su exterior a franjas blancas y negras, mezcla varios estilos arquitectónicos, desde el pórtico lateral románico de San Giovanni (siglo XII) a los toques barrocos de algunas de sus capillas laterales.

La más suntuosa de las capillas es la de San Juan Bautista, patrón de Génova, que incluye un sarcófago del siglo XIII que en su día contuvo las reliquias del santo.

Desde la sacristía se baja al **Museo del Tesoro di San Lorenzo,** que alberga tesoros como el plato de cristal que se dice fue usado en la Última Cena y un plato donde supuestamente le fue servida a Salomé la cabeza de Juan Bautista.

Museo del Tesoro di San Lorenzo

010 2091863 9.00-12.00 y 15.300-18.00 lu-sá

Puerto

El puerto es el corazón de Génova y el origen de su riqueza en los siglos XI y XII. Se trata de un lugar ajetreado rodeado de calles y edificios de la década de 1960.

Entre los vestigios de su gloria medieval se encuentra el faro Lanterna (restaurado en 1543), cerca de la Stazione Marittima. En otros tiempos se encendían hogueras en él para guiar a los barcos hacia el puerto. Hoy la regeneración del puerto se debe en parte al centro de conferencias diseñado por Renzo Piano y al **Aquarium,** uno de los mayores de Europa, lleno de vida marina.

Aquarium

Ponte Spinola mar-jun y sep-oct: 9.00-20.00 lu-vi, 8.30-21.00 sá-do y festivos; jul-ago: 8.30-21.00 acquariodigenova.it

CURIOSIDADES

Sant'Andrea

El bonito claustro del siglo XII en torno a este jardín es todo lo que queda del convento que se levantó aquí.

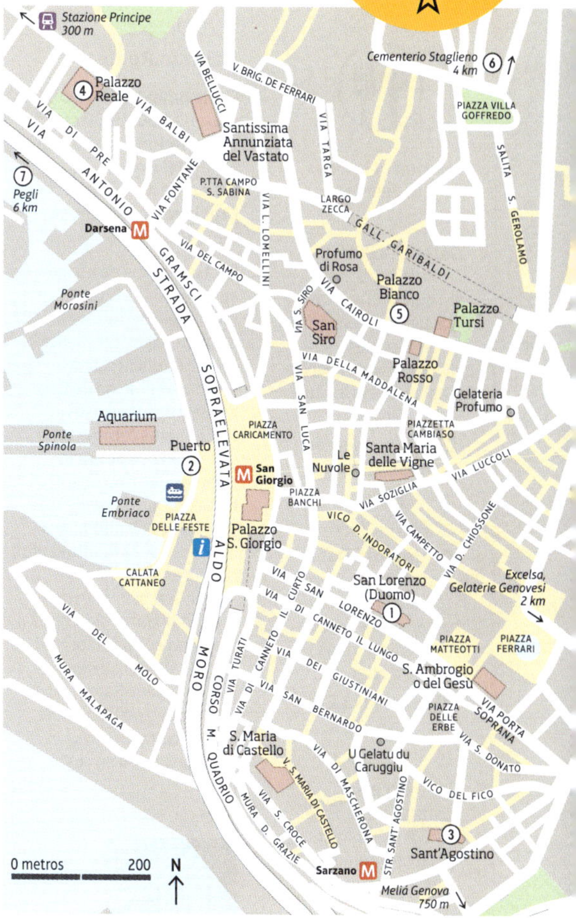

Meliá Genova
Hotel de cinco estrellas con estancias amplias y luminosas y *suites* decoradas en tonos neutros y suaves. Hay té y café en la habitación, y el baño es espacioso.

Via Corsica 4
melia.com

Le Nuvole
Situado en un palacio del siglo XVI con frescos del XVII, Le Nuvole ha recuperado su esplendor pasado gracias a una meticulosa restauración. Habitaciones chic y modernas, con grandes ventanas y mucha luz. El desayuno es muy bueno y hay un bufé gratuito después de mediodía, además de una hora para cócteles a diario.

Piazza delle Vigne 6
hotellenuvole.it

Sant'Agostino

Piazza Sarzano 35

La iglesia gótica de Sant'Agostino se empezó a construir en 1260 y fue destruida en la II Guerra Mundial. Ahora está secularizada y lo que queda del original es el campanario gótico, revestido de azulejos de colores. El monasterio, del que formaba parte la iglesia, también fue bombardeado. Solo quedaron dos claustros –uno forma el único edificio triangular de Génova–. Los claustros se destinan en la actualidad al **Museo di Architettura e Scultura Ligure,** que guarda la colección municipal de piezas arquitectónicas, algunas de época romana, junto con fragmentos de esculturas y frescos traídos de otras iglesias genovesas. La mejor pieza es el fragmento de la tumba de Margarita de Brabante (que murió en 1311), esposa del emperador Enrique VII, que invadió Italia en 1310. Esculpidas por Giovanni Pisano hacia 1313, las esculturas de su tumba se reconstruyeron en 1987.

Museo di Architettura e Scultura Ligure

010 251 12 63 10 oct-26 mar: 9.30-18.30 ma-do; 27 mar-9 oct: 9.00-19.00 ma-vi, 10.00-19.30 sá y do Festivos

Mejores heladerías de Génova:

Gelateria Profumo
La decoración es anticuada, al igual que los sabores, pero eso forma parte de su encanto. Recomendables los helados de pistacho y crema.

Vico Superiore del Ferro 14 do y lu

Profumo di Rosa
En esta heladería, Rosa prepara todos los helados. El de *fragola* (fresa) es el más popular.

Via Cairoli 13 do

Excelsa
Esta *gelateria* sirve helados que combinan sabores como el caramelo con sal y cacahuetes.

Via Oreste de Gaspari 12-14

U Gelatu du Caruggiu
A todos los helados se les añade nata montada y frutos secos.

Via di San Bernardo lu

Gelaterie Genovesi
La mejor opción de este local son los sorbetes, de limón, fresa, frambuesa o chocolate.

Corso Sardegna 1 sá

Palazzo Reale

Via Balbi 10 9.00-19.00 ma-vi; 13.30-19.00 sá y do; última admisión: 30 min. antes del cierre 1 ene, 1 may, 25 dic palazzorealegenova.beniculturali.it

Esta residencia de apariencia austera, utilizada por la familia real de Saboya a partir del siglo XVII, tiene un rico interior rococó –destacan el salón de baile y la sala de los espejos–. Hay pinturas como una *Crucifixión* de Van Dyck. El jardín, que desciende hacia el puerto, cuenta con un mosaico de adoquines alrededor de la fuente central, con casas y animales.

Frente al palacio está la antigua Universidad (1634), diseñada por Bartolomeo Bianco, al igual que gran parte de la Via Balbi. Este amplio edificio, sobre las colinas de Génova, está construido en cuatro niveles.

Palazzo Bianco

Via Garibaldi 11 010 557 21 93 10 oct-26 mar: 9.00-18.30 ma-vi, 9.30-18.30 sá y do; 27 mar-9 oct: 9.00-19.00 ma-vi, 10.00-19.30 sá y do 25 dic

El Palazzo Bianco está en Via Garibaldi, la calle más bonita de Génova, junto a numerosos palacios y mansiones del siglo XVI. El palacio contiene la colección de pintura más importante de la ciudad e incluye obras de artistas genoveses como Luca Cambiaso, Bernardo Strozzi y Domenico Piola; y de otros más famosos como Filippino Lippi, el Veronés y Caravaggio, además de maestros flamencos como Memling, Van Dyck y Rubens. En el número 9 de Via Garibaldi, el **Palazzo Tursi** alberga las salas de juntas del alcalde, así como una extensión de la galería del Palazzo Bianco. En el **Palazzo Rosso,** cruzando la calle, se conservan más pinturas,

Esencial ☆

CRISTÓBAL COLÓN EN GÉNOVA

El nombre de Cristóbal Colón (Cristoforo Colombo) está omnipresente en Génova. Se puede ver su estatua tan pronto como se entra en la Piazza Acquaverde desde la estación de tren Porta Príncipe; varios edificios llevan su nombre. En el palacio Belimbau (siglo XVII), construido sobre las antiguas murallas de la ciudad, hay una serie de frescos del genovés Tavarone sobre la vida del almirante, y tres de sus cartas se exponen en la Sala del Sindaco en el Palazzo Tursi (Ayuntamiento), en la Via Garibaldi. No se sabe con seguridad si Colón (*c.* 1451-1506) nació en Génova, en Savona (15 km al oeste) o fuera de Italia. Sin embargo, los registros de la ciudad mencionan a su padre, y distintas residencias familiares en la ciudad. La pequeña casa cubierta de hiedra junto a la Porta Soprana pudo ser el hogar de su infancia.

incluidas obras de Durero y Caravaggio, además de cerámica y muebles.

Palazzo Tursi
010 557 21 93
Igual que el Palazzo Bianco

Palazzo Rosso
010 275 91 85
Igual que el Palazzo Bianco

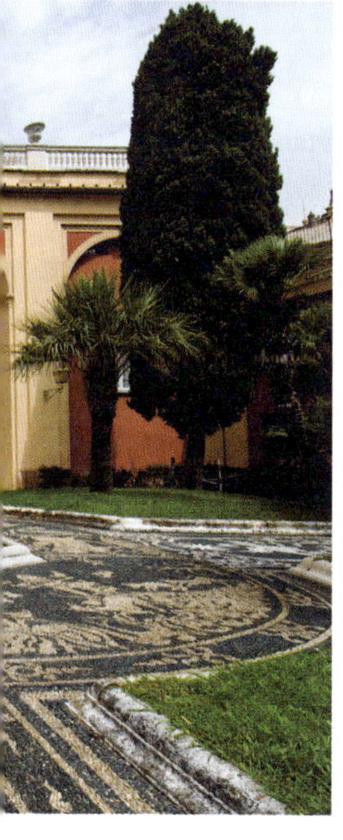

Cementerio Staglieno

Piazzale Resasco, Staglieno 010 557 6400
7.30-17.00 diario
Festivos

Abierto en 1844, este cementerio, sobre las colinas al noreste de Génova, es tan grande (alrededor de 33 hectáreas) que tiene sus propias líneas de autobuses. Sus tumbas y monumentos forman una ciudad de catedrales, templos egipcios y palacios *art nouveau* en miniatura. Su residente más famoso es Giuseppe Mazzini, el revolucionario genovés que murió cerca de Pisa en 1872.

Pegli

Hasta la II Guerra Mundial, Pegli, 6 km al oeste del centro de la ciudad, era un popular retiro de fin de semana para los genoveses adinerados.

Mosaico con adoquines alrededor de la fuente del Palazzo Reale

Ahora forma parte de la ciudad, pero mantiene un aire tranquilo gracias a sus parques y a dos famosas villas la **Villa Durazzo-Pallavicini** y la **Villa Doria Centurione, Museo Navale.** La villa Durazzo-Pallavicini (siglo XIX) contiene un museo arqueológico sobre la historia prerromana de la costa de Liguria. El jardín del siglo XX está lleno de románticas grutas, pabellones y fuentes, además de un pequeño jardín botánico con especímenes interesantes.

La Villa Doria Centurione (siglo XVI) alberga un museo histórico naval sobre el glorioso pasado marítimo de Génova. Entre los objetos expuestos hay brújulas, astrolabios, globos, maquetas de barcos y un retrato de Colón atribuido a Ghirlandaio (*c.* 1525).

Villa Durazzo-Pallavicini
Via Pallavicini 11, Pegli
9.30-18.00 ma-do (abr-sep: hasta 19.00) nov-feb
villadurazzopallavicini.it

Villa Doria Centurione, Museo Navale
Piazza Bonavino 7, Pegli
010 696 98 85 9.00-13.30 ma-vi (18.00 sá, 13.00 do) Festivos

Casas en tonos pastel en un acantilado en Monterosso al Mare

CINQUE TERRE

B3 La Spezia, Lerici y Porto Venere A todas las ciudades parconazionale5terre.it

Cinque Terre son cinco pueblos –Monterosso al Mare, Vernazza, Corniglia, Manarola y Riomaggiore– del rocoso litoral de la Riviera di Levante. Colgadas de modo espectacular de abruptos acantilados, la única conexión entre estas poblaciones es una antigua senda, el Sentiero Azzurro (sendero Azul), con impactantes vistas de la escarpada costa y las viñas en bancal de las que proceden los vinos blancos secos de la tierra. El sendero también brinda acceso a playas recónditas. El mejor modo de visitar los pueblos es por barco o tren.

Monterosso al Mare

El mayor municipio de Cinque Terre, Monterosso al Mare, se sitúa en el noroeste, dominando una amplia bahía con una playa de arena. Sus pintorescas calles, con hileras de limoneros y olivos, llevan a un centro urbano dual: la parte nueva, Fegina, con animados hoteles y restaurantes, y el casco antiguo, con callejas adoquinadas y casas en tonos pastel.

Vernazza

El pueblo pesquero de Vernazza es un laberinto de encantadoras calles adoquinadas enlazadas por *arpaie* (escalones empinados). Fundada en torno al año 1000, está a horcajadas de un gran promontorio rocoso. La calle principal, Via Roma, va del pequeño puerto (el único natural de Cinque Terre) a Piazza Marconi, con cafés, bares y restaurantes en abundancia. Vale la pena callejear para contemplar las vistas del mar.

Corniglia

Coronando un paisaje de viñedos en bancal, Corniglia parece ajena al paso del tiempo. Desde la estación de tren es aconsejable tomar un autobús, a menos que se esté en condiciones de afrontar los 377 empinados escalones que llevan al centro.

Manarola

Unida por la famosa Via dell'Amore (camino del Amor) a Riomaggiore, adonde se llega andando en 15 minutos, Manarola es totalmente idílico. El pueblo más antiguo de Cinque

CONSEJO DK
Mejor época para la visita

El mejor periodo para el senderismo y el baño en Cinque Terre es de mediados de abril a mediados de octubre. Es evitable agosto, cuando se disparan los precios de los hoteles y se saturan playas y senderos.

Hotel Porto Roca
Encantador hotel con piscina infinita, vistas al mar y un excelente restaurante.

Via Corone 1, Monterosso al Mare
portoroca.it

€€€

La Malà
Agradable alojamiento familiar con desayuno y espléndidas vistas al mar.

Via San Giovanni Battista 29, Vernazza
lamala.it

€€€

Cinqueterre Residence
Uno de los hoteles más lujosos de Cinque Terre. Habitaciones con *jacuzzi* y minibar gratis.

Via de Batte 67, Riomaggiore **cinqueterreresidence.it**

€€€

Terre prospera gracias a la vinicultura, el turismo y la pesca, con marisquerías que están entre las mejores de Italia. El casco urbano está dividido por una carretera que en tiempos fue un arroyo, Il Ponte, que conecta la iglesia de San Lorenzo con el puerto deportivo. En los alrededores hay sendas que atraviesan hermosos viñedos con vistas al mar.

Riomaggiore

Las preciosas casas en tonos pastel de Riomaggiore cuelgan de acantilados sobre bahías en las que se mecen barcas de pesca. La población más famosa de Cinque Terre atrae visitantes por sus coquetas playas, excelentes restaurantes de pescado y animados bares.

↑ Bañistas preparándose para un chapuzón en la costa de Corniglia

LUGARES DE INTERÉS

Balzi Rossi

A3 Imperia
FS Ventimiglia y Menton
Desde Ventimiglia a Ponte San Luigi, luego 10 min a pie
W soprintendenza.liguria.beniculturali.it

Un sencillo promontorio alberga algunas de las cuevas más importantes del norte de Italia. Las visitas guiadas recorren los restos de la civilización que vivió en ellas antes de la Edad del Hierro; entre ellos, lugares de enterramiento en los que los cadáveres eran adornados con conchas. El **Museo Nazionale dei Balzi Rossi** expone utensilios, armas y figuras femeninas grabadas en piedra de hace 100.000 años.

Dos de las mejores heladerías de San Remo:

Gelateria Vecchia Matuzia
Sirve un excelente *gelato* tradicional.
Corso Matuzia 97

Gelateria Slurp
Variedad de sabores en esta *gelateria* con opciones veganas.
Piazza Cristoforo Colombo 37

Museo Nazionale dei Balzi Rossi
Via Balzi Rossi 9
0184 38113 8.30-19.30 ma-do 1 ene, 1 may, 25 dic

Villa Hanbury

A3 Corso Monte Carlo 43, Località La Mortola
FS Ventimiglia Desde Ventimiglia 9.30-17.00 (med jun-med sep: hasta 18.00; med oct-feb: hasta 16.00) diario lu nov-feb
W giardinihanbury.com

El botánico inglés Thomas Hanbury y su hermano compraron esta villa en un promontorio junto al mar en 1867. Aprovecharon el clima suave de Liguria para crear un jardín de plantas exóticas.

La coleccion, reunida por Hanbury en sus viajes a África y Asia, cuenta con más de 3.000 especies tropicales, como árboles de caucho, palmeras y cactus silvestres.

El jardín ahora es de gestión estatal y es uno de los jardines botánicos más impresionantes de Italia, incluso durante los meses de invierno.

Dolceacqua

A3 Imperia FS
Via Patrioti Martiri 30; www.dolceacqua.it

Este bonito pueblo, 8 km al norte de Ventimiglia, se levanta a ambos lados del río Nervia, unido por un puente de piedra medieval de 33 m. Destaca el castillo (siglos XII-XV) en ruinas, habitado en el siglo XVI por la poderosa familia Doria de Génova. Las dos torres cuadradas de la parte frontal dominan el pueblo. Los viñedos de los alrededores producen la uva del tinto Rossese o vino di Dolceacqua.

San Remo

A3 Imperia FS
Corso Garibaldi 1; 0184580500

San Remo es un agradable centro turístico de marchita elegancia. El compositor Tchaikovsky, Alfred Nobel (padre de los explosivos modernos) y el poeta Edward Lear se alojaron en mansiones estucadas del paseo marítimo, el Corso Imperatrice. La vida de la ciudad, antes y ahora, gira alrededor del Casino. Bajando el Corso está la iglesia rusa ortodoxa de San Borilio.

El casco viejo, La Pigna, tiene estrechas callejas con casas medievales. Un autobús

Plantas exóticas en el jardín botánico de Villa Hanbury, fundado por un botánico inglés

Puesta de sol sobre Cervo, en un promontorio mirando al mar

comunica San Remo con San Romolo, pueblo a 786 m de altura con magníficas vistas.

El valle de Armea *(5.00-7.00 oct-jun, www.sanremoflower market.it)* es el marco de un encantador mercado de flores al por mayor, mientras que el Festival de la Canción Italiana tiene lugar aquí en febrero.

Bussana Vecchia

A3 Imperia, en la carretera San Remo-Arma di Taggia

Bussana Vecchia es una maravillosa ciudad fantasma. En febrero de 1887 sufrió un terremoto que redujo a escombros la iglesia barroca y las casas de alrededor. Un superviviente, Giovanni Torre del Merlo, fue el inventor del cucurucho de helado.

La ciudad se reconstruyó más cerca del mar. Desde entonces, el pueblo antiguo está ocupado sobre todo por artistas, que han reformado interiores y han habilitado un lugar para celebrar conciertos y exposiciones durante el verano.

Cervo

A3 Imperia FS
Piazza Santa Caterina 2; www.cervo.com

Cervo es un bonito pueblo costero con un complejo entramado de calles y casas que suben abruptamente desde la playa de guijarros. En lo alto del pueblo está la barroca fachada cóncava de San Giovanni Battista. En julio y agosto, frente a la iglesia se celebran conciertos de orquestas de cámara. La iglesia también se conoce como *dei corallini*, por el coral cuya pesca hizo prosperar al pueblo.

Albenga

A3 Savona FS
Viale Martiri della Libertà 1; www.scoprialbenga.it

El puerto romano de Albium Ingaunum desempeñó un importante papel hasta la Edad Media. Sin embargo, el mar fue retirándose dejando a Albenga junto al río Centa. Lo más sorprendente es su arquitectura románica en ladrillo, sobre todo en las tres torres del siglo XIII que rodean la catedral de San Michele.

Al sur queda un **baptisterio** del siglo V, con el exterior de diez lados y un interior octogonal. Dentro, los mosaicos originales (siglo V) de palomas blancas y azules representan a los doce apóstoles. Un palacio (siglo XIV) de la Piazza San Michele alberga el **Museo Navale Romano,** fundado en 1950 tras recuperarse los restos de un barco romano que se había hundido en la costa en el siglo I a. C. El museo contiene ánforas antiguas, así como objetos rescatados de naufragios más recientes.

Baptisterio

Piazza San Michele
347 808 58 11 ma-do (oct-abr: grupos solo do) 1 ene, Semana Santa, 25 dic

Museo Navale Romano

Piazza San Michele 12
0182 51 215 ma-do 1 ene, Semana Santa, 25 dic

Fascinantes formaciones geológicas en las Grotte di Toirano

10  

Grotte di Toirano

A3 Via alle Grotte, Toirano Desde Albenga a Borghetto Santo Spirito FS A Borghetto Santo Spirito o Loano 9.00-12.30 y 14.00-16.30 diario 25 dic-1 ene toiranogrotte.it

Bajo el pueblo medieval de Toriano hay varias cuevas con restos del Paleolítico (hace alrededor de 100.000 años).

La Grotta di Santa Lucia contiene estalactitas y estalagmitas amarillas y grises formadas durante milenios.

El **Museo Etnografico della Val Varatella,** ubicado en unas caballerizas del siglo XVI del Palazzo del Marchese, cuenta con una colección de herramientas agrícolas y domésticas de los siglos XVII al XX.

Museo Etnografico della Val Varatella

 Via G Polla, Toirano 0182 98 99 68 10.00-13.00 y 15.00-18.00 diario

11

Camogli

B2 Genoa FS Via XX Settembre 33; www.camogliturismo.it

Erigido sobre una pendiente de pinos, Camogli es un atractivo pueblo pesquero con conchas adornando las fachadas pintadas de color pastel. Junto a la playa de guijarros y el puerto se encuentra el castillo medieval della Dragonara.

Camogli celebra su famoso festival de la Bendición de los Peces el segundo domingo de mayo. Se fríen sardinas en una sartén enorme y luego se reparten de manera gratuita entre los asistentes.

12

Península de Portofino

B2-B3 Génova Portofino Via Roma 35; www.parcoportofino.com

Portofino es el puerto y centro vacacional más exclusivo de Italia. Se puede llegar por carretera (aunque está prohibida la entrada de coches en el pueblo) o por barco, desde Santa Margherita Ligure. Sobre la ciudad se cierne la iglesia de San Giorgio, con reliquias del santo y un castillo.

Al otro lado de la península, a la que se accede a pie (dos horas) o en barco, está la **Abbazia di San Fruttuoso,** que debe su nombre a un santo del siglo III cuyos fieles naufragaron aquí y, según la leyenda, fueron protegidos por tres leones. Los edificios blancos enclavados entre pinos y olivos datan en su mayoría del siglo XI, aunque la imponente Torre dei Doria se añadió 500 años más tarde. Los submarinistas experimentados pueden intentar localizar el Cristo degli Abissi, una estatua de bronce que descansa en el fondo del mar cerca de San Fruttuoso y que, según se dice, protege a los marineros.

Abbazia di San Fruttuoso

 San Fruttuoso 0185 77 27 03 mar-oct: diario; nov-ene: ma-do

13

Rapallo

B2 Génova FS Lungomare Vittorio Veneto 7; www.lamialiguria.it

Rapallo fue testigo de la firma de dos tratados tras la II Guerra Mundial. Los cinéfilos lo reconocerán como el lugar donde se rodó en 1954 *La condesa descalza*. Rapallo fue el lugar donde se refugiaron escritores como D. H. Lawrence y Ezra Pound. La explanada de palmeras termina en un castillo del siglo XVI. Un teleférico

¿Lo sabías?

Las Grotte di Toirano dieron refugio a osos cavernarios durante la hibernación.

conduce desde el centro de la ciudad al **Santuario di Monteallegro,** del siglo XVI, que alberga un icono bizantino con supuestos poderes milagrosos.

Santuario di Montallegro
Montallegro 0185 23 90 00 Diario 12.00-14.30

Portovenere

B3 La Spezia
Piazza Bastreri 7; www.prolocoportovenere.it

Portovenere es, con sus estrechas calles y casas color pastel, uno de los pueblos más románticos de la costa de Liguria. En la parte alta está la iglesia de San Lorenzo (siglo XII), sobre cuya entrada está representado el martirio del santo, que fue quemado en una parrilla. En el promontorio de piedra que sale al mar está la pequeña iglesia blanca y negra de San Pietro (siglo XIII).

Lerici

B3 La Spezia
Via Biagini 6, Località Venere Azzurra; www.parconazionale5terre.it

Este popular centro de vacaciones está anclado en una bella bahía. El imponente **Castello di Lerici** (siglo XIII), edificado por los pisanos y que luego pasó a manos genovesas, alberga un museo de geopaleontología con exposiciones y conciertos.

La villa de San Terenzo, al otro lado de la bahía, es donde el poeta Shelley pasó sus últimos años. Fue desde su residencia, la Casa Magni, desde donde partió hacia Livorno para encontrarse con Leigh Hunt en 1822. El barcó naufragó trágicamente cerca de Viareggio y él murió ahogado.

Castello di Lerici
Piazza San Giorgio
ma-do 9-26 dic
castellodilerici.it

Hotel San Terenzo
Las habitaciones tienen terraza y vistas al mar, y los huéspedes pueden alquilar embarcaciones. Hay buenas rutas de ferri a Cinque Terre.

Via S. Biaggini 42, San Terenzo
hotelsanterenzo.it

B&B La Matta Gatta
Alojamiento y desayuno en habitaciones sencillas pero elegantes en un establecimiento familiar. A poca distancia de la playa, ofrece buenas vistas.

La Sare 21, Lerici
334 293 7377

↑ El pueblo de Portovenere, con sus coloridas casas y su concurrido puerto

CENTRO DE ITALIA

Colinas cubiertas de viñedos en la Toscana

CENTRO DE ITALIA **EN EL MAPA**

Esta sección divide el centro de Italia en siete zonas diferenciadas por colores, como muestra el mapa superior. En las páginas siguientes se amplía la información de cada zona.

VÉNETO
ITALIA
Rovigo
Po
Reno
Rávena
Imola
aenza
Forlì
Cesena
Rímini
San Marino
Pesaro
Fano
Bibbiena
Urbino
Sansepolcro
Ancona
Cagli
Arezzo
Città di Castello
LAS MARCAS
p. 414
Gubbio
Macerata
Mar Adriático
UMBRÍA
p. 400
San Severino Marche
Lago Trasimeno
Perugia
Assisi
Foligno
Tevere
Ascoli Piceno
Orvieto
Spoleto
Terni
Montefiascone
Teramo
Pescara
Viterbo
Nera
Rieti
L'Aquila
LAZIO
p. 320
ABRUZOS
Avezzano
Sulmona
Termoli
Tivoli
Palestrina
ROMA
p. 222
Frosinone
MOLISE
Campobasso
Anzio
Latina
Cassino
0 kilómetros
50
N
Terracina

CONOCIENDO EL CENTRO DE ITALIA

Extendido entre los mares Adriático y Tirreno y desde las neblinas del valle del Po al Mediterráneo, este es el corazón de Italia. Roma y Florencia –conectadas por frecuentes trenes rápidos– son las principales metas, seguidas de cerca por las ciudades en los altos de la Toscana y Umbría. Hay, no obstante, múltiples opciones de escapar al turismo de masas, explorando los olvidados pueblos de Las Marcas o caminando en la cordillera de los Apeninos.

PÁGINA 222

ROMA

Roma es una exuberante y ruidosa urbe donde los ecos de la historia forman un decorado excepcional para la vida cotidiana en una ciudad europea contemporánea. En gran medida, Roma es un gran vecindario en el que la vida comunal prosigue junto a sus antiguos monumentos, iglesias medievales y pintorescas *piazzas*. Además de para ver la ciudad, es un destino fabuloso con fines más hedonistas, con un apabullante despliegue de *boutiques* de diseñadores, tentadoras *delicatessen* y fantásticos lugares para comer, desde cafés callejeros a restaurantes con encanto.

Lo mejor
Darse de bruces con maravillosos vestigios del pasado por casualidad

Qué ver
El Coliseo y el Vaticano

Experiencias
Ópera en las termas de Caracalla y misa en San Pedro del Vaticano

PÁGINA 320

EL LACIO

Situada entre los Apeninos y el Tirreno, el Lacio es una variada región de lagos volcánicos, manantiales termales, montañas, barrancos, viñedos y olivares. Los etruscos, cuya cultura floreció en el siglo VII a. C., dejaron ciudades y cementerios, mientras que dan fe de la antigua Roma la magnífica villa del emperador Adriano en Tívoli y las ruinas de Ostia Antica. Los lagos Bracciano, Bolsena y Albano son excelentes para el baño y la navegación. Los amantes del vino pueden deleitarse en las cantinas de los Castelli Romani. Las mejores playas están en el Parque Nacional del Monte Circeo.

Lo mejor
Días libres y excursiones desde Roma

Qué ver
Parque de los Monstruos en Bomarzo Monster, Tívoli e increíbles lagos volcánicos

Experiencias
Comer a la orilla del lago Bracciano

PÁGINA 332

FLORENCIA

Creada en un torbellino artístico que, 500 años después, aún puede sentirse, Florencia es un exquisito monumento al Renacimiento, el desperar intelectual y artístico del siglo XV. Pero no es una pieza de museo: es un lugar animado con tiendas y mercados muy concurridos, artistas callejeros y un sinfín de tentadoras heladerías, mercados, restaurantes y cafés. Con un casco antiguo compacto dividido por el río Arno, es fácil recorrerla a pie. La orilla norte está repleta de joyas artísticas y arquitectónicas, mientras que al sur está Oltrarno, más acogedor; ambas están unidas por el Ponte Vecchio.

Lo mejor
Turismo a pie, con múltiples paradas para tomar un café

Qué ver
Los Uffizi, el Duomo y el Ponte Vecchio

Experiencias
Vista panorámica de la ciudad desde San Miniato

→

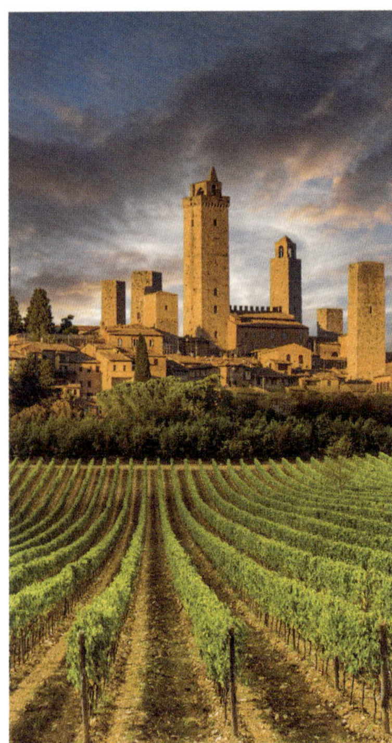

PÁGINA 366

TOSCANA

Famosa por su arte, historia, vino y paisajes, la Toscana es la quintaesencia italiana, con bonitos pueblos medievales en promontorios y colinas con viñedos. Las ciudades de Siena, Pisa, Lucca, Cortona y Arezzo contienen algunos de los tesoros artísticos más conocidos de Italia, mientras que pueblos como San Gimignano, con sus famosas torres, o Pienza, una pequeña joya renacentista, se sitúan en medio de paisajes que dan fama a la región. Los principales destinos para los aficionados al vino que quieran recorrer las bodegas de la región son Chianti, Montalcino y Montepulciano.

Lo mejor

El paisaje rural y los bonitos pueblos en colinas

Qué ver

Siena, la torre inclinada de Pisa y el vino de Chianti

Experiencias

Catas de vinos en las bodegas antiguas de Montepulciano

PÁGINA 400

UMBRÍA

Umbría recibe el sobrenombre de *corazón verde de Italia* por la abundancia de pueblos medievales en colinas rodeadas de pastos y altas montañas. Conocida por sus trufas, setas y embutidos, la región es un gran destino para los amantes de la gastronomía. Los senderistas acuden a la zona por sus paisajes, que van de los misteriosos desiertos de Piano Grande a las espléndidas montañas del Parque Nacional Monti Sibillini. Asís, donde nació san Francisco, y Spoleto son las localidades más bonitas de Umbría, pero hay otras muchas, como Orvieto, Gubbio, Spello, Montefalco y Todi.

Lo mejor

Pueblos en colinas, comida, paseos por el campo

Qué ver

Asís, Spoleto y el lago Trasimeno

Experiencias

Recolecta de trufa y rafting en aguas bravas en la Valnerina

PÁGINA 414

LAS MARCAS

Los centros de playa de Las Marcas bullen de actividad en verano, pero los tesoros interiores de la región son prácticamente desconocidos. El paisaje es, en su mayoría, una mezcla de bosques y colinas salpicadas de pequeños pueblos y ciudades. Hay joyas culturales en la amurallada Urbino –la corte más famosa de la Italia renacentista, con su Palazzo Ducale– y la medieval Ascoli Piceno. La rocosa costa de la península de Conero contrasta con la sucesión de playas de arena del litoral de esta región.

Lo mejor
Recorrer en coche pueblos remotos situados en cerros

Qué ver
Urbino y la península de Conero

Experiencias
El festival de ópera de Macerata o un café con un chorro de licor en Ascoli Piceno

PÁGINA 424

EMILIA-ROMAÑA

Emilia-Romaña, una franja que se adentra desde la costa del Adriático a través de las colinas y planicies del valle del Po, divide el norte, marcado por el frío de los Alpes, del sur, caluroso y mediterráneo. La región es famosa por su cocina, lo que la hace un destino ideal para aficionados a la gastronomía. La capital regional, Bolonia, es una vibrante ciudad universitaria, mientras que Módena alberga una de las catedrales románicas más bellas de Italia. Rávena, con sus iglesias llenas de mosaicos, es quizás la localidad más extraordinaria de la región.

Lo mejor
Comer fuera y llenar la maleta de delicias gastronómicas

Qué ver
Los mosaicos de Rávena, las largas playas de arena y pueblos llenos de arte e historia

Experiencias
La mortadela auténtica, original de Bolonia

ROMA

El Tíber al caer el sol

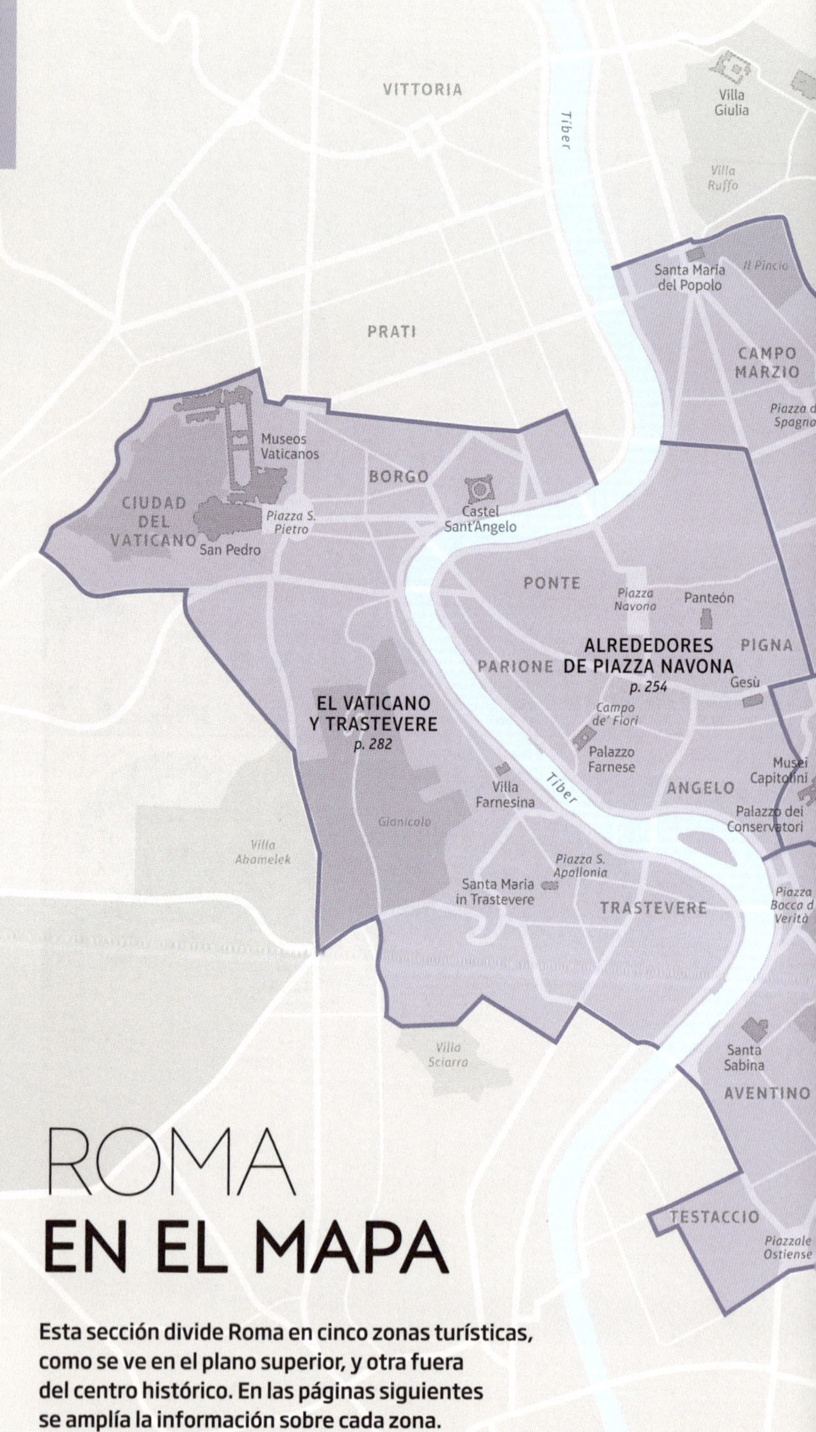

ROMA
EN EL MAPA

Esta sección divide Roma en cinco zonas turísticas, como se ve en el plano superior, y otra fuera del centro histórico. En las páginas siguientes se amplía la información sobre cada zona.

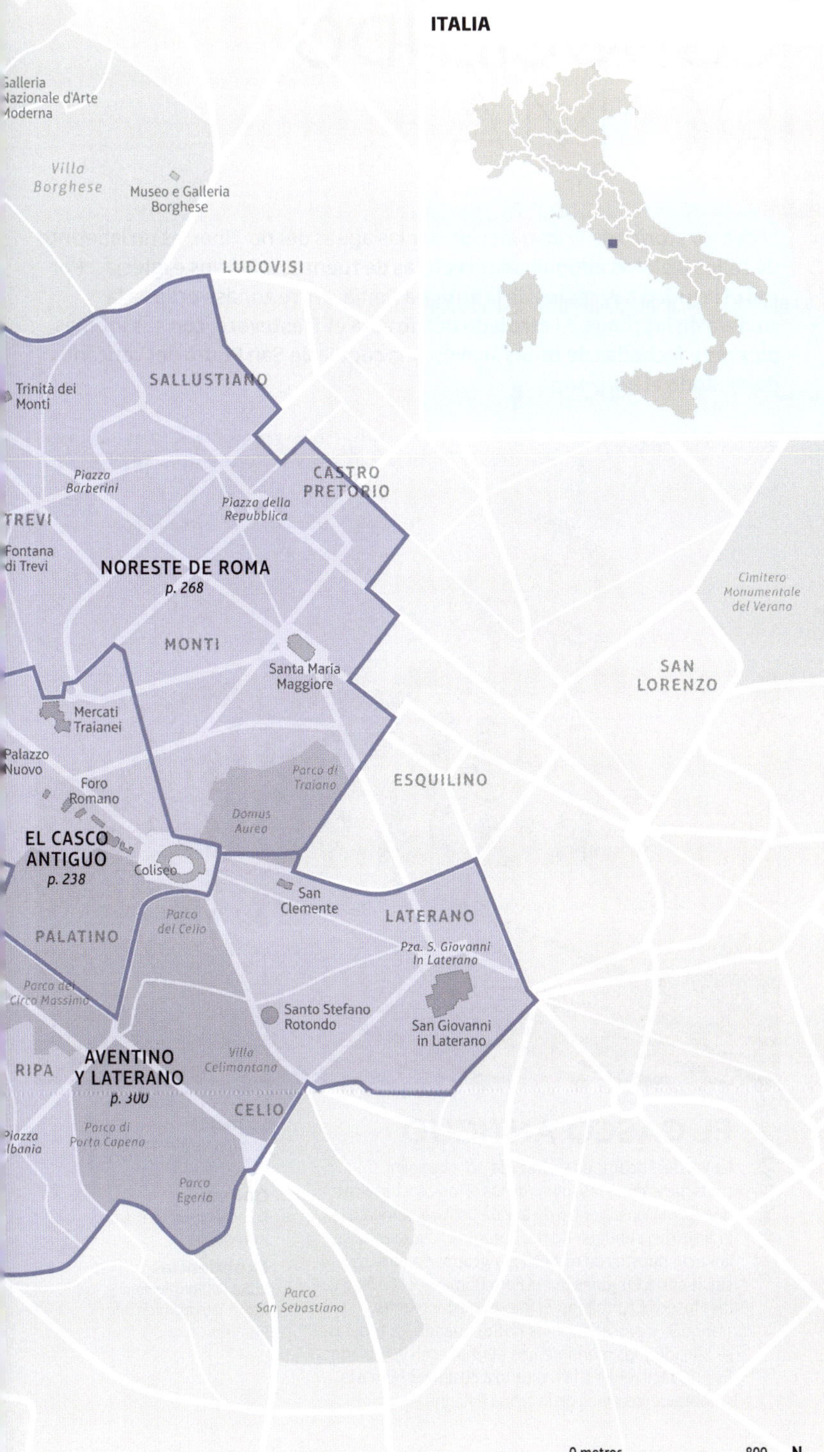

ITALIA
Galleria Nazionale d'Arte Moderna
Villa Borghese
Museo e Galleria Borghese
LUDOVISI
SALLUSTIANO
Trinità dei Monti
CASTRO PRETORIO
Piazza Barberini
Piazza della Repubblica
TREVI
Fontana di Trevi
NORESTE DE ROMA
p. 268
Cimitero Monumentale del Verano
MONTI
Santa Maria Maggiore
SAN LORENZO
Mercati Traianei
Palazzo Nuovo
Parco di Traiano
ESQUILINO
Foro Romano
Domus Aurea
EL CASCO ANTIGUO
p. 238
Coliseo
San Clemente
LATERANO
Parco del Celio
PALATINO
Pza. S. Giovanni In Laterano
Parco del Circo Massimo
Santo Stefano Rotondo
San Giovanni in Laterano
AVENTINO Y LATERANO
p. 300
RIPA
Villa Celimontana
CELIO
Piazza Albania
Parco di Porta Capena
Parco Egerio
Parco San Sebastiano
GARBATELLA
0 metros
800
N

CONOCIENDO ROMA

El *centro storico* de Roma, mecido por las aguas del río Tíber, es un laberinto de calles y plazas adoquinadas repletas de fuentes, palacios e iglesias. Por toda la ciudad hay restos de la antigua Roma, entre zonas verdes a la sombra de los pinos. Al otro lado del río está el Trastevere, con sus íntimas *piazzas* y fachadas de tonos suaves, y la cúpula de San Pedro del Vaticano dominando el horizonte.

PÁGINA 238

EL CASCO ANTIGUO

La Via dei Fori Imperiali, trazada por Mussolini, transcurre sobre las ruinas de los templos y basílicas que formaron el centro de la vida política, comercial y judicial de la antigua Roma. Durante el día, la zona se llena de puestos de recuerdos y grupos de turistas siguiendo a los guías por el Foro Romano, el Coliseo y los Museos Capitolinos. El foro es bastante más tranquilo y evocador por la noche, cuando los turistas se han ido y los monumentos permanecen iluminados. Es más fácil rehuir a la multitud a cualquier hora a la sombra de los pinos de la colina Palatina.

Lo mejor
Recorrer las fascinantes ruinas de la antigua Roma

Qué ver
El Foro Romano, el Palatino y el Coliseo

Experiencias
Vistas del Foro Romano desde la terraza del Caffè Capitolino

PÁGINA 254

ALREDEDORES DE PIAZZA NAVONA

La ovalada Piazza Navona, presidida por el gran obelisco y la fuente de los Cuatro Ríos, de Bernini, es el centro social de Roma. La plaza, un salón al aire libre con terrazas caras, está llena de la mañana a la noche de músicos, mimos y vendedores callejeros. Las estrechas calles adoquinadas que la rodean albergan extraordinarias iglesias y palacios, tentadoras *gelaterie* y concurridos cafés y restaurantes.

Lo mejor
Contemplar a la gente en la plaza

Qué ver
Il Gesù y el Panteón

Experiencias
Los helados de San Crispino o Grom

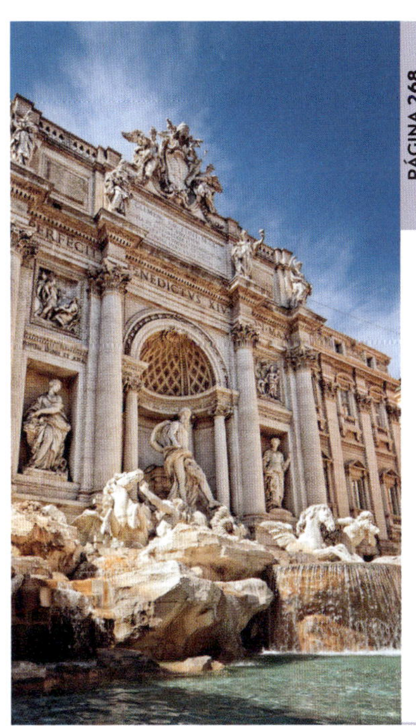

PÁGINA 268

NORESTE DE ROMA

Las calles en torno a Piazza di Spagna están llenas de zapaterías y tiendas de ropa de diseño, de cosmética, galerías de arte, anticuarios y caras delicias gastronómicas. Es una zona por la que pasear y ver escaparates mientras se hace turismo. Via del Corso está llena de franquicias, y en hora punta se convierte en un torrente humano. Cerca está la Fontana di Trevi, la imponente iglesia de Santa Maria Maggiore y el distrito Monti, de moda gracias a su oferta de comida callejera y las tiendas de moda alternativa.

Lo mejor
Comprar

Qué ver
Piazza di Spagna, Santa Maria Maggiore y la Fontana di Trevi

Experiencias
Comer o tomar algo en la Piazza Madonna dei Monti

→

PÁGINA 282

EL VATICANO Y TRASTEVERE

El Vaticano, con la basílica de San Pedro, la capilla Sixtina y la variada colección de los Museos Vaticanos, es visita obligada para peregrinos y amantes del arte. La zona aledaña está surcada por calles llenas de tiendas de recuerdos y vendedores ambulantes que ofrecen camisetas de la capilla Sixtina y *pietàs* de escayola. Cerca se encuentran las evocadoras y decadentes calles adoquinadas del Trastevere, donde la Piazza San Cosimato alberga un mercado diario y hay capillas de la Virgen protegiendo las plazas.

Lo mejor
Arte y escultura de fama mundial

Qué ver
San Pedro, los Museos Vaticanos y el Castel Sant'Angelo

Experiencias
La audiencia papal en la Piazza San Pietro

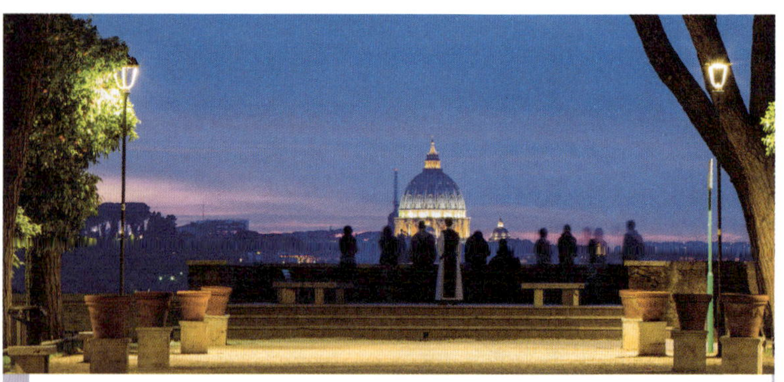

PÁGINA 300

AVENTINO Y LATERANO

La colina doble del Aventino, que se eleva sobre el río Tíber hacia el suroeste del Palatino, es una zona residencial arbolada con unas cuantas iglesias cristianas primitivas entre sus apartadas villas privadas. Pese a estar en el centro de Roma, es muy tranquila. El cercano Laterano, tradicionalmente un barrio de clase obrera, conserva un aire modesto. Sus modernas avenidas se abren a preciosas iglesias y alberga el enorme mercado de ropa y calzado de Via Sannio.

Lo mejor
Pasear por parques arbolados

Qué ver
San Giovanni in Laterano, San Clemente

Experiencias
El fantasmagórico mitreo oculto bajo San Clemente

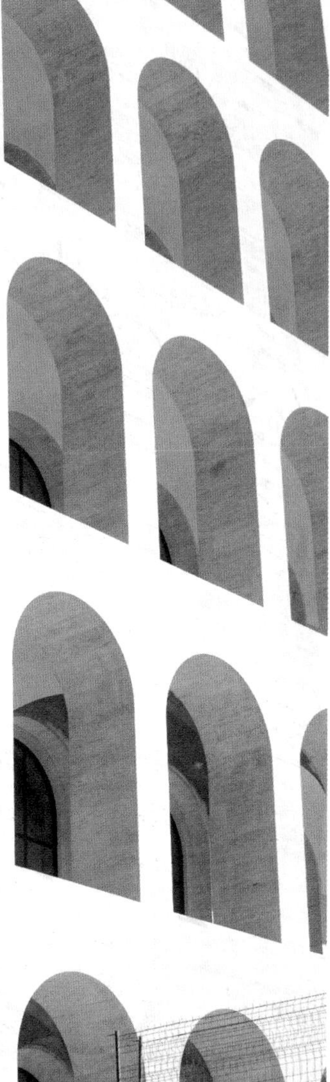

PÁGINA 312

FUERA DEL CENTRO

Roma tiene un centro pequeño y compacto que se puede recorrer a pie de una punta a otra en un par de horas. Los amantes de las caminatas pueden ir fácilmente a algunos sitios de la periferia, desde las catacumbas romanas al museo MAXXI, y de la suntuosa finca Villa Borghese al barrio futurista EUR. Salir del centro no solo lleva a conocer lugares poco transitados por el turismo, sino también zonas residenciales en las que se percibe el verdadero día a día de Roma.

Lo mejor

Escapar de la multitud y descubrir joyas ocultas de Roma

Qué ver

Villa Giulia, Villa Borghese, MAXXI y EUR

Experiencias

Un concierto de música clásica o jazz en el Auditorium Parco della Musica

1

3

2

4

→

1 El Coliseo

2 Frescos del Museo Nazionale Romano

3 Monjas en la Piazza San Pietro

4 Enoteca Ferrara, en el Trastevere

3 DÍAS

Un fin de semana largo en Roma

Día 1

Mañana Merece la pena levantarse al amanecer para vivir la experiencia inolvidable de ver la Piazza San Pietro casi vacía y entrar en la basílica *(p. 286)* junto con monjas, sacerdotes y peregrinos a las 7 de la mañana. La escalera de caracol que sube hasta la cúpula abre a las 8 y disfrutar en solitario de las vistas resulta mágico. Conviene reservar por Internet la entrada a los Museos Vaticanos *(p. 289)* y, durante la visita, disfrutar del Cortile della Pigna desayunando en la cafetería cercana. Con 12 museos y 7 km de pasillos, la opción es hacer una selección de lo más destacado y almorzar en la pizzería que está fuera del pabellón de las Carrozas.

Tarde Un paseo hasta la colina de Gianicolo permite disfrutar de fabulosas vistas de la ciudad, pasando después por el Tempietto *(p. 299)* de camino al Trastevere *(p. 298)*.

Noche Un aperitivo bien merecido en la Piazza Santa Maria in Trastevere, seguido de una cena en la Enoteca Ferrara *(p. 297)*, pueden ser el broche ideal de la jornada.

Día 2

Mañana Tras explorar el Coliseo *(p. 242)*, conviene dirigirse al acceso al Palatino *(p. 248)*, en Via San Gregorio, para entrar al foro por una puerta menos transitada que la principal. No hay que perderse la Domus Flavia o la parte que aún queda del túnel Cryptoporticus. Colina abajo se llega al Foro Romano, y se pueden buscar las monedas fundidas en el suelo de la basilica Aemilia y los juegos tallados a modo de tablero en los escalones de la basílica Julia. Para comer, una buena opción es La Bottega del Caffè, en Piazza Madonna dei Monti.

Tarde Vale la pena darse una vuelta por las peculiares *boutiques* de Via Sei Serpenti hasta el foro y los mercados de Trajano *(p. 250)*, centro comercial de la antigua Roma, y las villas reconstruidas digitalmente bajo el Palazzo Valentini. Son soberbios los frescos de una villa campestre qued perteneció a la esposa de Augusto, Livia, en el Museo Nazionale Romano *(p. 281)*. Si se quieren ver otros frescos de la villa *in situ* en el Palatino, conviene reservar antes.

Noche Para acabar el día, se puede disfrutar de una copa de vino en el Trimani Il Wine Bar *(Via Cernaia 37/b)*.

Día 3

Mañana El día comienza con un *caffè latte* y un *cornetto* en el Antico Caffè Vitti, situado en la bonita Piazza San Lorenzo in Lucina; luego, atravesando la Piazza del Parlamento, se llega a la Piazza del Montecitorio, donde van y vienen políticos y manifestantes. Luego se puede bajar hasta el Panteón *(p. 260)*, pasando por la pequeña Piazza delle Coppelle y Piazza Capranica. Después, qué mejor que contemplar los lienzos de Caravaggio en San Luigi dei Francesi y el patio de Sant'Ivo alla Sapienza *(p. 262)*, antes de cruzar Piazza Navona para almorzar en el Chiostro Bramante Bistrot *(Arco della Pace 5)*.

Tarde Merece la pena ver las tiendas de antigüedades de Via Dei Coronari, y luego bajar por Via Giuliato Campo de'Fiori *(p. 264)* hasta el Ghetto.

Noche Tras un aperitivo en uno de los cafés de Via del Portico d'Ottavia, el día concluye con una buena cena en Piperno *(Via Monte dè Cenci 9)*.

◁ Cocina contemporánea

Roma cuenta con muchos lugares chic en que sirven platos clásicos con un toque creativo. El énfasis se pone en la selección y preparación de los ingredientes.
Restaurantes selectos y creativos en Roma: *Casa Coppelle* (Piazza delle Coppelle 49), *Casa e Bottega* (Via Tor di Millina 34A) *y Glass Hostaria* (Vicolo Dè Cinque 58).

▷ Aperitivo y vinaterías

Aunque el aperitivo es una tradición del norte del país, los romanos lo han adoptado como propio. Como mínimo, unas patatas fritas, aceitunas y cacahuetes para acompañar la bebida, pero los mejores sitios ofrecen una amplia selección de *antipasti* con cuidada presentación. En las vinaterías conviene pedir Frascati, Chianti Classico o Torre Ercolana.
Mejores bares de Roma: *VinAllegro* (Piazza Giuditta Tavani Arquati 114), *Momart Cafè* (Viale Ventuno Aprile 19) *y 'Gusto* (Piazza Imperatore Augusto 9).

ROMA PARA COMIDISTAS

En Roma, comer fuera permite combinar placer y entretenimiento. Los mejores platos de la ciudad no se limitan a sus restaurantes con estrella Michelin: quienes disfrutan comiendo pueden deleitarse en cafés, pizzerías y *gelaterie*.

◁ Cremoso *gelato*

Los helados *gourmet* preparados con ingredientes orgánicos han invadido Roma. Hay todo tipo de sabores artesanos, algunos elaborados con métodos y recetas centenarios.
Las mejores heladerías de Roma: *Grom* (Via della Maddalena 30A), *Giolitti* (Via degli Uffici del Vicario 40) *y Gelarmony* (Via Marcantonio Colonna 34).

◁ Pizza y *focaccia*

Tomarse una porción de pizza recién horneada *(pizza a taglio)* y una *focaccia* con aceite de oliva de Liguria y romero es una de las grandes experiencias gastronómicas de Roma.
La mejor comida para llevar de Roma: *Antico Forno Roscioli* (Via dei Chiavari 34), *Forno Campo de' Fiori* (Piazza Campo De' Fiori 22) *y La Renella* (Via del Moro 15).

◁ Platos tradicionales romanos

Originaria de zonas obreras como Testaccio, la cocina tradicional tiene una base de carne barata y vísceras. La comunidad judía del Ghetto también influyó en la cocina local con platos como las *carciofi alla giudia* (alcachofas a la judía) y *filetti di baccalà* (bacalao frito).
Casas de comidas recomendadas en Roma: *Da Armando al Pantheon (Salida De'Crescenzi 31) y Felicce a Testaccio (Via Mastro Giorgio 29).*

GUÍA DEL CAFÉ

Caffè: Un café corto e intenso, popularmente conocido en el extranjero como *espresso*
Caffè Lungo: Algo más largo y menos fuerte que un *caffè* al estar más aguado
Caffè Macchiato: *Caffè* con una nube de espuma de leche
Latte Macchiato: Leche caliente con un poco de café
Caffè Corretto: Un *caffè* con un chorro de licores como *grappa* o anís
Caffè Marocchino: Un *caffè* con cacao y un poco de espuma de leche

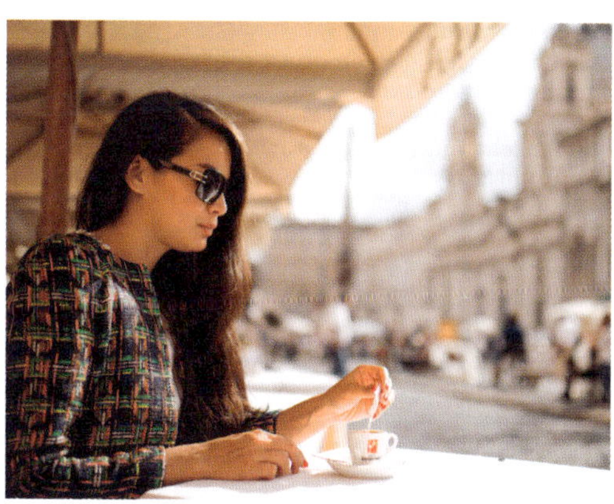

△ Un café excepcional

El café llegó por primera vez a Italia de manos de los comerciantes en el siglo XVI y, tras ser inicialmente considerado pecado, la aprobación llegó cuando el papa Clemente VIII declaró "deliciosa esta bebida del diablo". Roma se aficionó rápidamente y en la actualidad ofrece los mejores cafés del mundo en sus locales.
Dónde encontrarlo: *Bar Cappuccino* (Via Arenula 50), *Caffè Sant'Eustachio* (p267) *y La Tazza d'Oro* (Via degli Orfani 84).

Música y ballet excepcionales

Desde su inauguración en 2002, el Auditorium Parco della Musica se ha convertido en el epicentro de la escena musical de Roma, con conciertos de música clásica, jazz y pop, además de exposiciones y actos culturales. Muchas de las iglesias de Roma albergan conciertos clásicos, mientras que el Teatro Olimpico *(Piazza Gentile da Fabriano 17)* es el lugar para ver danza moderna.

Un ballet en el Auditorium Parco della Musica

ROMA DE NOCHE

En verano, los monumentos de la antigua Roma, los parques y las plazas se convierten en teatros al aire libre, mientras que el resto del año el Auditorium Parco della Musica ofrece una amplia programación. Músicos internacionales de jazz acuden con frecuencia a los festivales de Roma, y a menudo hay conciertos de pop en los estadios de la ciudad.

Como un romano más

Una de las cosas que más se disfrutan en Roma de noche es una *passeggiata (p. 11)*, o paseo, por el centro histórico. Muchas tiendas de los alrededores de Piazza Navona abren hasta tarde, mientras que la propia plaza se convierte en un imán para mimos y otros artistas callejeros.

ROMA ESTATE

La apretada agenda cultural veraniega de Roma se organiza bajo el nombre de Estate *Romana (www.estate-romana.it)*. Hay cafés y bares improvisados a orillas del Tíber, un espacio muy agradable para pasar una noche. Por toda la ciudad hay actuaciones y cine de verano.

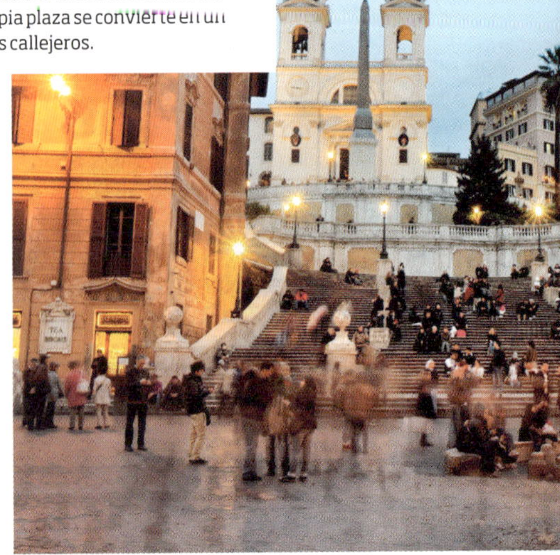

Fiestas en la calle

Roma tiene una larga tradición de celebraciones en la calle, muchas de origen religioso y otras de origen político, como San Giovanni, donde los conciertos gratuitos que organizan los sindicatos el 1 de mayo y el 24 de junio son una institución. En Año Nuevo hay fuegos artificiales en el Coliseo y un concierto gratuito en la Via dei Fori Imperiali, mientras que en el Año Nuevo chino un espectacular desfile recorre la escalinata de Piazza di Spagna.

→ Fuegos artificiales en Año Nuevo junto al Coliseo

Ópera de primera

La escena operística romana no es tan famosa como la de Milán o Nápoles, pero la ciudad acoge recitales de primeras figuras mundiales. En verano destacan las óperas al aire libre en las termas de Caracalla, con un escenario entre las ruinas difícil de superar *(www.operaroma.it)*.

← Recital de ópera en las termas de Caracalla

↑ La animada Piazza di Spagna durante la *passegiata*

Jazz

Alexanderplatz *(Via Ostia 9)*, Casa del Jazz *(Viale di Porta Ardeatina 55)* y Big Mama *(Viccolo San Francesco a Ripa 18)* son clubes de jazz legendarios. En verano se celebran varios festivales, entre ellos el Villa Celimontana Jazz, en el parque Villa Celimontana. El principal encuentro jazzístico del año, el Rome Jazz Festival, es en noviembre.

→ Charles Lloyd actúa en un festival veraniego de jazz en Roma

▽ Cinecitta Si Mostra

Una visita a estos famosos estudios cinematográficos permite contemplar los vestidos que llevó Elizabeth Taylor en *Cleopatra* (1963), el atrezo de *Gladiator* (2000) y sets de rodaje espectaculares como el de una calle de la película Martin Scorsese *Gangs of New York* (2002) *(p. 319)*.

△ Catacumbas de Priscilla

En lugar de las concurridas catacumbas de Via Appia Antica, se pueden visitar las catacumbas de Via Salaria *(www.catacombepriscilla.com)*, gestionadas por unas monjas benedictinas que ofrecen una magnífica explicación. Entre las joyas del lugar están las primeras imágenes conocidas de la Virgen y el Niño.

ROMA Y SUS TESOROS OCULTOS

Roma tiene tantas cosas que ofrecer que el visitante a menudo se siente incapaz de escapar de los lugares turísticos y los itinerarios cerrados, pero los secretos mejor guardados de la ciudad no están lejos, si se sabe dónde buscar.

▽ *Art nouveau* en Roma

Para recorrer una parte de Roma que pocos imaginan, conviene dirigirse al pequeño núcleo de calles exclusivas que hay entre Piazza Buenos Aires y Via Tagliamento, donde se levanta un barrio *art nouveau* perfectamente conservado, con fantásticas villas y palacios de cuento de hadas creados por el arquitecto Gino Coppedè a principios del siglo XX.

¿Lo sabías?

Se dice que los Beatles se bañaron en la Fontana delle Rane *(debajo)* tras una noche de juerga en 1965.

△ Cervezas artesanales

Italia es famosa por sus vinos, pero también elabora excelente cerveza artesanal. Open Baladin *(Via degli Specchi 6)* ofrece más de 40 variedades, mientras que Birra Più *(Via del Pigneto 105)* está llena de cervezas italianas antiguas.

▷ Comida eritrea

Los lazos de Italia con Eritrea, su antigua colonia, hacen que Roma tenga excelentes restaurantes de comida eritrea y etíope. Mesob *(Via Prenestina 118)* sirve guisos picantes de legumbre con verduras y Enqutatash *(Viale della Stazione Prenestina 55)* prepara platos maravillosamente aderezados con vino dulce y especiado.

◁ Recorrido gastronómico en Testaccio

La *cucina romana* tiene su origen en las calles en torno al matadero de Testaccio, hoy convertido en una reputada galería de arte. La zona es famosa en toda Roma por sus carnicerías y *trattorias*, especializadas en platos preparados a base de vísceras y casquería. Testaccio, en el pasado uno de los barrios obreros por antonomasia, se ha convertido en un lugar de moda. Sus calles están llenas de puestos callejeros, mercados y *trattorias* donde pueden probarse las especialidades típicamente romanas.

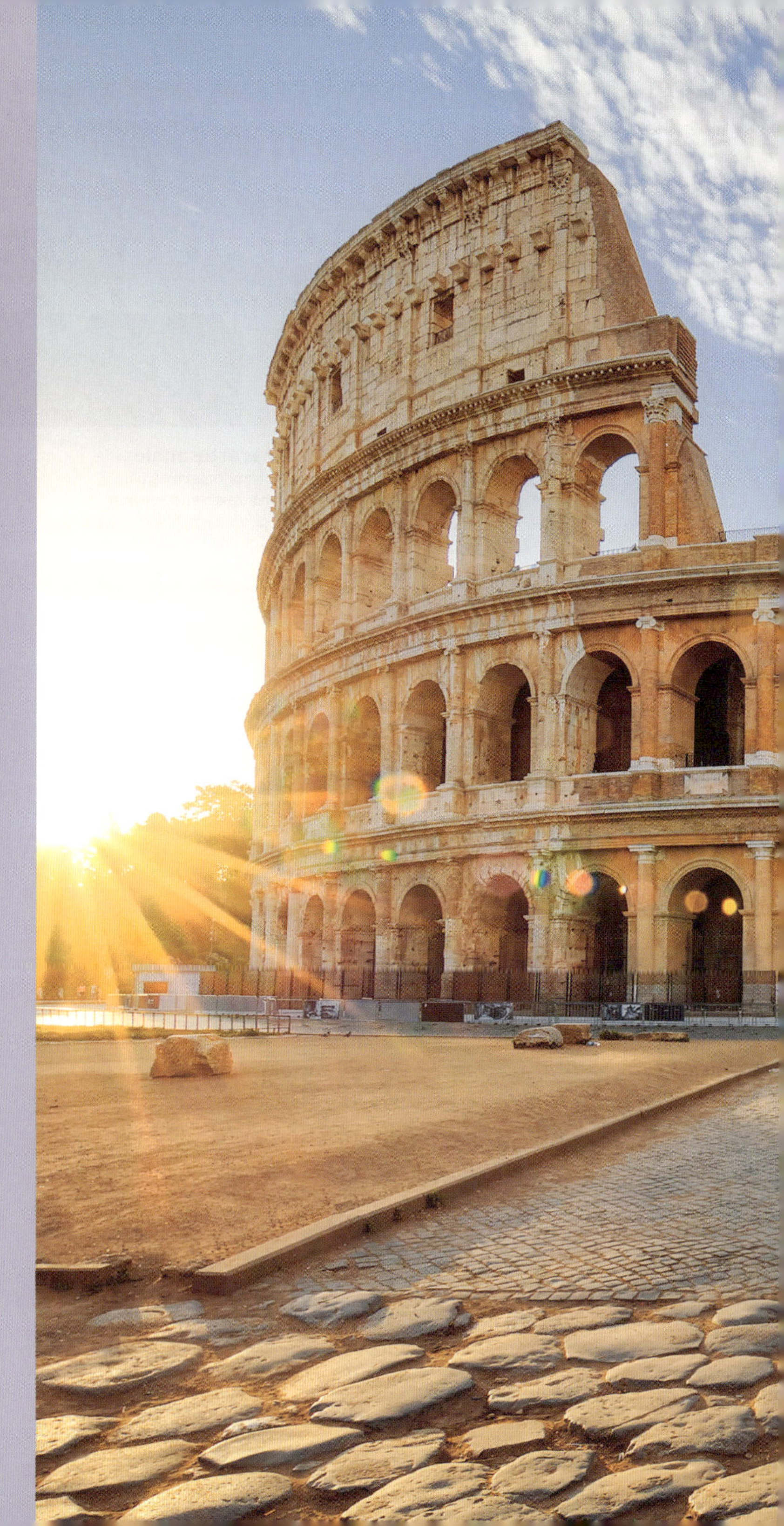

El Coliseo con la luz de la mañana

ROMA: EL CASCO ANTIGUO

El Capitolio, cima sur de la colina Capitolina, era el centro simbólico del mundo romano y albergaba los tres templos más importantes de la ciudad. Estos estaban dedicados al dios Júpiter Optimus Maximus, protector de Roma; a Minerva, diosa de la sabiduría y la guerra; y a Juno Moneta, diosa guardiana. Bajo el Capitolio están el Foro, antes foco de la vida política, social, judicial y comercial; el Foro Imperial, construido al aumentar la población; y el Coliseo, centro de ocio. Cerniéndose sobre el Foro está la colina Palatina, donde la leyenda sitúa la fundación de Roma por Rómulo en el siglo VIII a. C. y donde los emperadores establecieron su residencia por más de 400 años.

Esta parte de la ciudad siempre ha estado llena de constrastes. En época romana, los palacios de los emperadores en el Palatino estaban a tiro de piedra de los muelles donde se descargaban productos importados de todo el mundo. En la actualidad, la zona es de nuevo enclave de casas elegantes y vegetación, además de guardar tesoros artísticos, hallazgos arqueológicos de valor incalculable y algunos de los monumentos más bellos del mundo antiguo.

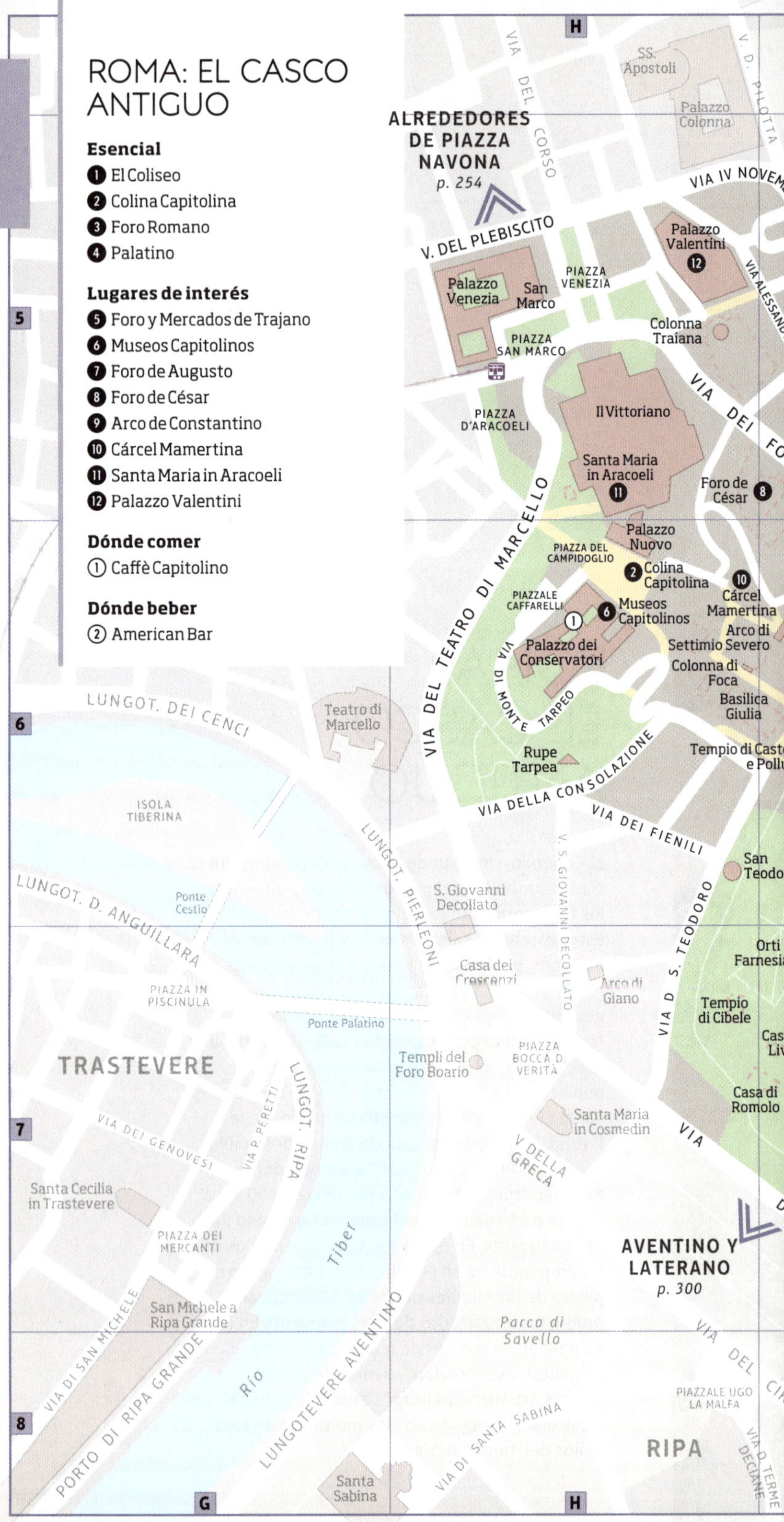
ROMA: EL CASCO ANTIGUO
Esencial
1 El Coliseo
2 Colina Capitolina
3 Foro Romano
4 Palatino
Lugares de interés
5 Foro y Mercados de Trajano
6 Museos Capitolinos
7 Foro de Augusto
8 Foro de César
9 Arco de Constantino
10 Cárcel Mamertina
11 Santa Maria in Aracoeli
12 Palazzo Valentini
Dónde comer
1 Caffè Capitolino
Dónde beber
2 American Bar
ALREDEDORES DE PIAZZA NAVONA
p. 254
AVENTINO Y LATERANO
p. 300
G
H
5
6
7
8
SS. Apostoli
Palazzo Colonna
VIA DEL CORSO
V. D. PILOTTA
VIA IV NOVEMB
V. DEL PLEBISCITO
Palazzo Venezia
San Marco
PIAZZA VENEZIA
Palazzo Valentini
VIA ALESSANDR
Colonna Traiana
PIAZZA SAN MARCO
VIA DEI FO
Il Vittoriano
PIAZZA D'ARACOELI
Santa Maria in Aracoeli
Foro de César
VIA DEL TEATRO DI MARCELLO
Palazzo Nuovo
PIAZZA DEL CAMPIDOGLIO
Colina Capitolina
Cárcel Mamertina
PIAZZALE CAFFARELLI
Museos Capitolinos
Arco di Settimio Severo
Palazzo dei Conservatori
VIA DI MONTE TARPEO
Colonna di Foca
Basilica Giulia
LUNGOT. DEI CENCI
Teatro di Marcello
Tempio di Casto e Pollu
Rupe Tarpea
VIA DELLA CONSOLAZIONE
ISOLA TIBERINA
VIA DEI FIENILI
LUNGOT. PIERLEONI
V. S. GIOVANNI DECOLLATO
San Teodor
LUNGOT. D. ANGUILLARA
Ponte Cestio
S. Giovanni Decollato
VIA D. S. TEODORO
Orti Farnesia
Casa dei Crescenzi
Arco di Giano
PIAZZA IN PISCINULA
Tempio di Cibele
Ponte Palatino
Casa Liv
TRASTEVERE
Templi del Foro Boario
PIAZZA BOCCA D. VERITÀ
LUNGOT. RIPA
Casa di Romolo
VIA P. PERETTI
VIA DEI GENOVESI
Santa Maria in Cosmedin
VIA
V DELLA GRECA
Santa Cecilia in Trastevere
PIAZZA DEI MERCANTI
Tiber
LUNGOTEVERE AVENTINO
San Michele a Ripa Grande
Parco di Savello
VIA DEL CIR
VIA DI SAN MICHELE
PORTO DI RIPA GRANDE
Río
PIAZZALE UGO LA MALFA
VIA DI SANTA SABINA
RIPA
V.D. TERME DECIANE
Santa Sabina

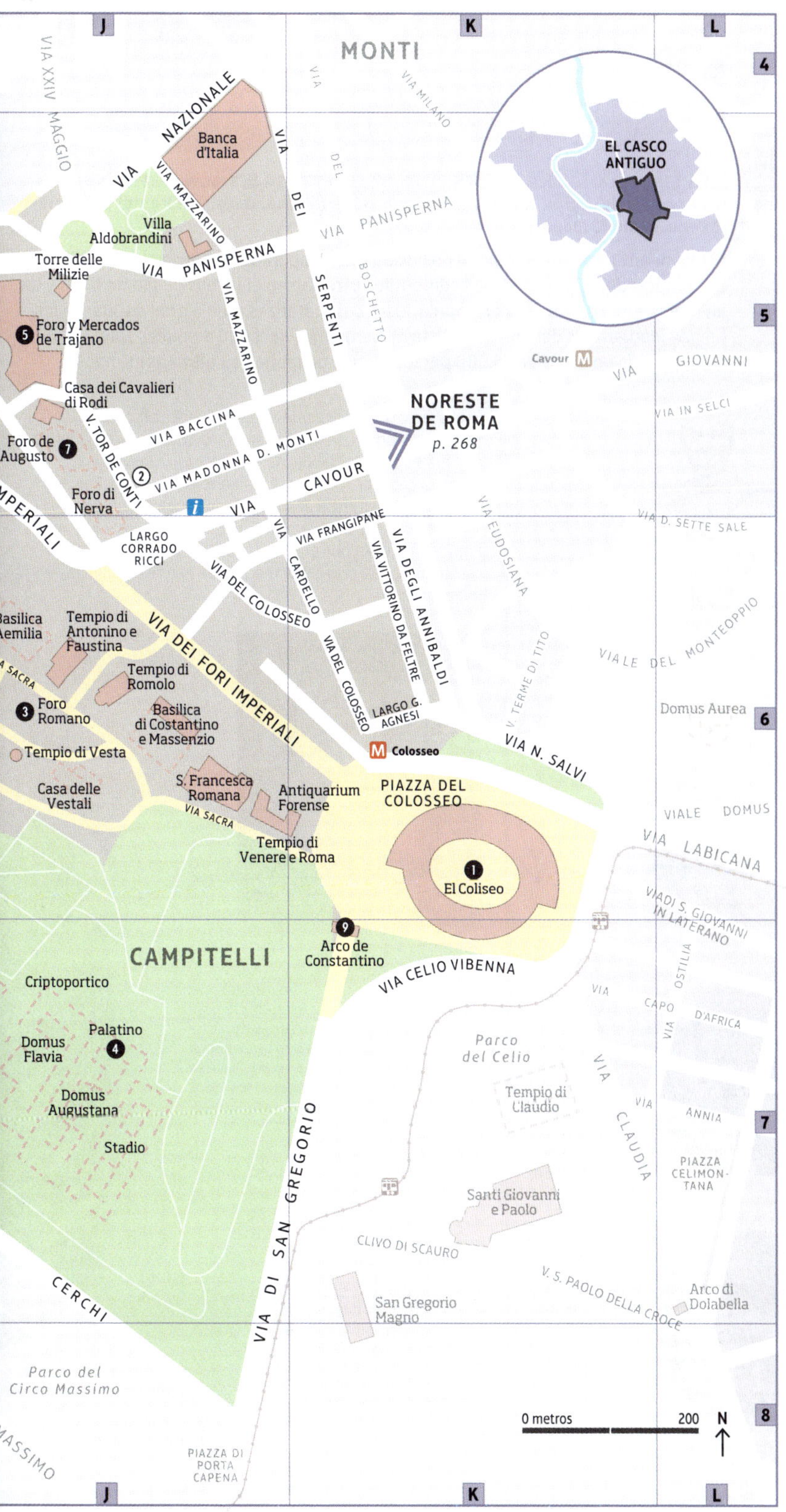
MONTI
EL CASCO ANTIGUO
NORESTE DE ROMA
p. 268
Banca d'Italia
Villa Aldobrandini
Torre delle Milizie
5 Foro y Mercados de Trajano
Casa dei Cavalieri di Rodi
7 Foro de Augusto
Foro di Nerva
LARGO CORRADO RICCI
Basilica Aemilia
Tempio di Antonino e Faustina
Tempio di Romolo
3 Foro Romano
Basilica di Costantino e Massenzio
Tempio di Vesta
Casa delle Vestali
S. Francesca Romana
Antiquarium Forense
Tempio di Venere e Roma
PIAZZA DEL COLOSSEO
1 El Coliseo
9 Arco de Constantino
Colosseo
Cavour
CAMPITELLI
Criptoportico
4 Palatino
Domus Flavia
Domus Augustana
Stadio
Parco del Celio
Tempio di Claudio
Santi Giovanni e Paolo
San Gregorio Magno
Arco di Dolabella
Domus Aurea
Parco del Circo Massimo
PIAZZA DI PORTA CAPENA
PIAZZA CELIMONTANA
VIA NAZIONALE
VIA XXIV MAGGIO
VIA MAZZARINO
VIA PANISPERNA
VIA DEI SERPENTI
VIA MILANO
BOSCHETTO
VIA BACCINA
VIA MADONNA D. MONTI
V. TOR DE CONTI
VIA CAVOUR
VIA FRANGIPANE
VIA CARDELLO
VIA DEL COLOSSEO
VIA VITTORINO DA FELTRE
VIA DEGLI ANNIBALDI
LARGO G. AGNESI
VIA EUDOSSIANA
V. TERME DI TITO
VIA N. SALVI
VIALE DEL MONTEOPPIO
VIA D. SETTE SALE
VIA IN SELCI
VIA GIOVANNI
VIA DEI FORI IMPERIALI
VIA SACRA
VIALE DOMUS
VIA LABICANA
VIA DI S. GIOVANNI IN LATERANO
VIA CELIO VIBENNA
VIA OSTILIA
VIA CAPO D'AFRICA
VIA CLAUDIA
VIA ANNIA
VIA DI SAN GREGORIO
CLIVO DI SCAURO
V. S. PAOLO DELLA CROCE
CERCHI
MASSIMO
0 metros 200
N
J K L
4 5 6 7 8

1

EL COLISEO

K6 Piazza del Colosseo 1 75, 81, 85, 87, 117, 673, 810 Tranvía 3 a Piazza del Colosseo 8.30-aprox. una h antes del anochecer (última admisión: 1 h antes del cierre) 1 ene, 25 dic coopculture.it

El mayor anfiteatro de Roma fue un encargo del emperador Vespasiano en el 72 d. C. Los emperadores y ciudadanos adinerados ofrecían en él luchas de gladiadores y de animales salvajes para ganar popularidad. Las matanzas eran a gran escala: en los juegos inaugurales del año 80 d. C. se mataron más de 9.000 animales salvajes. El Coliseo tenía un aforo de 55.000 personas, que ocupaban su plaza por rango.

El proyecto del Coliseo une a sus cualidades prácticas (con 80 entradas que facilitaban el acceso a los espectadores) una gran belleza. El dibujo que aparece en estas páginas muestra cómo era cuando se inauguró en el año 80. Fue uno de los diferentes anfiteatros realizados por los romanos; aún se conservan el de El Djem en Túnez, los de Nimes y Arles en Francia y el de Verona en el norte de Italia. Pese a los daños causados por el paso del tiempo, sigue siendo un edificio majestuoso.

Cronología

72

◀ El emperador Vespasiano inicia las obras del Coliseo

80

Tito, hijo de Vespasiano, preside la inauguración

404

◀ Se prohíben los combates de gladiadores

442

El edificio sufre daños por un terremoto

523

◀ Se prohíben las luchas entre animales salvajes

Siglo XIII

La familia Frangipane convierte el Coliseo en una fortaleza

1312

◀ El emperador Enrique VIII dona el Coliseo al pueblo de Roma

↑ Pasillo cubierto en el Coliseo

CONSEJO DK
Roma Pass

Quienes estén en posesión de una Roma Pass tienen acceso preferente. Las visitas más tranquilas son a primera hora, llegando al menos 30 minutos antes de la apertura. Cuidado con los *gladiadores* que cobran por hacerse fotos con los turistas.

El velarium era un gran toldo que daba sombra a los espectadores.

Las piedras que se desprendieron de la fachada en el Renacimiento se emplearon para construir varios palacios, puentes y partes de San Pedro.

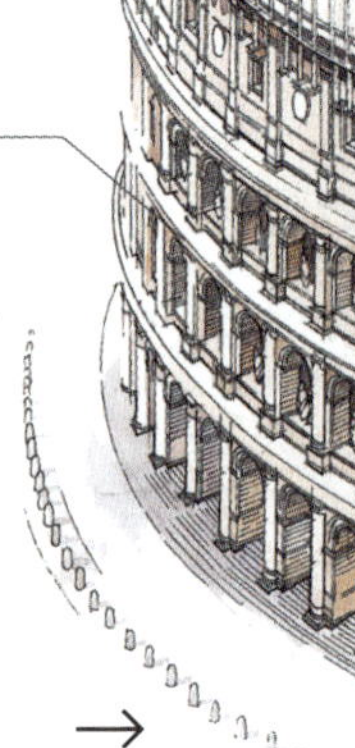

→ Dibujo del Coliseo tal y como era en el año 80

Esencial ☆

El interior del Coliseo en la actualidad

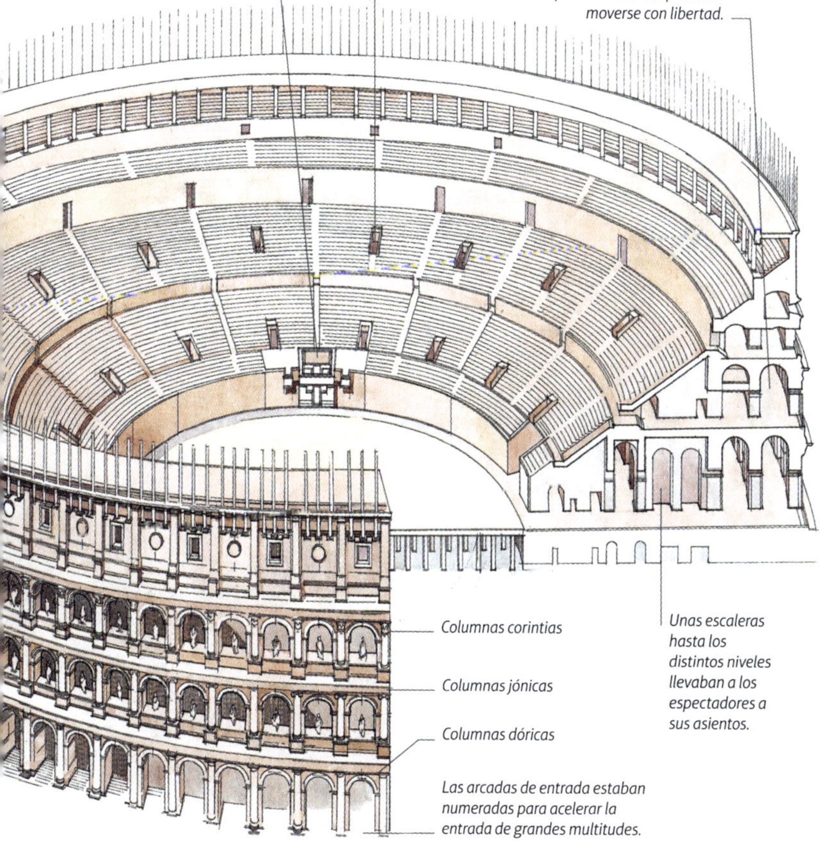

El podium era una gran terraza en la que tenían sus asientos el emperador y las clases pudientes.

El vomitorium era la salida desde cada sección numerada.

Los pasillos interiores se diseñaron para permitir que los asistentes pudieran moverse con libertad.

Columnas corintias

Columnas jónicas

Columnas dóricas

Las arcadas de entrada estaban numeradas para acelerar la entrada de grandes multitudes.

Unas escaleras hasta los distintos niveles llevaban a los espectadores a sus asientos.

2

COLINA CAPITOLINA

H6 Piazza del Campidoglio 40, 63, 70, 81, 87 y otras líneas a Piazza Venezia

La colina Capitolina, una de las siete de la ciudad, fue primero el centro fortificado de la antigua Roma y luego albergó sus templos más importantes. La amplia escalinata que lleva a lo alto y la Piazza del Campidoglio fueron diseñadas por Miguel Ángel en el siglo XVI.

La Piazza del Campidoglio está flanqueada por el Palazzo Nuovo y el Palazzo dei Conservatori, que albergan los Museos Capitolinos *(p. 250)*, con sus espléndidas colecciones de escultura y pintura. Detrás se halla la Roca Tarpeya, desde donde hay una espléndida vista del Foro, que queda abajo. En el centro de la plaza se alza una estatua de bronce de Marco Aurelio, cuyo original se encuentra en los Museos Capitolinos. La leyenda dice que el mundo se acabará cuando se caiga la última capa dorada de la estatua. Otra joya de esta zona es el monumento a Víctor Manuel II, que se inició en 1885 y fue inaugurado en 1911 en honor al primer rey de la Italia unificada.

↑ Sala de los Filósofos en el Palazzo Nuovo de los Museos Capitolinos

→ El imponente monumento a Víctor Manuel II

¿Lo sabías?

El cercano gueto y el distrito de moda de Monti tienen una gran oferta de bares y cafés.

Monumento a Víctor Manuel II

Santa Maria in Aracoeli

San Marco tiene espléndidos mosaicos del siglo IX en el ábside.

El Palazzo Nuovo se convirtió en museo público en 1734.

El Palazzo Senatorio, sede renacentista del Gobierno de la ciudad.

Palazzo dei Conservatori

El Palazzo Venezia, antigua residencia de Mussolini, alberga ahora un museo de artes decorativas.

Los amplios peldaños de Miguel Ángel para La Cordonata están presididos por las colosales estatuas de Cástor y Pólux.

El templo de Júpiter

La Roca Tarpeya es un peñasco desde el que se piensa que se arrojaba a los traidores en la antigua Roma.

→ Mapa con los monumentos de la colina Capitolina

↑ El pavimento geométrico y las fachadas palaciegas de la Piazza del Campidoglio

Amanecer sobre las ruinas del Foro Romano

3

FORO ROMANO

J6 Via della Salara Vecchia 5/6 (entrada principal) 85, 87, 117, 175, 186, 810 Colosseo 3 06 39 96 77 00 8.30-1 h antes del anochecer 1 ene, 25 dic

Al contemplar sus ruinas, es difícil imaginarse que el Foro fue el símbolo del orgullo cívico durante 1.000 años. En sus comienzos, hace más de 3.000 años, fue el cementerio de la población que se levantaba en la colina Palatina. Cuando se drenaron unos terrenos pantanosos en el siglo VI a. C., el Foro pasó a tener un papel clave.

Al principio de la República, el Foro era un lugar caótico, con puestos de comida, burdeles, templos y la cámara del Senado. En el siglo II a. C., Roma controlaba no solo Italia, sino también Grecia, España y el norte de África, y se hizo necesario dignificar el centro y sustituir los puestos y vendedores callejeros por centros de negocios, monumentos y tribunales. A medida que la población creció, el Foro se quedó pequeño. Sin embargo, siguió siendo un centro ceremonial durante el Imperio y los emperadores renovaron una y otra vez los edificios, levantaron nuevos templos y monumentos y celebraron en él sus victorias.

Para apreciar su distribución antes de visitar su confuso entramado de templos, arcos del triunfo y basílicas en ruinas, es mejor tener una vista del Foro desde lo alto de la colina Capitolina.

El arco de Septimio Severo, erigido en honor a las victorias militares del emperador

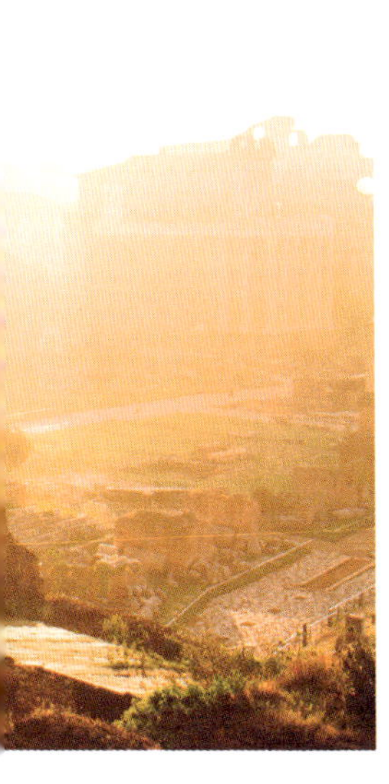

LAS VÍRGENES VESTALES

El culto a Vesta, diosa del fuego, data por lo menos del siglo VIII a. C. Se cree que Rómulo y Remo nacieron de la sacerdotisa vestal Rhea y del dios Marte. Seis vírgenes mantenían la llama sagrada de Vesta encendida en su templo circular. Las niñas, todas de familias patricias, eran elegidas cuando tenían entre 6 y 10 años y servían durante 30 años. Tenían un alto estatus social y económico, pero se las enterraba vivas si perdían la virginidad y el alto sacerdote las flagelaba si la llama se extinguía. Aunque podían casarse después de su servicio, pocas lo hacían.

Arco de Septimio Severo

La rostra era la tribuna de oradores desde la que se hacían los discursos.

La reconstruida curia, o antigua cámara del Senado.

La basílica Aemilia era un salón de reuniones de negocios.

El templo de Rómulo, ahora parte de la iglesia de Santi Cosma e Damiano.

Tres enormes bóvedas son todo lo que se conserva de la basílica de Constantino y Majencio.

El campanario románico de Santa Francesca Romana.

Este pequeño museo contiene piezas halladas en el Foro.

Templo de Saturno

Templo de Cástor y Pólux

La Basílica Julia era la sede del tribunal de Justicia y debe su nombre a Julio César.

Templo de Vesta

Casa de las vírgenes vestales

Arco de Tito

El templo de Venus y Roma

Vista aérea de las ruinas del Foro Romano ↑

4

PALATINO

J7 Via di San Gregorio 30 06 39 96 77 00 75, 80, 81, 175, 673, 850 Colosseo 3 8.30-1 h antes del anochecer 1 ene, 25 dic

El Palatino, con pinos en la falda de la colina y cubierto de flores al llegar la primavera, es el más agradable de los rincones de la antigua Roma. Antigua residencia de emperadores y aristócratas, las ruinas van desde la sencilla casa en la que se cree que vivió Augusto hasta la Domus Flavia y la Domus Augustana, las alas pública y privada de un lujoso palacio construido por Domiciano a finales del siglo I d. C.

El término palacio deriva, en la mayoría de las lenguas europeas, del nombre de esta colina. Fundamental en la historia de los inicios de Roma, primero como lugar en el que nació y luego como residencia de sus dirigentes, acogió a los *glitterati* de la República tardía y de la familia imperial. En la actualidad se pueden apreciar restos de fuentes, suelos de mármol de colores, relieves en piedra, columnas, estucos y frescos en las paredes de los palacios imperiales.

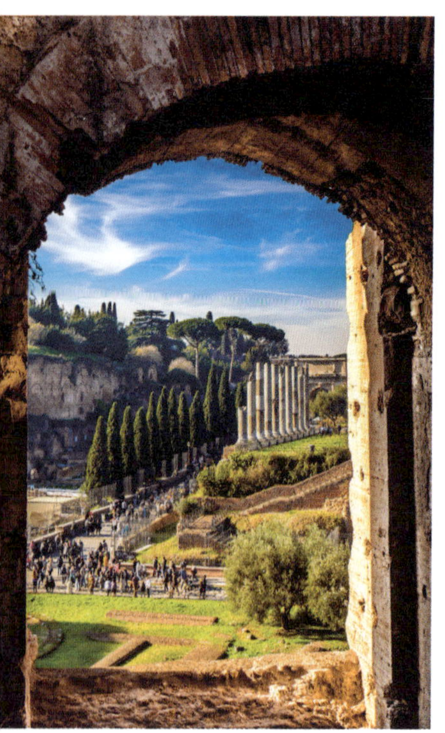

La colina Palatina desde uno de los arcos del Coliseo

Historia de la colina Palatina

La fundación

Según la leyenda, los gemelos Rómulo y Remo fueron criados por una loba en el Palatino. Se afirma que tras matar a su hermano, Rómulo fundó aquí una aldea destinada a convertirse en Roma. En la colina se han hallado restos de cabañas de barro que se remontan al siglo VIII a. C., lo que otorga a la leyenda cierta credibilidad.

La República

En el siglo I a. C. el Palatino era la zona más codiciada de Roma y en él vivían los principales ciudadanos de la República. Estos, como el poeta erótico Catulo y el orador Cicerón, eran amantes del lujo y sus villas constituían magníficas residencias con puertas de marfil, suelos de bronce y paredes con frescos.

El Imperio

Augusto nació en el Palatino en el 63 a. C. y vivió allí después de convertirse en emperador. La colina era la residencia elegida por los futuros emperadores. El palacio de Domiciano, la Domus Flavia, y sus estancias privadas, la Domus Augustana, fueron la residencia oficial de los emperadores durante más de 300 años.

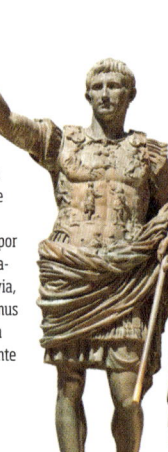

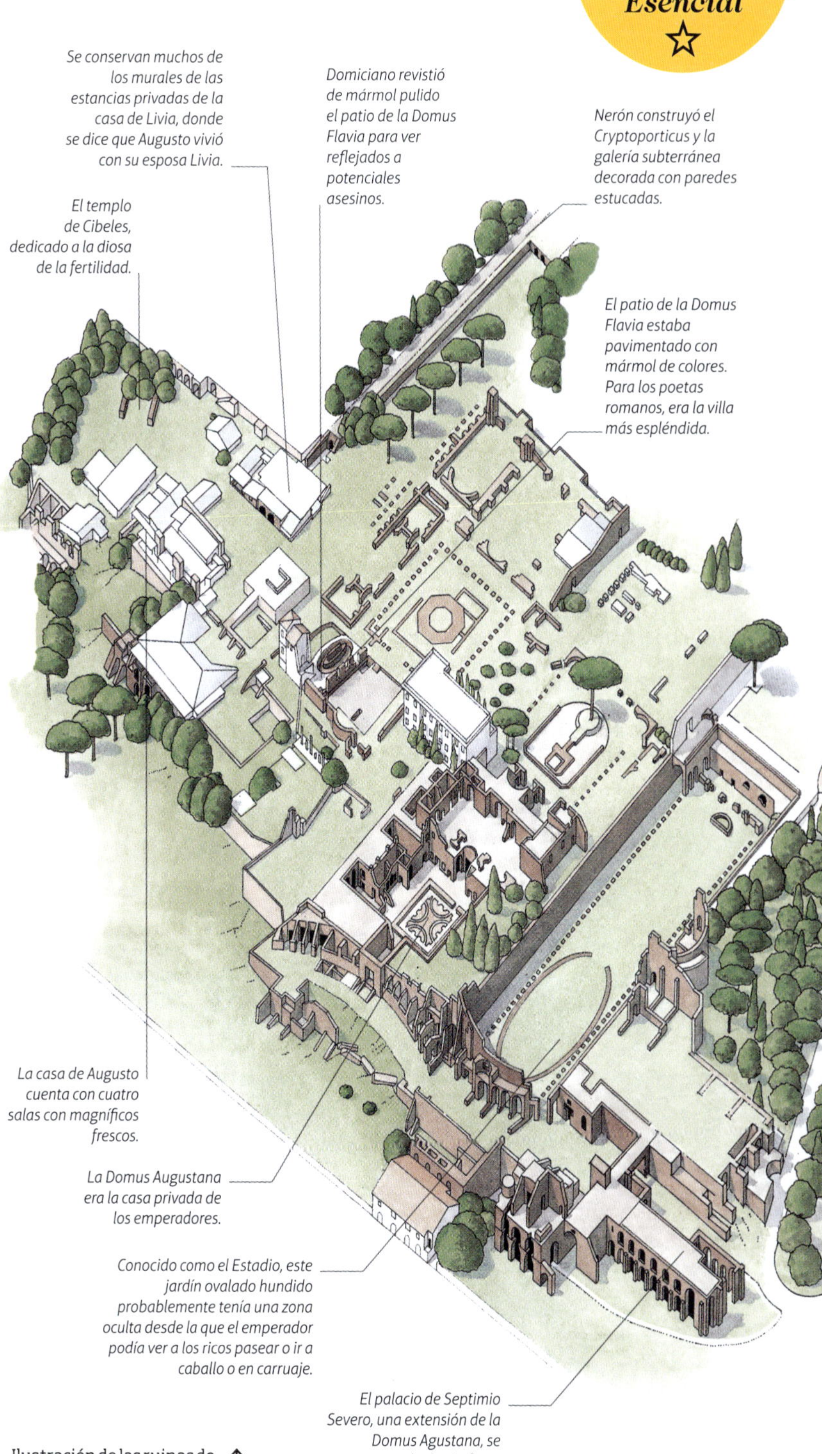

Esencial
Se conservan muchos de los murales de las estancias privadas de la casa de Livia, donde se dice que Augusto vivió con su esposa Livia.
Domiciano revistió de mármol pulido el patio de la Domus Flavia para ver reflejados a potenciales asesinos.
Nerón construyó el Cryptoporticus y la galería subterránea decorada con paredes estucadas.
El templo de Cibeles, dedicado a la diosa de la fertilidad.
El patio de la Domus Flavia estaba pavimentado con mármol de colores. Para los poetas romanos, era la villa más espléndida.
La casa de Augusto cuenta con cuatro salas con magníficos frescos.
La Domus Augustana era la casa privada de los emperadores.
Conocido como el Estadio, este jardín ovalado hundido probablemente tenía una zona oculta desde la que el emperador podía ver a los ricos pasear o ir a caballo o en carruaje.
El palacio de Septimio Severo, una extensión de la Domus Agustana, se proyectaba hacia fuera sostenida por arcos gigantes.

Ilustración de las ruinas de la colina Palatina, vista desde arriba ↑

LUGARES DE INTERÉS

5  

Foro y mercados de Trajano

J5 Via dei Fori Imperiali (Foro); Via IV Novembre (mercados) 06 06 08 9.30-19.30 diario (última admisión: 18.30)

Considerados una de las maravillas del mundo clásico, el foro y los mercados de Trajano son solo un esbozo de su esplendor pasado. Trajano mandó construir el foro en el año 107 para conmemorar la conquista de Dacia (Rumanía) tras las campañas de los años 101-102 y 105-106. El nuevo foro era el más ambicioso hasta entonces, con un gran espacio abierto rodeado de columnas y una estatua ecuestre del emperador en el centro, una enorme basílica y dos grandes bibliotecas. Hoy domina las ruinas la columna de Trajano, que originariamente se encontraba entre las dos bibliotecas. El fuste (30 m) alberga, dispuestas en espiral, escenas de las campañas, empezando con los romanos preparándose para la guerra y terminando con la expulsión de los dacios de su tierra. Los relieves se diseñaron para que pudieran verse desde las bibliotecas y por ello son difíciles de interpretar desde el suelo.

El complejo del mercado detrás del foro se empezó un poco antes. Probablemente fue diseñado, igual que el foro, por Apollodoro de Damasco y era el equivalente a un centro comercial. Había unas 150 tiendas en cinco niveles, que vendían desde sedas y especias orientales hasta fruta, pescado fresco (que se exponía vivo en tanques de agua salada), vino, aceite, telas y flores. Aquí se distribuía también el *annone*, o ración de trigo. Esta era una porción gratis que se daba a los hombres romanos, una práctica introducida en la República por políticos que querían comprar votos y evitar el descontento en tiempos de escasez. Los mercados ahora albergan exposiciones de arte contemporáneo.

¿Lo sabías?

El Palazzo Valentini proyecta una animación de los bajorrelieves de la columna de Trajano. Hay que reservar por adelantado.

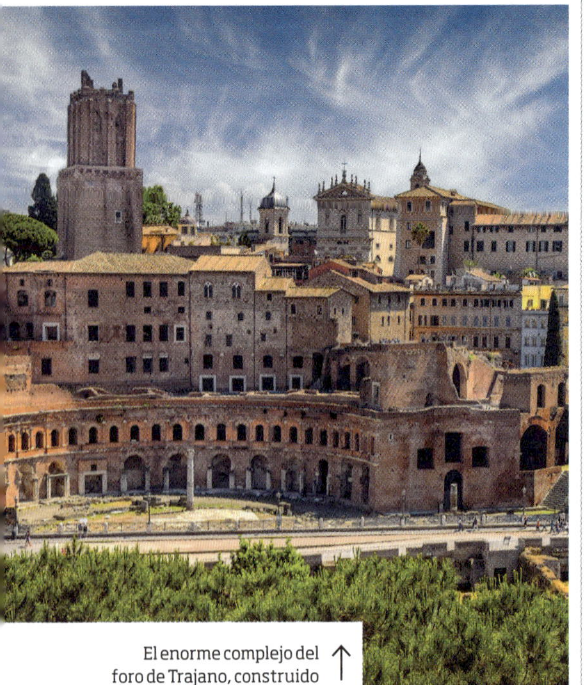

El enorme complejo del foro de Trajano, construido a principios del siglo II

6   

Museos Capitolinos

H6 Piazza del Campidoglio 40, 63, 70, 81, 87 y muchas líneas más a Piazza Venezia 9.30-19.30 diario 1 ene, 1 may, 25 dic museicapitolini.org

La colina Capitolina ha albergado esculturas clásicas desde que el papa Sixto IV, mecenas de las artes y las ciencias, donara un grupo de estatuas de bronce a la ciudad en 1471. Las pinturas y esculturas se exhiben en la actualidad en dos palacios diseñados por Miguel Ángel: el Palazzo Nuovo y el Palazzo dei Conservatori.

El primero contiene una colección de escultura griega y romana entre la que destaca el *Discóbolo*, una obra griega en la que el lanzador aparece

Estatuas antiguas adornan las salas de los Museos Capitolinos

Caffè Capitolino

Lo mejor de este café-restaurante en la última planta de los Museos Capitolinos es su gran terraza con vistas panorámicas sobre los tejados y las ruinas. Mejor para tomar un café y un trozo de tarta que para comer.

H6 Piazzale Caffarelli 4 musei capitolini.org/it/oltre_il_museo/cafeteria

contorsionado y que fue transformado en el siglo XVIII en un guerrero herido. El *Gálata herido*, escultura romana de un luchador celta, ha sido frecuentemente copiada por artistas desde que fue redescubierta en el siglo XVII. Pueden verse también copias antiguas de obras del escultor griego Praxíteles, entre ellas el *Fauno* y la *Venus de Cnido*. Otras joyas son el *Mosaico de las palomas* (siglo I), que decoraba el suelo de la villa de Adriano en Tívoli *(p. 328)*, y la Sala de los filósofos, con copias romanas de bustos de políticos, científicos y poetas griegos que en el pasado adornaron las residencias de los romanos más ricos.

El Palazzo dei Conservatori fue la sede judicial de la ciudad a finales de la Edad Media. Sus paredes con frescos aún acogen ocasionalmente reuniones políticas, y la planta baja alberga el registro municipal. Buena parte del edificio está dedicado a la escultura, incluida la famosa loba de bronce de la que maman Rómulo y Remo, fragmentos de una gran estatua de Constantino y el *Spinario*, un bronce del siglo I a. C. que representa a un niño que intenta quitarse una espina del pie. Las galerías de arte del segundo piso exponen obras del Veronés, Tintoretto, Caravaggio, Van Dyck y Tiziano. Destacan el sensual y poco ortodoxo retrato de Caravaggio de un joven san Juan Bautista cuidando a una oveja (1595-1596); el busto de la *Medusa* (década de 1640), de Bernini, y *El rapto de las sabinas* (1629), de Pietro da Cortona.

Foro de Augusto

J5 Piazza del Grillo 1
06 06 08 87, 186
Al público, pero se puede ver desde arriba

El foro de Augusto, que se estrechaba desde el pie del sórdido barrio de Suburra hasta el borde del foro de César, se edificó para celebrar la victoria (41 a. C.) de Augusto sobre Casio y Bruto, los asesinos de Julio César. El templo del centro se dedicó a Marte el Vengador.

El templo, con sus resquebrajados escalones y cuatro columnas corintias, es fácil de identificar. En origen contaba con una estatua de Marte muy parecida a Augusto, pero por si a alguien se le pasaba por alto la asociación se colocó una estatua colosal del emperador contra el muro de Suburra.

CURIOSIDADES
Villa Aldobrandini

Por encima de Via IV Novembre se encuentra este jardín amurallado en el que hay palmas y naranjos, además de bancos para un pícnic tranquilo.

Ruinas de templos y columnas en el foro de César

Foro de César

J5 Clivo Argentario 06 06 08 80, 85, 87, 175, 186, 810 Para investigadores, solo con cita

El primero de los foros imperiales de Roma fue construido por Julio César para acabar con el abarrotamiento del Foro Romano tras el aumento de la población. Se gastó una fortuna comprando y demoliendo casas en la zona. El lugar de honor lo ocupó un templo (46 a. C.) dedicado a Venus Genetrix, de quien César se proclamaba descendiente. El templo contenía estatuas de César y Cleopatra y también de Venus, pero solamente se conservan una plataforma y tres columnas corintias. El foro estaba rodeado de una columnata doble que albergaba una hilera de tiendas, pero todo arfió en el 80 d. C. y fue reconstruido por Domiciano y Trajano. Este último añadió la basílica Argentaria –importante centro de intercambio financiero–, tiendas y unos baños públicos con calefacción.

Arco de Constantino

K7 Entre Via di San Gregorio y Piazza del Colosseo 75, 85, 87, 175, 673, 810 3 Colosseo

Este arco se erigió en el 315 d. C., tres años antes de que Constantino derrotara al emperador Majencio en la batalla del Puente Milvio. Constantino atribuyó la victoria a una visión de Cristo, pero el arco no tiene nada cristiano: la mayoría son relieves tomados de monumentos paganos anteriores.

10  

Cárcel Mamertina

H6 Clivo Argentario 1 06 69 89 63 75 80, 85, 87, 175, 186 8.30-16.30 diario

Debajo de la iglesia de San Giuseppe dei Falegnami, del siglo XVI, hay una húmeda

El arco de Constantino, uno de los últimos monumentos de la Roma imperial

mazmorra en la que, según una leyenda cristiana, estuvieron encerrados san Pedro y san Pablo. Al parecer hicieron brotar un manantial en la celda y usaron sus aguas para bautizar a dos guardas. La prisión estaba ubicada en una vieja cisterna con acceso a la cloaca Máxima de la ciudad. La celda inferior se utilizaba para las ejecuciones y los cuerpos se arrojaban a la cloaca. Como los prisioneros no recibían comida, solían morir de hambre.

Santa Maria in Aracoeli

H5 Scala dell'Arce Capitolina 14 06 69 76 38 39 63, 70, 81 9.00-18.30 diario (9.30-17.30 en invierno)

La iglesia, levantada sobre el antiguo templo de Juno, es, por lo menos, del siglo VI. Es famosa por su techo dorado y por los fantásticos frescos elaborados por Pinturicchio en la década de 1480. Reproducen escenas de la vida de san Bernardino de Siena.

El precioso Santo Bambino de madera, que obraba milagros, fue robado en 1994, pero se ha reemplazado por una réplica.

Palazzo Valentini

H5 Via IV Novembre 119a 9.30-18.30 mi-lu palazzo valentini.it

Durante unas mejoras en el sótano del Palazzo Valentini en 2005, aparecieron los restos de dos casas que pertenecieron a dos destacadas familias patricias. Conservan elegantes salones, patios, cocina y baños privados, todos con restos de la decoración original.

A través de la tecnología digital, luces y sonido y proyecciones, las casas se han *reconstruido*, dando lugar a un museo de realidad virtual que da vida de nuevo a la antigua Roma. La visita es una experiencia increíble ya que, al recorrer las salas, los suelos de mosaico, las decoraciones en mármol, las estatuas y los frescos en las paredes recuperan su pasado esplendor, mientras que los efectos de sonido recrean un terremoto que hizo ceder el suelo en el año 38.

American Bar

Repleto de vegetación y con impresionantes vistas de los foros imperiales, este bar en una azotea es un lugar estupendo para tomarse un cóctel en verano. Hay también un elegante restaurante.

J5 Hotel Forum, Via Tor de' Conti 25 hotelforum.com

→

Frescos de Pinturicchio en la iglesia de Santa Maria in Aracoeli

CAFFÈ BAROCCO
CAFFÈ BAROCCO
RISTORANTE - PIZZERIA

Un restaurante en Piazza Navona

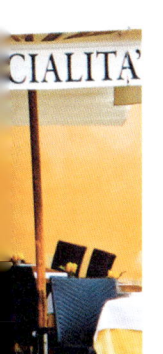

ROMA: ALREDEDORES DE PIAZZA NAVONA

La zona alrededor de la Piazza Navona, conocida como el *centro storico*, ha estado habitada durante por lo menos 2.000 años. La Piazza Navona se alza sobre un viejo estadio; el Panteón ha sido un templo desde el 27 d. C. y las ruinas de la curia de Pompeyo pueden verse en la Area Sacra di Largo Argentina. La zona entró en auge en el siglo XV cuando el papado regresó a Roma. Durante los siglos XVI, XVII y XVIII, se mudaron aquí príncipes, papas y cardenales, así como los artistas y artesanos encargados de construir y decorar sus lujosos palacios, iglesias y fuentes.

La zona muestra la Roma barroca en todo su esplendor, con arquitectura curvilínea y recargadas fuentes de los dos grandes arquitectos de la época, Bernini y Borromini, además de iglesias llenas de obras de Caravaggio y Rubens. En la actualidad la Piazza Navona es un centro de la vida nocturna de Roma, pero la herencia artística perdura en sus tiendas de artesanía y restauración, mientras que algunos de sus edificios más antiguos, como el teatro de Marcelo, en el Ghetto, son ahora pisos de lujo.

BORGO
Castel Sant'Angelo
Palazzo di Giustizia
Río Tíber
PONTE
PARIONE
REGOLA
TRASTEVERE
Piazza Navona
Santa Maria della Pace
Palazzo Altemps
San Luigi dei Francesi
Palazzo Madama
Palazzo Pamphilj
Sant'Ivo alla Sapienza
Palazzo Braschi
Palazzo Massimo alle Colonne
Palazzo della Cancelleria
Piccola Farnesina
Sant'Andrea della Valle
Campo de' Fiori
Palazzo Farnese
Palazzo Spada
Palazzo del Monte di Pietà
Palazzo Cenci
Chiesa Nuova
Oratorio dei Filippini
Palazzo del Governo Vecchio
Palazzo del Banco di Santo Spirito
San Giovanni dei Fiorentini
Palazzo Ricci
Palazzo Pio Righetti
Museo Napoleonico
Villa Farnesina
Ara Pacis
Palazzo Borghese
Palazzo Baldassini
Biblioteca del Burcardo
Ponte Cavour
Ponte Umberto
Ponte S. Angelo
Ponte Vittorio Eman. II
Ponte Principe Amedeo Savoia Aosta
Ponte G. Mazzini
Ponte Sisto
Ponte Garibaldi
CORSO VITTORIO EMANUELE II
CORSO DEL RINASCIMENTO
LUNGOTEVERE TOR DI NONA
LUNGOTEVERE CASTELLO
LUNGOTEVERE MARZIO
LUNGOTEVERE DEI TEBALDI
LUNGOTEVERE GIANICOLENSE
LUNGOTEVERE D. FARNESINA
VIA GIULIA
VIA DEL PELLEGRINO
VIA MONSERRATO
VIA DEI CORONARI
VIA CRESCENZIO
PIAZZA CAVOUR
EL VATICANO Y TRASTEVERE
p. 282
ALREDEDORES DE PIAZZA NAVONA
0 metros
250
N

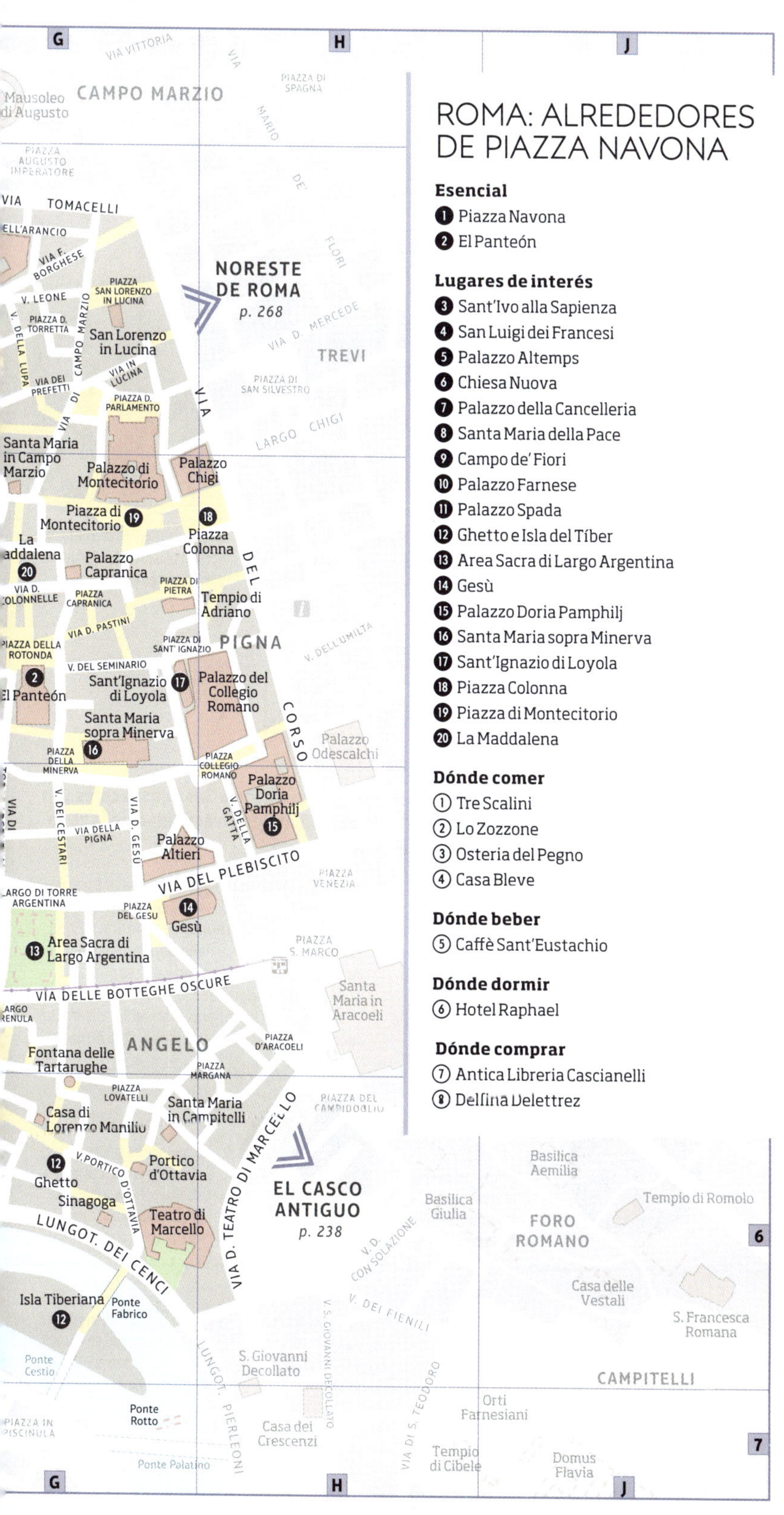
ROMA: ALREDEDORES DE PIAZZA NAVONA
Esencial
1 Piazza Navona
2 El Panteón
Lugares de interés
3 Sant'Ivo alla Sapienza
4 San Luigi dei Francesi
5 Palazzo Altemps
6 Chiesa Nuova
7 Palazzo della Cancelleria
8 Santa Maria della Pace
9 Campo de' Fiori
10 Palazzo Farnese
11 Palazzo Spada
12 Ghetto e Isla del Tíber
13 Area Sacra di Largo Argentina
14 Gesù
15 Palazzo Doria Pamphilj
16 Santa Maria sopra Minerva
17 Sant'Ignazio di Loyola
18 Piazza Colonna
19 Piazza di Montecitorio
20 La Maddalena
Dónde comer
1 Tre Scalini
2 Lo Zozzone
3 Osteria del Pegno
4 Casa Bleve
Dónde beber
5 Caffè Sant'Eustachio
Dónde dormir
6 Hotel Raphael
Dónde comprar
7 Antica Libreria Cascianelli
8 Delfina Delettrez
G
H
J
6
7
CAMPO MARZIO
Mausoleo di Augusto
NORESTE DE ROMA p. 268
TREVI
San Lorenzo in Lucina
Santa Maria in Campo Marzio
Palazzo di Montecitorio
Palazzo Chigi
Piazza di Montecitorio
Piazza Colonna
La Maddalena
Palazzo Capranica
Tempio di Adriano
PIGNA
El Panteón
Sant'Ignazio di Loyola
Palazzo del Collegio Romano
Santa Maria sopra Minerva
Palazzo Odescalchi
Palazzo Doria Pamphilj
Palazzo Altieri
VIA DEL PLEBISCITO
Gesù
Area Sacra di Largo Argentina
VIA DELLE BOTTEGHE OSCURE
Santa Maria in Aracoeli
ANGELO
Fontana delle Tartarughe
Casa di Lorenzo Manilio
Santa Maria in Campitelli
Portico d'Ottavia
Ghetto
Sinagoga
Teatro di Marcello
VIA D. TEATRO DI MARCELLO
EL CASCO ANTIGUO p. 238
LUNGOT. DEI CENCI
Isla Tiberiana
Ponte Fabrico
Ponte Cestio
Ponte Rotto
Ponte Palatino
S. Giovanni Decollato
Casa dei Crescenzi
Basilica Giulia
Basilica Aemilia
Tempio di Romolo
FORO ROMANO
Casa delle Vestali
S. Francesca Romana
CAMPITELLI
Orti Farnesiani
Tempio di Cibele
Domus Flavia

La animada Piazza Navona, con sus fuentes barrocas y elegantes edificios

1

PIAZZA NAVONA

F4 46, 62, 64, 70, 81, 87, 116, 492, 628

No hay otra plaza más animada en Roma que Piazza Navona. Sus lujosos cafés son el centro social de la ciudad y a todas horas hay algún tipo de actividad en la zona peatonal que rodea las tres fuentes barrocas.

La Piazza Navona está dominada por el obelisco egipcio, el murmullo del agua y las relucientes estatuas de mármol de la Fontana del Quattro Fiumi (1651), de Bernini. La fuente representa los cuatro grandes ríos de la época (Nilo, río de la Plata, Ganges y Danubio). Bernini esculpió también a un moro con un delfín en la Fontana del Moro, en el extremo sur de la plaza. En la parte norte se levanta la Fontana di Nettuno, del siglo XIX, en la que Neptuno, dios del mar, pelea con monstruos marinos. En el centro de la plaza se halla Sant'Agnese in Agone, una iglesia dedicada a la santa, que sufrió martirio aquí en el año 304 por negarse a casarse con un pagano. Borromini diseñó la fachada cóncava de esta iglesia (1652-1657).

Cronología

1-100 d. C.

▲ Construcción de un estadio para pruebas atléticas, carreras de caballos y otros deportes. La Piazza Navona se construye después adaptándose a la forma del estadio

1500-1600

El principal mercado de Roma cambia su ubicación del Campidoglio a la Piazza Navona

1644-1655

▲ El papa Inocencio X, cuyo palacio familiar se encuentra en la plaza, encarga una nueva iglesia, un palacio y una fuente

1655-1866

Cada agosto se tapona la fuente y la plaza se inunda, lo que permite a las clases bajas nadar bajo la mirada de los aristócratas

1869

El mercado de la ciudad se traslada al cercano Campo de' Fiori

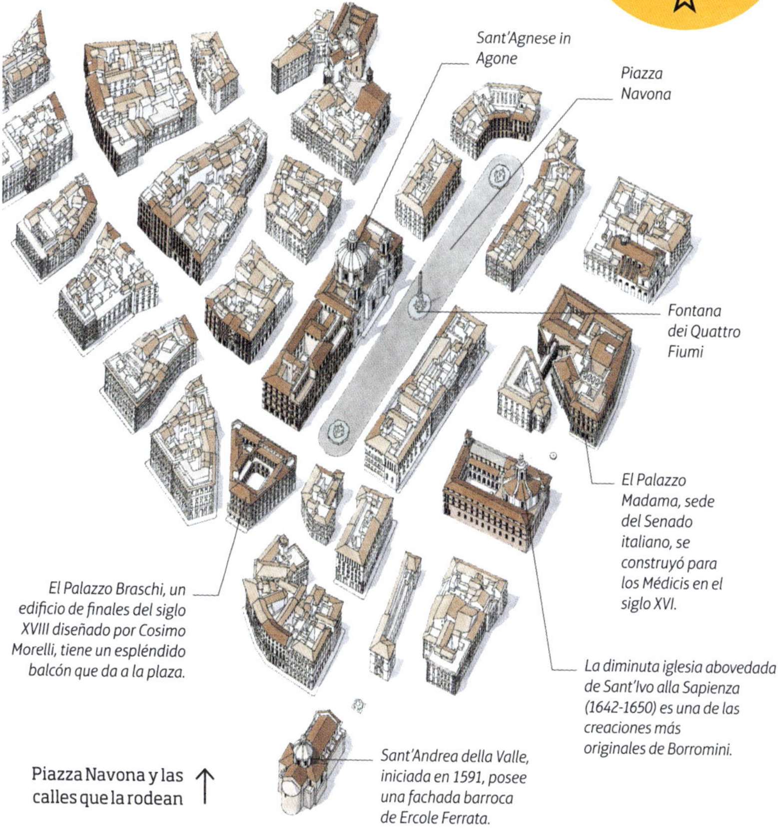

Sant'Agnese in Agone

Piazza Navona

Fontana dei Quattro Fiumi

El Palazzo Madama, sede del Senado italiano, se construyó para los Médicis en el siglo XVI.

El Palazzo Braschi, un edificio de finales del siglo XVIII diseñado por Cosimo Morelli, tiene un espléndido balcón que da a la plaza.

La diminuta iglesia abovedada de Sant'Ivo alla Sapienza (1642-1650) es una de las creaciones más originales de Borromini.

Sant'Andrea della Valle, iniciada en 1591, posee una fachada barroca de Ercole Ferrata.

Piazza Navona y las calles que la rodean ↑

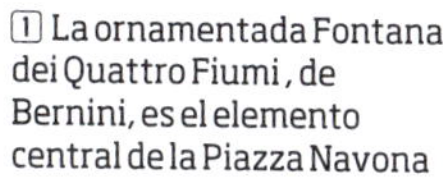

1 La ornamentada Fontana dei Quattro Fiumi, de Bernini, es el elemento central de la Piazza Navona

2 La plaza se llena de puestos artísticos durante el día y de músicos y mimos al anochecer

3 En torno a la Piazza Navona hay múltiples terrazas donde comer

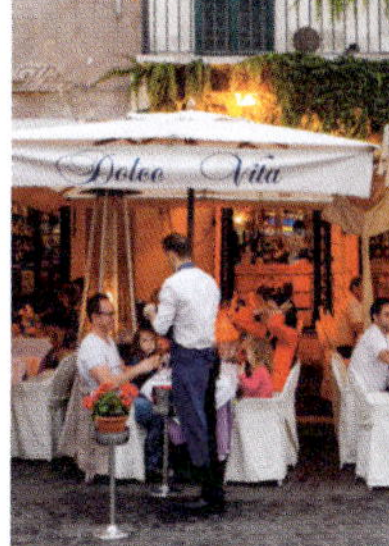

LA LEYENDA DE LA FUENTE

La rivalidad entre Bernini y Borromini ha dado lugar a una leyenda que dice que la cabeza velada del río Nilo en la Fontana dei Quattro Fiumi fue la forma que tuvo Bernini de expresar su malestar por la fachada de Borromini para Sant'Agnese in Agone, mientras que la figura del río de la Plata, con el brazo levantado, expresaría su temor a que la iglesia se derrumbara. En realidad, la fuente se terminó un año antes del inicio de la iglesia.

2

EL PANTEÓN

G4 Piazza della Rotonda 116 y líneas a lo largo de Via del Corso, Corso Vittorio Emanuele II y Corso del Rinascimento 9.00-19.30 lu-sá, 9.00-18.00 do, 9.00-13.00 festivos 1 ene, 1 may, 25 dic pantheonroma.com

Con su imponente cúpula interior, el Panteón –el templo romano de *todos los dioses*– es el edificio mejor conservado de la antigua Roma. A diferencia de otras estructuras que cayeron en el olvido, su conversión en iglesia en el siglo VII aseguró su uso continuado y su conservación.

↑ El gran pórtico, construido sobre el templo de Agripa

Dentro del Panteón

El interior de la iglesia esta dominado por una enorme cúpula hemisférica, con el mismo diámetro que altura (43,3 m). El agujero que hay en lo alto, el óculo, proporciona la única luz al templo. Esta maravilla de la ingeniería se la debemos al emperador Adriano, que diseñó la estructura (118-125 d. C.) para sustituir un templo anterior construido por Marco Agripa, yerno de Augusto. En las capillas que se alinean en sus paredes yacen desde Rafael hasta los reyes de Italia.

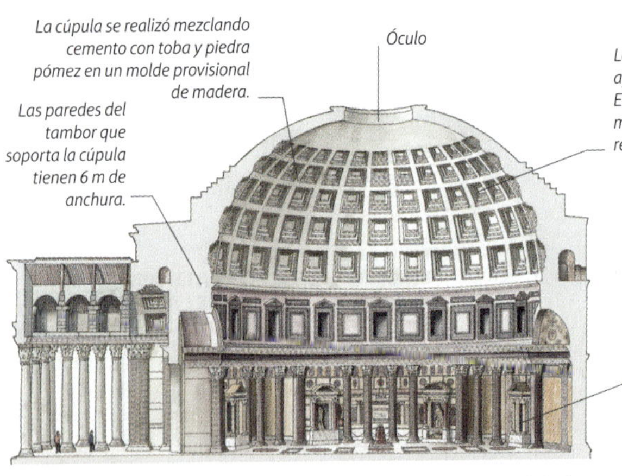
La cúpula se realizó mezclando cemento con toba y piedra pómez en un molde provisional de madera.
Óculo
Los huecos en la cúpula ayudan a reducir el peso. Esta técnica la copiaron muchos arquitectos renacentistas y barrocos.
Las paredes del tambor que soporta la cúpula tienen 6 m de anchura.
La tumba de Rafael se encuentra bajo una Madonna esculpida por Lorenzetto (1520).

Ilustración del Panteón ↑

Cronología

27-25 a. C.
▲ Marco Agripa construye el primer Panteón

118-125
Adriano construye el nuevo Panteón

609
▼ El papa Bonifacio IV consagra el Panteón como iglesia de Santa Maria ad Martyres

663
El emperador bizantino Constante II hace retirar algunas de las tejas de bronce del tejado

1309-1377
Mientras el papado está en Aviñón, el Panteón es empleado como mercado agrícola

1632
▲ Urbano VIII funde el bronce del pórtico para el baldaquino de San Pedro

Esencial ☆

¿Lo sabías?

La cúpula del Panteón sigue siendo la única del mundo realizada en hormigón no armado.

Óculo y encofrado interior de la cúpula del Panteón ↑

El interior barroco de la iglesia de San Luigi dei Francesi

LUGARES DE INTERÉS

Sant'Ivo alla Sapienza

G4 Corso del Rinascimento 40 06 06 08 (información turística) 30, 70, 81, 87, 116, 186, 492, 628 9.00-12.00 do

Escondida en el patio del Palazzo della Sapienza, sede de la antigua Universidad de Roma, el campanario espiral de Sant'Ivo destaca en el paisaje romano. Edificada por Borromini entre 1642 y 1660, la iglesia es una ingeniosa combinación de superficies cóncavas y convexas. La obra abarcó los pontificados de tres papas e incorporó en su diseño los emblemas de cada uno de ellos: la abeja de Urbano XVIII, la paloma y rama de olivo de Inocencio X y la estrella y colinas de Alejandro VII.

San Luigi dei Francesi

F4 Piazza di San Luigi de' Francesi 5 06 68 82 71 70, 81, 87, 116, 186, 492, 628 Los horarios varían, consultar la página web saintlouis-rome.net

Iglesia nacional francesa en Roma, San Luigi es un edificio del siglo XVI famoso por los tres magníficos lienzos de Caravaggio en la capilla Cerasi. Pintados entre 1597 y 1602, fueron las primeras grandes obras religiosas del artista: *Llamada de san Mateo, Martirio de san Mateo* y *San Mateo y el ángel.* La primera versión de esta última tela fue rechazada porque retrataba al santo como un hombre viejo y cansado con los pies sucios.

5 

Palazzo Altemps

F4 Via di Sant' Apollinare 46 06 39 96 77 00 70, 81, 87, 115, 280, 628 9.00-19.45 ma-do 1 ene, 25 dic

Perteneciente al Museo Nazionale Romano *(p. 281)*, el palacio alberga una colección de escultura. Restaurado como museo durante la década de 1990, el edificio fue construido en 1480 por Girolamo Riario, sobrino del papa Sixto IV. Durante el alzamiento popular que siguió a la muerte del papa en 1484, el palacio fue saqueado y Girolamo huyó de la ciudad. En 1568 fue adquirido por el cardenal Marco Sittico Altemps, y fue restaurado en la década siguiente por Martino Longhi el Viejo, quien añadió la torre coronada por un obelisco y el unicornio de mármol.

Los miembros de la familia Altemps fueron coleccionistas ávidos. Las estatuas antiguas del patio y de la escalera se completan con las esculturas de Ludovisi; una de las principales es *El suicidio del gálata*, ubicada en el Salone del Camino, una copia en mármol del original. En la primera planta se halla el trono de Ludovisi, del siglo V a. C., con un panel que representa a Afrodita.

Chiesa Nuova

E4 Via del Governo Vecchio 134 06 68 75 2 89 46, 64 7.30-12.00 y 16.30-19.00 diario

San Felipe Neri encargó esta iglesia en 1575 para que reemplazase la iglesia en ruinas que el papa Gregorio XIII había dado a su orden. Neri exigía humildad a sus adeptos y puso a trabajar en la iglesia a jóvenes aristócratas.

A su muerte y contra su voluntad, la nave, el ábside y la cúpula fueron ricamente adornados con frescos de Pietro da Cortona. También se pueden contemplar tres pinturas de Rubens alrededor del altar. Las primeras versiones fueron rechazadas por lo que Rubens volvió a pintarlas en pizarra y colocó los originales sobre la tumba de su madre.

Palazzo della Cancelleria

F5 Piazza della Cancelleria 06 69 88 75 66 46, 62, 64, 116, 916 7.30-20.00 lu-sá, 9.30-19.30 do y festivos

Gran ejemplo de la arquitectura quattrocentista, el palacio se empezó en 1485, supuestamente financiado por las ganancias en el juego de Raffaele Riario, sobrino del papa Sixto I. En 1478, Riario estuvo involucrado en la conspiración Pazzi contra los Médicis, y cuando en 1513 Giovanni de Médicis se convirtió en el papa León XIII, confiscó el palacio y lo convirtió en cancillería.

Santa Maria della Pace

F4 Vicolo del Arco della Pace 5 70, 81, 87, 116, 492, 628 9.00-11.45 lu, mi y sá

El papa Sixto IV dio el nombre a esta iglesia para celebrar la paz que él esperaba traer a Italia. Data de alrededor de 1480 y contiene un bello fresco de Rafael. El elegante claustro de Bramante se añadió en 1504, mientras que la fachada la diseñó Pietro da Cortona en 1656.

Una de las tres pinturas de Rubens cerca del altar de la Chiesa Nuova ↓

Tre Scalini
Esta terraza es famosa por su *tartufo*, un helado de denso chocolate negro coronado por trozos de chocolate agrio que se sirve acompañado de un barquillo y nata montada.

F4 Piazza Navona 28 mi 06 68 80 19 96

Lo Zozzone
Toda una institución en Roma, este coqueto lugar en una calle cerca de la Piazza Navona sirve una deliciosa *pizza bianca* rellena con opciones que van de mozarella a alcachofas.

F4 Via del Teatro Pace 06 68 80 85 75

Osteria del Pegno
Restaurante romántico que ofrece perfectos platos italianos. Un *limoncello* de invitación y pastas caseras ponen el broche perfecto.

F4 Vicolo Montevecchio 8 06 68 80 70 25

Casa Bleve
Ubicado en una sala abovedada, este restaurante-enoteca tiene una gran carta de vinos y un menú de platos *gourmet*.

G5 Via del Teatro Valle 48 casableve.com

9

Campo de' Fiori

F5 116 y líneas a Corso Vittorio Emanuele II

El Campo de' Fiori (campo de flores) era una de las zonas más animadas y peligrosas de la Roma medieval y renacentista. Cardenales y nobles se mezclaban con pescadores y extranjeros en el mercado de la plaza; Caravaggio mató a su contrincante después de perder un partido de tenis en la plaza; y el orfebre Cellini asesinó a un competidor en las cercanías de este lugar. Hoy, la zona sigue siendo un centro de animada actividad, con un mercado de lunes a sábado y numerosos bares y *trattorias*.

En el Renacimiento la plaza estaba rodeada de tabernas, muchas propiedad de la cortesana del siglo XV Vannozza Catanei, amante del papa Alejandro VI.

Aquí también se celebraban ejecuciones. La estatua situada en el centro pertenece al filósofo Giordano Bruno, quemado en la hoguera por herejía en 1660 por sugerir que la Tierra giraba alrededor del Sol.

10 

Palazzo Farnese

F5 Piazza Farnese 23, 116, 280 y líneas a Corso Vittorio Emanuele II inventerrome.com

Construido para el cardenal Alejandro Farnesio, que se convirtió en el papa Pablo III en 1534, el palacio lo comenzó Antonio da Sangallo el Joven y, a su muerte, lo continuó Miguel Ángel.

El palacio, ahora sede de la embajada de Francia, solo puede verse en visita privada.

11   

Palazzo Spada

F5 Piazza Capo di Ferro 13 06 683 24 09 23, 116, 280 y líneas a Largo di Torre Argentina 8.30-19.30 diario 1 ene, 25 dic

Fantasía de estuco con relieves de romanos ilustres, lazos y flores, el Palazzo Spada fue construido en 1540 y comprado por el cardenal Bernardino Spada en 1637. Este gran mecenas encargó a Borromini la creación de un trampantojo en el patio, un túnel que parece mayor de lo que es. La colección de arte del cardenal, expuesta en la Galleria Spada, incluye obras de Durero, Guercino, Del Sarto y Artemisia Gentileschi.

Hotel Raphael

Este hotel de fachada cubierta por vegetación ofrece modernas habitaciones de lujo diseñadas por el arquitecto Richard Meier, y otras más clásicas. Hay un buen restaurante vegetariano y un bar en la azotea.

F4 Largo Febo 2
raphaelhotel.com

Gueto e isla del Tíber

G6 23, 63, 280, 780 y líneas a Largo di Torre Argentina

Los primeros judíos que llegaron a Roma eran comerciantes, pero durante el Imperio se los apreciaba mucho por sus dotes financieras y médicas. Las persecuciones comenzaron en el siglo XVI, cuando el papa Pablo IV los forzó a vivir dentro de un recinto amurallado, que luego pasó a ser el centro del gueto actual. La calle principal, la Via Portico d'Ottavia, lleva a la sinagoga principal.

El Ponte Fabricio une el barrio judío con la isla del Tíber, centro de salud desde que en el 293 a. C. se fundara en ella un templo dedicado a Escolapio. La isla alberga ahora un hospital.

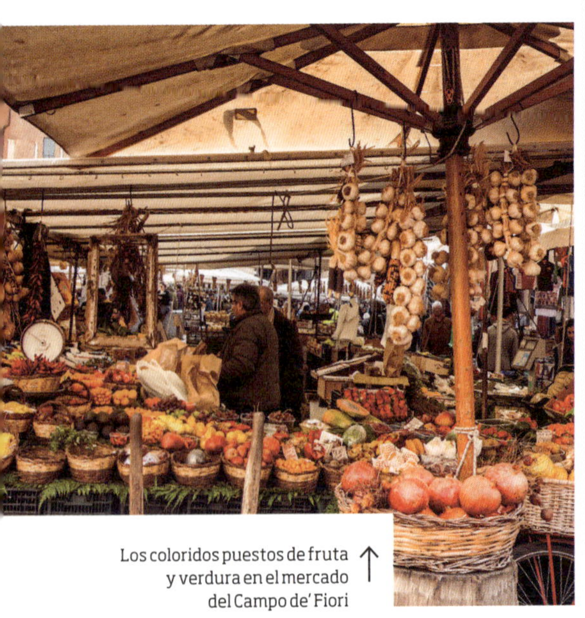

Los coloridos puestos de fruta y verdura en el mercado del Campo de' Fiori ↑

Frondosos jardines en la isla del Tíber, donde ahora hay un hospital

Area Sacra di Largo Argentina

G5 Largo di Torre Argentina 40, 46, 62, 64, 70, 81, 87, 186, 492 Al público

En este lugar se descubrieron en la década de 1920 los restos de cuatro templos. Datan de la República y son de los más antiguos de Roma. Se les conoce como A, B, C y D. El más viejo (templo C) data del siglo III a. C. Ocupa una alta plataforma precedida por un altar y su planta es itálica.

El templo A es original del siglo III a. C. pero en la Edad Media se construyó sobre su podio la pequeña iglesia de San Nicola. Los fragmentos de columnas al norte pertenecían a un gran pórtico conocido como el Hecatostilum (pórtico de 100 columnas). Detrás de los templos B y C, cerca de la Via di Torre Argentina, yacen los restos de una gran plataforma de bloques de toba. Estos formaban parte de la curia de Pompeyo, un edificio donde se reunía el Senado y donde Julio César fue asesinado por Bruto, Casio y sus seguidores el 15 de marzo del 44 a. C.

Gesù

G5 Piazza del Gesù 06 69 70 01 H, 46, 62, 64, 70, 81, 87, 186, 492, 628 y otras líneas 7.00-12.30 y 16.00-19.45 diario

Edificada entre 1568 y 1584, el Gesù fue la primera iglesia jesuita de Roma. La orden jesuita fue fundada en Roma en 1537 por el vasco Ignacio de Loyola, que se convirtió al cristianismo tras resultar herido en batalla. La orden estaba muy comprometida con las actividades misioneras.

El imitadísimo diseño del Gesù tipifica la arquitectura de la Contrarreforma, con una larga nave con púlpitos laterales y un altar mayor central para la misa. La decoración del techo de la nave y cúpula la añadió Il Baciccia en el siglo XVII.

La nave reproduce el *Triunfo del nombre de Jesús* y el mensaje es evidente: los fieles católicos subirán al cielo mientras que los protestantes y otros herejes irán al infierno. El mensaje se repite en la Cappella di Sant'Ignazio, una rica muestra de lapislázuli, plata y oro. El mármol barroco de Théodon en *Triunfo de la fe sobre la idolatría* muestra una Religión femenina pisando la cabeza de la serpiente Idolatría, mientras que en *La Religión flagelando a la Herejía*, de Legros, un ángel sostiene un flagelo frente a un par de viejos y decrépitos bárbaros a los que rodea una serpiente.

¿Lo sabías?

Miguel Ángel se ofreció a proyectar gratis la iglesia del Gesù, pero murió antes de que se iniciara la planificación.

Antica Libreria Cascianelli

Situada frente al hotel Raphael, esta maravilla de tienda, fundada en 1837, es una cueva de Aladino repleta de libros de viejo, cartelería antigua, postales y mapas, además de antigüedades, lo que la convierte en un lugar delicioso para buscar.

F4 Largo Febo 14 328 785 0288 do mañanas

Delfina Delettrez

Miembro de la dinastía Fendi, Delettrez es una joyera cuyos reconocibles y atrevidos diseños se exhiben a la perfección en esta pequeña *boutique*, diseñada a semejanza de un joyero.

F4 Via del Governo Vecchio 67 do y lu mañanas delfinadelettrez.com

15 Palazzo Doria Pamphilj

H5 Via del Corso 305 64, 81, 119, 492 9.00-19.00 diario 1 ene, do de Resurrección, 1 may, 25 dic doriapamphilj.it

El Palazzo Doria Pamphilj es un vasto edificio en el corazón de Roma, cuyas partes más antiguas datan de 1435. Cuando la familia Pamphilj tomó posesión del lugar, en 1647, edificó un ala nueva, una capilla y un teatro.

La colección familiar cuenta con más de 400 pinturas de los siglos XV a XVIII, como el retrato del papa Inocencio X de Velázquez y obras de Tiziano, Guercino, Caravaggio y Claude Lorrain. Las estancias privadas conservan parte de la decoración original, con tapices gobelinos y de Bruselas, arañas de Murano y un pesebre dorado.

16 Santa Maria sopra Minerva

G4 Piazza della Minerva 42 06 679 39 26 116 y otras muchas líneas 10.30-12.30 y 14.00-19.00 diario

La iglesia, uno de los pocos edificios góticos de Roma, se edificó en el siglo XIII sobre un templo supuestamente dedicado a Minerva. Fue baluarte de los dominicos, orden que dio algunos de los más infames inquisidores de la Iglesia y que juzgaron a Galileo en el monasterio colindante.

Dentro, la iglesia alberga una impresionante colección de arte y escultura, que abarca desde las tumbas de estilo *cosmati* (siglo XIII) hasta un busto de Bernini. Destacan la *Anunciación* de Antoniazzo Romano, en la que aparece representado el cardenal Juan de Torquemada, tío del inquisidor español, y la capilla Carafa, con frescos de Filippino Lippi.

En la capilla Aldobrandini están las tumbas de los papas Médicis del siglo XVI, León X y Clemente VII, y cerca de las escaleras del coro está la escultura *Cristo resucitado,* iniciada por Miguel Ángel.

La iglesia también alberga las tumbas de muchos italianos famosos como santa Catalina de Siena (muerta en 1380) y Fra Angelico, el fraile dominico y pintor, que murió en 1455. En el exterior, la escultura de Bernini de un elefante sujeta un obelisco en el lomo.

→

Escultura en mármol en la iglesia de Santa Maria sopra Minerva

17 Sant'Ignazio di Loyola

G4 Piazza di Sant' Ignazio 06 679 44 06 117, 119, 492 7.30-19.00 lu-sá, 9.00-19.00 do

La Iglesia fue construida por el papa Gregorio XV en 1626 en honor a san Ignacio de Loyola, fundador de la Compañía de Jesús y el hombre que mejor encarnó el celo de la Contrarreforma. Junto con el Gesù *(p. 265)*, San Ignacio forma el núcleo del área jesuita de Roma. Es una de las iglesias barrocas más recargadas, con su amplio interior adornado con piedras preciosas, mármol, estuco y dorados. La planta es de cruz latina, con un ábside y numerosas capillas laterales.

Se planeó una cúpula que nunca llegó a construirse porque las monjas de un convento cercano se quejaron de que dicho elemento arquitectónico estropearía las vistas del jardín de su azotea. En su lugar, se pintó una perspectiva de una cúpula sobre el techo plano.

Aún más sorprendente es el techo creado por el jesuita Andrea Pozzo (1685), una pintura que ensalza el éxito de los misioneros de esta orden en el mundo. En lo alto, cuatro mujeres (Asia, Europa, América y África), ángeles y niños son succionados por un cielo de nubes.

↑ La Piazza di Montecitorio de noche, con el obelisco egipcio

Piazza Colonna

H4 116, 117, 492

La Piazza Colonna, que alberga el Palazzo Chigi (residencia oficial del primer ministro), está dominada por la columna de Marco Aurelio. Fue erigida después de la muerte de Marco Aurelio en el 180 d. C. para conmemorar sus victorias sobre los bárbaros del Danubio. Es una clara imitación a la columna de Trajano *(p. 250)*, pero el estilo de los relieves es diferente. Las guerras de Marco Aurelio se representan simplificadas y en un relieve muy marcado, sacrificando las proporciones clásicas en favor de la claridad.

Piazza di Montecitorio

G4 06 676 01 116
1er do oct-jun

El obelisco del centro de la Piazza di Montecitorio era el eje de un reloj de sol gigante traído por Augusto de Egipto. Desapareció un tiempo en el siglo IX y volvió a descubrirse en el reinado de Julio II (1503-1513) debajo de unas casas medievales.

La plaza está dominada por el Palazzo di Montecitorio, diseñado por Bernini y completado en 1697 por Carlo Fontana. Desde el siglo XIX es la sede de la Cámara de Diputados.

Caffè Sant'Eustachio
Muchos romanos creen que este pequeño bar sirve el mejor café de la ciudad, de ahí que esté lleno de la mañana a la noche. Hay una tentadora selección de tartas de café.

G4
Via Sant'Eustachio 82
santeustachio ilcaffe.com

La Maddalena

G4 Piazza della Maddalena 53 06 899 281 116 y muchas otras líneas 8.30-11.30 lu-vi y do, 9.00-11.30 sá, 17.00-18.00 diario

Situada cerca del Panteón, la fachada rococó de la Maddalena, construida en 1735, simboliza el amor a la luz y al movimiento típicos del Barroco tardío. Sus curvas recuerdan a San Carlo alle Quattro Fontane *(p. 279)*, de Borromini. La fachada ha sido restaurada a pesar de las protestas de los neoclasicistas, que han comparado su estucado con el azúcar glaseado.

El tamaño reducido de la Maddalena no desanimó a los decoradores de los siglos XVII y XVIII, que ornamentaron su interior desde el suelo hasta la cúpula.

CLEMENS XII PONT MAX
AQVAM VIRGINEM
COPIA ET SALVBRITATE COMMENDATAM
CVLTV MAGNIFICO ORNAVIT
DOMINI MDCCXXXV PONTIF VI
PERFECIT
ENEDICTVS XIV
POSITIS SIGNIS ET ANA

La magnífica Fontana di Trevi

ROMA: NORESTE

Esta zona se extiende desde las exclusivas calles comerciales de la Piazza di Spagna hasta la colina Esquilina, antes burguesa y ahora una zona venida a menos, llena de iglesias paleocristianas con interiores llenos de mosaicos. El barrio de la plaza de España y del Popolo creció en el siglo XVI, cuando la gran afluencia de peregrinos hizo necesaria la construcción de una calle que canalizara el flujo directamente al Vaticano. Al mismo tiempo, la colina del Quirinal albergaba un palacio papal. Cuando Roma fue nombrada capital de Italia en 1870, la Via Veneto pasó a ser una zona residencial y el Esquilino se llenó de viviendas para los nuevos funcionarios.

Convertida en una de las zonas más concurridas de Roma, el noreste ofrece la posibilidad de ver escaparates, hacer turismo y disfrutar de la gastronomía. El paseo más popular recorre la Via del Corso, mientras los turistas llenan la fuente más famosa, la de Trevi. Monti, un barrio de moda, ofrece tiendas a la última, restaurantes y bares, y uno de los distritos más multiculturales, Esquilino, es el mejor lugar para comer en restaurantes étnicos.

ROMA: NORESTE
Esencial
1 Piazza di Spagna
2 Fontana di Trevi
3 Santa Maria Maggiore
Lugares de interés
4 Villa Medici
5 Santa Maria del Popolo
6 Ara Pacis
7 Mausoleo de Augusto
8 Sant'Andrea al Quirinale
9 San Carlo alle Quattro Fontane
10 Galleria Nazionale di Arte Antica: Palazzo Barberini
11 Santa Maria della Concezione
12 Santa Maria della Vittoria
13 Museo Nazionale Romano Palazzo Massimo
14 Santa Prassede
15 San Pietro in Vincoli
Dónde comer
1 Gelateria Cecere
Dónde beber
2 Antico Caffè Greco
3 Doney Café
ALREDEDORES DE PIAZZA NAVONA
p. 254
EL CASCO ANTIGUO
p. 238
CAMPO MARZIO
TREVI
PIGNA
FORO ROMANO
Stazione Roma Nord
Flaminio
Museo Carlo Bilotti
Casina di Raffaello
Galoppatoio
Il Pincio
Porta del Popolo
Santa Maria del Popolo
PIAZZA DEL POPOLO
Santa Maria in Montesanto
Santa Maria dei Miracoli
Casa di Goethe
Villa Medici
Spagna
Trinità dei Monti
Piazza di Spagna
Museo Keats-Shelley
PIAZZA MIGNANELLI
Colonna dell' Immacolata
Ara Pacis
Mausoleo de Augusto
PIAZZA AUGUSTO IMPERATORE
Santi Ambrogio e Carlo al Corso
Palazzo Borghese
Palazzo di Giustizia
Ponte Regina Margherita
Ponte Cavour
Ponte Umberto
Río Tíber
PIAZZA DELLA LIBERTÀ
PIAZZA DI SAN SILVESTRO
Fontana di Trevi
Palazzo del Quirinale
Scuderie del Quirinale
PIAZZA DEL QUIRINALE
PIAZZA D. PILOTTA
SS. Apostoli
Palazzo Odescalchi
Palazzo Colonna
PIAZZA DEI SS. APOSTOLI
Palazzo del Collegio Romano
Palazzo Doria Pamphilj
Palazzo Altieri
PIAZZA VENEZIA
PIAZZA S. MARCO
PIAZZA D'ARACOELI
Il Vittoriano
Santa Maria in Aracoeli
PIAZZA DEL CAMPIDOGLIO
Palazzo dei Conservatori
Teatro di Marcello
V. LE DEL MURO TORTO
VIALE DEL MURO TORTO
V. L. DI SAVOIA
VIA F. DI SAVOIA
LUNGOT. ARNALDO DA BRESCIA
LUNGOTEVERE IN AUGUSTA
LUNGOTEVERE DEI MELLINI
LUNGOT. PRATI
LUNGOT. MARZIO
VIA DI RIPETTA
VIA DEL CORSO
VIA DEL BABUINO
VIA MARGUTTA
VIA CONDOTTI
VIA FRATTINA
VIA DELLA CROCE
VIA VITTORIA
VIA TOMACELLI
VIA DUE MACELLI
VIA FRANCESCO CRISPI
VIA DEL TRITONE
LARGO CHIGI
VIA D. MERCEDE
VIA D. DATARIA
VIA IV NOVEMBRE
VIA DEL PLEBISCITO
VIA DEI FORI IMPERIALI
VIA D. TEATRO DI MARCELLO
VIA DI PORTA PINCIANA
VIALE TRINITÀ DEI MONTI
VIALE G. D'ANNUNZIO

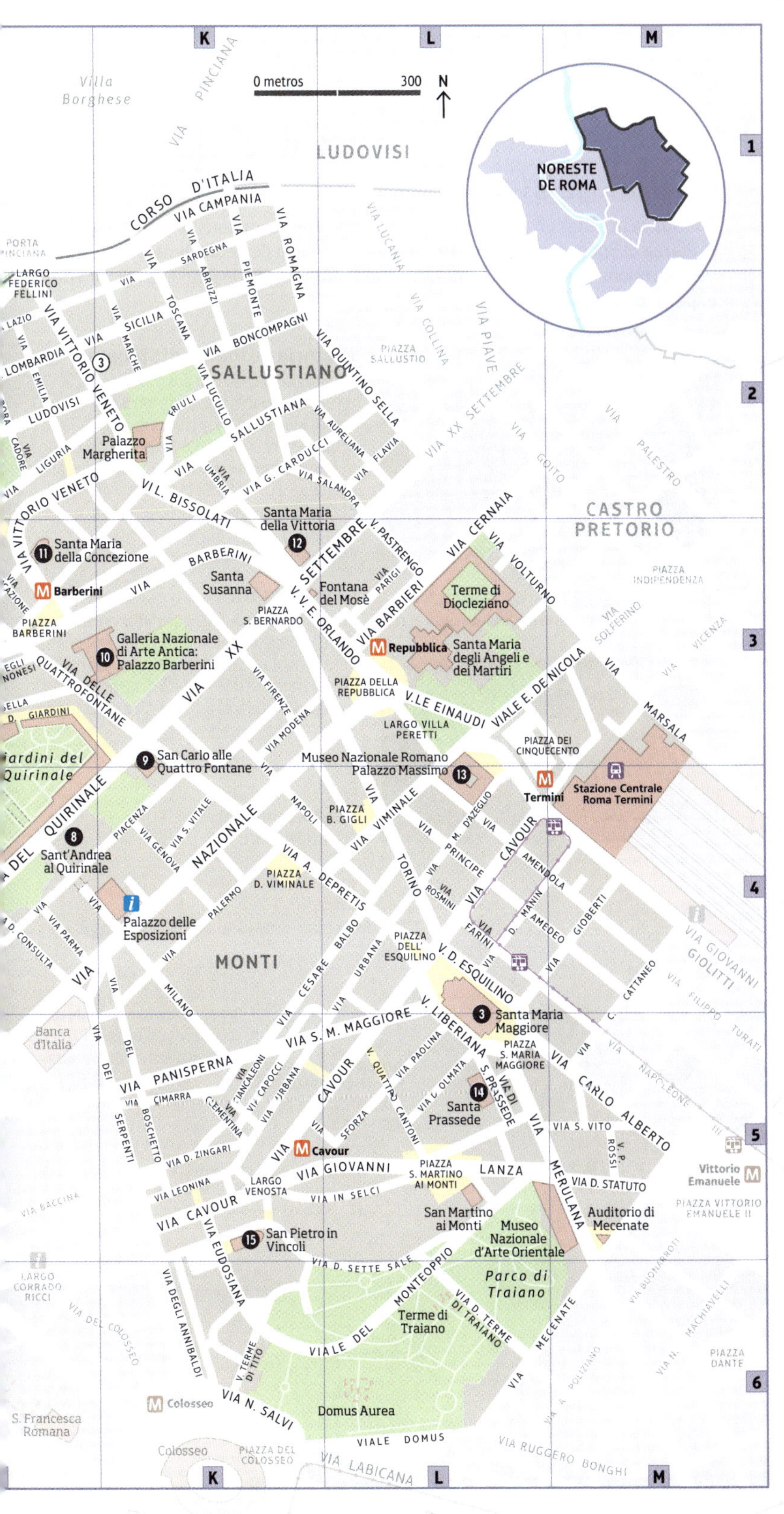

K
L
M
0 metros
300
N
NORESTE DE ROMA
LUDOVISI
SALLUSTIANO
CASTRO PRETORIO
MONTI
Villa Borghese
CORSO D'ITALIA
VIA CAMPANIA
VIA VITTORIO VENETO
Palazzo Margherita
Santa Maria della Concezione
Barberini
PIAZZA BARBERINI
Galleria Nazionale di Arte Antica: Palazzo Barberini
Santa Susanna
Santa Maria della Vittoria
Fontana del Mosè
Terme di Diocleziano
Repubblica
Santa Maria degli Angeli e dei Martiri
PIAZZA DELLA REPUBBLICA
San Carlo alle Quattro Fontane
Museo Nazionale Romano Palazzo Massimo
Stazione Centrale Roma Termini
Termini
PIAZZA DEI CINQUECENTO
Sant'Andrea al Quirinale
Palazzo delle Esposizioni
Giardini del Quirinale
Santa Maria Maggiore
Santa Prassede
Cavour
San Martino ai Monti
Museo Nazionale d'Arte Orientale
Auditorio di Mecenate
San Pietro in Vincoli
Parco di Traiano
Terme di Traiano
Domus Aurea
Colosseo
Vittorio Emanuele
PIAZZA VITTORIO EMANUELE II
S. Francesca Romana
Banca d'Italia
1
2
3
4
5
6

1

PIAZZA DI SPAGNA

H2 116, 117, 119 Spagna

Con sus casas altas en tonos ocre, rosa y crema y sus características contraventanas, la Piazza di Spagna, con forma de pajarita, está llena de gente durante el día y, en verano, buena parte de la noche. Es la plaza más famosa de Roma, la favorita de expatriados y visitantes extranjeros.

↑ Vista desde el exterior de la Trinità dei Monti, en lo alto de la escalinata de la plaza

Historia de Piazza di Spagna

En el siglo XVII, la zona era considerada territorio español por la presencia de la embajada española, y cualquiera que la atravesara corría el riesgo de ser apresado por los soldados españoles. En los siglos XVIII y XIX fue el corazón de la principal área de hoteles, atrayendo a aristócratas que realizaban el *Grand Tour*, y a artistas, escritores y compositores.

La escalinata

En 1700, los Borbones, que reinaban en Francia, llegaron también al trono de España. Para simbolizar su poder, decidieron unir la iglesia francesa de la Trinità dei Monti con la embajada española a través de esta escalera.

Frescos de Daniele di Volterra dentro de la Trinità dei Monti

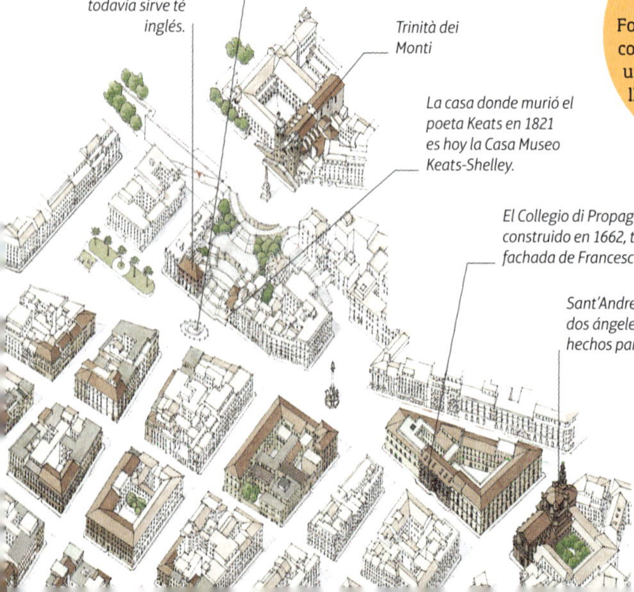

El salón de té Babington, fundado en 1896, todavía sirve té inglés.

La Fontana della Barcaccia, diseñada por el padre de Bernini, Pietro, representa un barco hundido.

Trinità dei Monti

La casa donde murió el poeta Keats en 1821 es hoy la Casa Museo Keats-Shelley.

El Collegio di Propaganda Fide, construido en 1662, tiene una fachada de Francesco Borromini.

Sant'Andrea delle Fratte contiene dos ángeles de Bernini (1669) hechos para el Ponte Sant'Angelo.

← Ilustración de la Piazza di Spagna y de las calles colindantes

¿Lo sabías?

Según la leyenda, la Fontana della Barcaccia se construyó después de que una inundación del Tíber llevara una barca hasta la plaza en 1598.

Esencial ☆

La Fontana della Barcaccia, a los pies de la escalinata ↑

2

FONTANA DI TREVI

H4 52, 53, 61, 62, 63, 71, 80, 116, 119 y otras líneas a lo largo de Via del Corso y Via del Tritone

Escondida en una pequeña plaza, esta es la más famosa –y más grande– fuente de Roma. Construida en 1762 en un lateral del Palazzo Poli por el arquitecto italiano Nicola Salvi en el vistoso estilo rococó, la Fontana di Trevi es un espectáculo de mármol con caballos de mar encabritados, tritones soplando conchas de mar, rocas escarpadas y palmeras.

El agua de Trevi

Según la leyenda, el nombre de la fuente deriva del de una joven virgen llamada Trivia que mostró a los ingenieros romanos la ubicación de un manantial. El agua procede del Acqua Vergine, un acueducto romano alzado en el 19 a. C. y alimentado por manantiales a 22 km de la ciudad.

En el siglo XIX, el agua de Trevi era considerada la mejor de Roma, pero hoy se depura por medios químicos. La tradición dice que arrojar una moneda a la fuente garantiza volver a Roma. A diario se lanzan unos 3.000 euros.

→ Un relieve muestra a Trivia enseñando la ubicación del manantial

Gelateria Cecere

Los romanos son fieles al helado de este sencillo y veterano establecimiento, elaborado con una antigua y secreta receta familiar. Es famoso por el sabor *zabaglione* con marsala, pero el de pistacho y chocolate también es fabuloso.

H4 Via del Lavatore 85 06 679 2060

Esencial ☆

LA DOLCE VITA

Dirigida por Federico Fellini en 1960, esta película trata de un *paparazzi* (interpretado por Marcello Mastroianni) que, deambulando por la decadente vida nocturna de Roma, conoce a una bella actriz sueca, que encarna Anika Ekberg. La escena más famosa –Ekberg bañándose en la Fontana di Trevi– puede que sea la responsable de haber convertido esta fuente en la más conocida y fotografiada de la ciudad.

Esculturas

La estatua central de Neptuno la esculpió Pietro Bracci, que empezó a trabajar en la fuente tras la muerte de su viejo amigo Niccola Salvi en 1751. El tema del conjunto, magníficamente insertado en el fondo del palacio, es el dominio de las aguas.

Dos hipocampos guiados por tritones tiran del carro de concha de Neptuno. Un tritón pugna por dominar a su animal, mientras que el otro conduce una bestia más dócil. Los caballos simbolizan las variables condiciones del mar. En los huecos junto a Neptuno hay figuras que representan a la Abundancia (izquierda), con una cornucopia de frutas, y la Salubridad (derecha), con una copa de la que bebe una serpiente.

→ Detalle de un tritón soplando una concha y guiando a un hipocampo

↓ La Fontana di Trevi, con la fachada del Palazzo Poli de fondo

Fachada de la iglesia vista desde la Piazza di Santa Maria Maggiore

3

SANTA MARIA MAGGIORE

L4 Piazza di Santa Maria Maggiore 06 69 88 68 00 16, 70, 71, 714 14 Termini, Cavour 7.00-17.45 diario

Santa Maria Maggiore, la más grande de las 26 iglesias de Roma dedicadas a la Virgen, se construyó inicialmente en el siglo V. Fue renovada por varios papas en el transcurso de los siglos, lo que le da una singular mezcla de estilos arquitectónicos.

La leyenda dice que el papa Liberio inició la construcción de Santa Maria Maggiore tras soñar que la Virgen le pedía que levantara una iglesia donde encontrara nieve. Cuando vio nevar en Esquilino en pleno agosto, ordenó que se iniciaran las obras.

Se trata de una de las cuatro basílicas papales y posee un precioso interior con brillantes mosaicos. La nave con columnas es parte del edificio original del siglo V. El suelo de estilo cosmatesco en mármol y el campanario románico son medievales. Al Renacimiento se debe el artesonado del techo, y el Barroco dotó a la iglesia de sus cúpulas gemelas y sus imponentes fachadas frontal y trasera. Los mosaicos son el elemento más famoso de Santa Maria. Las escenas bíblicas de la nave y los mosaicos del arco de triunfo datan del siglo V. El Cristo de la logia en su trono es del siglo XIII.

Mosaicos y baldaquino en el interior de Santa Maria Maggiore

Imagen de la Virgen y el Niño en la plaza frente a la iglesia

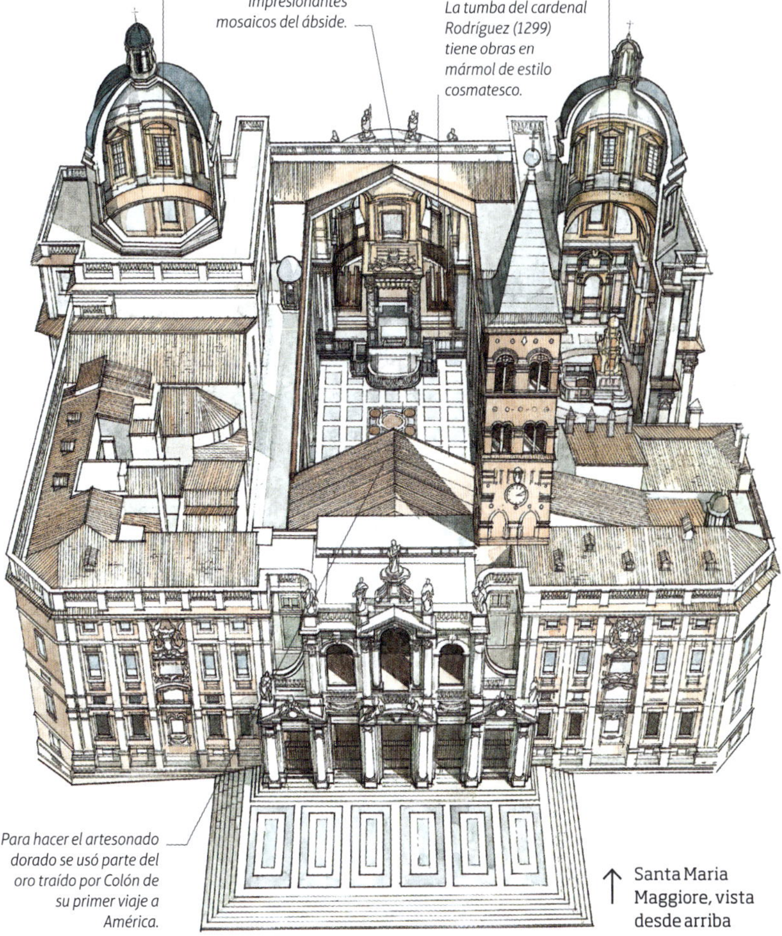

Esencial ☆

La Cappella Paolina (1611) está llena de espectaculares obras de arte.

La Coronación de la Virgen *es la imagen central de los impresionantes mosaicos del ábside.*

La Cappella Sistina alberga la tumba del papa Sixto V (1584-1587).

La tumba del cardenal Rodríguez (1299) tiene obras en mármol de estilo cosmatesco.

Para hacer el artesonado dorado se usó parte del oro traído por Colón de su primer viaje a América.

↑ Santa Maria Maggiore, vista desde arriba

Cronología

356
▲ La Virgen se aparece al papa Liberio

420
Fecha probable de la fundación

432-440
Sixto III completa la iglesia

1075
▼ El papa Gregorio VII es secuestrado mientras dice la misa de Navidad aquí

1288-1292
Nicolás IV añade el ábside y los transeptos

1347
Cola di Rienzo es declarado tribuno de Roma en Santa Maria Maggiore

1673
▲ Carlo Rainaldi reconstruye el ábside

↓ La elegante ubicación de Villa Medici, del siglo XVI

LUGARES DE INTERÉS

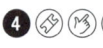

Villa Medici

H2 Accademia di Francia a Roma, Viale Trinità dei Monti 1 117 Spagna Visitas 11.00 y 15.30 ma-do villa medici.it

Con un soberbio emplazamiento en la colina Pincio sobre la Piazza di Spagna, la villa (siglo XVI) ha conservado el nombre que tenía cuando el cardenal Fernando de Médicis la compró en 1576. Desde la terraza hay vistas de la ciudad hasta el Castel Sant'Angelo. Ahora alberga la Academia Francesa, fundada en 1666 por Luis XIV para que los artistas pudieran estudiar en Roma. Desde 1803 también admitió músicos, entre los que se contaron Berlioz y Debussy.

La villa solo abre para exposiciones y visitas guiadas. Estos recorridos incluyen los jardines, con un pabellón con frescos y copias de estatuas antiguas.

Santa Maria del Popolo

G1 Piazza del Popolo 12 06 361 08 36 117, 119, 490, 495, 926 Flaminio 7.30-12.30 y 16.00-19.00 do-ju, 7.30-19.30 vi y sá

Santa Maria del Popolo, una de las primeras iglesias renacentistas de Roma, fue encargada por el papa Sixto IV en 1472. Gracias a diferentes legados, la iglesia está llena de tesoros artísticos. Poco después de la muerte de Sixto en 1484, Pinturicchio y sus pupilos pintaron al fresco dos capillas (primera y tercera a la derecha) para los Della Rovere. En el altar de la primera capilla hay una preciosa *Natividad* de 1490 que reproduce el Belén, al pie de una columna clásica.

↑ Un trampantojo en la cúpula de la iglesia de Santa Maria del Popolo

En 1503, Giuliano, el sobrino de Sixto IV, se convirtió en el papa Julio II e hizo que Bramante edificara un nuevo ábside. Pinturicchio pintó entonces las bóvedas con sibilas y apóstoles dentro de una complicada tracería de monstruos.

En 1513, Rafael creó la capilla Chigi (segunda a la izquierda) para el banquero Agostino Chigi. En ella se mezcla lo sagrado y lo profano; hay tumbas piramidales y un mosaico de techo con Dios sujetando los signos del Zodiaco y describiendo el horóscopo de Chigi. Rafael murió antes de terminar la capilla, que completó Bernini, que añadió las estatuas de Daniel y de Habacuc. En la capilla Cerasi, a la izquierda del altar, hay dos obras realistas obra de Caravaggio en 1601: *La conversión de san Pablo y La crucifixión de san Pedro.* El artista utilizó atrevidos efectos de luz y técnicas de escorzo para aumentar el dramatismo.

Ara Pacis

G2 Lungotevere in Augusta 70, 81, 117, 119, 186, 628 9.00-19.30 diario (última entrada: 18.30) 1 ene, 25 dic arapacis.it

El Ara Pacis celebra la paz instaurada por Augusto en el Mediterráneo; su reconstrucción fue muy costosa y duró muchos años. Encargado por el Senado en el 13 a. C. y completado cuatro años después, el altar de la paz está dentro de un recinto de mármol de Carrara con relieves de tal calidad que los expertos piensan que los talladores eran griegos.

Los relieves de los muros norte y sur reproducen una procesión que se celebró el 4 de julio del 13 a. C. en la que se identifica a la familia del emperador, incluido el nieto de Augusto, Lucio, agarrado a las faldas de su madre, Antonia. Este monumento ahora está en un edificio diseñado por el arquitecto Richard Meier.

Antico Caffè Greco

Fundado en 1760, este café fue lugar de encuentro de artistas e intelectuales como Keats y Byron, y todavía conserva el aire de un salón refinado. El café y la tarta son un placer (caro).

H2 Via dei Condotti 86 anticocaffegreco.eu

Mausoleo de Augusto

G2 Piazza Augusto Imperatore 06 06 08 81, 117, 492, 628, 926 Para actos; llamar para informarse

El que fue antaño el lugar de enterramiento más importante de Roma es hoy un terreno cubierto de maleza y rodeado de cipreses. Augusto lo hizo construir en el 28 a. C., un año antes de llegar a emperador, para él y sus descendientes. El edificio circular tenía 87 m de diámetro y dos obeliscos. Dentro había cuatro pasillos concéntricos unidos entre sí, donde se guardaban las urnas con las cenizas de la familia imperial, incluidas las de Augusto (muerto en 14 d. C.).

Sant'Andrea al Quirinale

J4 Via del Quirinale 29 06 487 45 65 116, 117 9.00-12.00, 15.00-18.00 ma-do

Sant'Andrea fue diseñada para los jesuitas por Bernini y construida entre 1658 y 1670. Dado el poco espacio del que disponía, Bernini tuvo que orientar el eje largo de su planta oval hacia los lados. En el altar combinó escultura y pintura para crear una dramática *Crucifixión de san Andrés;* el santo crucificado mira una reproducción en estuco de sí mismo subiendo hacia la linterna, donde lo esperan el Espíritu Santo y unos querubines en el cielo.

San Carlo alle Quattro Fontane

K3 Via del Quirinale 23 06 488 32 61 116 y líneas hacia la Piazza Barberini Barberini 10.00-13.00 y 15.00-18.00 lu-vi, 10.00-13.00 sá y do

En 1638 los trinitarios encargaron a Borromini una iglesia y un convento en el cruce de las Quattro Fontane. La pequeña iglesia, que se dice que cabría en uno de los pilares de San Pedro, tiene líneas curvas redondeadas y fluidas tanto en la fachada como en el interior. En una pequeña sala de la sacristía cuelga un retrato de Borromini, que se suicidó en 1667. La capilla que tenía reservada en la cripta permanece vacía.

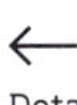

Detalle de los relieves del Ara Pacis, un altar de mármol del año 9 a. C.

Galleria Nazionale di Arte Antica: Palazzo Barberini

K3 Via delle Quattro Fontane 13 52, 53, 61, 62, 63, 80, 116, 175, 492, 590 Barberini 8.30-19.00 ma-do (última entrada: 18.30) 1 ene, 25 dic barberinicorsini.org

Cuando Maffeo Barberini se convirtió en el papa Urbano VIII en 1623, decidió construir un gran palacio familiar. Hoy domina la Piazza Barberini, en la que el tráfico rodea la Fontana del Tritone de Bernini, pero Carlo Maderno la proyectó como una típica villa rural a las afueras de la ciudad. Maderno murió y fue sustituido por Bernini y Borromini.

Entre las salas suntuosamente decoradas destaca el Gran Salone, con un fresco en el techo obra de Pietro da Cortona en 1633-1639. El palacio también alberga la Galleria Nazionale d'Arte Antica, con obras de Filippo Lippi, Tiziano, Artemisia Gentileschi y Caravaggio. La más famosa es *La Fornarina*, hija de un panadero y amante de Rafael, que, sin embargo, no pintó él.

Santa Maria della Concezione

J3 Via Veneto 27 06 88 80 36 95 52, 53, 61, 62, 63, 80, 116, 175 Barberini 7.00-13.00 y 15.00-18.00 diario (iglesia); 9.00.19.00 diario (cripta)

Debajo de esta discreta iglesia se halla una cripta cubierta con los esqueletos desmontados de 4.000 monjes capuchinos, que recuerda la brevedad de la vida.

Hay vértebras formando corazones sagrados y coronas de espinas, y en una capilla se encuentra el esqueleto de una pequeña princesa Barberini.

Santa Maria della Vittoria

K3 Via XX Settembre 17 06 42 74 05 71 61, 62, 175, 910 Repubblica 8.30-12.00 y 15.30-18.00 diario

Santa Maria della Vittoria es una iglesia barroca con un interior lujosamente decorado. La capilla Cornaro alberga una de las esculturas más ambiciosas de Bernini, *El éxtasis de santa Teresa* (1646). Es una obra que sorprende a los visitantes por la forma en que aparece la santa, desmayada sobre una nube con la boca semiabierta y los ojos cerrados, herida por la flecha de un ángel sonriente. Observando la escena están los miembros eclesiásticos de

↑ La cripta de Santa Maria della Concezione, decorada con miles de huesos humanos

la familia Cornaro, pasados y presentes, que encargaron la capilla, y que parecen discutir la escena representada.

Museo Nazionale Romano: Palazzo Massimo

L4 Palazzo Massimo, Largo di Villa Peretti 1 (1 de 5 sitios) 06 39 96 77 00 Todas las líneas a Termini Repubblica 9.00-19.45 ma-do

Fundado en 1899, el Museo Nazionale Romano –uno de los museos de arte clásico más importantes del mundo– alberga la mayor parte de las antigüedades halladas en Roma desde 1870, así como otras colecciones más antiguas. Durante la década de 1990, la colección se reorganizó en cinco espacios: el Palazzo Altemps *(p. 262)*, los baños de Diocleciano, el Aula Ottagona, la cripta Balbi y el Palazzo Massimo. La entrada vale para las cinco ubicaciones. Las exposiciones más recientes –con obras de los siglos II a. C. y IV d. C.– se reparten en tres plantas. Entre las joyas de la colección destacan los mosaicos de *Quattro Aurighe*, hallados en una villa al norte de Roma, los frescos procedentes de la villa de verano de la emperatriz Livia y la famosa estatua de su esposo, el emperador Augusto.

Doney Café

En el corazón de Via Veneto, Doney recrea el glamur de *La Dolce Vita* con grandes lámparas y mobiliario retro. El aperitivo es un buen momento para un cóctel y para ver pasar a la gente. Tiene también un restaurante caro.

K2 Via Veneto 125 restaurantdoney.com

↑ Estatuas clásicas en el Museo Nazionale Romano: Palazzo Massimo

Santa Prassede

L5 Via Santa Prassede 9a 06 488 24 56 16, 70, 71, 75, 714 Vittorio Emanuele 7.30-12.00 y 16.00-18.30 diario

La iglesia, fundada por el papa Pascual II en el siglo IX, fue decorada por artistas bizantinos con mosaicos, los más importantes de Roma. En el ábside aparece Cristo entre santa Prassede y su hermana, vestidas como emperatrices bizantinas, rodeados de ancianos de toga, ovejas, palmeras y brillantes amapolas rojas. La Cappella di San Zeno es aún más bonita, un mausoleo construido por el papa Pascual para su madre, Teodora. Su aureola cuadrada muestra que todavía estaba viva cuando se hizo el mosaico.

San Pietro in Vincoli

K5 Piazza di San Pietro in Vincoli 06 97 84 49 50 75, 85, 117 Colosseo 8.00-12.30 y 15.00-19.00 diario (oct-mar: hasta 18.00)

El nombre de la iglesia significa San Pedro encadenado, porque alberga las dos cadenas que se supone que sujetaron a san Pedro cuando estuvo preso en la cárcel Mamertina *(p. 252)*. La iglesia es más famosa por la tumba de Julio II, encargada por el pontífice a Miguel Ángel en 1505. Para disgusto del artista, el papa pronto volcó su interés en la construcción del nuevo San Pedro y el proyecto se abandonó. Cuando Julio II murió en 1513, Miguel Ángel continuó trabajando en ella, pero solo había terminado las estatuas de los *Esclavos moribundos* (ahora en París y Florencia) y del *Moisés* cuando se le encargó pintar *El Juicio Final* en la capilla Sixtina.

GNI CAELORVM TV ES PETRVS
VNA FIDES
MVNDO

La luz inunda la basílica de San Pedro

ROMA: EL VATICANO Y TRASTEVERE

La Ciudad del Vaticano, capital mundial del catolicismo, es el estado más pequeño del mundo. Sus 43 hectáreas rodeadas de murallas están protegidas por la guardia del Vaticano. San Pedro fue martirizado (*c.* 64 d. C.) y enterrado aquí, y el lugar se convirtió en la residencia de los papas que lo sucedieron. Los palacios papales, junto a la basílica de San Pedro, albergan la capilla Sixtina y las variadas colecciones de los Museos Vaticanos, además de ser la residencia del Papa. El vecino Trastevere es muy distinto, un curioso barrio antiguo cuyos habitantes dicen ser los únicos y verdaderos romanos. Por desgracia, la identidad proletaria del lugar corre peligro de perderse debido a la proliferación de restaurantes, clubes y tiendas de moda.

En la actualidad, las multitudes inundan el Vaticano, donde abundan las tiendas de recuerdos religiosos y los cafés orientados a los turistas. Los espacios verdes que rodean el Trastevere son ideales para relajarse tras un ajetreado día de turismo, mientras que sus estrechas calles están llenas de buenos locales para comer.

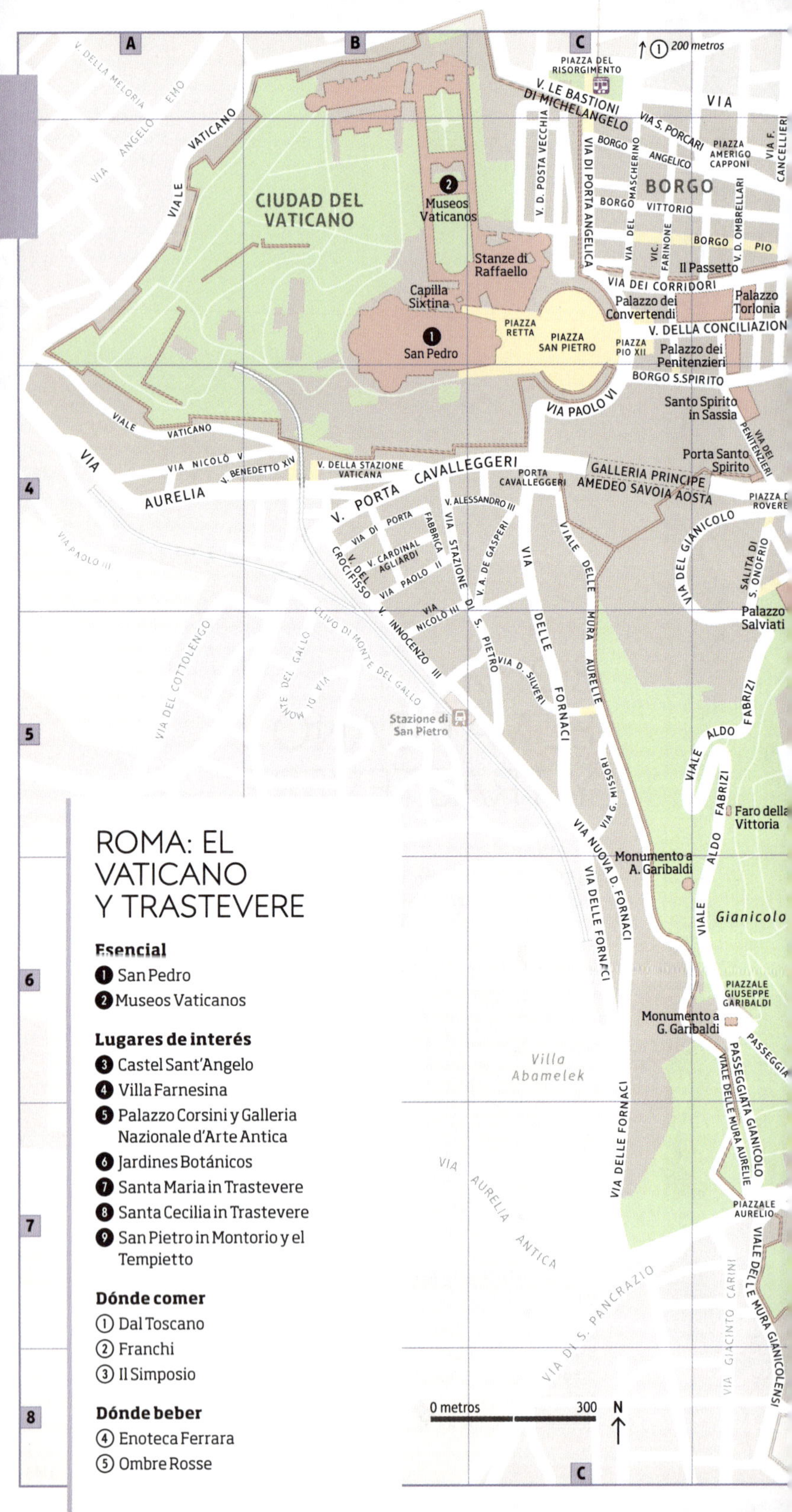

ROMA: EL VATICANO Y TRASTEVERE

Esencial

❶ San Pedro
❷ Museos Vaticanos

Lugares de interés

❸ Castel Sant'Angelo
❹ Villa Farnesina
❺ Palazzo Corsini y Galleria Nazionale d'Arte Antica
❻ Jardines Botánicos
❼ Santa Maria in Trastevere
❽ Santa Cecilia in Trastevere
❾ San Pietro in Montorio y el Tempietto

Dónde comer

① Dal Toscano
② Franchi
③ Il Simposio

Dónde beber

④ Enoteca Ferrara
⑤ Ombre Rosse

150 metros
EL VATICANO Y TRASTEVERE
ALREDEDORES DE PIAZZA NAVONA
p. 254
Castel Sant'Angelo
Santa Maria in Traspontina
Palazzo di Giustizia
Piazza Cavour
Ponte Umberto
Ponte S. Angelo
Ponte Vittorio Eman. II
Río Tíber
PONTE
PARIONE
PIGNA
ANGELO
TRASTEVERE
Palazzo Altemps
Palazzo Baldassini
Chiesa Nuova
Palazzo Pamphilj
El Panteón
Sant'Andrea della Valle
Campo de' Fiori
Piazza Farnese
Palazzo Spada
Casa di Lorenzo Manilio
Ponte Principe Amedeo Savoia Aosta
Ponte G. Mazzini
Carcere di Regina Coeli
Villa Farnesina
Palazzo Corsini y Galleria Nazionale d'Arte Antica
Casa della Fornarina
Porta Settimiana
Jardines Botánicos
Ponte Sisto
Ponte Garibaldi
Isola Tiberina
Ponte Cestio
Museo de Roma in Trastevere
Santa Maria in Trastevere
Caserma dei Vigili della VII Coorte
San Pietro in Montorio y the Tempietto
Fontana dell' Acqua Paola
Santa Cecilia in Trastevere
San Michele a Ripa Grande
San Francesco a Ripa
Porta Portese
Villa Sciarra
Porto di Ripa Grande

SAN PEDRO

B3 Piazza San Pietro 23, 49, 70, 180, 492 Ottaviano San Pietro 7.00-18.30 diario (basílica); 8.00-18.15 diario (tesoro); 8.00-17.30 (grutas); 8.00-17.00 diario (cúpula) vatican.va

La fastuosa basílica de mármol de San Pedro, el lugar más sagrado del catolicismo, atrae a peregrinos y turistas de todo el mundo.

El interior de San Pedro

Levantada en el lugar en el que san Pedro fue martirizado y enterrado, la basílica alberga cientos de obras de arte, algunas del templo original del siglo IV, edificado por Constantino, y otras de artistas del Renacimiento y el Barroco. El tono dominante lo dio Bernini, creador del baldaquino que se levanta bajo la enorme cúpula de Miguel Ángel y de la cátedra del ábside, con cuatro santos sujetando un trono con fragmentos que se creyó pertenecían a la silla desde la que san Pedro dio su primer sermón. Desde la basílica pueden visitarse las grutas, donde está enterrado el papa Juan Pablo II, el Tesoro y la sacristía, o la terraza para tener una panorámica. Se puede reservar por adelantado *(www.papalaudience.org)* para la audiencia papal de los miércoles a las 10.00 en la Piazza de San Pedro o en la cámara de audiencias papales.

La cúpula (136,5 m de alto) de Miguel Ángel se completó tras su muerte.

El monumento al papa Alejandro VII (interior) fue la última obra de Bernini en San Pedro.

El papa Urbano VIII encargó el extravagante baldaquino a Bernini en 1624.

El altar papal se levanta sobre la cripta donde está enterrado san Pedro.

El pie de san Pedro, tallado en el siglo XIII, está desgastado por el roce de los peregrinos durante siglos

← La cúpula de Miguel Ángel y la parte superior del baldaquino

Cronología

61 d. C. ▼ Entierro de san Pedro

200 Se construye un altar en la tumba de san Pedro

324 Constantino construye la basílica

800 ▲ Carlomagno es coronado emperador de los romanos en San Pedro

1452 Nicolás V planifica la restauración

1514 Rafael es designado director de las obras

1547 Miguel Ángel es nombrado arquitecto principal de San Pedro

1626 Consagración de la nueva basílica de San Pedro

→ La Piazza San Pietro, el gran óvalo que rodea la basílica

Protegida por un cristal desde un ataque en 1972, la Pietà de Miguel Ángel (1499) se encuentra en la primera capilla de la derecha. El escultor la realizó cuando tenía 25 años.

LA BENDICIÓN PAPAL

Los domingos a mediodía se llevan a cabo actos religiosos y, en ocasiones especiales, canonizaciones. El papa sale al balcón de la Biblioteca y bendice a los fieles reunidos en la Piazza San Pietro.

Las puertas de bronce procedentes de la antigua basílica están decoradas con bajorrelieves de Filarete realizados entre 1439 y 1445.

Desde la ventana de la Biblioteca, el papa bendice a los fieles.

← San Pedro, centro de la fe católica

→ La monumental escalera de caracol diseñada por Giuseppe Momo en 1932

2

MUSEOS VATICANOS

C3 Città del Vaticano (entrada por Viale Vaticano) 49 hasta la entrada, 23, 81, 492, 990 M Ottaviano San Pietro, Cipro 9.00-18.00 lu-sá (última entrada: 16.00), 9.00-14.00 último do de mes - entrada gratuita (última entrada: 12.30); no se permite entrar con prendas sin mangas, pantalones cortos, minifaldas o sombreros Fiestas religiosas y festivos museivaticani.va

Los Museos Vaticanos, con la capilla Sixtina y las estancias de Rafael, ocupan los palacios edificados para papas renacentistas como Julio II, Inocencio VIII y Sixto IV. Casi todas las ampliaciones posteriores datan del siglo XVIII, cuando se mostraron por primera vez las obras acumuladas por papas anteriores. Dispuesta a lo largo de 7 km de pasillos, esta increíble colección constituye uno de los grandes museos del mundo.

Los tesoros más preciados del Vaticano son sus inigualables antigüedades griegas y romanas, junto con los magníficos objetos hallados en tumbas egipcias y etruscas a lo largo del siglo XIX. Grandes artistas italianos como Rafael, Miguel Ángel y Leonardo da Vinci están representados en la Pinacoteca y también en diferentes zonas de los antiguos palacios, donde trabajaron decorando suntuosas estancias y galerías por encargo de varios papas. Las joyas indiscutibles del complejo son sin lugar a dudas la capilla Sixtina y las estancias de Rafael, que no deben pasarse por alto.

↑ El Cortile della Pigna, con una escultura esférica en bronce de Arnaldo Pomodoro

Esencial ☆

CONSEJO DK
Evitarse las colas

Merece la pena comprar en Internet la entrada para el primer pase del día. Es recomendable dirigirse primero a la capilla Sixtina y proseguir luego la visita hacia atrás. Por algo más de dinero, el pase de las 7.15 incluye desayuno y audioguía.

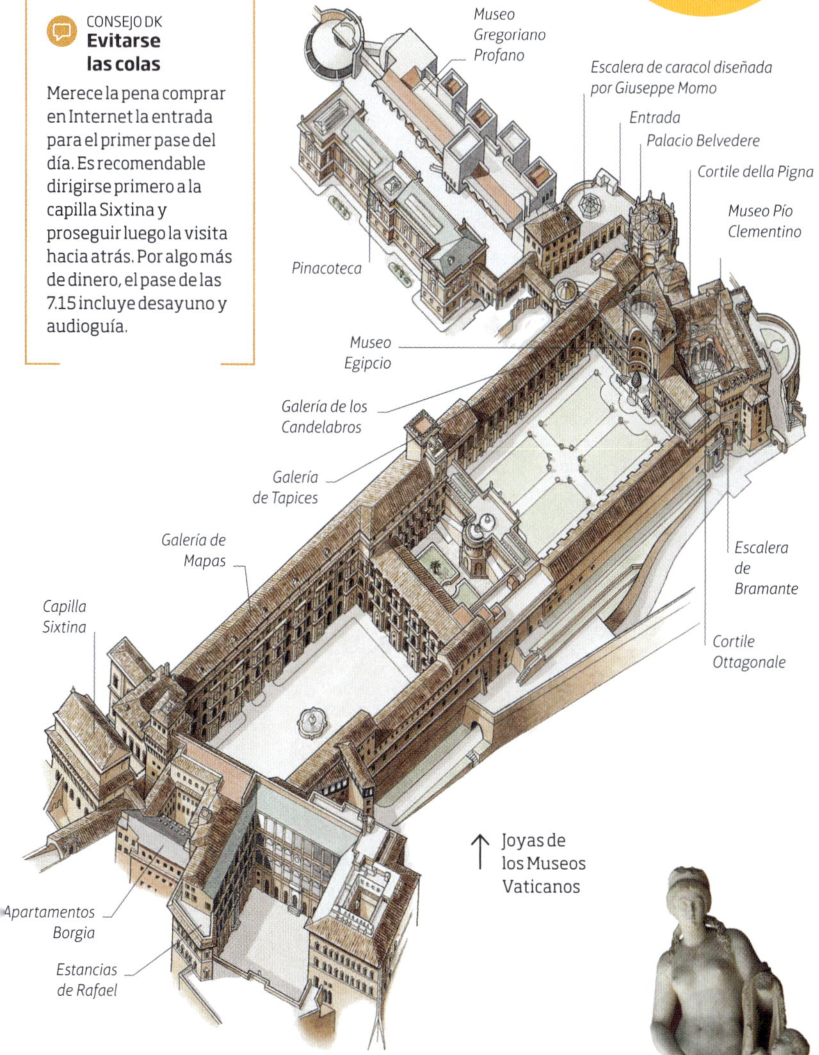

Museo Gregoriano Profano

Escalera de caracol diseñada por Giuseppe Momo

Entrada

Palacio Belvedere

Cortile della Pigna

Museo Pío Clementino

Pinacoteca

Museo Egipcio

Galería de los Candelabros

Galería de Tapices

Galería de Mapas

Capilla Sixtina

Escalera de Bramante

Cortile Ottagonale

Apartamentos Borgia

Estancias de Rafael

↑ Joyas de los Museos Vaticanos

Cronología

1473
▲ El papa Sixto IV construye la capilla Sixtina

1503-13
Julio II inicia la colección de escultura clásica

1508
▼ Rafael comienza a trabajar en las estancias; Miguel Ángel acomete los frescos del techo de la capilla Sixtina

1541
Se descubre *El Juicio Final,* de Miguel Ángel

1655
▲ Bernini diseña la Scala Regia

1758
Fundación del Museo Gregoriano Profano

1771
▲ Fundación del Museo Pío Clementino

JOYAS DE LA COLECCIÓN VATICANA

Museo Pío Clementino

Las preciadas piezas de escultura grecolatina conforman el núcleo de este museo. La mayoría de las obras son copias romanas de originales griegos perdidos, entre las que destaca *El Laocoonte*, violentamente contorsionada figura helenística que muestra al sacerdote troyano Laocoonte y sus dos hijos luchando por escapar de los anillos de una serpiente marina. También aquí está el *Apolo del Belvedere*, considerado paradigma de la perfección física por los artistas del Renacimiento, y el musculoso *Torso de Belvedere*, cuya influencia es palpable en los *ignudi* (desnudos masculinos) de Miguel Ángel en la capilla Sixtina. Un conjunto de esculturas y mosaicos de temática faunística se recoge en la Sala de los Animales.

A cada lado del museo hay sendas escaleras. La original de caracol, diseñada por Bramante en 1505, se abre solo a visitas especiales. La moderna escalera de doble hélice, conocida como el Caracol o Escalera Momo, fue diseñada por Giuseppe Momo en 1932, inspirada en la de Bramante.

El Laocoonte, obra maestra de la escultura helenística

¿Lo sabías?

Bramante diseñó la escalera de caracol de modo que pudiese subirse a caballo.

Museo Gregoriano Profano

En un espacio inundado de luz natural, el Museo Gregoriano Profano despliega antigüedades clásicas que incluyen extensos fragmentos marmóreos del Partenón de Atenas, copias romanas de esculturas griegas y un sorprendente mosaico de las termas de Caracalla que retrata figuras de atletas de cuerpo entero.

Museo Egipcio

La cultura y los ritos del antiguo Egipto se pusieron de moda en la Roma imperial y la colección aquí recogida consiste sobre todo en antigüedades del país del Nilo traídas a la ciudad para adornar edificios como el templo de Isis (que en tiempos se alzaba cerca del Panteón), Villa Adriana, en Tívoli, y los jardines de Salustio, en el sudeste del parque Villa Borghese. También se muestran féretros de momia pintados y hallazgos procedentes de tumbas.

Galerías de los Mapas, Tapices y Candelabros

Un largo corredor se divide en tres galerías contiguas. La de los Mapas exhibe documentos cartográficos del siglo XVI de regiones italianas y territorios papales hechos como si Roma fuese literalmente el centro

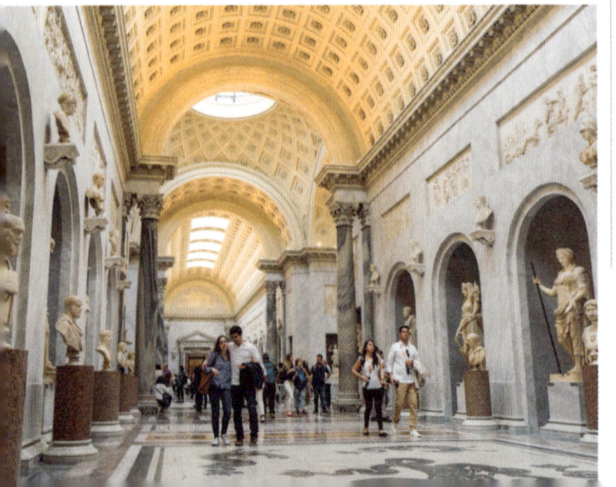

Galerías de escultura clásica en el Museo Pío Clementino

Esencial ☆

→ La Galería de los Mapas; detalle de un mapa de Egnazio Danti (1580)

La moderna escalera de doble hélice, conocida como el Caracol o Escalera Momo, fue diseñada por Giuseppe Momo en 1932.

del mundo, con áreas al sur de Roma, como Sicilia o Calabria, que aparecen al revés. La Galería de los Tapices tiene desde piezas en seda, oro y lana tejidas en Bruselas a comienzos del siglo XVI hasta diseños inspirados por Rafael, mientras que la galería de los Candelabros tiene inmensos soportes de mármol para velas.

Pinacoteca

Hay espléndidas obras renacentistas de toda Italia en sus 18 salas. Las más destacadas son los fragmentos de frescos de apóstoles y ángeles músicos de Melozzo da Forli, en la sala IV, o las exquisitas *madonnas* de Filippo Lippi y Fra Angelico, en la III. La VI se dedica al fabuloso mundo de los hermanos Crivelli, artistas venecianos del siglo XVI que pintaban *madonnas* a modo de delicadas muñecas encuadradas en artificiosos marcos de frutas y flores. Rafael dispone de una sala entera (la VIII), donde resalta el cuadro *La transfiguración*, en el que figura una mujer de cabello dorado considerada un retrato de su supuesta amante, la Fornarina. En la siguiente sala, la IX, hay una singular pintura de Leonardo da Vinci, *San Jerónimo en el desierto*. También hay obras notables de Tiziano, Crespi, el Veronés y Caravaggio.

GUÍA DE LOS MUSEOS

El complejo es muy amplio: la capilla Sixtina está a unos 20-30 minutos andando desde la entrada, así que hay que darse tiempo. El recorrido es en un solo sentido y es mejor seleccionar las obras o elegir uno de los cuatro itinerarios de color, con duraciones desde 90 minutos a cinco horas.

Los fascinantes frescos de Miguel Ángel ↑

LA CAPILLA SIXTINA: EL TECHO

Aunque Miguel Ángel había estudiado la técnica de la pintura al fresco con Ghirlandaio, hasta 1508 se había hecho famoso sobre todo como escultor. Sin embargo, el papa Julio II le encargó pintar el techo de la capilla Sixtina, lo que acabaría dando lugar a una de las obras maestras más señaladas del arte occidental.

Hasta entonces, el techo estaba pintado de azul con estrellas doradas. Miguel Ángel trabajó sobre esa superficie entre 1508 y 1512, utilizando andamios diseñados a propósito. El artista persuadió al papa para que le dejara manos libres para pintar 366 figuras del Antiguo y el Nuevo Testamento que ilustran las historias bíblicas de la creación, la expulsión del edén y el advenimiento de Cristo. Alrededor de los frescos figuran *ignudi* (desnudos masculinos). En las pechinas que circundan la bóveda hay sibilas, profetisas de la mitología pagana que en el Renacimiento fueron adoptadas por los artistas cristianos como augures de la llegada de Cristo. La pintura central, *La creación de Adán*, que muestra a Dios descendiendo en una nube para dar vida al primer hombre, es una de las estampas religiosas más reproducidas.

Esencial ☆

RESTAURACIÓN DEL TECHO

De 1979 a 1994 se ejecutó un amplio plan de restauración. Se eliminaron hollín y humo de velas acumulados durante 500 años, así como miga de pan y resinas usados en restauraciones anteriores y pelos de pincel y huellas dactilares dejadas por Miguel Ángel. Las descoloridas y desconchadas figuras resultaron tener pieles rosadas y lustrosos cabellos y vestir ropas sedosas de color rojo fresa, verde lima, amarillo limón y naranja. Los críticos se sorprendieron de que la paleta de Miguel Ángel tuviese tonos tan brillantes.

El Juicio Final, de Miguel Ángel, muestra un grupo de almas afrontando la ira de Cristo

CAPILLA SIXTINA: LAS PAREDES

Frescos de las paredes

Las enormes paredes de la capilla Sixtina fueron pintadas al fresco por algunos de los mejores artistas de los siglos XV y XVI. La docena de pinturas de los muros laterales, de artistas como Perugino, Ghirlandaio, Botticelli y Signorelli, narran episodios de las vidas de Moisés y Jesús. Miguel Ángel completó la decoración de las paredes entre 1534 y 1541.

El Juicio Final

Veinticuatro años después de que terminara su labor en el techo de la capilla, Miguel Ángel recibió del papa Pablo III el encargo de cubrir la pared del altar con un fresco del Juicio Final. El artista se inspiró en el *Infierno* de Dante. El resultado es una obra lúgubre, que muestra a los condenados lamentándose camino de un averno pútrido, los salvados elevándose hacia el cielo y santos clamando venganza por su martirio, tema escogido por el papa para exhortar a los católicos a atenerse a su fe en los agitados tiempos de la Reforma.

¿Lo sabías?

El autorretrato de Miguel Ángel figura sobre el pedazo de piel desollada que sujeta san Bartolomé en *El Juicio Final.*

ESTANCIAS DE RAFAEL

En 1508, el papa Julio II pidió a Bramante que le recomendara un artista para redecorar las cuatro habitaciones de sus estancias privadas. El arquitecto le sugirió un joven llamado Rafael. Los frescos resultantes consagraron a Rafael como uno de los principales artistas de Roma, a la par de Miguel Ángel. El pintor y sus discípulos invirtieron 16 años en decorar las estancias.

Estancia de Constantino

Los frescos de esta sala, comenzados en 1517, son obra principalmente de discípulos de Rafael e ilustran el triunfo de la fe cristiana sobre el paganismo a partir de los momentos clave en la vida del emperador Constantino.

Estancia de Heliodoro

El tema aquí es la intervención divina e incluye la *Expulsión de Heliodoro del templo y la deslumbrante Liberación de san Pedro,* en la que un ángel saca de prisión a un san Pedro cuyo rostro es un retrato de Julio II.

Estancia del Sello

Estas pinturas celebran el ideal renacentista: la capacidad del intelecto de descubrir la verdad. La imagen principal es *La Escuela de Atenas,* en la que Rafael pintó a los más destacados filósofos griegos.

Estancia del incendio del Borgo

La decoración evoca un supuesto milagro ocurrido el 847, año en que se dice que el papa León IV, haciendo la señal de la cruz, extinguió un incendio en un barrio cercano al Vaticano.

Detalle de *La Escuela de Atenas,* con Platón y Aristóteles en el centro

←

La estancia de Constantino, una celebración del triunfo del cristianismo sobre el paganismo

LUGARES DE INTERÉS

Castel Sant'Angelo

E3 Lungotevere Castello 34, 280 9.00-19.30 diario (última admisión 18.30) 1 ene, 25 dic castelsantangelo.beniculturali.it

La enorme fortaleza del Castel Sant'Angelo debe su nombre a la visión del arcángel Miguel que tuvo el papa Gregorio el Grande en el siglo VI, mientras cruzaba el puente en procesión, rezando por el fin de la peste.

El castillo empezó siendo el mausoleo del emperador Adriano en el 139 d. C. Desde entonces ha sido cabeza de puente de las murallas de la ciudad romana, ciudadela y prisión medieval, y residencia segura para el papa en tiempos de descontento social. Como vía de escape para el papa hay un corredor que lo une con el palacio Vaticano. Los museos cubren la historia del castillo, desde las mazmorras hasta los aposentos de los papas renacentistas, como la Sala Paolina, con frescos (1546-1548) de Pellegrino Tibaldi y Perin del Vaga, y el patio de armas.

Villa Farnesina

E6 Via della Lungara 230 23, 280 9.00-14.00 lu-sá y 2º do del mes villafarnesina.it

El adinerado banquero sienés Agostino Chigi encargó esta villa en 1508 a su compatriota Baldassare Peruzzi. La casa principal de Chigi se encontraba al otro lado del Tíber y la villa se usaba para dar suntuosos banquetes, a los que asistían artistas, poetas, cardenales, príncipes y el propio papa. Chigi también utilizó la villa para pasar temporadas con Imperia, la cortesana que se dice que fue modelo a Rafael para una de sus *Tres gracias*, pintadas en la logia de Cupido y Psique.

El diseño sencillo y armonioso de Farnesina, con un bloque central y alas laterales que sobresalen, hizo de ella una de las primeras villas del Renacimiento. Peruzzi decoró algunos interiores, como la Sala della Prospettiva, con frescos con trampantojos que dan la sensación de estar viendo la Roma del siglo XVI a través de columnas de mármol.

Otros frescos, de Sebastiano del Piombo y de Rafael y sus discípulos, ilustran mitos clásicos, mientras que la bóveda del salón principal, la Sala di Galatea, está decorada con escenas astrológicas que muestran la posición de las estrellas cuando nació Chigi. Al morir, en 1520, el negocio se vino abajo y la villa se vendió en 1577 a la familia Farnese.

El fortificado Castel Sant'Angelo sobre el río Tíber ↓

Palazzo Corsini y Galleria Nazionale d'Arte Antica

E6 Via della Lungara 10 23, 280 8.30-19.00 mi-lu 1 ene, 25 dic, 31 dic barberinicorsini.org

Edificado entre 1510 y 1512 para el cardenal Domenico Riario, el Palazzo Corsini ha albergado a Bramante, Miguel Ángel, Erasmo y la madre de Napoleón entre sus huéspedes. La reina Cristina de Suecia murió aquí en 1689. El palacio fue reconstruido por Ferdinando Fuga, quien proyectó la fachada para que pudiera verse desde un ángulo, porque la Via della Lungara es demasiado estrecha para permitir una perspectiva frontal.

Cuando el Estado compró el palacio en 1893, la familia Corsini donó sus cuadros, que conformaron el núcleo de la colección de arte nacional, que fue incrementada muy pronto. La colección está dividida ahora entre el Palazzo Barberini y el Palazzo Corsini.

Aunque las mejores obras están en el Barberini, hay piezas de Van Dyck, Rubens y Murillo; destacan el andrógino *San Juan Bautista* (*c.* 1604) de Caravaggio y *Salomé* (1638), de Reni. La obra más curiosa es un retrato de la oronda reina Cristina representada como la diosa Diana, de J. Van Egmont.

↑ El fresco *Triunfo de Galatea*, de Rafael, en la Villa Farnesina

Jardín Botánico

D6 Largo Cristina di Svezia 24 06 49 91 71 07 23, 280 9.30-18.30 (oct-mar: 17.30) lu-sá Festivos

Secuoyas, palmeras y orquídeas son algunas de las 7.000 plantas de todo el mundo que crecen en el Jardín Botánico. Las especies están agrupadas por familias.

También hay plantas curiosas, como el ginko, que ha sobrevivido casi inalterado desde la prehistoria. Los jardines pertenecen a la Universidad de Roma, pero en su origen formaban parte del Palazzo Corsini.

Enoteca Ferrara

Cálida enoteca con una amplia carta de vinos por copas y personal servicial. Al lado hay un buen restaurante, aunque el bufé del aperitivo suele saciar.

F6 Piazza Trilussa, 41 enotecaferrara.it

Ombre Rosse

Esta agradable y acogedora terraza en la pequeña Piazza di Sant´Egidio es un lugar excelente para tomarse un *prosecco* en el Trastevere antes de cenar. Hay música en directo, desde rock'n'roll a blues, varias noches por semana.

E7 Piazza di Sant'Egidio 12 ombre rosseintrastevere.it

Dal Toscano
Trattoria clásica especializada en carnes que ofrece también una excelente sopa espesa toscana y amplia variedad de pastas.

C2 Via Germanico 58 ristorante daltoscano.it

Franchi
Productos gastronómicos de primera calidad, con tentadores aperitivos para almorzar.

D2 Via Cola di Rienzo 200 06 686 55 64

Il Simposio
Excelente restaurante especializado en pescado.

E3 Piazza Cavour 16 ilsimposioroma.it

Santa Maria in Trastevere

E7 Piazza Santa Maria in Trastevere 06 581 48 02 H, 23, 280 7.30-21.00 diario

Santa Maria in Trastevere fue probablemente el primer templo cristiano de Roma, fundado por el papa Calixto I en el siglo III, cuando los emperadores todavía eran paganos y el cristianismo un culto minoritario. Según la leyenda, se edificó sobre el lugar donde brotó un manantial de aceite el día que nació Jesús. La basílica se convirtió en un centro de devoción a la Virgen, y aunque la iglesia actual y sus mosaicos datan de los siglos XII y XIII, prevalecen las imágenes de la Virgen. Los mosaicos de la fachada son probablemente del siglo XII y muestran a María, Jesús y diez mujeres con lámparas. En el ábside hay una *Coronación de la Virgen* (siglo XII), y debajo escenas de la vida de la Virgen pintadas por Pietro Cavallini en el siglo XIII. La imagen más antigua de la Virgen es un icono del siglo VII, la *Madonna di Clemenza*, en la que aparece como emperatriz bizantina flanqueda por una guardia de ángeles. Se encuentra sobre el altar de la Cappella Altemps.

Santa Cecilia in Trastevere

G7 Piazza di Santa Cecilia 06 589 92 89 H, 23, 44, 280 10.00-13.00 y 16.00-19.00 diario (iglesia principal); 10.00-12.30 lu-sá (fresco de Cavallini)

Santa Cecilia, aristócrata y patrona de la música, fue martirizada en el año 230 en este lugar. Tras intentar asfixiarla encerrándola en

→ Los mosaicos dorados de la iglesia de Santa Maria in Trastevere

El elegante Tempietto de Bramante, una pequeña joya del Renacimiento

el baño de vapor de su casa durante tres días, fue decapitada. Se edificó una iglesia, probablemente en el siglo IV, sobre la casa de la santa (aún visible bajo la iglesia). Su cuerpo apareció en las catacumbas de San Callisto *(p. 317)*. En el siglo IX fue enterrada aquí por el papa Pascual I, que reconstruyó la iglesia. De este periodo ha sobrevivido el mosaico del ábside. Para ver el dosel del altar de Arnolfo di Cambio y el fresco del *Juicio Final* de Pietro Cavallini hay que acceder por el convento adyacente; datan del siglo XIII, uno de los pocos periodos en los que Roma tuvo un estilo artístico propio.

Frente al altar se puede apreciar una delicada estatua de Santa Cecilia, de Stefano Maderno, basada en bocetos de sus reliquias realizados cuando fue desenterrada en 1599.

San Pietro in Montorio y el Tempietto

E7 Piazza di San Pietro in Montorio 2 06 581 39 40 44, 75, 115 8.00-12.00 y 15.00-16.00 diario (iglesia principal); 10.00-18.00 ma-do (Tempietto)

El Tempietto, pequeña obra maestra de la arquitectura renacentista completada por Bramante en 1502, ocupa el patio de San Pietro in Montorio. Su forma circular imita las *martiria* cristianas, capillas construidas en el lugar de martirio de un santo determinado. Se creía erróneamente que este era el lugar donde fue crucificado san Pedro. Bramante rodeó la capilla con columnas dóricas, un friso clásico y una balaustrada.

EL MERCADO DE SAN COSIMATO

En el corazón del Trastevere, el animado mercado de la Piazza San Cosimato ofrece amplia variedad de fruta y verdura además de excelentes quesos y embutidos. Cuenta también con un estupendo parque en el que tener a los niños entretenidos mientras se hace la compra.

Vista desde el Parco di Savello en la colina del Aventino

ROMA: AVENTINO Y LATERANO

El Aventino es la más meridional de las siete colinas de Roma. Remo la escogió para fundar en ella la ciudad, pero durante siglos permaneció fuera de las murallas después de que Rómulo se asentara en la colina del Palatino. Durante el periodo imperial, esta antigua zona obrera ganó prestigio y se convirtió en una de las zonas más acomodadas de Roma. El cercano Laterano fue residencia de los pontífices de la Edad Media y la basílica de San Giovanni rivaliza en esplendor con San Pedro. Tras la vuelta de los papas de Aviñón a finales del siglo XIV, la zona perdió relevancia.

Es una de las zonas más verdes de la ciudad y abarca las colinas Celio y Aventino y los abarrotados alrededores de San Juan de Letrán. La colina Celio, ahora sembrada de iglesias, era una zona residencial en la Roma imperial, aunque solo quedan las ruinas de las termas de Caracalla como testimonio de su antiguo esplendor. Detrás de ellas se alza la colina Aventino, un área tranquila, con la fantástica basílica de Santa Sabina y preciosas vistas de Trastevere y San Pedro, al otro lado del río. En el valle de abajo, en contraste, el tráfico rodea el Circo Máximo, como antaño hacían las cuadrigas, mientras que al sur queda Testaccio, un animado barrio obrero.

ANGELO
Teatro di Marcello
Palazzo dei Conservatori
FORO ROMANO
Basilica di Costantino e Massenzio
Colosseo
ISOLA TIBERINA
El Coliseo
San Teodoro
CAMPITELLI
S. Giovanni Decollato
Arco di Giano
Casa dei Crescenzi
Arco di Costantino
PIAZZA IN PISCINULA
Ponte Palatino
PALATINO
TRASTEVERE
Templos del Foro Boarium
PIAZZA BOCCA D. VERITÀ
Santa Maria in Cosmedin
EL CASCO ANTIGUO
p. 238
EL VATICANO Y TRASTEVERE
p. 282
Parco del Circo Massimo
Parco di Savello
Circo Massimo
San Gregorio Magno
PIAZZALE UGO LA MALFA
RIPA
Santa Sabina
PIAZZA DI PORTA CAPENA
Circo Massimo
Santi Bonifacio e Alessio
LARGO ARRIGO VII
FAO
PIAZZA D. EMPORIO
PIAZZA DEI CAVALIERI DI MALTA
PIAZZA TEMPIO DI DIANA
STADIO DELLE TERME
Parco di Porta Capena
PIAZZA DI S. BALBINA
PIAZZA ALBANIA
PIAZZA DEI SERVILI
PIAZZA TESTACCIO
PIAZZA REMURIA
San Saba
LARGO E. FIORITTO
Parco Egerio
LARGO M. GELSOMINI
Parco della Resistenza dell'8 Settembre
PIAZZA G. L. BERNINI
LARGO C. LAZZERINI
PIAZZA DI PONTA S. PAOLO
TESTACCIO
Pirámide de Cayo Cestio
PIAZZALE OSTIENSE
Cementerio protestante
Piramide
Stazione Porta San Paolo
AVENTINO Y LATERANO
0 metros 300
N

ROMA: AVENTINO Y LATERANO

Esencial

1 San Giovanni in Laterano

Lugares de interés

2 Santa Maria in Cosmedin
3 Templos del Foro Boarium
4 Santa Maria in Domnica
5 Santi Quattro Coronati
6 Santo Stefano Rotondo
7 San Clemente
8 Termas de Caracalla
9 Pirámide de Cayo Cestio
10 Cementerio protestante
11 Santa Sabina

Dónde comprar

① Mercato di Testaccio

1

SAN GIOVANNI IN LATERANO

M7 Piazza di San Giovanni in Laterano 16, 81, 85, 87, 650 3 San Giovanni 06 69 88 64 93 7.00-18.30 (catedral); 9.00-18.00 diario (claustros); 10.00-17.30 diario (museo); 7.00-12.30 y 16.00-18.30 diario (baptisterio)

Hasta la Edad Media, esta basílica fue el edificio religioso más importante de Roma. Los papas residían en el aledaño palacio Laterano y se coronaban en el templo. Cuando el papado se trasladó a Aviñón en 1309, la basílica decayó en importancia, pero sigue siendo la sede del obispo de Roma, el papa.

A principios del siglo IV, la familia Laterani cayó en desgracia y el emperador Constantino aprovechó sus terrenos para levantar en ellos la primera basílica cristiana de Roma. Ha sido reconstruida varias veces, la principal en 1646, cuando Borromini diseñó de nuevo el interior. Hasta 1870 todos los pontífices eran coronados en la basílica, que sigue siendo la principal catedral de la ciudad y sede del obispo de Roma, el papa, que celebra en ella la misa de Jueves Santo y lleva a cabo la bendición anual de los fieles.

JUICIO A UN CADÁVER

El miedo a los enemigos empujó a los primeros pontífices a tomar medidas extraordinarias. En el año 897, el papa Esteban VI sometió a juicio al cadáver de su predecesor, Formoso, acusándolo de deslealtad a la Iglesia. El cuerpo fue declarado culpable, por lo que se le cortó una mano, que se arrojó después al Tíber.

La fachada de la basílica vista desde la Piazza di San Giovanni in Laterano; interior rediseñado por Borromini (círculo)

Cronología

313
▲ Constantino dona las propiedades de la familia Laterani al papa Melquiades para que levante una iglesia

314-318
Se construye una iglesia con cinco naves

324
El papa Silvestre I consagra la iglesia y la dedica al Redentor

1144
Se dedica el templo a san Juan de Letrán

1308-1309
Un incendio destruye la iglesia; el papado se traslada a Aviñón

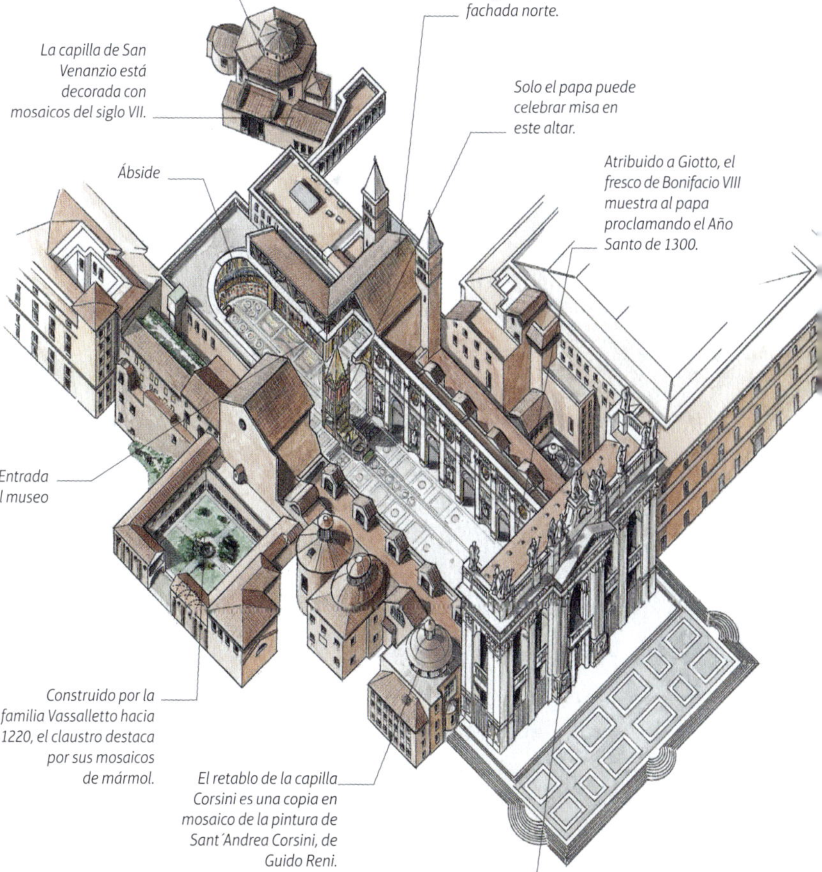

1646
Borromini rediseña el interior

1730-1740
▼ Alessandro Galilei construye la fachada principal

El baptisterio data de la época de Constantino. Su forma octogonal ha servido de modelo para baptisterios cristianos de todo el mundo.

La capilla de San Venanzio está decorada con mosaicos del siglo VII.

Ábside

Entrada al museo

Construido por la familia Vassalletto hacia 1220, el claustro destaca por sus mosaicos de mármol.

El retablo de la capilla Corsini es una copia en mosaico de la pintura de Sant´Andrea Corsini, de Guido Reni.

El papa da su bendición anual desde la logia superior de la fachada norte.

Solo el papa puede celebrar misa en este altar.

Atribuido a Giotto, el fresco de Bonifacio VIII muestra al papa proclamando el Año Santo de 1300.

La fachada principal, o fachada oriental (1735), está adornada con estatuas de Cristo y los apóstoles.

La basílica de San Giovanni in Laterano ↑

LUGARES DE INTERÉS

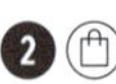

Santa Maria in Cosmedin

H7 Piazza della Bocca della Verità 06 6787 7759 23, 44, 81, 160, 170, 280, 628, 715, 716 9.30-18.00 diario (17.00 en invierno)

Esta iglesia se edificó en el siglo VI en el emplazamiento de un antiguo mercado. El elegante campanario románico y el pórtico se añadieron en el siglo XII. En el siglo XIX se retiró la fachada barroca y se le devolvió su austeridad original. Alberga ejemplos de arte en estilo *cosmati*, en particular el mosaico del suelo, el coro, el trono del obispo y el baldaquino sobre el altar mayor.

Encajada en el muro del pórtico está la Bocca della Verità, una grotesca cara de mármol que pudo ser una tapa de alcantarilla. La tradición medieval dice que el mentiroso que introduce la mano en la boca es mordido.

CURIOSIDADES
Jardín de naranjos en el Aventino

Este jardín junto a la Via di Santa Sabina, en el Aventino, es un agradable lugar para descansar y disfrutar de vistas espectaculares sobre el Tíber.

Templos del Foro Boarium

H7 Piazza della Bocca della Verità 06 39 96 77 00 23, 44, 81, 160, 170, 280, 628, 715, 716 1er y 3er do de mes, solo con visita guiada

Estos templos republicanos tan bien conservados son aún más hermosos a la luz de la luna, junto al Tíber y rodeados de verdor. Durante el día, sin embargo, parecen islas en un mar de tráfico. Su origen se remonta al siglo II a. C. y se salvaron de la ruina al ser consagrados como iglesias católicas en el Medievo por la comunidad griega que ocupaba entonces el lugar.

El templo rectangular, antes conocido como templo de Fortuna Virilis, es probable que estuviera dedicado a Portunus, dios de los ríos y puertos. Situado en un podio, posee cuatro columnas jónicas estriadas de mármol travertino y 12 medias columnas empotradas en la pared de la *cella*, estancia que albergaba la imagen del dios. En el siglo IX el templo pasó a ser la iglesia de Santa Maria Egiziaca, prostituta del siglo V que se reformó y se convirtió en ermitaña.

El pequeño templo circular, de mármol recio y rodeado de 20 columnas estriadas,

Santa Maria in Cosmedin, con su característico campanario románico

El templo de Hércules, uno de los varios santuarios del Foro Boarium

estaba dedicado al héroe romano Hércules, aunque se pensó que era un templo de Vesta, dada su similitud con el situado en el Foro.

Santa Maria in Domnica

L8 Piazza della Navicella 12 06 77 20 26 85 81, 117, 673 Colosseo Solo durante misa

Santa Maria in Domnica fue probablemente fundada en el siglo VII y rehabilitada en el IX. Para entonces, los romanos habían perdido su habilidad en el arte del mosaico y el papa Pascual I trajo artistas de Bizancio para crear el precioso mosaico del ábside con la Virgen, el Niño y ángeles en un jardín paradisiaco. Pascual I aparece arrodillado ante la Virgen con un halo cuadrado, que indica que todavía vivía cuando se hizo el mosaico.

En 1513, Andrea Sansovino añadió un pórtico decorado con cabezas de leones, homenaje al papa León X.

Santi Quattro Coronati

L7 Via dei Santi Quattro Coronati 20 06 70 47 54 27 85, 117, 810 3 10.00-11.45 lu-sá, 16.00-17.45 diario

El nombre (cuatro santos coronados) recuerda a cuatro soldados cristianos que sufrieron martirio tras negarse a orar a un dios pagano. Durante siglos fue el bastión del palacio Laterano, la residencia papal. Levantado en el siglo IV, se reconstruyó después de que los normandos lo incendiaran en 1084.

Destacan el claustro ajardinado y la capilla de San Silvestre, cuyos frescos (siglo XII) narran la leyenda de la conversión de Constantino al cristianismo.

La Bocca della Verità, en el pórtico de Santa Maria in Cosmedin

Santo Stefano Rotondo

L8 Via di Santo Stefano Rotondo 7 06 42 11 99 81, 117, 673 9.30-12.30 y 15.00-18.00 (14.00-17.00 en invierno) ma-sá, 9.30-12.00 do

Santo Stefano Rotondo se construyó entre los años 468 y 483 sobre una planta circular con cuatro capillas en forma de cruz. Tiene una parte interior circular rodeada de dos pasillos concéntricos. Tenía un tercer pasillo que se demolió bajo órdenes de Leon Battista Alberti.

En el siglo XVI, Niccolò Pomarancio, Antonio Tempesta y otros cubrieron los muros con 34 frescos de martirios de santos.

↑ El suntuoso interior de la iglesia de San Clemente

7   

San Clemente

L7 Via di Labicana 95 85, 87, 117, 186, 810 Colosseo 3 06 774 00 21 9.00-12.30 y 15.00-18.00 lu-sá, 12.00-18.00 do y festivos; última entrada: 20 min antes del cierre

En 1857 el padre Mullooly, prior dominico irlandés de San Clemente, empezó las excavaciones bajo la basílica del siglo XII. Justo debajo se halló una iglesia del siglo IV, y debajo de ella varios edificios romanos. En el nivel inferior hay un templo dedicado al culto de Mitra, una mística religión importada de Persia, rival del cristianismo en los siglos II y III.

En el nivel superior, destaca en el ábside el mosaico *Triunfo de la Cruz*, del siglo XII, en el que Cristo crucificado representa un arbol de la vida al que alimentan los ríos del Paraíso en medio de un paisaje frondoso con animales.

Merece también la pena el calendario pascual en espiral, recubierto con brillantes mosaicos *cosmati*, y la *scola cantorum* (recinto del coro) del siglo VIII, recuperada de la iglesia inferior.

Llevó 40 años despejar de escombros el nivel inferior, sacando a la luz una basílica de tres naves con restos de frescos, incluido uno de la emperatriz bizantina Teodora convertida en una *Virgen con Niño* con la incorporación posterior de un bebé con aureola. Desde este nivel, unas escaleras llevan a los cimientos de un bloque de viviendas romanas con el templo de Mitra –completo, incluido el altar de sacrificios– en lo que en tiempos fue el patio.

8  

Termas de Caracalla

K9 Viale delle Terme di Caracalla 52 06 39 96 77 00 160, 628 3 9.00-14.00 lu, 9.00 hasta 1 h antes del anochecer ma-do 1 ene, 25 dic

Al pie de la colina Aventino se alzan las ruinas de ladrillo rojo de las termas de Caracalla. Comenzadas por el emperador Septimio Severo en el año 206 y completadas por su hijo Caracalla en el 217, las termas funcionaron hasta el siglo VI, cuando los godos destruyeron los acueductos de la ciudad.

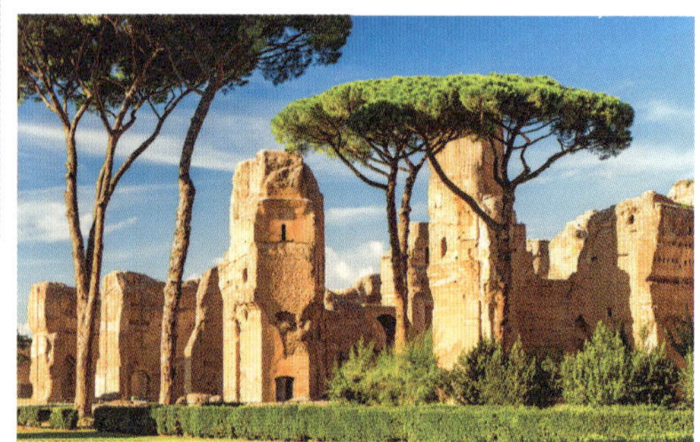

→ Impresionantes restos del amplio complejo de las termas de Caracalla

Ir a las termas era uno de los actos sociales en la antigua Roma. Los grandes complejos como Caracalla contenían galerías de arte, gimnasios, jardines, bibliotecas, salas de lectura y de conferencias y tiendas de comestibles.

Bañarse era todo un ritual: se empezaba con una especie de baño turco y se continuaba con una sesión en el *caldarium*, una extensa sala caldeada con piscinas para humedecer el ambiente. A continuación se pasaba al tibio *tepidarium*, y de allí al principal lugar de reunión, el *frigidarium*, para terminar con un chapuzón en el *natatio*, una piscina al aire libre. Los ciudadanos ricos tenían derecho a secarse con una toalla de algodón perfumada.

Los Farnese despojaron las termas de casi toda la profusa decoración en mármol en el siglo XVI para adornar las salas del Palazzo Farnese (*p. 264*). A pesar de todo, se conservan estatuas y mosaicos de las termas en el Museo Archeologico Nazionale de Nápoles (*p. 452*), así como en el Museo Gregoriano Profano del Vaticano (*p. 290*).

Lo imponente del lugar se aprovecha para representar óperas y otros espectáculos al aire libre en verano.

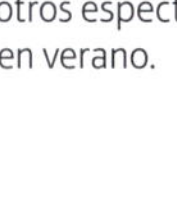

Mercato di Testaccio

Visita imprescindible para todo el que disfrute en serio de la comida. Además de los puestos del mercado, hay otros de comida para llevar que ofrecen bocaditos variados y zumos recién exprimidos.

G10 Via Lorenzo Ghiberti
mercatoditestaccio.it

9 

Pirámide de Cayo Cestio

H10 Piazzale Ostiense 06 39 96 77 00 (para recorridos) 23, 280 3 Piramide

Cayo Cestio era un adinerado *praetor*, o magistrado romano, del siglo I a. C. A causa de los escándalos de Cleopatra, todo lo egipcio estaba de moda, y Cayo decidió encargarse una pirámide como tumba. Encajada en la muralla Aureliana, cerca de la Porta San Paolo, está hecha de ladrillo y revestida de mármol; según una inscripción tardó 330 días en construirse en el año 12 a. C.

Cementerio protestante

G10 Cimitero Acattolico, Via di Caio Cestio 06 5741 9000 23, 280 3 9.00-17.00 lu-sá, 9.00-13.00 do; última admisión: 30 min antes del cierre

Este cementerio detrás de la muralla Aureliana funciona desde 1738. En la parte antigua (entrando a la izquierda) está la tumba de John Keats, que murió en 1821 en una casa de la Piazza di Spagna (*p. 272*) y cuyo epitafio escribió él mismo: "Aquí yace uno cuyo nombre fue escrito en agua". No lejos descansan las cenizas de Percy Bysshe Shelley, que murió ahogado en 1822.

Santa Sabina

G8 Piazza Pietro d'Illiria 1 06 57 94 01 23, 44, 170, 781 8.15-12.30 y 15.30-18.00 diario

En lo alto del Aventino se levanta esta basílica paleocristiana, fundada por Pedro de Iliria en el año 425 y después donada a la orden dominica. Fue restaurada a principios del siglo XX, recuperando su sobriedad original. La luz se filtra a través de ventanales del siglo IX e ilumina la nave, enmarcada por columnas corintias. Sobre la puerta principal hay una dedicatoria a san Pedro en mosaico azul y dorado (siglo V). El pórtico lateral tiene una puerta del siglo V con relieves de escenas bíblicas, entre ellas una de las representaciones más antiguas de la Crucifixión (en la esquina superior a mano izquierda).

↑ Estatua de un ángel llorando en el cementerio protestante

UN PASEO
PIAZZA DELLA BOCCA DELLA VERITÀ

Distancia 0,8 km **Paradas de autobús** 23, 44, 81, 160, 170, 280, 628, 715, 716, 780 **Tiempo** 20 minutos

Esta tranquila zona junto al Tíber es ideal para escapar de la multitud. Fue el primer puerto de la antigua Roma, además de concurrido mercado de ganado. Entre los restos clásicos figuran dos pequeños templos romanos de la época republicana y el arco de Jano, del periodo imperial. En el siglo VI, esta área acogió a una comunidad griega de Bizancio, cuyos miembros fundaron las iglesias de San Giorgio in Velabro y Santa Maria in Cosmedin. Si se quiere seguir la tradición, hay que introducir la mano en la Bocca della Verità (boca de la verdad), una escultura mitológica situada en el pórtico de Santa Maria in Cosmedin.

Sant'Omobono, del siglo XVI, se levanta aislada en mitad de un importante yacimiento arqueológico en el que se han hallado restos de altares de sacrificio y dos templos del siglo VI a. C.

La Casa dei Crezcenzi, del siglo XI, cuenta con columnas y capiteles de antiguos templos romanos.

Los templos del Foro Boarium son los mejor conservados de los templos republicanos de Roma (p. 306).

El Ponte Rotto (puente roto), como se denomina a este solitario arco en ruinas en el Tíber, se erigió en el siglo II a. C. con el nombre de Pons Aemilius.

La Fontana dei Tritoni, de Carlo Bizzaccheri, se construyó en 1715. Su estilo muestra una clara influencia de Bernini.

↑ El templo de Hércules, bien conservado, en el Foro Boarium

Interior medieval de Santa Maria in Cosmedin ↑

Mapa localizador
Para más detalle, ver p. 302

Santa Maria della Consolazione recibe el nombre de una imagen que consoló a los criminales en la roca Tarpeya (p. 245).

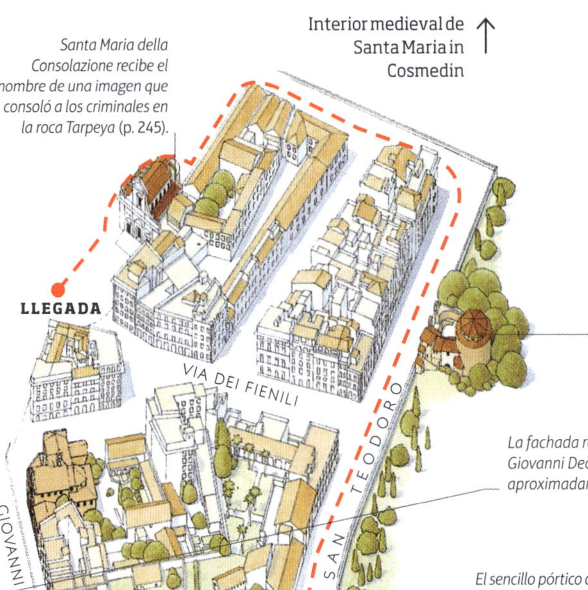

El pórtico del siglo XV de la antigua iglesia circular de San Teodoro está decorado con la insignia del papa Nicolás V.

La fachada renacentista de San Giovanni Decollato se completó aproximadamente en 1504.

El sencillo pórtico del siglo XII de San Giorgio in Velabro, con columnas jónicas, fue restaurado tras quedar destruido por una bomba en 1993.

El Arco degli Argentari, dedicado al emperador Septimio Severo en el año 204, está decorado con escenas de religión y guerra.

El arco de Jano, cuadrado, tiene a cada lado arcos del siglo IV.

La iglesia medieval de Santa Maria in Cosmedin posee un bonito suelo de mosaico de mármol y un baldaquino gótico (p. 306).

ROMA: FUERA DEL CENTRO

Esencial

1. Museo e Galleria Borghese

Lugares de interés

2. MAXXI (Museo Nacional de Artes del siglo XXI)
3. Villa Giulia
4. Catacumbas
5. Centrale Montemartini
6. MACRO Testaccio
7. EUR
8. Cinecittà Si Mostra

Merece la pena salir un poco de Roma y visitar las afueras. Destacan la Villa Giulia, que alberga el magnífico Museo Nazionale Etrusco, y la villa Borghese y su museo, con una extraordinaria colección de estatuas de Bernini. Al sur de la ciudad, la Via Appia Antica lleva a las afueras de la urbe moderna y a las evocadoras ruinas de iglesias antiguas y catacumbas paleocristianas. Hacia el norte, el MAXXI ofrece una tentadora visión de la Roma del futuro.

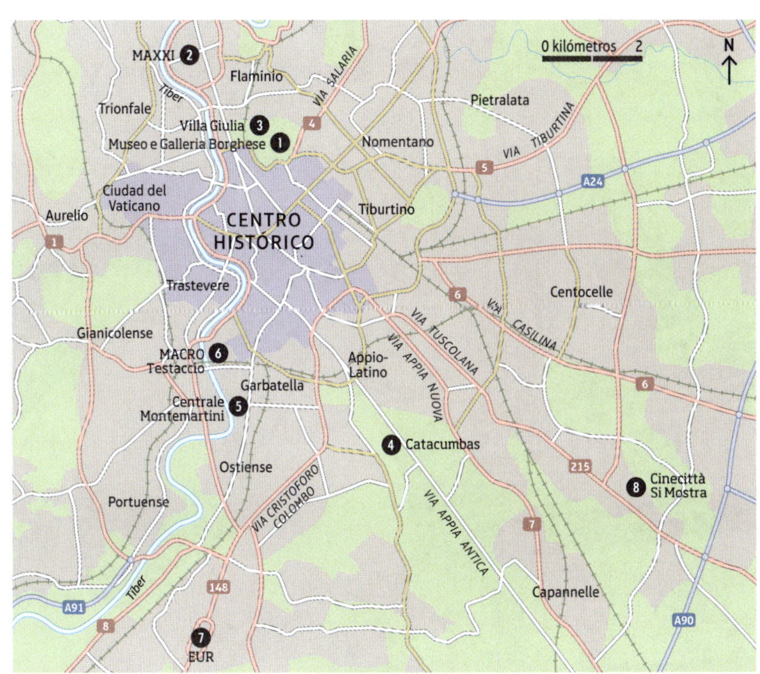

1

MUSEO E GALLERIA BORGHESE

D4 Villa Borghese, Piazzale Scipione Borghese 52, 53, 116, 910 3, 19
9.00-19.00 ma-do 1 ene, 25 dic galleriaborghese.beniculturali.it

Existen pocos lugares en el mundo como Villa Borghese, donde se puede combinar un día en un parque con el disfrute de arte de primer nivel. Rodeada de amplios jardines, esta villa del siglo XVII decorada con frescos alberga algunas de las mejores esculturas de Bernini y pinturas de Caravaggio, Tiziano y Rafael, además de obras clásicas.

El cardenal Scipione Borghese, sobrino favorito del papa Pablo V, diseñó la villa y el parque y los concibió como un espacio de esparcimiento. El hedonista cardenal fue un extravagante mecenas y encargó a Bernini esculturas que hoy se cuentan entre las más famosas del artista. En la actualidad la villa alberga la excepcional colección Borghese de escultura y pintura. Es imprescindible la reserva *online*.

Escultura

La colección de escultura está en la planta baja de la villa. En la sala 3 destaca una de las mejores piezas de Bernini, *Apolo y Dafne* (1624), en la que la ninfa se convierte en un laurel para no ser secuestrada por Apolo. El secuestro es también el tema de *El rapto de Proserpina*, de nuevo de Bernini, en la sala 4. En ella, el musculoso Hades ríe

Magistral representación de la carne en *El rapto de Proserpina*, de Bernini ↓

LOS BORGHESE COLECCIONISTAS

Scipione usó esta villa para mostrar la colección de antigüedades heredadas de su tío, el papa Pablo V, a la que él añadió esculturas de Bernini. Cuando el heredero Camillo Borghese se casó con Pauline Bonaparte, entregó el grueso de la colección de escultura a su cuñado, Napoleón. En la actualidad forma parte del ala de antigüedades del Louvre.

← Busto del cardenal Scipione Borghese

y echa la cabeza hacia atrás, mientras sus dedos aprietan la carne de la joven, que lucha por zafarse de su captor.

Pinturas

La planta superior de la villa está dedicada a pintura renacentista y barroca. Entre las obras expuestas están *El Descendimiento*, de Rafael, *Amor sacro y amor profano*, de Tiziano, y varios cuadros de Caravaggio, incluido el *Muchacho con una cesta de frutas*.

El parque

Los terrenos de Villa Borghese, Villa Giulia y los jardines del Pincio forman un amplio parque en cuyo centro está el Giardino del Lago. Además de las barcas del lago, hay estanques artificiales, imitaciones de templos, un centro de juego infantil, un zoo, un teatro al aire libre, el cine más pequeño del mundo y un circuito para caballos.

↑ Exterior de la villa, hoy Museo e Galleria Borghese

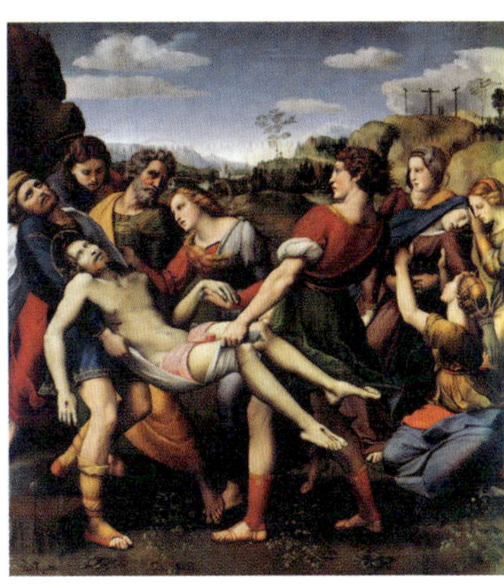

↑ *El Descendimiento*, una audaz obra maestra de Rafael

LUGARES DE INTERÉS

MAXXI (Museo Nacional de Artes del siglo XXI)

D4 Villa Guido Reni 4A 53, 217, 910 2 11.00-19.00 ma-do (hasta las 22.00 sá) 1 may, 25 dic maxxi.art

Junto con el cercano Parco Della Musica, MAXXI, el Museo Nacional de Artes del siglo XXI ha puesto a Roma en el mapa del arte contemporáneo. Terminado en 2009, se encuentra en un impresionante edificio diseñado por Zaha Hadid. El museo expone obras de nuevos artistas italianos e internacionales. Hay también un espacio dedicado a la arquitectura.

Villa Giulia

D4 Piazzale di Villa Giulia 9 06 322 65 71 52 3, 19 9.00-20.00 ma-do 1 ene, 25 dic

La villa se construyó a mediados del siglo XVI como lugar de retiro para el papa Julio III, quien regularmente remontaba el río Tíber en una barcaza para ver la evolución de la obra. En los jardines se plantaron 36.000 árboles y se levantaron pabellones y fuentes. La villa llegó a albergar una importante colección de esculturas: cuando el papa Julio III murió en 1555, se enviaron al Vaticano 160 barcos llenos de estatuas y objetos decorativos.

Desde 1889 el Museo Nazionale Etrusco ocupa la villa. Está dedicado a la civilización etrusca, que habitó el centro de Italia antes que los romanos e intercambió metales por cerámica y objetos de lujo fabricados por griegos y fenicios. La colección incluye varias piezas importantes que fueron repatriadas a Italia tras ser excavadas y vendidas ilegalmente a coleccionistas y museos de todo el mundo. Entre ellas figura la *Crátera de Eufronio*, pintada con imágenes espectaculares de Hipnos, el dios del sueño, y Tánatos, el dios de la muerte; el Museo Metropolitano de Nueva York la devolvió a Italia en 2008. Otras joyas incluyen la *Cista Ficoroni*, un cofre matrimonial de bronce del siglo IV a. C. exquisitamente tallado y diseñado para guardar

Eataly

Además de productos que van del queso a la cerveza artesanal, este templo gastronómico alberga bares, restaurantes y talleres de cocina. Hay un variado calendario de degustaciones y otras citas en torno a la comida.

D4 Piazzale 12 Ottobre 1492 eataly.net

El futurista museo MAXXI, diseñado por Zaha Hadid

espejos y cosméticos; la *Crátera falisca*, un recipiente pintado del siglo IV a. C. que se empleó para aceite o vino; y el famoso *Sarcófago de los esposos*, una tumba del siglo VI a. C. en el que la pareja disfruta de un banquete después de la muerte.

4 Catacumbas

D4 Via Appia Antica 126 118, 218

Apio Claudio el Ciego ordenó construir la primera parte de la Via Appia en el año 312 a. C. En el año 190 a. C., cuando se extendió hasta los puertos meridionales de Taranto y Brindisi, la calzada se convirtió en el enlace de Roma con su imperio oriental. Fue también la ruta que atravesaron los funerales del dictador Sulla (78 a. C.) y del emperador Augusto (14 d. C.), y también a través de ella san Pablo fue llevado como prisionero a Roma en el año 56. La iglesia de Domine Quo Vadis marca el lugar en el que se supone que san Pedro se encontró con Cristo cuando huía de Roma. La carretera está flanqueada por tumbas familiares en ruinas, decadentes monumentos y lugares colectivos de enterramiento *(columbaria)*. Debajo de los terrenos de ambos lados de la vía hay un laberinto de catacumbas. En contra de lo que suele pensarse, los cristianos enterraban a sus muertos en cementerios subterráneos fuera de las murallas de la ciudad obedeciendo las leyes del momento, y no por estar siendo perseguidos.

Hoy hay varias catacumbas abiertas al público. Las **catacumbas de San Callisto,** excavadas en toba volcánica, contienen nichos, o *loculi*, con espacio para dos o tres cuerpos, y las tumbas de varios de los primeros papas. Cerca, los muros de las catacumbas de San Sebastiano están cubiertas de inscripciones evocando a san Pedro y san Pablo, cuyos restos pudieron haber sido traídos aquí en algún momento.

Catacumbas de San Callisto

06 513 01 580 9.00-12.00, 14.00-17.00 ma-ju 1 ene, final ene-final feb, do de Resurrección, 25 dic

5 Centrale Montemartini

D4 Via Ostiense 106 06 06 08 23, 769 9.00-19.00 ma-do (última admisión: 18.30) 1 ene, 1 may, 25 dic centrale montemartini.org

Este enorme emplazamiento industrial, que albergó la primera central eléctrica de Roma, ha sido restaurado y convertido en un centro de arte fascinante. Dos enormes generadores ocupan aún la sala de máquinas junto a las piezas en exposición.

En la central Montemartini se exhiben también estatuas romanas y otros objetos que pertenecen a los Museos Capitolinos *(p. 250)*. Muchas se hallaron en excavaciones de finales del siglo XIX y principios del XX, entre ellas algunas del Area Sacra di Largo Argentina *(p. 265)*.

Ruinas de un acueducto romano junto a la Via Appia Antica ↓

Arquitectura monumental fascista en el barrio de EUR

MACRO Testaccio

D4 Piazza Orazio Giustiniani 4 16.00-22.00 ma-do (solo durante exposiciones) museo macro.org

Durante buena parte del siglo XX el barrio de Testaccio fue un distrito obrero dominado por el matadero del siglo XIX, el Mattatoio. En la actualidad se ha convertido en una de las zonas de moda de la ciudad y el Mattatoio, importante ejemplo de arquitectura industrial, se ha transformado en el segundo emplazamiento del Museo d'Arte Contemporanea Roma (MACRO). Acoge exposiciones temporales de arte moderno y contemporáneo, además de actos relacionados con el arte.

EUR

D4 170, 671, 714 EUR Fermi, EUR Palasport

La Esposizione Universale di Roma (EUR), zona al sur de la ciudad, fue construida originariamente para una exposición universal planeada para 1942, pero que nunca tuvo lugar debido a la guerra. La arquitectura tenía por objeto celebrar el fascismo y los edificios pueden resultar algo rimbombantes. El más conocido de ellos es el Palazzo della Civiltà del Lavoro, inmediatamente visible para todo el que llegue a Roma por Fiumicino.

Desde el punto de vista urbanístico, la EUR ha sido un éxito y sigue siendo un lugar popular para vivir. Además de viviendas, los enormes salones de mármol en las anchas avenidas albergan oficinas del Gobierno y museos. El mejor de ellos es el **Museo dell'Alto Medioevo,** que alberga una espectacular reconstrucción de una sala revestida de mármol perteneciente a Ostia Antica. Solo por esto ya merecería la pena el viaje y el precio de la entrada.

Sibilla

Su ubicación en una terraza rodeada de glicinias con vistas a un templo griego es casi insuperable, y su cocina es muy especial también, con versiones refinadas de la cocina italiana tradicional.

D4 Via della Sibilla 50, Tivoli ristorantesibilla.com

Museo dell'Alto Medioevo

Viale Lincoln 3 9.00-19.00 ma-do museocivilta.beniculturali.it

Cinecittà Si Mostra

D4 Via Tuscolana 1055 9.30-17.30 mi-lu cinecittasimostra.it

Cinecittà Si Mostra (literalmente 'el cine se muestra'), ofrece la oportunidad de ver los escenarios del estudio cinematográfico más famoso de Italia. En exposición hay atrezo y vestuario, como el vestido que llevó Elizabeth Taylor en *Cleopatra* (1963). La visita incluye un recorrido por los sets de rodaje, como una réplica de Broadway creada para la película de Martin Scorsese *Gangs of New York* (2002) y una simulada Pompeya construida para un episodio de *Doctor Who* en 2008, además de un recorrido por el estudio actual.

Entrada a los estudios de Cinecittà, ahora abiertos al público

La localidad de Civita di Bagnoregio, en una colina cerca de Montefiascone

EL LACIO

El Lacio es una región de bosques antiguos, lagos volcánicos, humedales, montañas y playas. Es una región de contrastes fascinantes. Además de yacimientos arqueológicos, también ofrece esquí, natación y deportes acuáticos.

El Lacio está habitado desde hace por lo menos 60.000 años, aunque las primeras señales de una civilización importante datan del siglo X a. C. En el siglo VII a. C. ya existía una floreciente civilización etrusca y sabina en el norte, basada en el comercio y la agricultura, mientras que los extremos meridionales de la región estaban ocupados por latinos, volscos y hérnicos. La historia se mezcla con la mitología en las obras de Virgilio, que describe cómo Eneas desembarcó en el Lacio y se casó con la hija del rey de los latinos. Rómulo y Remo (fundadores legendarios de Roma) eran descendientes de esta unión.

Con Roma como potencia, los pueblos etrusco y latino se vieron arrollados y el poder pasó a manos de Roma. Desde la ciudad se construyeron grandes calzadas y acueductos y los ricos se hicieron lujosas villas en la campiña de los alrededores.

Durante la Alta Edad Media, la Iglesia aumentó temporalmente su poder y, con la fundación de monasterios en Subiaco y Montecassino, el Lacio se convirtió en cuna de los monasterios occidentales y, finalmente, en provincia de los Estados Pontificios. En los siglos XVI y XVII, las ricas familias de los pontífices compitieron entre sí por edificar las villas y los jardines más lujosos.

Sin embargo, el Lacio se ha visto siempre eclipsado por Roma y ha sido a veces injustamente postergado. Los pantanos de Pontine fueron un foco de malaria hasta la década de 1920, cuando Mussolini hizo que se drenaran, construyó nuevas carreteras y realizó mejoras agrarias.

LACIO

Lugares de interés

1. Viterbo
2. Montefiascone
3. Tuscania
4. Bomarzo
5. Caprarola
6. Lago Bracciano
7. Cerveteri
8. Ostia Antica
9. Frascati y los Castelli Romani
10. Tarquinia
11. Tívoli
12. Palestrina
13. Subiaco
14. Montecassino
15. Anagni
16. Terracina
17. Sermoneta y Ninfa
18. Sperlonga
19. Gaeta

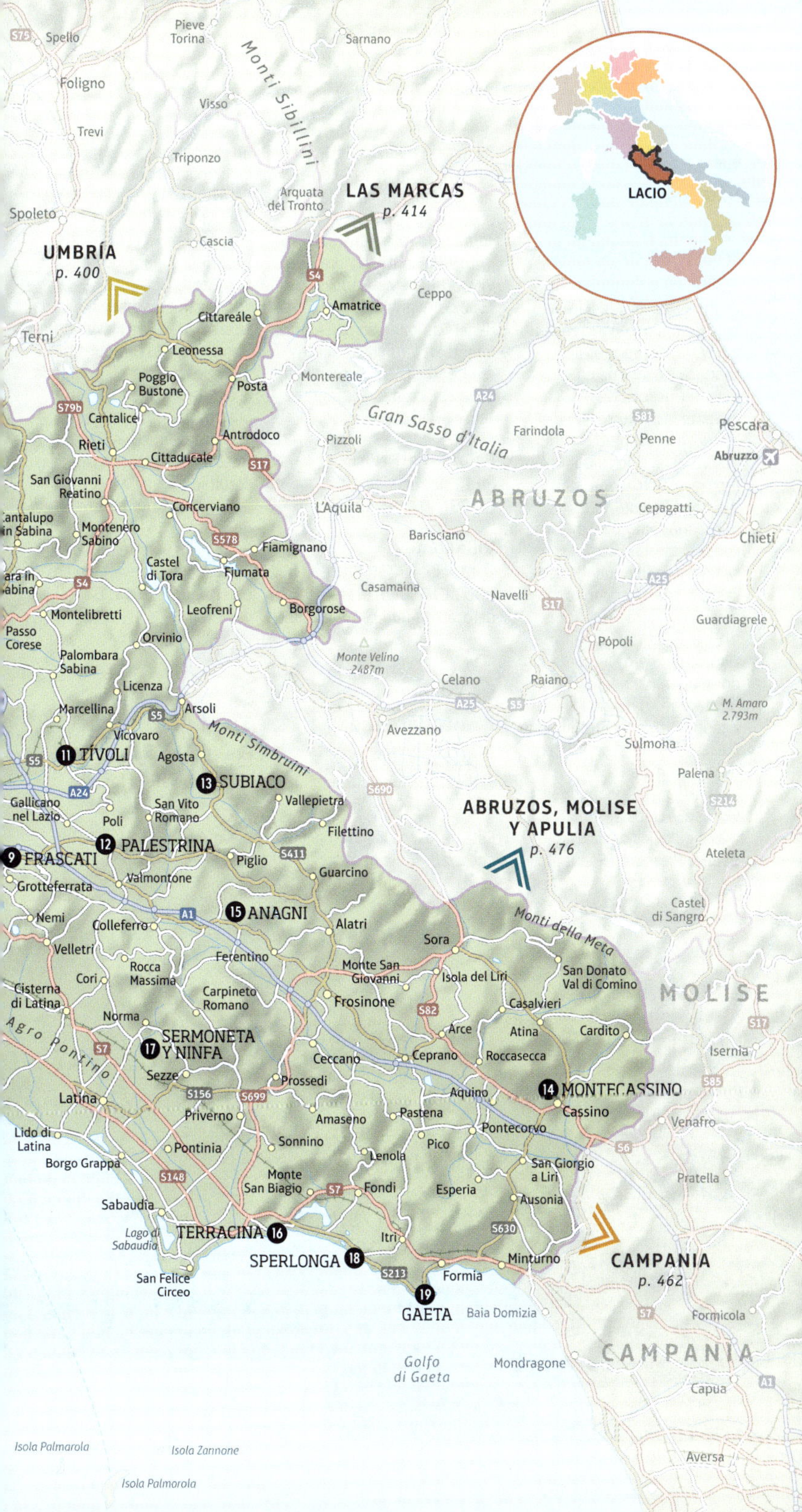

LAS MARCAS
p. 414
UMBRÍA
p. 400
ABRUZOS, MOLISE
Y APULIA
p. 476
CAMPANIA
p. 462
LACIO
ABRUZOS
MOLISE
CAMPANIA
Monti Sibillini
Gran Sasso d'Italia
Monti Simbruini
Monti della Meta
Agro Pontino
Golfo di Gaeta
11 TIVOLI
13 SUBIACO
12 PALESTRINA
9 FRASCATI
15 ANAGNI
17 SERMONETA Y NINFA
14 MONTECASSINO
16 TERRACINA
18 SPERLONGA
19 GAETA
Spello
Foligno
Trevi
Spoleto
Terni
Pieve Torina
Visso
Triponzo
Sarnano
Arquata del Tronto
Cascia
Amatrice
Cittareále
Leonessa
Ceppo
Poggio Bustone
Posta
Montereale
Cantalice
Rieti
Antrodoco
Cittaducale
Pizzoli
Farindola
Penne
Pescara
Abruzzo
San Giovanni Reatino
Concerviano
L'Aquila
Cepagatti
Montenero Sabino
Fiamignano
Barisciano
Chieti
Castel di Tora
Fiumata
Casamaina
Navelli
Leofreni
Borgorose
Guardiagrele
Montelibretti
Passo Corese
Orvinio
Pópoli
Palombara Sabina
Monte Velino 2487m
Licenza
Celano
Raiano
Marcellina
Arsoli
M. Amaro 2.793m
Vicovaro
Avezzano
Agosta
Sulmona
Palena
Gallicano nel Lazio
San Vito Romano
Poli
Vallepietra
Filettino
Piglio
Ateleta
Grotteferrata
Valmontone
Guarcino
Nemi
Colleferro
Alatri
Castel di Sangro
Velletri
Sora
Ferentino
Rocca Massima
Cori
Monte San Giovanni
Isola del Liri
San Donato Val di Comino
Cisterna di Latina
Carpineto Romano
Frosinone
Casalvieri
Norma
Arce
Atina
Cardito
Isernia
Ceccano
Ceprano
Roccasecca
Sezze
Prossedi
Aquino
Cassino
Latina
Priverno
Amaseno
Pastena
Venafro
Pontecorvo
Lido di Latina
Pontinia
Sonnino
Pico
Lenola
San Giorgio a Liri
Borgo Grappa
Pratella
Monte San Biagio
Fondi
Esperia
Sabaudia
Ausonia
Lago di Sabaudia
Itri
Minturno
Formia
San Felice Circeo
Baia Domizia
Formicola
Mondragone
Capua
Aversa
Isola Palmarola
Isola Zannone
S75
S4
S79b
S17
S578
A24
S81
A25
S5
S690
S214
S411
A1
S82
S7
S156
S699
S85
S6
S148
S630
S213

LUGARES DE INTERÉS

Viterbo

D4 Via Ascenzi 1; www.experienceviterbo.it

Viterbo era un importante centro etrusco antes de caer bajo dominio romano en el siglo IV a. C. Su apogeo llegó cuando se convirtió en sede del pontificado (1257-1281). Durante la II Guerra Mundial fue devastada, pero el casco medieval ha sido cuidadosamente restaurado.

En San Pellegrino, su barrio más antiguo y mejor conservado, las estrechas calles están flanqueadas por casas medievales con torres, arcos y escaleras exteriores.

En la Piazza San Lorenzo, el Duomo del siglo XII cuenta con un campanario negro y blanco, una fachada del siglo XVI y un interior románico. El colindante Palazzo Papale (siglo XIII) , con una fina logia, se construyó para alojar a los papas en sus visitas a la ciudad.

Los edificios oficiales rodean la Piazza del Plebiscito. Destaca el **Palazzo dei Priori** (siglo XV), con frescos con escenas de la historia de la ciudad y de su pasado mitológico, de Baldassare Croce.

La **Villa Lante,** al noreste de Viterbo, fue empezada en 1562 por Vignola para el cardenal Gambara. Son de gran interés los jardines y fuentes renacentistas. Se recomienda estar atento: muchas fuentes salpican sin previo aviso.

Palazzo dei Priori
Piazza Plebiscito
0761 30 47 95 Diario

Villa Lante
Bagnaia 0761 28 80 08 8.30 hasta 1 h antes del ocaso ma-do 1 ene, 25 dic

Montefiascone

D4 Viterbo Piazza V. Emanuele; 0761 64 79 41

Esta bella localidad se halla enclavada junto al cráter de un extinto volcán, entre el lago Bolsena y la Via Cassia. Está dominada por la catedral, Santa Margherita, cuya cúpula, de hacia 1670 solo es superada en tamaño por la de San Pedro.

A las afueras, hacia Orvieto, se encuentra San Flaviano, un bonito edificio compuesto por una iglesia (siglo XII) orientada al este, edificada sobre otra iglesia (siglo XI) que apunta al oeste. Dentro hay bellos frescos del siglo XIV y capiteles esculpidos.

El popular centro turístico de Bolsena, 15 km al norte, junto al lago Bolsena, tiene un castillo medieval y barcos que llevan a las islas Bisentina y Martana.

Tuscania

D4 Viterbo Piazzale Trieste; 0761 445 42 59

Las murallas y torres de Tuscania se divisan desde lejos,

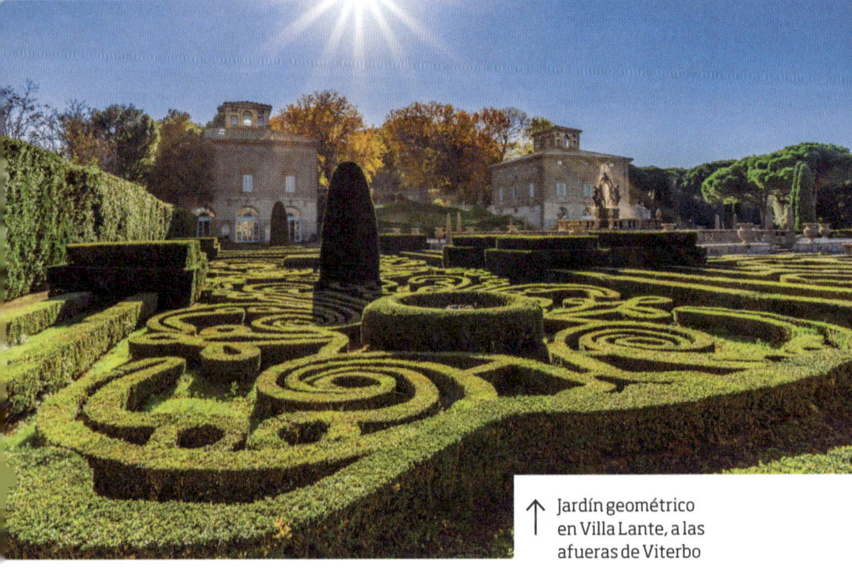

↑ Jardín geométrico en Villa Lante, a las afueras de Viterbo

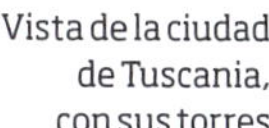

Vista de la ciudad de Tuscania, con sus torres

en medio de las vacías llanuras entre Viterbo y Tarquinia. Sufrió un terremoto en 1971, pero sus edificios medievales y renacentistas han sido cuidadosamente reconstruidos. Justo fuera de las murallas, en el rocoso Colle San Pietro, hay dos iglesias del románico-lombardo que ocupan el emplazamiento de Tuscana, un importante asentamiento etrusco conquistado por los romanos en el 300 a. C.

Santa Maria Maggiore, al pie de la colina, tiene una fachada asimétrica románico-lombarda con arcos ciegos y un rosetón. Sobre la puerta central hay una sencilla imagen de la Virgen y el Niño en mármol, enmarcada en motivos abstractos y escenas bíblicas.

La iglesia románico-lombarda de San Pietro, en lo alto de la colina, es un sorprendente edificio de toba ocre y con detalles en mármol blanco. Se levanta en una plaza junto con dos torres medievales y el palacio de un obispo. La fachada incluye un elaborado rosetón flanqueado por extraños relieves, como barbudos demonios de tres cabezas.

Bomarzo

D4 Parco dei Mostri, Bomarzo FS A Viterbo Desde Viterbo (salvo do y festivos) 8.30-19.00 (invierno: hasta el ocaso) W sacrobosco.it

El parque de los Monstruos, a los pies de Bomarzo, fue creado entre 1522 y 1580 por el duque Vicino Orsini como un raro monumento a su difunta esposa; es en esencia el primer parque temático del mundo. Orsini eligió la artificialidad del manierismo, creó edificios torcidos y mandó esculpir criaturas fantásticas y monstruos alegóricos a partir de enormes rocas. La más famosa de ellas es un gran rostro que grita, pero también hay un gigante rompiendo a un hombre en dos, un elefante de tamaño real aplastando a un soldado romano y una serie de dragones, ninfas, sirenas y esfinges.

Caprarola

D4 Viterbo i Via Filippo Nicolai 2; www.caprarola.com

Posiblemente la más elegante de las villas edificadas en el siglo XVII por las familias adineradas de Roma, el **Palazzo Farnese** es lo más destacable de la medieval Caprarola. Diseñado por Vignola, se construyó entre 1559 y 1575 y debe su forma estrellada a los cimientos de una gran fortaleza pentagonal diseñada por Antonio da Sangallo el Joven medio siglo antes.

Creado, según una leyenda, por el dios Hércules al dar con su garrote en la tierra, Lago di Vico, 4 km al oeste de Caprarola, ocupa un antiguo cráter volcánico. Rodeado por las faldas boscosas de las colinas Cimini (en parte reserva natural), el lago es un lugar idílico.

Palazzo Farnese

Caprarola 0761 64 60 52 ma-do 1 ene, 25 dic

Hostaria del Ponte da Lorena

Situado en un palacio del siglo XVIII, este restaurante tiene un bonito patio y un jardín en terraza.

D4 Piazza G Battista 1 Lubriano ma W hostaria delponte.it

La Piazzetta del Sole

Este pequeño lugar en un caserío lo dirigen dos mujeres visionarias: una en la cocina y otra sirviendo.

C4 Via XX Settembre 129, Farnese comidas lu-vi W piazzettadelsole.com

Trattoria Zi Maria

Comida regional y tradicional de calidad. El venado con bayas silvestres es excepcional.

C4 Via Sasso Manziana 2, Sasso-Cerveteri ma W trattoria zimaria.com

Anochecer en el lago Bracciano, popular entre los entusiastas de los deportes náuticos

Villa Clementina

Este agradable hotel tiene habitaciones decoradas con frescos y terreno con un jardín botánico, una piscina de agua salina y un *spa*. Un precioso restaurante sirve cocina italiana tradicional.

D4 Traversa Quarto del Lago, Bracciano hotelvilla clementina.it

6

Lago Bracciano

D4 Roma
**Bracciano Piazza IV Novembre, Bracciano; 06 99 81 61**

Bracciano es un extenso lago famoso por su pescado y perfecto para hacer deporte y comer en su orilla.

La medieval Anguillara, al sur, es la ciudad más bonita del lago, con bellas vistas. La ciudad principal, Bracciano, en la orilla este, está dominada por el **Castello Orsini-Odescalchi,** estructura pentagonal del siglo XV con frescos de Antoniazzo Romano y otros artistas toscanos y de Umbría.

Castello Orsini-Odescalchi

 Piazza Mazzini 14
06 99 80 23 79 ma-do
1 ene, 25 dic

CURIOSIDADES
Calcata

Durante unos 30 años, el pueblo de Calcata quedó en ruinas, pero a finales de la década de 1960, un grupo de artistas, músicos e intelectuales bohemios comenzaron a darle nueva vida con la creación de una colonia creativa que aún sigue activa.

7

Cerveteri

D4 Roma 
Piazza A. Moro 1; 06 99 55 26 37

En el siglo VI a. C. Cerveteri (antes Kysry) era una de las ciudades más grandes y culturalmente más ricas del Mediterráneo. La **necrópolis** etrusca, a 2 km de la ciudad, es una red de calles alineadas con tumbas que datan del siglo VII al I a. C. La Tomba dei Rilievi está decorada con relieves en escayola de herramientas, mascotas y figuras mitológicas. Aunque los mejores hallazgos se encuentran en museos como los del Vaticano y Villa Giulia, se conservan algunos en el pequeño **Museo Nazionale Archeologico Cerite.**

Hay más restos etruscos en Norchia, donde las tumbas están excavadas en roca, y en Sutri, cuyo anfiteatro es uno de los pocos restos no funerarios de los etruscos.

Necrópolis

Via della Necropoli
06 994 06 51 ma-do
Algunos festivos

Museo Nazionale Archeologico Cerite

Piazza Santa Maria
06 994 1354 8.30-19.30 ma-do Festivos

8 

Ostia Antica

D5 Viale dei Romagnoli 717, Ostia 06 56 35 80 99 Piramide, el tren desde Porta San Paolo 8.30 hasta 1 h antes del anochecer ma-do
1 ene, 1 may, 25 dic

Durante más de 600 años, Ostia fue el principal puerto de Roma y un ajetreado centro comercial, hasta que, en el siglo V, la malaria y la competencia comercial la condujeron al declive. El limo conservó sus edificios y ahora se halla 5 km tierra adentro.

Las ruinas de Ostia proporcionan una idea de la vida en la antigüedad. La calle principal, el Decumanus Maximus, cruza el Foro, que alberga el templo más grande de Ostia, el Capitol, y pasa por el teatro restaurado, donde se celebran conciertos al aire libre en verano. La calle está flanqueada por termas, tiendas y edificios de varios pisos. Hay incluso un Thermopolium, o bar, con un mostrador de mármol y pinturas anunciando comidas y bebidas.

Frascati y los Castelli Romani

D4 Roma FS Frascati

Las colinas albanas han servido de retiro a los romanos desde hace tiempo. En la Antigüedad estaban salpicadas de villas, en la Edad Media de castillos fortificados (de ahí el nombre) y, en los siglos XVI y XVII, de lujosas residencias con espectaculares parques. Durante la II Guerra Mundial, las defensas alemanas tenían aquí su base y muchas ciudades sufrieron el bombardeo aliado. Aun parcialmente protegidas por una reserva natural, las ciudades serranas son populares destinos para excursiones de un día, además de ser famosas por su vino blanco. La plaza principal de Frascati es un mirador dominado por la **Villa Aldobrandini,** un majestuoso edificio del siglo XVII ubicado en un espléndido parque con grutas y fuentes.

La fortificada Abbazia di San Nilo, en Grottaferrata, situada 3 km al sur, fue fundada en 1004 y alberga en la capilla frescos del siglo XVII de Domenichino.

Con vistas al lago Albano, 6 km al sur, Castel Gandolfo es el palacio de verano del Papa.

Villa Aldobrandini

06 6833 3785 Diario

Tarquinia

C4 Viterbo FS
Largo Barriera di San Giusto; 0766 84 92 82

La antigua Tarquinia (Tarxuna) era uno de los centros más importantes de Etruria. Ocupó una posición estratégica al noreste de la ciudad actual, en un cerro que dominaba la llanura de la costa, y sucumbió a Roma en el siglo IV a. C.

Merece la pena recorrer las iglesias medievales de Tarquinia y su plaza principal, pero la razón de la visita es el **Museo Archeologico e Necropoli,** que guarda una gran colección de hallazgos etruscos. Lo más destacable, en el entresuelo, es un grupo de caballos alados de terracota del siglo IV a. C.

Jarra decorativa en el Museo Archeologico de Tarquinia

Dos km al sureste de la ciudad, en lo alto de una colina, están las tumbas con frescos de la necrópolis excavada en la toba volcánica. Hay casi 6.000 tumbas, pero solo pueden visitarse unas 15 cada vez. Los frescos que las decoran, pintados como recuerdo de la vida para los muertos, incluyen desde las figuras danzantes de la Tumba del Triclinium a los comensales de la Tumba de los Leopardos.

Museo Archeologico e Necropoli

Piazza Cavour 0766 856036 ma-do 1 ene, 1 may, 25 dic

Restos romanos del antiguo puerto de Ostia Antica

11 Tívoli

D4 Roma
Piazza del Governo 1; 0774 4531

Tívoli, una excursión popular desde Roma, era un centro al que se acudía en la Antigüedad debido a sus manantiales de agua fresca y sulfurosa y al bello paisaje. Los templos que cubrían la cima de la colina todavía pueden verse. Algunos están semienterrados por edificios medievales; otros, como los templos de Sibila y Vesta, se conservan casi intactos.

Lo más famoso de la ciudad es la **Villa d'Este,** una suntuosa casa de campo creada en el siglo XVI por Pirro Ligorio para el cardenal Ippolito d'Este a partir del esqueleto de un monasterio benedictino. Es famoso por sus jardines, dispuestos en terrazas y decorados con espectaculares fuentes. Aunque tienen poca presión y el agua está sucia por siglos de negligencia, los jardines dan una idea del lujoso estilo de vida de las familias de los pontífices.

Destacan también la Viale delle Cento Fontane y la Fontana dell'Organo Idraulico, que emite música gracias a un sistema hidráulico. Al otro lado de la ciudad, la **Villa Gregoriana** (actualmente un hotel) ocupa un valle boscoso donde hay senderos que bajan a un profundo barranco.

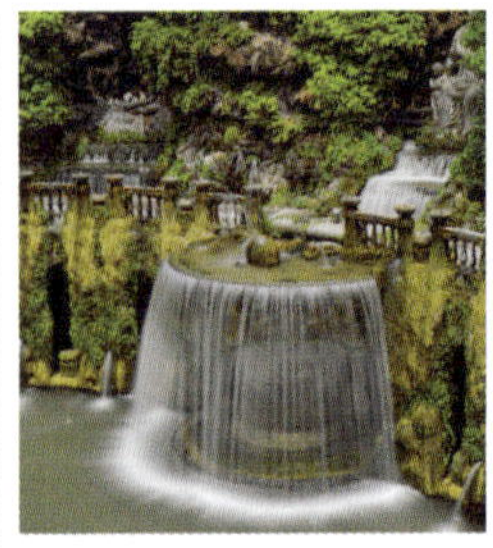

↑ Una cascada en los jardines de la famosa Villa d'Este, en Tívoli

Unos 5 km al oeste de Tívoli se encuentran las ruinas de **Villa Adriana.** Es una de las villas mayores y más espectaculares jamás construidas durante el Imperio romano (ocupaba una zona más grande que el centro de la Roma imperial).

El emperador Adriano era un incansable viajero que pretendía reproducir algunas de las maravillas que había visto en sus viajes. La Stoa Poikile, por ejemplo, un paseo alrededor de una piscina y un jardín, copia la columnata ante la que se paseaban los estoicos de Atenas, mientras que el Canopus evoca el gran santuario dedicado a Serapis en Alejandría. También hay ruinas de dos termas, una biblioteca griega y latina, un teatro griego y un estudio en la pequeña isla conocida como Teatro Marittimo.

Hoy las ruinas resultan un agradable lugar que explorar o donde hacer un pícnic.

Villa d'Este
Piazza Trento 1 0774 33 29 20 ma-do 1 ene, 25 dic

Villa Gregoriana
Largo Sant'Angelo 0774 33 26 50 mar-med dic: diario med dic-feb

Villa Adriana
Largo Marguerite Yourcenar Festivos villaadriana.beniculturali.it

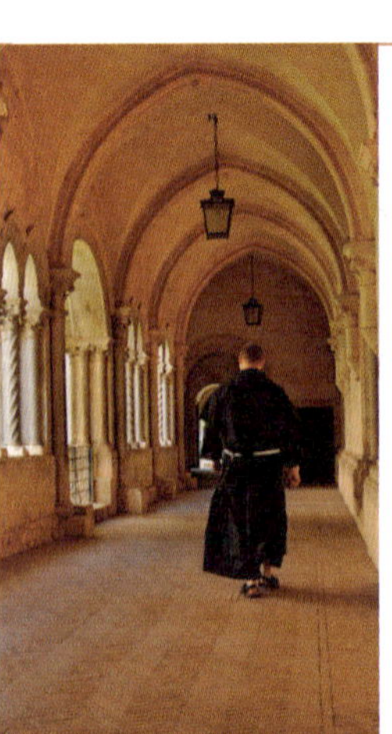

MONASTERIOS DEL LACIO

San Benito fundó en 529 la abadía de Montecassino y en ella escribió su famosa *Regla,* que se convirtió en el principal código monástico de la Europa occidental. Los cistercienses, escisión de los benedictinos, veneraban a san Bernardo, que abogaba por la austeridad y la autosuficiencia. Entre las abadías cistercienses del Lacio están Valvisciolo y San Martino in Cimino.

12 Palestrina

D4 Roma

La Palestrina medieval creció en las terrazas de un enorme templo dedicado a la diosa Fortuna Primigenia, madre de todos los dioses. El templo, fundado en el siglo VIII a. C. y reconstruido por Sulla en el siglo II a. C., albergaba uno de los oráculos más importantes de la Antigüedad. Las terrazas del santuario, llenas de fragmentos de columnas y pórticos, llevan al Palazzo Barberini. Construido en el emplazamiento de un templo circular, ahora el palacio alberga el **Museo Nazionale Prenestino,** conocido por un mosaico del siglo I a. C. de la inundación del Nilo y por una famosa escultura de la triada capitolina.

Museo Nazionale Prenestino
Via Barberini 06 953 81 00 9.00-20.00 diario; el área arqueológica hasta el ocaso

El impresionante enclave en la roca del monasterio benedictino de Subiaco

Subiaco

**D4 Roma
Biblioteca municipal, Viale della Repubblica 26; 0774 85 050**

En el siglo VI, cansado de la decadente Roma, san Benito abandonó la ciudad para vivir como un eremita en una cueva sobre Subiaco. Otros lo siguieron y al final se construyeron 12 monasterios en la zona.

Hoy solo sobreviven dos: **Santa Scolastica,** dedicado a la hermana de san Benito, tiene tres claustros, uno renacentista, otro del gótico temprano y el tercero de estilo cosmatesco; más arriba, **San Benedetto** (siglo XII) es más interesante. Asomado a una profunda garganta, comprende dos iglesias edificadas una encima de la otra. La superior está decorada con frescos sieneses del siglo XIV; en la inferior se halla la cueva donde san Benito vivió tres años después de huir de Roma.

Santa Scolastica
3 km al E de Subiaco
0774 824 21 Diario

San Benedetto
3 km al E de Subiaco
0774 85 039 Diario

Montecassino

**E5 Cassino
0776 31 15 29
Cassino, luego autobús
abr-oct: 8.45-19.00 diario; nov-mar: 9.00-16.45 lu-sá, 8.45-17.15 do y festivos**

La abadía de Montecassino, primera iglesia de la orden benedictina y centro de arte medieval, fue fundada en el año 529 por san Benito. En el siglo VIII era un importante centro de enseñanza y en el siglo XI se convirtió en uno de los monasterios más ricos de Europa.

En 1944 sirvió de base a los alemanes y los bombardeos aliados destruyeron el complejo. Aun así, los muros quedaron intactos y la abadía aguantó tres meses antes de sucumbir a los aliados. Los cementerios de guerra cercanos recuerdan a los 30.000 soldados que murieron aquí.

Mejores monasterios donde alojarse en el Lacio:

Monasteri Benedettini
Construido en la roca, este monasterio ofrece increíbles vistas del valle.

D4 Largo San Benedetto 1, Subiaco benedettini-subiaco.org

Abadía benedictina de Santa Maria di Farfa
Monumento nacional con importante pasado artístico y arquitectónico.

D4 Via del Monastero 1, Fara in Sabina abbaziadifarfa.com

Abbazia di Casamari
Abadía del siglo XIII que es un bello ejemplo de arquitectura borgoñona y del gótico temprano.

D5 Via Maria, Veroli abbaziadicasamari.it

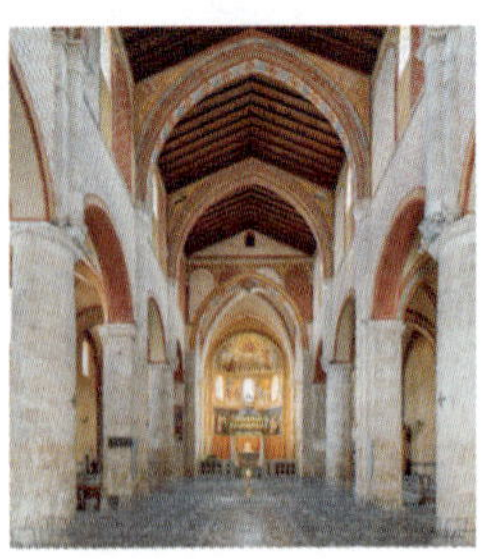

↑ Interior de la nave del imponente Duomo románico de Anagni

Anagni

D5 Frosinone FS
Via Vittorio Emanuele 187; 0775 7301

Según la leyenda, Saturno fundó cinco ciudades en el sureste del Lacio, entre ellas Anagni, Alatri y Arpino. Esta zona se conoce ahora como La Ciociaria, de *ciocie*, los zuecos que se llevaban en el lugar hasta hace 30 años.

Antes de que los romanos la conquistaran, esta parte del Lacio estaba habitada por varias tribus: los volscos, los samnitas y los hérnicos. No se conoce mucho sobre ellas, solo que protegían sus asentamientos con extraordinarias murallas. Antiguamente se pensaba que habían sido levantadas por el Cíclope, un gigante mitológico que les dio su nombre actual de murallas ciclópeas.

Anagni era el centro hérnico más sagrado hasta que fue destruido por los romanos en el 306 a. C. En la Edad Media fue la cuna y sede de las familias de varios pontífices, y se conservan muchos edificios de la época, entre los que destaca el palacio (siglo XIII) de Bonifacio VIII.

El Duomo románico, Santa Maria, construido sobre la antigua acrópolis hérnica, cuenta con un suelo de estilo cosmatesco del siglo XIII y frescos sieneses del XIV. La cripta de san Magno está pintada con uno de los ciclos más completos que se conservan de los siglos XII y XIII.

Alatri, ubicado en una ladera de olivos 28 km al este de Anagni, era una importante ciudad hérnica. Conserva dos murallas ciclópeas, de 2 km de largo y 3 m de ancho, de la acrópolis del siglo VII a. C.

El animado pueblo de Arpino, 40 km al este de Alatri, fue la cuna del orador romano Cicerón. A unos 3 km sobre Arpino, en el emplazamiento de la antigua Civitavecchia, se extienden unas murallas ciclópeas con una curiosa puerta de arco apuntado.

Terracina

D5 Latina FS
Piazza Municipio 1; 0773 70 77 02

La Terracina romana era un importante punto comercial en la histórica Via Appia *(p. 317)*. Hoy en día es un popular centro playero, con una fascinante mezcla de edificios medievales y ruinas romanas en el centro histórico. La parte más moderna de la ciudad, junto al mar, está llena de animados restaurantes, bares y hoteles.

Los bombardeos de la II Guerra Mundial descubrieron muchas de las antiguas estructuras de la ciudad, como un tramo de la Via Appia y el pavimento romano original del Foro, en la Piazza del Municipio. El Duomo, del siglo XI, se construyó sobre un templo romano y aún conserva los escalones de entrada. El pórtico medieval está adornado con un bello mosaico del siglo XII. Al lado, el moderno ayuntamiento alberga el **Museo Archeologico,** dedicado a hallazgos romanos y griegos en la zona.

Tres kilómetros más arriba de la ciudad están el podio y los cimientos del templo de Jove Anxur, que datan del siglo I a. C. Esta enorme plataforma con arcos ofrece vertiginosas vistas de Terracina y su bahía.

Museo Archeologico
Piazza Municipio
0773 70 73 13 Diario

Il Granchio

Elegante restaurante de marisco que ofrece la mejor calidad de la lonja de Terracina. Las capturas de los pescadores determinan el menú diario del establecimiento. Toda una experiencia gastronómica, Il Granchio tiene también un cómodo bistró para ocasiones menos formales.

D5 Via S Francesco Nuovo 80, Terracina
lu, ma comidas-sá
ristoranteilgranchio.it

Sermoneta y Ninfa

D5 Latina Latina Scalo Desde Latina
Via della Valle 17; 077330151

Sermoneta es una bella ciudad sobre las llanuras pontinas, con callejas adoquinadas entre casas, palacios e iglesias medievales. El Duomo tiene un hermoso panel del siglo XV

Glicinias en los pintorescos jardines de Ninfa

de Benozzo Gozzoli, con la Virgen acunando a Sermoneta en sus brazos. En lo alto de la ciudad se alza el Castello Caetani, con frescos de un pupilo de Pinturicchio.

En el valle yace el pueblo medieval abandonado de Ninfa, convertido en los **jardines de Ninfa** por la familia Caetani en 1921.

Jardines de Ninfa

 Via Provinciale Ninfina 68, Cisterna di Latina 0773 35 42 41 mar-nov: 1er sá y do de mes

En 1957, los arqueólogos que excavaban la villa de Tiberio, en las afueras de la ciudad, hallaron en una cueva abierta al mar esculturas helenísticas del siglo II a. C. Representaban escenas de *La Odisea* de Homero y se piensa que son de los mismos artistas de Rodas que esculpieron *El Laoconte* *(p. 290)*. Están expuestas junto con otros hallazgos en la **Zona Archeologica** del Museo Archeologico Nazionale.

Zona Archeologica

 Via Flacca 0771 54 80 28 Diario 1 ene, 25 dic

18 Sperlonga

D5 Latina
Corso San Leone 22; 0771 55 70 00

Sperlonga es un centro costero rodeado de preciosas playas. La ciudad vieja, en un promontorio rocoso, es un laberinto de edificios encalados, callejuelas y placitas con alguna que otra vista al mar. Está llena de bares, restaurantes y tiendas.

La zona era un retiro apreciado por los antiguos romanos, que construyeron villas y convirtieron las cuevas naturales de los acantilados en lugares donde comer y descansar.

19 Gaeta

D5 Latina
Piazza XIX Maggio; 0771 46 91

Según Virgilio, Gaeta debe su nombre a la nodriza de Eneas, Caieta, que estaría enterrada aquí. La ciudad ocupa el extremo sur del golfo de Gaeta, bajo el monte Orlando. El centro histórico está dominado por un castillo aragonés y los pináculos de San Francesco, de falso estilo gótico. Al norte, el barrio moderno une Gaeta a la bonita bahía de Serapo.

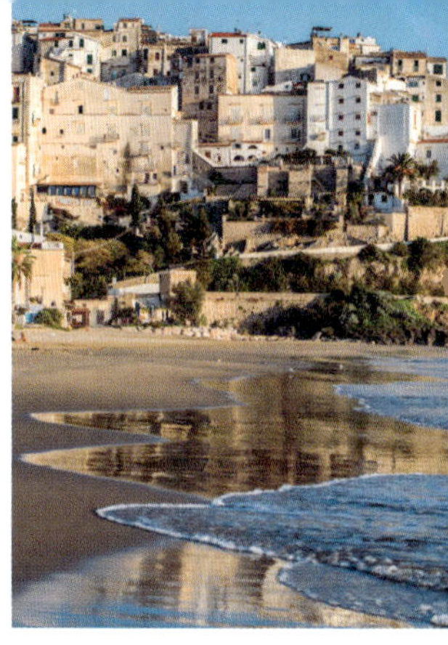

Soleado día en una playa de arena de Sperlonga

TOP 5 PLAYAS DEL LACIO

Sperlonga
D5
Pueblo de playa con bonitos callejones, casas antiguas de piedra y la famosa cueva de Tiberio.

Gaeta
D5
Con siete playas de arena entre las que elegir, Gaeta es un popular lugar de veraneo.

Tor Caldara (Anzio)
D5
Playa de arena dorada y aguas cristalinas situada frente a una reserva natural.

San Felice Al Circeo
D5
Con calas submarinas y grutas ideales para bucear, esta localidad costera es también un paraíso para los surferos.

Cala Feola
D5
En una bonita cala en Ponza, es la única playa de arena de la isla.

Cena en una calleja cerca del Palazzo Vecchio

FLORENCIA

Florencia, cuna del Renacimiento, fue el centro de toda una revolución cultural y artística durante el siglo XV. Inspirados en la cultura clásica y bajo el mecenazgo de los Médicis –entonces la familia más rica de Europa–, artistas como Miguel Ángel, Botticelli y Donatello, y arquitectos como Brunelleschi y Leon Battista Alberti, crearon una ciudad que sigue siendo una de las grandes capitales artísticas del mundo.

Los etruscos ya llevaban instalados mucho tiempo en las colinas de Fiesole cuando Florencia surgió como colonia romana el año 59 a. C. Capturada por los lombardos en el siglo VI, la ciudad emergió tras la Alta Edad Media como una ciudad-estado independiente. En el siglo XIII, el floreciente comercio lanar y textil, respaldado por un poderoso sector bancario, la convirtió en una de las ciudades más poderosas de Italia. El control político lo ejercieron los gremios y después la República florentina, y con el tiempo pasó a manos de las familias nobles, la más influyente la de los Médicis, una acaudalada dinastía de banqueros. Florencia, y después la Toscana, estuvieron bajo su dominio inquebrantable tres siglos, durante los cuales la ciudad fue el corazón cultural e intelectual de Europa, con una atmósfera cosmopolita y ricos mecenas que impulsaron un periodo de inigualable producción artística. Pintores, escultores y arquitectos llenaron las calles, iglesias y palacios de la ciudad con algunas de las mejores obras renacentistas del mundo. En 1737 los Médicis se extinguieron, dejando la ciudad bajo el poder austriaco (y brevemente también bajo el dominio de Napoleón) hasta la Unificación italiana en 1860.

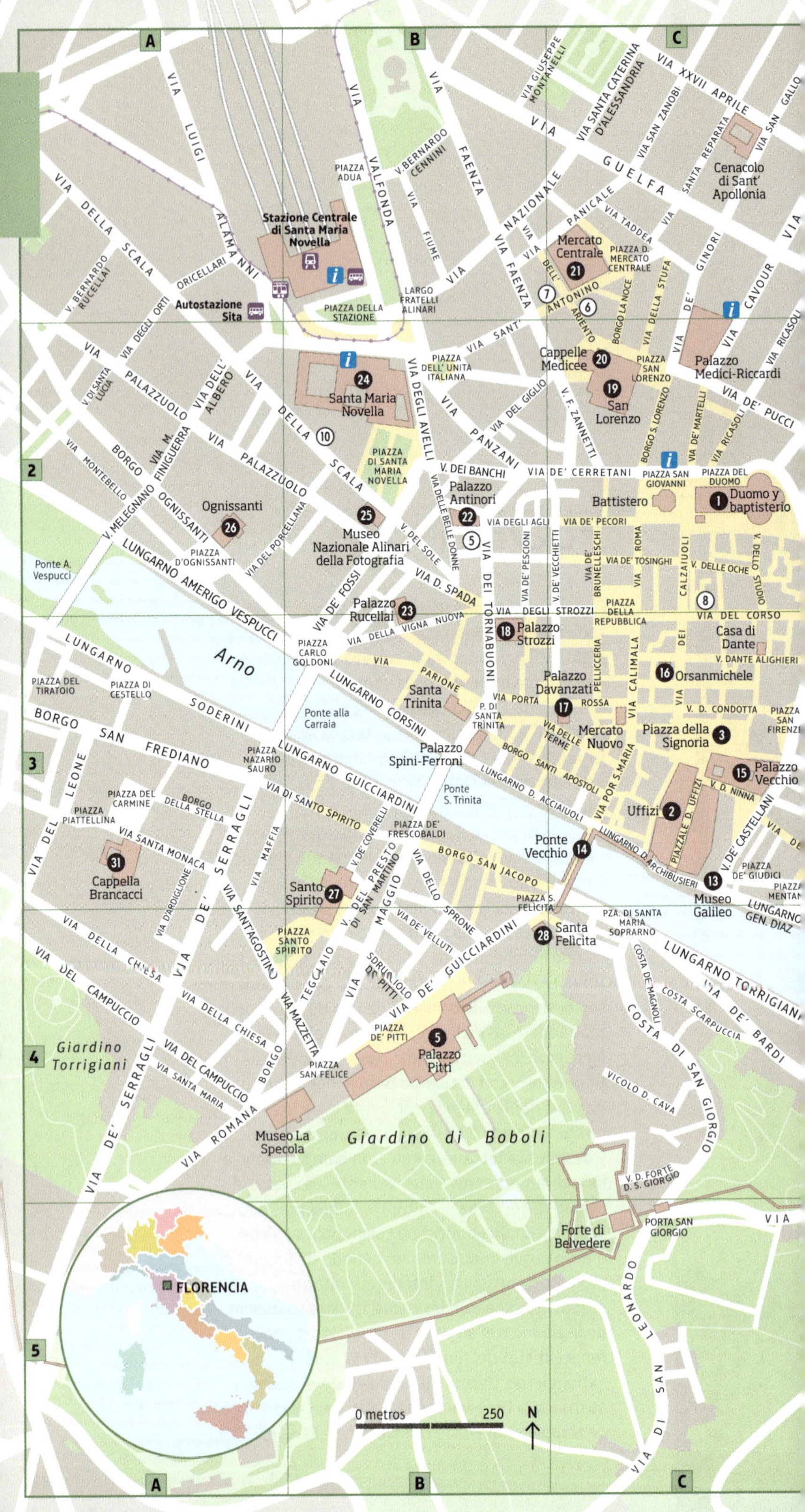

Stazione Centrale di Santa Maria Novella
Autostazione Sita
Piazza della Stazione
Piazza Adua
Largo Fratelli Alinari
Mercato Centrale
Piazza d. Mercato Centrale
Cenacolo di Sant' Apollonia
Cappelle Medicee
Piazza San Lorenzo
San Lorenzo
Palazzo Medici-Riccardi
Santa Maria Novella
Piazza di Santa Maria Novella
Piazza dell' Unità Italiana
Palazzo Antinori
Ognissanti
Piazza d'Ognissanti
Museo Nazionale Alinari della Fotografia
Piazza San Giovanni
Piazza del Duomo
Battistero
Duomo y baptisterio
Ponte A. Vespucci
Palazzo Rucellai
Palazzo Strozzi
Piazza della Repubblica
Casa di Dante
Orsanmichele
Arno
Piazza Carlo Goldoni
Santa Trinita
Piazza di Santa Trinita
Palazzo Davanzati
Mercato Nuovo
Piazza della Signoria
Palazzo Vecchio
Piazza San Firenze
Piazza del Tiratoio
Piazza di Cestello
Ponte alla Carraia
Palazzo Spini-Ferroni
Ponte S. Trinita
Uffizi
Piazza Nazario Sauro
Piazza del Carmine
Piazza Piattellina
Cappella Brancacci
Piazza de' Frescobaldi
Ponte Vecchio
Museo Galileo
Piazza de' Giudici
Santo Spirito
Piazza Santo Spirito
Piazza S. Felicita
Santa Felicita
Pza. di Santa Maria Soprarno
Piazza de' Pitti
Palazzo Pitti
Giardino Torrigiani
Piazza San Felice
Museo La Specola
Giardino di Boboli
Forte di Belvedere
Porta San Giorgio
FLORENCIA
0 metros 250
N

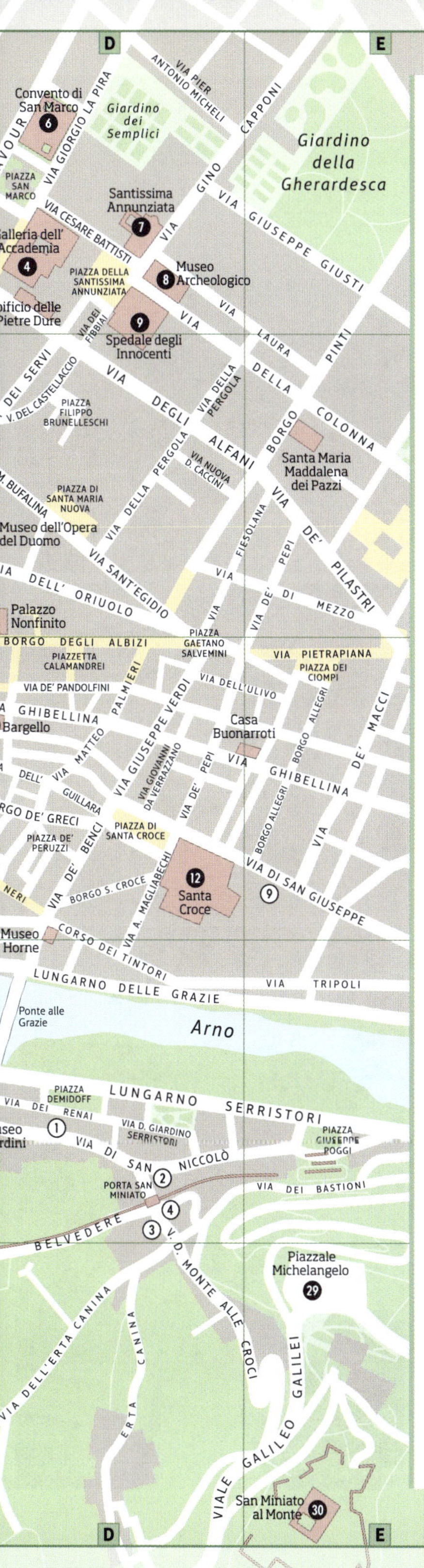

FLORENCIA

Esencial

❶ Duomo y baptisterio
❷ Uffizi
❸ Piazza della Signoria
❹ Galleria dell'Accademia
❺ Palazzo Pitti

Lugares de interés

❻ Convento di San Marco
❼ Santissima Annunziata
❽ Museo Archeologico
❾ Spedale degli Innocenti
❿ Museo dell'Opera del Duomo
⓫ Bargello
⓬ Santa Croce
⓭ Museo Galileo
⓮ Ponte Vecchio
⓯ Palazzo Vecchio
⓰ Orsanmichele
⓱ Palazzo Davanzati
⓲ Palazzo Strozzi
⓳ San Lorenzo
⓴ Cappelle Medicee
21 Mercato Centrale
22 Palazzo Antinori
23 Palazzo Rucellai
24 Santa Maria Novella
25 Museo Nazionale Alinari della Fotografia
26 Ognissanti
27 Santo Spirito
28 Santa Felicita
29 Piazzale Michelangelo
30 San Miniato al Monte
31 Cappella Brancacci

Dónde comer

① Osteria Antica Mescita San Niccolò
② Il Rifrullo
③ Enoteca Fuori Porta
④ I Bastioni di San Niccolò

Dónde beber

⑤ Cantinetta Antinori
⑥ Casa del Vino
⑦ Fratelli Zanobini

Dónde dormir

⑧ Hotel Brunelleschi

Dónde comprar

⑨ Scuola del Cuoio
⑩ Officina Profumo Farmaceutica di Santa Maria Novella

→

1 El Duomo resalta en esta panorámica de Florencia

2 Tienda de un diseñador en Via Tornabuoni

3 Piazza Santo Spirito

4 Interior del Palazzo Pitti

2 DÍAS

Un recorrido por Florencia

Día 1

Mañana El día comienza en la magnífica Piazza del Duomo *(p. 342)* para ascender a la enorme cúpula de Brunelleschi y admirar las famosas puertas de bronce del baptisterio antes de pasear hasta Piazza della Signoria *(p. 346)*, donde se alza una réplica del *David* de Miguel Ángel, entre otras estatuas. A la vuelta de la esquina, en Mercato Nuovo se venden recuerdos selectos de Florencia, incluidos artículos de cuero y papel. Tras cruzar el Ponte Vecchio *(p. 356)*, el camino a la izquierda junto al río lleva a la Osteria Antica Mescita San Niccolò *(p. 362)*, ideal para comer.

Tarde La energía de la comida se puede invertir en caminar hacia Piazzale Michelangelo *(p. 362)* para gozar de admirables vistas. La caminata prosigue hasta San Miniato al Monte antes de tomar la más corta –pero más empinada– Salita al Monte y dejar atrás la colina, con una parada en el jardín de rosas. Hay que cruzar el Ponte alle Grazie para alcanzar Santa Croce *(p. 355)*. Esta impresionante iglesia alberga las tumbas de Miguel Ángel, Maquiavelo y Galileo, y en su parte trasera hay una escuela de marroquinería.

Noche Cena en el excelente Gucci Garden *(Piazza della Signoria 10)*.

Día 2

Mañana El complejo monumental de San Lorenzo incluye las sorprendentes capillas Mediceas *(p. 358)*, primera parada del día, seguida de una vuelta por el adyacente Mercato Centrale. Después de ver los cercanos frescos de Santa Maria Novella *(p. 360)*, vale la pena hacer un pequeño desvío a la histórica perfumería Officina Profumo Farmaceutica *(p. 61)*. Para un almuerzo sabroso y un buen vino, es recomendable Cantinetta Antinori *(p. 359)*, pasada Santa Maria Novella.

Tarde Un paseo tras el almuerzo llevará hasta las tiendas de los diseñadores en Via Tornabuoni, con una parada antes de llegar al río en el Museo Ferragamo *(p. 358)* para ver zapatos usados por estrellas de Hollywood. A continuación se cruza el puente hacia el barrio de Oltrarno, con sus tiendas de antigüedades jalonando el camino al Palazzo Pitti *(p. 350)*. Tras visitar por dentro este maravilloso palacio del siglo XV, la tarde finaliza con un relajante recorrido por los jardines Boboli *(p. 351)*.

Noche Nada como darse el capricho de un aperitivo en Piazza Santo Spirito *(p. 361)* antes de cenar en un auténtico clásico gastronómico de Oltrarno como L'Brindellone *(Piazza Piattellina 10)*.

La primavera, Botticelli, Uffizi

Esta obra maestra del Renacimiento *(p. 344)* abunda en alegorías. Ambientada en un naranjal, muestra a Venus con Cupido volando sobre ella, en el centro, flanqueados por las Tres Gracias a la izquierda y Flora a la derecha. El azulado Céfiro sopla desde el extremo derecho, mientras Mercurio revuelve las nubes con su caduceo a la izquierda.

La primavera, obra maestra de Botticelli *(c.* 1470-1480), en los Uffizi

FLORENCIA PARA LOS AMANTES DEL ARTE

Considerada cuna del Renacimiento, Florencia acoge una concentración increíble de obras de arte de fama mundial. Gran parte del mérito fue de los Médicis, la poderosa familia de banqueros que respaldó a artistas como Botticelli, Leonardo da Vinci, Rafael y Miguel Ángel.

LA CÚPULA DE BRUNELLESCHI

Dominando cualquier vista general de la ciudad, la cúpula octogonal de Brunelleschi es el innegable símbolo de la ciudad. Construir su vasta estructura supuso un desafío colosal y el arquitecto se inspiró en los antiguos romanos para superarlo, sobre todo en el Panteón de Roma. Usó soportes de madera, aparejó ladrillos en espina y creó una cúpula con dos casquetes, uno dentro del otro. La balaustrada en un lado de la base, un añadido posterior, quedó inacabada por la desaprobación mostrada por Miguel Ángel, entre otros.

La Anunciación, Fra Angelico, San Marco

Situado en lo alto de las escaleras que llevan al dormitorio del monasterio *(p. 352)*, este simple pero impactante fresco es la más destacada de las obras con que Fra Angelico decoró San Marco durante el decenio que pasó allí como fraile.

Pietà florentina, Miguel Ángel, Museo dell'Opera del Duomo

Miguel Ángel ideó esta escultura *(p. 354)* del descendimiento de la cruz para su propia tumba, pero dejó de trabajar en ella tras dañarla en varios puntos, posiblemente a causa de un defecto del bloque de mármol. Muestra a Nicodemo sosteniendo a Cristo con ayuda de la Virgen y María Magdalena. Se cree que la figura encapuchada de Nicodemo es un autorretrato del artista.

→ *Pietà* de Miguel Ángel (c. 1547-1555) en el Museo dell'Opera del Duomo

Virgen de la silla, Rafael, Palazzo Pitti

La Galería Palatina *(p. 350)* tiene una nutrida colección de obras de Rafael y esta pintura, probablemente encargada por el papa León X, es la más destacada: una representación de subyugante naturalidad de la Virgen, el Niño y un joven san Juan Bautista.

← *Virgen de la silla* (1514), de Rafael, en el Palazzo Pitti

Trinidad, Masaccio, Santa Maria Novella

Este fresco, considerado el mejor de Masaccio, se caracteriza por su extraordinario manejo de la perspectiva, desde la profundidad del techo abovedado a los donantes arrodillados, que parecen situarse fuera de la pintura, en primer plano *(p. 360)*.

→ *Trinidad* (1427-1428), fresco de Masaccio en Santa Maria Novella

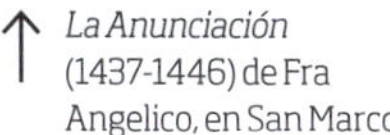

↑ *La Anunciación* (1437-1446) de Fra Angelico, en San Marco

Panini

El pan toscano se cuece sin sal y es ideal para rellenarlo con queso *pecorino,* jamón toscano o *finocchiona,* un salami con hinojo. El prestigioso local Procacci es famoso por sus *panini* trufados.

Los mejores *panini* de Florencia:
I Fratellini (Via dè Cimatori 38R), *All'Antico Vinaio* (Via de' Neri 65R) y *Procacci* (Via Tornabuoni 64R)

Panini rellenos de *prosciutto* a la venta en una panadería florentina

FLORENCIA PARA COMIDISTAS

Uno de los grandes deleites de cualquier visita a la Toscana es la gran calidad de su comida y vino. Un paseo por Florencia ofrece aromas tan tentadores procedentes de los restaurantes y colores tan vistosos en los mercados de productos frescos que resulta difícil escoger dónde y qué comer o comprar.

COMIDA CALLEJERA FLORENTINA

El centro de Florencia está cuajado de quioscos y puestos con sartenes humeantes de *lampredotto* (callos a la florentina), la comida callejera más tradicional y popular de la ciudad. Los lugareños también acostumbran a hacer cola para adquirir un *panino* aderezado con salsa verde. Entre los puestos más populares de la ciudad están Nencioni Orazio (Piazza Mercato Nuovo), Nerbone (Mercato Centrale) y L'Antico Trippaio (Piazza dei Cimatori).

Mercados

Los dos principales mercados de la ciudad son ideales para hacerse con productos frescos, pan, quesos y comida callejera.
Principales mercados de Florencia: *Mercato Centrale* (Via dell'Ariento) y *Mercato di Sant'Ambrogio* (Piazza Ghiberti).

Bares de vinos

Los bares de vinos florentinos, rebosantes de ambiente, son ideales para degustar un Chianti o un blanco Vernaccia durante el almuerzo o al final del día. Algunos solo sirven vino, pero la mayoría ofrecen deliciosos aperitivos e incluso comidas completas.

Los bares de vinos más selectos de Florencia: *Cantinetta Antinori* (Piazza Antinori 3), *Casa del Vino* (Via dell'Ariento 16R) y *Fratelli Zanobini* (Via Sant'Antonino 47R).

→ Camarero sirviendo vino y aperitivos en un bar de vinos florentino

Comida tradicional florentina

Los platos típicos florentinos tienen fama de sabrosos y abundantes *(p. 27)*. Destacan el bistec a la florentina, la *panzanella* (ensalada de tomate, cebolla y pan) y los *crostini*.

Comida florentina de primera: *Il Latini* (p. 370), *All'Antico Ristoro de' Cambi* (Via Sant'Onofrio 1R) y *Osteria Antica Mescita San Niccolò* (p. 362).

← Bistecs a la florentina en la parrilla

Cenas de lujo

Muchos de los mejores chefs de Italia están en el centro de Florencia. Hay que conocer sus magníficas creaciones de cocina moderna.

Cenar de lujo en Florencia: *Enoteca Pinchiorri* (Via Ghibellina 87) y *La Bottega del Buon Caffè* (Lungarno Benvenuto Cellini 69/R).

→ Plato de la Enoteca Pinchiorri, un prestigioso restaurante florentino.

↑ Puesto de mercado con productos frescos a la venta y comida para llevar

1

DUOMO Y BAPTISTERIO

C2 Piazza del Duomo 1, 6, 14, 17, 23 Los horarios de apertura varían, consultar la página web 1 ene, Semana Santa, 15 ago, 8 sep y 25 dic ilgrandemuseodelduomo.it

Alzándose sobre el corazón de la ciudad, el ornamentado Duomo –Santa María del Fiore– y su cúpula naranja se han convertido en símbolos de Florencia.

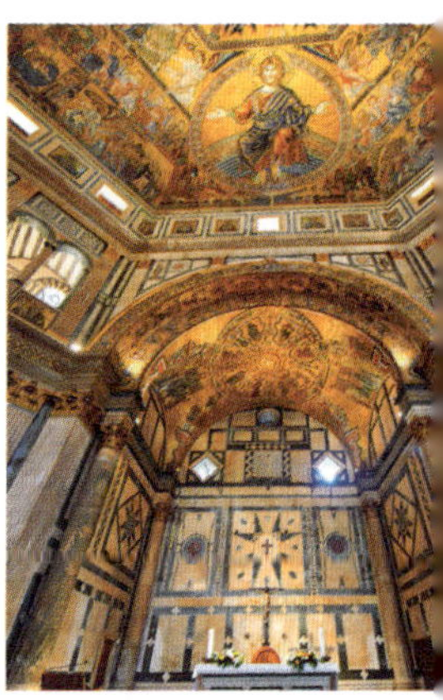

Mosaicos del interior del baptisterio

Ejemplo de la determinación florentina por ser líderes en todo, la catedral es la cuarta mayor iglesia de Europa y una de las grandes estructuras del Renacimiento. Con capacidad para 20.000 personas, sigue siendo el edificio más alto de la ciudad. Sus cimientos se colocaron en 1296, pero la fachada neogótica de mármol, inspirada en la decoración del Campanile, no se completó hasta 1887. Revestido en mármol blanco, verde y rosa de la Toscana, el Campanile lo diseñó Giotto en 1334 y se completó a la muerte del artista. Frente al Duomo se levanta el baptisterio de San Giovanni, con sus celebradas puertas de bronce, preciosos mosaicos y una pila octogonal en la que fueron bautizados muchos florentinos, entre ellos Dante. El baptisterio podría datar del siglo IV, lo que lo convierte en uno de los edificios más antiguos de Florencia.

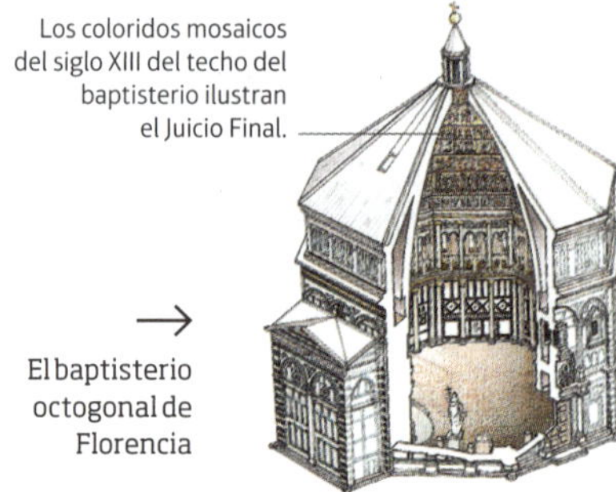

Los coloridos mosaicos del siglo XIII del techo del baptisterio ilustran el Juicio Final.

El baptisterio octogonal de Florencia

↑ La cúpula de Brunelleschi, con frescos en el interior

← La enorme cúpula del Duomo y el Campanile sobre el perfil de Florencia

LAS PUERTAS DEL BAPTISTERIO

En 1401, Ghiberti ganó el concurso para diseñar las puertas del baptisterio que daban al norte. En 1425-1452, diseñó las del este, descritas por Miguel Ángel como la "Puerta del Paraíso". Las actuales son copias, ya que los diez paneles originales con relieve están en el Museo dell'Opera del Duomo *(p. 354)*.

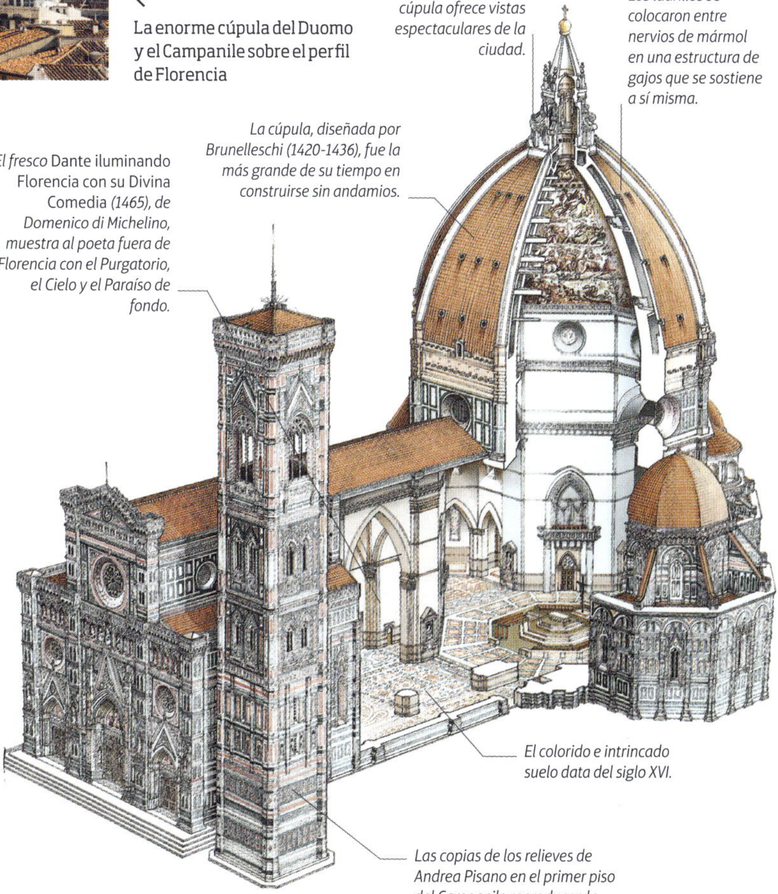

La cúspide de la cúpula ofrece vistas espectaculares de la ciudad.

Los ladrillos se colocaron entre nervios de mármol en una estructura de gajos que se sostiene a sí misma.

La cúpula, diseñada por Brunelleschi (1420-1436), fue la más grande de su tiempo en construirse sin andamios.

El fresco Dante iluminando Florencia con su Divina Comedia *(1465), de Domenico di Michelino, muestra al poeta fuera de Florencia con el Purgatorio, el Cielo y el Paraíso de fondo.*

El colorido e intrincado suelo data del siglo XVI.

Las copias de los relieves de Andrea Pisano en el primer piso del Campanile reproducen la Creación y las Artes y la Industria.

El Duomo, visto desde la Piazza del Duomo ↑

2

LOS UFFIZI

C3 Piazzale degli Uffizi 6 B, 23 8.15-18.50 ma-do
1 ene y 25 dic uffizi.it

Los Uffizi es una de las grandes galerías de arte de Italia. Abarca todo el arte florentino, desde los estilizados iconos bizantinos a las fluidas líneas de las primeras obras medievales, pasando por piezas maestras del Renacimiento o coloridas pinturas manieristas.

El palacio, se construyó entre 1560-1580 para albergar las oficinas *(uffici)* de Cosme I de Médici, gran duque de la Toscana. El arquitecto Giorgio Vasari utilizó hierro como refuerzo, lo que permitió a su sucesor, Buontalenti, crear una pared casi continua de cristal en la planta superior. Desde 1581, los Médicis usaron este espacio bien iluminado para exhibir sus tesoros artísticos, creando así el museo más antiguo del mundo. En la actualidad, las pinturas se exponen cronológicamente para mostrar la evolución del arte florentino del Gótico al Renacimiento y posteriores.

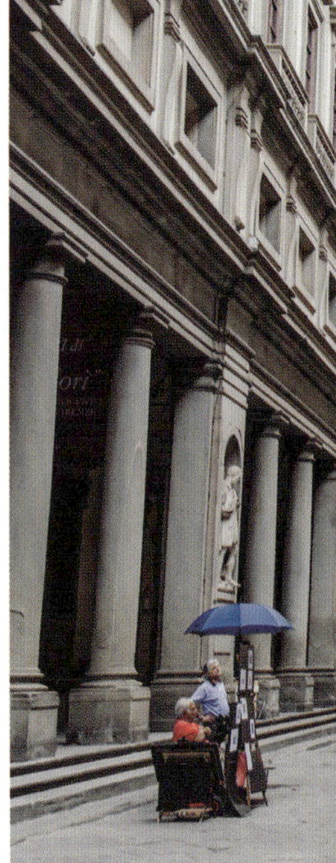

El elegante exterior de los Uffizi, diseñado por Vasari y Buontalenti.

Arte gótico

Desde la sala 2 a la 6, la galería está dedicada al gótico toscano desde el siglo XII al XIV. Giotto (1266-1337) introdujo un naturalismo novedoso en el arte toscano. Los ángeles y santos de *La Madonna de Ognissanti* (1310), en la sala 2, expresan diversas emociones, desde el asombro a la reverencia o la perplejidad.

Quattrocento

Las pinturas de Botticelli en las salas 10-14 son la joya de la colección de los Uffizi. Los brillantes colores de *La primavera* (c. 1482) recuerdan que los artistas renacentistas a menudo

GUÍA DEL MUSEO

Conviene reservar la entrada por anticipado para evitar las colas. Las obras más antiguas están en el segundo piso, donde se puede comenzar el recorrido. Hay muchas pinturas conocidas del Renacimiento en las salas 7-18. Hay esculturas griegas y romanas en el pasillo del segundo piso y en la sala 56 del primero. Algunas de las obras maestras del Cinquecento se exhiben en el primer piso, y las de maestros de otros países europeos en las salas 44-55.

Dos visitantes admiran *La primavera*, obra maestra de Botticelli

Esencial ☆

experimentaron con nuevos pigmentos para alcanzar efectos impactantes. La obra, una celebración de la primavera, está poblada por diosas y más de 500 especies de plantas. Céfiro, viento del oeste, sopla desde la derecha, mientras que Mercurio disipa las nubes en el lado izquierdo.

La sala 15 contiene obras atribuidas al joven Leonardo. Aún bajo la influencia de su maestro, Andrea del Verrocchio, su estilo naturalista se aprecia en *La Anunciación* (1472-1475) y en su primer encargo independiente, la inacabada *Adoración de los Magos* (1481).

La expresiva *Sagrada Familia* de Miguel Ángel ↑

Cinquecento

La Sagrada Familia (1506-1508), de Miguel Ángel, en la sala 35, sorprende por sus colores brillantes y la inusual postura de la Virgen. La sala 66, en el primer piso, está dedicada a Rafael. La tierna *Virgen del jilguero* (1506) aún muestra los daños del terremoto de 1547. Las obras de Tiziano (1488-1576) se ubican en la sala 83, entre ellas la *Venus de Urbino* (1538), que se dice es uno de los desnudos más bellos jamás pintados.

Pinturas posteriores

Las salas entre la 90 y la 93 están dedicadas a Caravaggio (1571-1610) y su legado en el siglo XVII. Hay obras de varios de sus discípulos, como Gerard van Honthorst (1592-1656), un artista holandés reconocido por sus escenas iluminadas artificialmente, y Artemisia Gentileschi (1593-1656), una pintora cuya obra más conocida es *Judith asesinando a Holofernes* (1611-1612).

↑ La serena *Virgen del jilguero,* de Rafael

El friso sobre la entrada dice: "Cristo es Rey", aludiendo a que ningún gobernante mortal tiene poder absoluto.
El Salone dei Cinquecento (1495) alberga El genio de la victoria, obra de Miguel Ángel.
Las llaves cruzadas de este escudo representan el papado Médicis.
Los Uffizi
Miguel Ángel dijo que la Fontana di Nettuno, creada por Ammannati (1575), era un "desperdicio de buen mármol".
Copia del David
Esta estatua de bronce (1554) de Perseo decapitando a Medusa advertía a los enemigos de Cosme I sobre su suerte.
El Marzocco es una copia del león de Florencia esculpida por Donatello en 1420.

El Palazzo Vecchio se alza sobre la ciudad de Florencia ↑

CURIOSIDADES

Un grafiti de Miguel Ángel

La leyenda dice que el rostro de un hombre grabado en la fachada del Palazzo Vecchio (la esquina cerca de los Uffizi) lo trazó Miguel Ángel por una apuesta.

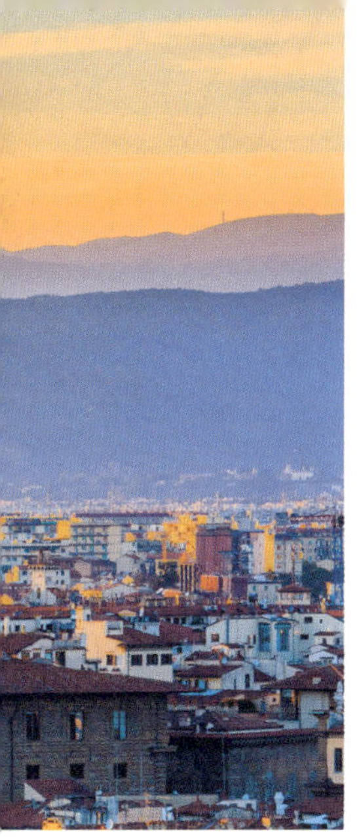

3

PIAZZA DELLA SIGNORIA

C3 9.00-19.00 lu-mi y vi-do, 9.00-14.00 ju (Palazzo Vecchio) museicivicifiorentini.comune.fi.it

Salón público de Florencia y museo de escultura al aire libre, la Piazza della Signoria ha sido el corazón de la vida política y social de la ciudad durante siglos.

La gran campana del Palazzo Vecchio, el imponente Ayuntamiento de la ciudad, solía llamar a los ciudadanos al Parlamento (audiencias públicas), y la plaza siempre está llena de paseantes. Las estatuas (algunas son copias), al abrigo de la Loggia dei Lanzi (s. XIV), conmemoran los grandes acontecimientos históricos de la ciudad, el más famoso lo recuerda una sencilla placa en el pavimento cerca de la logia: la ejecución del fanático líder religioso Girolamo Savonarola.

↓ El Palazzo Vecchio, visto desde la Piazza della Signoria

← Turistas admirando las estatuas de mármol en la Loggia dei Lanzi

El primer patio del Palazzo Vecchio, bellamente decorado

La Loggia dei Lanzi, diseñada por Orcagna (1382), debe su nombre a los lanceros, los guardias de Cosme I.

Estatuas romanas, posiblemente de emperadores, en la logia.

El rapto de las sabinas, *de Giambologna (1583), fue realizado a partir de un solo bloque de mármol.*

DAVID

La famosa estatua de Miguel Ángel, símbolo del triunfo sobre la tiranía, estuvo en la plaza hasta 1873. Los daños sufridos durante una revuelta contra los Médicis la llevaron al interior de la Accademia por seguridad *(p. 348)*, siendo sustituida por una copia.

El monumental *David* (1501-1504) de Miguel Ángel, en la Galleria dell'Accademia

Esencial ☆

4

GALLERIA DELL' ACCADEMIA

D1 Via Ricasoli 58/60 8.15-18.50 ma-do 1 ene y 25 dic
galleriaaccademiafirenze.beniculturali.it

El *David* (1501-1504) de Miguel Ángel contempla orgulloso a los visitantes de la Accademia, la primera escuela de arte de Europa. La espectacular colección, con obras de Botticelli, Lorenzo di Credi, Orcagna, Perugino y Del Sarto, se reunió para que los estudiantes las copiaran.

Fundada en 1563, fue la primera escuela de Europa destinada a enseñar técnicas de dibujo, pintura y escultura. La colección de arte que tiene expuesta se formó en 1784 con el fin de ofrecer a los estudiantes material de estudio.

↑ Un grupo de visitantes a las puertas de la Galleria dell'Accademia

Las esculturas de Miguel Ángel

La obra más famosa es el *David*, un desnudo colosal (5,2 m) del héroe bíblico que mató a Goliat. La escultura, colocada en un principio en la plaza della Signoria, situó a Miguel Ángel, con 29 años, como el mejor escultor de su tiempo.

La galería alberga también los inacabados *Quattro Prigioneri* (cuatro prisioneros), esculpidos entre 1521 y 1523 y en un principio destinados a la tumba del papa Julio II. La torsión de los cuerpos, como si quisieran liberarse de la roca, hace de estas figuras uno de los trabajos más impresionantes del artista.

Pintura florentina

La Accademia contiene asimismo una importante colección de pinturas de artistas florentinos de los siglos XV y XVI, como Filippino Lippi, Fra Bartolomeo, Bronzino y Ridolfo del Ghirlandaio. Destacan la *Madonna del Mare*, atribuida a Botticelli (1445-1510), y *Venus y Cupido*, de Jacopo Pontorno (1494-1556), basado en un boceto de Miguel Ángel.

¿Lo sabías?

El tamaño de las manos y la cabeza del *David* son exagerados porque iba a estar colocado en lo alto del Duomo de Florencia.

CASSONE ADIMARI

Una de las joyas de la colección de la Accademia es un arcón de madera pintado, el *Cassone Adimari* (1440-1445), de Lo Scheggia, hermanastro de Masaccio. Formaba parte del ajuar de una novia y está adornado con detalles de la vida, ropa y arquitectura florentinas. Una escena reproduce a los invitados de la boda frente al baptisterio.

PALAZZO PITTI

B4 Piazza de' Pitti 11, C3, D 8.15-18.50 ma-do
uffizi.it/palazzo-pitti

La que fuera residencia de los Médicis es un tesoro, con sus fastuosas dependencias reales y sus colecciones de arte moderno, objetos de plata, trajes y porcelanas. La auténtica joya es la Galleria Palatina: con frescos de Pietro da Cortona, alberga una de las mejores colecciones de obras de Rafael y Tiziano, superada solo por los Uffizi.

Galleria Palatina

La Galleria Palatina constituye el corazón del complejo de museos del Palazzo Pitti y alberga innumerables obras maestras de artistas como Botticelli, Tiziano, Perugino, Andrea del Sarto, Tintoretto, el Veronés, Giorgione y Gentileschi. Las obras de arte, acumuladas por los Médicis y la Casa de los Habsburgo, todavía cuelgan de los lugares elegidos por los grandes duques, sin tener en cuenta la cronología o el tema. Entre las mejores piezas figuran la escultura *Venus Itálica* (1810), de Antonio Canova; el *Retrato de un hombre* (1540), de Tiziano; la *Madonna della Seggiola* (*Virgen de la silla*, c. 1513-1514), de Rafael, y *Cupido durmiendo* (1608), de Caravaggio. El museo cuenta con 11 salones principales, cinco de los cuales tienen frescos alegóricos en el techo glorificando a los Médicis.

Aposentos reales

Los aposentos reales situados en la primera planta del ala sur del palacio datan del siglo XVII. Están decorados con frescos de varios artistas florentinos, una serie de retratos de los Médicis del pintor flamenco Justus Sustermans y tapices gobelinos del siglo XVIII. A finales del siglo XVIII y principios del

La fachada del Palazzo Pitti, posiblemente obra de Brunelleschi

XIX, los duques de Lorena renovaron los aposentos en estilo neoclásico cuando sucedieron a la dinastía Médicis como gobernantes de Florencia.

Los lujosos aposentos cuentan con techos estucados en dorado y blanco y una rica decoración, sobre todo las paredes de la sala del Papagayo, que están recubiertas de una opulenta tela carmesí con el diseño de un pájaro. La sala de los Tapices cuenta con tapices franceses, belgas e italianos de los siglos XVII y XVIII.

Otras colecciones

El Museo degli Argenti (de la plata) ocupa los antiguos aposentos de verano de los Médicis. El gusto por el lujo de la familia queda reflejado en la ingente colección de preciosos objetos en exposición. Se pueden contemplar piezas de cristal romano, marfil, alfombras, vidrio, ámbar y obras de orfebrería florentina y alemana.

Abierta en el año 1983, la Galleria del Costume refleja la evolución de la moda en la corte desde finales del siglo XVIII hasta la década de 1920. En la Galleria d'Arte Moderna merecen especial atención las maravillosas pinturas de los Macchiaioli (puntillistas), un grupo de artistas toscanos que trabajaban un estilo muy parecido al impresionismo francés.

↑ Pinturas y frescos en la Galleria Palatina

JARDINES BOBOLI

Los jardines Boboli, un precioso lugar para escapar de las multitudes, se crearon para los Médicis en 1549. Excelente ejemplo de la estilizada jardinería renacentista, se abrieron al público en 1766. Las partes más formales consisten en setos podados con formas geométricas. Detrás hay bosques de encinas y cipreses, plantados para crear un contraste entre lo artificial y lo natural. Las influencias barrocas y del rococó son evidentes en las fuentes, las avenidas con cipreses y las innumerables estatuas ocultas.

LUGARES DE INTERÉS

Convento di San Marco

D1 Piazza di San Marco 055 28 76 28 7.00-12.00 y 16.00-20.00 diario

El convento de San Marcos fue fundado en el siglo XIII y ampliado en 1437, cuando los monjes dominicos de Fiesole se trasladaron aquí, invitados por Cosme el Viejo. Este quiso que el edificio lo reconstruyese su arquitecto preferido, Michelozzo, cuyos claustros y celdas albergan los notables frescos (*c.* 1438-1445) del pintor florentino y fraile dominico Fra Angelico. El convento y las colecciones de arte forman el interesante **Museo di San Marco.**

El magnífico Chiostro di Sant'Antonino, de Michelozzo, debe su nombre al primer prior del convento, Antonino Pierozzi (1389-1459). Casi todos los frescos del claustro son escenas de la vida del santo pintadas por Bernardino Poccetti. Los paneles del rincón son de Fra Angelico. La puerta de la derecha da al Ospizio dei Pellegrini (hospicio de peregrinos). Hoy alberga cuadros del museo, incluidas tres famosas obras de arte: *El descendimiento* (*c.* 1432-1434), de Fra Angelico, un retablo pintado para la iglesia de Santa Trinita; la *Madonna dei Linaiuoli*, encargada por los *linaiuoli* (gremio de tejedores de lino) en 1433; y el conmovedor *Lamento sobre Cristo muerto* (*c.* 1436-1441).

En el patio, a la derecha de la antigua campana del convento, se encuentra la abovedada sala Capitular, decorada con una *Crucifixión y santos* (1440) de Fra Angelico excesivamente restaurada.

En una pared del Refettorio (refectorio) hay un fresco de *La Última Cena* (*c.* 1480) realizado por Domenico Ghirlandaio. Desde el patio se sube a la primera planta, donde se encuentra *La Anunciación* (*c.* 1440) de Fra Angelico.

Más allá, dispuestas en tres de los lados del claustro, están las 44 diminutas celdas, que tienen frescos con escenas de la vida de Cristo de Fra Angelico y sus ayudantes (1439-1445). Las celdas del 1 al 11 se atribuyen solo a Fra Angelico, al igual que el fresco de *La Virgen y santos*, a la derecha del pasillo.

Las celdas 12-14 las ocupó Savonarola, el monje dominico nombrado prior de San Marcos en 1491 (*ver recuadro*).

Al otro lado del patio, las celdas 38 y 39, que usaba Cosme el Viejo en sus retiros espirituales. En el tercer pasillo hay una sala con columnas en las que se exponen valiosos manuscritos iluminados. Fue la primera biblioteca pública europea, diseñada por Michelozzo en 1441 para Cosme el Viejo.

¿Lo sabías?

San Marcos alberga la primera biblioteca pública de Europa, abierta en 1441 con 400 libros.

Museo di San Marco

055 238 86 08 (reservas) 8.15-14.50 diario (hasta 16.50 sá y do) 1 ene y 25 dic; 2° y 4° lunes de mes; 1er, 3er y 5° do de mes

7 Santissima Annunziata

D1 Piazza della Santissima Annunziata 055 26 61 81 7.30-12.30 y 16.00-18.30 diario

Fundada en 1250, la iglesia de la Santissima Annunziata

EL *MONJE MALO*

Girolamo Savonarola (1452-98), prior de San Marcos, se hizo popular por sus llamadas a la renovación cristiana. Cuando Francia amenazó con una invasión en 1494, Florencia expulsó a la familia Médicis y creó una república al frente de la cual colocó al religioso. Encabezó campañas contra los excesos renacentistas, quemando valiosas obras de arte, pero sus ideas radicales enojaron al papa Alejandro VI, y fue ejecutado en 1490. En San Marcos pueden verse varias de sus reliquias, como su manto y la viga de la que fue colgado.

←

Detalle de *La Anunciación* de Fra Angelico

fue reconstruida por Michelozzo entre 1444 y 1481. El atrio contiene una serie de frescos de los artistas manieristas Rosso Fiorentino, Andrea del Sarto y Jacopo Pontormo. Destacan principalmente *El viaje de los Magos* (1511) y *El nacimiento de la Virgen* (1514), obra de Andrea del Sarto.

En el oscuro y muy decorado interior, los frescos del techo (1669) son de Pietro Giambelli. También alberga una veneradísima pintura de la Virgen María que, según los fieles florentinos, comenzó un monje en 1252 y fue completada milagrosamente por un ángel. Los recién casados suelen acudir para llevarle un ramo de flores a la Virgen y rogar por un feliz matrimonio.

Del crucero norte se pasa al Chiostrino dei Morti (claustro de los muertos). Su nombre se debe a que en el pasado sirvió de cementerio. Hoy es famoso por el fresco *Virgen del saco* (1525), de Sarto.

La iglesia está situada en el flanco norte de la Piazza della Santissima Annunziata, una de las plazas renacentistas más elegantes de Florencia. El delicado pórtico del Spedale degli Innocenti, diseñado por Brunelleschi, queda a la derecha y en el centro se alza la estatua ecuestre de bronce del duque Fernando I. Comenzada por Giambologna, fue terminada en 1608 por su ayudante Pietro Tacca (que diseñó las fuentes de bronce de la plaza).

8 

Museo Archeologico

D1 Piazza Santissima Annunziata 9B 055 235 75 8.30-19.00 ma-vi, 8.30-14.00 sá-lu y 1er y 3er de mes 1 ene, 1 may, 25 dic

El Museo Arqueológico ocupa un palacio construido por Giulio Parigi para Maria Maddalena de Médicis en 1620. La primera planta contiene una espléndida serie de bronces etruscos y la famosa *Quimera* del siglo IV a. C., un leon mítico con una cabeza de cabra en el lomo y una serpiente por cola. Igual de impresionante resulta el bronce *Arringatore* (siglo I), hallado cerca del lago Trasimeno, en Umbría. Gran parte de la segunda planta está dedicada a vasijas griegas; destaca el vaso François, hallado en una tumba etrusca cerca de Chiusi.

Spedale degli Innocenti

D1 Piazza della Santissima Annunziata 12 055 203 71 1 ene, Semana Santa, 25 dic

Este hospital abrió en 1444 como primer orfanato de Europa y parte del edificio sigue funcionando como tal. El pórtico de Brunelleschi está decorado con medallones de terracota con niños en pañales, añadidos por Andrea della Robbia en 1498. En el extremo izquierdo del pórtico está la *rota*, un torno de piedra donde las madres podían abandonar a sus hijos de forma anónima tras tocar una campana.

Dentro del edificio se disponen dos claustros: el Chiostro degli Uomini (de los hombres), edificado entre 1422 y 1445 y decorado con gallos y querubines esgrafiados, y el más pequeño claustro de las Mujeres (1438). Una galería superior contiene terracotas de Della Robbia y pinturas de Botticelli, Piero di Cosimo y Domenico Ghirlandaio.

↑ *Jasón con el vellocino de oro*, de Pietro Francavilla, en el Bargello

Museo dell'Opera del Duomo

D2 Via della Canonica 1 055 230 28 85 9.00-19.00 diario 1er ma de mes

El museo de la catedral está dedicado a la historia del Duomo. La sala principal presenta estatuas de Arnolfo di Cambio que en el pasado estuvieron en hornacinas de la catedral. Cerca se halla el *San Juan* de Donatello.

Otra sala exhibe pinturas religiosas y reliquias de los siglos XIV y XV. La *Pietà Bandini* de Miguel Ángel tiene un lugar de honor en la escalera. Se cree que la figura encapuchada de Nicodemus es un autorretrato.

La primera sala de la planta superior tiene dos cantorías que datan de 1430 aproximadamente, de Lucca della Robbia y Donatello. En mármol blanco y decoradas con vidrio coloreado y mosaicos, ambas representan a niños tocando instrumentos musicales y bailando. Otras obras de Donatello en esta sala son la estatua de *La Maddalena* (1455) y varias figuras del Antiguo Testamento, incluido el profeta Abakuk.

Bargello

D3 Via del Proconsolo 4 055 064 94 40 14, A 8.15-14.00 diario 2° y 4° do y 1er, 3° y 5° lu de mes; 1 ene y 25 dic

Bargello, el segundo mejor museo después de los Uffizi, contiene una maravillosa mezcla de artes aplicadas y la mejor colección italiana de escultura renacentista.

Comenzado en 1255, el palacio-fortaleza fue al principio el ayuntamiento, pero luego se convirtió en prisión y en residencia del capitán de justicia (*bargello* en italiano). También se hizo famoso por las ejecuciones que tuvieron lugar en su patio hasta 1786, fecha en la que el gran duque Pietro Leopoldo abolió la pena de muerte. El edificio fue uno de los primeros de Italia en abrir como museo nacional, en 1865.

Las mejores piezas están repartidas en tres plantas, empezando por la Sala de Miguel Ángel, con tres obras muy distintas del artista. La más famosa es *Baco* (1497). Junto a él hay un busto de *Bruto* (1539-1540) y un relieve circular con *La Virgen y Niño* (1503-1505). En la misma sala hay innumerables obras de otros escultores. Entre ellos, *Mercurio* (1564) del manierista Giambologna, así como varios bronces del escultor y orfebre Benvenuto Cellini (1500-1571).

La escalinata exterior del patio sube a la primera planta, que comienza con una extravagante colección de bronce de Giambologna, y la escultura en mármol de Pietro Francavilla *Jasón con el vellocino de oro* (*c.* 1590). A la derecha queda el Salone del Consiglio Generale, que contiene las mejores esculturas del Quattrocento del museo. Destaca el *San Jorge* (1416) de Donatello –arquetipo de "juventud, coraje y valentía" según Vasari–. Encargado por el

> **La *Pietà Bandini* de Miguel Ángel tiene un lugar de honor en la escalera. Se cree que el encapuchado Nicodemus es un autorretrato.**

gremio de armeros, la estatua fue traída de Orsanmichele en 1892. El centro de la sala lo ocupa el andrógino *David* (*c.* 1430) de Donatello, famoso por ser el primer desnudo occidental desde la Antigüedad. En la pared de la derecha hay dos relieves con *El sacrificio de Isaac* (1402) creados por Brunelleschi y Lorenzo Ghiberti, respectivamente; ambos participaron en el concurso para diseñar las puertas del baptisterio.

Pasado el Salone comienza la exposición de artes aplicadas, con salas llenas de alfombras, cerámica, platería y otros objetos de arte. La más famosa de estas salas es el Salone del Camino, en la segunda planta, que contiene la mejor colección de Italia de pequeños bronces. Algunos son extraordinarias reproducciones de modelos antiguos, otros son copias a escala de estatuas renacentistas. Hay obras de Giambologna, Cellini y Antonio del Pollaiuolo.

Santa Croce

D3 Piazza di Santa Croce 055 246 61 05 C1, C2, C3 9.30-17.30 lu-sá, 14.00-17.30 do Durante misa (también 1 ene, Semana Santa, 13 jun, 4 oct, 25 y 26 dic)

Fechada en 1295, la iglesia gótica de la Santa Croce tiene una magnífica fachada neogótica de Niccolò Mattas añadida en 1863. El campanil se levantó en 1842 para sustituir al original, destruido por un rayo en 1512.

En el interior hay tumbas de toscanos famosos, como Galileo y Maquiavelo, además de la tumba de Miguel Ángel obra de Vasari y un monumento a Dante, sepultado en Rávena, donde murió en el exilio *(p. 432)*. Entre la rica colección de obras de arte destaca la *Crucifixión* (siglo XIII) de Cimabue, así como los frescos de *La Última Cena* y *El árbol de la vida*, de Taddeo Gaddi (*c.* 1355-1360) en el refectorio. Los frescos de Giotto en la capilla Bardi narran la vida de san Francisco, y la de san Juan Bautista y san Juan Evangelista en la capilla Peruzzi. La capilla Baroncelli guarda frescos de Taddeo Gaddi (1332-1338) con escenas de la vida de la Virgen. La Cappella de' Pazzi, con una espectacular cúpula de proporciones clásicas iniciada por Brunelleschi en 1441, tiene medallones en terracota de Luca della Robbia (*c.* 1442-1452).

Scuola del Cuoio

La escuela, que ocupa varias salas con frescos en la parte trasera de Santa Croce, la fundó en 1949 una firma local para enseñar un oficio a los huérfanos. Se pueden comprar objetos de cuero y ver trabajar a los artesanos.

E3 Via San Giuseppe 5R leatherschool.biz

↑ La reconocible fachada neogótica de la iglesia de la Santa Croce

¿Lo sabías?

El Ponte Vecchio fue el único de Florencia que se libró de los bombardeos nazis, al parecer por orden de Hitler.

Museo Galileo

C3 Piazza de' Giudici 1 055 265 3111 9.30-18.00 diario (hasta 13.00 ma) 1 ene y 25 dic

Este fantástico museo tiene dos plantas dedicadas a diferentes temas científicos, ilustrados con innumerables objetos e instrumentos antiguos. También dedica mucho espacio al pisano Galileo Galilei (1564-1642), albergando los únicos instrumentos que sobrevivieron de los que diseñó y construyó, entre ellos dos telescopios y la lente del telescopio con el que descubrió las lunas de Júpiter en el invierno de 1610.

Algunas de las piezas más bonitas son los mapas antiguos, globos terráqueos y astrolabios y los microscopios, termómetros y barómetros antiguos. Hay también algunos relojes interesantes, aparatos matemáticos, una horripilante colección de instrumentos quirúrgicos del siglo XIX, pesos y medidas y algunos modelos anatómicos. El museo ha instalado un gran reloj de sol de bronce, en el que se puede leer tanto la hora como la fecha.

Ponte Vecchio

C3

El puente Vecchio, el más antiguo que se conserva en la ciudad, se construyó en 1345 y es el último de una serie de puentes que ha habido en este lugar desde tiempos romanos. Diseñado por un discípulo de Giotto, Taddeo Gaddi, sus pintorescas tiendas pertenecían a herreros, carniceros y curtidores (que usaban el río como basurero). El ruido y olor que producían hizo que el duque Fernando I los desalojara en 1593 y fueron sustituidos por joyeros y orfebres.

El Corridoio Vasariano recorre el lado este del puente, sobre las tiendas. Giorgio Vasari diseñó este paso elevado en 1565 para que los Médicis pudieran desplazarse sin tener que mezclarse con la gente. Este fue el único puente de la ciudad que no resultó dañado en la II Guerra Mundial y hoy se visita por las vistas que ofrece y para ver las joyerías y anticuarios. En el centro del puente se puede contemplar un busto del famoso orfebre Benvenuto Cellini.

15  

Palazzo Vecchio

C3 Piazza della Signoria (entrada por Via della Ninna) 055 276 83 25 A, B abr-sep: 9.00-23.00 diario (hasta 14.00 ju); oct-mar: 9.00-19.00 diario (hasta 14.00 ju) 25 dic

El Palazzo Vecchio (palacio Viejo) todavía desempeña su función original como ayuntamiento. Se completó en 1322 después de colocar una enorme campana, utilizada para convocar a los ciudadanos o avisarlos de inundaciones, incendios o ataques enemigos.

Aunque conserva gran parte de su aspecto medieval, el interior fue reformado por el duque Cosme I cuando se

El Ponte Vecchio, un buen lugar donde comprar joyas

mudó aquí en 1540. Vasari lo decoró incorporando frescos (1563-1565) con logros de la ciudad. La estatua *El genio de la Victoria* (1525), de Miguel Ángel, adorna el Salone dei Cinquecento, que también cuenta con un diminuto Studiolo (estudio) decorado en 1569-1573 por pintores manieristas florentinos. Destacan también la Cappella di Eleonora, pintada por Bronzino (1540-1545); la logia, con sus vistas sobre la ciudad; la Sala dei Gigli (de los lirios), con *Judit y Holofernes* ((*c.* 1455), de Donatello, y frescos de los héroes romanos (1485), de Ghirlandaio; el museo de los niños y las salas secretas pueden recorrerse en visita guiada previa reserva.

Orsanmichele

C3 Via dell'Arte della Lana 055 064 94 50 10.00-17.00 diario 1 ene, 1 may, lu en ago, 25 dic

Edificado en 1337 como mercado de grano, el Orsanmichele fue luego transformado en iglesia y tomó su nombre del Orto di San Michele, un huerto monástico ya desaparecido. Las arcadas se convirtieron en ventanas, ahora tapiadas, pero todavía se ve la tracería gótica original. La decoración de la iglesia se confió a los mejores *arti* (gremios) de Florencia. Estos encargaron, en el espacio de 60 años, esculturas de sus patrones para adornar los 14 nichos exteriores; hoy muchas figuras son copias de las originales. Entre los escultores destacan Lorenzo Ghiberti, Donatello y Verrocchio.

El interior contiene un opulento altar (siglo XIV) de Andrea Orcagna, la *Virgen con Niño* de Bernardo Daddi (1348) y la estatua *Virgen y Niño con santa Ana* de Francesco da Sangallo (1522). En la planta superior hay un pequeño museo de escultura.

CONSEJO DK

Fontana del Porcellino

En el Mercato Nuovo es popular pedir un deseo en la Fontana del Porcellino: hay que frotar la nariz de un jabalí de bronce a la vez que se deja caer una moneda por su boca. Si el dinero llega a la fuente, el deseo se cumplirá.

Palazzo Davanzati

C3 Via Porta Rossa 13 055 064 94 60 8.15-14.00 lu-vi; 13.00-19.00 sá y do 1er, 3er y 5° lu de mes; 2° y 4° do de mes; 1 ene, 25 dic

Este fantástico museo utiliza mobiliario original para recrear una casa del siglo XIV.

Destaca la Sala dei Pappagalli (sala de los Papagayos), con sus frescos y bellos tapices. En una esquina del patio interior se halla un pozo con sistema de poleas para llevar cubos de agua a cada planta, un lujo en la Edad Media, ya que la mayoría de las casas tomaban el agua de las fuentes públicas.

↑ El elegante patio interior del Palazzo Vecchio

18 Palazzo Strozzi

B3 Piazza degli Strozzi 10.00-20.00 diario (hasta 23.00 ju) palazzo strozzi.org

El palacio Strozzi sorprende por su tamaño. Aunque solo cuenta con tres plantas, cada una es de ellas más alta que un palacio normal. Lo encargó el banquero Filippo Strozzi, que hizo demoler 15 edificios para que cupiera y quiso que compitiera con los palacios de los Médicis de la ciudad.

Las obras duraron hasta 1536 y a su diseño contribuyeron los arquitectos Giuliano da Sangallo, Benedetto da Maiano y Simone del Pollaiuolo. Los portaantorchas, lámparas y anillas renacentistas para atar los caballos todavía adornan las esquinas y fachadas. El edificio se emplea principalmente como centro de exposiciones.

19 San Lorenzo

C2 Piazza San Lorenzo 9 055 21 40 42 10.00-17.30 lu-sá

San Lorenzo, levantada en el lugar de la primera catedral de la ciudad, era la parroquia de los Médicis, y en 1419 se le encargó a Brunelleschi su reconstrucción en estilo renacentista, con tres naves separadas por columnas corintias. Casi un siglo después, Miguel Ángel entregó algunos planos para la fachada, pero los trabajos nunca comenzaron. Sin embargo, empezó a trabajar en las tumbas de los Médicis y en la Biblioteca Laurenziana, que cuenta con una inusual triple escalera y un techo de madera tallada. La sacristía Vieja combina la arquitectura clásica de Brunelleschi y una serie de relieves de Donatello, cuyas últimas obras fueron dos púlpitos de bronce en la nave de la iglesia. Concluidos por sus discípulos en 1460, llevan relieves en los que se plasma el dolor de la Pasión de Cristo y la gloria de la Resurrección. Aunque se accede por otra entrada, la Cappelle Medicee es una continuación del complejo de San Lorenzo.

CURIOSIDADES
Museo Ferragamo

En la elegante Via Tornabuoni, el Museo Ferragamo homenajea al diseñador de zapatos Salvatore Ferragamo, e incluye una exquisita colección de calzado creado para estrellas como Marilyn Monroe y Sophia Loren.

20 Cappelle Medicee

C2 Piazza di Madonna degli Aldobrandini 055 238 86 02 (reservas) Muchas líneas 8.15-14.00 diario; última admisión: 30 min antes del cierre 1er, 3er y 5° lu de mes, 2° y 4° do, 1 ene y 25 dic

Las capillas de los Médicis se dividen en tres zonas. Pasado el vestíbulo hay una cripta de techo bajo abovedado donde yacen los familiares menos importantes. Desde aquí se pasa a la octogonal Cappella dei Principi, un enorme mausoleo familiar comenzado por Cosme I en 1604.

El techo está cubierto de frescos y las paredes se hallan revestidas de *pietre dure*, incrustadas con piedras semipreciosas. En las paredes están las tumbas de seis grandes duques Médicis. Desde aquí, un pasillo lleva a la sacristía Nueva de Miguel Ángel, diseñada como contrapunto a la sacristía Vieja de Brunelleschi en San Lorenzo. En las paredes se pueden contemplar tres grupos de estatuas esculpidas por Miguel Ángel entre 1520 y 1534: a la izquierda, la *Tumba del duque de Urbino* (nieto de Lorenzo el Magnífico); enfrente está la *Tumba del duque de Nemours* (tercer hijo de Lorenzo). Junto a la inacabada *Virgen y Niño* (1521) se encuentra la sencilla tumba de Lorenzo el Magnífico y su hermano Giuliano, asesinado en 1478.

21 Mercato Centrale

C1 Piazza del Mercato Centrale 8.00-24.00 diario

En el corazón de San Lorenzo se encuentra el Mercato Centrale, el mercado de comida más animado de Florencia. Ocupa un edificio de hierro fundido y cristal de dos plantas, construido

→ Columnas corintias en el interior de San Lorenzo

en 1874 por Giuseppe Mengoni, arquitecto italiano que diseñó también la Galleria Vittorio Emanuele II en Milán *(p. 147)*.

Abajo hay carnicerías, pollerías, pescaderías y tiendas de embutidos, aceites y quesos. También hay comida toscana para llevar, como *porchetta* (cochinillo asado), *lampredotto* (estómago de vaca) y *trippa* (callos). La primera planta funciona como un gran bar-restaurante. Hay puestos de comida, un banco, una librería y una escuela de cocina. En la entreplanta hay una pizzería y un restaurante.

Palazzo Antinori

B2 Piazza Antinori 3 Al público

El palacio Antinori, llamado en su origen Palazzo Boni e Martelli, fue construido entre 1461 y 1466 y es uno de los mejores palacetes renacentistas de Florencia. Antinori lo adquirió en 1506 y desde entonces ha pertenecido a la familia. La dinastía produce en la Toscana y en la vecina Umbría vinos, aceites y licores que pueden degustarse –junto con buenos platos toscanos– en la Cantinetta Antinori, la bodega situada a la derecha del patio central.

Palazzo Rucellai

B2 Via della Vigna Nuova 16 Al público

Edificado en 1446-1451, este es uno de los palacios renacentistas más ornamentados de la ciudad. Fue encargo de Giovanni Rucellai, cuya enorme riqueza procedía de la importación de un costoso tinte rojo hecho a partir de un liquen que solo se encontraba en Mallorca. Rucellai deriva del nombre del preciado tinte, *oricello*.

Giovanni Rucellai encargó varios edificios al arquitecto Leon Battista Alberti, quien diseñó este palacio sin separarse en absoluto de los parámetros clásicos.

Cantinetta Antinori

Ofrece vino Antinori por copas y platos toscanos, pero se puede entrar simplemente a ver el carro de Chianti en el patio.

B2 Piazza Antinori 3 do cantinetta-antinori.com

Casa del Vino

Local con estanterías de madera y botellas ideal para tomarse una copa de Chianti y un *panino*.

C1 Via dell' Ariento 16R do casadelvino.it

Fratelli Zanobini

Evocador bar de vinos en el que solo hay sitio para estar de pie.

B1 Via Sant'Antonino 47R 055 239 68 50 do

Santa Maria Novella

B2 Piazza di Santa Maria Novella 055 21 92 57 C2, D Los horarios varían, consultar la página web 1 y 6 ene, Semana Santa, 15 ago, 8 y 25 dic smn.it

La iglesia de Santa Maria Novella la edificaron los dominicos entre 1279 y 1357. La fachada inferior, románica, fue completada de forma espléndida por el pionero de la arquitectura renacentista Leon Battista Alberti en 1456-1470. El interior gótico alberga un crucifijo de Giotto en el centro de la nave, que parece más largo de lo que es por un truco de perspectiva. A la izquierda, el excelente fresco de *La Trinidad*, pintado por Masaccio en torno a 1427, es considerado una de las primeras obras maestras de la perspectiva en el Renacimiento. Las figuras arrodilladas junto al arco son los mecenas de la pintura, el juez Lorenzo Lenzi y su esposa.

Hay otros frescos dignos de mención en las capillas: los de Nardo di Cione y su hermano Andrea Orcagni reproducen escenas de *La Divina Comedia*, de Dante, en la Cappella Strozzi, y hay imágenes de Filippino Lippi en la Cappella di Filippo Strozzi. Pintadas por Ghirlandaio, al que probablemente ayudó un joven Miguel Ángel (1485), las escenas de *La vida de san Juan Bautista* en la Cappella Tornabuoni muestran a aristócratas florentinos con ropas contemporáneas. Las escenas del *Génesis* de Paolo Uccello adornan las paredes del claustro Verde, mientras que la Capellone degli Spagnoli, usada por las cortesanas españolas de Eleonora de Toledo, guarda frescos de Andrea di Bonaiuto sobre la salvación y la condenación.

CONSEJO DK
Autobús a Fiesole

Fiesole, a 7 km de Florencia, es una fácil excursión de un día. El autobús 7 sale de la Piazza San Marco tres veces cada hora y tarda 20 minutos en llegar a esta bonita ciudad en la cima de la montaña.

Museo Nazionale Alinari della Fotografia

B2 Piazza Santa Maria Novella 14 A Por renovación mnaf.it

Los hermanos Alinari comenzaron a tomar fotografías de Florencia en la década de 1840. Ofrecían postales y grabados de calidad a los visitantes que acudían a la ciudad. La exposición muestra una vívida mirada a la historia social de la Florencia de la época. El museo también acoge una colección de cámaras, documentos y objetos que ilustran la historia de la fotografía.

↑ Exposición en el Museo Nazionale Alinari della Fotografia

Ognissanti

A2 Borgo Ognissanti 42 055 239 87 00 9.00-12.30 y 16.00-18.00 lu-sá; 9.00-10.00 y 16.00-17.30 do; fresco *La Última Cena*, de Ghirlandaio: 9.00-13.00 lu y sá

Ognissanti, o Todos los Santos, era la parroquia de los Vespucci, familia a la que

La espléndida fachada de la iglesia de Santa Maria Novella

pertenecía el navegante del siglo XV Américo, que dio su nombre al Nuevo Mundo.

El joven Américo aparece en el fresco de Ghirlandaio *Madonna della Misericordia* (1472), en la segunda capilla a la derecha. *La Última Cena* (1480), de Ghirlandaio, se puede ver en el convento de al lado. En la capilla de la izquierda del crucero cuelga un crucifijo del siglo XIV de cinco metros, obra de Giotto.

Santo Spirito

B3 Piazza Santo Spirito 30 055 21 00 30 D 10.00-13.00 y 17.00-18.00 ju-ma

Los agustinos fundaron esta iglesia en 1250. El edificio actual fue diseñado por Brunelleschi en 1435 y se terminó a finales del siglo XV. La modesta e inacabada fachada se añadió en el siglo XVIII.

Dentro, el baldaquino y altar mayor barrocos (completado este último en 1607 por Giovanni Caccini) desentonan con la armonía de las proporciones. La iglesia cuenta con 38 altares laterales, decorados con pinturas y esculturas renacentistas (siglos XV y XVI), entre las que hay obras de Cosimo Rosselli, Domenico Ghirlandaio y Filippino Lippi, que pintó *Virgen y Niño* (1466) para la capilla Nerli, en el crucero sur.

Bajo el órgano (nave norte) se halla una puerta que lleva a un vestíbulo con techo de artesonado, diseñado por Simone del Pollaiuolo en 1491. La sacristía contigua, con 12 enormes columnas encajadas en un espacio minúsculo, fue diseñada por Giuliano da Sangallo en 1489.

Santa Felìcita

B4 Piazza di Santa Felìcita 055 21 30 18 D 9.30-12.30 y 15.30-17.00 lu-sá

El lugar ha estado ocupado por una iglesia desde el siglo IV. La estructura actual, comenzada en el siglo XI, la rehabilitó en 1736-1739 Ferdinando Ruggieri, que conservó el porche antiguo de Vasari (añadido en 1564), igual que muchos de los rasgos góticos originales.

La capilla Capponi, entrando a la derecha, contiene dos obras de Jacopo da Pontormo: *La Anunciación* y *El Descendimiento*. Pintados entre 1525 y 1528, la extraña composición y el hermoso colorido de los frescos los convierten en dos obras maestras del manierismo.

Officina Profumo Farmaceutica di Santa Maria Novella

Abierta en 1612 por los dominicos, esta singular perfumería lleva más de 400 años vendiendo fragancias y remedios populares. El local, pintado con frescos, incluye una tienda, museo y salón de té.

B2 Via della Scala 16 smnovella.it

Piazzale Michelangelo

E5 Piazzale Michelangelo 12, 13

De todos los puntos panorámicos de la ciudad de Florencia –como el Duomo y el Campanile– ninguno ofrece las vistas que brinda la Piazzale Michelangelo. Creada en 1860 por Giuseppe Poggi y adornada con copias de estatuas de Miguel Ángel, sus balcones atraen a numerosos visitantes y a los consiguientes vendedores de recuerdos. Aun así, la plaza sigue siendo un lugar evocador, sobre todo al atardecer, cuando el sol se pone sobre el Arno y las lejanas colinas toscanas.

San Miniato al Monte

E5 Via del Monte alle Croci 055 234 27 31 12, 13 9.30-13.00 y 15.00-19.00 diario (verano: hasta 19.30) Festivos

San Miniato es una de las iglesias románicas más bellas de Italia. Empezada en 1018, se construyó sobre el santuario de san Miniato, un rico mercader armenio decapitado por sus creencias en el siglo III. La fachada, comenzada en 1090, cuenta con el diseño geométrico en mármol típico del románico pisano. La estatua del hastial muestra un águila con un fardo de ropa, símbolo del *Arte di Calimala* (gremio de importadores de lana), que financió la iglesia en la Edad Media. El mosaico (siglo XIII) muestra a Cristo, la Virgen y san Miniato. Los tres aparecen también dentro de la iglesia, en el mosaico del ábside, que está sobre una cripta sostenida por columnas rescatadas de antiguos edificios romanos. El suelo de la nave se encuentra cubierto con siete mosaicos de animales y signos del Zodiaco (1207).

También destacan la Capella del Crocifisso (1448), y la capilla renacentista del Cardinale del Portogallo (1480), con medallones de terracota (1461) en el techo incorporados por Luca della Robbia. En la sacristía se puede contemplar un ciclo de frescos con *Escenas de la vida de san Benito* (1387) de Spinello Aretino.

Cappella Brancacci

A3 Piazza del Carmine 055 276 82 24 D 10.00-17.00 lu y mi-sá, 13.00-17.00 do Festivos

La iglesia Santa Maria del Carmine es famosa por la capilla Brancacci, con los frescos de *La vida de san Pedro* encargados por el mercader florentino Felice Brancacci alrededor de 1424. Masolino empezó los frescos en 1425, pero muchas escenas son de su discípulo, Masaccio (que murió antes de completar el ciclo), y de Filippino Lippi, que finalizó el trabajo en 1480. La fuerza de sus obras colocaron a Masaccio como pionero del Renacimiento, y su trabajo fue luego estudiado por grandes artistas como Miguel Ángel. Destaca el realismo trágico de *La expulsión de Adán y Eva* y el retrato de los mendigos en la escena de *San Pedro curando a los enfermos*, considerados revolucionarios en su época.

Aunque las escenas de Masolino pueden parecer menos animadas, demuestran un delicado uso del color. Filippino Lippi contribuyó con episodios tan emotivos como el *Procónsul condenando a muerte a san Pedro*, una escena que incluye un autorretrato (en el extremo derecho) y un retrato de Botticelli. La figura de San Pedro se distingue por el hábito naranja.

→ Vista de Florencia al atardecer desde la Piazzale Michelangelo

Osteria Antica Mescita San Niccolò

Histórica *trattoria* que sirve platos florentinos.

D4 Via San Niccolò 60R osteriasanniccolo.it

Il Rifrullo

Local moderno con jardín, servicio de bar, un bufé a la hora de comer, y *brunch* los domingos.

D4 Via San Niccolò 55R ilrifrullo.com

Enoteca Fuori Porta

Restaurante popular con buena cocina tradicional y moderna.

D4 Via Monte alle Croci 10R fuoriporta.it

I Bastioni di San Niccolò

Este lugar sirve pizzas excepcionales.

D4 Via dei Bastioni 9R 055 247 67 60

VISTAS DE LUJO

Cruzando el Arno y subiendo hasta la Piazzale Michelangelo se obtiene una vista clásica de Florencia, con el Ponte Vecchio y la cúpula de Brunelleschi. Si se continúa unos cientos de metros más, las escaleras de San Miniato al Monte ofrecen una panorámica a vista de pájaro. De finales de abril a principios de mayo florecen los iris de los jardines de la Piazzale Michelangelo y, bajando Via Monte alla Croci, se llega a una rosaleda con más de 350 variedades y una serie de esculturas del artista belga del siglo XX Jean-Michel Folon.

UN PASEO POR OLTRARNO

Distancia 1,2 km **Autobús** 11, C3 y D
Tiempo 15 minutos

Oltrarno es una acogedora zona de casitas, plazas tranquilas y tiendas de antigüedades, baratijas y comestibles. La Via Maggio, una ajetreada calle, rompe el silencio, pero si uno se adentra en las calles secundarias, se puede escapar del bullicio. Los restaurantes ofrecen buena comida a precio asequible y la zona está llena de estudios y talleres de restauración de antigüedades. Los lugares de interés incluyen Santo Spirito y el Palazzo Pitti, uno de los más grandes de la ciudad, con una colección de arte solo superada por los Uffizi.

La fuente y gárgola (siglo XVI) de la Piazza de' Frescobaldi las diseñó Buontalenti, al igual que la fachada (1593-1594) de la cercana Santa Trinitá.

Santo Spirito, la última iglesia de Brunelleschi (1377-1446), destaca por su sencillez y se completó tras su muerte.

El Cenacolo di Santo Spirito, viejo refectorio de un monasterio, contiene un fresco atribuido a Orcagna (c. 1360).

El Palazzo di Bianca Cappello (1579) está cubierto de esgrafiado.

Entre 1846 y 1861, la casa Guidi fue residencia de los poetas Robert Browning y Elizabeth Barret Browning.

La tienda Pitti Mosaici vende mosaicos tradicionales.

Una ornamentada fuente en la esquina de la Piazza de' Frescobaldi

Mapa localizador
Para más detalles, ver p. 334

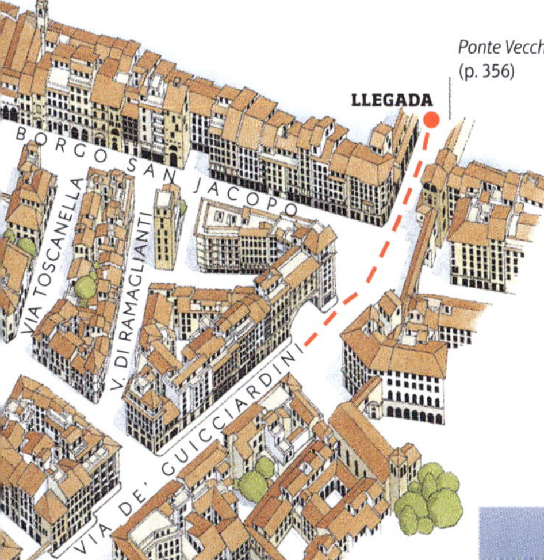

0 metros 100
N

¿Lo sabías?

El barrio de San Niccolò tiene muchos bares y restaurantes a buen precio.

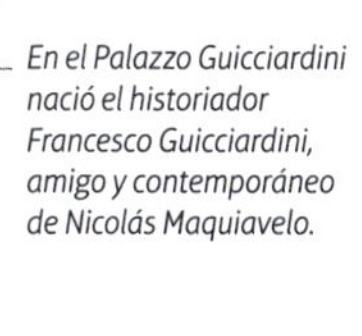

En el Palazzo Guicciardini nació el historiador Francesco Guicciardini, amigo y contemporáneo de Nicolás Maquiavelo.

El Palazzo Pitti (p. 350) *alberga varios museos y una importante colección de pinturas.*

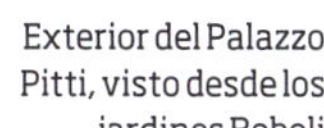

Exterior del Palazzo Pitti, visto desde los jardines Boboli

San Gimignano, rodeado de viñedos

TOSCANA

La Toscana ocupa un lugar especial en el corazón de quienes la visitan. Los pintorescos pueblos de las colinas dominan la campiña, muchos de ellos rodeados de murallas etruscas y delgados cipreses. Elegantes palacios atestiguan la riqueza de la región y los ayuntamientos medievales indican una larga tradición de democracia y autogobierno. En la campiña, entre los viñedos y olivares, aparecen aquí y allá aldeas y casas de labranza, así como villas fortificadas y castillos, símbolos de la violencia y las luchas internas que dividieron la Toscana en la Edad Media. Varios de estos imponentes castillos y villas se construyeron para los Médicis, los grandes mecenas renacentistas que apoyaron a científicos eminentes como Galileo.

El norte de la Toscana y la poblada llanura entre Florencia y Lucca están dominados por la industria, con zonas de cultivo intensivo entre ciudades y áreas montañosas. La zona en torno a Livorno y Pisa constituye en la actualidad el centro económico de la región. En su mejor momento, durante los siglos XI y XIII, Pisa dominó el Mediterráneo occidental. Su flota abrió extensas rutas comerciales con el norte de África y llevó a Italia los avances científicos y artísticos árabes. Durante el siglo XVI, el estuario del Arno empezó a encenagarse y acabó con el poder pisano.

En el corazón del centro de la Toscana está Siena, que mantuvo una larga contienda con Florencia. Adquirió importancia al ganar la batalla de Montaperti en 1260, pero la peste la devastó en el siglo XIV y luego fue derrotada por Florencia en el sitio de 1554-1555. El noreste de la Toscana, con sus picos montañosos y frondosos bosques, fue refugio de ermitaños y santos durante mucho tiempo, mientras que en la parte oriental vivió Piero della Francesca, el pintor quattrocentista cuyas serenas y atemporales obras están imbuidas de una perfección casi espiritual.

TOSCANA
Esencial
1 Siena
2 Duomo de Siena
3 Pisa
4 Torre Inclinada de Pisa y el Campo dei Miracoli
5 Lucca
6 Iglesia de San Francesco, Arezzo
7 San Gimignano
Lugares de interés
8 Carrara
9 Pietrasanta
10 Bagni di Lucca
11 Torre del Lago Puccini
12 Viareggio
13 Mugello
14 Vinci
15 San Miniato
16 Fiesole
17 Monteriggioni
18 Volterra
19 Massa Marittima
20 Elba
21 Sansepolcro
22 Crete Senesi
23 Montalcino
24 Arezzo
25 San Galgano
26 Pienza
27 Montepulciano
28 Chiusi
29 Cortona
30 Pitigliano
31 Sovana
32 Monte Argentario
33 Maremma
LIGURIA
p. 200
Mar de Liguria
Riviera di Levante
Arcipelago Toscano
Córcega, Cerdeña, Sicilia
Genoa
Rapallo
Sestri Levante
Levanto
Borzonasca
San Pietro Vara
Borgo Val di Taro
Berceto
Baiso
Felina
Villa Minozzo
Collagna
Civago
Montelungo
Pontremoli
Zeri
Bagnone
Villafranca in Lunigiana
Tavernelle
Aulla
Fivizzano
Sillano
Foce Carpinelli
Garfagnana
Fosdinovo
La Spezia
Lerici
Montemarcello
8 CARRARA
Massa
Abetone
Barga
BAGNI DI LUCCA 10
9 PIETRASANTA
Forte dei Marmi
Borgo a Mozzano
Marina di Pietrasanta
Camaiore
Lido di Camaiore
Massarosa
Pescia
VIAREGGIO 12
TORRE DEL LAGO PUCCINI 11
LUCCA 5
San Giuliano Terme
Migliarino
Gombo
3 4 PISA
Marina di Pisa
Pisa
Pontedera
Tirrenia
Calambrone
Ponsacco
Livorno
Montenero
Santa Luce
Calafuria
Isola di Gorgona
Quercianella
Castellina Marittima
Rosignano Marittimo
Riparbella
San Pietro in Palazzi
Cecina
San Guido
Monteverdi Marittimo
Castagneto Carducci
San Vincenzo
Suvereto
Campiglia Marittima
Populonia
Piombino
Follonica
Portoferraio
Rio Marina
Marciana
Punta Ala
Pomonte
20 ELBA
Porto Azzurro
Marina di Campo
Capoliveri
Pianosa
Isola Pianosa
A12
A15
A11
S1
S62
S445
S439
0 kilómetros 25
N

EMILIA-ROMAÑA
EMILIA-ROMAÑA p. 424
TOSCANA
LAS MARCAS p. 414
UMBRÍA p. 400
EL LACIO p. 320
UMBRÍA
MUGELLO
Chianti
MAREMMA
1 2 SIENA
6 24 AREZZO
7 SAN GIMIGNANO
13
14 VINCI
15 SAN MINIATO
16 FIESOLE
17 MONTERIGGIONI
18 VOLTERRA
19 MASSA MARITTIMA
21 SANSEPOLCRO
22 CRETE SENESI
23 MONTALCINO
25 SAN GALGANO
26 PIENZA
27 MONTEPULCIANO
28 CHIUSI
29 CORTONA
30 PITIGLIANO
31 SOVANA
32 MONTE ARGENTARIO
33
Sassuolo
Bologna Guglielmo Marconi
Budrio
Bolonia
Pavullo nel Frignano
Vado
Imola
Sestola
Castel del Rio
Cutigliano
Coviglaio
San Marcello Pistoiese
Firenzuola
Vernio
Marradi
Tredozio
Predappio
Cesena
Pontepetri
Barberino di Mugello
Scarperia
Borello
Pistoia
Borgo San Lorenzo
Agliana
Santa Sofia
Verucchio
Montecatini Terme
Vaglia
Prato
Sarsina
SAN MARINO
Parco di Pratolino
Londa
Quarrata
Florencia
Rufina
Pennabilli
Fucecchio
Stia
Verghereto
Florencia
Bagno a Ripoli
Pontassieve
Empoli
Badia Prataglia
Vallombrosa
Cerbaia
Impruneta
Bibbiena
Pieve Santo Stefano
Reggello
San Casciano
Figline Valdarno
Rassina
astelfiorentino
Caprese Michelangelo
Greve in Chianti
San Giovanni Valdarno
Certaldo
Subbiano
Panzano
San Giustino Valdarno
Poggibonsi
Montevarchi
Radda in Chianti
Castellina in Chianti
Capannole
Città di Castello
Saline di Volterra
Casole d'Elsa
Monte San Savino
Castiglion Fiorentinó
Pomarance
Lucignano
Umbértide
Rosia
Castelnuovo di Val di Cecina
Monteroni d'Arbia
Asciano
Foiano della Chiana
Sinalunga
Monterotondo Marittimo
Ríccio
Monticiano
Buonconvento
Lago Trasimeno
Gracciano
Bosco
Bagni di Petriolo
S. Quirico d'Orcia
Castiglione del Lago
Perugia
Roccatederighi
Chianciano Terme
Roccastrada
Bagno Vignoni
Sarteano
Paganico
Scarlino
Castel del Piano
Cetona
Deruta
Cinigiano
Montepescali
Radicofani
Piazze
Arcidosso
San Casciano dei Bagni
Roselle
Castiglione della Pescaia
Arcille
Santa Fiora
Ficulle
Grosseto
Roccalbegna
Castell' Azzara
Todi
Scansano
Orvieto
Marina di Alberese
Saturnia
Baschi
Magliano in Toscana
Lago di Bolsena
Talamone
Manciano
Albinia
Montefiascone
Amélia
Capalbio
Porto Santo Stefano
Orbetello
Canino
Narni
Ansedonia
Orte
Tuscánia
Viterbo
Porto Ercole
Giglio Porto
Montalto di Castro
Vignanello
Isola del Giglio
Montalto Marina
S12
A1
S65
A14
S9
S67
S16
S67
S3b
S258
S222
A1
S69
S71
S429
RA3
S73
S68
S71
S2
S73
S73
A1
S439
S1
S2
S223
S3b
S160
S71
S2
A1
S3b
S74
S1

1

2

3

7 DÍAS

Una semana en la Toscana

Día 1

Mañana El viaje comienza en Pisa, la ciudad de la célebre torre Inclinada y el Campo dei Miracoli *(p. 380)*. Ascenso a la torre y visita a la impresionante cúpula y el baptisterio antes de almorzar una tradicional *cecina* (torta de garbanzos) en Il Montino *(Via del Monte 1)*.

Tarde Vagabundeo por el centro histórico de Pisa *(p. 378)* y tren a Florencia.

Noche El día termina con un paseo junto al río Arno y una sabrosa cena toscana en Il Latini *(Via dei Palchetti 6R)*.

Día 2

Mañana Se dedica a los Uffizi *(p. 344)*; después un *panino* y un vino en I Fratellini *(p. 340)*, junto a la Piazza della Signoria.

Tarde Desplazamiento a pie de Piazza del Duomo *(p. 342)* a Ponte Vecchio *(p. 356)* para curiosear en las tiendas de antigüedades y las tranquilas calles del Oltrarno *(p. 364)*. A continuación, visita a la Cappella Brancacci para ver la serie de frescos *Vida de san Pedro (p. 362)*.

Noche Paseo a Piazzale Michelangelo *(p. 362)* para contemplar una panorámica de la ciudad en el crepúsculo antes de cenar en la Enoteca Fuori Porta *(p. 362)*, al pie de la colina.

Día 3

Mañana Viaje en coche a lo largo de la Strada Chiantigiana, atravesando las pintorescas colinas de Chianti *(p. 391)*, cubiertas de viñedos. Parada en Casa del Chianti Classico, en Radda, para comer.

Tarde Se toma la carretera a San Gimignano *(p. 386)* para ver sus torres antes de seguir hacia Siena.

Noche De camino a Siena, parada en la villa amurallada de Monteriggioni *(p. 392)* para cenar en Il Pozzo *(Piazza Roma 2)*.

Día 4

Mañana El día arranca en el impactante *duomo* atigrado de Siena *(p. 376)* y, tras un

1 Torre Inclinada de Pisa ↑
2 Ciclistas cruzando el Arno
3 San Gimignano
4 Queso *pecorino*
5 El centro de Pitigliano

café en Piazza del Campo, prosigue con una subida a la torre del Mangla *(p. 372)*. La cercana Osteria Il Grattacielo *(p. 375)* es ideal para comer.

Tarde Recorrido por los callejones medievales del centro de Siena, visita al santuario y casa de Santa Caterina *(p. 374)* y paseo sin prisas por el vecino Orto de' Pecci, oasis de verdor en el corazón urbano.

Noche Cena a base de deliciosa pasta fresca en la Osteria da Cice *(Via S. Pietro 32)*.

Día 5

Mañana Día consagrado a los mejores manjares y vinos de la región, empezando por la ciudad de Montalcino *(p. 394)*, a unos 40 km de Siena. Degustación de Brunello en la vinatería Fattoria dei Barbi *(p. 394)* y comida sin prisas en su bistró.

Tarde La cercana Pienza *(p. 396)* es famosa por su *pecorino* (queso de oveja). Algunos de los mejores se venden en la tienda de *delicatessen* Monaci Remo *(Via Tenente Niccolo' Piccolomini 2)*.

Noche La jornada gastronómica culmina con una visita a las antiguas bodegas y saboreando un Vino Nobile en Montepulciano *(p. 396)*.

Día 6

Mañana Trayecto hacia el sur hasta Pitigliano *(p. 398)*, fotogénica ciudad medieval que corona un promontorio calcáreo. Vale la pena adentrarse en sus callejas y admirar las mareantes panorámicas antes de almorzar en la Trattoria Il Grillo *(Via Cavour 18)*.

Tarde Ruta a pie de 5 km a lo largo de Vie Cave hasta la hermosa Sovana *(p. 398)*. Regreso andando o en autobús a Pitigliano y desplazamiento en coche a Saturnia *(p. 399)*.

Noche Cena sin prisas y con *spa* incluido en Terme di Saturnia *(p. 399)*.

Día 7

Tranquilo día final del viaje en el pueblo pesquero de Porto Ercole *(p. 399)*. Almuerzo en alguno de sus muchos restaurantes especializados en pescado antes de volver a casa.

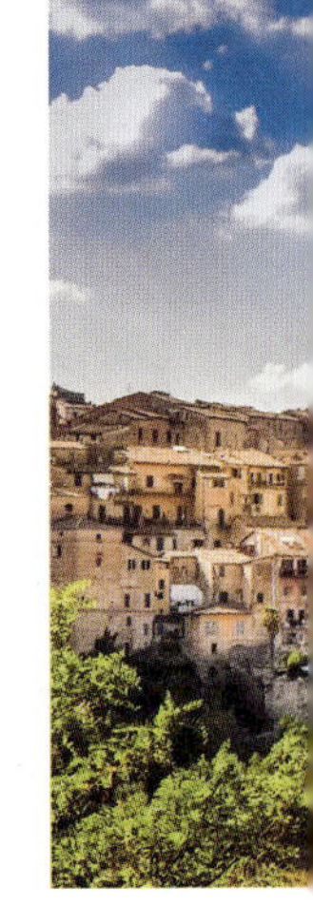

1

SIENA

C3 Piazzale Rosselli Piazza S Domenico Palazzo Squarcialupi, Piazza Duomo 1; www.terresiena.it

Los lugares de interés de Siena están apiñados en el laberinto de callejones que rodea la Piazza del Campo, con su forma de abanico. La plaza medieval es el corazón de las 17 *contrade* de la ciudad, una serie de barrios cuyas viejas rivalidades se representan dos veces al año en el Palio *(p. 375)*. La lealtad a la *contrada* es muy fuerte y, al recorrer las calles, se ven los símbolos animales de los barrios repetidos en banderas, placas y relieves. Su ubicación entre colinas hace que Siena ofrezca deliciosos rincones escondidos y hermosas vistas.

①

Piazza del Campo

La plaza más bonita de Italia ocupa el lugar del viejo foro romano y durante un tiempo albergó el mercado principal. Comenzó a tomar su forma actual en 1293, cuando el Consejo de los Nueve, que gobernaba Siena, empezó a comprar tierra con vistas a crear una gran plaza cívica. El pavimento de ladrillo rojo se inició en 1327 y fue completado en 1349, con sus nueve segmentos bien diferenciados para reflejar la autoridad del Consejo y simbolizar los pliegues protectores del manto de la Virgen. La plaza ha sido desde entonces el centro de la vida en la ciudad, un lugar para ejecuciones, corridas de toros y el Palio, una fiesta que gira en torno a una carrera de caballos sin ensillar. A la plaza la rodean cafés, restaurantes y elegantes palacios medievales. Está dominada por el Palazzo Pubblico (1297-1342) y la Torre dei Mangia, edificada en 1348 *(p. 374)*. Este imponente conjunto suele eclipsar a la Fonte Gaia, en el extremo norte de la plaza. La fuente es una copia del siglo XIX de la tallada por Jacopo della Quercia en 1409-1419. Los relieves representan las Virtudes, a Adán y Eva y a la Virgen y el Niño. El agua llega a la fuente por un acueducto de 500 años de antigüedad.

El Palazzo Pubblico y la Torre dei Mangia en la Piazza del Campo

El perfil de Siena, dominado por el campanario del Duomo y la Torre del Mangia ↑

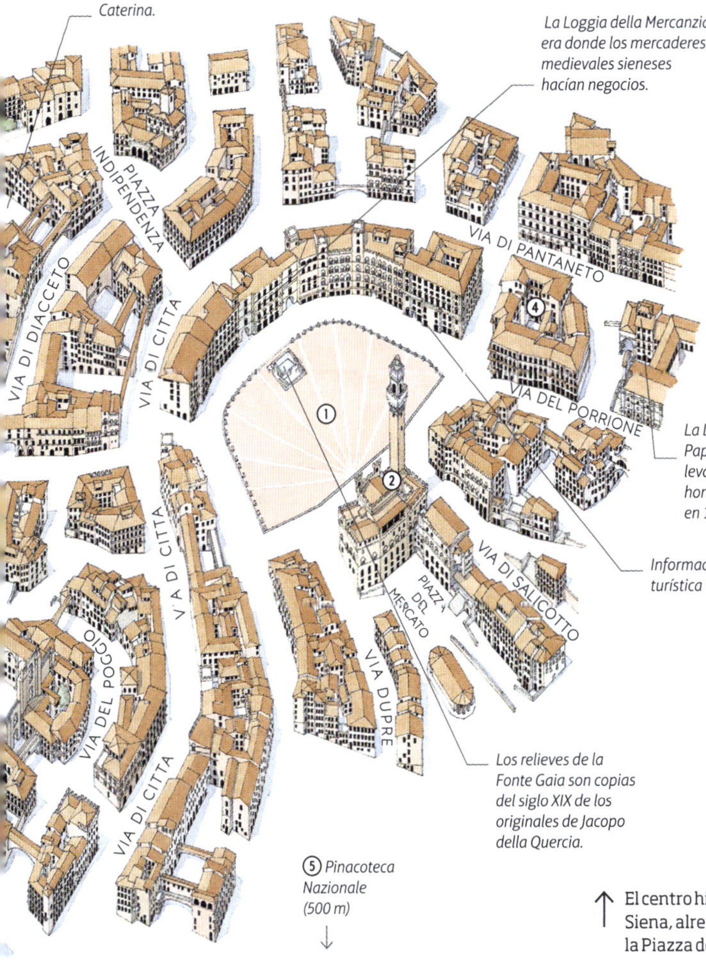

La via della Galluzza lleva a la Casa di Santa Caterina.

La Loggia della Mercanzia era donde los mercaderes medievales sieneses hacían negocios.

PIAZZA INDIPENDENZA

VIA DI DIACCETO

VIA DI CITTA

VIA DI PANTANETO

VIA DEL PORRIONE

La Logge del Papa se levantó en honor a Pío II en 1462.

Información turística

VIA DI SALICOTTO

PIAZZA DEL MERCATO

VIA DI CITTA

VIA DEL POGGIO

VIA DUPRE

Los relieves de la Fonte Gaia son copias del siglo XIX de los originales de Jacopo della Quercia.

VIA DI CITTA

⑤ Pinacoteca Nazionale (500 m) ↓

↑ El centro histórico de Siena, alrededor de la Piazza del Campo

La enorme iglesia de San Domenico, iluminada de noche

Palazzo Pubblico

Piazza del Campo 1 0577 29 22 32 10.00-18.00 diario (palacio); 10.00-16.00 (torre)

Aunque sigue siendo el ayuntamiento de Siena, las estancias medievales del Palazzo Pubblico, algunas decoradas con pinturas de la escuela de Siena, están abiertas al público. En el edificio también está el Museo Civico.

La principal sala del consejo, o Sala del Mappamondo, debe su nombre a un mapa del mundo pintado por Ambrogio Lorenzetti a principios del siglo XIV. Una pared está cubierta por un fresco de Simone Martini, la *Maestà* (1315), que presenta a la Virgen como reina del cielo, atendida por los apóstoles, santos y ángeles. Enfrente hay un fresco (atribuido a Simone Martini pero probablemente posterior) del mercenario *Guidoriccio da Fogliano* (1330). Las paredes de la capilla las ocupan los frescos de la serie *Vida de la Virgen* (1407), de Taddeo di Bartolo, y la sillería del coro (1428) está decorada con paneles de madera con escenas bíblicas. La Sala della Pace contiene la famosa *Alegoría del buen y mal gobierno*, dos frescos de Ambrogio Lorenzetti que constituyen una de las más importantes series de pintura secular del Medievo. En *Buen gobierno* florece la vida cívica, mientras que *Mal gobierno* muestra calles llenas de basura y ruinas.

La Sala del Risorgimento está cubierta de frescos de finales del XIX que ilustran hechos que llevaron a la unificación de Italia bajo Víctor Manuel II.

En el patio está la entrada a la Torre del Mangia, el campanario del palacio (102 m). Fue construido por los hermanos Muccio y Francesco di Rinaldo entre 1338 y 1348 y recibió el nombre de su primer campanero, al que llamaban *Mangiaguadagni* (comeganancias).

CURIOSIDADES
A vista de pájaro

El pequeño balcón del *pub* San Paolo *(Vicolo San Paolo 2)*, frente a la Torre del Mangia, ofrece las mejores vistas de la Piazza del Campo. Se puede beber algo o tomar un *panino*.

Santuario e Casa di Santa Caterina

Costa di Sant'Antonio 0577 22 15 62 10.00-18.00 diario

La patrona de Siena, Catalina Benincasa (1347-1380), era hija de un comerciante. Cuando tenía 8 años consagró su vida a Dios y tuvo visiones, además de padecer los estigmas (heridas de Cristo). Como Catalina de Alejandría, creía que había sido prometida al niño Jesús en una visión –una escena que inspiró a muchos artistas–. Su elocuencia convenció al papa Gregorio XI de devolver la sede del Papado a Roma en 1376 después de 67 años de exilio en Aviñón. Santa Catalina murió en Roma y fue canonizada en 1461.

Hoy, la casa de Catalina está rodeada de capillas y claustros. Entre ellos está la iglesia de la Crucifixión, construida en su jardín en 1623 para albergar un crucifijo, de finales del siglo XII, ante el que le aparecieron los estigmas en 1375. La casa está decorada con pinturas de diversos artistas, como sus contemporáneos Francesco Vanni y Pietro Sorri, sobre episodios de su vida.

Palazzo Piccolomini

Via Banchi di Sotto 52 0577 24 71 45 10.00-16.30 ma-do (abr-sep 18.00) 7 ene, 14 feb, 16-30 nov

El palacio privado más imponente de Siena lo construyó para la familia Piccolomini en la década de 1460 el arquitecto y escultor florentino Bernardo Rossellino. Alberga archivos estatales y libros de cuentas e impuestos de Siena que se remontan al siglo XIII. Algunos de los mejores artistas de la época pintaron las cubiertas de madera usadas para encarpetar los impuestos y facturas. Las pinturas, ahora expuestas en la Sala di Congreso, a menudo contienen escenas de Siena o episodios del pasado de la ciudad.

Otros documentos incluyen un testamento atribuido a Boccaccio y el contrato del Consejo con Jacopo della Quercia para la Fonte Gaia *(p. 372)*.

Pinacoteca Nazionale

Via San Pietro 29 0577 28 61 43 8.15-19.15 ma-sá, 9.00-13.00 do y lu 1 may

Esta galería, situada en el Palazzo Buonsignori (siglo XIV), contiene una colección inigulalable de pintura de la escuela de Siena. Ordenada de forma cronológica desde el siglo XIII al manierismo (1520-1600), destacan la *Madonna dei Francescani* (1218), de Duccio; y la obra maestra de Simone Marini, *El beato Agostino Novello y cuatro milagros (c.* 1330), y el *Cristo descendiendo al Limbo* (1536), de Domenico di Pace Beccafumi.

Las *Dos vistas* de Pietro Lorenzetti (siglo XIV) son un ejemplo temprano de pintura de paisajes, y *Adoración de los pastores* (1510), de Pietro da Domenico, muestra cómo el arte de Siena estuvo visiblemente influido por sus raíces bizantinas hasta después de que el naturalismo renacentista se hubiese expandido por Europa.

San Domenico

Piazza San Domenico 8.30-18.00 diario

La cabeza preservada de la patrona, santa Catalina de Siena, puede verse en un tabernáculo dorado en el altar de la capilla dedicada a ella en la enorme iglesia gótica de San Domenico (comenzada en 1226). La capilla fue construida en 1460 para este fin y alberga frescos (1526) de Sodoma, a la derecha e izquierda del altar, que muestran a la santa en estados de fervor místico y en los primeros años de su vida. La iglesia contiene el único retrato auténtico de Catalina, pintado por su amigo Andrea Vanni. El fresco de Vanni se puede encontrar en la capilla de las Bóvedas.

Osteria Il Grattacielo

Pequeño restaurante especializado en quesos, fiambres y verduras de la zona.

Via Pontani 8
osteriailgrattacielo.it

Grotta Santa Caterina da Bagoga

Agradable *trattoria* dirigida por un exjinete del Palio.

Via della Galluzza 26
Lu ristorante bagoga.it

EL PALIO DE SIENA

El Palio, la fiesta más famosa de la Toscana, se celebra el 2 de julio y el 16 de agosto a las 19.00 horas en el Campo. Se trata de una carrera a caballo a pelo de la que se tiene constancia desde 1283. Los jinetes representan a 10 de los 17 *contrade* (barrios) de Siena y los caballos se eligen por sorteo. Días de boato, procesiones y apuestas preceden a una carrera que dura apenas 90 segundos y que acuden a ver miles de personas. Al vencedor se le otorga un palio de seda. La fiesta en honor del vencedor puede durar semanas.

2

DUOMO DE SIENA

C3 Piazza del Duomo Pollicino 10.30-17.30 lu-sá; 13.30-17.30 do (Duomo); 10.30-17.30 diario (biblioteca) operaduomo.siena.it

El descomunal Duomo (1136-1382) de Siena es una espectacular mezcla de escultura gótica, pintura renacentista y diseño barroco. Los primeros arquitectos vistieron la catedral de sorprendentes franjas románicas, pero en esencia es gótica y uno de los mejores ejemplos de este estilo en Italia.

Si el proyecto del siglo XIV de construir una nueva nave se hubiese llevado a cabo, habría sido la iglesia más grande de la cristiandad. Sin embargo, la peste de 1348 redujo casi a la mitad la población de la ciudad y los planes no siguieron adelante. Entre los tesoros del Duomo hay obras maestras de Nicola Pisano, Donatello y Miguel Ángel, un elegante pavimento incrustado y magníficos frescos de Pinturicchio. Igual de fascinantes son los edificios exteriores: el baptisterio, el Museo dell'Opera Metropolitana y el hospital de Santa Marria della Scala, al otro lado de la plaza, con unos frescos de la década de 1440 que narran escenas de hospital en el Medievo.

↑ Artesonado del interior de la cúpula del Duomo de Siena

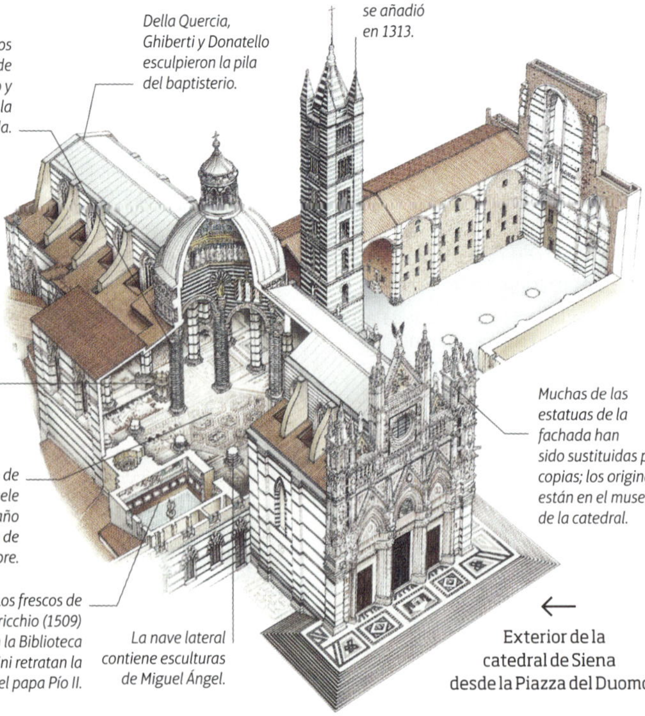

En la nave, los pilares de mármol blanco y negro sujetan la bóveda.

Della Quercia, Ghiberti y Donatello esculpieron la pila del baptisterio.

El campanil se añadió en 1313.

Los paneles del púlpito los talló Nicola Pisano en 1265-1268.

Muchas de las estatuas de la fachada han sido sustituidas por copias; los originales están en el museo de la catedral.

El suelo incrustado de mármol se suele descubrir cada año durante los meses de septiembre y octubre.

Los frescos de Pinturicchio (1509) en la Biblioteca Piccolomini retratan la vida del papa Pío II.

La nave lateral contiene esculturas de Miguel Ángel.

← Exterior de la catedral de Siena desde la Piazza del Duomo

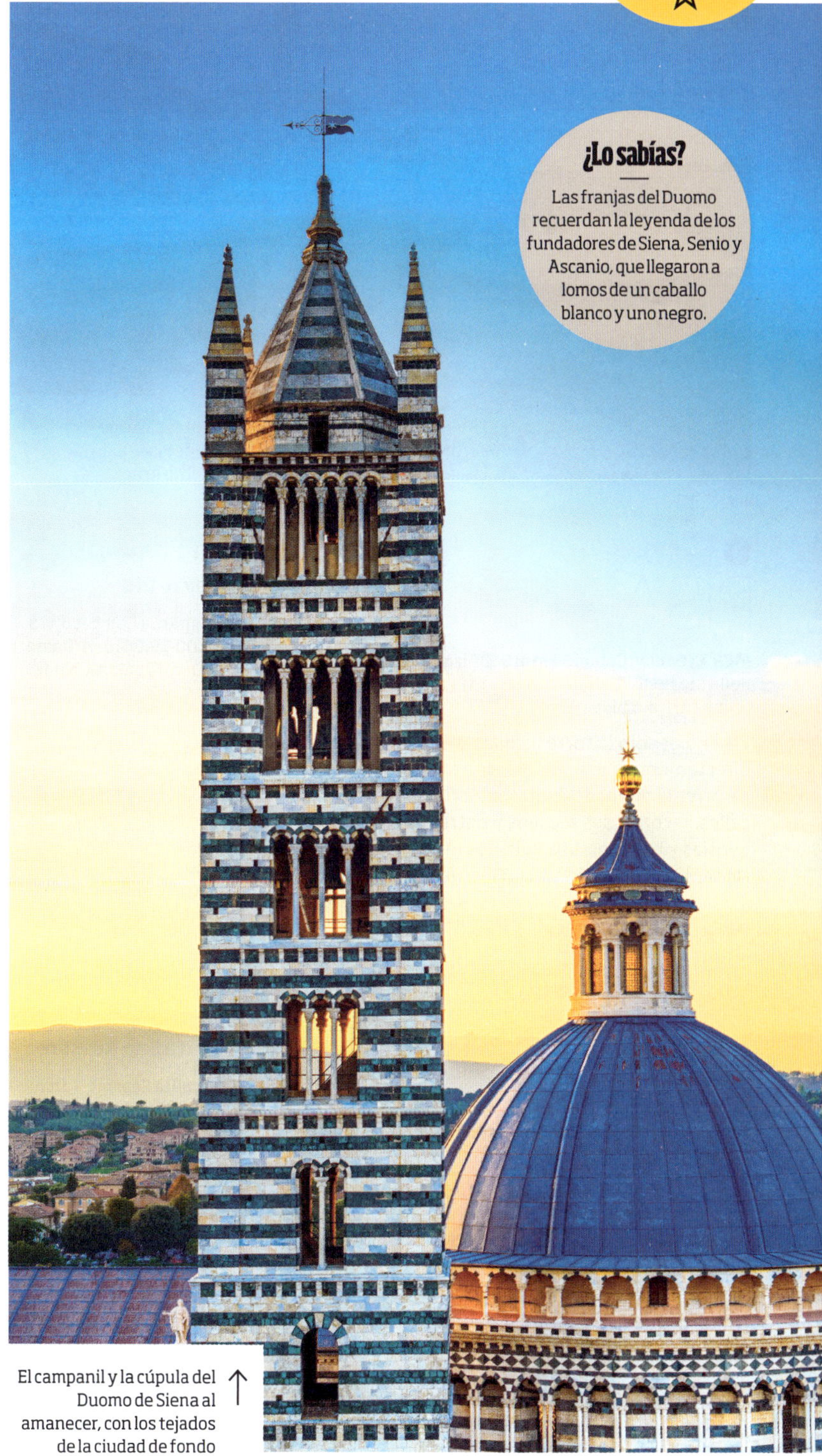

¿Lo sabías?

Las franjas del Duomo recuerdan la leyenda de los fundadores de Siena, Senio y Ascanio, que llegaron a lomos de un caballo blanco y uno negro.

El campanil y la cúpula del Duomo de Siena al amanecer, con los tejados de la ciudad de fondo ↑

↑ Los elegantes palacios del centro de Pisa, a orillas del río Arno

3

PISA

🅐C3 ✈Galileo Galilei 5 km al S 🅕🅢Pisa Centrale, Piazza della Stazione 🚌Viale Gramsci 🅘Piazza Duomo 7; www.turismo.pisa.it

Pisa no es solo la torre Inclinada. En lugar de ir directamente al Campo dei Miracoli, conviene recorrer el animado centro histórico, pasear por sus calles, recorrer sus museos y entrar en sus muchas iglesias y palacios. Los edificios medievales se remontan a los siglos XII y XIII, cuando su poderosa Armada aseguró el dominio de los mares y trajo con ello grandes riquezas.

①

Museo Nazionale di San Matteo

Lungarno Mediceo, Piazza San Matteo 1 ☎050 54 18 65 🕒8.30-19.30 ma-sá (hasta 13.30 do)

El museo está en San Mateo, un convento medieval que , aunque algo desorganizado, alberga una buena colección de arte pisano y florentino de los siglos XII al XVII, como la *Virgen de la humildad* (siglo XV), de Gentile da Fabriano; el *San Pablo* (1426), de Masaccio, y el busto relicario de San Rossore (1424-1427), de Donatello.

②

Santa Maria della Spina

Lungarno Gambacorti ☎055 12 19 19 🕒15.00-18.00 ma-sá

Del tejado de esta diminuta iglesia, justo pasado el Ponte Solferino, sobresalen picudos pináculos góticos y pequeñas espiras y nichos con estatuas de apóstoles y santos. La decoración refleja la historia de la iglesia, que fue edificada entre 1230 y 1323 para albergar una supuesta espina de la corona de espinas de Cristo, donada por un mercader pisano.

③

Palazzo Blu

Lungarno Gambacorti 9 🕒10.00-19.00 lu-vi (hasta 20.00 sá) 🅦palazzoblu.it

El sorprendente azul de este palacio, que da al río Arno, data de finales del siglo XVIII, de un momento en el que se alojaban aquí numerosos visitantes de San Petersburgo. Alberga exposiciones temporales de calidad, y una colección de arte pisano de los siglos XIV al XX y salas bellamente decoradas con mobiliario de época.

④

Tenuta San Rossore

Località Cascine Vecchie 🚌Autobús 6 desde Pisa 🅦parcosanrossore.org

Esta finca a las afueras de Pisa se sitúa en el centro de una amplia zona de parques que se prolonga por la costa desde Viareggio a Livorno. En el centro de visitantes Cascine Vecchie se pueden alquilar bicicletas, hacer una excursión a caballo o un recorrido en carro tirado por caballos o en tren turístico. Hay sitios para hacer pícnic, además de bares y restaurantes.

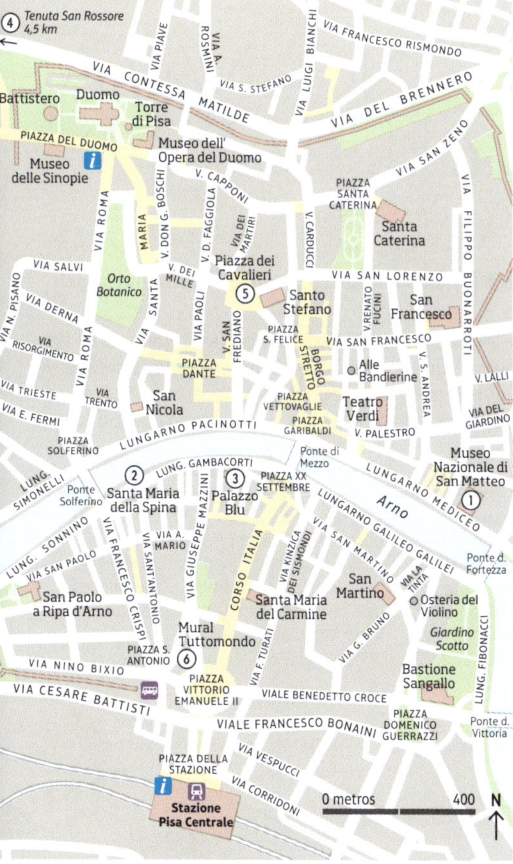

Piazza dei Cavalieri

El edificio en el lado norte de la plaza alberga una de las facultades más prestigiosas de Italia: la Scuola Normale Superiore. Diseñada por Giorgio Vasari en 1562, el edificio, fue sede de los Cavalieri di Santo Stefano, una orden militar creada por Cosme I en 1561.

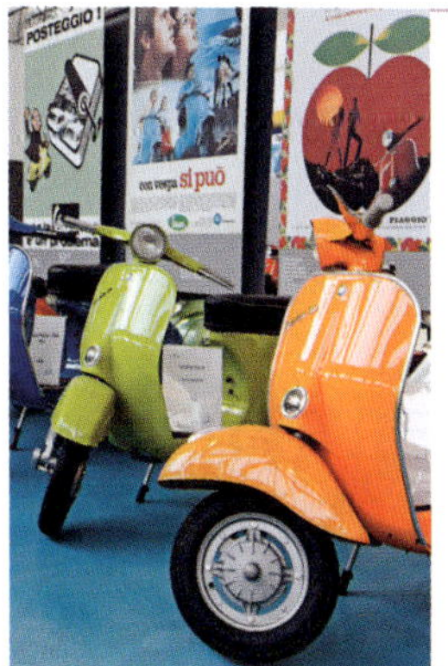

MUSEO DE LA VESPA

Quienes visiten Pisa no deberían perderse este museo, situado en Pontedera, a solo 15 minutos en tren. En Piaggio se llevan haciendo motos Vespa desde la década de 1940. La colección incluye modelos personalizados y de carreras de la famosa moto *(Viale Rinaldo Piaggio 7, cerrado 2° y 4° do de mes).*

Ristorante Poldino

En el centro del parque San Rossore, sirve sabrosos platos toscanos elaborados principalmente con productos de la zona.

Località Cascine Vecchie 13, Parco San Rossore
poldino.com

Osteria del Violino

Estupenda *osteria* pisana en la que se preparan en la brasa chuletones a la fiorentina.

Via la Tinta 33
050 620 00 56

Alle Bandierine

Popular restaurante familiar perfecto para tomarse unos espaguetis deliciosos y marisco fresco. El vino de la casa es muy bueno.

Via Mercanti 4
ristorante allebandierine.it

Mural Tuttomondo

Piazza Vittorio Emanuele II 17

El último mural en color de Keith Haring decora el muro posterior de la iglesia de Sant'Antonio Abate, del siglo XIV. El artista estadounidense tardó cuatro días en completar el mural, que contiene 30 figuras que representan la paz en el mundo. Enfrente, el café-tienda es un lugar ideal para contemplarlo.

4

LA TORRE INCLINADA DE PISA Y EL CAMPO DEI MIRACOLI

C3 Piazza dei Miracoli 4, 24 Horarios de apertura variables, consultar página web opapisa.it

La mundialmente famosa torre Inclinada *(Torre Pedente)* de Pisa es tan solo una de las espléndidas construcciones religiosas que se alzan sobre el césped verde esmeralda del Campo dei Miracoli (campo de los Milagros). Situado en el noroeste de la ciudad, el complejo incluye el Duomo, el baptisterio de la catedral y el cementerio (Campo Santo).

Campo dei Miracoli

La famosa torre Inclinada empezó siendo el campanario del Duomo, en 1063, con su exterior de cuatro pisos de columnatas color crema. El baptisterio se inició en estilo románico en 1152 y se completó en un gótico más ornamentado en 1278. Se dice que el cuarto edificio del complejo, el cementerio, contiene tierra traída por los cruzados desde Oriente Próximo.

La torre Inclinada

Todas las edificaciones del Campo dei Miracoli se tuercen por su escasa cimentación y el subsuelo arenoso, pero ninguna ha alcanzado la fama de la torre Inclinada. Comenzada en 1173, empezó a perder la verticalidad antes de terminarse el tercer piso, pero la construcción prosiguió hasta completarla en 1350. Tras más de diez años de trabajo, la torre quedó estabilizada en 2008 y ahora es seguro para los visitantes subir a lo alto.

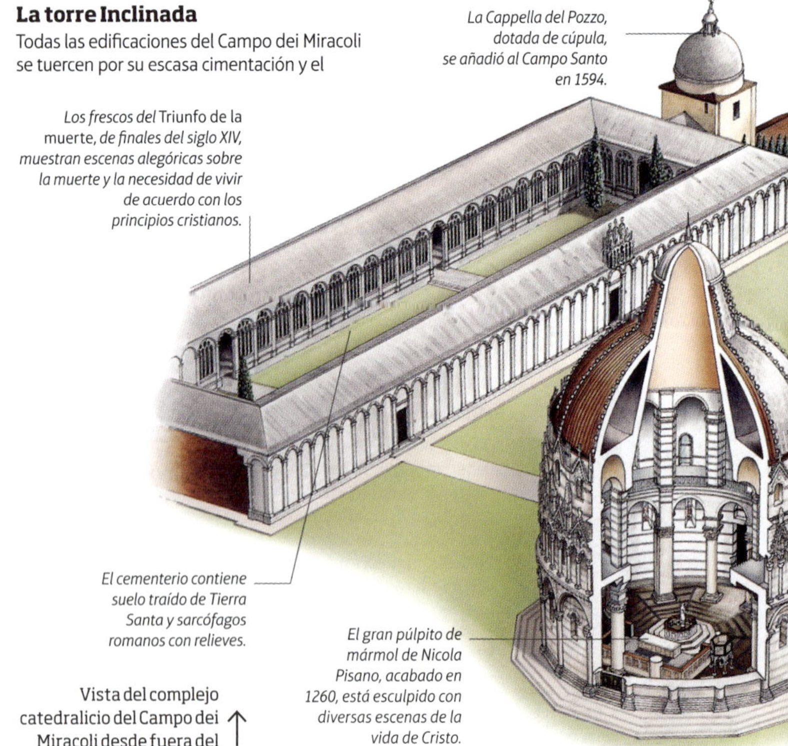

La Cappella del Pozzo, dotada de cúpula, se añadió al Campo Santo en 1594.
Los frescos del Triunfo de la muerte, *de finales del siglo XIV, muestran escenas alegóricas sobre la muerte y la necesidad de vivir de acuerdo con los principios cristianos.*
El cementerio contiene suelo traído de Tierra Santa y sarcófagos romanos con relieves.
El gran púlpito de mármol de Nicola Pisano, acabado en 1260, está esculpido con diversas escenas de la vida de Cristo.

Vista del complejo catedralicio del Campo dei Miracoli desde fuera del baptisterio ↑

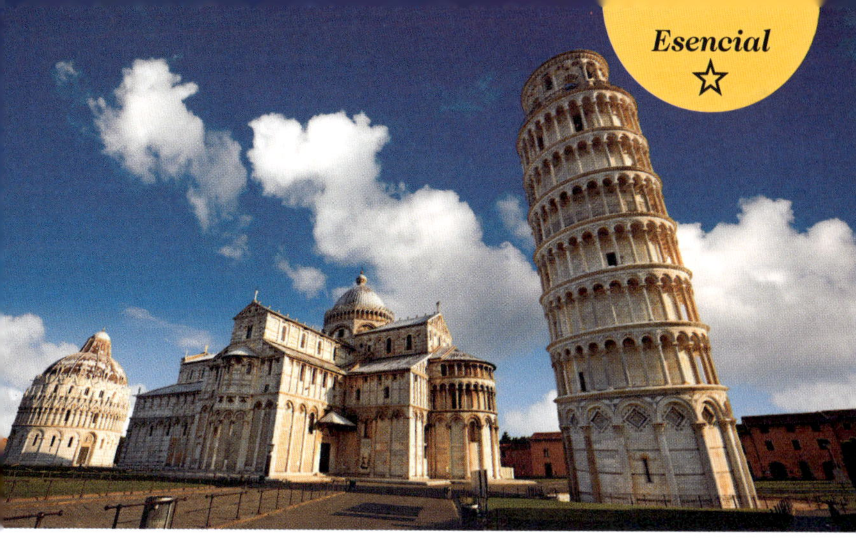

El Campo dei Miracoli, con la Torre Inclinada y el Duomo

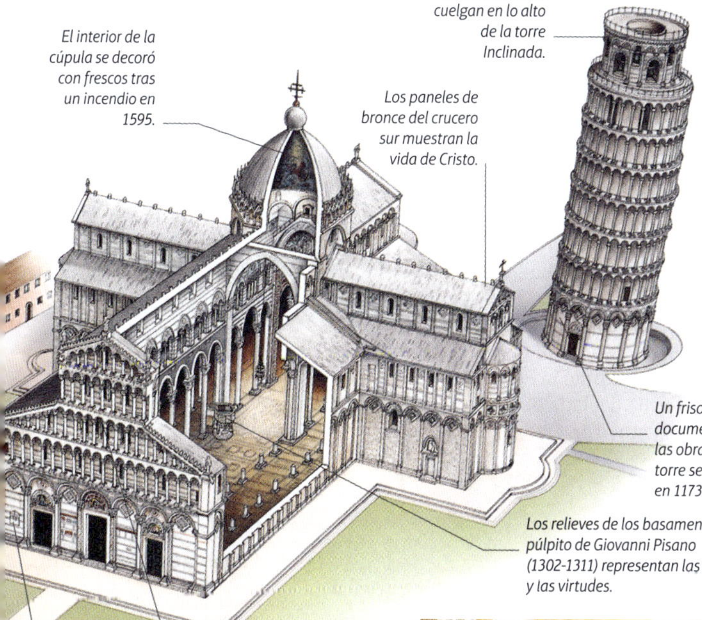

Siete campanas cuelgan en lo alto de la torre Inclinada.

El interior de la cúpula se decoró con frescos tras un incendio en 1595.

Los paneles de bronce del crucero sur muestran la vida de Cristo.

Un friso documenta que las obras de la torre se iniciaron en 1173.

Los relieves de los basamentos del púlpito de Giovanni Pisano (1302-1311) representan las artes y las virtudes.

Piedra arenisca coloreada, cristal y platos esmaltados decoran la fachada del siglo XII.

Una tumba mural del siglo XII rememora a Buscheto, el arquitecto original del Duomo.

Columnata interior de la nave en el Duomo de Pisa

Puestos de mercado en la Piazza Anfiteatro, en el centro de Lucca

5

C3 Piazza Ricasoli Piazzale Verdi Piazzale Ricasoli (estación de tren); www.turismolucca.it

Las empedradas calles de Lucca conservan la disposición de la antigua colonia romana fundada en el año 180 a. C. Las murallas de los siglos XVI-XVII rodean el centro, y sobre ellas se ha diseñado un amplio paseo arbolado muy agradable de recorrer a pie. La ciudad tiene varias espléndidas iglesias construidas en la variante pisana del románico y atractivas plazas como la Piazza Anfiteatro, que guarda la forma ovalada del antiguo anfiteatro romano que estuvo en este mismo lugar.

Duomo di San Martino

Piazza Antelminelli
0583 490530 Diario

La catedral de Lucca, consagrada a san Martín, data del siglo XI. Decorada con esculturas y columnas románicas, la fachada (1204) se construyó después del campanario (comenzado en 1060), cuya función original como torre de defensa explica su apariencia asimétrica. Las principales portadas conservan relieves interesantes de Guidetto da Como y Nicola Pisano. En el interior, destacan la pintura *Virgen y santos* (*c.* 1479), de Ghirlandaio, en la sacristía; la *Última Cena* de Tintoretto, y la tumba de Ilaria del Carretto (1405-1406), un bonito sarcófago de mármol obra de Jacopo della Quercia. El *Volto Santo* es un venerado crucifijo que se dice que es una copia medieval de uno hecho en el momento de la Crucifixión. Los ornamentos usados para adornar el crucifijo durante las fiestas religiosas pueden verse en el Museo Dell'Opera del Duomo, junto con otros tesoros de la catedral.

Museo Nazionale di Villa Guinigi

Via della Quarquonia
0583 49 60 33
9.30-11.30 y 15.30-17.30 ma-sá 1 ene, 1 may, 25 dic

Construida en 1418 para Paolo Guinigi, gobernador de Lucca, esta extensa villa guarda una colección que va desde el siglo VIII a. C. al siglo XVIII y que contiene antiguos objetos etruscos y romanos, pinturas y esculturas de Fra Bartolome y algunos relieves románicos de iglesias de Lucca.

Casa Natale di Puccini

Corte San Lorenzo 9
0583 58 40 28 Diario: mar-abr: 10.00-18.00; may-sep: 10.00.19.00; nov-ene: 10.00-17.00
25 dic

La casa del siglo XV en la que nació el compositor Giacomo Puccini (1858-1924) contiene algunos de los muebles y trajes diseñados para sus óperas, además del piano en el que compuso muchas obras, como *Turandot*.

→ Estatuas de mármol en los jardines del Palazzo Pfanner

Torre Guinigi

Via Sant'Andrea
9.30-16.30 diario

Esta torre del siglo XIV, de 44 m de altura, es una de las muchas estructuras construidas para la familia Guinigi. La encina que crece en lo alto de la torre la convierte en una popular atracción.

Via Fillungo

La principal calle comercial de Lucca recorre el corazón de la ciudad hacia el anfiteatro romano. La iglesia secularizada de San Cristoforo (siglo XIII) está a medio camino.

Palazzo Pfanner

Via degli Asili 33
palazzopfanner.it

Elegante villa (1667) conocida por sus jardines del siglo XVIII, con estatuas de héroes clásicos.

San Michele in Foro

Piazza San Michele 8.30-12.00 y 15.00-18.00 diario

La elevada fachada de San Michele, coronada por la enorme figura alada del arcángel Miguel matando a un dragón, esconde una de las iglesias románicas más bonitas de la Toscana.

¿Lo sabías?

La película *Retrato de una dama*, protagonizada por John Malkovich y Nicole Kidman, se filmó en parte en el Palazzo Pfanner.

San Frediano

Piazza San Frediano 05 83 53 57 6 9.00-18.30 diario

La magnífica fachada de San Frediano cuenta con un alegre mosaico de *La Ascensión* (siglo XIII), preludio de un interior en el que destaca la pila bautismal, con relieves de la vida de Cristo y la historia de Moisés.

CURIOSIDADES
Santa Maria Forisportam

Fuera de las murallas de Lucca (*Forisportam* significa 'fuera de la puerta'), esta iglesia del siglo XII *(Piazza Santa Maria Bianca)* guarda dos grandes pinturas de Guercino.

IGLESIA DE SAN FRANCESCO, AREZZO

C3 Piazza San Francesco 9.00-19.00 lu-vi, 9.00-18.00 sá, 13.00-18.00 do
pierodellafrancesca.it

La iglesia de San Francesco (siglo XIII) alberga uno de los mejores ciclos de frescos de Italia, la *Leyenda de la Vera Cruz* (1452-1466), la obra maestra de Piero della Francesca. Las escenas describen la historia de la Cruz de Cristo en 12 episodios de gran realismo, llenos de figuras vivaces y agitadas escenas de batalla.

Narrativa de los frescos

Della Francesca presenta la historia de la Cruz con gran detalle. La narración se inicia en la pared derecha con una escena en la que se planta una ramita del Árbol de la Sabiduría en la tumba de Adán. La reina de Saba visita luego a Salomón y pronostica que la madera del puente hecho con ese árbol se usará para crucificar al rey de reyes. Salomón, creyendo que es él, ordena que se queme. Luego puede verse la Anunciación y a Cristo en la Cruz en el centro del fresco. Siglos después, Constantino tuvo una visión en la que una voz le dijo: "Bajo este símbolo, vencerás". Constantino derrota a su rival Majencio, mientras que Judas Kyriakos es torturado para que revele dónde se halla la Vera Cruz. Se desentierran tres cruces y Elena, madre de Constantino, la reconoce. Cosroes, rey de Persia, es derrotado tras robar la Cruz, y esta vuelve finalmente a Jerusalén.

↑ Exterior de la iglesia de San Francesco en Arezzo

1

2

1 Una ramita del Árbol de la Sabiduría, plantada en la tumba de Adán; la reina de Saba visita a Salomón; Constantino derrota a Majencio

2 La Vera Cruz vuelve a Jerusalén; Elena reconoce la Vera Cruz; el rey Cosroes de Persia es derrotado tras robar la Cruz

3 Judas Kyriakos revela la ubicación de la Vera Cruz; la Anunciación; Salomón entierra el puente; Constantino tiene una visión sobre la Cruz

Esencial ☆

3

El perfil de San Gimignano, en el que despuntan las torres medievales

7

SAN GIMIGNANO

C3 Porta San Giovanni Piazza del Duomo 1; www.san gimignano.com

Las 13 torres que dominan el paisaje de San Gimignano fueron construidas por familias nobles durante los siglos XII y XIII, cuando la ubicación de la ciudad en el camino de peregrinación a Roma le proporcionó gran prosperidad. La peste de 1348 y la desviación de la ruta de peregrinación hicieron decaer su economía, y con ello su conservación. En San Gimignano abundan las obras de arte, así como las buenas tiendas y restaurantes, aunque muchos cierran de noviembre a marzo.

①  

Museo Civico

Palazzo del Popolo, Piazza del Duomo 0577 28 63 00 1 abr-30 sep: 10.00-19.00 diario; 1 oct-31 mar: 11.00-17.30 diario 25 dic

Los frescos del patio de este museo reproducen escudos de los alcaldes de la ciudad, al igual que una *Virgen y Niño* (siglo XIV) de Taddeo di Bartolo. La primera sala es la Sala di Dante, donde una inscripción recuerda una visita del poeta en 1300. La planta superior alberga una colección de arte que incluye obras de Pinturicchio, Bartolo di Fredi, Benozzo Gozzoli y Filippino Lippi.

Sant'Agostino

Piazza Sant'Agostino Diario

La iglesia fue consagrada en 1298 y su sencilla fachada esconde un recargado interior rococó (*c.* 1740) de Vanvitelli. Sobre el altar mayor está la *Coronación de la Virgen* de Piero del Pollaiuolo (1483).

Collegiata

Piazza del Duomo Diario

Esta iglesia románica del siglo XII contiene numerosos frescos. Los de la nave norte comprenden 26 episodios del Antiguo Testamento (1367) de Bartolo di Fredi.

Museo San Gimignano 1300

Via Costarella 3 327 439 51 65 10.00-17.00 diario (may-nov hasta 18.00)

Este museo expone una reconstrucción de San Gimignano tal y como era en los siglos XIII y XIV. Los objetos expuestos, todos fabricados a mano, incluyen 72 *casas-torre*, símbolo del poder de la ciudad durante la Edad Media.

Esencial ☆

Museo del Vino Vernaccia di San Gimignano

En este museo del vino regional se pueden degustar el famoso blanco de San Gimignano, los tintos y rosados y el *Vin Santo*. Una fascinante pieza multimedia narra la historia y la cultura que rodea al vino.

Via della Rocca 1
san gimignanomuseo vernaccia.com

② *Sant' Agostino (270 m)*

VIA SAN MATTEO
VIA CAPASSI
VIA DIACCETO
VIA CAPASSI
PIAZZA NOMI
③
①
④
VIA DEL CASTELLO
VIA DI QUERCECCHIO
VIA DEGLI INNOCENTI
VIA BERINANO
VIA PIANDORNELLA

En la Piazza del Duomo está el Palazzo Vecchio del Podestá (1239), cuya torre es probablemente la más antigua de la ciudad.

El Palazzo del Popolo alberga una Maestà (1317) de Lippo Memmi.

La Piazza della Cisterna debe su nombre al pozo del centro; es el corazón del casco antiguo.

La Anunciación, *de Ghirlandaio, finalizada en 1482, está en una logia junto a la Colegiata.*

Los comercios de Via San Giovanni venden productos locales.

Mapa ilustrado del centro de San Gimignano ↑

LUGARES DE INTERÉS

Carrara

C3 Massa Carrara Lungomare Vespucci 24; 0585 24 00 63

Carrara debe su fama a sus canteras de mármol blanco, muy valorado durante siglos por escultores, desde Miguel Ángel a Henry Moore. Las 300 o más canteras de la región datan de tiempos romanos, haciendo de esta una de las zonas industriales de uso continuo más antiguas del mundo. Muchos de los talleres de la ciudad están abiertos a los visitantes para mostrar cómo se trabajan el mármol y el cuarzo. Estas técnicas –junto con objetos modernos y antiguos de mármol– pueden verse en el **Museo Civico del Marmo.**

También se ha dado buena cuenta del mármol local en el Duomo y en la Piazza del Duomo, sobre todo en la elegante fachada de estilo románico pisano con su bello rosetón. La plaza alberga también la casa de Miguel Ángel, utilizada por el escultor cuando venía a seleccionar bloques de mármol. La ciudad tiene bellos rincones, como la Piazza Alberica. Casi todos los visitantes acuden a las canteras abiertas al público en la cercana Colonnata y en Fantiscritti (hay que ir en autobús o seguir las señales a Cave di Marmo).

Museo Civico del Marmo
Viale XX Settembre
0585 84 57 46 ma-do

Pietrasanta

C3 Piazza Statuto

Esta ciudad medieval ha atraído a escultores de todo el mundo, gracias al mármol blanco extraído de las montañas Alpi Apuane que la rodean. Más recientemente, junto a los muchos talleres de mármol han abierto forjas artísticas. El **Museo dei Bozzetti**, en un antiguo monasterio, contiene una fascinante colección de maquetas y modelos a escala de obras de arte, como la famosa escultura del dedo pulgar de César. El Duomo di San Martino, del siglo XIII, con una espléndida fachada del XIV, domina la plaza del Duomo. En el interior del campanario de ladrillo aledaño hay una espectacular escalera helicoidal del arquitecto y escultor florentino Donato Benti. Por toda la ciudad hay más de 70 esculturas de artistas contemporáneos como Fernando Botero (nacido en 1932) e Igor Mitoraj (1944-2014), que tuvieron taller en esta localidad.

Museo dei Bozzetti
Via Sant'Agostino 1 Los horarios varían; consultar la página web museodeibozzetti.it

LA CANTERA DE MIGUEL ÁNGEL

Miguel Ángel descubrió el excepcional mármol del monte Altissimo, e incluso abrió su propio acceso hasta el preciado material tras serle encargada la decoración de la fachada de San Lorenzo *(p. 358)* de Florencia. Aunque se abandonó el proyecto (y San Lorenzo carece aún de adornos), la cantera sigue usándose.

Una cantera de mármol blanco en el término de Carrara

Una playa de arena en Viareggio, en la costa de Versilia

Bagni di Lucca

A C3 Lucca Viale Umberto I, dentro del ayuntamiento; 0583 80 57 45

La Toscana está cuajada de manantiales de origen volcánico, como este de Bagni di Lucca. Los romanos fueron los primeros en explotarlos y construyeron complejos de baños, adonde los veteranos del ejército, que residían en la zona, iban a descansar. En la Edad Media y el Renacimiento aparecieron más balnearios, que hoy se siguen recomendando para aliviar dolencias como la artritis.

Los balnearios toscanos ganaron popularidad a partir de principios del siglo XIX, cuando Bagni di Luca se convirtió en uno de los más populares de Europa, al que acudían emperadores, reyes y aristócratas. Los visitantes no solo venían por las curas termales, también acudían al Casino (1837), una de las primeras casas de juego con licencia de Europa.

Hoy es una ciudad muy tranquila, en la que destacan monumentos del siglo XIX.

Al sureste de Bagni di Lucca hay otra popular ciudad balneario, Montecatini Terme. Surgida en el siglo XVIII, cuenta con una interesante variedad de arquitectura de balnearios que abarca desde el neoclásico al *art nouveau*.

Torre del Lago Puccini

A C3 Lucca FS Viale Kennedy 2; 0584 96 22 23

Una preciosa avenida de limeros, la Via dei Tigli, une Viareggio con Torre del Lago Puccini, donde vivió el compositor de ópera Giacomo Puccini (1858-1924). Él y su esposa están enterrados en su antigua casa, hoy convertida en el **Museo Villa Puccini,** donde se conserva el piano del maestro.

Lago Massaciuccoli, una reserva natural de aves, ofrece un bello decorado para representaciones al aire libre de óperas de Puccini.

Museo Villa Puccini

Viale Giacomo Puccini 266 0584 34 14 45 10.00-12.00 y 14.00-16.40 nov, 25 dic

CURIOSIDADES

La Barga escocesa

Una depresión en el siglo XIX llevó a que muchos de los habitantes de la medieval Barga a Glasgow. Los lazos con Escocia son fuertes: se ven tartanes habitualmente y hay una fiesta anual de *fish and chips*.

Viareggio

A C3 Lucca FS Viale Carducci 10; 0584 96 22 33

Conocido por el carnaval que celebra en enero y principios de febrero, es también el centro vacacional más popular de la costa Versilia. Su famosa arquitectura *art nouveau* puede verse en los hoteles, villas y cafés, construidos en la década de 1920 después de que el paseo marítimo entarimado y los chalés de madera se quemaran en 1917. Destaca el Gran Caffè Margherita, al final de la Passegiata Margherita, diseñado por el padre del *art nouveau* italiano, Galileo Chini.

Una bonita plaza en San Miniato, situada en una colina

Mugello

C3 Florencia Via Togliatti y Borgo San Lorenzo; www.mugellotoscana.it

Mugello es una zona de colinas boscosas, villas renacentistas y pueblos. El **Parco di Pratolino** tiene fuentes, grutas y estatuas como el imponente *Coloso de los Apeninos*, de Giambologna.

En Scarperia, el **Palazzo dei Vicari**, del siglo XIV, cuenta con una curiosa fachada decorada con los escudos heráldicos de sucesivos gobernadores, y un reloj de Brunelleschi que se usó en el campanario panorámico.

Parco di Pratolino

Via Fiorentina 276, Loc Pratolino, Vaglia Abr-oct: 10.00-20.00 vi-do

Palazzo dei Vicari

Piazza dei Vicari, Scarperia 055 846 81 65 10.00-13.00 mi-do (jun-ago: también 15.00-19.00)

Vinci

C3 Florencia Via Montalbano 1; 0571 93 32 85

Cuna de Leonardo da Vinci (1452-1519), este pueblo recuerda al genio en el **Museo Leonardiano**. Entre lo expuesto se encuentran las maquetas de madera de las máquinas e invenciones de Leonardo, como una bicicleta, un coche, un tanque armado e incluso una ametralladora.

Museo Leonardiano

Castello dei Conti Guidi 0571 93 32 51 9.30-18.00 diario (mar-oct: hasta 19.00)

San Miniato

C3 Pisa Piazza del Popolo; 0571 427 45

La localidad ha conseguido mantenerse lejos de la expansión industrial del valle del Arno. El edificio principal es el semiderruido Rocca (castillo), construido para el emperador Federico II en el siglo XIII. Cerca se encuentra el **Museo Diocesano**, que alberga una *Crucifixión* (*c.* 1430) atribuida a Filippo Lippi, un busto en terracota de Cristo atribuido a Verrocchio (1435-1488) y el fresco *Virgen del cinto sagrado*, de Andrea del Castagno (*c.* 1417-1457).

La fachada románica de ladrillo rojo del Duomo data del siglo XII. Los platos de mayólica, evidencia del comercio con España o el norte de África, representan probablemente la Estrella Polar y las constelaciones de la Osa Mayor y Menor.

Museo Diocesano

Piazza Duomo Consultar la página web sanminiato.chiesacattolica.it

Il Borro

Il Borro ofrece alojamiento campestre chic en bonitas casas de piedra en un pueblo medieval, además de villas en otras partes de la finca. Hay una tienda de artesanía abierta al público que no esté alojado, además de catas de vino. Tiene restaurante, un *spa*, dos piscinas, hípica y golf.

C3 Località Borro 1, San Giustino Valdarno ilborro.it

16

Fiesole

C3 Florence
Via Portigiani 3; 055 596 13 11

A unos 8 km de Florencia, Fiesole está ubicado en lo alto de una colina y su brisa atrae a muchos visitantes en busca de descanso. Fundada en el siglo VII a. C., la colonia etrusca original fue una poderosa fuerza en Italia central cuya supremacía duró hasta la fundación de Florencia (siglo I a. C.).

El Duomo de San Romolo, en la Piazza Mino da Fiesole, se empezó en 1028. Cuenta con un enorme campanario y un desnudo interior románico. Detrás del Duomo se hallan las ruinas excavadas de un teatro romano (I a. C.), los restos de las murallas etruscas (IV a. C.) y el **Museo Civico Archeologico,** que posee una colección de bronces, cerámica y joyería.

La Via di San Francesco, un empinado callejón con preciosas vistas, conduce hasta el monasterio franciscano de San Francesco (siglo XIV) y a la iglesia de Sant'Alessandro, del siglo IX y con fachada neoclásica.

La Via Vecchia Fiesolana llega a la aldea de San Domenico. La iglesia, que data del siglo XV, contiene la pintura *Virgen con ángeles y aantos* (*c.* 1430), obra de Fra Angelico, y en la sala capitular se puede contemplar *La Crucifixión* (*c.* 1430), un fresco del mismo pintor. Cerca, en la Via della Badia dei Roccettini, se encuentra la bonita iglesia románica de Badia Fiesolana, con fachada de mármol a bandas y el interior en la arenisca gris local, la *pietra serena*.

Museo Civico Archeologico

Via Portigiani 1
Los horarios varían; consultar página web
museidifiesole.it

CHIANTI

Con sus colinas cubiertas de viñedos, sus bonitos pueblos y grandes villas y castillos, la comarca de Chianti es una zona preciosa. La SS222 Strada Chiantigiana recorre la amplia comarca vitivinícola entre Florencia y Siena; los mejores vinos, sin embargo, están en el área de Chianti Classico, mucho más restringida y que se distingue por el dibujo del Gallo Nero (gallo negro). Los mejores son los Chianti Classico Riserva o los Chianti Classico Gran Selezione.

↑ Vista de Florencia desde la colina de Fiesole

Monteriggioni

C3 Siena Piazza Roma 23; www.monteriggioniturismo.it

Monteriggioni es una ciudad medieval situada en lo alto de una colina. Fue construida en 1203 y a los 10 años ya se había convertido en plaza fuerte. Está rodeada de altas murallas, con 14 torres fortificadas levantadas para vigilar la frontera norte del territorio de Siena y evitar la invasión de los ejércitos florentinos.

A Dante le impresionó tanto que usó Monteriggioni como símil del abismo más profundo del corazón de su *Infierno* y compara la "ciudadela en forma de anillo… coronada con torres" con gigantes en un foso. Las murallas se ven mejor desde la carretera de Colle di Val d'Elsa. La ciudad consta de una gran plaza con una bella iglesia románica, casas, tiendas de artesanía, restaurantes y tiendas de vinos de Castello di Monteriggioni.

Unos 3 km al oeste de Monteriggioni está la antigua abadía cisterciense Dell'Isola (siglo XII). Esta iglesia románica fue reconstruida casi en su totalidad en el siglo XVIII. Contiene frescos de Taddeo di Bartolo y Vicenzo Tamagni.

Volterra

C3 Pisa Piazza dei Priori 20; www.volterratur.it

Como muchas otras ciudades etruscas, Volterra está situada en una alta meseta, con buenas vistas de las colinas. En muchos puntos se conservan las antiguas murallas etruscas.

El famoso **Museo Etrusco Guarnacci** contiene una de las mejores colecciones de objetos etruscos de Italia. Destaca el grupo de más de 600 urnas funerarias, de alabastro o terracota, halladas en su mayoría en los alrededores.

El Palazzo dei Priori, sede medieval del gobierno en la Piazza dei Priori, es el más antiguo de su tipo en la Toscana. Se empezó en 1208 y alberga frescos del siglo XIV. El Duomo de estilo románico pisano, en la Piazza San Giovanni, cuenta con un púlpito del siglo XIII con paneles esculpidos.

Los excelentes **Pinacoteca e Museo Civico** de Volterra contienen obras de artistas florentinos. *Cristo en gloria* (1492), de Ghirlandaio, muestra a Cristo elevándose sobre un idealizado paisaje toscano. *La Virgen y Niño con santos* (1491), de Luca Signorelli, revela influjo romano en los relieves de la base del trono de la Virgen. También de Signorelli y del mismo año, *La Anunciación* es una composición muy bella

Vista de las colinas y tejados de Massa Marittima

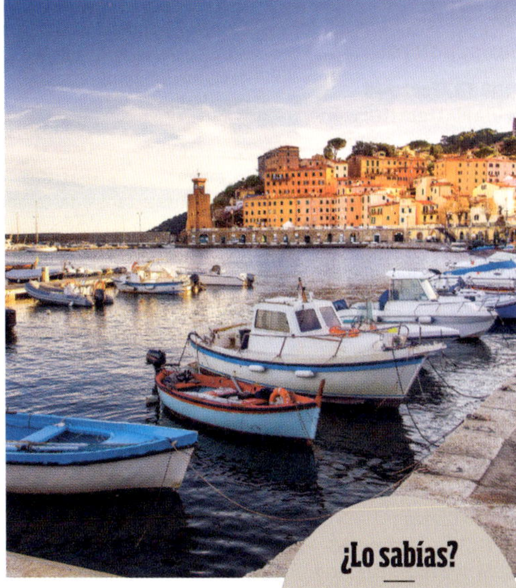

Puerto deportivo en la costa este de Elba

y equilibrada. Destaca asimismo *El Descendimiento* (1521), manierista obra de Rosso Fiorentino.

Volterra es famosa por sus artesanos, que tallan estatuas y objetos de alabastro local desde hace 2.500 años.

Museo Etrusco Guarnacci
Via Don Minzoni 15
0588 863 47 Diario
25 dic

Pinacoteca e Museo Civico
Via dei Sarti 1
0588 875 80 Diario
1 ene, 25 dic

Massa Marittima

C4 Grosseto
Amatur, Via Todini 3-5; 0566 90 65 54

En medio de las Colline Metallifere (colinas metalíferas) de donde ya extraían plomo, cobre y plata los etruscos, Massa Marittima dista de ser una ciudad industrial gris. Conserva excelentes ejemplos de arquitectura románica del periodo en que se convirtió en una República independiente (1225-1335). El Duomo románico-gótico, en la plaza Garibaldi, está dedicado a san Cerbone, santo del siglo VI cuya historia está tallada en el pórtico principal. Dentro del edificio, la *Maestà* se ha atribuido a Duccio (c.1316).

El interesante **Museo della Miniera** (de la minería) ocupa parte de una antigua mina y cuenta con explicaciones sobre las técnicas de extracción, herramientas y minerales.

El **Museo Archeologico e Museo d'Arte Sacra** abarca desde el Paleolítico a tiempos romanos. Otros atractivos son la Fortaleza Senese y la Torre della Candeliera.

Museo della Miniera
Via Corridoni 0566 90 22 89 ma-do

Museo Archeologico e Museo d'Arte Sacra
Palazzo del Podestà, Piazza Garibaldi 0566 90 22 89 ma-do

Elba

C4 Livorno
Portoferraio Viale Elba 4; www.visitelba.info

El residente más famoso de Elba fue Napoleón, que vivió aquí nueve meses después de la derrota de París en 1814. Hoy, la tercera isla mayor de Italia está poblada de turistas, que vienen en ferri desde Piombino, a 10 km en tierra firme. La ciudad más importante es Portoferraio, con un viejo puerto, hoteles y restaurantes de pescado.

El paisaje de la isla es variado. En la costa oeste, más tranquila, hay playas de arena adecuadas para el deporte acuático. La costa este gira en torno a Porto Azzurro, segundo puerto de la isla, y es más escarpada, con acantilados y playas de piedras. En el interior, las colinas están cubiertas de olivares y viñedos, y las montañas, de vegetación. Una de las mejores formas de visitarlo es tomando la carretera que va de Marciana Marina al viejo pueblo medieval de Marciana Alta. Una carretera cercana lleva al funicular que sube al monte Capanne (1.018 m), magnífico punto panorámico.

¿Lo sabías?

Durante su exilio, Napoleón supervisó importantes reformas de infraestructuras en Elba.

Volterra es famosa por sus artesanos, que tallan estatuas y objetos de alabastro local desde hace 2.500 años.

Sansepolcro

D3 Arezzo
Via Matteotti 8; www.prolocosansepolcro.it

En Sansepolcro nació Piero della Francesca (1410-1492). El **Museo Civico** de la ciudad contiene dos de sus obras maestras: *La Resurrección* (1463) y la *Madonna della Misericordia* (1462). También cuenta con una *Crucifixión* del siglo XV de Luca Signorelli. En la iglesia de San Lorenzo, en Via Santa Croce, hay un *Descendimiento* manierista de Rosso Fiorentino (1494-1541).

Museo Civico
Via Aggiunti 65
0575 73 22 18 Diario
Festivos

Crete Senesi

C3 Asciano
Corso Matteotti 124; 057 771 44 50

Al sur de Siena y de la Toscana central se encuentra la zona conocida como Crete Senesi, caracterizada por sus lomas redondeadas de arcilla erosionadas por la lluvia durante siglos. Apodado el *desierto toscano*, es una zona prácticamente yerma. Los cipreses y pinos, plantados como cortavientos en carreteras y en torno a casas de labranza aisladas, destacan en este paisaje totalmente vacío. Es una zona de pastoreo; con la leche de las ovejas se elabora el fuerte queso *pecorino*, tan popular en la Toscana.

Montalcino

C4 Siena Costa del Municipio 1; www.prolocomontalcino.it

Montalcino descansa sobre una colina en el corazón de los viñedos que producen Brunello, uno de los mejores tintos italianos. Pueden degustarse vinos en la **Enoteca La Fortezza di Montalcino**, situada en una fortaleza del siglo XIV con impresionantes murallas. En uno de los caminos que parten de la fortaleza se halla el monasterio de San Agostino, y su iglesia del siglo XIV, y algo más allá el Palazzo Vescovile. En la Piazza del Popolo está la torre del Palazzo Comunale, del siglo XIII.

Enoteca La Fortezza di Montalcino
Piazzale Fortezza Diario
enotecalafortezza.com

BODEGAS DE MONTALCINO

Castello di Banfi
C4 Poggio alle Mura, Montalcino
castellobanfi.com
Esta bodega, presidida por un castillo en un altozano, realiza recorridos y catas.

Fattoria dei Barbi
C4 Località Podernovi 170, Montalcino fattoriadeibarbi.it
El público acude por las visitas a la bodega, el museo del vino y una taberna agradable.

Podere Le Ripi
C4 Località Le Ripi
podereleripi.it
Bodega biodinámica con catas y visitas.

↑ El paisaje prácticamente desértico de Crete Senesi

→ Varios puestos en una bonita plaza de Arezzo

Arezzo

C3 Emiciclo Giovanni Paolo II; 0575 182 27 70

Arezzo es una de las ciudades más ricas de la Toscana gracias a la joyería. A pesar de los destrozos de la II Guerra Mundial el centro medieval conserva lugares de gran interés, sobre todo los famosos frescos de Piero della Francesca en la iglesia de San Francesco *(p. 384)*.

Cerca de ella está la Pieve di Santa Maria, que cuenta con una fachada románica ornamentada. Detrás se extiende la empinada Piazza Grande, flanqueada por una arcada (1573) diseñada por Vasari, y el Palazzo della Fraternità del Laici (1377-1552).

El enorme **Duomo,** al norte, es famoso por sus vidrieras del siglo XVI y el fresco *Maria Magdalena,* de Piero della Francesca (1416-1492).

El **Museo Diocesano (Mudas)** cuenta con tres crucifijos de madera de los siglos XII y XIII, un bajorrelieve de *La Anunciación* (1434) de Rossellino y pinturas de Vasari. Pueden verse más obras de este último en la **Casa di Vasari,** construida por el artista en 1540. También hay frescos suyos en el **Museo d'Arte Medioevale e Moderna,** un museo famoso por su colección de mayólica.

La **Fortezza Medicea,** un castillo de los Médicis en ruinas edificado por Antonio da Sangallo en el siglo XVI, ofrece buenas vistas.

Duomo
Piazza Duomo 1 0575 239 91 Diario

Museo Diocesano (Mudas)
Piazza del Duomo 1 0575 402 72 68 Diario

Casa di Vasari
Via XX Settembre 55 0575 35 44 49 mi-lu

Museo d'Arte Medioevale e Moderna
Via di San Lorentino 8 0575 40 90 50 ma-lu

Fortezza Medicea
Parco il Prato 0575 37 76 78 ma-do

San Galgano

C3 Siena 9.00-18.00 diario comune.chiusdino.siena.it

La remota abadía cisterciense de San Galgano está situada en medio de un excepcional paisaje. San Galgano (1148-1181) fue un disoluto caballero que renunció al mundo material y se convirtió a Dios. Cuando intentó romper su espada contra una roca como rechazo a la guerra, la piedra se la tragó. Galgano lo interpretó como señal de aprobación de Dios y construyó una cabaña en una colina sobre la abadía (lugar que hoy ocupa la capilla de Montesiepi, *c.* 1185).

La abadía, comenzada en 1218, es gótica y refleja el origen francés de los monjes cistercienses que la diseñaron. Estos evitaban todo contacto con el mundo exterior y dedicaban sus vidas a la oración y el trabajo. A pesar del énfasis en la pobreza, los monjes se hicieron ricos gracias a la venta de madera. A mediados del siglo XIV la abadía se administraba de forma corrupta y poco a poco cayó en declive hasta su disolución en 1652.

La espada de san Galgano está incrustada en una piedra al entrar al oratorio circular. Los muros de piedra (siglo XIV) de la capilla lateral albergan frescos desgastados de Ambrogio Lorenzetti (1290-1348) con escenas de la vida de Galgano.

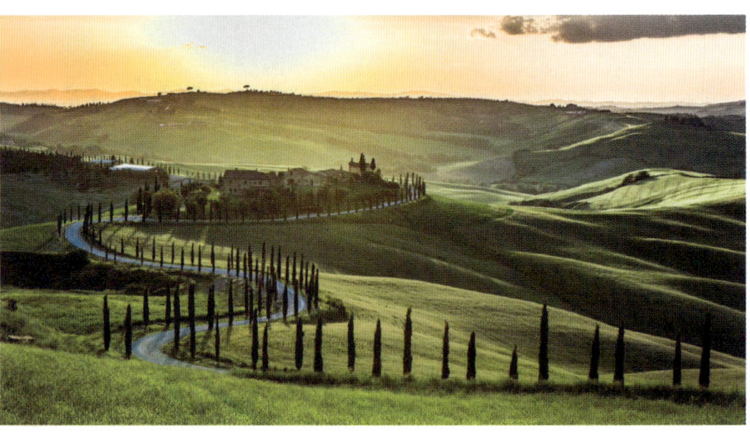

↑ Las verdes colinas de los alrededores de Pienza

Pienza

C4 Siena Via delle Case Nuove 4; www.prolocopienza.it

Pienza es un delicioso pueblecito cuyo pequeño centro fue rediseñado por el papa Pío II en el siglo XV. Nacido como Aeneas Sylvius Piccolomini en 1405, cuando el pueblo se llamaba Corsignano, se convirtió en un influyente humanista, erudito y filósofo. Elegido papa en 1458, decidió reconstruir el pueblo y le dio el nombre de Pienza en su honor. El arquitecto y escultor florentino Bernardo Rossellino construyó la catedral, el palacio papal y el ayuntamiento entre 1459 y 1462, pero el proyecto de construir un modelo de ciudad renacentista nunca se llevó a cabo. Sin embargo, uno puede hacerse una idea de lo que pudo haber sido con el **Palazzo Piccolomini,** antiguo palacio papal y residencia de los descendientes de Pío II hasta 1968.

El espacioso Duomo contiene seis retablos de *La Virgen y el Niño*, encargados a los seis mejores pintores sieneses de la época. Rossellino se vio obligado a construir el Duomo en un sitio pequeño, con malos cimientos, y antes de que lo completara ya habían empezado a aparecer grietas. El lado este se encuentra actualmente muy hundido.

Palazzo Piccolomini

Piazza Pio II 0577 28 63 00 10.00-18.30 ma-do (med oct-med mar: hasta 16.30) ene-med feb, med-fin nov

Montepulciano

C4 Siena Piazza Don Minzoni 1; www.prolocomontepulciano.it

Esta es una de las ciudades más altas de las colinas de la Toscana, con murallas y fortificaciones que ofrecen un bello panorama de Umbría, el sur de la Toscana y los viñedos del famoso Vino Nobile. Las calles están llenas de palacios renacentistas. La arteria principal, el Corso, sube hasta el Duomo (1592-1630), que contiene una de las obras maestras de la escuela de Siena, *La Asunción* (1401), de Taddeo di Bartolo. La iglesia cinquecentista Tempio di San Biagio (1518-1534) se encuentra en la carretera a Pienza.

CURIOSIDADES

Antiguas bodegas

Bajo el centro de Montepulciano existe una red de antiguas bodegas, muchas de ellas abiertas al público y a las que se accede desde varios restaurantes, tiendas y enotecas, incluida la histórica bodega Contucci *(Via del Teatro 1)*.

Chiusi

D4 Siena FS Via Porsenna 79; www.prolocochiusi.it

Chiusi es ahora una ciudad bastante moderna, pero en el pasado fue una de las más poderosas de la Liga etrusca y alcanzó su máxima influencia en los siglos VII y VI a. C. *(pp. 48-49)*. En los alrededores hay numerosas tumbas etruscas que han proporcionado material al **Museo Archeologico Nazionale** de la localidad.

El **Duomo** románico incorpora pilares y capiteles romanos. Las decoraciones en el muro de la nave, parecidas a frescos, las pintó Arturo Viligiardi en 1887. Hay un mosaico romano bajo el altar mayor. Pueden visitarse varias tumbas etruscas debajo de la ciudad desde el **Museo della Cattedrale,** ubicado en el claustro del Duomo.

Museo Archeologico Nazionale
Via Porsenna 93
0578 201 77 9.00-20.00 lu-sá (hasta 14.00 do y festivos)

Duomo y Museo della Cattedrale
Piazza del Duomo
Los horarios varían, consultar la página web
museumflorence.com

Cortona

D3 Arezzo
Piazza Signorelli 9; 0575 63 72 23

Cortona fue fundada por los etruscos y además de ser una de las ciudades más antiguas de la Toscana, es también una de las más pintorescas. Poderosa en la Edad Media, fue capaz de hacerle frente a Siena y Arezzo. Hoy es un laberinto de viejas calles y edificios medievales. El **Museo dell'Accademia Etrusca** recorre la historia antigua de la ciudad y contiene artefactos etruscos y hallazgos egipcios y romanos.

El pequeño **Museo Diocesano** alberga pinturas de interés, sobre todo un *Descendimiento* (1502) de Luca Signorelli y una *Anunciación* (*c.* 1434) de Fra Angelico. Signorelli, nacido en Cortona, está enterrado en la iglesia de San Francesco (edificada en 1245), que contiene una *Anunciación* barroca de Pietro da Cortona, otro artista local.

Museo dell'Accademia Etrusca
Palazzo Casali, Piazza Signorelli 9 0575 63 72 35
Diario lu en invierno

Museo Diocesano
Piazza del Duomo 1
0575 628 30 diario (ma-do en invierno)

PECORINO DE PIENZA

Pienza es famosa por su delicioso queso de oveja, madurado al menos 90 días en barriles de roble. Algunos de estos quesos y otros productos se pueden probar en la Taverna del Pecorino *(Via Condotti 1)*.

Queso *pecorino* de Pienza

La bella Piazza Grande de Montepulciano

Pitigliano

C4 Grosseto
Piazza Garibaldi 51; 0564 61 71 11

Esta localidad se halla en un paraje espectacular, en una pequeña meseta sobre los acantilados calizos excavados por el río Lente, plagados además de cuevas. El laberinto de callejuelas medievales incluye una pequeña judería, formada en el siglo XVII por judíos que huían de los Estados Pontificios.

El **Museo di Palazzo Orsini** muestra piezas del artista local Francesco Zuccarelli (1702-1788), que también pintó dos de las obras del altar del Duomo, en Piazza San Gregorio.

El **Museo Etrusco** contiene hallazgos de antiguos asentamientos locales.

Museo di Palazzo Orsini
Piazza della Fortezza Orsini 25 0564 61 60 74 10.00-13.00 y 15.00-17.00 ma-do

Museo Etrusco
Via Porsenna 93 0578 201 77 Los horarios varían, llamar antes

Sovana

C4 Grosseto Piazza Pretorio; 0564 61 40 74

La única y diminuta calle de Sovana desemboca en la Piazza del Pretorio, que alberga la vieja iglesia de Santa María, con frescos y un doselete de altar del siglo IX. Desde aquí, un paseo lleva a través de los olivares al Duomo románico, lleno de relieves y tallas de una antigua iglesia. En los alrededores hay bonitas tumbas etruscas.

CONSEJO DK
Senderos etruscos en Tuscia

Limítrofe con la Toscana, el Lacio y Umbría, la zona conocida como Tuscia es rica en restos etruscos, como la Vie Cave, senderos amurallados excavados en la roca. Hay varios ejemplos cerca de Pitigliano.

Monte Argentario

C4 Grosseto
Piazzal del Valle, Porto Santo Stefano; 0564 81 42 08

Monte Argentario fue una isla hasta principios del siglo XVIII, cuando las aguas poco profundas que lo separaban de tierra firme empezaron a

Una estatua de un león en el Palazzo Orsini, en el centro de Pitigliano

Ocaso en la Cala Violina, en Maremma

encenagarse, creando las dos lenguas de tierra, o *tomboli*, que encierran la laguna Orbetello. En la actualidad la laguna es una bella reserva natural que merece la pena visitar. Orbetello, un lugar animado y poco turístico, fue unida por un dique a la isla en 1842.

Las localidades porteñas de Porto Ercole y Porto Santo Stefano son centros turísticos de categoría, con muchos visitantes en los meses de verano. Los ferris desde Porto Santo Stefano paran en verano en Giannutri, una isla privada. Las carreteras del interior –en especial la Strada Panoramica– ofrecen tranquilos recorridos que atraviesan calas y bahías.

33

Maremma

C4 Grosseto Diario Desde Alberese a las entradas y punto de salida de visitas a la zona interior del parque Piazza del Popolo 3 Grosseto; www.paro-maremma.it

Los etruscos y después los romanos fueron los primeros en cultivar las marismas y pequeñas colinas de Maremma. Tras la caída del Imperio romano, sin embargo, la zona se vio afectada por las inundaciones y la malaria, dos azotes que dejaron la zona prácticamente deshabitada hasta el siglo XVII. Desde entonces sus habitantes han ganado tierra al mar, han desbloqueado los canales y han cultivado las fértiles tierras. El Parco Naturale della Maremma se estableció en 1975 para conservar la flora y fauna y evitar la urbanización de la costa. Gran parte del parque solo puede recorrerse a pie o en autobús desde Alberese. Sin embargo, otras zonas más periféricas, como la playa de Marina di Alberese, son más fáciles de visitar.

¿Lo sabías?

Los tradicionales *butteri*, o vaqueros toscanos, siguen trabajando en Maremma.

LAS AGUAS TERMALES DE SATURNIA

Los visitantes acuden a Saturnia por sus aguas. La Cascate del Mulino consiste en una serie de piscinas naturales en tono verde cobrizo en el río Gorello, justo a la salida de Saturnia. Es posible bañarse en las aguas sulfurosas (37° C) en cualquier época y de forma gratuita.

La Terme de Saturnia, por otro lado, es un hotel con muy buenas instalaciones de balneario, tratamientos de salud e incluso un circuito de golf de 10 hoyos *(Località Follonata)*.

Muelle en el lago Trasimeno

UMBRÍA

Calificada casi desde siempre como la *hermana discreta* de la Toscana, Umbría se ha deshecho de la sombra de su famosa vecina oriental. Esta pintoresca región de suaves pastos y agrestes montañas está llena de históricas ciudades sobre colinas. Con sus espectaculares paisajes, es un destino popular para caminantes, mientras que las playas del lago Trasimeno son estupendas para practicar natación y vela.

La región estaba habitada en el siglo VIII a. C. por los umbros, pacífica tribu de agricultores, y más tarde fue colonizada por los etruscos y los romanos. En la Edad Media, los lombardos establecieron un ducado con centro en Spoleto. En el siglo XIII la región estaba, en su mayoría, salpicada de ciudades-estado independientes, que acabaron siendo absorbidas por los Estados Pontificios, a los que pertenecieron hasta la Unificación italiana de 1860.

Hoy las viejas ciudades constituyen lo mejor de Umbría. En Perugia, capital de la región, y en las más pequeñas Gubbio, Montefalco y Toldi hay numerosas iglesias románicas, palacios, frescos y multitud de rincones medievales. Spoleto, famoso por su festival artístico de verano, alberga grandiosos monumentos de la Edad Media además de restos romanos y algunas de las iglesias más antiguas de Italia. Asís, cuna de san Francisco, alberga la Basilica di San Francesco, con frescos de Giotto. En Orvieto, situado en un risco volcánico, se pueden encontrar restos etruscos y las más exquisitas catedrales románico-góticas de Italia.

Los robledales, arroyos y ricas tierras de Umbría producen muchas delicias. Entre ellas destacan truchas y trufas, aceites de oliva, lentejas de Castelluccio, embutidos de Norcia y quesos ácidos de las montañas. Lamentablemente, esta zona también sufre terremotos frecuentes, que a veces causan daños considerables a sus muchos monumentos artísticos.

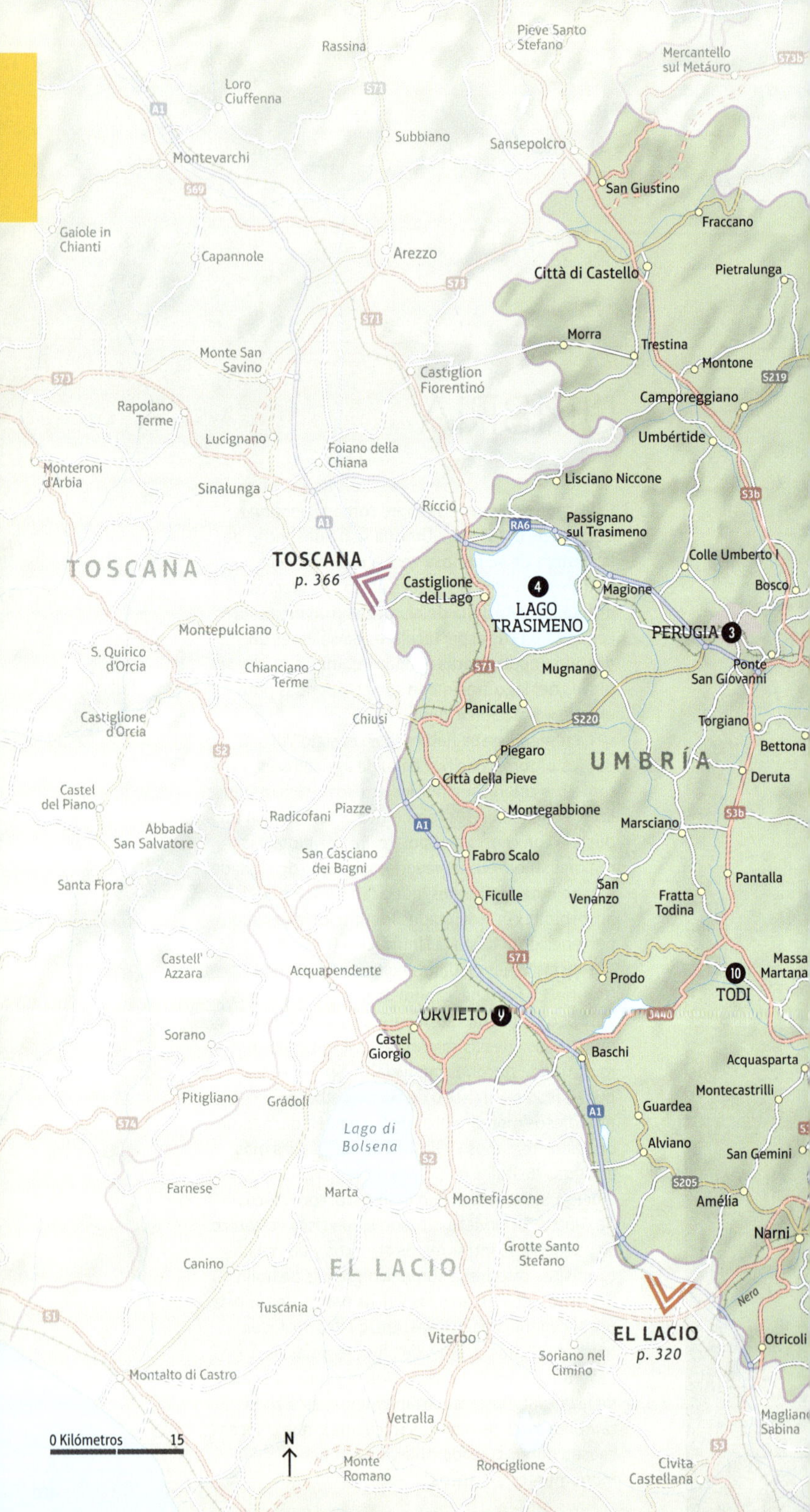

Pieve Santo Stefano
Rassina
Mercantello sul Metáuro
Loro Ciuffenna
Subbiano
Sansepolcro
Montevarchi
San Giustino
Fraccano
Gaiole in Chianti
Capannole
Arezzo
Città di Castello
Pietralunga
Morra
Trestina
Montone
Monte San Savino
Castiglion Fiorentinó
Camporeggiano
Rapolano Terme
Lucignano
Umbértide
Foiano della Chiana
Monteroni d'Arbia
Lisciano Niccone
Sinalunga
Riccio
Passignano sul Trasimeno
TOSCANA
TOSCANA
p. 366
Colle Umberto I
Castiglione del Lago
4
LAGO TRASIMENO
Magione
Bosco
Montepulciano
PERUGIA
3
S. Quirico d'Orcia
Chianciano Terme
Mugnano
Ponte San Giovanni
Panicalle
Chiusi
Torgiano
Castiglione d'Orcia
Piegaro
UMBRÍA
Bettona
Città della Pieve
Deruta
Castel del Piano
Radicofani
Piazze
Montegabbione
Abbadia San Salvatore
Marsciano
San Casciano dei Bagni
Fabro Scalo
Santa Fiora
Pantalla
Ficulle
San Venanzo
Fratta Todina
Castell' Azzara
Acquapendente
Prodo
10
TODI
Massa Martana
ORVIETO
9
Sorano
Castel Giorgio
Baschi
Acquasparta
Pitigliano
Grádoli
Montecastrilli
Guardea
Lago di Bolsena
Alviano
San Gemini
Farnese
Marta
Montefiascone
Amélia
Narni
Grotte Santo Stefano
Canino
EL LACIO
Nera
Tuscánia
EL LACIO
p. 320
Viterbo
Otricoli
Soriano nel Cimino
Montalto di Castro
Magliano Sabina
Vetralla
0 Kilómetros 15
N
Monte Romano
Ronciglione
Civita Castellana

UMBRÍA
Esencial
1 Basilica di San Francesco, Asís
Lugares de interés
2 Gubbio
3 Perugia
4 Lago Trasimeno
5 Asís
6 Spello
7 Montefalco
8 Cascata delle Marmore
9 Orvieto
10 Todi
11 Spoleto
12 Monti Sibillini
13 Valnerina
Fossombrone
Urbania
Mondavio
Acqualagna
San Lorenzo in Campo
Cagli
Pergola
Cantiano
Arcevia
Schéggia
Sassoferrato
2 GUBBIO
Sigillo
Fabriano
Mengara
Fossato di Vico
Branca
Matelica
Gualdo Tadino
Valfábbrica
Mogliano
LAS MARCAS p. 414
ASÍS
1 5
Nocera Umbra
San Ginesio
Bastia Umbra
Muccia
Serviglìano
Valtopina
LAS MARCAS
Fiastra
6 SPELLO
Santa Vittoria in Matenano
Casenove Serrone
Bevagna
Foligno
Amandola
Comunanza
Visso
7 MONTEFALCO
Montemonaco
Bastardo
Sellano
Trevi
Preci
MONTI SIBILLINI
Ascoli Piceno
Castel Ritaldi
Triponzo
Castellucio
Campello sul Clitunno
12
Norcia
Arquata del Tronto
Nera
Acquasanta Terme
SPOLETO 11
Logna
Scheggino
VALNERINA
Cascia
13
Monteleone di Spoleto
Ceppo
Strettura
Ferentillo
Amatrice
Cittareále
ABRUZOS
Arrone
Terni
8 CASCATA DELLE MARMORE
Piediluco
Poggio Bustone
Posta
Calvi dell'Umbria
Antrodoco
UMBRÍA
Rieti
Cittaducale
San Giovanni Reatino
Concerviano
Montenero Sabino
Petrella Salto

1

BASILICA DI SAN FRANCESCO, ASÍS

D4 Piazza San Francesco 6.00-18.00 diario (iglesia baja); 8.30-18.00 diario (iglesia alta) FS sanfrancescoassisi.org

La basílica donde está enterrado san Francisco se empezó en 1228, dos años después de la muerte del santo. El templo, con impresionantes frescos de Giotto y Cimabue, sigue siendo uno de los monumentos más influyentes del arte occidental.

Durante los siglos XIII y XIV, las iglesias alta y baja fueron decoradas por los mejores pintores de la época, entre los que estaban Cimabue, Simone Martini, Pietro Lorenzetti y Giotto, cuyos frescos de la *Vida de san Francisco* son de los más famosos de Italia. El estilo pictórico creado en Asís se reprodujo en muchas iglesias franciscanas del país. La basílica, que domina Asís, es uno de los santuarios más importantes del cristianismo y recibe a multitud de peregrinos todo el año.

↑ La entrada a la iglesia baja desde la plaza

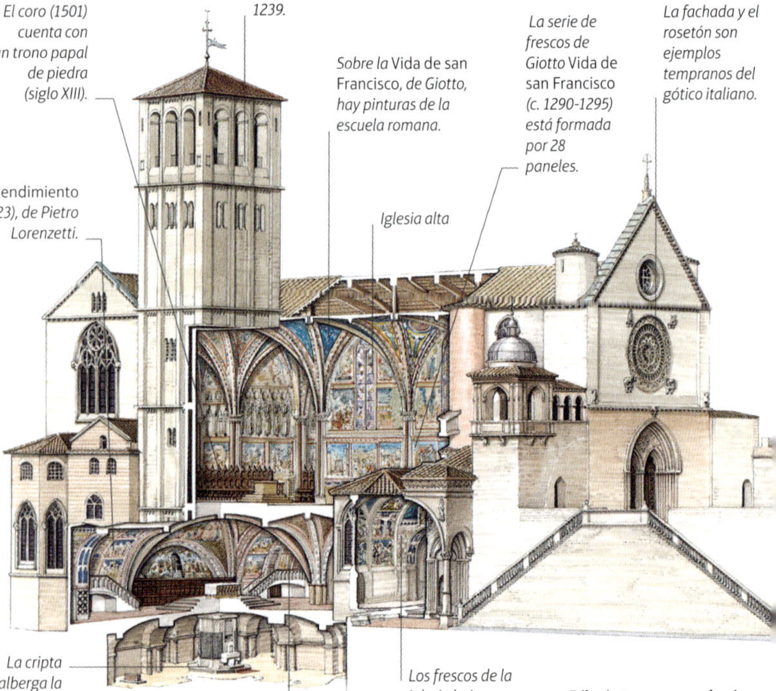

El campanil se levantó en 1239.

El coro (1501) cuenta con un trono papal de piedra (siglo XIII).

Sobre la Vida de san Francisco*, de Giotto, hay pinturas de la escuela romana.*

La serie de frescos de Giotto Vida de san Francisco *(c. 1290-1295) está formada por 28 paneles.*

La fachada y el rosetón son ejemplos tempranos del gótico italiano.

El Descendimiento *(1323), de Pietro Lorenzetti.*

Iglesia alta

La cripta alberga la tumba de san Francisco

Retrato de san Francisco *(c. 1280), de Cimabue*

Los frescos de la iglesia baja son de Simone Martini.

Dibujo transversal de la Basilica di San Francesco ↑

Los arcos góticos de la iglesia alta, del siglo XIII ↑

[LU]GARES DE INTERÉS

2

Gubbio

D3 Perugia Fossato di Vico-Gubbio Via della Repubblica 15; 075 922 06 93

Fundada por los umbros en el siglo III a. C. como Tota Ikuvina, Gubbio adquirió prominencia en el siglo I como la colonia romana de Eugubium. Cuando surgió como comunidad independiente en el siglo XI, se había expandido por las faldas del monte Ingino. De 1387 a 1508 gobernaron la ciudad los duques de Montefeltro desde Urbino.

El Duomo del siglo XIII destaca por el techo abovedado, cuyos arcos se curvan simbolizando unas manos rezando. La medieval Via dei Consolo lleva al Palazzo del Bargello (siglo XIII) –un adusto edificio de piedra que sirvió como oficina central de la policía–. Aquí se encuentra también la Fontana dei Matti (fuente de los locos): se dice que el que da tres vueltas a su alrededor se vuelve loco.

En la zona baja de la ciudad, la iglesia de San Francesco (1259-1282) es famosa por su serie de 17 frescos *Vida de la Virgen*, pintados entre 1408 y 1413 por Ottaviano Nelli.

Palazzo dei Consoli

Piazza Grande 075 927 42 98 10.00-13.00 y 15.00-18.00 diario (nov-mar: 10.00-13.00 y 14.30-17.30) 25 dic

El imponente palacio que domina Gubbio lo inició en 1332 Gattapone. El Salone dell'Arengo alberga el Museo Civico, famoso por las *Tablas Eugubinas* (250-150 a. C.). Las siete tablas de bronce contienen inscripciones en caracteres etruscos y romanos, y es probable que sean una transcripción fonética de oraciones y rituales de antiguas lenguas etruscas y de Umbría.

Palazzo Ducale

Via della Cattedrale 1 075 927 58 72 8.30-19.30 ma-do 1 ene, 25 dic

Atribuido a Francesco di Giorgio Martini, el palacio se construyó en 1470 para los Montefeltro como copia de la casa familiar en Urbino *(p. 418)*. Cuenta con un patio renacentista.

3

Perugia

D4 Piazza Vittorio Veneto Piazza Matteotti 18; turismo.comune.perugia.it

El casco antiguo de Perugia queda alrededor del peatonal Corso Vannucci, que debe su nombre al pintor local Pietro Vannucci (Perugino). En su extremo norte queda la Piazza IV Novembre, dominada por la Fontana Maggiore, fuente del siglo XIII de Nicola y Giovani Pisano. Detrás se alza el Duomo, del siglo XV. La Cappella del Santo Anello contiene el anillo de boda de la Virgen, pesada pieza de ágata que se dice cambia de color según el carácter de quien lo lleve. En el tercer pilar de la nave sur se halla la pintura renacentista *Madonna delle Grazie*, de Gian Nicola di Paolo. La Virgen del cuadro tiene fama de poseer pode-

↑ El sol sale sobre los tejados de la medieval Giubbio

El casco histórico de Perugia, donde se levanta el Palazzo dei Priori (círculo)

res milagrosos; las madres traen a sus hijos recién bautizados y se arrodillan ante ella. Saliendo del Corso está el Oratorio San Bernardino (1457-1461), en la Piazza San Francesco, con una alegre fachada de Agostino di Duccio.

En la Piazza Giordano Bruno está la iglesia de San Domenico (1305-1632), decorada por Agostino di Duccio y en cuyo interior se conserva la tumba gótica de Benito XI (*c.* 1304).

Museo Archeologico Nazionale dell'Umbria
San Domenico, Piazza Giordano Bruno 10 075 572 71 41 Diario
Situado en los claustros de San Domenico, el museo expone piezas prehistóricas, etruscas y romanas.

CURIOSIDADES
Fábrica de Chocolate Perugina
El Museo y la Fábrica de Chocolate Perugina *(Viale San Sisto 207/C)* ofrece degustaciones o cursos para hacer chocolate. En octubre se celebra el festival Eurochocolate.

Palazzo dei Priori
Corso Vannucci 19 075 573 64 58 9.00-13.00 y 15.00-19.00 ma-do
Los monumentales muros y erizadas almenas hacen del Palazzo dei Priori el mejor edificio público de Umbría. Entre sus elegantes salas está la Sala dei Notari (*c.* 1295), antigua sala de abogados, que contiene frescos con escenas del Antiguo Testamento –obra de un seguidor de Pietro Cavallini–. La puerta la flanquea una pareja de enormes bronces de 1274: un león güelfo y un grifo, emblema medieval de Perugia. La Sala di Udienza del Collegio della Mercanzia, que data de 1390, pertenecía al gremio de mercaderes. Es de estilo gótico tardío, con paneles y madera incrustada del siglo XV.

En el palacio también está el Collegio del Cambio, antigua bolsa de Perugia, empezado en 1452. Esta sala la usaba el gremio de banqueros. Las paredes están cubiertas de frescos (1498-1500) de Perugino con una mezcla de escenas religiosas y clásicas. Hay un autorretrato suyo en el muro de la izquierda, y puede detectarse el pincel del discípulo de Perugino, Rafael, en algunos paneles del muro derecho.

Galleria Nazionale dell'Umbria
Palazzo dei Priori, Corso Vannucci 19 075 58 66 84 15 ma-do 25 dic
La mayor parte de la colección son pinturas de artistas locales de los siglos XIII-XVIII, pero destacan los retablos de Piero della Francesca y Fra Angelico.

Lago Trasimeno

D3 Perugia
FS Castiglione del Lago
i Piazza Mazzini 10, Castiglione del Lago; www.umbriatourism.it

Bordeado de colinas, es el cuarto lago más grande de Italia. La ciudad de Castiglione del Lago cuenta con pequeñas playas de arena y un castillo del siglo XVI que alberga conciertos en verano. La iglesia de Santa Maria Maddalena tiene una bella *Madonna y Niño* (*c.*1 500) de Eusebio di San Giorgio.

Passignano sul Trasimeno ofrece excursiones en barco a Isola Maggiore. El pueblo de la isla es famoso por la elaboración de encaje.

La Fontana dei Tre Leoni, en la plaza mayor de Asís

Asís

D4 Perugia
Piazza del Comune 22; www.visit-assisi.it

Esta bella ciudad medieval es la heredera del legado de san Francisco (*c.* 1181-1226), que está enterrado en la Basilica di San Francesco *(p. 404)*.

La Piazza del Comune está dominada por las columnas del Tempio di Minerva, un templo romano de la era de Augusto. El Palazzo Comunale, enfrente, alberga la Pinacoteca Comunale, con obras de artistas medievales locales. En esta misma plaza, la Fontana dei Tre Leoni incorpora tres estatuas que representan los tres distritos de la ciudad.

Bajando el Corso Mazzini se encuentra la Basilica di Santa Chiara, donde está enterrada santa Clara, que fue compañera de san Francisco y fundadora de las Clarisas.

Una de las capillas contiene el crucifijo sobre el que se dice inclinó la cabeza para pedir a san Francisco que "reparase la iglesia del Señor". El crucifijo procedía de San Damiano, una iglesia bellísima rodeada de olivos al sur de Porta Nuova.

La Abbazia di San Pietro (siglo XIII), en la Piazza San Pietro, tiene una fachada románica y frescos del siglo XIII en la capilla izquierda. El cercano Oratorio dei Pellegrini es un hospicio de peregrinos que data del siglo XV. En su interior conserva frescos realizados por Matteo da Gualdo.

El Duomo (San Rufino), de los siglos XII y XIII, cuenta con una maravillosa fachada románica. En su interior hay restos arqueológicos en la cripta, y un pequeño museo de pintura. Conserva también la pila en la que fueron bautizados santa Clara y san Francisco. Desde el Duomo, la Via Maria delle Rose lleva a la Rocca Maggiore, un imponente castillo con vistas panorámicas de los campos de Umbría. A los pies de la ciudad, cerca de la estación, está Santa Maria degli Angeli, del siglo XVI. Fue construida en torno a Porziuncola, una pequeña capilla con frescos en la que san Francisco y santa Clara fundaron sus órdenes religiosas. En los jardines hay una rosaleda y la Cappella del Transito, en la que murió san Francisco.

A unos 4 km de Asís, hacia el monte Subasio, se encuentra Eremo delle Carceri, un monasterio de piedra rodeado de un agradable bosque. Aquí se pueden ver las grutas en las que san Francisco y otros se retiraban a meditar.

Spello

D4 Perugia
Piazza Matteotti 3; 0742 30 10 09

Spello es uno de los pueblos más conocidos del valle de Spoleto. Aunque no resultó muy dañado por el terremoto de 2016, algunos sitios aún están cerrados porque no se han evaluado los daños estructurales. Es famoso por los frescos de Pinturicchio de la Cappella Baglioni, en la iglesia Santa Maria Maggiore (siglos XII y XIII), en la Via Consolare. Pintados hacia el 1500, reproducen escenas del Nuevo Testamento. De camino al centro del pueblo está la iglesia de Sant'Andrea (siglo XIII), en la Via Cavour. Esta calle se convierte en la Via Garibaldi, que lleva a San Lorenzo, una iglesia barroca del siglo XII.

Spello también posee ruinas romanas de la época de Augusto: la Porta Consolare, al final de la Via Consolare, y la Porta Venere, con sus dos torres en Via Torri di Properzio.

La carretera que va a Asís por el monte Subasio ofrece impresionantes vistas desde lo alto de la montaña que hay sobre Spello.

Santa Maria degli Angeli, del siglo XVI, fue construida en torno a Porziuncola, una pequeña capilla con frescos en la que san Francisco y santa Clara fundaron sus órdenes religiosas.

Al igual que Spello, el cercano pueblo de Bevagna nació como parada en la Via Faminia (la calzada romana que cruzaba esta parte de Umbría). La medieval Piazza Silvestri contiene dos iglesias románicas: San Silvestro (1195), con una antigua cripta, y San Michele (finales siglo XII), con un elegante pórtico, conocido por las pequeñas gárgolas a ambos lados.

Montefalco

D4 Perugia Corso Cavour 126, Foligno; 0742 37 92 43

Montefalco, nombre (monte del halcón) que debe a su ubicación y vistas panorámicas, es el mejor de los pueblos del valle de Spoleto y en él se puede emplear tranquilamente una mañana. Uno de los lugares más interesantes es el **Complesso Museale di San Francesco**, en la antigua iglesia de San Francesco. Destaca la *Vida de san Francisco* (1452) de Benozzo Gozzoli, un ciclo de frescos que toma muchos elementos del ciclo de Giotto en Asís *(p. 404)*. También están representados artistas de la Umbría medieval como Perugino, Tiberio d'Assisi y Nicolò Alunno.

Justo fuera de las murallas, la iglesia de Sant'Illuminata está cubierta de frescos del artista local del siglo XVI Francesco Melanzio. Unos 2 km más allá, la iglesia de San Fortunato se halla decorada con frescos de Gozzoli y Tiberio d'Assisi.

El pueblo del valle de Spoleto mejor ubicado es Trevi. Las iglesias de San Martino (siglo XVI), en la Passeggiata di San Martino, y Madonna delle Lacrime (1487-1522), al sur de Trevi en la carretera que cruza el pueblo, contienen pinturas de Perugino y Tiberio d'Assisi, entre otros.

Complesso Museale di San Francesco

Via Ringhiera Umbra 6 0742 37 95 98 abr-oct: diario; nov-mar: mi-do 1 ene

Cascata delle Marmore

D4 Terni; Voc Cascata 30 (Belvedere Superiore) y Piazzale F Fatati 6 (Belvedere Inferiore) marmorefalls.it

Creada por los romanos durante las obras para unir los ríos Nera y Velino en 271 a. C., esta espectacular catarata de 165 m de altura está cerca de Terni. Su fuerte caída ha sido aprovechada desde hace mucho tiempo para generar energía hidroeléctrica, por lo que solo se la puede contemplar en determinadas épocas (consultar página web). El parque tiene dos miradores, unidos por un autobús. En Belvedere Superiore, la torre vigía Specola, construida en 1781 por el papa Pio VI, es el lugar ideal para ver el fenómeno del arcoíris de la catarata. También hay senderos entre los miradores y por el bosque.

Etruscan Chocohotel

Hotel moderno con el chocolate como tema. Tiene una piscina en la azotea.

D4 Via Campo di Marte 134, Perugia chocohotel.it

Nun Assisi Relais

Situado en un antiguo convento, este hotel *spa* es una mezcla de lo antiguo y lo contemporáneo.

D4 Via Eremo delle Carceri 1a, Asís nunassisi.com

Hotel La Badia

Este hotel en una abadía del siglo XII cuenta con piscina y pistas de tenis.

D4 Località La Badia 8, Orvieto hotellabadia.it

La fachada románica de la iglesia de San Michele en Bevagna, del Maestro Binello

9

Orvieto

D4 Terni FS
Piazza Duomo 24; www.inorvieto.it

Orvieto, situado sobre una losa de toba calcárea, fue colonizada nueve siglos antes de Cristo y floreció con los etruscos bajo el nombre de Velzna. Los romanos la destruyeron en el 264 a. C., y la ciudad no revivió hasta el Medievo, cuando se convirtió en residencia papal. Los restos etruscos y el arte medieval hacen que Orvieto merezca una visita.

Duomo

Piazza Duomo 0763 342477 Diario

El Duomo de Orvieto, iniciada en 1290, es una de las grandes catedrales de Italia y posee una extraordinaria fachada. Está inspirada en el Milagro de Bolsena, según el cual de una hostia consagrada cayó sangre sobre el paño del altar de una iglesia de Bolsena.

Museo dell'Opera del Duomo y Museo d'Arte Moderna Emilio Greco

Piazza Duomo feb y nov: 9.30-17.00 ma-do; abr-sep: 9.30-19.00 diario (mar y oct: hasta 18.00) opsm.it

El Museo dell'Opera del Duomo contiene una

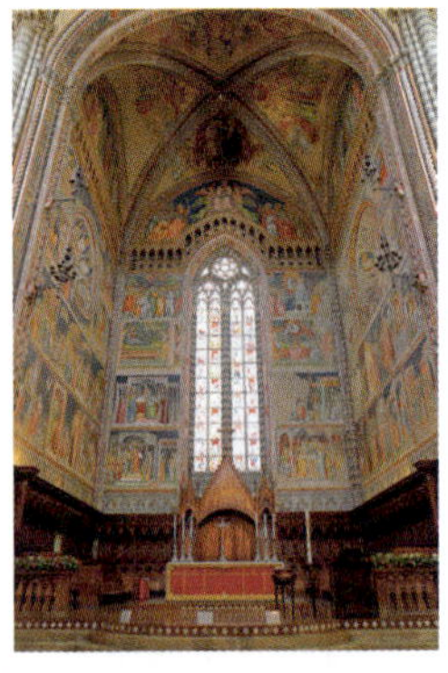

La impactante decoración interior del Duomo de Orvieto

interesante colección de tesoros regalados al Duomo. Destacan pinturas de Lorenzo Maitani (muerto en 1330) y esculturas de Andrea Pisano (*c.* 1270-1348). El museo Emilio Greco está dedicado al escultor siciliano, quien realizó las puertas de bronce (1964-1970) de la catedral de Orvieto.

CONSEJO DK
Orvieto Subterráneo

Las numerosas cuevas y cámaras subterráneas excavadas bajo Orvieto desde tiempos etruscos son una fascinante visita. El recorrido parte de la Piazza Duomo 23 (*www.orvietounderground.it*).

Museo Claudio Faina y Museo Civico

Piazza Duomo 29 0763 34 15 11 9.30-18.00 diario (oct-mar: hasta 17.00) 1 nov-feb: lu

El primero de estos museos contiene una famosa colección de restos etruscos y numerosas vasijas griegas halladas en las tumbas etruscas de la zona. El Museo Civico guarda antiguos objetos griegos y copias etruscas de obras griegas.

Pozzo di San Patrizio

Viale Sangallo 0763 34 37 68 Diario

Este pozo lo encargó en 1527 el papa Clemente VII y fue diseñado por el arquitecto florentino Antonio da Sangallo para proveer a la ciudad de agua en caso de ataque. Dos escalinatas de 248 escalones bajan a su interior en forma de doble espiral. El pozo (62 m) tardó diez años en completarse.

Necropoli Etrusca - Crocifisso del Tufo

Strada Statale 71 a Orvieto Scalo, km 1.600 0763 34 36 11 8.30-19.00 diario (invierno: hasta 17.00)

Esta necrópolis tiene cámaras mortuorias construidas con bloques de toba. En las tumbas hay inscripciones en etrusco que pueden ser los nombres de los muertos.

San Lorenzo de' Arari

Via Scalza 0763 34 17 72

Los muros de esta pequeña iglesia del siglo XIV guardan frescos sobre el martirio de san Lorenzo. El altar está hecho de una losa de sacrificio etrusca.

Sant'Andrea

Piazza della Repubblica 0347 809 43 97

Esta iglesia es peculiar por su campanario de 12 lados, que formaba parte del edificio original del siglo XII.

10

Todi

D4 Perugia FS
Piazza del Popolo, 38/39
075 895 65 29

Antiguo asentamiento etrusco y luego romano, Todi todavía conserva un aire medieval, con varias iglesias diminutas.

Piazza del Popolo, la plaza mayor, está flanqueada por el precioso Duomo. Edificado en el siglo XIII en el lugar que ocupaba un templo romano a Apolo, cuenta con un oscuro interior y uno de los mejores coros (1521-1530) de Umbría. Destaca el retablo al final de la nave derecha de Giannicola di Paolo (seguidor de Perugino).

En la plaza se encuentran también el Palazzo dei Priori (1293-1337) y los palacios del Capitano (1290) y del Popolo (1213), unidos. En el Palazzo del Capitano, destacable por su interior medieval, está el **Museo Archeologico,** con una colección de objetos etruscos y romanos del lugar. Asimismo, se pueden ver retablos y objetos sagrados en la **Pinacoteca Comunale,** también en el palacio.

A pocos pasos de la plaza se levanta San Fortunato (1292-1462), que debe su nombre al primer obispo de Todi y que cuenta con un excepcional portal del gótico florido (1415-1458). El coro (1590) es fantástico, pero es más famosa la *Madonna y Niño* (1432) de Masolino da Panicale (cuarta capilla a la derecha). La cripta contiene la tumba de Jacopone da Todi (*c.* 1228-1306), destacado poeta y místico medieval.

De los jardines a la derecha de la iglesia sale un sendero (pasado el diminuto castillo) que lleva a Santa Maria della Consolazione (1508-1607), cerca de la N79. Es una de las iglesias renacentistas más refinadas del centro de Italia. La planta es de cruz griega y pudo ser diseñada por Bramante.

Museo Archeologico y Pinacoteca Comunale

Piazza del Popolo 29/30
075 894 41 48 10.30-13.00 y 14.30-18.30 diario

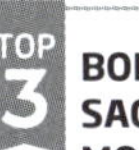

TOP 3 BODEGAS SAGRANTINO EN MONTEFALCO

Scacciadiavoli
D4 Località Cantinone 31, Montefalco cantina scacciadiavoli.it
Esta bodega fundada en 1884 –una de las más antiguas de Montefalco– muestra cómo se elaboran el Sagrantino y otros vinos de la zona.

Tenuta Bellafonte
D4 Via Colle Nottolo 2, Bevagna tenuta bellafonte.it
Además de una visita a la bodega, ofrecen alojamiento.

Lungarotti
D4 Viale Lungarotti 2, Torgiano lungarotti.it
La principal bodega de esta firma está en Torgiano, junto a interesantes museos del vino y el aceite de oliva.

↑ La localidad de Todi, dominada por la iglesia de San Fortunato

Acceso al Duomo de Spoleto

Spoleto

D4 Perugia
Largo Ferrer 6; www.spoletocard.it

Spoleto, ubicada entre bosques, es la más bonita de las ciudades de las colinas de Umbría. Fundada por los umbros, fue una de las principales colonias del centro de Italia, y los lombardos la hicieron en el siglo VII capital de uno de sus tres ducados italianos. Después de ser convertirse en ciudad-estado, pasó a ser parte de los Estados Pontificios.

La iglesia de San Pietro fue fundada el año 419 y construida sobre una antigua necrópolis. Su fachada está cubierta de relieves románicos, entre los mejores de Umbría. Desde aquí se llega al centro de la ciudad por Viale Giacomo Matteoti y Via San Carlo.

En el lado sur de la Piazza del Mercato está el romano Arco di Druso, del siglo I. La Via Aurelio Saffi, en el lado norte de la plaza, lleva a Sant'Eufemia.

Un poco más allá se abre la plaza del Duomo (con forma de abanico), con el Duomo del siglo XII adornado con una elegante fachada románica. El interior barroco tiene el ábside cubierto por un gran fresco. Obra final de Fra Lippo Lippi (1467-1469), narra describe episodios de la Vida de la Virgen. La Capella Erioli está adornada con la inacabada *Madonna y Niño* (1497) de Pinturicchio.

La mejor de las excepcionales iglesias del sur de la ciudad es San Salvatore (siglo IV), en el cementerio principal. Cerca está San Ponziano, con una fachada románica de tres galerías típica de Umbría. Tiene una cripta del siglo X decorada con frescos bizantinos.

IGLESIAS ROMÁNICAS EN UMBRÍA

La tradición de construir iglesias en Umbría tiene sus raíces en las basílicas romanas. Las fachadas románicas de la región solían dividirse en tres, a menudo con tres rosetones dispuestos sobre sendas portadas. Las tres puertas suelen corresponder a la nave central y a las dos naves laterales y derivan de la sencilla planta de granero de las basílicas romanas. Dentro, el presbiterio suele alzarse para incorporar una cripta donde albergar las reliquias de un santo o mártir. Muchas de las iglesias tardaron siglos en construirse o sufrieron modificaciones a lo largo del tiempo, adquiriendo elementos góticos, renacentistas y barrocos.

1. El Duomo de Spoleto (1198) tiene ocho rosetones, un mosaico (1207) y un pórtico renacentista (1491)
2. El Duomo (1253) de Asís es buen ejemplo de las fachadas divididas en tres *(p. 408)* También tienen arco apuntado.
3. El Duomo de Todi se empezó en el siglo XII, pero las obras continuaron hasta el siglo XVII *(p. 411)*

San Gregorio
Piazza Giuseppe Garibaldi, 34 0743 44140
San Gregorio data de 1069, pero la fachada y el campanil incorporan fragmentos de edificios romanos. Dentro cuenta con un presbiterio alzado y una bella cripta con múltiples columnas. Se cree hay cerca de 10.000 mártires cristianos enterrados cerca de la iglesia. Se piensa que fueron asesinados en el anfiteatro romano, del que hay restos en los cuarteles de la Via del Anfiteatro.

Ponte delle Torri
Via Giro del Ponte
Este acueducto del siglo XIV, o puente de las Torres, tiene una altura de 80 m. Diseñado por Gattapone (de Gubbio), es el monumento más famoso de la ciudad. Desde el puente se pueden ver los bastiones de Rocca Albornoz, una enorme fortaleza papal edificada entre 1359 y 1364, también de Gattapone.

Museo del Tessuto e del Costume
Via delle Terme 0743 459 40 15.00-18.00 sá y do 1 ene, 25 dic
Entre las piezas que se exponen se incluyen vestiduras sagradas, así como tapices del siglo XVII de la reina Cristina de Suecia.

Monti Sibillini

D4 Macerata Spoleto Visso Largo G.B. Gaola Antinori 1, Visso; www.sibillini.net

El Parque Nacional de los Monti Sibillini, en el este de Umbría, cuenta con el paisaje más agreste y espectacular de la región. La cordillera, de 40 km de largo, forma parte de los Apeninos. El monte Vettore es el punto más elevado y el tercero más alto de la península; con 2.476 m de altura, este pico con forma de ballena se halla cerca de la cueva de la mítica sibila que da nombre a los montes.

Esta zona es ideal para caminar, y sus sinuosas carreteras llevan a algunos de los paisajes más bonitos de Italia. El mejor es el de Piano Grande, una llanura serrana rodeada por un anfiteatro de montañas. Solo ocupada por ganado y balas de paja, en primavera resplandece de flores silvestres y, durante el año, produce lentejas. La única población es Castellucio, una bella aldea serrana que lamentablemente quedó casi destruida por el terremoto de 2016.

FESTIVAL DE SPOLETO

Spoleto se convierte en un gran escenario durante 17 días entre finales de junio y mediados de julio con ocasión del Festival de Spoleto, que se celebra desde 1958. Por toda la ciudad hay ópera, conciertos, obras, danzas, charlas y arte visual.

Valnerina

D4 Perugia Spoleto, después autobús Piazza Aldo Moro 3, Cascia; 0743 711 47

La Valnerina (valle del río Nera) atraviesa una ancha franja del este de Umbría, antes de vaciarse en el Tíber. Está bordeado de escarpadas lomas arboladas y salpicado de innumerables pueblos serranos y aldeas fortificadas.

Destaca **San Pietro in Valle,** un monasterio del siglo VIII, cuyos muros están cubiertos de frescos del siglo XII. Algunas de las tallas románicas más importantes de Umbría se encuentran aquí.

San Pietro in Valle
Località Ferentillo, Terni
0744 78 01 29 abr-oct: diario

1

2

3

Una playa de Numana, en la península de Conero

LAS MARCAS

Escondidas en un remoto rincón entre el Adriático y los Apeninos, Las Marcas (Le Marche) son un encantador mosaico rural de viejas ciudades, colinas y largas playas de arena. En la Antigüedad la zona estuvo habitada por los picenos, una tribu que acabó siendo asimilada por los romanos. En el siglo IV a. C. exiliados de la Magna Grecia colonizaron gran parte de la región. La ciudad más importante fue Ancona, punto más septentrional de la influencia griega en la península italiana. Durante la Alta Edad Media, la región marcaba el límite del Sacro Imperio Romano, de donde deriva su nombre actual (*marca* en italiano significa 'zona fronteriza').

La región vivió su mejor momento histórico en el siglo XV bajo Federico da Montefeltro, cuya corte en Urbino se convirtió en uno de los primeros centros culturales de Europa. Urbino conserva gran parte de su antiguo esplendor, reflejado sobre todo en el renacentista Palazzo Ducale de Federico, que ahora alberga una colección de arte regional. Ascoli Piceno es casi tan preciosa como Urbino; su Piazza del Popolo es una de las más evocadoras de Italia. Localidades más pequeñas como San Leo y Urbania y la república de San Marino también albergan monumentos medievales.

Las Marcas se visitan hoy tanto por sus playas y ciudades como por su montañoso interior. Los picos nevados de los Monti Sibillini son especialmente bellos y están situados en una zona perfecta para caminar y esquiar.

La cocina regional incluye trufas y quesos de montaña, jamones y salamis, *olive ascolane* (aceitunas rellenas de carne y hierbas) y *brodetto,* una sopa de pescado elaborada de distintas formas a lo largo de la costa. El blanco y seco Verdicchio es el vino más conocido, aunque otros como el Bianchello del Metauro están ganando popularidad.

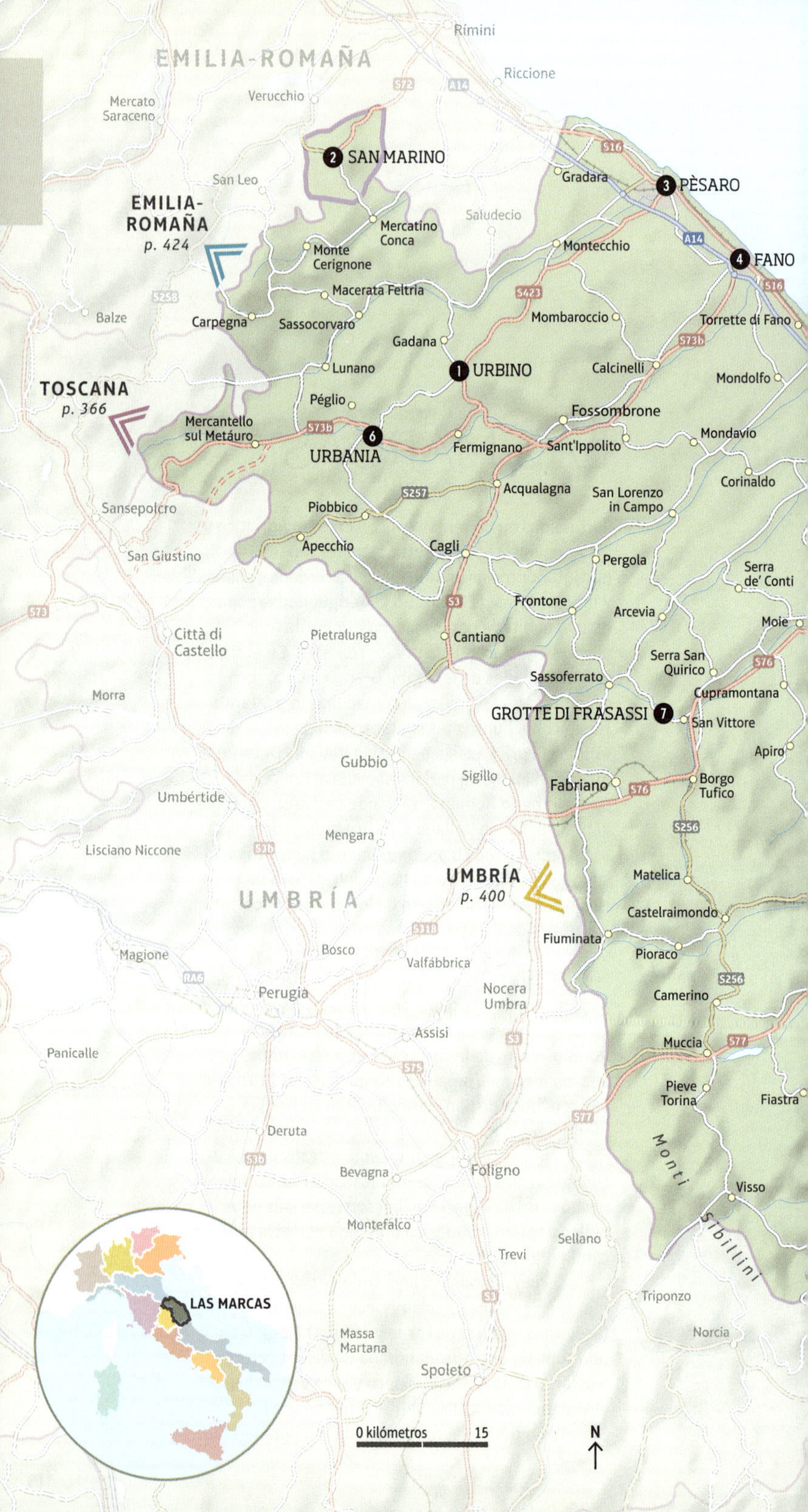
EMILIA-ROMAÑA
Rimini
Riccione
Verucchio
Mercato Saraceno
2 SAN MARINO
San Leo
Gradara
3 PÈSARO
EMILIA-ROMAÑA
p. 424
Saludecio
Mercatino Conca
Monte Cerignone
Montecchio
4 FANO
Macerata Feltria
Balze
Carpegna
Sassocorvaro
Mombaroccio
Torrette di Fano
Gadana
Lunano
1 URBINO
Calcinelli
Mondolfo
TOSCANA
p. 366
Péglio
Mercantello sul Metáuro
6 URBANIA
Fermignano
Fossombrone
Sant'Ippolito
Mondavio
Corinaldo
Acqualagna
San Lorenzo in Campo
Sansepolcro
Piobbico
Apecchio
Cagli
San Giustino
Pergola
Serra de' Conti
Frontone
Arcevia
Moie
Città di Castello
Pietralunga
Cantiano
Serra San Quirico
Sassoferrato
Cupramontana
Morra
GROTTE DI FRASASSI 7
San Vittore
Apiro
Gubbio
Sigillo
Fabriano
Borgo Tufico
Umbértide
Mengara
Lisciano Niccone
UMBRÍA
p. 400
Matelica
UMBRÍA
Castelraimondo
Fiuminata
Pioraco
Magione
Bosco
Valfábbrica
Camerino
Perugia
Nocera Umbra
Assisi
Muccia
Panicalle
Pieve Torina
Fiastra
Deruta
Bevagna
Foligno
Monti Sibillini
Visso
Montefalco
Sellano
Trevi
LAS MARCAS
Triponzo
Massa Martana
Norcia
Spoleto
0 kilómetros 15
N

LAS MARCAS

Esencial

1 Urbino

Lugares de interés

2 San Marino
3 Pèsaro
4 Fano
5 Macerata
6 Urbania
7 Grotte di Frasassi
8 Senigallia
9 Ancona
10 Península de Conero
11 Loreto
12 Ascoli Piceno

El Palazzo Ducale del siglo XV se alza sobre Urbino

1

URBINO

D3 Via Puccinotti; www.turismo.marche.it

El centro de Urbino es un laberinto de empinadas calles medievales y renacentistas presididas por el Palazzo Ducale, una construcción de cuento de hadas con dos torres en la fachada. El palacio más bello del Renacimiento italiano se levantó para el duque Federico da Montefeltro, que gobernó Urbino de 1444 a 1482 y la convirtió en centro de progreso renacentista. En esta ciudad nació Rafael, uno de los artistas más memorables de la historia.

1

Palazzo Ducale y Galleria Nazionale

Piazza Duca Federico 8.30-14.00 lu; 8.30-19.15 ma-do; última admisión: 75 min antes del cierre 1 ene, 25 dic palazzoducaleurbino.it

El duque Federico da Montefeltro fue soldado, pero también mecenas de las artes. Su palacio –con biblioteca, pinturas y refinada arquitectura– es también un homenaje a la vida cortesana y a los ideales artísticos e intelectuales del Renacimiento. El arquitecto Luciano Laurana se encargó de buena parte del diseño, incluido el patio, pero fue Francesco di Giorgio Martini quien lo completó con añadidos como un complejo sistema de cañerías.

¿Lo sabías?

Tras perder un ojo en una justa, a Federico da Montefeltro se le extirpó el puente de la nariz para aumentar la visión.

El palacio alberga la Galleria Nazionale delle Marche, con varias obras maestras. Las más famosas son los cuadros de Piero della Francesca *La flagelación* (*c.* 1460), considerada a menudo la mejor obra de pequeño formato del mundo, y *La ciudad ideal*, un estudio de la perspectiva atribuido al pintor o a sus discípulos. Destaca también el precioso retrato *La Muta* (1507), de Rafael.

2

Casa Natale di Raffaello

Via di Raffaello 57 0722 32 01 05 mar-nov: 9.00-13.00 y 15.00-19.00 lu-sá, 9.00-13.00 y 15.00-18.00 do; nov-feb: 9.00-14.00 lu-sá, 10.00-13.00 do

Rafael (1483-1520), el hijo más famoso de Urbino, nació en esta casa y en ella inició su formación con su padre, el artista Giovanni Santi. El edificio conserva un evocador aire histórico. En exposición está la piedra en la que padre e hizo mezclaban los pigmentos, junto con una dulce *Virgen y Niño*, de Rafael.

Esencial ☆

PIADINA

La especialidad más apreciada del centro de Italia es este simple y delicioso pan sin levadura. Jamón, rúcula y queso suave, especialmente una fuerte especialidad local llamada *squacquerone*, son el acompañamiento ideal. Se puede probar *piadina* y otras delicias locales en Piadineria L'Aquilone *(Via Cesare Battisti 23)*.

③

Duomo y Museo Diocesano

⌂ Piazza Pascoli 1 ☎ 0722 4818 ⊙ Por reforma hasta 2021

El Duomo, en la Piazza Federico, se fundó en 1062 pero se construyó en su mayor parte en 1789, por lo que es neoclásico. Destaca *La Última Cena*, de Federico Barocci (*c.* 1535-1612). El Museo Diocesano contiene objetos religiosos, cerámica y cristal desde el siglo XIII a la actualidad.

Oratorio di San Giovanni Battista

⌂ Via Federico Barocci 31 ☎ 0722 91 02 59 ⊙ 10.00-13.00 y 15.00-18.00 lu-sá, 10.00-12.30 do

El Oratorio di San Giovanni Battista, del siglo XIV, tiene detallados frescos de la *Crucifixión* y de *La vida de san Juan Bautista* realizados por los hermanos Giacomo y Lorenzo Salimbeni en 1416.

Fortezza dell'Albornoz

⌂ Parco della Resistenza

Esta fortaleza del siglo XV con magníficas vistas de Urbino y alrededores constituye el centro defensivo de lo que queda de las murallas y bastiones de la ciudad (siglo XVI). La panorámica es también excelente desde el parque público que la rodea, al que se llega tras un paseo por Viale Bruon Buozzi.

Il Cortegiano

Situado cerca del Palazzo Ducale, en este restaurante se puede picar algo o cenar en el patio.

⌂ Via Pucinotti 13
☎ 0722 373 07

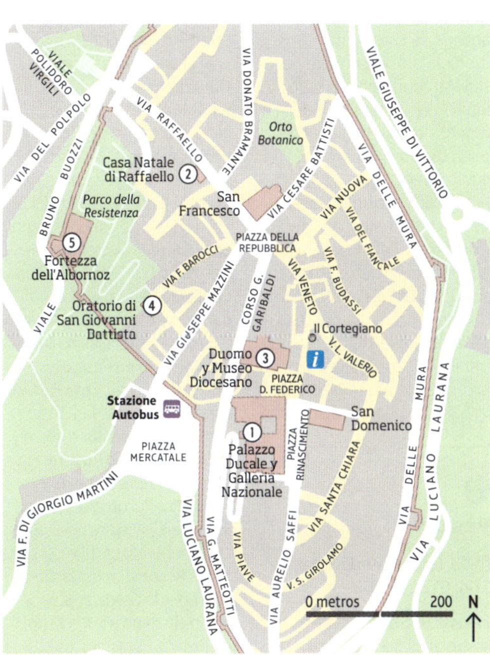

LUGARES DE INTERÉS

San Marino

D3 San Marino Città (Rímini) Contrada Omagnano; www.visitsanmarino.com

San Marino, la república más antigua de Europa, fue fundada supuestamente por san Marino, monje del siglo IV. Situada en las laderas del monte Titano, este pequeño país posee su propio sello, equipo de fútbol y ejército.

No existen formalidades de aduana en este país, cuyas fronteras se hallan separadas por una distancia de 12 km en su punto más alejado. La ciudad de Borgomaggiore, a los pies del monte Titano, está comunicado por un teleférico con la capital, demasiado llena de visitantes y puestos de regalos.

Pèsaro

D3 Viale Trieste 164; 0721 30462

Pèsaro, uno de los centros veraniegos del Adriático, conserva un aire elegante. Detrás del paseo marítimo y la línea de blancos hoteles estucados se encuentra la animada zona medieval.

El **Musei Civici** contiene el políptico *Coronación de la Virgen* (*c.* 1470), de Giovanni Bellini, y una colección de cerámica renacentista.

El **Museo Archeologico Oliveriano** ofrece una exposición histórica que incluye desde restos romanos hasta objetos de la Edad del Hierro hallados en una necrópolis cerca de Novilara.

La iglesia de Sant'Agostino, en el Corso XI Settembre, destaca por la sillería del coro. Cada una tiene tallados paisajes y escenas narrativas.

El compositor Gioacchino Rossini nació en Pèsaro en 1792. Su vivienda, **Casa Rossini,** contiene recuerdos; el piano y algunos manuscritos están en el **Conservatorio Rossini.** Sus óperas se representan en el Teatro Rossini durante el festival anual de música en agosto.

Un soberbio castillo del siglo XIV, la Rocca, domina la bien conservada Gradara, situada en un altozano a unos 13 km de Pèsaro. El castillo fue el escenario de la trágica historia de amor de Paolo y Francesca, mencionada por Dante en su *Divina Comedia*.

Musei Civici

Piazza Mosca 29 0721 38 75 41 sep-jul: ma-do; ago: diario 1 ene, 25 dic

Museo Archeologico Oliveriano

Via Mazza 97 0721 333 44 Por reforma hasta 2021

Casa Rossini

Via Rossini 34 0721 38 75 41 ma-do

Conservatorio Rossini

Piazza Olivieri 5 0721 336 71 Lu-vi, llamar para concretar Festivos

¿Lo sabías?

Con 60 km², San Marino es el Estado más pequeño del mundo.

Atardecer sobre la ciudadela de San Marino

Fano

D3 Pèsaro Piazza XX Settembre 23; 0721 824292

Fano debe su nombre a Fanum Fortunae, templo de la diosa Fortuna y lugar donde terminaba la Via Flaminia (importante vía consular desde Roma), además de ser la mayor colonia romana del Adriático. El arco Augusto (siglo II), en la Via Arco d'Augusto, es el monumento más destacado de Fano y estuvo a punto de ser derruido en 1463 por Federico da Montefeltro, que sitió la ciudad como *condottiere* papal.

La Fontana della Fortuna (siglo XVI), en la Piazza XX Settembre, está dedicada a la diosa Fortuna. El imponente Palazzo Malatesta, también en la plaza, fue construido en 1420 y ampliado en 1544 para los gobernantes de Fano, la familia Malatesta de Rímini. Dentro se encuentra el pequeño **Museo Civico** y la **Pinacoteca Malatestiana,** con obras de Guercino y Guido Reni.

Museo Civico y Pinacoteca Malatestiana
Piazza XX Settembre 0721 88 78 44 ma-do 1 ene, 25 y 26 dic

Macerata

D3 Corso della Repubblica 32; 9.00-13.00 y 15.00-18.00 lu-vi (sá solo mañanas); www.turismo.provinciamc.it

La elegante localidad amurallada de Macerata es conocida por su Sferisterio, un recinto a cielo abierto en el que se celebran conciertos y un festival anual de ópera.

El **Palazzo Buonaccorsi** alberga un museo de carruajes y colecciones de arte antiguo y moderno, incluida la *Madonna y Niño* de Carlo Crivelli (1470). La **Basilica della Misericordia,** construida por Luigi Vanvitelli (1736-1741), se ubica sobre una capilla votiva levantada en 1447 para celebrar el fin de la peste. Tiene un interior profusamente decorado.

Palazzo Buonaccorsi
Via Don Minzoni 24 10.00-18.00 ma-do (jul-ago: hasta 19.00) maceratamusei.it

Basilica della Misericordia
Piazza San Vincenzo Strambi 7.30-12.30 y 15.00-18.00 diario basilicamisericordia.it

Urbania

D3 Pèsaro Corso Vittorio Emanuele 21; 0722 31 31 40

La localidad de Urbania, con su elegante centro porticado, toma su nombre del papa Urbano VIII (1623-1644), que intentó convertir el viejo pueblo medieval en una ciudad renacentista modelo.

Su principal atractivo es el **Palazzo Ducale,** edificado por los duques de Montefeltro como alternativa al palacio ducal de Urbino. Se empezó en el siglo XIII y fue reconstruido en los siglos XV y XVI. Ubicado junto al río Metauro, alberga una pequeña galería de arte, un museo, mapas y globos antiguos, así como parte de la biblioteca del duque Federico.

Palazzo Ducale
0722 31 31 75 ma-do Festivos

La Grotta
Cómodas y modernas habitaciones magníficamente situadas en el centro histórico de San Marino.
D3 Contrada Santa Croce, San Marino lagrottahotelsanmarino.com

Palazzo Guiderocchi
Hotel situado en un palacio del siglo XVI con originales frescos.
E4 Via Cesare Battisti 3, Ascoli Piceno hotelguiderocchi.it

Grotte di Frasassi

D3 Ancona Genga San Vittore Terme Diario 10-30 ene, 4 y 25 dic frasassi.com

Algunas de las cavernas más grandes de Europa accesibles al público se encuentran en la red de cuevas abierta por el río Sentino al oeste de Jesi.

La colosal Grotta del Vento podría contener la catedral de Milán; el techo está a 240 m. La caverna ha sido utilizada para distintos experimentos, desde la privación de sonido hasta una investigación sobre las consecuencias derivadas de dejar a un grupo de gente sola en sus profundidades durante largos periodos.

PUEBLOS SOBRE COLINAS EN LAS MARCAS

Las colinas de Las Marcas están repletas de bonitos pueblos medievales. Sarnano es una mezcla de calles estrechas, escaleras y arcos dispuestos en círculos concéntricos; desde la cercana zona de esquí de los Monti Sibillini se puede ver la costa en un día despejado. Un castillo del siglo XIV con preciosas vistas domina Acquaviva Picena. Offida, famosa por sus encajes y su vino, está rodeada de colinas con viñedos. Hacia el interior de Senigallia, Corinaldo sorprende con su Piagga, una escalera de 109 peldaños con un pozo en medio de la subida y unas murallas bien conservadas.

↑ Acquaviva Picena, pintoresco pueblo sobre una loma

Senigallia

D3 Ancona
Via Manni 7; 9.00-13.00 lu-sá (verano: también tardes); www.feelsenigallia.it

Famosa por su playa, Senigallia tiene también visitas fascinantes. En la peatonal Piazza del Duca está la imponente **Rocca Roveresca,** un castillo de los siglos XIV y XV, y el **Palazzetto Baviera,** con decoración en estuco de Federico Brandani (siglo XVI). Cerca, la **Chiesa della Croce** (1608), barroca, tiene un interior ricamente decorado, con un retablo del *Sepelio de Cristo* de Federico Barocci (1592). El elegante Foro Annonario es una plaza circular con columnas y un mercado.

Rocca Roveresca
Piazza del Duca 2
071 63 258 8.30-19.30

Palazzetto Baviera
Via Manni 1 071 63 258 10.00-13.00 y 15.00-19.00

Chiesa della Croce
Via Fagnani 1 9.30-11.30 lu-sá, 15.30-18.30 do

Ancona

D3 Banchina Nazario Sauro 50; www.turismo.marche.it

La capital de Las Marcas y su principal puerto datan por lo menos del siglo V a. C., cuando la fundaron los griegos. Su nombre deriva de *ankon* ('codo' en griego), que hace referencia al rocoso espolón que se adentra en el mar formando el puerto natural de la ciudad.

Durante la II Guerra Mundial se destruyó gran parte de la ciudad medieval , pero se conserva la Loggia dei Mercanti (cámara de mercaderes) del siglo XV, en la Via della Loggia.

Justo al norte está la **Pinacoteca Comunale F Podesti e Galleria d'Arte Moderna,** con lienzos de Tiziano y Lorenzo Lotto. En el **Museo Archeologico Nazionale delle Marche** hay una exposición de arte griego, galo y romano. El Arco di Traiano, en el puerto, se erigió en el año 115 y es uno de los arcos romanos mejor conservados del país.

Pinacoteca Comunale F Podesti e Galleria d'Arte Moderna
Vicolo Foschi 4
071 222 50 47 ma-do
Festivos

Museo Archeologico Nazionale delle Marche
Via Ferretti 6 071 20 26 02 ma-do 1 ene, 1 may, 15 ago, 25 dic

Península de Conero

D3 Ancona Ancona Desde Ancona a Sirolo o Numana Piazza Vittorio Veneto, Sirolo; www.parcodelconero.org

De fácil acceso desde Ancona, la península de Conero, rodeada de acantilados, es una zona casi salvaje famosa

por sus paisajes, sus vinos (sobre todo el Rosso del Conero) y la colección de playas, cuevas y pueblos de veraneo.

El mejor de estos es Portonovo, sobre cuya playa se cierne Santa Maria di Portonovo, una preciosa iglesia románica del siglo XI mencionada por Dante en el Canto XXI del *Paraíso*. Los pueblos de Sirolo y Numana están más poblados, pero se puede escapar de la multitud caminando por las laderas del monte Conero o haciendo una excursión en barco a las playas más pequeñas.

Loreto

D3 Ancona
Corso Boccalini 67; 071 97 77 48

La leyenda dice que en 1294 la casa de la Virgen María (Santa Casa) fue arrancada de Tierra Santa y traída por los ángeles a un campo de laureles *(loreto)* al sur de Ancona. Cada año visitan la **Santa Casa** de Loreto y su **basílica** varios millones de peregrinos. Comenzada en 1468, la basílica fue diseñada por Bramante, Sansovino y Giuliano da Sangallo. Sus pinturas incluyen obras de Luca Signorelli. El **Museo-Pinacoteca** tiene pinturas de Lorenzo Lotto.

Basílica y Santa Casa
Piazza della Madonna 1
071 974 71 55 Diario

Museo-Pinacoteca
Palazzo Apostolico
071 974 71 98 10.00-13.00 y 15.00-18.00 diario

Ascoli Piceno

D4 Palazzo Comunale, Piazza Arringo; 0736 25 30 45

Esta atractiva ciudad debe su nombre a los picenos, tribu vencida por los romanos en el 89 a. C. El plano de la romana Asculum Picenum todavía puede verse en la disposición de las calles, pero es la herencia medieval la que más atrae a los visitantes.

La Piazza del Popolo está dominada por el Palazzo dei Capitani del Popolo (siglo XIII) y la iglesia de San Francesco, un conjunto gótico construido entre 1262 y 1549.

Cerca de la Piazza dell'Arringo está el Duomo, del siglo XII. Su Cappella del Sacramento contiene un políptico del pintor del siglo XV Carlo Crivelli. La **Pinacoteca Civica** alberga más obras de Crivelli y también de Guido Reni, Tiziano y Alemanno. El **Museo Archeologico** contiene objetos romanos, picenos y lombardos.

Pinacoteca Civica
Palazzo Comunale, Piazza Arringo 0736 29 82 13 ma-do

Museo Archeologico
Piazza Arringo 28
0736 25 35 62 Diario
1 ene, 1 may, 25 dic

↑ La impresionante costa de la península de Conero

TAGLIERI di
SALUMI e FORMAGGI
PIADINE, TIGELLE
ACCOGLIENTE
SALETTA
INTERNA !!

Un café en Via Pescherie Vecchie, Bolonia

EMILIA-ROMAÑA

Emilia-Romaña, el corazón del centro de Italia, tiene muchas ciudades atractivas: la animada capital regional, Bolonia, con sus calles porticadas y deliciosa pasta; Ferrara, con su fortaleza; Parma, famosa por su queso y su jamón; Rávena, con sus resplandecientes mosaicos bizantinos; y Rímini, con sus largas playas de arena.

Casi todas las grandes ciudades de Emilia-Romaña están cerca de la Via Aemilia, una calzada romana construida en el 187 a. C., que unía Rímini, en la costa adriática, con la plaza fuerte de Piacenza. Antes, los etruscos habían gobernado desde su capital, Felsina, hoy Bolonia. Tras la caída de Roma, el foco pasó a Rávena, que se convirtió en parte importante del Imperio bizantino.

Durante la Edad Media, los peregrinos que iban a Roma seguían usando la Via Aemilia. Sin embargo, el poder político pasó a manos de influyentes familias nobles y, alrededor de ellas, crecieron grandes cortes que atrajeron a poetas como Dante y Ariosto, al igual que a pintores, escultores y arquitectos. La moderna Emilia-Romaña se formó a partir de los Estados Pontificios en 1860 y sus límites actuales datan de 1947. Emilia, la mitad occidental de la región, suele asociarse tradicionalmente con un aspecto más norteño y con una ideología política de izquierdas. Por su parte, Romaña, con capital en Rávena, ha registrado un incremento de los partidos de derechas que proclaman una independencia política de Roma.

Emilia-Romaña es una de las zonas más prósperas de Italia, gracias a sus fértiles campos, sus históricas ciudades y su pujante industria. Toda la región tiene una gran fama gastronómica.

LOMBARDÍA
Milan
Milan Linate
Treviglio
Chiari
Brescia
Lago Garda
Melegnano
Crema
Lodi
Ghedi
Manerbio
Montichiari
Verona Villafranca
Villafranca di Verona
Pontevico
LOMBARDÍA Y LOS LAGOS
p. 162
Pavía
Ostiano
Goito
Stradella
Po
Cremona
Piadena
Mantua
Castel San Giovanni
Piacenza
Caorso
Pianello Val Tidone
Pontenure
Cortemaggiore
Busseto
Casalmaggiore
Suzzara
Nibbiano
Grazzano
Fiorenzuola d'Arda
San Secondo Parmense
Rivergaro
Soragna
Luzzara
CASTELL' ARQUATO
3
Brescello
Guastalla
Reggiolo
Fontanellato
Perino
Fidenza
Sorbolo
Bobbio
Béttola
Salsomaggiore Terme
Ponte Toro
5 PARMA
Novellara
Marsaglia
Bore
Medesano
Correggio
Farini d'Olmo
S. Andrea Bagni
Collecchio
Cadelbosco di Sopra
Carpi
Ottone
Ferriere
Varsi
Fornovo di Taro
Montecchio Emilia
Reggio nell'Emilia
Bardi
Traversétolo
MÓDENA
4
Montebruno
Cassio
San Polo d'Enza
Scandiano
Bedonia
Berceto
Sassuolo
Maranello
Casina
Borgo Val di Taro
Corniglio
Parma
Baiso
Castellarano
Palanzano
Felina
Rapallo
Pontremoli
Mónchio delle Corti
Lugo
Serramazzoni
Villa Minozzo
LIGURIA
p. 200
Montefiorino
Collagna
Sestri Levante
Bagnone
Pavullo nel Frignano
Ligonchio
Monte Cusna 2.121m
Lama Mocogno
Aulla
Civago
Sestola
Levanto
Pievepelago
Fosdinovo
Gaggio Montano
La Spezia
Gallicano
TOSCANA
p. 366
Pietrasanta
Pistoia
Viareggio
Lucca
Agliana
Pisa
Empoli
Cascina
San Miniato
Ponsacco
Livorno
TOSCANA
Certaldo
0 kilómetros 25
N
EMILIA-ROMAÑA
Esencial
1 Bolonia
2 Rávena
Lugares de interés
3 Castell'Arquato
4 Módena
5 Parma
6 Ferrara
7 Po Delta
8 Rímini
9 Cesenatico
10 San Leo

EMILIA-ROMAÑA
VÉNETO
EL VÉNETO Y FRIUL p. 102
LAS MARCAS p. 414
SAN MARINO
Mar Adriático
PO DELTA
1 BOLONIA
2 RÁVENA
6 FERRARA
7
8 RÍMINI
9 CESENATICO
10 SAN LEO
Bologna Guglielmo Marconi
Florencia
Giazza
Cittadella
Castelfranco Veneto
Vicenza
Verona
Vigonza
San Bonifacio
Padua
Isola della Scala
Nogara
Legnago
Monselice
Ostiglia
Castelmassa
Poggio Rusco
Ficarolo
Rosolina
Pilastri
Mirandola
Bondeno
Cologna
Copparo
Iolanda di Savoia
Mesola
San Felice sul Panaro
Poggio Renatico
Quartesana
Codigoro
Bosco della Mesola
Bonelli
Crevalcore
Cento
Migliarino
Malalbergo
Ostellato
Lido di Pomposa
San Giovanni in Persiceto
Portomaggiore
Comacchio
Argenta
Valli di Comacchio
Lido di Spina
Budrio
Lavezzola
Reno
Conselice
Casalecchio di Reno
Medicina
Alfonsine
Marina Romea
San Lazzaro di Savena
Mezzano
Marina di Ravenna
Sasso Marconi
Pianoro
Massa Lombarda
Lugo
Marzabotto
Castel San Pietro Terme
Imola
Felisio
Russi
S.Pietro in Vincoli
Lido di Classe
Loiano
Borgo Tossignano
Castel Bolognese
Faenza
Milano Marittima
Lagaro
Cervia
Castel del Rio
Forlì
Casemurate
Castelluccio Superiore
S. Cassiano
Forlimpopoli
Gatteo a Mare
Firenzuola
Meldola
Dovadola
Cesena
Igea Marina
Tredozio
Civitella di Romagna
Borello
Santarcangelo di Romagna
San Benedetto in Alpe
Borgo San Lorenzo
Mercato Saraceno
Verucchio
Riccione
Santa Sofia
Prato
Corniolo
Sarsina
Sesto Fiorentino
Bagno di Romagna
Sant'Agata Feltria
Saludecio
Stia
Pontassieve
Verghereto
Urbino
San Casciano
Bibbiena
Pieve Santo Stefano
Montevarchi
Sansepolcro
Cagli
Poggibonsi
Capannole
Arezzo
Città di Castello
Cantiano
Po
EMILIA-ROMAÑA
A4
A1
A13
A14
RA8
S11
S16
S10
S12
S64
S9
S65
S67
S3b
S309
S72
S258
S423
S73b
S71
S69
RA3
S3

Vsta de Bolonia desde lo alto de la Torre degli Asinelli

❶

BOLONIA

C2 Marconi 9 km al NO Piazza Medaglia d'Oro Piazza XX Settembre Piazza Maggiore 1/e; www.bolognawelcome.com

Bolonia, reconocida capital gastronómica de Italia, tiene un número abrumador de restaurantes y mercados de comida. El centro histórico es un elegante conjunto de edificios de ladrillo y calles porticadas. Los palacios medievales se apiñan alrededor de la Piazza Maggiore, dominada por la Basilica di San Petronio. La Universidad de Bolonia es la más antigua de Europa y el venerable Archiginnasio fue su primer edificio oficial. El principal monumento de la ciudad son sus dos torres medievales: la de Asinelli, de 97 metros de altura, y la inclinada Garisenda.

①

Due Torri

Piazza di Porta Ravegnana

Solo 20 del centenar de torres que dibujaban el perfil de Bolonia en la Edad Media siguen hoy en pie. Estas dos ocupan un lugar privilegiado del centro. Con 97 m, la Torre degli Asinelli es la cuarta más alta de Italia. La subida de 498 escalones se ve recompensada con la vista de los tejados y colinas de los alrededores. La Torre della Garisenda, mencionada por Dante en su *Infierno*, se redujo de 60 m a 48 m a mediados del siglo XIV, cuando se temía que se derrumbara por la inclinación de 3 metros. La Torre degli Asinelli también tiene una inclinación, de 2 m.

Torre degli Asinelli
9.30-17.00 diario
duetorribologna.com

②

San Giacomo Maggiore

Piazza Rossini Diario

Esta iglesia románico-gótica, comenzada en 1267 pero alterada de forma sustancial poco después, se visita sobre todo por la Cappella Bentivoglio, una fantástica capilla familiar fundada por Annibale Bentivoglio en 1445 y consagrada en 1486. En ella destaca un retrato de los mecenas realizado por Lorenzo Costa (1460-1535), autor también de los frescos *Apocalipsis*, *Virgen entronizada* y *Triunfo de la muerte*. El retablo de la capilla *Virgen y santos con dos ángeles músicos* (1488) lo pintó Francesco Francia. La familia Bentivoglio está de nuevo ensalzada en la

CONSEJO DK
Dozza

Merece la pena ir a Dozza, en una cima a 25 km de Bolonia, que celebra una bienal de arte. Los edificios medievales están decorados con llamativos murales.

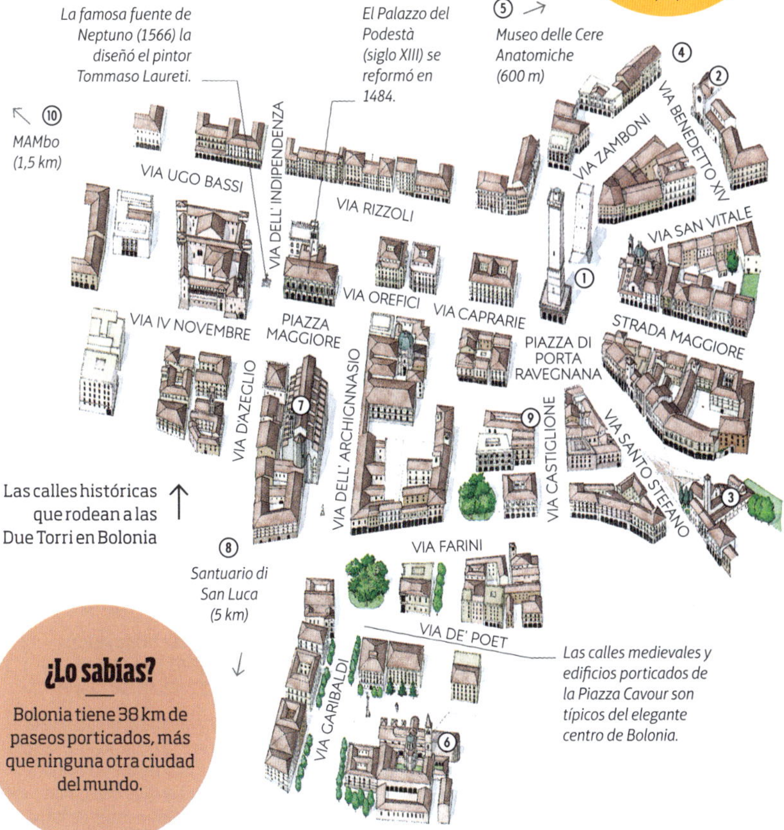

La famosa fuente de Neptuno (1566) la diseñó el pintor Tommaso Laureti.

El Palazzo del Podestà (siglo XIII) se reformó en 1484.

⑤ ↗ *Museo delle Cere Anatomiche (600 m)*

↖ ⑩ *MAMbo (1,5 km)*

VIA UGO BASSI
VIA DELL' INDIPENDENZA
VIA RIZZOLI
VIA ZAMBONI
VIA BENEDETTO XIV
VIA SAN VITALE
VIA OREFICI
VIA CAPRARIE
VIA IV NOVEMBRE
PIAZZA MAGGIORE
STRADA MAGGIORE
PIAZZA DI PORTA RAVEGNANA
VIA D'AZEGLIO
VIA DELL' ARCHIGNNASIO
VIA CASTIGLIONE
VIA SANTO STEFANO
VIA FARINI
VIA DE' POET
VIA GARIBALDI

↑ Las calles históricas que rodean a las Due Torri en Bolonia

⑧ *Santuario di San Luca (5 km)* ↓

Las calles medievales y edificios porticados de la Piazza Cavour son típicos del elegante centro de Bolonia.

¿Lo sabías?

Bolonia tiene 38 km de paseos porticados, más que ninguna otra ciudad del mundo.

tumba de Anton Galeazzo Bentivoglio (1435), situada frente a la capilla, y fue una de las últimas obras del célebre escultor sienés Jacopo della Quercia. El oratorio de Santa Cecilia alberga frescos con las vidas de santa Cecilia y san Valeriano pintados por Costa y Francesco Francia (1504-1506).

Basilica di Santo Stefano

Via Santo Stefano 24
051 648 06 11
9.15-18.00 diario (verano: hasta 19.15)

Situado en la plaza más bonita de Bolonia, Santo Stefano es un complejo eclesiástico conocido como las Sette Chiese (siete iglesias). Es una curiosa amalgama de cuatro iglesias medievales (antes siete) unidas bajo un mismo techo. La iglesia del Crocifisso (siglo XI) aporta poco más que un pasillo que conduce a la poligonal San Sepolcro, la más interesante de las cuatro. Destaca la tumba de san Petronio, también del siglo XI, inspirada en el Santo Sepulcro de Jerusalén.

↑ La luz entra en la iglesia del Crucifijo, en la Basilica di Santo Stefano

Algunas partes de la iglesia –las dedicadas a los santos Vital y Agrícola– datan son más antiguas. En la zona posterior del complejo hay un patio con la Fontana di Pilata (una fuente con una pila de mármol del siglo VIII), la Chiesa della Trinità, un claustro del siglo XII con un doble claustro románico, y un pequeño museo con pinturas menores y objetos religiosos.

④

Pinacoteca Nazionale

Via delle Belle Arti 56 8.30-19.30 ma-do y festivos (última admisión: 30 min antes del cierre) 1 ene, 1 may, 15 ago, 25 dic pinacotecabologna.beniculturali.it

La principal galería de arte de Bolonia y una de las mejores de la región está junto al barrio universitario, una animada zona de bares, librerías y restaurantes baratos. La galería está dedicada principalmente a obras de pintores locales, como Vitale da Bologna, Guido Reni, Guercino y la familia Carracci. También está representada la escuela de Ferrara, sobre todo con Francesco del Cossa y Ercole de'Roberti. Los platos fuertes del museo son la *Virgen en la Gloria* (c. 1491), de Perugino, y el famoso *Éxtasis de santa Cecilia* (c. 1515), de Rafael; ambos trabajaron en Bolonia.

Museo delle Cere Anatomiche

Via Irnerio 48 051 209 15 33 o 051 209 15 56 9.00-13.00 lu-vi, 10.00-18.00 sá y do 1 ene, Semana Santa, 1 may, 25 dic, festivos

El Museo Anatómico de Cera es uno de los más memorables de Bolonia. Ocasionalmente exhibe vísceras de cera y modelos de órganos, extremidades y cuerpos desollados. Estos objetos esculpidos (y no de molde) tienen atractivo científico y artístico y se utilizaron en clases de medicina hasta el siglo XIX. Las exposiciones del siglo XVIII se hallan en el Palazzo Poggi, que también alberga la colección Geografia e Nautica.

MERCADOS DE COMIDA

Junto a la Piazza Maggiori, el Mercato di Mezzo es estupendo para picar algo, mientras que el Mercato delle Erge tiene buenos restaurantes. El Mercato Ritrovato *(Via Azzo Gardino)* incluye productos *slow food* de gran calidad. FICO *(Via Paolo Canali)* es un auténtico parque temático agrícola, con una amplia selección de restaurantes, fábricas y actividades.

San Domenico

Piazza di San Domenico 13 051 640 04 11 9.00-12.00 y 15.00-17.00 lu-sá, 15.00-17.00 do

San Domenico es la iglesia dominica más importante de toda Italia. Se empezó a construir en 1221, tras la muerte de santo Domingo, para albergar el cuerpo del santo, que murió aquí y está enterrado en una tumba conocida como el Arca di San Domenico. Las estatuas de la tumba son obra de Nicola Pisano, los relieves *Vida de santo Domingo* son de Pisano y sus ayudantes, el doselete (1473) se atribuye a Nicola di Bari y las figuras de los ángeles y de los santos Proculus y Petronio son obras tempranas de Miguel Ángel. El relicario (1383) que se encuentra detrás del sarcófago de mármol guarda en su interior la cabeza de santo Domingo.

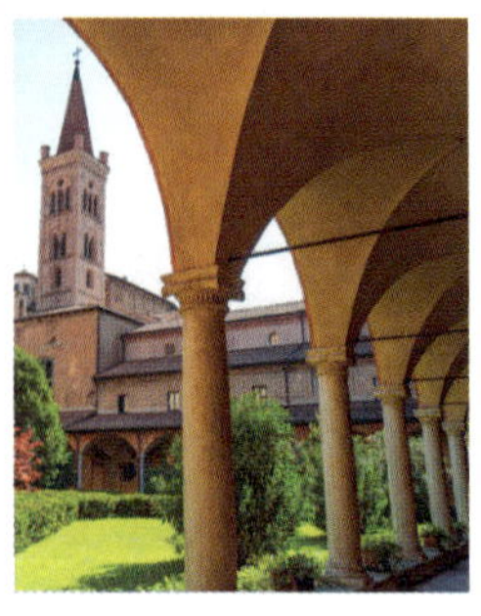

↑ El claustro porticado de San Domenico

San Petronio

Piazza Maggiore 051 23 14 15 7.45-18.00 diario

Dedicada al obispo de la ciudad en el siglo V, la iglesia es uno de los edificios medievales de ladrillo más impresionantes de Italia. Fundada en 1390, estaba diseñada para ser más grande que San Pedro de Roma, pero hubo de reducirse el tamaño cuando las autoridades desviaron fondos para la construcción del Palazzo Archiginnasio. La falta de financiación dejó la iglesia a medias, con una columnata en el lado este que debía sujetar una nave adicional que jamás se terminó. Se dice que el despilfarro del proyecto fue decisivo para que Lutero diera la espalda al catolicismo.

El amplio interior gótico contiene esbeltos pilares que soportan el techo y una línea meridiana de 57 metros de largo que trazó en 1655 el astrónomo Gian Domenico Cassini. En la nave se abren 22 capillas. En 1547, el Concilio de Trento se trasladó temporalmente a este lugar por la peste.

Santuario di San Luca

Via San Luca 36
7.00-18.00 diario
santuariobeata verginesanluca.com

La sección más larga de los pórticos de la ciudad lleva a lo largo de 4 km desde la Porta Saragozza hasta esta iglesia, situada en un alto y que sirve de referencia a los viajeros.

La iglesia actual, construida entre 1723 y 1757, presenta un elegante interior en el que guarda la imagen bizantina *Virgen y Niño*, que sale en procesión hasta la catedral de San Pietro, donde permanece una semana en mayo. La iglesia tiene estupendas vistas de las colinas desde su terraza.

Palazzo Pepoli

Via Castiglione 8
genusbononiae.it/ palazzi/palazzo-pepoli

El Palazzo Pepoli, construido entre 1276 y 1344, alberga un museo multimedia que propone un viaje sensorial a través de 2.500 años de historia de Bolonia, desde la época etrusca a la actualidad. La exhibición está intercalada con salas temáticas, como la Ciudad de Agua.

MAMbo

Via Don Minzoni 14
mambo-bologna.org

Las nueve secciones temáticas de la colección permanente del museo de arte moderno de Bolonia cubren arte italiano contemporáneo de la segunda mitad del siglo XX hasta nuestros días. En esta antigua panadería también hay exposiciones temporales.

La fachada monumental de San Petronio; una de sus vidrieras (círculo)

Serghei
Trattoria tradicional que sirve sabrosos platos, como calabacín relleno de albóndigas.

Via Piella 12
051 23 35 33
sá cenas, do

E' Cucina
Local sin pretensiones con interior moderno, ofrece una selección de platos inspirados a precios bajos.

Via Leopardi 4 051 275 00 69 ago

Caminetto d'Oro
Este restaurante sirve especialidades regionales de calidad en un ambiente refinado.

Via de' Falegnami 4
Do caminetto doro.it

Cesarina
Auténticos platos boloñeses en la atractiva Piazza Santo Stefano.

Via Santo Stefano 19B lu, ma comidas
ristorantecesarina.it

Osteria Bartolini
Local con un patio ajardinado que sirve marisco y fritura variada de pescado.

Piazza Malpighi 16
osteriabartolini bologna.com

↑ Columnas con los santos Apolinar y Vital en la Piazza del Popolo

RÁVENA

D3 FS 🚌 ℹ Piazza San Francesco; www.turismo.ra.it
W ravennamosaici.it (para comprar entradas combinadas para ver todos los mosaicos)

Rávena, famosa por sus mosaicos bizantinos, posee calles adoquinadas llenas de historia y bonitas tiendas y plazas, y tiene cerca excelentes playas. La ciudad ganó importancia en el siglo I a. C. con el emperador Augusto. Con el declive de Roma, Rávena se convirtió en capital del Imperio occidental en el 402, papel que conservó en los siglos V y VI con ostrogodos y bizantinos en el poder. Fue entonces cuando se construyeron las espectaculares iglesias y basílicas de la ciudad.

Piazza del Popolo

Esta elegante plaza es famosa por sus dos columnas venecianas con los santos Vital y Apolinar. Detrás se sitúan el Palazzo Communale y el Palazzo Veneziano, del siglo XV, cuando Rávena formaba parte de la república veneciana. Los soportales del Palazzo Veneziano llevan a Via Cairoli, una estrecha calle con tiendas. Cerca se encuentra la Piazza Andrea Costa, en la que hay un mercado cubierto donde cada mañana se venden productos de la zona.

Basilica di San Vitale

Via Argentario 22
Diario; mar-oct: 9.00-19.00; nov-feb: 10.00-17.00
1 ene, 25 dic

Concluida en el año 548, esta basílica octogonal es la única iglesia importante del periodo del emperador Justiniano I que se conserva prácticamente intacta. Entre sus espléndidos mosaicos destacan el retrato del emperador con oficiales de la corte y, en la pared de enfrente, el de la emperatriz Teodora. Los mosaicos del ábside muestran a Cristo, san Vital y el obispo Eclesio, que comenzó la iglesia.

Tomba di Dante

Via Dante Alighieri
0544 21 56 76 10.00-16.00 diario 1 ene, 25 dic

El interior de la tumba de Dante, construida hacia finales del siglo XVIII, contiene un bajorrelieve de Pietro Lombardo (1483) y una lámpara votiva, siempre encendida gracias al aceite de oliva que cada año dona Florencia en el aniversario de la muerte de Dante. El museo aledaño guarda pinturas del poeta y hallazgos de investigaciones.

CURIOSIDADES
Las playas de Rávena

En la Marina di Ravenna y en sus centros playeros abundan los bares y restaurantes de aire relajado y surfero. Milano Marittima es pura sofisticación junto al mar.

Basilica di San Francesco

Piazza San Francesco 1 7.00-12.00 Y 15.00-19.00 diario 0544 332 56

El interés de esta iglesia está principalmente en su cripta inundada, que contiene mosaicos y columnas del siglo X.

Battistero degli Ariani

Via degli Ariani 0544 54 37 24 8.30-16.30 diario (verano: hasta 19.30) 1 ene, 1 may

La cúpula de este pequeño baptisterio del siglo V tiene un impresionante mosaico con los 12 apóstoles situados en torno a una escena que representa el bautismo de Cristo.

Basilica di Sant' Apollinare Nuovo

Via di Roma 53 El mismo que en San Vitale

Esta iglesia del siglo VI posee un campanario cilíndrico y algunos de los mejores mosaicos bizantinos de la ciudad. Destacan las dos hileras de mosaicos con procesiones de mártires y vírgenes portando regalos para Cristo y la Virgen.

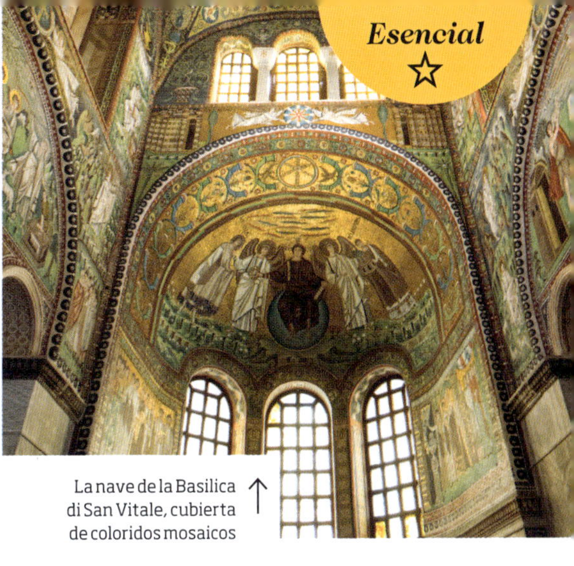

La nave de la Basilica di San Vitale, cubierta de coloridos mosaicos ↑

Domus dei Tappeti di Pietra

Via Gian Battista Barbiani 16 10.00-17.00 diario ene y feb domusdeitappetidipietra.it

Esta casa bizantina que data de los siglos V y VI se descubrió en la década de 1990 y conserva preciosos mosaicos en los suelos de sus 14 habitaciones.

Battistero Neoniano

Piazza Battistero El mismo que San Vitale

Este baptisterio del siglo V es el monumento más antiguo de Rávena. Recibe el nombre del obispo que pudo haber encargado su decoración, e incluye un mosaico del bautismo de Cristo.

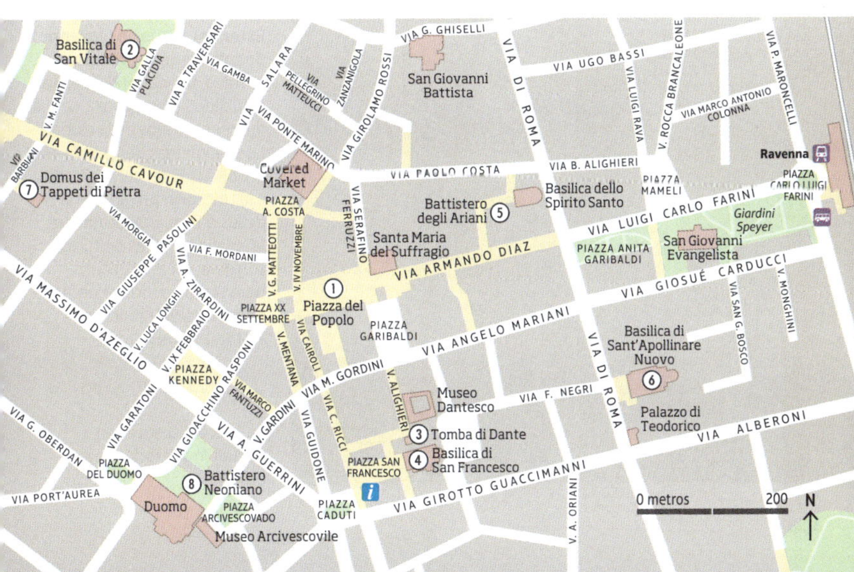

LUGARES DE INTERÉS

Castell'Arquato

B2 Piacenza Piazza Municipio 1; 0523 80 32 15

Castell' Arquato es uno de los pueblos más bonitos de la campiña al sur del Po. Los visitantes suelen acudir, abarrotando los restaurantes y bares de la Piazza Matteotti. El mejor edificio medieval de la plaza es el Palazzo Pretorio (siglo XIII), una basílica románica. La impresionante Rocca Viscontea (siglo XIV), antigua fortaleza, se alza en la Piazza del Municipio. El emplazamiento elevado de la población hace que disfrute de unas estupendas vistas, sobre todo del valle de Arda, al este.

4

Módena

C2 FS Piazza Grande 14; www.visitmodena.it

Para muchos, Módena significa coches rápidos: Ferrari y Maserati tienen fábricas en el anillo industrial. Además, es el lugar de nacimiento del tenor Luciano Pavarotti. Pero sus monumentos antiguos lo hacen uno de los destinos más seductores de Emilia. Ya con los romanos era una ajetreada población y adquirió importancia en el Medievo gracias a la llegada, en 1598, de los d'Este de Ferrara, familia que gobernó la ciudad hasta el siglo XVII.

Duomo

Corso Duomo 059 21 60 78 7.00-12.30 y 15.30-19.00 lu, 7.00-19.00 ma-do Mediodía ma-vi

El Duomo de Módena lo fundó la condesa Matilde de Toscana, gobernante de Módena en el siglo XI, y se consagró a san Geminiano, patrón de la ciudad, cuyo sarcófago está bajo el coro. En el exterior destaca la Torre Ghirlandina, una torre inclinada comenzada al tiempo que el Duomo y completada dos siglos después. Albergó el famoso *Secchia* de Módena, un cubo de madera cuyo robo de Bolonia en 1325 provocó la guerra entre las dos ciudades. También inspiró el poema *La secchia rapita* (El cubo robado) de Tassoni (siglo XVII).

Los relieves de la fachada oeste del Duomo son de Wiligelmus (siglo XII). En el interior destaca la *tribuna* (reja del coro), del siglo XII, decorada con escenas de la Pasión.

Palazzo dei Musei

Largo di Porta Sant'Agostino 337 059 203 31 25 (Galleria Estense); 059 22 22 48 (Biblioteca Estense) Diario (verano: do solo tardes) Festivos

Antiguo arsenal y taller, en la actualidad alberga los mejores museos de la ciudad. La sección más destacada es la Galleria Estense, dedicada a la colección privada de arte de los d'Este. Prácticamente la totalidad de las pinturas son de artistas emilianos, pero también incluye obras de Bernini, Velázquez, Tintoretto y el Veronés.

La Rocca Viscontea en Castell'Arquato domina el paisaje

En la exposición permanente perteneciente a la Biblioteca Estense se encuentra una edición de 1481 de *La Divina Comedia* de Dante y docenas de cartas diplomáticas y mapas antiguos, muchos de ellos de siglos de antigüedad. Un mapa de 1501 fue de los primeros en mostrar el viaje de Colón de 1492. La joya de la colección es la Biblia Borso d'Este, cuyas páginas encierran más de 1.200 miniaturas de artistas de la escuela de Ferrara (siglo XV).

Museo Ferrari
Via Dino Ferrari 43, Maranello 0536 94 97 13 9.30-18.00 diario (hasta 19.00 verano) 1 ene, 25 dic
La fábrica de Ferrari, 20 km al sur de Módena, fue fundada por Enzo Ferrari en 1945. El fabricante, propiedad de Fiat, produce unos 2.500 coches al año. La Galleria Ferrari incluye una estupenda muestra de recuerdos, motores clásicos y numerosos coches antiguos.

CASTILLOS DE PIACENZA Y PARMA

Castello di Bardi
B2 Bardi castellodibardi.info
Este castillo domina los alrededores desde un promontorio rocoso.

Rocca Sanvitale
C2 Fontanellato
0521 82 90 55
Rodeada de un foso, esta fortaleza contiene frescos de Parmigianino.

Grazzano Visconti
B2 Grazzano
0523 87 01 51
Recontruido a principios del siglo XX en torno a un castillo del siglo XIV, este pueblo está lleno de talleres de artesanía y tabernas.

QUESO PARMESANO Y JAMÓN DE PARMA

Visitar una fábrica de Parmigiano Reggiano, como Giansanti Di Muzio *(Strada Traversetolo 228, Parma)*, permite ver cómo se elabora este producto, con un método que apenas ha cambiado desde el siglo XII.

El *prosciutto di Parma* también sigue un proceso estrictamente regulado en el que solo se puede añadir sal. Parma Gustibus *(Strada della Repubblica 54A, Parma)* es una tienda de productos tradicionales.

Parma

C2 Piazza Garibaldi 1; www.turismo.comune.parma.it

Sinónimo de buena gastronomía y un alto nivel de vida, Parma también posee excelente arte y edificios medievales. El Duomo románico-lombardo, en la Piazza Duomo, es famoso por *La Asunción* (1526-1530), del pintor Antonio da Correggio, que ocupa la cúpula central. El crucero sur cuenta con un friso esculpido de *El Descendimiento* (1178), de Benedetto Antelami, responsable de gran parte del baptisterio (1196), al sur de la catedral. Los relieves de este último –sobre todo los de los meses del año– se encuentran entre los más importantes de esta época en Italia.

Al este del Duomo está la iglesia de San Giovanni Evangelista (reconstruida en 1498-1510), cuya cúpula calberga el fresco (*.* 1520) *Visión de san Juan en Patmos*, de Correggio. También contiene frescos de Parmigianino.

Palazzo della Pilotta
Piazzale della Pilotta 15 0521 23 36 17 (Galleria Nazionale); 0521 23 37 18 (Museo Archeologico Nazionale) ma-do mañanas
El palacio fue edificado para los Farnesio en el siglo XVI. Comprende, entre otras partes, el Teatro Farnese (1628), copia en madera del teatro de Palladio en Vicenza.

Parmigianino y Correggio están presentes en la Galleria Nazionale del palacio, que también contiene obras de Fra Angelico, Bronzino y el Greco, y dos enormes pinturas de Ludovico Carracci: *Los apóstoles en el Sepulcro y El funeral de la Virgen* (ambos de finales del siglo XVI).

El Museo Archeologico Nazionale, en la planta baja, tiene objetos de Velleia, una necrópolis etrusca, y de asentamientos prehistóricos de los alrededores de Parma.

Camera di Correggio
Via Melloni 0521 23 33 09 8.30-14.00 ma-vi y do, 8.30-18.00 sá
Este antiguo refectorio del convento de San Paolo guarda frescos de escenas mitológicas que pintó Correggio en 1518.

Sinónimo de buena gastronomía y alto nivel de vida, Parma también posee excelente arte y edificios medievales.

←

Una ciclista pasa junto a edificios renacentistas en Ferrara

6

Ferrara

C2 FS 🚌 Castello Estense, Largo Castello; www.ferrarainfo.com

Ferrara, impresionante ciudad amurallada, está marcada por la presencia de la dinastía d'Este, que la gobernó desde finales del siglo XIII hasta 1598, cuando el Papado obligó a la familia a trasladarse a Módena.

Castello Estense

Largo Castello 0532 29 92 33 ma-do (sep-mar: diario) Festivos

La sede dinástica de la familia Este, con sus fosos, torres y almenas (comenzada en 1385), está en el centro de la ciudad. En las mazmorras estuvieron encarcelados Ferrante y Giulio d'Este por conspirar contra Alfonso I d'Este. Parisina d'Este, esposa de Nicolò III, fue ejecutada aquí por ser amante de Ugo, su hijastro ilegítimo.

Palazzo del Comune

Piazza Municipale

Este palacio medieval (empezado en 1243) alberga las estatuas de Nicolò III y Borso d'Este, uno de sus 27 hijos. Ambas son copias de las originales de Leon Battista Alberti (siglo XV).

Museo della Cattedrale

Via San Romano 0532 76 12 99 ma-do 1 y 6 ene, Semana Santa, 25 y 26 dic

El Duomo de Ferrara, del siglo XII, fue diseñado por Wiligelmus, a quien se considera el primer gran escultor italiano. La fachada reproduce escenas del Juicio Final. El museo contiene espléndidos relieves en mármol de las *Labores de los meses* (finales siglo XII), y dos persianas de órgano pintadas: *San Jorge* y la *Anunciación* (1469), de Cosmè Tura, y la *Virgen de la granada* (1408), de Jacopo della Quercia.

Museo Schifanoia

Via Scandiana 23 0532 64 17 8 ma-do Festivos

El retiro veraniego de los d'Este es famoso por su Salone dei Mesi (sala de los meses), con murales del siglo XV sobre los diferentes meses del año.

Museo Archeologico Nazionale

Palazzo di Ludovico il Moro, Via XX Settembre 122 0532 66 29 9 ma-do 1 may, 25 dic

Lo más interesante de este museo son los objetos hallados en Spina, un puesto comercial greco-etrusco cerca de Comacchio, en el delta del Po.

Palazzo dei Diamanti

Corso Ercole d'Este 21 0532 24 49 49 Diario

El Palazzo dei Diamanti debe su nombre a los motivos con forma de diamante de su fachada. Alberga una galería de arte moderno, un museo dedicado al Risorgimento y la Pinacoteca Nazionale, que contiene obras de importantes exponentes de la escuela renacentista local.

SALINAS DE CERVIA Y FLAMENCOS

Las salinas de las afueras de la costera Cervia producen un tipo particularmente puro de sal desde tiempos remotos. La zona, hoy reserva natural, acoge durante todo el año a una importante colonia de flamencos. Hay recorridos a pie, en bicicleta o barco de marzo a noviembre.

Museo Nazionale dell'Ebraismo Italiano e della Shoah

Via Piangipane 81 ma-do 31 mar, 10 sep meisweb.it

Ferrara ha constituido un importante centro para la comunidad judía desde el siglo XV, cuando la familia d'Este garantizó seguridad a judíos perseguidos en otros lugares. El museo ofrece exposiciones multimedia y otras relacionadas con la historia del judaísmo en Italia.

Abbazia di Pomposa

Via Pomposa Centro 1, Codigoro 9.00-19.00 lu (iglesia abierta a diario) abbaziadipomposa.altervista.org

Esta abadía a 42 km al este de Ferrara data en parte de los siglos VII y VIII. Cuenta con un campanario románico (1063) y la Basilica di Santa Maria, que tiene un suelo de mosaicos con diseños geométricos y motivos de animales, además de muros pintados con frescos, entre ellos *El Juicio Final*.

Delta del Po

D2 Ferrara Ferrara Ostellata A Goro o Gorino Desde Porto Garibaldi, Goro y Gorino Corso Mazzini 200, Comacchio; www.parcodeltapo.it

El río Po es el más largo de Italia. Su vasta cuenca cubre el 15% del país. A pesar de padecer la contaminación industrial en algunas zonas, ofrece bellos paisajes, filas de chopos a través de campos neblinosos y panoramas de color tierra. Son bonitas las arenas cambiantes del delta, un estuario de marismas, dunas e islas.

El inmenso Parco Delta del Po es un parque nacional de gran extensión llega hasta el Véneto. Las zonas pantanosas como Valli di Comacchio, al norte de Rávena, son reservas naturales y en invierno acogen a miles de aves en cría y migratorias. Los ornitólogos acuden a ver gaviotas, fochas, ánsares, golondrinas de mar y especies mucho más raras, como la garceta blanca, el aguilucho lagunero y el cormorán enano. Comacchio, que comprende 13 islas diminutas conectadas por puentes, es uno de los pueblos de la zona.

Bosco della Mesola, un bosque plantado en tiempos etruscos, es el hogar de grandes manadas de ciervos.

Es posible tomar un barco a los lugares más recónditos del delta: las excursiones salen de lugares como Ca'Tiepolo, Ca'Vernier y Taglio di Po. Muchas zonas cuentan con senderos para ciclistas; a lo largo del Po hay un camino muy popular de 125 kilómetros.

La Sangiovesa

El vino y buena parte de los productos usados en la cocina provienen de la finca aledaña al restaurante.

D3 Piazza Beato Simone Balacchi 14, Santarcangelo di Romagna lu comidas-sá sangiovesa.it

€€€

Barcas de pescadores en un canal en el delta del río Po

Rímini

D3 Piazzale Fellini 3; www.riminiturismo.it

Rímini era un pintoresco centro de veraneo, cuyos encantos retrató Federico Fellini (1920-1993) –nacido y criado aquí– en sus primeras películas. Hoy es el centro de vacaciones más grande de Europa. Los 15 km de paseo marítimo están llenos de discotecas, restaurantes y bares. Las abarrotadas playas están limpias y cuidadas, aunque se cobra entrada en las privadas.

El barrio antiguo de Rímini es, en cambio, muy tranquilo. Sus calles adoquinadas rodean la Piazza Cavour, dominada por el Palazzo del Podestà (siglo XIV). El edificio más elegante es la catedral, el **Tempio Malatestiano,** construido como iglesia franciscana pero convertida por Leon Battista Alberti, el gran arquitecto florentino, en un gran monumento renacentista en 1450. La obra la encargó Sigismondo Malatesta (1417-1468), descendiente de los gobernantes medievales de Rímini y uno de los hombres más corruptos de la época. Diseñado como una capilla, el *templo* se convirtió en un monumento a Malatesta. Dentro hay esculturas de Agostino di Duccio y un fresco (1451) de Piero della Francesca con Malatesta arrodillado ante san Segismundo (1451). Las iniciales entrelazadas de Malatesta y su cuarta esposa, Isotta degli Atti, constituyen un motivo decorativo, y hay relieves de bacanales y elefantes (emblema familiar) en extrañas posturas. Todo ello llevó al papa Pío II a considerarlo un templo de adoradores de Satán y a quemar la efigie de Malatesta por "asesinato, violación, adulterio, incesto, sacrilegio y perjurio".

Tempio Malatestiano
Via IV Novembre
0541 51 11 30 8.30-12.30 y 15.30-18.30 lu-sá (desde 9.00 do)

Grand Hotel Rimini

Este imponente edificio, que data de 1908 y aparece en películas del director local Federico Fellini, es, más que un hotel, un monumento en sí mismo. Tiene interiores clásicos, amplios jardines, una piscina, un *spa* y una playa privada.

D3 Parco Federico Fellini, Rímini grandhotelrimini.com

¿Lo sabías?

San Leo es parte de Emilia-Romaña desde 2006, cuando la localidad votó a favor de abandonar Las Marcas en un referéndum.

Cesenatico

D3 Forlì-Cesena Via Roma 112; www.cesenatico.it

El centro de Cesenatico, una ciudad a 18 km al norte de Rímini, se articula en torno a su bonito canal-puerto, que diseñó Leonardo da Vinci en 1502. En la actualidad alberga un museo al aire libre de embarcaciones históricas con velas de

color mostaza y diseños en rojo oscuro. En Navidad los barcos se decoran con figuras navideñas.

La localidad, uno de los centros pesqueros de la zona, tiene una importante lonja y su puerto está flanqueado por una amplia variedad de restaurantes de pescado, como La Buca, galardonado con una estrella Michelín, y al lado, el más modesto Osteria del Gran Fritto, ambos gestionados por la misma familia. La playa de arena es popular para familias y está bien equipada para niños pequeños.

San Leo

D3 Rímini Desde Rímini, cambiar en Villanova Piazza Dante Alighieri 14; www.san-leo.it

El precioso pueblo de San Leo tiene una plaza adoquinada con una Pieve

Coloridas embarcaciones históricas en el canal-puerto de Cesenatico

(parroquia) del siglo IX. Construida en parte con piedras del Mons Feretrius, la iglesia se levantó en el lugar de una capilla del siglo VI.

Justo detrás está el Duomo, un bello edificio románico del siglo XII con capiteles corintios y columnas romanas del Mons Feretrius. La tapa del sarcófago de san León está en la cripta. En el muro detrás del altar hay antiguos relieves paganos.

Pocos castillos son tan impresionantes como la gran **fortaleza** que domina San Leo. Dante la utilizó como modelo para los paisajes del *Purgatorio*, mientras que Maquiavelo consideró la ciudadela como el mejor ejemplo de arquitectura militar de Italia. Dentro de sus rocosas murallas se elevaba el Mons Feretrius, un templo romano dedicado a Júpiter.

En el lugar hay una antigua fortaleza romana que sirvió de prisión papal en el siglo XVIII. Su preso más famoso fue el conde Di Cagliostro. Estafador, mujeriego, nigromante, curandero y alquimista, Cagliostro fue encarcelado por herejía en la década de 1790. Especialmente para él, y con vistas a las dos iglesias del pueblo, se construyó una celda, llamada *pozzetto* (pozo) porque la única manera de llegar a ella era descenciendo desde el techo. Todavía puede verse, y también una pequeña galería de pintura, salones y las murallas renacentistas edificadas por Francesco di Giorgio Martini para los duques de Montefeltro en el siglo XV.

Fortaleza

Via Leopardi

0541 91 63 06 Diario

CERÁMICA DE FAENZA

Faenza ha desempeñado un papel importante en el mundo de la cerámica desde que, en el siglo XVI, sus artesanos introdujeron una mayólica blanca con motivos en azul. La localidad alberga un importante museo *(Museo Internazionale delle Ceramiche, Viale Baccarini 19, cerrado lu)*, con una colección de piezas antiguas y modernas, algunas de Picasso y Matisse.

Ejemplo típico de la cerámica de Faenza

SUR DE ITALIA

Puerto de La Corricella en Procida, una isla de la bahía de Nápoles

SUR DE ITALIA **EN EL MAPA**

Esta sección divide el sur de Italia en seis zonas, cada una con un color, como aparece en el mapa inferior. En las páginas siguientes se amplía la información de cada zona.

TOSCANA
Arezzo
Perugia
Asís
UMBRÍA
Orvieto
Viterbo
Tarquinia
LACIO
Cerveteri
Tívoli
Roma
Aprilia
Latina

Santa Teresa Gallura
Porto Torres
Olbia
Alghero
Siniscola
Bosa
Nuoro
Oristano
Tortoli
CERDEÑA
p. 526
Carbonia
Cagliari
Pula

Mar Tirreno

ITALIA

Ancona
Šibenik
CROACIA
Sarajevo
Split
Civitanova Marche
BOSNIA-HERZEGOVINA
LAS MARCAS
Makarska
Mar Adriático
Ploče
Teramo
Pescara
L'Aquila
Chieti
Dubrovnik
ABRUZOS
Sulmona
Termoli
Rodi Gargánico
ABRUZOS, MOLISE Y APULIA
p. 476
Isernia
MOLISE
Manfredonia
Cassino
Foggia
Terracina
Barletta
CAMPANIA
p. 462
Gaeta
Benevento
Bari
Santa Maria Capua Vetere
Melfi
Avellino
Fasano
Altamura
Alberobello
NÁPOLES
p. 448
Salerno
Potenza
Matera
APULIA
Brindisi
Taranto
Manduria
Sala Consilina
Agropoli
Metaponto
Lecce
BASILICATA
Vallo della Lucania
Policoro
Otranto
Lauria
Gallipoli
Maratea
Cassano allo Ionio
BASILICATA Y CALABRIA
p. 490
Cirò Marina
Cosenza
CALABRIA
Crotone
Lamezia Terme
Catanzaro
Mar Jónico
Vibo Valentia
Rosarno
Messina
Reggio di Calabria
SICILIA
p. 500
Enna
Catania
Agrigento
Siracusa
Gela
Noto
Modica
0 kilómetros 100
N

CONOCIENDO EL SUR DE ITALIA

Repleto de sitios arqueológicos, así como de una gran variedad de paisajes y costas, el sur de Italia es fascinante. Aunque la ciudad romana de Pompeya está en lugar destacado en las preferencias de cualquier visitante, también hay ruinas griegas en Sicilia y misteriosas estructuras antiguas *(nuraghis)* en Cerdeña. La gastronomía, con su ecléctico origen y diversidad de sabores, es ya motivo para una estancia en la costa o en algún precioso pueblo montañés.

PÁGINA 448

NÁPOLES

Urbe tan caótica como espectacular, Nápoles se extiende ruidosa y desaseada por el borde de la magnífica bahía del mismo nombre. A un lado se alza el volcán Vesubio, al otro se sitúa la sulfurosa área de Campi Flegrei, mientras que en el mar, al lado opuesto de la ciudad, están las placenteras islas de Capri, Isquia y Procida. Todo lo relativo a Nápoles es exuberante, desde su vida callejera y música tradicional hasta el recargado interior de sus muchas iglesias y sus dos palacios reales. Nápoles también es reconocida como el mejor lugar de Italia para comer pizza.

Lo mejor
Incesante vida callejera y coloridos festivales religiosos

Qué ver
Museo Archeologico Nazionale

Experiencias
La primigenia pizza margherita

PÁGINA 462

CAMPANIA

Al norte de Nápoles, fértiles llanuras se extienden hasta la ciudad de Santa Maria Capua Vetere, que alberga uno de los mayores anfiteatros que quedan en Italia. El remoto, montañoso y poco visitado interior de Campania está opacado por el brillo de la costa Amalfitana, con su famosa carretera junto al mar, y las asombrosas ciudades romanas de Pompeya y Herculano, preservadas bajo las cenizas de la erupción volcánica que las destruyó en el año 79. Antes de los romanos, la zona fue colonizada por los griegos, a quienes corresponden los hermosos restos de un templo en Paestum.

Lo mejor
Detectar famosos en Capri

Qué ver
Pompeya, Herculano y las sinuosas carreteras de la costa Amalfitana

Experiencias
Bucear sobre las ruinas de la ciudad romana sumergida de Baie

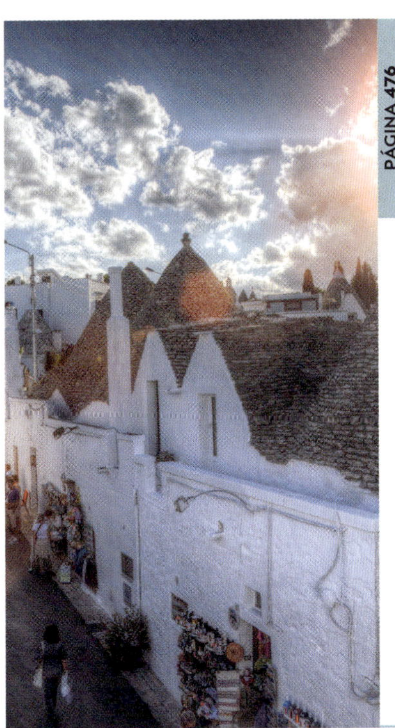

PÁGINA 476

ABRUZOS, MOLISE Y APULIA

Apulia es el *tacón* de la bota de Italia, la pintoresca costa serrada de la península de Gargano es la *espuela* y los Abruzos y Molise conforman el *tobillo*. Estas dos últimas regiones montañosas son maravillosas para el excursionismo y la visita a pueblos poco turísticos. Apulia es una próspera región agrícola con un bello litoral. Su joya es la ciudad barroca de Lecce, pero los típicos *trulli* (casas de piedra con tejado cónico) en torno a Alberobello, el laberíntico casco antiguo de Bari y el Castel del Monte merecen una visita.

Lo mejor
Comer tomates secados al sol y productos recién recolectados

Qué ver
Los edificios del barroco florido de Lecce y el Parco Nazionale d'Abruzzo, Lazio e Molise

Experiencias
La burrata fabricada por los queseros de la región

→

PÁGINA 490

BASILICATA Y CALABRIA

Basilicata y Calabria reciben relativamente poco turismo, excepto Matera con sus casas-cueva y la espléndida costa entre Tropea y Maratea. Tierras altas en su mayoría, Basilicata está salpicada de ruinas griegas, abadías medievales y castillos normandos. Calabria, entre los mares Jónico y Tirreno, tiene playas encantadoras, restos griegos en Locri Epizephiri y las laderas de la cordillera del Aspromonte y la meseta de La Sila, populares destinos de senderismo y esquí.

Lo mejor
Salirse del camino trillado

Qué ver
Matera, montañas salvajes y hermosas playas

Experiencias
Dormir en un hotel en una casa-cueva

PÁGINA 500

SICILIA

En pleno corazón del Mediterráneo, la isla de Sicilia ha sido invadida y colonizada por griegos, fenicios, romanos, árabes, normandos, españoles, ingleses y franceses, todos los cuales dejaron poso en la cocina, la lengua, el arte y la arquitectura. Su atareada capital, Palermo, y Siracusa, con su isla de Ortigia, son las ciudades más interesantes. La costa ofrece cientos de playas arenosas, mientras que el variado interior se caracteriza por remotas poblaciones en promontorios y llanuras con montes dispersos. Entre sus paisajes más famosos están los de los volcanes Etna y Estrómboli.

Lo mejor
Visitar antiguos templos griegos y tumbarse en la playa

Qué ver
Palermo, el valle de los Templos y el Etna

Experiencias
La hora del aperitivo en la isla barroca de Ortigia

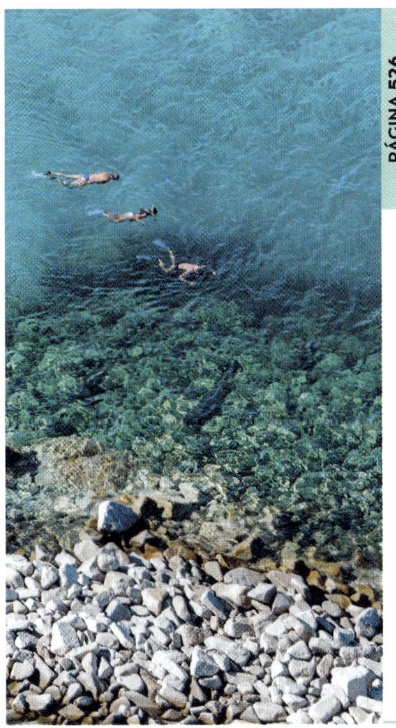

PÁGINA 526

CERDEÑA

Con un interior de abruptos y elevados montes y una costa de encantadoras playas arenosas y cuevas marinas, Cerdeña es de extraordinaria belleza y silvestre aún en parte. Cagliari, Alghero y Sassari merecen la visita, pero la joya de la isla es su increíblemente variado litoral, desde las playas de cuarzo blanco de la península de Sila a los selectos complejos turísticos de Costa Smeralda. Los antiguos habitantes de Cerdeña son conocidos como nurágicos, por las nuragas *(nuraghi)*, extrañas estructuras truncadas de piedra que edificaron por doquier.

Lo mejor
Snorkel en aguas cristalinas

Qué ver
Restos de la civilización nurágica y los selectos complejos turísticos de Costa Smeralda

Experiencias
Flamencos sobrevolando Cagliari de camino a las salinas en una mañana primaveral

Calle estrecha en el casco antiguo de Nápoles

NÁPOLES

Nápoles es una vibrante sinfonía de museos de fama internacional, antiguas ruinas, iglesias ruinosas y palacios barrocos, todo ello inmerso en el bullicio de una ciudad moderna. Fundada por los griegos, es una de las pocas urbes italianas habitadas de continuo desde la Antigüedad. Los romanos la ampliaron y embellecieron y en siglos posteriores fue el objetivo codiciado por invasores como los normandos, los gibelinos, los franceses y los españoles.

Los griegos establecieron una colonia en lo alto de la bahía de Nápoles en el siglo IV a. C. y la llamaron Parténope. Al irse extendiendo, crearon Neápolis (ciudad nueva) junto a Paleópolis (ciudad vieja). Neápolis fue un emporio en el que la lengua y costumbres griegas perduraron incluso en época romana, cuando fue residencia predilecta de la élite.

Tras la caída del Imperio romano y una oleada de invasiones, la ciudad quedó en el área de influencia de Bizancio y vivió un nuevo esplendor. En el siglo XII, los normandos conquistaron todo el sur de Italia. Nápoles se convirtió en capital y la corte atrajo a artistas famosos. El siglo XV fue una era dorada, a la que siguieron dos siglos de dominio español. En 1734, con el rey Carlos VII de Nápoles (luego Carlos III de España) comenzó la hegemonía borbónica. A excepción de una breve república en 1799 y el subsiguiente decenio en manos de Francia, los Borbones reinaron en Nápoles hasta 1860.

Desde la unificación de Italia, a mediados del siglo XIX, Nápoles se ha convertido en referente de la Italia meridional y en el símbolo de la brecha económica entre el norte y el sur del país.

A
B
C
300 metros
Alrededores del centro de Nápoles
Capodichino
CAPODIMONTE
Museo di Capodimonte
18
19
Catacumbas de San Gennaro
POGGIOREALE
MERGELLINA
VOMERO
NÁPOLES
CHIAIA
Área del mapa principal de Nápoles
20 Castel dell'Ovo
Bahía de Nápoles
0 km
2
VICO LUNGO S. AGOSTINO DEGLI SCALZI
VIA S. TERESA DEGLI SCALZI
SALITA STELLA
VIA STELLA
Cavour
Museo Archeologico Nazionale
1
P.TA GAGLIARDI
PIAZZA CAVOUR
PIAZZA CAVOUR
VIA FORIA
RAMPA LONGO
Museo
LG.TO S. ANIELLO
LARGO MADONNA DELLE GRAZIE
VIA SALVATORE ROSA
VIA DEL PRIORATO
VIA GIUSEPPE MANCINELLI
PIAZZA MUSEO
VIA SANTA MARIA DI COSTANTINOPOLI
VIA DE CRECCHIO
VC. S. GAUDIOSO
VIA SALVATORE TOMMASI
VIA ENRICO PESSINA
VIA VINCENZO BELLINI
VIA SAPIENZA
VIA DEL SOLE
V. DEL GIUDICE
VIA ATRI
AVVOCATA
4
2
VIA AVVOCATA
PIAZZA BELLINI
PIAZZA MIRAGLIA
Cappella Sansevero
6
SALITA PONTECORVO
LARGO TARSIA
VIA GIOVANNI BROMBEIS
VICO S. DOMENICO SORIANO
VIA PORT'ALBA
PIAZZA DANTE
Dante
San Domenico Maggiore
10
VC. S. DOMENICO MAGGIORE
V. SANGRO
PIAZZA SANTA DOMENICO MAGGIORE
Gesù Nuovo
12
VIA SAN SEBASTIANO
VIA TARSIA
PIAZZETTA OLIVELLA
VIA MONTESANTO
VIA GIOVANNI NINNI
VC. BIANCHI A. SPIRITO SANTO
(VIA ROMA)
VIA DELL'OLIO
VC. QUERCIA
PIAZZA DEL GESÙ NUOVO
11
Santa Chiara
VIA PALLONETTO
VC. S. GERONIMO
Montesanto
P.TTA MONTESANTO
Stazione Montesanto
PELLEGRINI
VIA FORNO VECCHIO
VIA CAPITELLI
VIA SANTA CHIARA
6
LARGO S. GIOVAN. MAGGIORE
FUNICULARE DI MONTESANTO
Stazione Corso Vittorio Emanuele
VC. TRINITÀ MONACHE
VICO PARADISO
VC. DEI
SALITA PARADISO
VIA PASQUALE SCURA
VIA PUOTI
VIA TOLEDO
VIA MONTEOLIVETO
CALATA MAGGIORE
VIA CARROZZIERI
V. BANCHI NUOVI
LARGO BANCHI NUOVI
VIA TITO ANGELINI
LARGO S. MARTINO
3
Castel Sant' Elmo
15 Museo Nazionale di San Martino
V. TO POLITI 2
P.TTA S. MARIA OGNIBENE
VICO SOCCORSO
VIA FORMALE
VIA SAN LIBORIO
VIA PIGNASECCA
PIAZZA CARITÀ
VIA D. LIOY
PIAZZA MONTEOLIVETO
Sant'Anna e San Bartolomeo dei Lombardi
13
VIA DONNALBINA
VIA SEDILE DI PORTO
VIA G. SIMONELLI
VICO PORTAPICCOLA
VIA F. GIRARDI
VICO GALUPPI
VIA BATTISTI
PIAZZA GIACOMO MATTEOTTI
V. GUGLIELMO SANFELICE
PIAZZA GIOVANNI BOVIO
Università
VIA CONCEZIONE A MONTECALVARIO
LARGO ENRICO BERLINGUER
VIA OBERDAN
VIA DEL CARRETTO
VIA ARMANDO DIAZ
VIA FIORENTINI
RUA CATALANA
VOMERO
CORSO VITTORIO EMANUELE
VIA CROCI S. LUCIA AL MONTE
MONTE-CALVARIO
S. MATTEO
NUOVO
Toledo
VC. GRAZIELLA
VIA DEPRETIS
VIA SPADARI
Stazione Petraio
VICO S. SEPOLCRO
VC. LUNGO MONTECALVARIO
PIAZZA BARACCHE
VIA S. TOMMASO D'AQUINO
VIA CERVANTES DE SAAVEDRA
VIA MEDINA
VIA F. GIOIA
VIA S. BARTOLOMEO
VIA ALCIDE DE GASPERI
FUNICULARE CENTRALE
SAL. DEL PETRAIO
V. SUOR ORSOLA
VICO CARIATI
VC. CANALE
VICO LUNGO TEATRO
VIA DEL GELSO
VIA PONTE DI TAPPIA
VIA SAN GIACOMO
V. MELISURGO
5
Stazione Corso Vittorio Emanuele
VICO VEO
VC. LUNGO
VIA PAOLO EMILIO IMBRIANI
PIAZZA MUNICIPIO
Municipio
P.ZA FRANCESE
PIAZZA MUNICIPIO
4
SALITA CARIATI
VICO D'AFFLITTO
VIA FILIPPO REGA
VIA SAN CARLO ALLE MORTELLE
VIA S. CATERINA DA SIENA
VIA L. MANCINI
CALATA S. MATTIA
VIA SAN MATTIA
Stazione Toledo
VIA SANTA BRIGIDA
VIA GIUSEPPE VERDI
VIA VITTORIO EMANUELE III
Galleria Umberto I
16
Castel Nuovo
14
SAL. VETTRIERA
PIAZZETTA MONDRAGONE
VIA CEDRONIO
VC. BERIO
PTA SERAO
VICO MONDRAGONE
VIA GIOVANNI NICOTERA
VICO ROSARIO DI PALAZZO
VIA SAN CARLO
RAMPE BRANCACCIO
VIA ANNA DI PALAZZO
V. CARLO DE CESARE
Teatro di San Carlo
VIA DEL CASTELLO
VIA PARCO DEL CASTELLO
VIA ACTON
MOLO BEVERELLO
RAMPE BRANCACCIO
VICO S. A. PALAZZO
VIA NARDONES
PIAZZA TRIESTE E TRENTO
Palazzo Reale
17
Molo Beverello
GRADONI CHIAIA
VIA FERDINANDO
VIA GAETANO FILANGIERI
VIA CHIAIA
VICO CAVALLERIZZA
VICO PALAZZO
PIAZZA PLEBISCITO
PIAZZA RODINÒ
PIAZZA SANTA MARIA DEGLI ANGELI
VIA G. SERRA
San Francesco di Paola
Giardini Pubblici
Molo San Vincenzo
5
VIA BISIGNANO
V. ALABARDIERI
VIA S. CATERINA
VIA EGIZIACA A PIZZOFALCONE
VIA PIZZOFALCONE
VIA NUOVA
VIA CESARIO CONSOLE
VIA FERDINANDO ACTON
VIA CARLO POERIO
PIAZZA DEI MARTIRI
VIA MONTE DI DIO
VIA SOLITARIA
VICO SOLITARIA
VITTORIA
VIA MEGARIDE
0 metros
250
N
DELLA
VIA PALLONETTO SANTA LUCIA
VIA SANTA LUCIA
Santa Lucia
Molo Siglio
TUNNEL
PALLONETTO
A
B
C

NÁPOLES

Esencial

1 Museo Archeologico Nazionale

Lugares de interés

2 MADRE
3 Castel Capuano y Porta Capuana
4 Duomo
5 Pio Monte della Misericordia
6 Cappella Sansevero
7 San Lorenzo Maggiore
8 San Gregorio Armeno
9 Sant'Angelo a Nilo
10 San Domenico Maggiore
11 Santa Chiara
12 Gesù Nuovo
13 Sant'Anna e San Bartolomeo dei Lombardi
14 Castel Nuovo
15 Museo Nazionale di San Martino
16 Galleria Umberto I
17 Palazzo Reale
18 Museo di Capodimonte
19 Catacumbas de San Gennaro
20 Castel dell'Ovo

Dónde comer

(1) Da Michele
(2) Sorbillo
(3) Concettina ai Tre Santi

Dónde dormir

(4) Constantinopoli 104
(5) Hotel Romeo
(6) Decumani

D

1

MUSEO ARCHEOLOGICO NAZIONALE

C1 Piazza Museo Nazionale 19 Piazza Cavour-Museo 147, 182, 184, R4 09.00-19.30 mi-do 1 ene, 25 may, 25 dic museoarcheologiconazpoli.it

Considerado uno de los mejores museos mundiales de arte antiguo, el Museo Arqueológico de Nápoles impresiona por la cantidad de piezas hermosas y de valor incalculable que atesora. Muchas de las que se exhiben fueron halladas en Pompeya y Herculano y ayudan a imaginarse cómo era la vida en la antigua Roma.

Esculturas

La espléndida colección de escultura grecorromana consiste sobre todo en hallazgos de las excavaciones alrededor del Vesubio y los campos Flégreos, así como obras de la Colección Farnesio (antigüedades romanas heredadas por el rey Fernando IV de Nápoles de su abuela Isabel Farnesio). Las estatuas –en su mayoría copias romanas únicas de originales griegos perdidos– se exhiben en la planta baja. Entre las muchas reseñables están el *Hércules Farnesio*, copia romana a mayor escala de una obra del maestro griego Lisipo, y el *Toro Farnesio*, el mayor grupo escultórico conservado desde la Antigüedad (hacia el 200 a. C.).

Frescos

La mayoría de los frescos de la colección se arrancaron de edificios en las ciudades enterradas por las erupciones del Vesubio, y se montaron aquí desde mediados del siglo XVIII. Los más destacados proceden de la basílica de Herculano. Otros se sacaron de la villa de Fannio Sinistore en Boscoreale y de las vastas propiedades de Julia Felix en Pompeya. Un fresco de su casa, con un bodegón de manzanas y uvas y escenas del foro, ofrece una fascinante instantánea de la vida cotidiana en una ciudad del siglo I.

GUÍA DE LA EXHIBICIÓN

La Colección Farnesio y las esculturas de Herculano, Pompeya y otras ciudades vesubianas pueden verse en la planta baja, la entreplanta y el primer piso. Los mosaicos, que están en la entreplanta, y los objetos domésticos, armas y murales, en la primera planta, muestran la vida diaria en las ciudades antiguas. Un espacio bajo la planta baja alberga la colección egipcia. La disposición de las piezas tiene la intención de dotarlas de contexto.

← Mosaico de Pompeya sobre la victoria de Alejandro Magno en Issos

Cronología

Siglo XVI
La estructura que albergará el museo se construye como residencia de la caballería real

1616
El edificio se remodela y se convierte en sede de la Universidad de Nápoles

1738
▲ Excavaciones en las ciudades vesubianas. El rey Carlos III colecciona hallazgos

1860
La colección pasa a titularidad pública con el nombre de Museo Nazionale

1957
El Museo Archeologico Nazionale es renombrado tras el traslado de la pinacoteca

1980
▼ Un terremoto causa graves daños en muchas de las piezas expuestas

Mosaicos

La mayoría de los mosaicos a la vista en el museo proceden de Pompeya, Herculano, Estabia y Boscoreale y datan de entre el siglo II a. C. y el año 79. Las realistas imágenes, como los retratos femeninos de Pompeya, son en especial fascinantes. Entre los platos fuertes se halla la representación de la batalla de Issos, de procedencia pompeyana. Este gran y detallado mosaico se inspiraba en pinturas helenísticas y muestra a Alejandro Magno comandando su caballería contra Darío III.

Colección egipcia

El museo acoge numerosas obras meritorias de arte egipcio, desde el Imperio Antiguo (2700-2200 a. C.) a la época romana. Además de momias de humanos y animales, la colección incluye vasos canopes, recipientes para las vísceras del momificado. La colección de estatuillas funerarias de madera, piedra y mayólica representa a trabajadores que sirven a los difuntos en el otro mundo.

El elegante exterior del Museo Archeologico Nazionale

↑ Visitantes admirando el *Hércules Farnesio* y otras esculturas clásicas de la colección

LUGARES DE INTERÉS

MADRE

D1 Via Settembrini 79 10.00-19.30 lu y mi-sá, 10.00-20.00 do www. madrenapoli.it

Inaugurado en 2005, el Museo d'Arte Contemporanea Donna Regina Napoli (MADRE) se encuentra en el Palazzo Donnaregina, del que toma su nombre. El museo expone una notable colección de obras de artistas conocidos como Andy Warhol, Robert Rauschenberg, Mimmo Paladino, Claes Oldenburg, Robert Mapplethorpe y Roy Lichtenstein, entre otros. En la primera planta se encuentra la biblioteca y una zona para niños, mientras que la tercera está destinada a exposiciones temporales. El museo a menudo acoge actividades especiales como proyecciones, conciertos y representaciones teatrales. La iglesia de Santa Maria Donnaregina, a la vuelta, ofrece un bonito espacio adicional de exposición.

Castel Capuano y Porta Capuana

E1 Piazza Enrico de Nicola

El Castel Capuano lo empezó el rey normando Guillermo I y lo finalizó Federico II. Fue palacio real hasta 1540, cuando se convirtió en palacio de justicia, función que aún conserva.

Cerca, entre las torres aragonesas de la Porta Capuana y frente al mercado, hay una singular escultura de estilo renacentista florentino. Creada como puerta defensiva por Giuliano da Maiano y terminada por Luca Fancelli en 1490, la Porta Capuana es quizá la puerta renacentista más elegante de Italia.

Duomo

D1 Via Duomo 147 081 44 90 97 8.00-14.30 y 16.30-19.00 diario (hasta 19.30 do y festivos)

Construido entre 1294 y 1323, la Cattedrale di Santa Maria Assunta o Duomo cuenta con una fachada principalmente decimonónica. Las columnas de la nave son antiguas y hay interesantes monumentos de antiguos gobernantes, junto con pinturas de Lanfranco y Domenichino.

Alberga las reliquias de san Genaro, patrón de Nápoles, martirizado en el año 305. La Cappella San Gennaro, construida en el siglo XVII, contiene ampollas de su sangre coagulada, que se licúa milagrosamente tres veces al año (el sábado anterior al primer domingo de mayo, 19 de septiembre y 16 de diciembre). La Cappella Carafa, obra maestra del Renacimiento construida entre 1497 y 1506, contiene la tumba del santo. Desde la nave norte se entra a la Cappella di Santa Restituta, fundada en el siglo IV sobre un antiguo templo a Apolo y reconstruida en el siglo XIV. Tiene pinturas de Luca Giordano (1632-1705) y un baptisterio del siglo V. El cercano Museo del Tesoro di San Gennaro contiene oro, plata, joyas, estatuas y arte.

Cavallo, de Mimmo Paladino, en el MADRE

Da Michele

Pizzería para puristas en la que solo se sirven las variedades *margherita* y *marinara*.

E2 Via Cesare Sersale 1 damichele.net

Sorbillo

Merece la pena hacer la cola para probar su deliciosa pizza.

C2 Via dei Tribunali 32 sorbillo.it

Concettina ai Tre Santi

Extraordinario *pizzaiolo* de cuarta generación.

C1 Via Arena alla Sanità 7 Bis pizzeriaoliva.it

↑ Via Nilo, doblando la esquina de la Cappella Sansevero

Pio Monte della Misericordia

D2 Via dei Tribunali 253 081 44 69 44/73 9.00-18.00 lu-sá (hasta 14.30 do) Semana Santa, Navidad

Pio Monte es una de las instituciones de caridad más importantes de Nápoles desde 1601, cuando se fundó para ayudar a pobres y enfermos y liberar a los esclavos cristianos del Imperio otomano. Tras pasar por una logia de cinco arcos en la que los peregrinos se resguardaban, se entra a la iglesia octogonal. Los ojos se van de inmediato a los *Siete actos de piedad* (1607), retablo extraordinario de Caravaggio. La galería de arte guarda importantes obras, entre ellas pinturas de Luca Giordano y Mattia Preti. El acceso a la iglesia es gratuito pero hay que pagar para entrar al museo.

Cappella Sansevero

C2 Via F de Santis 19 9.30-19.00 mi-lu museosansevero.it

Esta pequeña capilla del siglo XVI es el sepulcro de los príncipes de Sangro di Sansevero. Resulta inusual ver cómo se mezclan símbolos cristianos y masones.

La capilla alberga importantes esculturas del siglo XVIII, como *La resurrección del príncipe*, anónimo, y el *Cristo velado*, de Giuseppe Sammartino, en alabastro bajo un velo de mármol.

El príncipe Raimundo, alquimista del siglo XVIII, está asociado con la capilla. Fue excomulgado por realizar experimentos en cuerpos humanos, cuyos resultados pueden verse en la cripta.

LA HISTORIA DE LA PIZZA

Profundamente enraizada en la identidad gastronómica de Nápoles, la pizza nació en el sur de Italia a finales del siglo XVIII, convirtiéndose rápidamente en un plato de la clase obrera. En 1889, cuando recorría el reino, la reina Margarita de Savoya se aficionó a esta humilde delicia. Llamó al cocinero Raffaele Esposito a los hornos de palacio, y ahí nació la pizza *margherita*. Para concienciar del peligro que corría la fabricación de la pizza, este arte culinario fue añadido al patrimonio intangible de la humanidad de la Unesco en 2017.

↑ El techo de San Lorenzo Maggiore

San Lorenzo Maggiore

D2 Piazza San Gaetano 316 081 211 08 60 9.30-17.30 diario

Esta iglesia franciscana del siglo XIV, con fachada del XVIII, se construyó bajo Roberto el Sabio de Anjou. Se dice que Giovanni Boccaccio (1313-1375) basó su personaje Fiammetta en María, la hija del rey Roberto, a la cual vio aquí la víspera de Pascua de 1334. San Lorenzo Maggiore es un edificio gótico, estilo poco común en Nápoles. La nave y el deambulatorio del ábside reflejan la sencillez del periodo. La iglesia alberga, entre otras, la tumba gótica de Catalina de Austria (muerta en 1323), de un discípulo de Giovanni Pisano. Las excavaciones realizadas en el claustro, donde se alojó el poeta Petrarca *(p. 118)*, han descubierto restos de una basílica romana. También hay importantes excavaciones griegas y medievales, para las que se cobra entrada.

San Gregorio Armeno

D2 Via San Gregorio Armeno 1 081 552 01 86 9.00-12.00 diario (festivos: 9.00-12.00)

La iglesia todavía la administran monjas benedictinas. El convento anexo destaca por su opulencia, debido a que las monjas que vivían aquí procedían de familias nobles y mantenían su estilo de vida. El interior barroco de la iglesia alberga frescos de Luca Giordano. Hay una bonita fuente en el claustro con una estatua de *Cristo y la samaritana*. La iglesia está situada en una calle conocida como *de la Navidad* porque está flanqueada de talleres que fabrican y venden figuras de belén *(presepi)*.

← Escultura de la iglesia de San Lorenzo Maggiore

Sant'Angelo a Nilo

D2 Piazzetta Nilo 23 081 211 08 60 9.00-13.00 y 16.30-19.00 lu-sá (do y festivos solo mañanas)

Esta iglesia del siglo XIV contiene la tumba del cardenal Rinaldo Brancaccio, una fina obra escultórica del Renacimiento. Diseñada por Michelozzo, se esculpió en Pisa y, una vez completada, se llevó a Nápoles en barco. Se piensa que Donatello esculpió el ángel que descorre la cortina (derecha), el relieve *Asunción* y la cabeza del cardenal. Desde la iglesia puede visitarse el patio del Palazzo Brancaccio, sede de la primera biblioteca pública de Nápoles (1690).

San Domenico Maggiore

C2 Piazza San Domenico Maggiore 8A 081 459188 10.00-19.00 diario

En 1283, Carlos I de Anjou ordenó la construcción de una nueva iglesia y monasterio para los dominicos. El edificio gótico de tres naves se levantó sobre el templo de Sant'Arcangelo a Morfisa, que fue el emplazamiento original de la Universidad de Teología de Nápoles, dirigida por santo Tomás de Aquino. Se dice que en el interior del monasterio está el brazo del santo. En 1850-1853, Federico Travaglini reconstruyó el interior en estilo neogótico. La sacristía alberga 42 féretros decorados y colocados a lo largo de la galería. Algunos contienen los cuerpos de reyes aragoneses, incluidos Alfonso el Magnánimo y Fernando I.

Constantinopoli 104
Hotel *boutique* impecable.

C2 Via S. Maria di Costantinopoli 104 costantinopoli104.it

Hotel Romeo
Habitaciones en el casco antiguo.

C4 Via C. Colombo 45 romeohotel.it

Decumani
Palacio del siglo XX amueblado con gusto.

C3 Via S. Giovanni Maggiore Pignatelli 15 decumani.com

↑ El claustro de San Gregorio Armeno, con su idílico jardín

11

Santa Chiara

C3 Via Santa Chiara 49C 081 442 00 39 9.30-17.30 lu-sá, 10.00-14.30 do

La iglesia del siglo XIV fue bombardeada en la Segunda Guerra Mundial, pero la reconstrucción le devolvió su estructura gótico-provenzal. Aquí están las tumbas de los monarcas angevinos. La tumba de Roberto el Sabio, muerto en 1343, es de Giovanni y Pacio Bertini; la de su hijo, Carlos de Calabria, que murió en 1328, es de Tino da Camaino, y la de la esposa de Carlos, María de Valois, fallecida en 1331, es de Camaino y sus seguidores. Al lado hay un convento con un **claustro,** diseñado por Vaccaro (1742). También hay un museo y unas termas romanas (1 d. C.).

Claustro

081 797 12 24 o 081 551 66 73 9.30-17.30 lu-sá, 10.00-14.30 do y festivos

Gesù Nuovo

C2 Piazza del Gesù Nuovo 2 081 557 81 11 7.00-13.00 y 16.00-20.00 diario

La iglesia jesuita del siglo XV la construyó Valeriano (y más tarde Fanzago y Fuga) a partir del palacio Severini (siglo XV), del que solo queda la fachada. La decoración del interior (siglo XVII) responde a las necesidades de los jesuitas, que buscaban atraer fieles apelando a sus emociones. Resplandece con mármol policromo y enormes pinturas, con algunas de Ribera y Solimena, como el fresco *Expulsión de Heliodoro del templo,* de este último. En 1688 un terremoto destruyó la cúpula de Lanfranco (la actual data del siglo XVIII).

Sant'Anna e San Bartolomeo dei Lombardi

C3 Piazza Monteoliveto 4 081 551 33 33 9.30-18.30 lu-sá

Conocida también como Santa Maria di Monteoliveto, esta iglesia fue construida en 1411 y restaurada tras la Segunda Guerra Mundial. Es un rico depósito de arte renacentista. Pasada la tumba (1627) de Domenico Fontana, quien completó la cúpula de San Pedro de Roma tras la muerte de Miguel Ángel, la riqueza se hace palpable.

La Cappella Mastrogiudice contiene un panel con una *Anunciación* de Benedetto da Maiano (1489) y la Cappella Piccolomini alberga el monumento (*c.* 1475) de Antonio Rossellino a María de Aragón (completado por Da Maiano). La Cappella del Santo Sepolcro tiene una *Pietà* (1492) de Guido Mazzoni. Sus ocho figuras están consideradas retratos de tamaño natural de los contemporáneos del artista. La antigua sacristía, con frescos de Vasari (1544), cuenta con una sillería de Giovanni da Verona (1510).

Castel Nuovo

C4 Piazza Municipio 081 795 77 22 9.00-19.00 lu-sá (última entrada: 18.00) Algunos festivos

Conocida también como el Maschio Angioino, esta fortaleza angevina fue construida para Carlos de Anjou en 1279-1282, dándosele el nombre de *nuevo* para distinguirlo de dos castillos anteriores. Aparte de las torres y de la Cappella Palatina con la *Madonna* (1474) de Francesco Laurana sobre el pórtico, casi toda la estructura es aragonesa.

LOCALES NOCTURNOS DE NÁPOLES

Arenile di Bagnoli
E5 Via Coroglio 14b
areniledibagnoli.it
Animado local musical. En verano hay un escenario junto al mar.

Cammarota Spritz
B4 Vico Lungo Teatro Nuovo 31 320 277 5687
Con un aire *grunge,* este local sirve Aperol en vasos de plástico por 1 €.

Enoteca Belledonne
A5 Vico Belledonne a Chiaia 18 enoteca belledonne.it
Bar de vinos, siempre animado.

El castillo fue en un tiempo la principal residencia real. En la Sala dei Baroni, Fernando I de Aragón reprimió con violencia a los cabecillas de la revuelta de los barones en 1486. Los monarcas aragoneses no rehusaban el uso de las armas, pero también eran amantes de las artes.

El arco triunfal de la entrada al castillo (empezado en 1454) conmemora la llegada de Alfonso de Aragón a Nápoles en 1443 y en su ingenioso diseño trabajó Laurana. La puerta original en bronce de Guillaume le Moine (1468) se conserva en el Palazzo Reale. Parte del edificio alberga ahora el **Museo Civico.**

Museo Civico
081 795 77 22
10.00-16.00 lu-sá, 10.00-14.00 do

El castillo fue residencia real. En la Sala dei Baroni, Fernando I de Aragón reprimió violentamente a los cabecillas de la revuelta de los barones en 1486.

Museo Nazionale di San Martino

A3 Largo San Martino 5 081 229 45 02
8.30-19.30 ju-ma

Situada sobre Santa Lucia, la barroca Certosa di San Martino, fundada en el siglo XIV como monasterio cartujo, posee magníficas vistas de la bahía. Alberga un museo de belenes napolitanos *(presepi)*, algunos con cientos de figuritas. El claustro lo completó en 1623-1639 Cosimo Fanzago (el creador del barroco napolitano) a partir del proyecto del siglo XVI de Dosio. La iglesia y el coro son ejemplos de su maestría.

Junto a la Certosa está el **Castel Sant'Elmo,** construido en 1329-1343 y reconstruido en el siglo XVI. Ofrece impresionantes vistas de la bahía.

Castel Sant'Elmo
8.30-19.30 diario

↑ Castel Nuovo, que habitaron los reyes de Nápoles

←

La imponente Galleria Umberto I, con su bonito techo acristalado

Galleria Umberto I

B4 Via Toledo
Diario

En tiempos llena de los napolitanos más elegantes, la Galleria Umberto I data de 1887 y fue reconstruida tras la II Guerra Mundial. Enfrente se alza la ópera más grande y antigua de Italia, el **Teatro San Carlo,** construido para Carlos III de Borbón en 1737.

Teatro San Carlo
10.00-17.15 diario
teatrosancarlo.it

Palazzo Reale

C5 Piazza Plebiscito 1
9.00-20.00 ju-ma
1 ene, 25 dic palazzo realenapoli.it

Comenzado por Domenico Fontana en 1600 y ampliado después, el Palacio Real de Nápoles es un elegante edificio con grandes salones llenos de muebles, tapices, pinturas y porcelana. El pequeño teatro privado di Corte (1768) es de Ferdinando Fuga. El palacio está ocupado por la **Biblioteca Nazionale.** El exterior ha sido restaurado parcialmente y la Piazza dei Plebiscito se ha limpiado. Las columnatas llevan a San Francesco di Paola (siglo XIX), basado en el Panteón de Roma.

Biblioteca Nazionale
081 781 9111 8.30-19.00 lu-vi, 8.30-13.30 sá; llevar DNI

Museo di Capodimonte

A1 Via Miano 2
8.30-19.30 ju-ma
museocapodimonte. beniculturali.it

Comenzado en 1738 por Carlos III de Borbón como pabellón de caza, el Palazzo Reale di Capodimonte alberga este museo de pintura italiana. Incluye obras de Tiziano, Botticelli, Perugino y otras muchas con origen en las colecciones de la familia Farnese. También hay una galería de arte del siglo XIX, sobre todo con obras del sur de Italia.

CONSEJO DK
Comer en la calle

Spaccanapoli, una calle que atraviesa el casco antiguo, ofrece estupenda comida para llevar. Merecen la pena el *portafoglio* (pizza doblada) y las *palle'e riso* (bolas de arroz). No hay que perderse el *babà*, pastas mojadas en ron, en la pastelería Scaturchio.

Catacumbas de San Gennaro

A1 Via di Capodimonte 13 10.00-17.00 lu-sá (hasta 14.00 do)
catacombedinapoli.it

Las catacumbas –donde fue enterrado al principio san Genaro– quedan cerca de la iglesia de San Gennaro in Moenia. Esta pequeña iglesia fue fundada en el siglo VIII y linda con un taller del siglo XVII. En la toba volcánica hay dos hileras de catacumbas (siglo II) y mosaicos y frescos paleocristianos. Siguiendo la calle, un poco más adelante se hallan las catacumbas de San Gudioso, que recuerdan al santo del siglo V que fundó un monasterio en este lugar. Más arriba queda la iglesia de Santa Maria della Sanità.

Castel dell'Ovo

A2 Via Eldorado 3
081 795 45 93 8.30-19.00 lu-sá (hasta 13.30 do y festivos)

El Castel dell'Ovo, empezado en 1154, es el más antiguo de Nápoles. Ocupa una pequeña isla junto al barrio de Santa Lucia (antiguo emplazamiento del mercado de marisco). Con los normandos y los Hohenstaufen sirvió de residencia real, pero hoy pertenece al Ejército. En él se celebran actos culturales y tiene buenas vistas desde sus murallas.

Bajo las murallas, la diminuta Porta Santa Lucia está bordeada de marisquerías. La Via Partenope, que la cruza, es un precioso paseo.

Estatua de Federico II en el Palazzo Reale

Tejados de Positano, en la costa Amalfitana

CAMPANIA

Situada a la sombra del volcán Vesubio, Campania es una región de grandes contrastes. El interior, donde se extienden fértiles llanuras cultivadas, se ve eclipsado por la costa Amalfitana, con sus imponentes vistas y el espectacular litoral de Cilento. Las áreas montañosas interiores, remotas y poco visitadas, albergan pequeñas ciudades fundadas por los griegos, desarrolladas por los romanos y a menudo abandonadas a causa de la malaria y los ataques sarracenos. En otras zonas, extraordinarias ciudades romanas y ruinas helenas, preservadas por un manto de ceniza volcánica, revelan la historia antigua de la región.

Los primeros pobladores de Campania fueron los etruscos y los griegos, de quienes proceden las enormes ruinas de Paestum. A continuación vino un periodo de gran prosperidad bajo los romanos, del cual queda rastro arqueológico en Benevento, Santa Maria Capua Vetere y, por supuesto, Pompeya y Herculano.

Pompeya es hoy una meta prioritaria para los turistas, pero no siempre fue así. Los viajeros que hacían el *Grand Tour* en el siglo XVII y comienzos del XVIII preferían los fenómenos volcánicos del cráter Solfatara y los campos Flégreos, al oeste de Nápoles. Solo cuando las primeras excavaciones arqueológicas desenterraron los restos de Paestum y las ciudades sepultadas alrededor del Vesubio se popularizaron las visitas a la zona.

El hermoso color, la luz y el ambiente de las islas de Capri e Isquia y la península de Sorrento empezaron a interesar a los pintores paisajistas en el siglo XIX. El flanco sur de la península -la costa Amalfitana- permaneció aislada hasta mediados de los años 60 del pasado siglo, cuando comenzó a atraer visitantes en busca de una forma de vida alternativa y retirada. Irónicamente, el área se ha convertido desde entonces en un popular destino vacacional.

MOLISE
EL LACIO
p. 320
Frosinone
Arpino
Atina
Colli a Volturno
Isernia
Frosolone
Campobasso
Castro dei Volsci
Cassino
Venafro
Roccamandolfi
Bojano
Pontecorvo
Letino
Monti del Matese
Mignano Monte Lungo
Pratella
Fondi
Galluccio
Piedimonte Matese
Morcone
Cusano Mutri
Cerreto Sannita
Sperlonga
Roccamonfina
Minturno
Formia
Sessa Aurunca
Teano
Pietramelara
Alvignano
Gaeta
Guardia Sanframondi
Formicola
Amorosi
Baia Domizia
Carinola
Sparanise
Bellona
Caiazzo
Solopaca
Golfo di Gaeta
Mondragone
Frasso Telesino
Capua
SANTA MARIA CAPUA VETERE
CASERTA
Montesarchio
Anzio
Cancello ed Arnone
Castel Volturno
Maddaloni
Villa Literno
Cervinara
Aversa
Cancello
Cicciano
Giugliano
Acerra
Marina di Lago di Patria
Casoria
Nola
Nápoles
Marano di Napoli
Pomigliano d'Arco
Palma Campania
Isola di Ventotene
Isola Santo Stefano
Pozzuoli
Vesubio 1.281m
Sarno
Bacoli
HERCULANO
POMPEYA
ISQUIA
PROCIDA
Torre del Greco
Forio
Isquia
Torre Annunziata
Nocera Inferiore
Sant'Angelo
Barano d'Ischia
Castellammare di Stabia
Gragnano
Golfo di Napoli
Vico Equense
Ravello
Sorrento
Meta
Positano
Amalfi
Massa Lubrense
Praiano
COSTA AMALFITANA
Anacapri
CAPRI
CAMPANIA
Esencial
1 Pompeya
2 Herculano
3 Costa Amalfitana
4 Capri
Lugares de interés
5 Santa Maria Capua Vetere
6 Caserta
7 Benevento
8 Salerno
9 Paestum
10 Isquia y Procida
Mar Tirreno
Sicilia
0 kilómetros 20
N

CAMPANIA
ABRUZOS, MOLISE Y APULIA
p. 476
APULIA
CAMPANIA
BASILICATA
BASILICATA Y CALABRIA
p. 490
7 BENEVENTO
8 SALERNO
PAESTUM 9
Monti Picentini
Golfo di Salerno
Golfo di Policastro
San Severo
Sant'Elia a Pianisi
Jelsi
Volturara Appula
Lucera
Alberona
Castelvetere in Val Fortore
Santa Croce del Sannio
Colle Sannita
San Marco dei Cavoti
Castelfranco in Miscano
Pesco Sannita
Buonalbergo
Savignano Irpino
Castelluccio dei Sauri
Stornara
Cerignola
Paduli
Ariano Irpino
Accadia
Villaggio Moschella
Villanova del Battista
Candela
Apice
Grottaminarda
San Giorgio del Sannio
Vallata
Lacedonia
Lavello
Sturno
Bisaccia
Melfi
Pratola Serra
Aquilonia
Venosa
Andretta
Torella de Lombardi
Avellino
Atripalda
Sant'Angelo dei Lombardi
Calitri
Rionero in Vulture
Volturara Irpinia
Lioni
Teora
Forenza
Solofra
Montella
San Fele
Filiano
Laviano
Calabritto
Muro Lucano
Acerno
Quaglietta
Pietragalla
Montecorvino Rovella
Ruoti
Campagna
San Gregorio Magno
Vietri sul Mare
Pontecagnano
Contursi Terme
Potenza
Battipaglia
Eboli
Spineta Nuova
Caggiano
Altavilla Silentina
Serre
Controne
Polla
Anzi
Sele
Sant'Angelo a Fasanella
Roccadaspide
San Rufo
Marsico Nuovo
Capaccio
Sala Consilina
Felitto
Teggiano
Agropoli
Viggiano
Tanagro
Padula
Prignano Cilento
Piaggine
Castellabate
Rutino
Stio
Sessa Cilento
Vallo della Lucania
Sanza
Ogliastro Marina
Casalbuono
Moliterno
Pollica
Ceraso
Rofrano
Caselle in Pittari
Laurito
Castelsaraceno
Marina di Casal Velino
Ascea
Futani
Torre Orsaia
Fortino
Monti Sirino 2.005m
Torraca
Pisciotta
San Giovanni a Piro
Sapri
Lauria
Palinuro
Scario
Castelluccio Superiore
Camerota
Marina di Maratea
Tortora
A14
S16
S17
S87
S90b
S655
A16
S90
S93
S401
S658
RA2
S691
A2
RA5
S18
S19
S92
S598
S166
S430

Ruinas de Pompeya con el Vesubio al fondo

1

POMPEYA

E5 Piazza Esedra 5 abr-oct: 09.00-19.30 diario (última entrada: 18.00); nov-mar: 09.00-17.00 diario (última entrada: 15.30) 1 ene, 1 may, 25 dic pompeiisites.org

La erupción del Vesubio del año 79 congeló en el tiempo el puerto de Pompeya y a sus 20.000 habitantes, perfectamente preservados por las cenizas del volcán. La ciudad ha subyugado a los visitantes desde que se descubrió en el siglo XVIII.

Molde de yeso de una de las víctimas del Vesubio en Pompeya

Moldes de yeso de los habitantes de Pompeya ocupan el lugar donde murieron, mientras que exquisitos mosaicos y pinturas murales –entre ruinas de tiendas, hogares y templos– ofrecen una inmersión total en el mundo romano.

Villas

Pompeya contiene restos de numerosas casas de gran tamaño y valor arquitectónico. Entre las más destacadas, la casa del Poeta Trágico, con su mosaico de *cave canem* (cuidado con el perro) a la entrada, y la villa de los Misterios, con un ciclo de frescos que muestra la preparación de una adolescente para un rito iniciático.

El foro

El foro era el centro de la vida pública. Allí tenían su sede importantes órganos administrativos y religiosos, como la basílica y los templos de Apolo, Júpiter y Vespasiano.

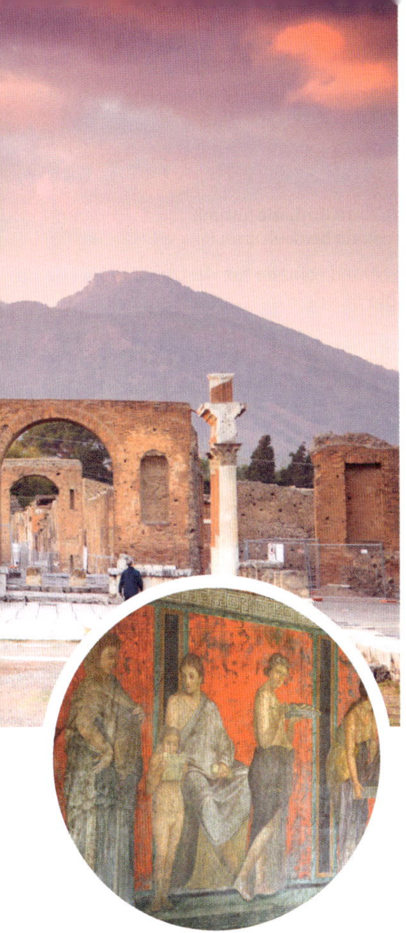

Esencial ☆

MONTE VESUBIO

Casi 2.000 años después de la erupción que destruyó Pompeya y Herculano, el Vesubio sigue siendo el volcán más peligroso de Europa, con unas 700.000 personas habitando en la zona de riesgo. Por ello, el volcán, que entró en erupción por última vez en 1944, está bajo constante seguimiento. Cuando estalle de nuevo, los científicos temen que amenace Nápoles. Si se detecta actividad de nivel preocupante, está previsto un plan de evacuación en 72 horas.

Para echar un vistazo de cerca al volcán hay un minibús que sale desde la estación de tren de Ercolano Scavi al aparcamiento del Vesubio, desde donde hay un ascenso de media hora al cráter humeante. Para vivir más actividades volcánicas hay que dirigirse a Solfatara, a 30 minutos en coche al oeste de Nápoles, donde se puede tener la inolvidable y extraña experiencia de caminar sobre el caliente, esponjoso y maloliente terreno sulfuroso de un cráter.

Coloridos frescos decorando las paredes de la villa de los Misterios

Quizás las más impresionantes ruinas del foro son las de las termas. Construidas después del año 80 a. C., todo apunta a que eran muy usadas para el baño cotidiano. Sus salas siguen un orden, del vestuario al *frigidarium* (baño frío), luego el *tepidarium* (baño templado) y por fin el *caldarium* (baño caliente). El *tepidarium* está decorado con figuras mitológicas y el *caldarium* tiene una gigantesca bañera de mármol.

Teatros

Los escenarios incluyen el odeón (pequeño teatro para 1.500 espectadores), el teatro grande (para 5.000) y el anfiteatro (hasta 20.000 asistentes a los combates de gladiadores). El teatro grande, muy bien conservado, aún se utiliza para representaciones en verano.

Burdeles

Las excavaciones revelaron numerosos *lupanare* (burdeles). El más impactante está en una calle paralela a la Via Stabiana. Sus paredes, llenas de frescos eróticos y pintadas, indican los servicios ofrecidos a los clientes por quienes se prostituían, entre los que además de mujeres había muchachos.

↓ Ruinas a lo largo de una calle empedrada de Pompeya

HERCULANO

E5 Ercolano Scavi, Corso Resina abr-oct 8.30-19.30 diario (última entrada: 18.00); nov-mar: 8.30-17.00 diario ercolano.beniculturali.it

Bautizada en honor a Hércules, esta antigua ciudad romana fue destruida en el año 79 por la misma erupción del Vesubio que dejó enterrada Pompeya bajo piedra volcánica y cenizas. Herculano quedó sepultada en lava y ahora es la ciudad romana mejor preservada de Italia. Además de los edificios y la decoración de la ciudad, las excavaciones han sacado a la luz plantas, tejidos y otros materiales perecederos.

Herculano estuvo bajo influencia griega desde alrededor del siglo V a. C. y luego cayó en poder de los samnitas. En el año 89 a. C. se convirtió en parte del Imperio romano como lugar residencial y de vacaciones.

Las excavaciones, que se comenzaron en el siglo XVIII, han desenterrado casas romanas edificadas siguiendo un trazado rectangular. La antigua Herculano está muy por debajo del nivel donde se alza la ciudad moderna y las excavaciones no han terminado. Entre lo más destacado están los frescos de la villa de los Papiros (así llamada por los rollos de papiros hallados en ella) y los del colegio de las Augustales, el mosaico de la casa de Neptuno y Anfítrite, los vestuarios y mosaicos de las termas públicas, la Casa Trellis, de dos plantas, y las réplicas escultóricas en el patio de la casa de los Ciervos. No hay que perderse los restos de un barco de madera (incluido un rollo de cuerda) ni las ánforas de terracota en los mostradores de mármol de las *thermopolia* (equivalente romano de los puestos de comida rápida). Muchas de las esculturas y frescos mejor preservados de Herculano se exhiben en el Museo Archeologico Nazionale *(p. 452)*.

↑ Visitantes admirando los frescos del colegio de las Augustales

← Mosaico en el comedor de verano de la casa de Neptuno y Anfítrite

→ Escultura de un ciervo atacado por perros descubierta en el patio de la casa de los Ciervos

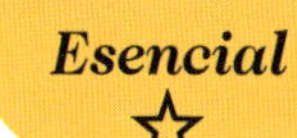

¿Lo sabías?

El Museo J. Paul Getty de Malibú es una recreación de la villa de los Papiros de Herculano.

Casas en ruinas y tiendas en una calle de Herculano ↑

↑ Coloridas casas que cubren la colina frente al mar, en Positano

❸

COSTA AMALFITANA

 **E5 Amalfi Corso delle Repubbliche Marinare, Amalfi; www.amalfitouristoffice.it**

Suspendida entre el mar, el cielo y la tierra, la carretera 163 serpentea a lo largo de la costa Amalfitana y ofrece magníficas vistas. Hasta el siglo XIX esta franja de la *costa divina* estaba aislada, pero a principios del siglo XIX comenzó a atraer a viajeros, artistas y escritores. En la actualidad, entre los placeres que ofrece este lugar están ir de playa en playa y recorrer los miradores costeros para admirar las vistas.

①

Sorrento

 **Azienda Autonoma di Soggiorno Sorento-Sant'agnello, Via de Maio 35; www.sorrentotourism.com**

Sobre los acantilados del extremo sur de la bahía de Nápoles, Sorrento es de origen remoto, como demuestra la disposición griega del centro de la ciudad. En verano se llena de turistas que gozan con sus vistas o disfrutan en sus cafés. La Marina Grande y la Piccola tienen playas pequeñas.

②

Positano

 **AAST, Via del Saracino 4; www.aziendaturismopositano.it**

Las casas de Positano, en tonos pastel, ocupan una pendiente vertiginosa que llega hasta el mar. Las más antiguas, en la parte superior, están decoradas con estuco barroco. La calle peatonal que desciende hasta el mar, Via Pasitea, penetra en el corazón de Positano a través de callejones estrechos con casas de tejados abovedados y pequeños jardines que desafían a las rocas. Cerca de la playa se levanta la iglesia de Santa Maria dell'Assunta, cuya cúpula está cubierta de azulejos amarillos, azules y verdes. El descenso acaba en la Marina Grande, llena de bares y restaurantes de postín.

③

Amalfi

 **AAST, Corso Repubbliche Marinare 27; www.amalfi.it**

Encajado entre las montañas y el mar, Amalfi es un destino turístico habitual por su belleza y arquitectura. Posee también una historia gloriosa como potencia marítima. La catedral de Amalfi, el **Duomo**

CURIOSIDADES

Nocelle

Positano puede estar muy lleno durante el día. Para escapar de la multitud se puede ascender hasta el Montepertuso, desde donde un espléndido sendero panorámico lleva al tranquilo pueblo de Nocelle, un lugar agradable para comer.

di Sant'Andrea, del siglo IX, se reconstruyó en el siglo XI en estilo románico y ha sufrido varias modificaciones. Hacia el interior de Amalfi se puede visitar el Valle dei Mulini, conocido por la producción tradicional de papel, y el **Museo della Carta,** o Museo del Papel.

Duomo di Sant'Andrea
Via Duca Mansone I
mar-oct: 7.30-19.00 diario; nov-feb: 9.00-11.30, 16.30-19.00 diario

Museo della Carta
Via delle Cartiere 089 830 45 61 mar-oct: 10.00-18.30 ma-do; nov-feb: 10.00-16.00 ma-do

Ravello

AAST, Via Roma 18; www.ravello-time.it

Fuera de los circuitos habituales, Ravello es un lugar para quienes buscan tranquilidad, aunque se anima en julio y agosto con el Festival de Ravello. Destacan el **Duomo,** consagrado a san Pantaleón; **Villa Rufolo,** conocida por sus jardines tropicales; y **Villa Cimbrone,** un pequeño hotel de lujo *(ver recuadro)* con fascinantes vistas de la costa hasta Punta Licosa.

Duomo
Piazza Duomo 9.00-19.00 diario chiesaravello.it

Villa Rufolo
Piazza Duomo Verano: 9.00-17.00 villarufolo.it

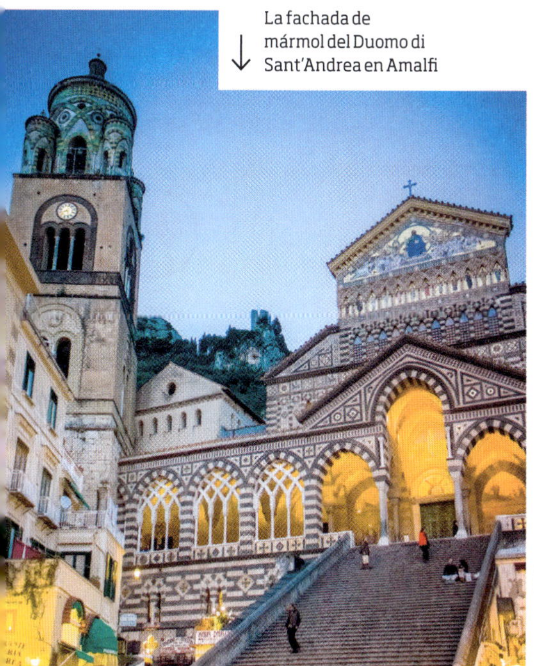

La fachada de mármol del Duomo di Sant'Andrea en Amalfi

Hotel Villa Cimbrone
Encaramado sobre Ravello, este elegante hotel tiene unos jardines con idílicas vistas de la costa, un restaurante con estrella Michelin, una piscina y habitaciones con frescos en las que se alojaron Greta Garbo, D. H. Lawrence y Gore Vidal.

Via Santa Chiara 26
hotelvilla cimbrone.com

↑ Vista de Capri y de I Faraglioni desde el monte Solaro

4

CAPRI

E5 Capri Piazza Umberto I, Capri; www.capritourism.com

Esta pequeña y abrupta isla enclavada en el extremo sur de la bahía de Nápoles ha atraído a visitantes adinerados desde la Antigüedad. Los emperadores Augusto y Tiberio pasaban largas temporadas aquí y, en sus últimos años, Tiberio incluso llegó a gobernar desde su lujosa villa en la isla. En el siglo XIX, se llenó de artistas, políticos e intelectuales extranjeros. Sigue siendo una meca del turismo y, aunque se llena con excursiones durante el día, merece la pena visitarla por su encanto y belleza.

Capri

En la capital de Capri, situada en el este de la isla, comienzan la mayoría de las excursiones. Los visitantes normalmente llegan en ferri al puerto, la Marina Grande, un enclave lleno de restaurantes, tiendas y bares. Desde aquí, un funicular lleva al corazón del casco antiguo en unos pocos minutos. La Via Camerelle está llena de tiendas de lujo. La bonita cúpula de la iglesia barroca de Santo Stefano domina este concurrido lugar.

Piazza Umberto I

La famosa *piazzetta* de la capital de Capri es como un salón al aire libre y está llena a rebosar de día y de noche. Las mesas de los cafés bullen con cotilleos y animadas conversaciones. Es un placer recorrer las callejas que rodean la plaza, un lugar por el que se dejan ver los famosos.

Anacapri

AAST, Via Orlandi 59; 081 837 15 24

En la ladera del monte Solaro se alza la segunda localidad de la isla, Anacapri. En contraste con la pompa de la capital, sus calles y plazas, relativamente tranquilas, albergan iglesias, museos y tiendas de artesanía. Se pueden visitar la iglesia de San Michele, la Villa San Michele (antigua casa del médico sueco Axel Munthe) y las excavaciones en la Villa

L'Olivo

Uno de los dos restaurantes con estrella Michelin que posee el lujoso Capri Palace Hotel, L'Olivo reinterpreta con maestría la cocina mediterránea.

Via Capodimonte 14, Anacapri Oct-med abr capripalace.com

€€€

Esencial ☆

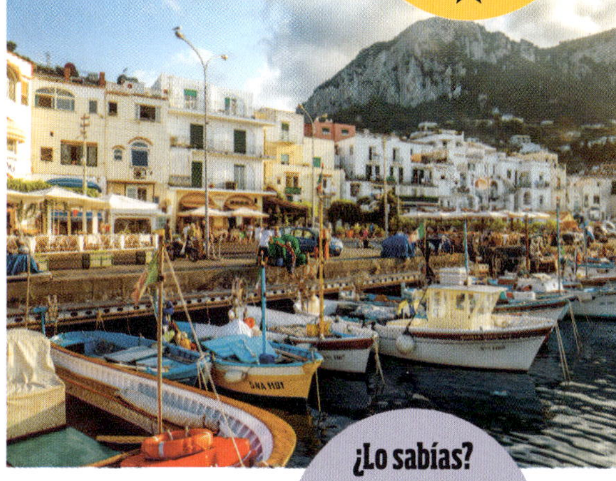

→ Barcos pesqueros en la Marina Grande, en la capital de Capri

Damecuta, del emperador Tiberio, además de apreciar las vistas desde lo alto del cerro.

Grotto Azzurra

Excursiones en barco desde la Marina Grande, Capri capital

Esta gran cueva marina es uno de los lugares más visitados de Capri. La luz entra por la pequeña entrada de la gruta y se refleja en el fondo del mar, creando un tono increíblemente azul. Las excursiones se cancelan cuando hay mala mar o marea alta.

Villa Jovis

Via Tiberio 9.00-1 h antes de anochecer, diario

El lugar de retiro del emperador Tiberio, escogido por su aislamiento, se alza orgulloso en la montaña que lleva su hombre. Las excavaciones han encontrado baños, parte de la vivienda y el *Salto di Tiberio*, desde el que se dice que las víctimas del emperador eran arrojadas al mar. Entre las ruinas hay también una torre que se empleó en el pasado para las comunicaciones con la península.

Marina Piccola

La tranquila Marina Piccola, situada en una pintoresca bahía llena de yates, tiene bares y restaurantes apiñados junto al mar y algunas franjas de arena entre las rocas. Es un estupendo lugar para nadar y tomar el sol, y tiene vistas de I Faraglioni, unas formaciones rocosas que se elevan 109 metros sobre el mar. Encargada por el industrial alemán Alfred Krupp y a menudo cerrada por reforma, la Via Krupp desciende vertiginosamente hacia la marina desde la capital de Capri. Un camino más rápido y seguro es seguir Via Roma y Via Mulo.

¿Lo sabías?

El emperador Augusto decidió construir villas en Capri al ver que de un árbol muerto brotaban hojas de un modo milagroso.

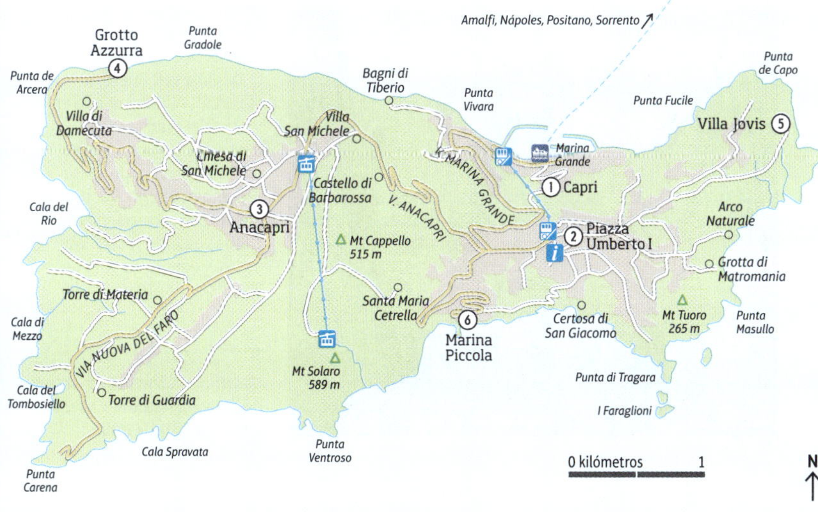

LUGARES DE INTERÉS

Santa Maria Capua Vetere

E5 Caserta **Palazzo Reale, Caserta; 0823 550011**

Destacan en esta ciudad las ruinas del **anfiteatro** romano (siglo I), que fue el más grande de Italia después del de Roma. La ciudad ocupa el emplazamiento de la antigua Capua, donde se produjo la revuelta de gladiadores liderada por Espartaco en el 73 a. C. El Museo del Gladiador recrea su historia. Cerca hay un mitreo (siglos II-III) con frescos bien preservados. Los hallazgos arqueológicos pueden verse en el **Museo Archeologico dell' Antica Capua,** en Capua.

Anfiteatro
Piazza 1 Ottobre
0823 844206 ma-do

Museo Archeologico dell'Antica Capua
Via Roberto d'Angio 48, Capua 0823 84 42 06
ma-do

Caserta

E5 **Palazzo Reale; www.reggiadicaserta.beniculturali.it**

El opulento **Palazzo Reale** domina Caserta. Construido para Carlos III de Borbón, es el palacio real mayor de Italia y cuenta con más de 1.000 habitaciones, escalinatas grandiosas y varias dependencias reales ricamente decoradas. Fue proyectado por el arquitecto Luigi Vanvitelli y comenzó a construirse comenzó en 1752. El parque que lo rodea está lleno de fuentes y estatuas.

San Leucio, a 3 km de Caserta, es una ciudad modelo construida por Fernando IV, que también fundó la fábrica de seda.

Palazzo Reale
Viale Douhet 2a
0823 44 80 84 8.30-19.30 mi-lu Festivos

Benevento

E5 **Via Sala 31; www.comune.benevento.it**

La romana Benevento fue un centro importante al final de la primera extensión de la Via Appia desde Capua. El arco de Trajano, en Via Traiano, se construyó en mármol entre el 114 y el 166 y se conserva muy bien. Los relieves, que representan escenas de la vida de Trajano y temas mitológicos, también están en muy buen estado.

Otros restos romanos se hallan en el **Teatro romano,** edificado durante el reinado de Adriano, y en el **Museo del Sannio,** que alberga desde hallazgos griegos hasta arte moderno.

Durante la II Guerra Mundial, la ciudad quedó en medio del avance aliado desde el sur. Fue castigada por las bombas y de ahí su aspecto moderno. Benevento cuenta con asociaciones de cultos paganos desde hace siglos, y aquí se elabora un licor llamado *Strega* (bruja).

Vestíbulo cubierto de mármol del Palazzo Reale de Caserta, el más grande de Italia

Corricella, un colorido pueblo en la isla de Isquia

Teatro romano
Piazza Ponzio Telesino
082 429970 Diario
Festivos

Museo del Sannio
Piazza Matteotti
9.00-19.00 ma-do
museodelsannio.it

Salerno

E5 Salerno
Via Lungomare Trieste 7/9; 089 23 14 32

Salerno es un puerto grande y ajetreado que en la actualidad se visita por su Duomo, del siglo XI. Destaca el atrio, cuyas columnas provienen del cercano Paestum. En la cripta está la tumba de san Mateo, traída en el 954.

El **Museo Diocesano** alberga casi todos los tesoros de la catedral, y los hallazgos arqueológicos están en el **Museo Provinciale.**

El Cilento es una región montañosa al sur de Salerno con un interior remoto y una preciosa costa. Fuera de Castellammare di Velia, 70 km al sur de Salerno, están las ruinas de la ciudad griega de Elea (fundada en el siglo VI a. C.). Las excavaciones han descubierto una magnífica puerta romana del siglo IV, unas termas romanas y restos de una acrópolis.

Museo Diocesano
Largo Plebiscito 12
089 23 91 26 9.00-13.00 y 15.00-19.00 ju-ma

Museo Provinciale
Via San Benedetto 28
089 23 11 35 9.00-19.30 ma-do

Paestum

E6 Desde Salerno
Paestum 8.30-19.30 diario Via Magna Grecia 919; 0828 81 10 23

Los griegos fundaron esta ciudad en el siglo VI a. C. y la llamaron Poseidonia, la ciudad de Poseidón. En el 273 a. C. los romanos cambiaron su nombre a Paestum. Fue abandonada en el siglo IX debido a la malaria y a un ataque sarraceno y descubierta nuevamente en el siglo XVIII.

Paestum tiene tres templos dóricos en excelente estado: la basílica o templo de Hera I (mediados del siglo VI a. C.); el templo de Neptuno (siglo V a. C.), el más grande y completo del lugar; y el templo de Ceres, que data de entre los siglos VI y V a. C.

Las excavaciones han revelado los restos de la antigua ciudad, sus edificios públicos y religiosos, calzadas y muros defensivos. Un **museo** contiene los hallazgos del lugar, tesoros funerarios, ofrendas votivas de terracota, fragmentos arquitectónicos y esculturas.

Museo
Diario Desde 13.40 el 1er y 3er lu de mes

Isquia y Procida

E5 Nápoles Isquia y Procida Via Lasolino 7, Isquia; www.infoischiaprocida.it

Isquia es la mayor isla de la bahía de Nápoles y con sus playas, balnearios y barros terapéuticos es casi tan popular como Capri. El litoral norte y oeste está explotado; la costa sur es la más tranquila. Aquí, el pueblo de Sant'Angelo está dominado por el Epomeo, un volcán extinguido cuya cumbre ofrece vistas de la bahía. También merece la pena visitar los jardines de **La Mortella,** en Forio.

La pintoresca y diminuta Procida es menos turística y muy tranquila. Hay buenas playas para nadar en Chiaiolella.

La Mortella
081 98 62 20 abr-oct: 9.00-19.00 ma, ju, sá y do

Casas *trulli* en Alberobello

ABRUZOS, MOLISE Y APULIA

Abrazando la costa sureste de Italia y mirando a los Balcanes, las montañosas regiones de Abruzos y Molise, unidas hasta 1963, son lugares tranquilos y poco poblados en los que el paisaje ejerce una gran influencia. Habitados por varias tribus de los Apeninos durante la Edad del Bronce, la zona fue después dominada por los romanos, unida bajo los normandos en el siglo XII y gobernada más tarde por dinastías napolitanas. Abruzos, dominada por los Apeninos, es una apacible tierra caracterizada por bosques, playas de arena e impresionantes paisajes de montaña. Los pueblos serranos, aferrados a las vertiginosas laderas, están casi abandonados. Molise es menos abrupta y cuenta con grandes llanuras, agradables valles y picos solitarios.

Apulia es cálida todo el año. Fenicios, griegos y romanos, cruzados medievales y peregrinos se han sentido atraídos por sus fértiles tierras y su fácil acceso a Oriente. Sus animados centros comerciales –Lecce, Bari y Taranto– continúan atrayendo visitantes a la zona. Apulia cuenta con espléndida arquitectura, sobre todo en los castillos e iglesias del norte. Las curiosas casas *trulli* de Apulia central, el florido barroco de Lecce y el aire levantino de sus ciudades mercantiles completan el paisaje de una vieja tierra sujeta a más influencias de fuera de la península itálica que de dentro del país.

LAS MARCAS
p. 414
Muccia
Pedaso
San Benedetto del Tronto
Martinsicuro
Nereto
Giulianova
Cascia
Ceppo
Teramo
Roseto degli Abruzzi
Pineto
Montorio al Vomano
Cermignano
3 ATRI
Montesilvano
Gran Sasso d'Italia
Pizzoli
Penne
Pescara
Abruzzo
Assergi
Pianella
L'Aquila
Ofena
Chieti
Casamaina
Capestrano
Manoppello
LANCIANO
Monte Velino 2487 m
6
Torino di Sangro Marina
Paglieta
ISOLE TREMITI
Pietrasecca
Molina Aterno
Pópoli
ABRUZOS
Isola San Nicola
7
Vasto
Isola San Domino
San Nicola di Tremiti
Avezzano
4 SULMONA
Cásoli
Pescina
San Salvo
Termoli
PARCO NAZIONALE D'ABRUZZO, LAZIO E MOLISE
Villa Santa Maria
5 SCANNO
Guglionesi
Torre Mileto
Lago Varano
Lésina
Piglio
2
Agnone
Castel di Sangro
Trivento
Larino
Apricena
Serracapriola
EL LACIO
p. 320
Sora
Lucito
MOLISE
San Severo
Colletorto
Isernia
Castropignano
Campobasso
LUCERA
Sezze
EL LACIO
Cassino
9
Venafro
Roccamandolfi
Jelsi
Foggia
Pontecorvo
Alberona
Sepino
Fondi
TROIA
10
Piedimonte Matese
Terracina
Orta Nova
Giardinetto
Minturno
CAMPANIA
p. 462
Gaeta
Ascoli Satriano
Amorosi
Mondragone
Ariano Irpino
Accadia
Golfo di Gaeta
Capua
Caserta
Benevento
Candela
CAMPANIA
Bisaccia
Melfi
Giugliano
Nápoles
Nola
Nápoles
Avellino
Lioni
Rionero in Vulture
Isola d'Ischia
Isquia
Torre Annunziata
Salerno
Amalfi
Eboli
Potenza
Sorrento
Battipaglia
Capri
Golfo di Salerno
Controne
Polla
Paestum
Sala Consilina
Agropoli
Stio
Sanza
Marina di Casal Velino
Palinuro
Sapri
Golfo di Policastro
Praia a Mare
Mar Tirreno
Cirella
ABRUZOS, MOLISE Y APULIA

ABRUZOS, MOLISE Y APULIA

Esencial

1. Lecce
2. Parco Nazionale d'Abruzzo, Lazio e Molise

Lugares de interés

3. Atri
4. Sulmona
5. Scanno
6. Lanciano
7. Isole Tremiti
8. Península de Gargano
9. Lucera
10. Troia
11. Trani
12. Castel del Monte
13. Ruvo di Puglia
14. Alberobello
15. Bari
16. Ostuni
17. Taranto
18. Galatina
19. Otranto

↑ Anfiteatro romano del siglo I a. C. en la Piazza Sant'Oronzo

❶

LECCE

G6 · FS Viale Oronzo Quarta · Via Boito y Via Adua · Via Vittorio Emanuele 16; www.ilecce.it

Lecce, una animada capital de provincias y ciudad universitaria, siempre ha sido bonita, pero en los últimos años se ha puesto de moda. Las decenas de iglesias y palacios barrocos han visto restauradas sus fachadas doradas –decoradas con una gran profusión de volutas, florituras, motivos vegetales, monstruos, dragones, querubines y ángeles–. El casco antiguo es prácticamente peatonal y sus calles empedradas están repletas de bares, restaurantes y hoteles de moda.

Piazza del Duomo

Elegante plaza sede del palacio Episcopal (reconstruido en 1632), el gran Duomo y el Seminario. Construida inicialmente en torno a 1100, la catedral actual data de mediados del siglo XVII y fue diseñada por Giuseppe Zimbalo, que también proyectó el campanario de cinco plantas. El Seminario proveyó al Vaticano de *castrati*, cantantes eunucos de voz aguda.

Chiesa del Rosario

Via Giuseppe Libertini 5 · 0832 30 85 40 · Los horarios varían, llamar antes

El exterior de esta iglesia, de la que se dice es la mejor obra de Zimbalo, posee una decoración idiosincrática en el detalle. Las obras se iniciaron en 1691 y se proyectó con planta de cruz griega rematada por una cúpula, pero a la muerte de Zimbalo en 1710 se optó por un tejado sencillo de madera.

Basilica di Santa Croce

Via Umberto 1 · 0832 24 19 57 · Los horarios varían, llamar antes

Construida en 1549-1679, es quizás el edificio barroco más

La Fiermontina Urban Resort

Lujoso hotel *boutique* en una antigua casa del siglo XVII situada en el barrio conocido por su arquitectura barroca. Mobiliario italiano, techos con pináculos, suelos de piedra y arte contemporáneo. Completan la estancia un bar iluminado con luz tenue y un restaurante de cocina de Apulia.

Piazzetta Scipione de Summa 4
lafiermontina.com

Esencial ☆

EL BARROCO DE LECCE

El recargado estilo barroco (siglo XVII) de Lecce dio a la ciudad el sobrenombre de Florencia del sur. El exceso decorativo fue posible gracias a la piedra de Lecce, una arenisca dorada fácil de trabajar que usaron todos los arquitectos de la ciudad. Giuseppe Zimbalo (1620-1710) fue el principal exponente.

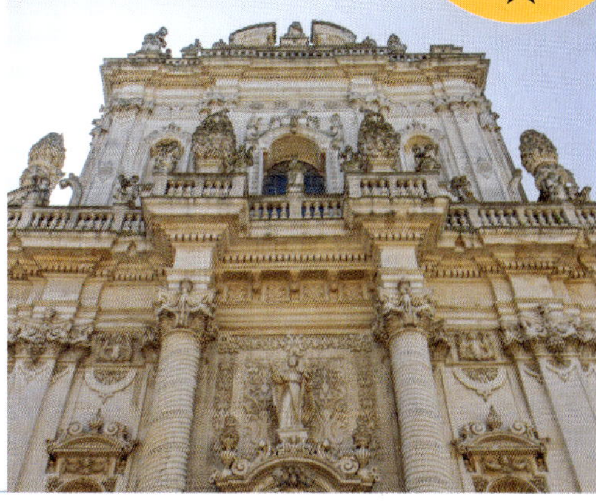

famoso de la ciudad. La extravagante decoración de la fachada incluye bestias grotescas, animales y figuras alegóricas en torno a un gran rosetón de Zimbalo. El interior, ligeramente más comedido, tiene 17 altares.

Museo Provinciale Sigismondo Castromediano

⌂ Viale Gallipoli 28 ☎ 0832 683503 ◷ 9.00-medianoche ma-sá, 13.00-medianoche lu

Este fascinante museo contiene objetos de la Edad del Bronce y una excelente colección de jarrones áticos. Los carteles están principalmente en italiano, pero el personal siempre está dispuesto a ayudar.

Piazza Sant'Oronzo

En esta plaza se alza una gran estatua de bronce de 1739 dedicada a san Oronzo, designado obispo de Lecce por san Pablo en el año 57, y luego martirizado por el emperador Nerón. La estatua se levantó para agradecer a san Oronzo el fin de la peste en 1656. Junto a la columna hay un anfiteatro romano elíptico que data de la época del emperador Adriano.

Castello di Lecce

El Castello di Lecce, de origen normando y ampliado por Carlos V, es la mayor fortaleza de Apulia. Parte del edificio alberga el **Museo della Cartapesta,** dedicado a la escultura en papel maché.

Museo della Cartapesta

⌂ Viale 25 Luglio ◷ 9.30-21.00 diario (desde 9.00 lu-vi)

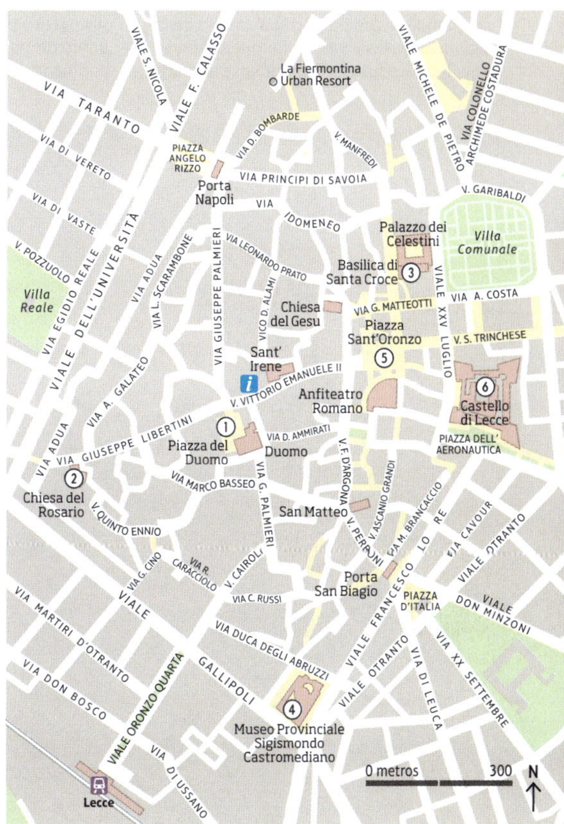

2

PARCO NAZIONALE D'ABRUZZO, LAZIO E MOLISE

E5 Avezzano o Castel di Sangro A Pescasseroli 10.00-19-30 diario (jul y ago: hasta 18.30) Via Colli dell'Oro, Pescasseroli; www.parcoabruzzo.it

Este vasto parque inaugurado en 1922, con su paisaje de altos picos, ríos, lagos y bosques, es una de las reservas naturales más importantes de Europa. Formó parte de un coto real de caza hasta 1877, y hoy da refugio a más de 66 especies de mamíferos, 52 tipos de reptiles, anfibios y peces, y 230 especies de aves, entre ellas el águila dorada y el pájaro carpintero de dorso blanco, y 2.000 variedades de plantas.

Recorrer el parque

El parque tiene una extensa red de caminos y posibilidades para hacer equitación, senderismo y escalada. Pescasseroli es una estupenda base, ya que cuenta con centro de visitantes, buenos servicios turísticos y un pequeño zoológico con animales de la región. Entre las joyas del parque destacan el lago Barrea, espectacular embalse rodeado de valles y bosques que se puede recorrer a pie o en poni, y la Camosciara, una abrupta región de montañas, valles, cascadas y torrentes. El parque es famoso por sus densos bosques –de arces, carpes, fresnos, espinos blancos, cerezos, manzanos silvestres y perales– que dan cobijo al oso pardo de los Apeninos y a los lobos que pueblan la zona.

FAUNA DEL PARQUE

Esta amplia zona protegida cuenta con diferentes hábitats en los que abundan la flora y la fauna. La biodiversidad da testimonio de la cuidada labor de conservación de la dirección del parque.

Gamuza de los Apeninos
Este antílope caprino puede ser visto ocultándose en los densos bosques de arces y hayas.

Lobos de los Apeninos
El parque protege al lobo de los Apeninos; aquí viven unos 60 ejemplares. Las probabilidades de ver uno son casi nulas.

Oso pardo
Cazado casi hasta su extinción, ahora el parque cuenta con entre 80 y 100 osos. Tímidos y solitarios, tienden a deambular de noche.

Águila dorada
Estos espectaculares predadores pueden verse cerca del río Sangro, y a menudo se los ve volar sobre crestas y picos en busca de presas.

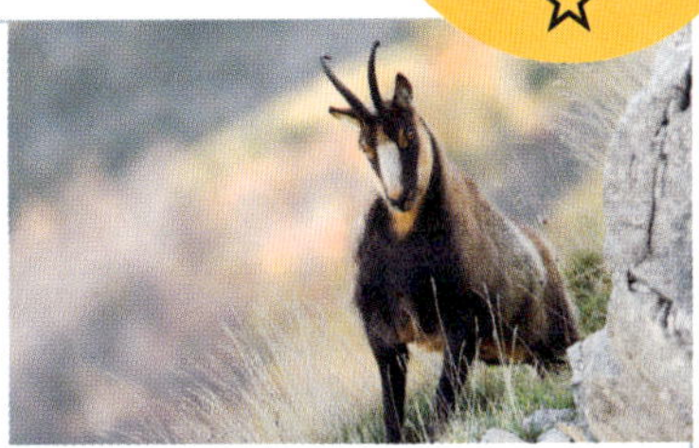

↑ Senderistas contemplan las vistas de Pescasseroli desde las ruinas del castillo de Mancino

Un tranquilo valle en las montañas de Camosciara

LUGARES DE INTERÉS

Atri

E4 Teramo comune.atri.te.it

Uno de los más bonitos pueblos serranos de Abruzos, Atri es una maraña de calles escalonadas, callejones y pasajes flanqueados por iglesias y casas de ladrillo y piedra. El Duomo data del siglo XIII y ocupa el emplazamiento de una terma romana; la cripta era una piscina, y en el ábside hay fragmentos del antiguo mosaico del suelo. También en el ábside está el ciclo de frescos de Andrea Delitio (siglo XV), en el que combinó paisaje y arquitectura con episodios del Antiguo y el Nuevo Testamento. El claustro tiene vistas al campanil de ladrillo (siglo XV).

Al sur de Atri está Penne, pueblo pintoresco situado en un alto. Los edificios de ladrillo rojo dan calidez al pueblo. Al este de Atri, Loreto Aprutino es famoso por el fresco del *Juicio Final* (siglo XIV) en Santa Maria in Piano.

Sulmona

E4 L'Aquila Corso Ovidio 208; www.comune.sulmona.aq.it

Famosa por ser el lugar donde nació Ovidio, Sulmona está llena de edificios antiguos, sobre todo en la medieval Via dell'Ospedale. El Palazzo dell'Annunziata, fundado en 1320, combina estilos gótico y renacentista. El **Museo Civico** contiene antigüedades, trajes y pinturas. La iglesia contigua, la Annunziata, con una fachada barroca, fue reconstruida en el siglo XVIII. Detrás hay ruinas de una casa romana que datan de entre los siglos I a. C.-II d. C.

Al final del Viale Matteotti está la catedral de San Panfilo, edificada sobre un templo romano. San Francesco della Scarpa, en Piazza del Carmine, cuenta con un pórtico del siglo XIII. Siguiendo hasta la Fontana del Vecchio (1474) se llega a un acueducto.

Al este de Sulmona está el Parco Nazionale Maiella, con 61 cumbres y valles arbolados perfectos para pasear, observar aves, escalar y esquiar. Al oeste, Cocullo celebra en mayo la Processione dei Serpari (procesión de las serpientes), en la que se cubre de serpientes la estatua del patrón Domenico Abate y sale en procesión. Se cuenta que, en el siglo XI, el santo vació la zona de serpientes venenosas.

Museo Civico
Palazzo della SS Annunziata, Corso Ovidio
0864 21 02 16 9.00-13.00 y 15.30-18.30 ma-do

Scanno

E4 L'Aquila Piazza S. Maria della Valle 12; www.comune.scanno.aq.it

Muy bien conservada, esta ciudad medieval ubicada en la campiña tiene callejones y estrechas escalinatas, patios de formas extrañas en los que se han encajado pequeñas iglesias y antiguas mansiones en cuyas ventanas puede verse a mujeres bordando. Bajo los picos de los Apeninos y junto al precioso Lago di Scanno, es también un alto en el camino al Parco Nazionale d'Abruzzo *(p. 482)*.

OVIDIO, EL POETA LATINO

Nacido en el año 43 a. C., Ovidio es el hijo más ilustre de Sulmona. No hay mucho que recuerde su presencia, aparte del Corso Ovidio, una estatua suya del siglo XX en la Piazza XX Settembre y, fuera de la ciudad, unas ruinas tradicionalmente conocidas como la Villa de Ovidio. Entre los temas que trató están el amor *(Arte de amar)* y la mitología *(Metamorfosis)*. En el año 8 d. C. fue desterrado al mar Negro tras verse implicado en un escándalo de adulterio con Julia, nieta del emperador Augusto. Ovidio murió en el exilio en el año 17.

El tranquilo Lago di Scanno, rodeado de montañas

Lanciano

E4 Chieti FS
Piazza Plebiscito; www.lanciano.eu

Gran parte del casco antiguo de Lanciano sigue siendo medieval. En el barrio de Civitanova está la iglesia de Santa Maria Maggiore (siglo XIII), con un bello pórtico del siglo XIV y una cruz procesional de plata (1422). El Duomo se alza sobre los restos de un puente romano. Un pasaje subterráneo enlaza el puente con el santuario del Milagro Eucarístico, donde se conservan una hostia y vino del siglo VIII.

Isole Tremiti

F4 Foggia San Nicola Via Emilio Perrone 17, Foggia; www.lecinqueisole.it

Estas son las islas menos visitadas por turistas extranjeros. San Domino es la más grande, con una playa y calas. En el 8 d. C., Julia, nieta de Augusto, fue desterrada aquí por adúltera y murió en el 28 d. C. Parece que Ovidio estuvo implicado. Santa Maria a Mare, en San Nicola, es una abadía fortaleza fundada en el siglo VIII. Pasó a ser una prisión a finales del siglo XVIII, función que se mantuvo hasta 1945.

Tanto la isla de San Domino como la de Santa Maria son frecuentadas por italianos. Son buenas para bañarse, aunque la costa de San Nicola es rocosa.

Península de Gargano

F5 Foggia FS
Carretera provincial 159, Manfredonia; www.parcogargano.gov.it

Este rocoso espolón que se adentra en el Adriático está salpicado de calas y acantilados. Las ciudades costeras de Rodi Garganico, Peschici, Vieste y Manfredonia son lugares populares para veranear. Al este se encuentra Foresta Umbra, un bosque de hayas, robles, tejos y pinos, y al noreste quedan los lagos salados Lesina y Varano, paraísos de las aves acuáticas. Atraviesa la península una antigua ruta de peregrinaje (S272) desde San Severo, en el oeste, hasta el santuario de Monte Sant'Angelo, en el este. La primera parada es San Marco in Lamis, dominada por un gran convento del siglo XVI. Más adelante, San Giovanni Rotondo atrae a peregrinos que vienen a visitar la tumba del padre Pío (1887-1968), beatificado por supuestos milagros. La última parada es el Monte Sant'Angelo, con la gruta donde en el 493 se apareció, según la leyenda, el arcángel Miguel al obispo de Sipontum.

Al sur de Manfredonia está la iglesia Santa Maria di Siponto (siglo XII), de estilo oriental.

CURIOSIDADES
Las grutas de Isole Tremiti

Estas islas, declaradas reserva marina, tienen abundantes grutas como del BueMarino, Scoglio e del Sale, delle Rondinelle, delle Murene y delle Viole. Las cuevas permiten conocer el ecosistema bentónico del Adriático. Hay barcos que llevan a ellas desde Vasto, Ortona, Vieste, Capoiale y Termoli.

Lucera

E5 Foggia i Piazza Nocelli 6; www.comune.lucera.fg.it

En el extremo noreste de la que fuera una próspera colonia romana se conservan las ruinas de un anfiteatro. Federico II la reconstruyó en el siglo XIII, poblándola con 20.000 musulmanes de Sicilia. Lucera se convirtió en una de las fortalezas más inexpugnables del sur de Italia. Construido en 1233, su magnífico castillo tiene una muralla con 24 torres.

En 1300, Carlos II, que asesinó a casi toda la población musulmana de Lucera, comenzó el Duomo sobre la mezquita principal. La elevada nave posee frescos y relieves de los siglos XV y XVI.

El **Museo Civico Fiorelli** muestra la historia de Lucera.

Museo Civico Fiorelli
Via Famiglia de Nicastri 74
0881 54 70 41 9.00-13.00 y 15.00-19.00 mi-do

Troia

E5 Foggia comune.troia.fg.it

Fundada en 1017 como fortaleza bizantina contra los lombardos, Troia cayó en manos normandas en 1066. Hasta que Federico II la destruyó en 1229, estuvo gobernada por poderosos obispos, responsables de algunos edificios destacables, entre ellos el Duomo de Troia.

Comenzado en 1093 y construido durante los 30 años siguientes, mezcla elementos: lombardos, sarracenos, bizantinos y románico-pisanos.

El piso inferior se distingue por sus arcos ciegos y las secciones superiores albergan esculturas –leones y toros salientes–. La fachada superior cuenta con un rosetón con detalles de estilo sarraceno.

La entrada principal, con puertas de bronce de Oderisio da Beneventano (1119), está dominada por capiteles bizantinos esculpidos.

↑ El magnífico campanario del Duomo de Trani

Trani

F5 Bari i Via Tenente Morrico 2; 0883 506020

Durante la Edad Media, este pequeño y animado puerto encalado bullía de actividad y estaba lleno de mercaderes y comerciantes de Génova, Amalfi y Pisa. Su momento más próspero lo alcanzó bajo Federico II.

En la actualidad, destaca por su Duomo normando, construido entre 1159 y 1186. Está dedicado a san Nicolás el Peregrino, un taumaturgo casi olvidado, muerto en 1094, que fue canonizado rivalizando con la ciudad de Bari, que poseía los huesos de otro san Nicolás más memorable. Lo más notable del exterior son las esculturas, sobre todo las que rodean el rosetón y la ventana arqueada de debajo, y el pórtico de entrada, con puertas de bronce (1175-1179) de Barisano da Trani.

Junto al Duomo está el castillo (1233-1249), fundado por Federico II. Reconstruido en los siglos XIV y XV, es un edificio bien conservado con un muro que entra verticalmente en el mar.

En la Via Ognissanti se encuentra la iglesia de los

Ognissanti, iglesia templaria construida como parte de un hospital en la que destaca la escultura *La Anunciación* en una luneta sobre la puerta.

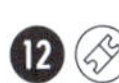

Castel del Monte

F5 Località Andria, Bari 10.15-19.45 diario (oct-mar: 9.00-18.30) 1 ene, 25 dic casteldelmonte. beniculturali.it

Patrimonio Mundial de la Unesco, el Castel del Monte, del siglo XIII, supera a todos los castillos asociados a Federico II. El emperador, con inquietudes intelectuales, utilizaba sus castillos como pabellones de caza a los que poder retirarse con sus halcones y sus libros. Posee dos plantas, cada una con ocho habitaciones con bóvedas de crucería. Esto, las molduras de mármol de la entrada y del piso superior y la sofisticada ordenación de los baños lo asemejan más a un palacio que a un castillo.

Ruvo di Puglia

F5 Bari FS Via Vittorio Veneto 48; 080 362 84 28

Antaño famosa por sus jarrones, la industria de cerámica de Ruvo di Puglia floreció hasta el siglo II a. C. Basado en modelos corintios y áticos, el estilo imitaba los llamativos rojo y negro de los originales. Pueden verse diversas piezas en el **Museo Archeologico Nazionale Jatta.**

El Duomo del siglo XIII es un ejemplo del estilo románico de Apulia, con un pórtico que incorpora motivos bizantinos, sarracenos y clásicos.

Museo Archeologico Nazionale Jatta

Piazza G Bovio 35 8.30-13.30 diario (hasta 19.30 ju y sá) beniculturali.it

Alberobello

G5 Bari FS A Alberobello y Ostuni Via Monte Nero 1; 080 432 28 22

Alborello, declarada Patrimonio Mundial de la Unesco, es la capital de los *trulli*, unas extrañas viviendas circulares que llenan sus estrechas calles. Construidos con piedra caliza sin cemento, las tejas de piedra tienen misteriosos símbolos pintados. Se desconoce su origen, pero el nombre es el que se aplica a las antiguas tumbas circulares halladas en la campiña romana. Muchos de los *trulli* de Alberovello son ahora tiendas de recuerdos o pequeños cafés, aunque la Parrocchia Sant'Antonio di Padova, una diminuta iglesia, está inspirada en la arquitectura de los *trulli*.

¿Lo sabías?

Alberobello es famoso por sus *trulli*, peculiares construcciones circulares encaladas de tejado cónico.

↑ Típicos tejados cónicos de los *trulli* de Alberobello

Bari

F5 Piazza del Ferrarese 29; www.comune.bari.it

La romana Barium era solo un centro de comercio, pero en el 847 se convirtió en la capital de la región con los sarracenos y más tarde fue la sede del *catapan*, el gobernador bizantino del sur de Italia. Bajo los normandos (1071), Bari era ya un centro marítimo destacado. Hoy es la animada capital de Apulia y un importante puerto con ferris a Croacia y Grecia.

Destaca la Basilica di San Nicola, una de las primeras iglesias normandas (se comenzó en 1087). El exterior es sencillo, con un alto hastial flanqueado por torres. El pórtico es románico de Apulia, con relieves de estilo árabe, bizantino y clásico en las jambas de las puertas y en el arco. Más allá de la reja del coro hay un baldaquino del siglo XII y un trono episcopal (*c.* siglo XI). Las reliquias de san Nicolás –patrón de la ciudad– están enterradas en la cripta.

El Duomo románico apuliano de finales del siglo XII imita a San Nicola, con una cúpula y una torre (la otra se derrumbó durante un terremoto en 1613). Los pórticos barrocos de la fachada incorporan puertas del siglo XII. Al interior se le ha devuelto su sencillez medieval. La sacristía, construida como baptisterio, se conoce como la *Trulla*. La cripta alberga los restos de san Sabino, patrón original de Bari.

El castillo de la ciudad, fundado por Roger II, fue reformado por Federico II en 1233-1239. En el salón abovedado hay una colección de moldes de escayola de esculturas y fragmentos arquitectónicos de algunos monumentos románicos de la región.

Ostuni

G5 Brindisi Corso Mazzini 8; www.borgostuni.it

Conocida como la *Città Bianca*, Ostuni es una bonita mezcla de casas encaladas, calles adoquinadas y callejones porticados. La ciudadela es peatonal, pero hay aparcamientos señalizados en la parte baja de la ciudad.

En la Via della Cattedrale, que lleva a la catedral, hay bonitos palacios e iglesias, además de cafés y restaurantes. Entre ellos, destacan el monasterio carmelita de Santa Maria Maddalena dei Pazzi y la iglesia anexa de San Vito Martire, que alberga el **Museo di Civiltà Preclassiche della Murgia Meridionale.** La estrella de este museo es Delia, el esqueleto de una mujer embarazada –y su feto– de 28.000 años de antigüedad, descubiertos en una cueva de la zona. El enterramiento se exhibe tal y como se halló, junto con una escalofriante reconstrucción en cera de Delia, que se cree que murió en el parto.

A los pies de la ciudadela, la Piazza della Libertà es el lugar más animado, con bares y cafés bajo una columna con una imagen del patrón de Ostuni, san Oronzo.

Museo di Civiltà Preclassiche della Murgia Meridionale

Via Cattedrale 15 0831 33 63 83 10.00-19.00 diario

Taranto

G6 Corso Umberto 121; www.comune.taranto.it

Poco queda de la antigua Taras, fundada por los espartanos en el año 708 a. C. El **Museo Archeologico Nazionale** tiene objetos que arrojan luz sobre la historia de la región. Taranto sufrió muchos bombardeos durante la II Guerra Mundial y cuenta con numerosas fábricas.

La pintoresca Città Vecchia, una isla que divide el Mare Grande del Mare Piccolo, es donde se encontraba la ciudadela romana de Tarentum. El animado mercado de pescado donde se vende el marisco que da fama a la ciudad ocupa un edificio *art nouveau*. Aquí también se encuentra el Duomo, fundado en 1071 y objeto de una posterior reconstrucción.

LA TARANTELA

Este baile folclórico deriva del tarantismo –la histeria sufrida en Italia entre los siglos XV y XVII extendida desde Galatina *(página siguiente)*–. Supuestamente, las víctimas de una picadura de tarántula podían curarse bailando frenéticamente y sudando el veneno. Este extraño ritual se celebra el 29 de junio durante las fiestas de San Pedro y San Pablo en Galatina. Es el único lugar de la península salentina donde se conserva el tarantismo.

Terrazas para cenar con vistas al mar en Otranto

Destacan la cripta, que recuerda a una catacumba, con sus sarcófagos y frescos, y las antiguas columnas de mármol de la nave. Detrás se halla San Domenico Maggiore (siglo XI), que más tarde incorporó una doble escalinata barroca. El enorme castillo, construido por Federico de Aragón (siglo XV), ocupa el rincón este de la Città Vecchia. El castillo, hoy zona militar, se visita en recorridos diarios, guiados y gratuitos.

Museo Archeologico Nazionale
Via Cavour 10
0994 53 21 12 Diario

Galatina

G6 Lecce Sala dell'Orologio; www.comune.galatina.le.it

Importante colonia griega en la Edad Media, esta *città d'arte* conserva un aire griego. Es el centro de una destacada región vinícola de Apulia y famosa por la tarantela *(ver recuadro)*.

La iglesia gótica de Santa Caterina d'Alessandria en Piazza Orsini se inició en 1384. Contiene frescos de principios del siglo XV con escenas del Viejo y el Nuevo Testamento que glorifican a los Orsini, señores feudales.

Otranto

G6 Lecce
Piazza Castello; www.comune.otranto.le.it

Otranto fue uno de los principales puertos de la Roma republicana para comerciar con Asia Menor y Grecia. Con los bizantinos fue un importante enclave del Imperio de Oriente en Italia. En 1070 cayó en poder normando. Los turcos atacaron la ciudad en 1480 y exigieron a sus 800 habitantes renunciar al cristianismo. Al negarse, fueron asesinados.

El Duomo normando (fundado en 1080), en Via Duomo, alberga los huesos de los mártires. Hay un mosaico en el suelo (siglo XII) y una bella cripta. Al encanto de Otranto contribuyen el castillo (1485-1498), y algunas buenas playas cercanas.

Hotel Palazzo Papaleo
Hotel con buena ubicación y vistas al mar.
G6 Via Rondachi 1, Otranto hotelpalazzopapaleo.com

B&B Fascino Antico
Pintoresco alojamiento en una cabaña del siglo XIX.
G6 Strada Statale dei Trulli 172, Alberobello fascinoanticotrulli.com

Palazzo Baldi
Hotel en un edificio del siglo XVI.
G6 Corte Baldi 2, Galatina hotelpalazzobaldi.it

Masseria Moroseta
Habitaciones modernistas en una finca con 2 ha de olivos.
G6 Contrada Lamacavallo, Ostuni masseriamoroseta.it

El barrio Sassi de Matera

BASILICATA Y CALABRIA

Remota y salvaje, Basilicata es una de las regiones más pobres de Italia. Poco desarrollada y apenas visitada, las zonas rurales se mantienen casi vírgenes. Sus alrededores los inmortalizó Edward Lear quien, de viaje a lomos de un asno en 1847, quedó impresionado por "el horror y la magnificencia" de su agreste paisaje.

Hoy en día estas regiones resultan muy distintas, pero comparten una historia común y, junto con Sicilia y Apulia, formaron parte de la Magna Grecia. El antiguo Metaponto fue un importante centro urbano en Basilicata, al igual que Locri Epizephiri en Calabria.

Tras los griegos llegaron los romanos y después los monjes bizantinos. Estos eran miembros de la iglesia griega-bizantina que abandonaron sus territorios cuando fueron invadidos por los musulmanes. Sus asentamientos religiosos forman un núcleo con interesantes monumentos, como Cattolica, en Stilo, y Matera, donde los monjes se refugiaban en cuevas.

Gran parte de los restos históricos son normandos, pero existen igualmente pruebas de ocupación por parte de suabos, aragoneses, así como de angevinos y españoles.

Hoy Calabria cuenta con una pésima reputación debido a la 'Ndrangheta, la violenta prima hermana de la Mafia. Dedicada al narcotráfico, representa poca amenaza para los turistas.

Debido a la emigración, Basilicata y Calabria están escasamente pobladas y, sin embargo, tienen mucho que ofrecer tanto en el virgen interior como en sus centros históricos. La costa cuenta con playas bonitas, mientras que el interior presenta el Aspromonte y la cordillera de Sila. El remoto paisaje no ha permitido cambios. De esta manera, por ejemplo, el aislado Pentedattilo conserva costumbres de origen bizantino y en los alrededores de San Giorgio Albanese habitan comunidades de albaneses, descendientes de refugiados del siglo XV.

Mar Tirreno

BASILICATA Y CALABRIA

Esencial

1 Matera

Lugares de interés

2 Melfi
3 Venosa
4 Castel Lagopesole
5 Parco Archeologico Metaponto
6 Maratea
7 Rossano
8 Tropea
9 Stilo
10 Reggio di Calabria
11 Gerace

0 kilómetros 40
N
Foggia
Castelfranco in Miscano
Orta Nova
Margherita di Savoia
Barletta
Cerignola
Andria
Molfetta
Bari
Ariano Irpino
APULIA
Sturno
Lavello
Mola di Bari
MELFI 2
VENOSA 3
ABRUZOS, MOLISE Y APULIA p. 476
Polignano a Mare
Conversano
Lioni
Rionero in Vulture
Forenza
Savelletri
San Fele
Filiano
LAGOPESOLE 4
Putignano
Gióia del Colle
Muro Lucano
Ruoti
Pietragalla
Irsina
Ostuni
Eboli
Potenza
La Martella
MATERA 1
Tricarico
Grottole
Massafra
Francavilla Fontana
Serre
Vietri di Potenza
Trivigno
Anzi
Pomarico
Chiatona
Brienza
Ferrandina
Taranto
Capaccio
BASILICATA
Bernalda
Marsico Nuovo
Corleto Perticara
Pisticci
METAPONTO 5
Manduria
CAMPANIA p. 462
Montemurro
Missanello
Marina di Pisticci
Librari
Moliterno
Tursi
Policoro
Fortino
Monti Sirino 2005 m
Senise
Valsinni
Pisciotta
Latronico
Lauria
Oriolo
Montegiordano Marina
Golfo di Taranto
Palinuro
MARATEA 6
Rotonda
Amendolara
Praia a Mare
Monte Pollino 2248 m
Golfo di Policastro
Mormanno
Frascineto
Trebisacce
Castrovillari
Scalea
Cassano allo Ionio
Lungro
Cozzo del Pellegrino 1986 m
Diamante
Schiavonea
Belvedere Marittimo
Corigliano Scalo
ROSSANO 7
Cetraro
Acri
Cropalati
Cariati
CALABRIA
Torretta
Fuscaldo
Bocchigliero
Sila Grande
Cirò Marina
Paola
Rende
Umbriatico
San Lucido
Torre Melissa
Cosenza
Lorica
San Giovanni in Fiore
Longobardi Marina
Rocca di Neto
Grimaldi
Rogliano
Amantea
Cotronei
Mesoraca
Crotone
Nocera Terinese
Taverna
Sersale
Lamezia Terme
Tiriolo
Isola di Capo Rizzuto
Lamezia Terme
Cropani Marina
Catanzaro
Golfo di Sant Eufemia
Girifalco
San Vincenzo
Catanzaro Marina
Copanello
Briatico
Pizzo
Olivadi
TROPEA 8
Vibo Valentia
Soverato
Ricadi
Mileto
Spadola
Badolato Marina
Golfo di Gioia
Rosarno
Mongiana
STILO 9
Gioia Tauro
Cinquefrondi
Monasterace Marina
Palmi
Mammola
Riace Marina
Mar Jónico
Taurianova
Baronia
Villa San Giovanni
GERACE 11
Siderno
Messina
Locri
Plati
Aspromonte
SICILIA p. 500
REGGIO DI CALABRIA 10
Bovalino Marina
Bagaladi
Lazzaro
Brancaleone Marina
Melito di Porto Salvo
Bova Marina
Taormina
Riposto

¿Lo sabías?

Mel Gibson filmó las escenas ambientadas en Jerusalén de su película *La Pasión de Cristo* (2004) en Matera.

1

MATERA

F5 FS 🚌 i Via Cappelluti 34; www.materaturismo.it

Encaramada al borde de un profundo barranco, Matera es una de las ciudades más extraordinarias del sur de Italia. Casas-cueva, iglesias, calles empinadas y pavimento irregular formar un fascinante laberinto de caliza. Declarada Patrimonio de la Humanidad de la Unesco en 1993, Matera es un destino cada vez más demandado, con muchos hoteles *boutique* en cuevas y excelentes restaurantes.

Sassi

El barrio de Sassi es un laberinto de casas-cueva en la ladera oriental de Matera. Sassi, que significa 'piedras', está dividido a su vez en dos barrios: Sasso Caveoso, en el sur, y Sasso Barisano, en el norte. A ellos se llega bajando por empinadas y retorcidas callejas. Desde el hotel Sassi di Matera, un paseo lleva a algunos *sassi* todavía sin restaurar, muchos de los cuales conservan cocinas excavadas en la roca, escaleras y patios en los que han crecido arbustos y chumberas.

Ciudad alta

Centro de esta histórica localidad, enclavada en la parte alta de Matera, por encima de los *sassi*, la Piazza Vittorio Veneto es una amplia plaza que se anima por la tarde, cuando se prohíbe el tráfico. Pasear por Via del Corso permite ver bonitos palacios e iglesias. Al final se alza la fachada elíptica de la Chiesa del Purgatorio, una iglesia del siglo XVII macabramente decorada con esculturas de cráneos y cadáveres.

Convincinio S. Antonio

Rione Casalnuovo 930 5715 07 78 9.00-20.00 may-sep

Estas cuatro iglesias conectadas se usaron como bodegas para vino en el siglo XVIII y tienen caños de vino saliendo del altar. Desde el exterior hay buenas vistas del barranco.

← La Madonna de Idris, en Sasso Caveoso

La espectacular Matera, Patrimonio de la Humanidad de la Unesco

④

Madonna de Idris

Via Madonna dell'Idris
10.00-16.00 diario (abr-nov: hasta 19.00)
sassiweb.it

Enclavada sobre los *sassi*, esta iglesia está excavada en la roca del cónico monte Errone. Su interior guarda evocadores trazos de frescos medievales.

Parco delle Chiese Rupestri

CEA, Contrada Murgia Timone **ceamatera.it**

Merece la pena aprovisionarse de comida y agua e irse a recorrer las cuevas y *chiesi rupestri* (iglesias en la roca) al otro lado del barranco. Hay también dos recorridos guiados diarios (el mejor sale cerca de la puesta de sol).

Casa Grotta di Vico Solitario

Vicinato di Vico Solitario 11 **9.30-atardecer, diario**
casagrotta.it

Esta casa-cueva ha sido reconstruida con la ayuda de una familia que vivió en ella hasta la década de 1950.

Esencial ☆

Alle Fornaci

Con pescado traído a diario de los mares Jónico y Tirreno, este restaurante elabora recetas locales en un local elegante. Recomendables las gambas rojas con azafrán y pimientos.

Piazza Cesare Firrao 7
lu **ristorante allefornaci.it**

La Grotto nei Sassi

Ofrece un menú con recetas tradicionales, sobre todo de pescado, que se puede degustar en un íntimo comedor abovedado o, en meses cálidos, en la azotea.

Via Rosario 73
lu **ristorante sassidimatera.com**

El imponente castillo medieval de Melfi, en una loma

LUGARES DE INTERÉS

Melfi

F5 Potenza FS Piazza Umberto I 11; www.aptbasilicata.it

Ciudad medieval prácticamente desierta en la actualidad, Melfi posee un castillo donde el papa Nicolás II condujo en 1059 la investidura de Robert Guiscard, que legitimó a los normandos en el sur. Melfi se convirtió en la capital normanda. Federico II proclamó aquí sus *Constitutiones Augustales* (1231), que convirtieron su reino en Estado. El castillo aloja el **Museo Archeologico Nazionale del Melfese,** con una colección de joyería bizantina. El Duomo, cerca de Via Vittorio Emanuele, se inició en 1155 y se reconstruyó en el siglo XVIII. Solo se conserva el campanil.

Museo Archeologico Nazionale del Melfese

Castello di Melfi, Via Normanni 0972 23 87 26 14.00-20.00, 9.00-20.00 ma-do diario 1 ene, 25 dic

Venosa

F5 Potenza FS Via Roma 22; www.comune.venosa.pz.it

Venosa fue una importante colonia romana alrededor del 290 a. C. y se conservan restos de termas y de un anfiteatro a lo largo de Via Vittorio Emanuele. Fue también la ciudad natal del poeta latino Horacio (65 a. C.-8 a. C) y el lugar donde Aníbal dio muerte al general romano Marcelo en 208 a. C. Su supuesta tumba se encuentra en Via Melfi. Hay más restos en el **Museo Archeologico Nazionale.**

El Duomo, también en Via Vittorio Emanuele, y el castillo, en Piazza Umberto, I datan del siglo XVI.

Una abadía compuesta por una iglesia posiblemente paleocristiana (siglos V-VI), La Trinitá, está apoyada en una construcción inacabada del siglo XI, donde hay enterrados cinco miembros de la familia normanda Hauteville. Solo se conserva la de Abelarda, primera mujer de Robert Guiscard.

Museo Archeologico Nazionale

Piazza Castello 0972 360 95 9.00-20.00 mi-lu (desde 14.00 ma)

Castel Lagopesole

F5 Potenza FS A Lagopesole Scalo, luego un autobús abr-oct: 9.30-13.00 y 16.00-19.00 diario; nov-mar: 9.30-13.00 y 15.00-17.00 24 dic-2 ene castellodilagopesole.com

El castillo Lagopesole (1242–1250), en lo alto de una colina, fue el último que construyó Federico II. Se dice que las interesantes cabezas talladas sobre el pórtico de la torre representan a Federico Barbarroja, abuelo de Federico II, y a su mujer Beatrice. En el interior pueden visitarse las estancias reales y la capilla.

5

Parco Archeologico di Metaponto

F6 Matera A Metaponto 9.30-30 min antes del ocaso, diario lu mañanas, 1 ene, 1 may, 25 dic Via Apollo Licio; www.archeobasilicata.beniculturali.it

El antiguo Metaponto, fundado en el siglo VII a. C., llegó a ser el centro de una rica ciudad-estado con una tradición filosófica expuesta por Pitágoras, que se estableció aquí tras su expulsión de Crotona. Sus ruinas incluyen la Tavole Palatine (siglo VI a. C.), en el puente sobre el río Bradano, y 15 columnas de un templo dórico, probablemente dedicado a Hera. El **Museo Archeologico Nazionale di Metaponto** expone piezas del lugar. En la zona arqueológica se encuentran las ruinas de un teatro y del dórico templo de Apolo Licio (siglo VI a. C.). El moderno Policoro ocupa el lugar de la antigua Heracleia (fundada entre los siglos VII y V a. C.). En el **Museo Nazionale della Siritide** se muestran objetos hallados aquí.

Museo Archeologico Nazionale di Metaponto

Località Metaponto Borgo 0835 74 53 27 14.00-20.00 lu, 9.00-20.00 ma-do

Museo Nazionale della Siritide

Via Colombo 8, Policoro 0835 97 21 54 9.00-20.00 lu, mi y do, 14.00-20.00 ma 1 ene, 1 may, 25 dic

6

Maratea

F6 Potenza Piazza Vitolo 1; 0973 03 03 66

Maratea se encuentra en una diminuta extensión de la costa tirrena de Basilicata. Su pequeño puerto (Maratea Inferiore) se halla bajo el antiguo centro (Maratea Superiore), que se asienta en la ladera de un monte. La carretera asciende el monte Biagio hasta la cima, de sobrecogedoras vistas, donde se alza una inmensa estatua del Redentor de 1960.

Unos 23 km al norte, Rivello llegó a tener una amplia población griega. En su iglesias se aprecian influencias bizantinas.

7

Rossano

F6 Cosenza Via Plebiscito 1; www.rossanoturismo.it

Esta bonita ciudad sobre una colina fue uno de los principales centros de la civilización bizantina en Calabria. En el **Museo Diocesano** se halla el *Codex Purpureus Rossanensis*, un curioso Evangelio griego del siglo VI de plateada caligrafía y detalladas miniaturas.

En la catedral barroca se puede contemplar el fresco de la *Madonna Achiropita*, una reliquia muy venerada del siglo VIII o IX.

Sobre una cima al sureste de Rossano se ubica la iglesia griega de cinco cúpulas de San Marco (siglo X). La Panaghia, otra iglesia griega del siglo XII, se halla junto a la Via Archivescovado.

Santa Maria del Patire se alza en una cima 18 km al oeste y está decorada con azulejos, piedra y colorida mampostería.

Museo Diocesano

Palazzo Arcivescovile, Via Arcivescovado 5 0983 52 52 63 ma-do

→ Una tranquila playa cerca de Maratea

¿Lo sabías?

Los tropeanos creen que la Madonna di Romania protege el lugar. En la II Guerra Mundial, ninguna de las seis bombas caídas en Tropea explotó.

Tropea

**F7 Vibo Valentia FS
Piazza Ercole; www.tropea.biz**

Una de las más pintorescas localidades de la urbanizada costa tirrena es Tropea, que cuenta con fabulosas vistas al mar y las playas. La ciudad antigua cuelga de un acantilado frente a una gran roca que en el pasado fue una isla.

La roca la corona Santa Maria dell'Isola, antiguo santuario benedictino. La catedral, al final de Via Roma, es de origen normando, aunque ha sufrido varias reconstrucciones. En el interior está la *Madonna di Romania*, cuadro anónimo del siglo XIV. De los palacetes de Tropea destacan la Casa Trampo (siglo XIV) y el Palazzo Cesareo (principios siglo XX), que muestra un espléndido balcón tallado.

Bajo la ciudad hay hermosas playas y un buen repertorio de restaurantes. Otras ciudades costeras que se pueden visitar son Scilla, al sur, y Pizzo, hacia el norte.

Stilo

**F7 Reggio di Calabria
Ayuntamiento; 0964 77 60 06**

Cerca de la costa, Stilo es una población dañada por terremotos en uno de los flancos del monte Consolino. Sobre un saliente que mira a los campos de olivos se levanta la **Cattolica di Stilo,** que ha convertido a la ciudad en núcleo de peregrinaje para entusiastas de la arquitectura bizantina. Fue construida en ladrillo por monjes de Basilicata en el siglo X, sobre planta de cruz griega, y está cubierta de tejas de terracota. Cuatro columnas antiguas y descentradas, en mármol, dividen el interior en nueve cuadrantes. Los capiteles se sitúan en la basa de las columnas, en vez de coronarlas, para indicar el triunfo del cristianismo sobre lo pagano. Los frescos, descubiertos en 1927, son del siglo XI.

La Cattolica domina la localidad, pero en Via Tommaso Campanella hay también un Duomo medieval y las ruinas del convento de San Domenico, del siglo XVII, donde vivió el filósofo y dominico fray Tommaso Campanella (1568-1639). La iglesia de San Francesco, construida hacia 1400, posee un altar de madera tallada y un precioso cuadro anónimo, *La Madonna del Borgo*, del siglo XVI. Bivongi, al noroeste de Stilo, cuenta con dos iglesias dedicadas a san Juan: la bizantina-normanda San Giovanni Therestis y la normanda San Giovanni Vecchio.

↑ La roca de Santa Maria dell'Isola, en Tropea

> **Los capiteles se sitúan en la basa de las columnas, en lugar de coronarlas, para indicar el triunfo del cristianismo sobre lo pagano.**

Algunas de las mejores tiendas de Reggio di Calabria.

Tienda del Museo Arqueológico
Preciosa librería y tienda de recuerdos.
Piazza de Nava 26

Oro Argento e Mirra
Artesanía en oro desde 1975.
Corso Garibaldi 227

La Librería Nuova Ave
La librería independiente más antigua de la ciudad.
Corso Garibaldi 206

Cattolica di Stilo
 A 2 km de Stilo, en Via Cattolica 371 345 54 90 8.00-18.00 diario (verano: hasta 20.00)

10

Reggio di Calabria

F7 Estación; www.turismo.reggiocal.it

Una de las razones para visitar Reggio di Calabria, muy reconstruida tras el terremoto de 1908, es el **Museo Archeologico Nazionale di Reggio Calabria,** que cuenta con una buena colección de utensilios de la antigua Rhegion y de otros emplazamientos griegos.

Sus piezas más valiosas son los bronces griegos, estatuas de guerreros de tamaño dos veces superior al natural rescatadas del mar en Riace Marina en 1972, conocidas como esculturas A y B. La escultura A (460 a. C.) se cree que fue realizada por Fidias, el escultor ateniense máximo exponente del estilo clásico. Si es cierto, se trata de un caso inusual ya que sus obras solo eran conocidas hasta la fecha gracias a copias romanas. La escultura B (430 a. C.) ha sido atribuida a Policleto. Es posible que las esculturas pertenecieran al santuario ateniense de Delfos, construido para celebrar la victoria de Maratón.

Museo Archeologico Nazionale di Reggio Calabria
 Piazza de Nava 26
0965 81 22 55
9.00-20.00 diario

11

Gerace

F7 Reggio di Calabria
Ayuntamiento, Piazza del Tocco; www.comune.gerace.rc.it

En un risco en la ladera noreste del Aspromonte, Gerace lo fundaron refugiados de Locri Epizephiri que huían de los sarracenos en el siglo IX. Su carácter defensivo se ve acentuado por las murallas medievales y por los restos del castillo.

Aparte de su pausado ritmo de vida, el mayor atractivo se encuentra en el Duomo, el más grande de Calabria. Esta gigantesca estructura revela la importancia de Gerace al menos hasta la llegada de los normandos. Fue construida a principios del siglo XII, reconstruida en el siglo XIII y restaurada en el XVIII, y la cripta resulta la parte más valiosa. Cripta e iglesia son sencillas, adornadas con antiguas columnas de granito y mármol coloreado, tomadas seguramente del emplazamiento de la antigua Locri Epizephiri. Al final de Via Cavour se encuentra San Giovanello (siglo XII), medio bizantina, medio normanda. Próximo a ella se ubica San Francesco d'Assisi, que cuenta con un altar de mármol barroco (1615) y la tumba renacentista de Niccolò Ruffo, miembro de una destacada familia de Calabria muerto en 1372.

El vasto emplazamiento de **Locri Epizephiri,** la primera ciudad griega con código de leyes escrito (660 a. C.), fue un conocido centro de culto a Perséfone. Hay restos de templos, un teatro y tumbas griegas y romanas. En el **Museo Nazionale** se expone un plano del lugar, estatuas votivas, monedas y fragmentos de esculturas griegas y romanas.

Locri Epizephiri
Suroeste de Locri, en la SS106, Contrada Marasà
9.00-20.00 ma-do
locriantica.it

Museo Diocezano
Piazza Tribuna 1 0964 39 00 23 ma-do

→ Estatua de bronce en el Museo Archeologico Nazionale di Reggio Calabria

Castello di Cáccamo, cerca de Cefalù

SICILIA

En una encrucijada en el Mediterráneo, entre Europa y África, sin llegar a pertenecer a ninguno de los dos continentes, Sicilia ha conocido la mitad de las civilizaciones de la Antigüedad. Los diferentes conquistadores dejaron a su paso una rica y variada herencia, que se manifiesta en una curiosa mezcla en todos los aspectos de la cultura: lengua, costumbres, gastronomía, arte y, de modo significativo, en la arquitectura de la isla.

Durante los siglos VI y V a. C. no pudo haber grandes diferencias entre Atenas y las ciudades griegas de Sicilia. Sus ruinas se encuentran entre las más espectaculares de la antigua Grecia. Los romanos tomaron el relevo en el siglo III, y luego llegaron vándalos, ostrogodos y bizantinos. Se conserva poco del dominio árabe, que tuvo lugar entre los siglos IX y XI, aunque la Vucciria de Palermo tiene más de zoco que de mercado. La era normanda, iniciada en el año 1061, engendró obras como las catedrales de Monreale y Cefalù, mientras que en Santi Pietro e Paolo, cerca de Taormina, se aprecia mejor el eclecticismo arquitectónico propio de la época.

El barroco siciliano de los siglos XVII y XVIII resulta igualmente singular. Los palacios e iglesias de Palermo, que reflejan el elaborado ritual de la corte del virreinato español, se acercan a lo extravagante. En Noto, Ragusa, Modica, Siracusa y Catania los edificios resultan un vehículo muy útil para mostrar el gusto de los silicianos por la ornamentación, que es un vestigio del idilio que tuvo la isla con el mundo árabe. El estilo podría considerarse una expresión de su naturaleza, magnífico y fastuoso, con tendencia al exceso.

Sicilia es única y su legado histórico rezuma por todas partes. Se dice que corre menos sangre italiana por las venas sicilianas que fenicia, griega, árabe, normanda, española o francesa. La mezcla resultante ha generado una cultura con carácter propio en el extremo sur de Italia.

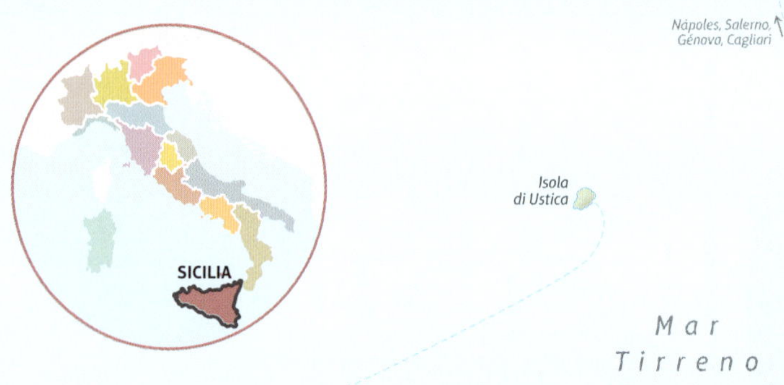

SICILIA

Esencial

1 Palermo
2 Duomo de Monreale
3 Siracusa
4 Ortigia
5 Valle de los Templos

Lugares de interés

6 Trapani
7 San Vito Lo Capo
8 Erice
9 Marsala
10 Segesta
11 Selinunte
12 Cefalù
13 Agrigento
14 Piazza Armerina
15 Enna
16 Messina
17 Taormina
18 Monte Etna
19 Pantalica
20 Catania
21 Scicli
22 Sampieri
23 Ragusa
24 Modica
25 Noto

Nápoles
Isola Stromboli
Isola Panarea
Isola Salina
Santa Marina Salina
Isola Filicudi
Isola Alicudi
Islas Eolas
Isola Lipari
Lipari
Isola Vulcano
Capo di Milazzo
Milazzo
MESSINA 16
Capo d'Orlando
Tindari
Barcellona Pozza di Gotto
Monti Peloritani
Naso
Patti
Sant'Agata di Militello
Reggio di Calabria
12 CEFALÙ
Torremuzzo
San Fratello
Pizzo di Vernà 1.286 m
Ali Terme
Mandanici
Floresta
Nebrodi
Mistretta
Collesano
Castelbuono
San Francesco di Paola
Pizzo Carbonara 1.975 m
Monte Soro 1.847 m
Alcántara
Gole dell'Alcantara
Monti
Monte Castelli 1.567 m
Randazzo
Madonie
Capizzi
Linguaglossa
17 TAORMINA
Naxos
Petralia
Gangi
Troina
Bronte
MONTE ETNA 18
Simeto
Giarre
Riposto
Nicosia
Alimena
Salso
Adrano
Agira
SICILIA
Leonforte
Acireale
Belpasso
15 ENNA
S. Caterina
Paternò
Aci Castello
Valguarnera Caropepe
Dittaino
Misterbianco
20 CATANIA
Catania Fontanarossa
Monti Erei
Caltanissetta
Mar Jónico
Pietraperzia
Gornalunga
Piana di Catania
Golfo di Catania
14 PIAZZA ARMERINA
Barrafranca
Villa Romana del Casale
Sommatino
Palagonia
Capo Campolato
Lentini
Mazzarino
Mineo
Capo Santa Croce
Ravanusa
Francofonte
Augusta
Gela
Caltagirone
Monti Iblei
Melilli
Golfo di Augusta
Grammichele
Sortino
Butera
Niscemi
Vizzini
PANTALICA 19
Anapo
Castel Eurialo
3 SIRACUSA
4 ORTIGIA
Licata
Floridia
Gela
Chiaramonte Gulfi
Palazzolo Acreide
Canicattini Bagni
Capo Murro di Porco
Golfo di Gela
Val di Noto
Vittoria
NOTO
25
Avola
23 RAGUSA
Scoglitti
Comiso
24 MODICA
Golfo di Noto
Irminio
Rosolini
21 SCICLI
Ispica
Marina di Ragusa
Pachino
SAMPIERI 22
Pozzallo
Punta delle Formiche
Mar Mediterráneo
0 kilómetros 25
N
A20
A18
A19
S113
S117
S120
S121
S114
S106
S640
S417
S626
S194
S514
S164
S115

El concurrido puerto de Palermo, rodeado de un hermoso paisaje

❶

PALERMO

F1 Falcone Borsellino 32 km al O Stazione Centrale, Piazza Giulio Cesare Piazza Cairoli Stazione Marittima, Molo Vittorio Veneto Piazza Bellini; www.palermotourism.com

Vibrante, desaliñada y muy muy ruidosa, Palermo se extiende caóticamente en torno a un puerto natural dominado por la mole caliza del monte Pellegrino. Fue sede del emirato árabe en el siglo X, y la influencia de Oriente Próximo todavía se aprecia en la arquitectura de las iglesias y en las estrechas calles y callejones del antiguo barrio árabe, entre el Palazzo dei Normanni y el mar.

Piazza Bellini y Piazza Pretoria

Escondida detrás de Quattro Canti *(p. 507)*, la Piazza Bellini alberga tres iglesias interesantes. Con cúpulas rojas y forma de cubo con dos pisos, la sencilla **San Cataldo** se sitúa en uno de los lados de la plaza. **Santa Caterina,** en estilo barroco de Palermo, es la más llamativa, con un interior revestido de mármol de colores y estuco. Cerca, la fachada barroca de **La Martorana** encierra un interior árabe-normando decorado con mosaicos medievales. La Fontana della Vergogna (fuente de la vergüenza) (siglo XVI), nombre que recibe por sus desnudos, domina la cercana Piazza Pretoria.

San Cataldo
10.00-18.00 diario

Santa Caterina
9.00-19.00 lu-sá, 10.00-19.00 do y festivos

La Martorana
9.30-13.00 y 15.30-17.30 lu-sá, 9.00-13.30 do y festivos

Palazzo dei Normanni y Cappella Palatina

Piazza Indipendenza 091 705 56 11 8.15-17.00 lu-sá, 8.15-13.00 do y festivos federico secondo.org

Dominando la parte alta y oeste del centro histórico, el núcleo del palacio lo construyeron los árabes y lo ampliaron los normandos tras su conquista de la ciudad en 1072. La joya es la Cappella Palatina, una mezcla de influencias bizantinas, islámicas y normandas construidas por Roger II (1132-1140).

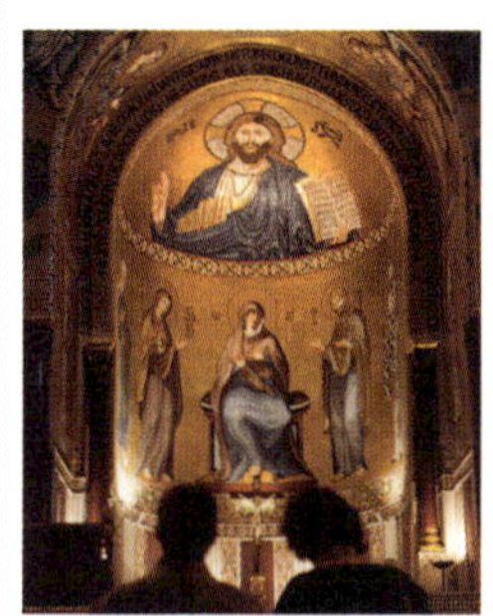

La Cappella Palatina en el Palazzo dei Normanni

Mercado Ballarò

Via Ballarò 1
7.30-8.30 diario

En ningún lugar se capta mejor el espíritu de Palermo que en este mercado de productos frescos situado bajo la preciosa cúpula de mayólica de Santa Maria del Carmine.

Piazza Marina

La Piazza Marina, hoy cargada de tráfico, ocupa terrenos ganados al mar en el siglo X. Cerca, el **Palazzo Mirto** da una idea de la vida de los aristócratas del siglo XVIII y permite ver los antiguos cuartos de los sirvientes y las cocinas.

Palazzo Mirto
Via Merlo 2 9.00-18.00 ma-sá, 9.00-13.00 do

Palazzo Abatellis

Via Alloro 4 091 623 0011 9.00-18.30 ma-vi, 9.00-13.00 sá, do y festivos

Este palacio del siglo XV alberga la mejor colección siciliana de arte medieval y renacentista; hay obras del artista del siglo XV Antonello da Messina, entre otros.

San Giovanni degli Eremiti

Via dei Benedettini 20
9.00-19.00 lu-sá, 9.00-13.30 do y festivos

Con sus cúpulas bulbosas de estilo islámico y sus ventanas con filigranas, esta iglesia normanda desconsagrada (1132–48) fue construida sobre la base de una mezquita.

I Cuochini
Pequeña *frigittoria* fundada en 1826 que elabora pastas tradicionales y *arancini.*

Via Ruggero Settimo 68 091 58 11 58

Spinnato
Esta *pasticceria* con una terraza en una calle tranquila es perfecta para desayunar o tomarse un cóctel por la noche.

Via Principe di Belmonte 107-115
091 749 51 04

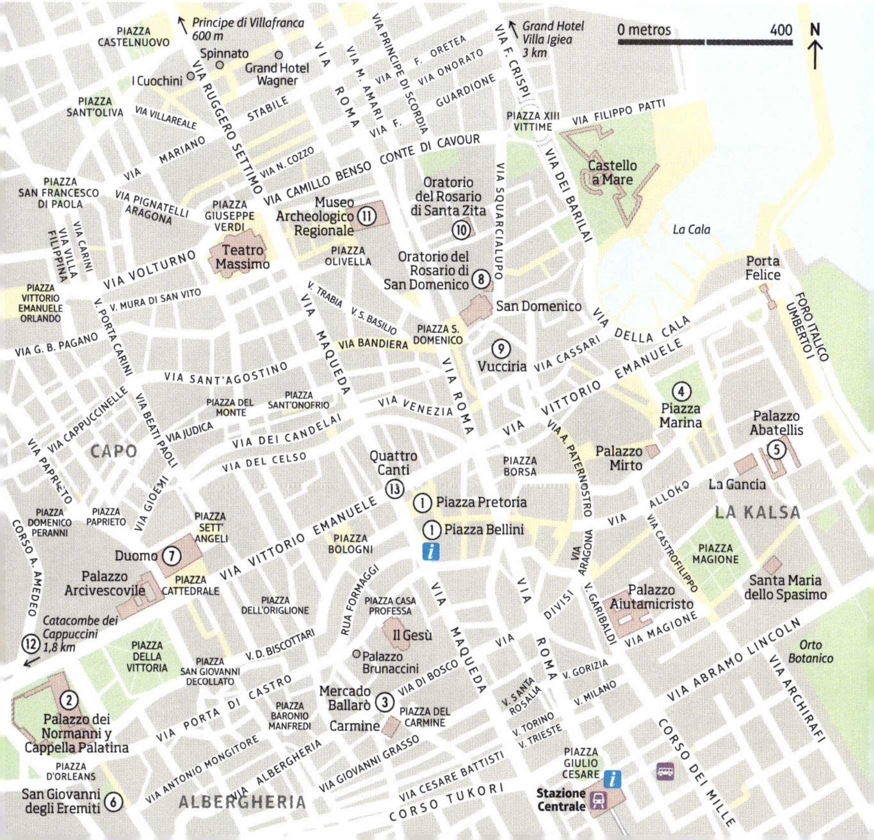

Duomo

Piazza Cattedrale
7.00-19.00 lu-sá, 8.00-13.00 y 16.00-19.00 do
Durante misa
cattedrale.palermo.it

La catedral de Palermo se ubica sobre el emplazamiento de una basílica paleocristiana convertida después en mezquita. Pese a sus frecuentes reconstrucciones y modificaciones, perviven elementos del origen normando del edificio, principalmente las almenas con arcos situadas a lo largo de los muros y los arcos entrelazados y pequeñas columnas que decoran el exterior del ábside.

Oratorio del Rosario di San Domenico

Via dei Bambinai 18 **091 33 27 79** **9.00-18.00 lu-sá (invierno: hasta 14.00)**

Este oratorio lo fundó, a finales del siglo XVI, la Sociedad del Santo Rosario, entre cuyos miembros estaban el artista Pietro Novelli y el escultor Giacomo Serpotta. Hay un grupo de figuras de damas, caballeros y angelotes rodeando a estatuas de las virtudes cristianas, obra de Serpotta, mientras que de Novelli se conservan cuadros sobre los misterios del Rosario. El retablo del altar lo pintó A. Van Dyck en 1624-1628.

Vucciria

Piazza Carracciolo

Este mercado al más puro estilo de una *kasbah* medieval y el lugar donde más se nota el pasado árabe de Palermo, recorre el ruinoso barrio de Loggia, detrás de la Via Roma. Los distintos artesanos dieron nombre a las calles: plateros, tintoreros, cerrajeros. Inmortalizado por Renato Guttuso en su pintura *La Vucciria*, es un lugar animado que conviene visitar por la mañana cuando llegan los pescaderos.

CURIOSIDADES
Castello della Ziza

Fuera del centro, este retiro campestre *(Piazza Ziza)* lo construyeron artesanos árabes para los reyes normandos Guillermo I y Guillermo II.

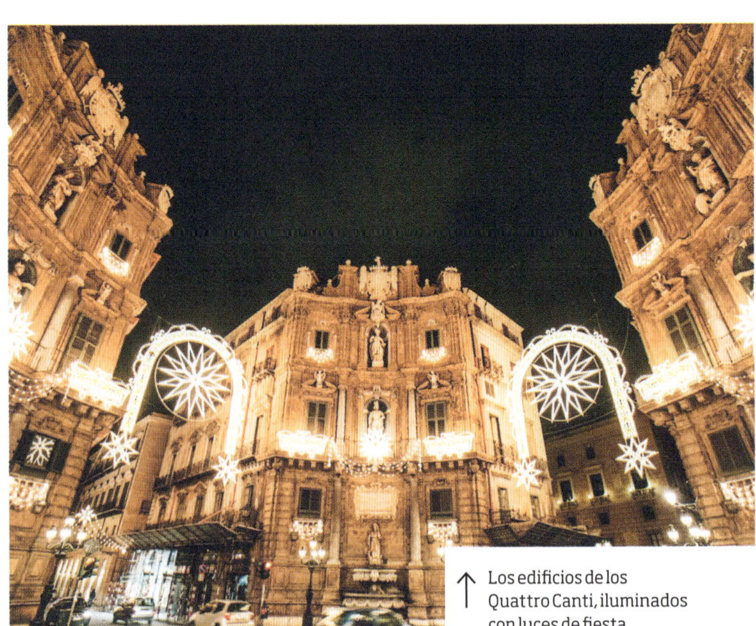

↑ Los edificios de los Quattro Canti, iluminados con luces de fiesta

El Duomo de Palermo, desde el otro lado de la plaza

⑩ 

Oratorio del Rosario di Santa Zita

Via Valverde 3 091 843 16 05 9.00-13.00 lu-sá 15 ago

Fundado en 1590, fue de uno de los oratorios más ricos de la ciudad, con decoración barroca de Giacomo Serpotta. El panel del muro posterior representa la batalla de Lepanto, y otros relieves muestran escenas del Nuevo Testamento. La vecina iglesia de Santa Zita, del siglo XVI, de la que el oratorio toma su nombre, está llena de esculturas (1517-1527) de Antonello Gagini.

Museo Archeologico Regionale

Via Bara all'Olivella 24 091 611 68 07 9.30-19.00 lu-sá, 9.30-14.00 do y festivos

Este museo alberga tesoros hallados en excavaciones en el oeste de la isla, desde un sarcófago fenicio (siglos VI-V a. C.) a una bella cabeza de un carnero del siglo III a. C. Hay también piezas de los templos de Salinunte, como una cabeza leonina del templo de la Victoria y relieves de escenas mitológicas, como una que muestra a Acteón atacado por perros y Atenea matando a un gigante.

Catacombe dei Cappuccini

Via Cappuccini 091 652 41 56/329 415 04 62 9.00-13.00 y 15.00-18.00 oct-mar: do tardes

Estas fascinantes catacumbas, aptas para los menos aprensivos, se encuentran en los barrios algo alejados del oeste de Palermo. Durante varios cientos de años, los monjes han momificado los cuerpos de unos 8.000 religiosos y de ricos palermitanos.

Quattro Canti

Via Vittorio Emanuele

Corso Vittorio Emanuele y Via Maqueda se cruzan en los Quattro Canti, o Cuatro Esquinas, una concurrida intersección barroca a la que dan forma las fachadas cóncavas de los cuatro edificios de las esquinas. Data de 1600, cuando se puso en marcha un nuevo trazado que dividió la ciudad en cuatro cuadrantes. Cada fachada está decorada con una fuente y estatuas de santos, las estaciones y reyes españoles.

Principe di Villafranca

Bonito hotel *boutique* lleno de detalles intrincados.

Via Giuseppina Turrisi Colonna 4 principedivillafranca.it

Grand Hotel Wagner

Hotel glamuroso y elegante con mucho encanto antiguo.

Via Riccardo Wagner 2 grandhotelwagner.it

Palazzo Brunaccini

Preciosas habitaciones en un palacio cerca del mercado Ballarò.

Piazzetta Lucrezia Brunaccini 9 palazzobrunaccini.it

Grand Hotel Villa Igiea

Opulento hotel en una villa *art nouveau* del siglo XIX con vistas de la marina.

Salita Belmonte 43 sofitel.com

¿Lo sabías?

El interior de la catedral de Monreale contiene unos 6.500 m² de mosaicos brillantes.

El enorme mosaico del Cristo Pantocrátor (siglos XII y XIII) en el ábside ↑

2

DUOMO DE MONREALE

F1 Piazza Guglielmo II 1 389 desde Piazza Indipendenza Los horarios varían, consultar la página web monrealeduomo.it

La catedral de Monreale domina la Conca d'Oro, un fértil valle sobre Palermo. Pese a su austero exterior, el interior guarda los mosaicos más extensos e importantes de su tipo en Sicilia.

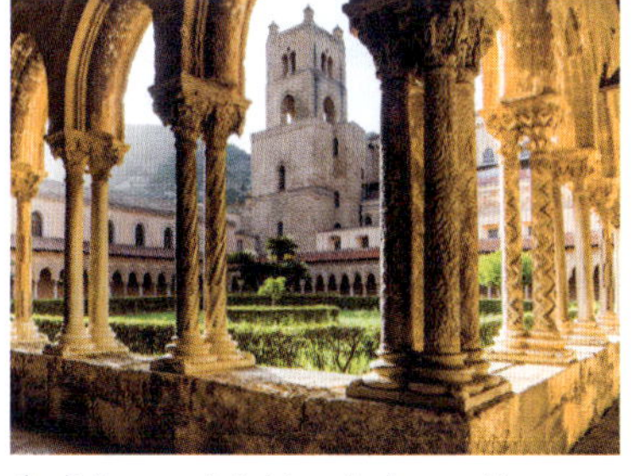

↑ Columnas de intrincada decoración en los claustros normandos

Magníficamente decorado y con una fantástica vista de la Conca d'Oro, el Duomo de Monreale es uno de los grandes monumentos de la Sicilia normanda. Fundado en 1172 por el rey normando Guillermo II, el Duomo está a iun costado de un monasterio benedictino. En su interior brillan mosaicos de artistas sicilianos y bizantinos –con los que el rey quería rivalizar con el poder del arzobispo de Palermo–. Como Cefalù, y más tarde Palermo, debía servir como sepulcro real y alberga las tumbas de Guillermo I y Guillermo II.

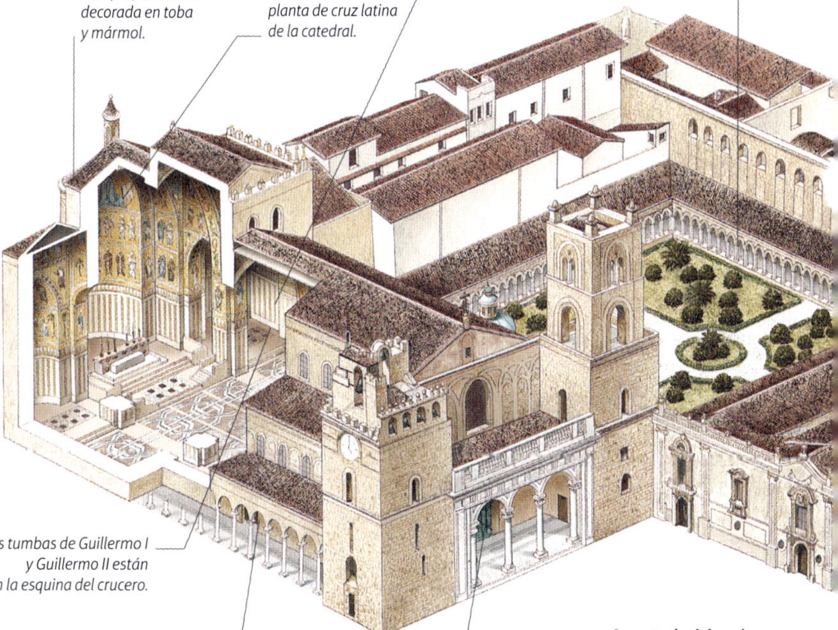

Esta parte del exterior del ábside está profusamente decorada en toba y mármol.

El imponente mosaico de Cristo Pantocrátor está en el centro de la planta de cruz latina de la catedral.

Completado en 1182, el impresionante ciclo de mosaicos reproduce escenas de la Biblia.

Las ornamentadas columnas del claustro soportan arcos de estilo sarraceno.

Las tumbas de Guillermo I y Guillermo II están en la esquina del crucero.

El pórtico lo diseñaron Gian Domenico y Fazio Gagini (1547-1569).

El panel de la puerta de bronce (1185) es de Bonanno da Pisa.

↑ La catedral de Monreale, un triunfo de la arquitectura normanda

3

SIRACUSA

G2 Interbus (0931 66 710); AST (093146 27 11)
Via San Sebastiano 45; 0931 67 710

Durante tres siglos, desde en torno al año 500 a. C., Siracusa fue la ciudad más poderosa del Mediterráneo, cuna de Arquímedes y hogar de Pitágoras y Platón. La historia siracusana, desde la prehistoria hasta la expansión de la arquitectura barroca, es aún patente. La mayoría de los restos de la antigua Siracusa están en la ajetreada área urbana en tierra firme, entre ellas el teatro griego, el museo arqueológico y las catacumbas romanas.

Zona Arqueológica de la Neápolis

Teatro griego y Zona Arqueológica de la Neápolis: Via del Teatro Greco 08.30-14.45 diario (hasta 13.45 do y festivos) regione.sicilia.it

La Zona Arqueológica de la Neápolis se estableció en 1955 con el objetivo de agrupar en una sola área los restos de la antigua Siracusa.

Anfiteatro romano y altar de Hierón II

Construido en los primeros años del Imperio romano, el anfiteatro, con un diámetro exterior de 140 por 119 m, es ligeramente más pequeño que la Arena de Verona *(p. 108)*. Bajo las gradas había pasadizos a través de los cuales salían a la arena gladiadores y bestias salvajes.

Más allá se hallan los enormes cimientos del altar de Hierón II. Dedicado a Zeus, se usó para sacrificios públicos, en uno de los cuales se inmoló a 400 toros de una sola vez.

Teatro griego

Alzado en el siglo V a. C., es uno de los principales ejemplos de antiguo teatro en todo el mundo. Entre mayo y junio, el teatro aún alberga un festival anual de tragedias griegas.

Latomías

Una gran hondonada separa el área del teatro del sector sur del lugar. Es la zona de las latomías, canteras de las que los arquitectos de la antigua Siracusa extrajeron millones de metros cúbicos de piedra para sus edificios. Las enormes cavernas horadadas para sacar piedra se usaban como prisión. La Orecchio di Dioniso (oreja de Dioniso) es una de las más impresionantes. Debe su nombre, supuestamente, a que el artista Caravaggio –fugado poco antes de una prisión de Malta– las bautizó así durante una visita a las canteras.

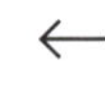

Estatua sedente de la diosa Koré (Museo Archeologico Regionale)

Esencial ☆

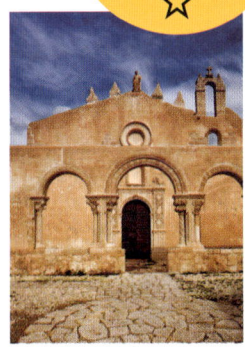

← Vista desde lo alto del gran anfiteatro griego de Siracusa

Museo Archeologico Regionale

Via Teocrito 66 0931 48 9511 09.00-18.00 ma-sá, 09.00-14.00 do y festivos

La más selecta colección arqueológica de Sicilia es un fabuloso muestrario de antigüedades de la Siracusa griega y romana, Mégara Hiblea, Tapso y las colonias helenas del sureste de Sicilia. Lo más destacable es la reconstrucción de antiguos templos griegos, los esqueletos fosilizados de dos elefantes enanos autóctonos y esculturas como la *Venus Landolina*, copia romana de una estatua griega que muestra a la diosa emergiendo del mar.

Catacumbas de San Giovanni Evangelista

Via San Giovanni alle Catacombe 0931 64 694 09.30-12.30 y 17.00 diario (invierno hasta las 16.30)

Este complejo subterráneo, que data del siglo IV a. C., acogió cientos de *loculi*, estancias funerarias para los seguidores de la novedosa religión cristiana en tiempos de la antigua Roma. La galería principal de las catacumbas lleva a una serie de capillas.

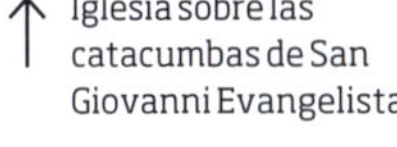

↑ Iglesia sobre las catacumbas de San Giovanni Evangelista

④

Castello Eurialo

Frazione Belvedere, a 8 km de Siracusa 0931 71 17 73 09.00-18.00 diario

Sobre una colina que domina la ciudad, este castillo es una gran obra de arquitectura militar de la antigua Grecia. Fue edificado por Dionisio el Viejo en el 402 a. C. para defender Siracusa. La fortaleza se protegió con dos fosos cavados en la roca, una torre y un castillo.

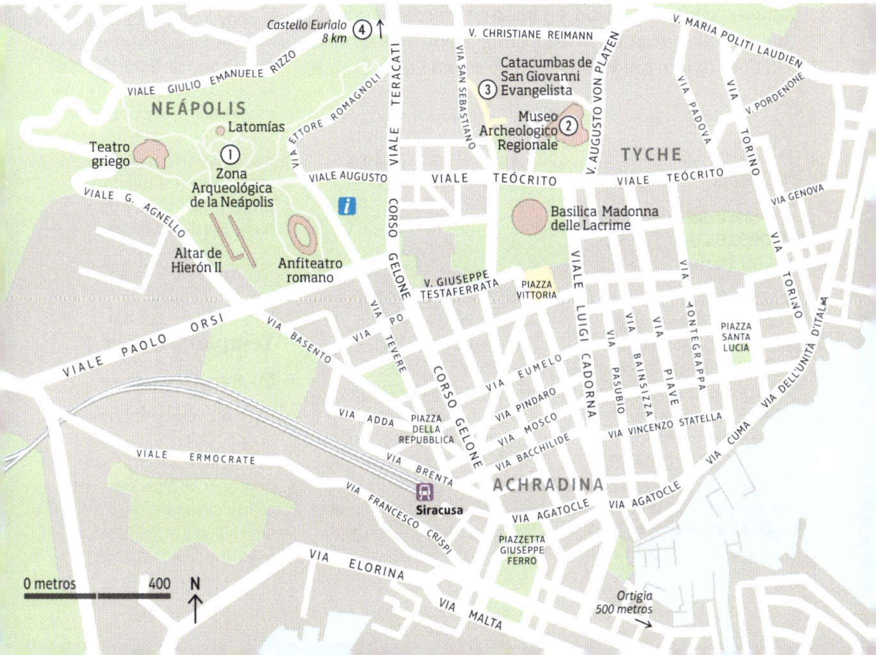

La plaza del Duomo y el Duomo iluminados de noche

ORTIGIA

G2 Interbus (0931 66710); AST (0931 462711) Via Ruggero VII 19; 0931 61844

Los restos del pasado glorioso de Siracusa están por doquier en su centro histórico, Ortigia, una isla en la que los edificios barrocos de arenisca dorada se adaptan a las estrechas calles medievales llenas de cafés con terraza, restaurantes y estilosas tiendecitas. El turismo monumental puede combinarse con un almuerzo en el mercado, un baño en una de las zonas habilitadas de Lungomare Levante o, antes de cenar, un aperitivo mirando la puesta de sol en Porto Grande.

Duomo

Piazza del Duomo 4 0931 64694 9.00-19.00 diario

La catedral de Siracusa es un antiguo templo griego convertido en iglesia en el siglo VI. Doce de las columnas dóricas del templo están empotradas en el muro almenado normando, mientras que el interior se realizó recortando ocho arcos en los muros de la planta baja. El terremoto de 1693 destruyó la fachada normanda, y después se levantó el edificio barroco que domina la plaza.

Piazza del Duomo

Esta plaza es la más espectacular de Sicilia y un enorme espacio teatral sin tráfico, salvo por algún coche de bodas ocasional. Es preciosa a cualquier hora del día, pero quizás cuando más resplandece es de noche, cuando el pavimento brilla como la seda y las fachadas barrocas se iluminan.

Santa Lucia alla Badia

Via Santa Lucia alla Badia 2 11.00-16.00 ma-do

La fachada de Santa Lucia alla Badia, con sus blancas columnas en espiral y su trabajada cantería, es una de las más bellas de Ortigia. El templo guarda una obra de arte de gran importancia, *El entierro de Santa Lucía*, de Caravaggio. El cuadro se creó para la iglesia de Santa María en la Borgata, donde fue martirizada la santa. Bañados por rayos de luz y empequeñecidos por los muros que los rodean, dos enterradores se disponen a colocar el cadáver en la tumba, en presencia de un obispo y un grupo de dolientes.

Templo de Apolo

Largo XXV Luglio

Las ruinas del templo más antiguo de la Magna Grecia se descubrieron en 1860 en el interior de unos antiguos cuarteles españoles. Levantado a principios del siglo VI a. C., el templo es

Fratelli Burgio

La mejor tienda de *delicatessen* de Siracusa tiene un restaurante al aire libre en medio del ajetreado mercado; los clientes pueden degustar quesos, jamones y salamis de primera de toda Italia, además de aceitunas curadas en la casa, *caponata*, tomates secos y otras conservas deliciosas.

Piazza Cesare Battisti 4 Do
fratelliburgio.com

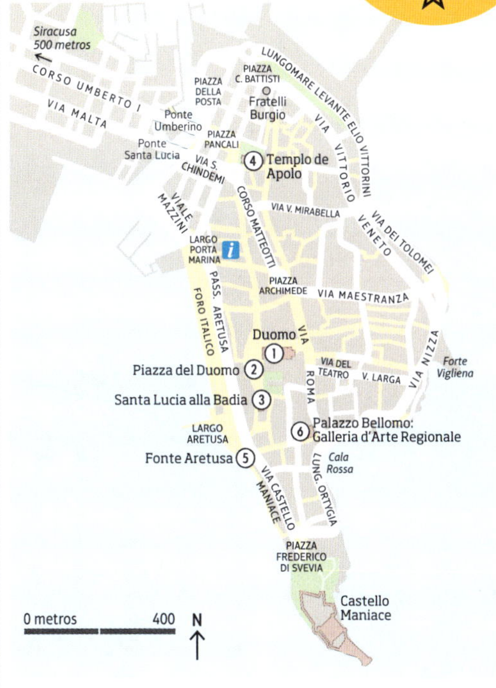

enorme y en el transcurso de los siglos ha sido iglesia bizantina, mezquita y emplazamiento militar. En su visita al lugar en el siglo XVIII, el escritor francés Vivant Denon contó que encontró una de las columnas empotradas en la pared de la habitación de una casa en la aledaña Via Resalibera. El dueño había recortado parte de la piedra para ganar espacio.

Fonte Aretusa

Largo Aretusa

Rodeada de plantas de papiro y habitada por patos y sargos, esta fuente recibe agua de un manantial que brota bajo el mar. Es el origen del mito de la náyade Aretusa, que escapó de Alfeo, dios del río, convertida en una corriente de agua que desaparecía bajo el mar Jónico y volvía a aparecer en este lugar.

NADAR EN ORTIGIA

El sitio más popular para nadar en Ortigia es la gran roca de Forte Vigliena (llamada popularmente *Lo Scoglio,* el escollo) que en verano se amplía con una plataforma. Hay también una playa pequeña en Cala Rossa, al pie de Via Roma, y dos zonas habilitadas para el baño, una en Lungomare Levante (al pie de Via Maestranze), y la otra bajo la Fonte Aretusa.

Palazzo Bellomo: Galleria d'Arte Regionale

Via Capodieci 14-16
0931 69 511 9.00-19.00 ma-sá, 14.00-19.30 do

El Palazzo Bellomo es un extenso edificio del siglo XIII cuya austera y minimalista fachada data de la época en que Sicilia era parte del Sacro Imperio romano. El palacio alberga en la actualidad un museo de arte regional en el que sobresale *La Anunciación,* de Antonello da Messina, pintada para una iglesia en Palazzolo Acreide. En la pintura pueden verse los montes Ibleos a través de las ventanas, detrás del ángel.

Templo de la Concordia, con una estatua de Igor Mitoraj en primer plano ↑

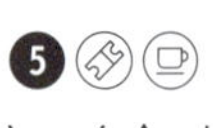

VALLE DE LOS TEMPLOS

F2 Agrigento 8.30-20.00 diario (ruinas); 9.00-19.30 lu-sá, 9.00-13.30 do y festivos (Museo Archeologico) 0922 62 16 11 parcodeitempli.net

En un pequeño promontorio al sur de Agrigento, el Valle de los Templos es uno de los más impresionantes yacimientos griegos fuera del país heleno y un excelente ejemplo del esplendor de la Magna Grecia.

El Valle de los Templos era el corazón de la antigua Akragas. Fundada en el 581 a. C. por colonos de Gela, Akragas llegó a ser una de las ciudades más ricas y poderosas de Sicilia; los visitantes contaban que sus ciudadanos tenían muebles de mármol, oro y plata en abundancia y que incluso construían tumbas para sus mascotas. Era especialmente conocida por la cría de caballos que sistemáticamente ganaban en los Juegos Olímpicos. Tras el asedio cartaginés del 406 a. C., Akragas fue tomada por Roma en el 261 a. C. y rebautizada como Agrigentum, y estuvo bajo control romano hasta la caída del Imperio. En la actualidad se pueden recorrer las ruinas de nueve templos principales, una serie de santuarios menores y un fascinante museo arqueológico.

Esencial ☆

Lo mejor del Valle

Museo Archeologico

◀ El Museo Archeologico se abrió al público en 1967. Las 13 salas exhiben objetos que van de la prehistoria a la época paleocristiana, pero destacan los de los periodos griego y romano, con jarrones, estatuas y sarcófagos. Hay también un telamón (un pilar con forma de estatua masculina) del templo de Zeus Olímpico.

Templo de la Concordia

Con sus 34 columnas, se trata de uno de los templos dóricos mejor conservados del mundo, en parte gracias a las modificaciones que se le hicieron en el siglo V, cuando se convirtió en basílica cristiana. Recuperó su forma original en 1748.

Templo de Zeus Olímpico

Apenas quedan unas ruinas de este templo del siglo V a. C., el mayor templo dórico jamás construido. Lo sustentaban 38 telamones, uno de los cuales se exhibe en el Museo Archeologico.

Templo de Hera

▶ Este templo del siglo V a. C., relativamente bien conservado, fue restaurado en época romana. Aún están en pie 25 de las 34 columnas originales. Unos escalones llevan al altar donde se sacrificaban animales para la diosa Hera, a la que los romanos conocían como Juno.

Templo de Heracles

◀ Estas ocho columnas pertenecían al templo más antiguo dedicado a Heracles, a quien veneraban griegos y romanos (como Hércules). La arcaica estructura dórica del siglo VI a. C. tiene una planta rectangular alargada.

CATACUMBAS PALEOCRISTIANAS

Además de monumentos de la Magna Grecia, el valle conserva ruinas paleocristianas. El hipogeo de Villa Igea (conocido también como la Grotta di Frangipane), entre el templo de Heracles y el de la Concordia, fue excavado en la roca para albergar los cuerpos de los primeros cristianos del lugar. Hay una serie de nichos tapados por losas de piedra que se alternan con pequeñas capillas que conservan restos de pintura en las paredes.

Templo de Cástor y Pólux

▶ Las cuatro columnas que perviven de este santuario, símbolo del Valle de los Templos, se restauraron en el siglo XIX.

Kolymbetra

Este jardín hundido, cuyo nombre en griego significa 'piscina', lo recorría un torrente y formaba parte del sistema de riego de la ciudad.

LUGARES DE INTERÉS

Trapani

E1 Piazza Umberto I 15; www.distrettosicilia occidentale.it

La parte vieja de Trapani ocupa una estrecha península. Los mejores edificios de este animado barrio son las iglesias, como la catedral de San Lorenzo (1635) y la Chiesa del Collegio dei Gesuiti (*c.* 1614-1640). Sus fachadas reflejan la vivacidad de la arquitectura barroca del oeste de Sicilia.

El Purgatorio (siglo XVII), en Via San Francesco d'Assisi, contiene unos *misteri* del siglo XVIII –realistas figuras en madera de tamaño natural utilizadas anualmente en la procesión del Viernes Santo–. En Santa Maria del Gesù, en Via Sant'Agostino, destacan la imagen *Madonna degli Angeli*, de Andrea della Robbia (1435-1525), y el baldaquino (1521) de Antonello Gagini.

El **Museo Pepoli** es de antigüedades locales. Lo más interesante son los objetos de coral y las figuras de belén *(presepi)*. Junto al museo, el Santuario di Maria Santissima Annunziata alberga la *Madonna di Trapani;* una imagen venerada por los pescadores y los marineros, que le atribuyen legendarios milagros.

Museo Pepoli

Via Conte Agostino Pepoli 180 0923 55 32 69 9.00-17.00 ma-sá (do y festivos solo mañanas)

San Vito Lo Capo

E1 Trapani

Popular centro de vacaciones en el Golfo di Castellammare, el animado San Vito Lo Capo tiene una de las mejores playas de arena de Sicilia. El centro gira en torno a la peatonal Via Savoia, flanqueada por tiendas y restaurantes y el lugar preferido para la *passeggiata* vespertina, junto con el paseo que recorre la playa de arena blanca del este de la ciudad. A 10 minutos a pie, pasando el puerto, se llega a un faro situado en un cabo azotado por el viento. Algo más lejos hay buenas vistas de la bahía desde los acantilados, aunque en días de calor es preferible recorrer la costa en uno de los barcos que parten del puerto.

A 12 km al sur de San Vito, la **Reserva Natural del Zingaro** es una prístina franja costera de 7 km con pequeñas calas de piedras blancas al pie de montañas elevadas. Hogar del águila de Bonelli y de unas 600 especies de plantas, es un lugar estupendo para una jornada de senderismo. Hay dos caminos principales, el Sentiero Alto, más elevado, y el Basso, que discurre cerca de la costa, con acceso a las calas. No hay tiendas ni servicios, así que conviene traer comida y mucha agua.

Reserva Natural del Zingaro

San Vito Lo Capo Desde Castellammare del Golfo riservazingaro.it

↑ Costa de la Reserva Natural del Zingaro

BUCEO EN LA RESERVA DEL ZINGARO

Restos del Capua, costa de Scopello
F1
Un carguero británico con armas para las tropas italianas se hundió durante la II Guerra Mundial. El misterio pervive, lo que añade intriga a esta inmersión a 38 m.

Grotta dell'Acqua Dolce, bahía de Uzzo
E1
Para los submarinistas más experimentados, este descenso a 60 m en aguas transparentes rebosa vida marina.

Grotta del Camino, Entrada del parque
F1
La cueva tiene dos accesos: uno a 18 m y otro a 35. Un muro de roca divide la cavidad, que está habitada por fascinantes gambas a franjas rojas y blancas.

CONSEJO DK

Festival del Cuscús

El Festival del Cuscús se celebra en San Vito Lo Capo a finales de septiembre, con un pequeño anticipo a principios de junio. Ambos incluyen una degustación gratuita de docenas de variedades de cuscús, acompañada de conciertos en la Piazza Santuario. Los festejos concluyen con fuegos artificiales la última noche.

8 Erice

E1 Trapani
Piazza Porta Trapani; 320 867 29 57

En un peñasco sobre Trapani, Erice era la sede del culto a la diosa de la fertilidad, Venus Erycina. El templo estaba donde se encuentra hoy el castillo normando, detrás de los jardines. En un día claro se puede llegar a ver Túnez. La antigua ciudad de Eryx recibió varios nombres: Gebel-Hamed con los árabes, Monte San Giuliano con los normandos y, finalmente, Erice con Mussolini, en 1934.

El Duomo (siglo XIV) posee un campanil almenado y un porche del siglo XV. Dentro la imagen *Virgen y Niño* (c. 1469) se atribuye a Francesco Laurana o a Domenico Gagini. Secularizada en el siglo XIII, San Giovanni Battista, en Viale Nunzio Nasi (hoy un hotel), contiene esculturas de la familia Gagini: *San Juan Evangelista* (1531) es obra de Antonello, y *San Juan Bautista* (1539) de Antonino. El **Museo Cordici** alberga *La Anunciación* (1525), de Antonello Gagini.

Museo Cordici
Vico San Rocco 1 320 867 29 57 Los horarios varían, llamar antes

9 Marsala

E2 Trapani
Via XI Maggio 100; www.consorziovinomarsala.it

En el puerto de Marsala se elabora un denso vino dulce de alta graduación desde el siglo XVIII. Situado en un antiguo almacén de vino, el **Museo Archeologico Baglio Anselmi** exhibe destacadas piezas fenicias.

Las ruinas de Lilybaeum merecen también una visita. Fundado en el 397 a. C., este asentamiento fenicio lo poblaron supervivientes de la masacre llevada a cabo por Dionisio I de Siracusa en Mozia (antigua Motya), isla usada por los fenicios como centro comercial. Destacan los restos reconstruidos de una embarcación púnica que se cree estuvo activa en la primera guerra púnica (263-241 a. C.). El **Museo di Mozia** contiene una reseñable estatua de un joven griego del siglo V a. C.

El Duomo, iniciado en el siglo XVII, está repleto de esculturas de miembros de la familia Gagini. El pequeño **Museo degli Arazzi,** detrás de la catedral, contiene tapices realizados en Bruselas en el siglo XVI.

Museo Archeologico Baglio Anselmi
Lungomare Boeo 30 0923 95 25 35 ma-do (ma y do solo mañanas)

Museo di Mozia
Isola di Mozia (San Pantaleo) 0923 71 25 98 Diario

Museo degli Arazzi
Via Garafa 57 0923 71 13 27 ma-do

La espectacular ubicación de Castello di Venere, en Erice

ISLAS SICILIANAS

Las islas menores que rodean Sicilia tienen personalidad propia, desde las volcánicas Eolias a Ustica, paraíso del submarinismo. La mejor época para visitarlas es en primavera y otoño, cuando no hay aglomeraciones, el agua se mantiene a buena temperatura, las noches son agradables y hoteles, bares y restaurantes siguen abiertos.

Islas Eolias

En estas islas se puede subir al Stromboli para ver su erupción de noche, recorrer en barco los islotes de Panarea o sumergirse en los baños de barro sulfuroso de Vulcano. Otras opciones son seguir los caminos de mulas de Filicudi o tumbarse en la playa de Pecorini Mare, donde los burros son la única forma de transporte.

Ustica

En Ustica se puede hacer snorkel en sus prístinas aguas, que son reserva marina, o seguir el sendero costero que rodea la isla. Por la noche, merece la pena probar el pescado y las lentejas de la tierra en una de las *trattorias* del puerto.

Islas Egadas

La red de caminos de tierra de Favignana permite recorrerla en bicicleta, parando a bañarse en Cala Azzurra y Cala Rossa. Hay excursiones en barco hasta Levanzo para ver inscripciones en una cueva prehistórica, y también se pueden seguir los solitarios senderos del espectacular Marettimo.

Pantelleria

Es posible bañarse en el lago volcánico Specchio di Venere y descubrir bahías rocosas y fuentes termales. Desde Siba, un sendero lleva a una sauna natural al aire libre, y en las bodegas hay catas de vinos dulces de la isla.

Islas Pelagias

La preciosa playa de la Isola dei Conigli en Lampedusa invita a tumbarse, mientras que la remota Limosa ofrece coloridas casas, pequeñas playas negras y silencio.

1 Erupción del volcán Stromboli

2 Inmersión entre bancos de peces en las aguas que rodean Ustica

3 La marina de Favignana

4 La vendimia de las uvas que dan el vino dulce de Pantelleria

5 La abrupta Isola dei Conigli

→ Monumentales columnas dóricas en el templo griego de Selinunte

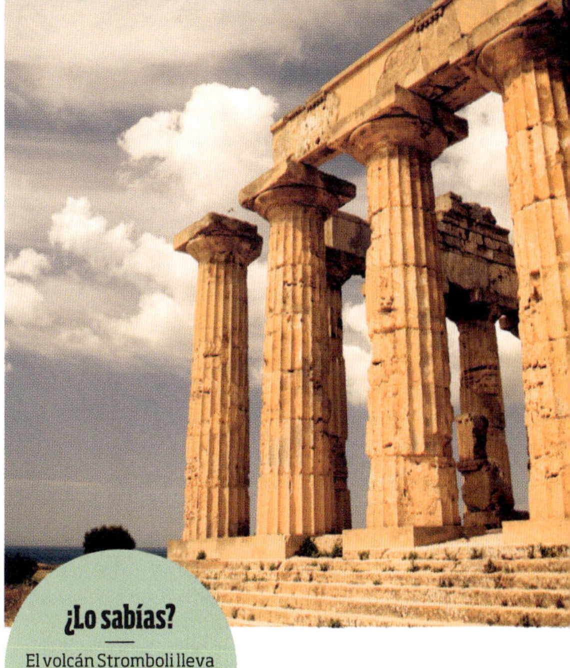

Segesta

F1 Trapani Desde Trapani y Palermo 0924 95 05 00 9.00-19.30 diario (mar y octubre hasta 18.30; nov-feb: hasta 17.00)

Según la leyenda, la antigua Segesta –prácticamente sin excavar– fue fundada por los seguidores troyanos de Eneas. Ofrece uno de los lugares más espectaculares de la isla: un templo gigante en lo alto de una colina. Se empezó a construir entre el 426 y el 416 a. C. y quedó incompleto tras la destrucción de Selinunte por los cartagineses en el 409 a. C. Cerca, junto a la cumbre del monte Barbaro, pueden visitarse las ruinas de un antiguo teatro (siglo III a. C.). En verano se celebran conciertos aquí.

Selinunte

F2 Trapani 0924 462 77 Castelvetrano, luego el autobús 9.00-18.00 diario

Fundada en el 651 a. C., Selinunte fue una de las grandes ciudades de la Magna Grecia –la zona al sur de Italia colonizada por los griegos– y sus ruinas son uno de los yacimientos más importantes de Sicilia. Su antiguo nombre, Selinus, deriva del apio silvestre que crece aquí. La ciudad era un puerto importante, y todavía pueden verse alrededor de la acrópolis las murallas defensivas. Los cartagineses, liderados por Aníbal, destruyeron la ciudad en el 409 a. C., en una batalla de proporciones salvajes y épicas.

Aunque la ciudad casi ha desaparecido, todavía pueden distinguirse ocho de sus templos, en especial los llamados templos del este (E, F y G). Las columnas del dórico templo E (490-480 a. C.) se han reconstruido en parte. El templo F (*c.* 560-540 a. C.) está en ruinas y el templo G (finales siglo VI a. C.), que tenía 17 enormes columnas laterales, es uno de los templos griegos más grandes jamás construidos.

En la acrópolis están los restos de los templos A, B, C, D y O. Pueden verse esculturas de la metopa, situada entre dos triglifos, del templo C (principios siglo VI) en el Museo Archeologico Regionale de Palermo *(p. 507)*, junto con cerámica, joyas y otros objetos de este yacimiento. Hay un pequeño museo local que alberga hallazgos menos importantes, al igual que el museo de Castelvetrano, 14 km al norte de Selinunte. La ciudad antigua está siendo excavada; la puerta norte se encuentra bien conservada, y más al norte hay una necrópolis.

¿Lo sabías?

El volcán Stromboli lleva en erupción continua desde hace más de 20.000 años.

Cefalù

F1 Palermo Corso Ruggero 77; www.comune.cefalu.pa.it

Esta bonita ciudad costera, con buenas playas, hoteles y restaurantes, está dominada por un enorme peñasco conocido como La Rocca –donde estaba situado un templo a Diana– y por su excelente catedral normanda. El Duomo, empezado en 1131 por Roger II, debía ser la sede religiosa principal de Sicilia. Aunque no cumplió su función, no ha perdido grandiosidad. Los magníficos mosaicos (1148), con el Pantocrátor en el ábside, son a menudo considerados como puras obras de arte bizantino en tierra siciliana.

El **Museo Mandralisca** alberga un bonito *Retrato de hombre* (*c.* 1465), de Antonello da Messina, y una colección de monedas, cerámica y minerales.

Museo Mandralisca

Via Mandralisca 0921 42 15 47 9.00-19.00 diario (ago: hasta 23.00)

El mosaico *Chicas en bikini* de la Villa Romana del Casale

13 Agrigento

F2 FS Porto Empedocle 73 y Piazzale Aldo Moro; www.comune.agrigento.it

Agrigento ocupa el emplazamiento de Akragas, una importante ciudad del mundo griego. Fundada por Dédalo, según la leyenda, era famosa por la lujosa vida que llevaban sus ciudadanos, además de ser una gran potencia rival de Siracusa. En el 406 a. C. cayó bajo los cartagineses, que la saquearon y quemaron.

El centro histórico de la ciudad se centra en la Via Atenea. Santo Spirito (siglo XIII) alberga estucos de Giacomo Serpotta (1695). Santa Maria dei Greci se construyó sobre los restos de un templo del siglo V a. C. –se aprecian las columnas aplastadas de la nave–. El Duomo, fundado en el siglo XIV y reformado en los siglos XVI y XVII, presenta una mezcla única de detalles árabes, normandos y catalanes.

Lo mejor de Agrigento es el yacimiento arqueológico del Valle de los Templos *(p. 514)*. El **Museo Regionale Archeologico** alberga interesantes objetos de los templos y de la ciudad, incluida una notable colección de vasos, monedas y escultura griega y romana.

Museo Regionale Archeologico

 Stratta Panoramica dei Templi 8.30-19.00 diario parcovalledeitempli.it

Jarrón griego en el Museo Regionale Archeologico en Agrigento

14 Piazza Armerina

F2 Enna
Via Gen.le Muscarà; www.piazzaarmerina.org

Esta ciudad es mitad medieval y mitad barroca. El Duomo del siglo XVII es el edificio barroco más interesante.

En agosto, el alegre festival del Palio dei Normanni atrae a muchos visitantes, pero lo más destacado son los mosaicos en la **Villa Romana del Casale** (declarada Patrimonio de la Humanidad por la Unesco), 5 km al suroeste de la ciudad.

Se piensa que esta enorme y antaño suntuosa villa, con sus salones públicos, estancias privadas, baños y patios, perteneció a Maximiano, emperador junto con Diocleciano del 286 al 305 d. C. Su hijo y sucesor, Majencio, probablemente continuó con la decoración, hasta que a su muerte lo sustituyó Constantino, en el año 312.

Aunque queda poco del edificio, los suelos están decorados con algunos de los

MEJORES VISTAS
Scala dei Turchi

Considerada una de las Siete Maravillas de Italia, estos acantilados blancos son el resultado de siglos de erosión. La tradición habla de los saqueos de los sarracenos y de los poderes curativos de la marga de la escalera, una tiza mezcla de barro y limo.

Acantilados blancos en Scala dei Turchi, cerca de Agrigento

mosaicos más bonitos que se conservan de época romana. Destacan la escena del circo, con una carrera de cuadrigas, diez atletas femeninas en bikini y 60 m de escenas de caza con tigres, avestruces, elefantes y un rinoceronte siendo atrapado y transportado al Coliseo.

Villa Romana del Casale
Contrada Casale 0935 68 00 36 abr-oct: 9.00-19.00 diario (nov-mar: hasta 19.00)

Enna

F2 Via Roma 441; www.culturasicilia.it

Inexpugnable en un risco sobre el fértil paisaje, donde Perséfone, hija mitológica de Deméter, solía jugar, la ciudad más alta de Sicilia (942 m) ha sido codiciada por sucesivos invasores. La venerada sede del culto a Deméter (diosa de la fertilidad) estaba en Enna. El templo de la diosa se alzaba en la Rocca Cerere, no lejos del Castello di Lombardia (siglo XIII), construido por Federico II.

Casi todos los lugares de interés se encuentran en el casco antiguo, en las calles que salen de la Via Roma. La iglesia de San Francesco tiene una torre del siglo XVI. La Piazza Crispi, con sus vistas sobre Calascibetta, está dominada por una copia del *Rapto de Perséfone*, de Bernini. El Duomo (siglo XIV), reformado en los últimos siglos, contiene partes del templo de Deméter, del cual se aprecia un arco en el exterior del ábside. Su fachada es rica en decoración gótica y en el interior destaca el techo de madera original.

El **Museo Varisano** se centra en la historia de la zona, desde el Neolítico hasta los romanos. Fuera del centro, la octogonal Torre di Federico II (siglo XII) es una antigua torre vigía.

La vieja ciudad de Nicosia, al noreste de Enna, sufrió daños en un terremoto en 1967, pero todavía conserva algunas iglesias. San Nicola, edificada en el siglo XIV, tiene un fantástico pórtico con relieves. Dentro hay un crucifijo de madera (siglo XVII) de Fra Umile di Petralia, muy venerado. Santa Maria Maggiore alberga un políptico en mármol (siglo XVI) de Antonello Gagini y un trono que se piensa que utilizó Carlos V en 1535. Más al este queda Troina. Capturada en 1062 por los normandos, dejaron su huella en la Chiesa Matrice.

> **Fundada por Dédalo, según la leyenda, Agrigento era famosa por la lujosa vida de sus habitantes, además de ser una gran potencia rival de Siracusa.**

Museo Varisano
Piazza Mazzini 8 0935 50 76 304 9.00-19.00 lu-sá

¿Lo sabías?

Muchas de las escenas de las tres películas de *El Padrino* se rodaron en Savoca y Forza d'Agrò *(p. 36)*.

Messina

G1 · Via dei Mille 87a; www.comunemessina.gov.it

Messina ha sufrido terremotos y sufrió bombardeos en la II Guerra Mundial. El **Museo Regionale** alberga obras de Antonello da Messina y Caravaggio. La iglesia de la Santissima Annunziata dei Catalani incorpora el eclecticismo típico de la arquitectura normanda del siglo XII, con una rica decoración. Para visitarla hay que preguntar en la oficina de turismo. La Fontana d'Orione (1547), de G. A. Montorsoli, es la fuente más bonita de su estilo de la Sicilia del XVI. Su Fontana di Nettuno (1557) celebra la fundación de Messina y su posición en el mundo como importante puerto comercial.

Museo Regionale

Via della Libertà 465 · 090 36 12 92/93 · 9.00-19.00 ma-sá, 9.00-13.00 do y festivos

Taormina

G2 · Messina · Palazzo Corvaja, Piazza Santa Caterina; 0942 232 43

Magníficamente ubicada, Taormina es el centro de vacaciones más conocido de Sicilia. Conserva un aire exclusivo y cuenta con playas de arena y muchos hoteles y restaurantes.

La reliquia más ilustre es el teatro. Lo empezaron los griegos en el siglo III a. C., y luego fue reconstruido por los romanos. También destacan las ruinas del odeón (para representaciones musicales) y el *naumachia* (lago artificial para batallas simuladas). En la Piazza Vittorio Emanuele (antiguo foro romano) está el Palazzo Corvaia (siglo XIV), que fue construido con la piedra de un templo que ocupaba el lugar. El Duomo fortificado del siglo XIII fue reformado en 1636.

A Mazzarò, la playa principal de Taormina, se llega fácilmente desde el pueblo. Al sur de Taormina, en Capo Schisò, se encuentran las ruinas de la antigua Naxos. Al oeste está Golle dell'Alcantara, una profunda garganta de basalto de 20 m con un río y cascadas.

Monte Etna

G2 · Catania · Linguaglossa o Randazzo; línea férrea de Circumetnea de Catania a Riposto · A Nicolosi · 095 791 47 55 (para contratar un guía) · Via Martiri d'Ungheria 36/38, Nicolosi; www.visitsicily.info

El volcán más alto (3.370 m) y más activo de Europa es el Etna. Los romanos creían que era la fragua de Vulcano, el dios del fuego. Solo se puede subir a la cumbre con un guía experimentado. La vía férrea Circumetnea recorre la base; constituye una estupenda alternativa al senderismo y ofrece buenas vistas.

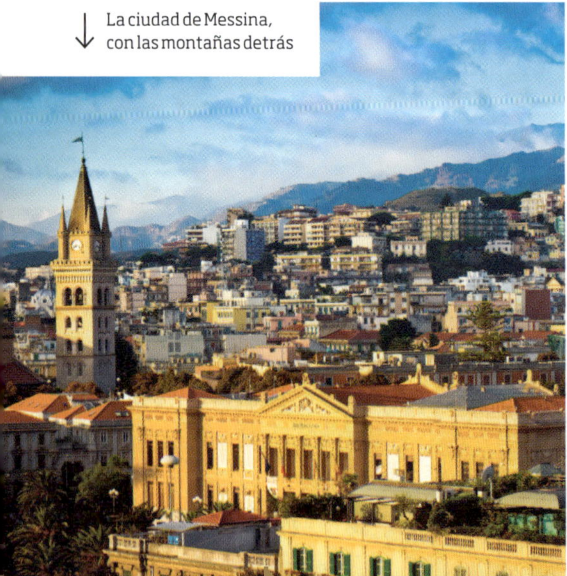

↓ La ciudad de Messina, con las montañas detrás

El paisaje desértico del monte Etna, el volcán más activo de Europa

19 Pantalica

 G2 Siracusa Desde Siracusa a Sortino, luego a pie 5 km hasta la entrada (acceso parcial), o en autobús desde Siracusa a Ferla, y luego 10 km a pie hasta la entrada comune.ferla.sr.it

Remota en los desolados Monti Iblei y sobre el río Anapo queda la necrópolis prehistórica de Pantalica –un lugar agradable para pasear y hacer un pícnic–. Los muertos de un pueblo (del siglo XIII al siglo VIII a. C.) de grandes proporciones fueron enterrados en tumbas excavadas en la roca, a modo de cuevas. Las más de 5.000 tumbas se dispusieron en hileras, con una losa tapando cada una.

Es posible que los pobladores de Pantalica procedieran de la costera Thapsos, abandonada tras los ataques de tribus de la península itálica.

El lugar volvió a habitarse en el periodo bizantino, cuando las tumbas pasaron a ser casas y capillas. En el Museo Archeologico Regionale de Siracusa se exponen objetos hallados en la necrópolis.

20 Catania

 G2 Via Vittorio Emanuele II 172; www.comune.catania.it

El monte Etna se cierne sobre Catania, destruida por una erupción en 1693 y cuyas calles y plazas fueron reconstruidas completamente con lava del volcán. Los trabajos del siglo XVIII crearon imponentes edificios barrocos en amplias calles rectas y plazas de formas desiguales, una precaución frente a seísmos. En la actualidad es una ciudad grande, bulliciosa y bastante austera, con un casco antiguo compacto.

La Via Etnea recorre Catania, y el Etna se levanta en uno de sus extremos. En el otro está la Piazza Duomo, un gran espacio peatonal con un monumento en lava de un elefante (emblema de Catania) en el centro. Hay edificios en lava negra y caliza blanca junto a la fachada del Duomo, que incorpora columnas del anfiteatro romano de la ciudad (visible a 500 m de distancia, en Piazza Stesicoro), mientras que en el interior está la decorada capilla de la patrona de la ciudad, santa Ágata, cuya estatua y reliquias salen en procesión durante la Festa di Sant'Agata (3-5 feb). En el extremo de la plaza, unos escalones llevan a la Pescheria, donde cada mañana abre sus puertas un mercado de pescado, fruta y verdura.

Un paseo por Via dei Crocifissi pasa por algunos de los mejores edificios barrocos de la ciudad. De nuevo en la Piazza Duomo, los autobuses 1 o 4 van a la estación de trenes, más allá de la cual hay un interesante complejo de arte ubicado en un antiguo complejo industrial, Le Ciminiere.

Puestos frente a la fachada barroca del Duomo de Catania

Scicli

G2 Ragusa i InfoPoint, Passatempo; 366 303 3952

Scicli es un lugar agradable lleno de iglesias y palacios espléndidos, muchos de los cuales aparecen en la serie de televisión del *Inspector Montalbano*. Los seguidores del programa pueden visitar el municipio o ayuntamiento (la comisaría de Montalbano). La iglesia de San Bartolomeo tiene fachada barroca enmarcada por unos riscos calizos. Otras visitas obligadas son el Palazzo Beneventano, con balcones sostenidos por monstruos barrocos rugientes, y la iglesia de San Giovanni. Esta útima alberga el *Cristo di Burgos*, un inquietante retrato español del siglo XVII de Cristo ataviado con una falda que en realidad es el sudario.

Sampieri

G2 Ragusa

Sampieri es un pequeño centro de vacaciones al principio de una sucesión de 3 km de bonitas playas de arena. A diferencia de muchas localidades costeras, conserva sencillas casas de pescadores del mismo tono crema que el adoquinado de sus callejas. Hay dos áreas de baño y sitios para comer y beber en verano.

CIUDADES BARROCAS DE VAL DI NOTO

En 1693 un devastador terremoto destruyó la esquina sureste de la isla de Sicilia. En ese momento Sicilia estaba bajo dominio de los Borbones españoles, y la arquitectura en boga era atrevida y extravagante. Muchas de las ciudades se reconstruyeron en ese estilo, y el resultado fue que esta bonita zona, llena de gargantas calizas, praderas floridas y largas playas de arena está salpicada de gloriosas ciudades barrocas. Noto, Ragusa, Modica y Scicli son las más famosas y han sido declaradas Patrimonio Mundial de la Unesco, pero hay otras más pequeñas e igual de fantásticas, como Ispica, Chiaramonte Gulfi y Militello Val di Catania.

Ragusa

G2 i Piazza San Giovanni, Ragusa Superiore; www.comune.ragusa.gov.it

Patrimonio de la Humanidad de la Unesco, una garganta divide en dos Ragusa. Ibla, el emplazamiento original sobre un promontorio rocoso, conserva el trazado medieval irregular pese a que se reconstruyó en estilo barroco tras el terremoto de 1693. La parte alta, Ragusa Superiore, se levantó sobre la llanura que hay por encima de la garganta tras ese mismo seísmo.

En Ibla, la fachada barroca de tres cuerpos del Duomo di San Giorgi, diseñada por Rosario Gagliardi, se alza al final de unas escaleras. En Via Orfanotrofio, a la izquierda de San Giuseppe, se encuentra la exquisita iglesia de San Francesco all'Immacolata, que incorpora el pórtico gótico del Palazzo Chiaramonte, destruido por el temblor. Desde este lugar, un descenso en zigzag por Ibla lleva a la iglesia de Santa Maria della Scala, desde donde parten los escalones que unen Ibla con Ragusa Superiore. En la ciudad nueva destaca el **Museo Archeologico Ibleo,** que tiene una espléndida colección de objetos prehistóricos, griegos y romanos hallados en la región.

Museo Archeologico Ibleo

Via Natalelli 11

9.00-13.30, 16.30-19.30 lu-sá

Modica

G2 Ragusa i Corso Umberto I 141; 3466558227

El centro histórico de Modica –localidad famosa por el chocolate– se extiende por las laderas de una quebrada. La vida gira en torno al Corso Umberto, situado entre palacios barrocos y lleno de restaurantes, cafés, tiendas de productos locales y cafés.

Si se tiene interés en el chocolate de Modica, que se elabora a partir de una receta azteca que llevaron a Sicilia

Ibla, el corazón original de Ragusa, se sitúa sobre un risco

↑ Espléndido ejemplo de una iglesia barroca siciliana en Modica

Locanda Don Serafino
Este restaurante en una cueva-bodega de vino ofrece platos tradicionales.

G2 Via Avv. Giovanni Ottaviano, Ragusa Ibla
locandadonserafino.it

Ristorante Duomo
Considerado el mejor restaurante de Sicilia, su carta es siempre innovadora.

G2 Via Capitano Bocchieri 31, Ragusa Ibla
cicciosultano.it

I Banchi
Restaurante, café y tienda de *delicatessen* perfecto para comer.

G2 Via Orfanotrofio 39, Ragusa Ibla
ibanchiragusa.it

Trattoria la Bettola
Trattoria familiar en la que conviene probar el cerdo a la parrilla con vino y finas hierbas.

G2 Largo Camerina, Ragusa Ibla
trattorialabettola.it

conquistadores españoles, hay que dirigirse a la histórica chocolatería Bonajuto. Ofrece degustación gratuita, pero también merece la pena probar el chocolate caliente con chile o canela, o incluso un pastel *(impanata)* de chocolate y carne, en el Caffè dell'Arte.

El verdadero placer de Modica es explorar sus laberínticas calles a ambos lados del desfiladero. La joya de la ciudad es el Duomo di San Giorgio, situado de forma espectacular al final de una escalera barroca de 250 peldaños. La fachada elíptica y el campanario se atribuyen a Rosario Gagliardi.

Noto

G2 Siracusa FS
Corso Vittorio Emanuele 134; www.comune.noto.sr.it

Lo que quedó de Noto tras el terremoto de 1693 fue, según Giuseppe Lanza, encargado de la reconstrucción, un "montón de rocas abandonadas". Lanza decidió crear una nueva ciudad a 16 km de distancia, y los habitantes de Noto se enfurecieron puesto que ya habían comenzado ellos mismos la reconstrucción (Noto Antica) a partir de las ruinas. Reconstruida en estilo barroco con caliza de tono albaricoque, la nueva Noto era revolucionaria, dividida en una parte alta para la gente, y una zona monumental baja, con amplias avenidas en las que se levantaron los edificios institucionales y religiosos.

Para ver lo mejor de la ciudad, conviene caminar por su calle principal, Corso Vittorio Emanuele, cruzando la imponente Porta Reale. A la izquierda está la iglesia de Santa Chiara, de planta elíptica, y más allá, la plaza principal, Piazza Municipio, donde una magnífica escalera lleva al barroco Duomo, con un interior sereno y lleno de la luz que aporta la reconstruida cúpula. Enfrente del Duomo está el Palazzo Ducezio, el elegante ayuntamiento de Noto. Conviene pasear del el Duomo al Palazzo Trigona, con sus balcones curvados, desde donde una escalera lleva a más edificios barrocos de Noto Alta, y a la iglesia de Santa Maria di Gesù (rara vez abierta al público). Desde aquí hay buenas vistas de los alrededores.

Snorkel en la playa de Porto Giunco, en Villasimius, cerca de Cagliari

CERDEÑA

En su libro de viajes *El mar y Cerdeña*, D. H. Lawrence escribió que Cerdeña estaba "fuera del tiempo y de la historia", y es cierto. El paso del tiempo ha sido lento y se conservan las tradiciones de la vieja Europa –legado del invasor fenicio, cartaginés, romano, árabe, bizantino, español y saboyano–.

Estas tradiciones se reflejan en sus numerosas fiestas, algunas cristianas y otras de raíces paganas. En Cerdeña se hablan varios dialectos y lenguas diferentes. En Alghero se oye el catalán y en la isla de San Pietro se habla un dialecto ligur. Hay incluso restos del fenicio. En el sur, las influencias son españolas, mientras que se conservan rasgos puramente nativos en las montañas Gennargentu. Esta región está poblada por comunidades aisladas de pastores y es tan impenetrable que a ella nunca llegó invasor alguno.

Son especialmente interesantes los castillos, pueblos, templos y tumbas de la prehistórica cultura nurágica que salpican el paisaje –la mayoría en torno a Barumini, al norte de Cagliari, y en el Valle dei Nuraghi, al sur de Sassari–. Los *nuraghi* fueron construidos por un pueblo cuyo origen es uno de los grandes misterios del Mediterráneo.

Sassari, Oristano, Alghero y Olbia son todos centros de zonas marcadas por su individualidad. Los alrededores de Sassari albergan algunas iglesias notables del románico pisano y los dialectos revelan similitudes con las lenguas de la Toscana. Olbia es una ciudad que se ha hecho rica recientemente gracias al turismo y a la cercana y exclusiva Costa Smeralda. Nuoro, sin embargo, con su provincia a los pies de las montañas Gennargentu, ofrece bonitos paisajes y un rico patrimonio literario.

CERDEÑA

Lugares de interés

1. Archipiélago de La Maddalena y Costa Smeralda
2. Sassari
3. Alghero
4. Bosa
5. Nuoro
6. Cala Gonone
7. Oristano
8. Sant'Antioco
9. Cagliari

Córcega

0 kilómetros 25

N

ARCHIPIÉLAGO DE LA MADDALENA

Santa Teresa Gallura

Capo Testa

1 Isola Caprera

La Maddalena

Palau

Civitavecchia, Génova, Livorno

S200

Cannigione

Porto Cervo

Aglientu

Arzachena

1 COSTA SMERALDA

Luogosanto

S125

San Pantaleo

Gallura

Sant'Antonio

Golfo di Olbia

Luras

Olbia

Tempio Pausania

Punta Timone

Olbia Costa Smeralda

Monte Limbara 1.362 m

Porto S. Paolo

Loiri

Capo Coda Cavallo

Perfugas

Berchidda

Monti

San Teodoro

Lago del Coghinas

Padru

S131d

Oschiri

Monte di Alà

Budoni

S199

S389

Punta la Batteria

Piras

Posada

Monte Lerno 1.094 m

Pattada

Siniscola

Ozieri

Mamone

S11m

Capo Comino

Osidda

Monte Albo

Bitti

Monte Rasu 1.259 m

Tirso

Monti Remule

S125

Cala Liberotto

Bono

Goceano

Orune

S131d

Irgoli

Orosei

Orotelli

5 NUORO

Dorgali

S129

6 CALA GONONE

Silanus

Oliena

S131d

S128

S33

Punta Corrasi 1.463 m

Golfo di Orosei

Civitavecchia

Sedilo

Orgosolo

Gavoi

S125

Grotto del Bue Marino

Lago Omodeo

Fonni

Urzulei

CERDEÑA

Talana

Baunei

Sorgono

Monti del Gennargentu

S389

Santa Maria Navarrese

Punta La Marmora 1.834 m

Samugheo

Barbagia

Tortolì

Arbatax

Asuni

Lanusei

Seulo

Laconi

Seui

Bari Sardo

S442

Ussassai

Nurallao

Mar Tirreno

Monte S. Vittoria 1.212 m

Turri

S128

Nurri

Perdasdefogu

Mandas

Melisenda

Villamar

S125

Sanluri

Senorbi

Serrenti

San Nicolò Gerrei

Samassi

S128

Sant'Andrea Frius

Villaputzu

Mannu

Sarrabus

Muravera

San Sperate

Burcei

San Priamo

S131

Sinnai

S125

Capo Ferrato

Cagliari Elmas

Quartu Sant'Elena

9

S125v

CAGLIARI

Geremeas

Maddalena Spiaggia

Villasimius

Golfo di Cagliari

Sarroch

Pula

S195

Capo di Pula

Nápoles, Sicilia

LUGARES DE INTERÉS

Archipiélago de La Maddalena y Costa Smeralda

B5 Sassari Olbia Porto Cervo AAST La Maddalena, P. Barone de Genesis y AAST Palau, Via Nazionale 94; www.sardegnaturismo.it

Las islas del Archipiélago de La Maddalena tienen playas de arena blanca y aguas turquesas. Unidas con Palau, en la península, por ferri, la única localidad de cierto tamaño es La Maddalena, en la Isola Maddalena. Una carretera sobre el mar la une con la isla de Caprera, donde yace el héroe Giuseppe Garibaldi (1807-1882). El **Compendio Garibaldino** es un pequeño museo en la que fue su casa. Las islas más pequeñas del archipiélago solo son accesibles en barca.

Al sureste de Palau, la Costa Smeralda, urbanizada en la década de 1950 por un consorcio de magnates encabezado por el Aga Khan, se extiende desde el golfo di Arzachena al de Di Cugnana. Se trata de uno de los lugares de veraneo más exclusivos del mundo, y está sometido a estrictos controles que la mantienen impoluta. Sus tiendas, restaurantes, discotecas y hoteles son del gusto de millonarios, casas reales y estrellas de la música.

Compendio Garibaldino

Isola Caprera 9.00-20.00 lu-sá compendio garibaldino.it

Sassari

A5 Palazzo di Città, Via Sebastiano Satta 13; www.comune.sassari.it

Fundada por mercaderes genoveses y pisanos a principios del siglo XIII, Sassari tiene un barrio medieval compacto lleno de iglesias en torno al Duomo (siglo XI con añadidos barrocos). Al norte queda la Fonte Rosello, una fuente de finales del Renacimiento. El **Museo Archeologico Nazionale "GA Sanna"** es perfecto para conocer la historia nurágica de la zona.

Siguiendo la S131 al sureste está la iglesia Santissima Trinità di Saccargia (1116), del románico pisano, con el único ciclo de frescos del siglo XIII de Cerdeña. Más adelante queda la iglesia de San Michele di Salvenero (siglo XII), y en Ardara la iglesia románica de basalto Santa Maria del Regno o iglesia Negra.

↑ El paisaje virgen y las aguas azul turquesa de la Costa Smeralda

Museo Archeologico Nazionale "GA Sanna"

Via Roma 64 079 27 22 03 9.00-20.00 ma-sá

Alghero

A5 Sassari Via Cagliari; www.comune.alghero.ss.it

Fundada en en el siglo XII, los aragoneses arrebataron Alghero a los Doria en 1353, y a ella llegaron colonos de Barcelona y Valencia. Los pobladores originales –ligures y sardos– fueron expulsados con tanto rigor que hoy la cultura y lengua catalanas siguen vivas y el aspecto del casco antiguo es muy español.

Lleno de laberínticas y adoquinadas calles, el animado puerto del Alghero antiguo está flanqueado por murallas almenadas y torres defensivas en todos los flancos, salvo el que da a tierra. Frente al Giardino Pubblico está la enorme Torre di Porta Terra (siglo XVI), también conocida como torre Judía por la religión de sus constructores.

En el Duomo del siglo XVI, al final de la Via Umberto, predomina el gótico catalán y

NURAGHI EN CERDEÑA

Existen unos 7.000 *nuraghi* por toda Cerdeña. Estas estructuras cónicas, que datan de entre el 1.800 y el 300 a. C., se construyeron a partir de grandes bloques basálticos sin argamasa. Se sabe poco de la identidad de este pueblo, pero debieron tener grandes habilidades para la ingeniería, aunque no dejaron documentos escritos.

tiene un pórtico aragonés. Cerca de la Via Carlo Alberto, San Francesco (siglo XIV) tiene un precioso claustro y un campanil octogonal, y la barroca San Michele cuenta con una cúpula cubierta de azulejos. En la Via Príncipe Umberto está la Casa Doria, donde vivieron los gobernantes anteriores a la llegada de los españoles. Tiene un bonito pórtico renacentista y una ventana de arco gótico.

Se puede ir de excursión en barco o coche a la Grotta di Nettuno, una profunda cueva natural cerca de la punta del cabo Caccia, o a la cercana Grotta Verde.

Bosa

A5 Nuoro FS

Bosa es una pequeña y pintoresca ciudad costera en la desembocadura del único río navegable de Cerdeña, el Temo. La colina que ocupa el barrio Sa Costa está coronada por el Castello di Serravalle, construido en 1122 por la familia Malaspina. Las estrechas callejuelas de por aquí no han cambiado mucho desde la Edad Media. Junto al Temo está Sas Conzas, con las antiguas casas y talleres de los tintoreros.

A orillas del río, el barrio cosmopolita Sa Plata alberga el Duomo gótico aragonés del siglo XV y la románica San Pietro Extramuros (siglo XI), con una fachada gótica añadida por monjes cistercienses en el siglo XIII.

Nuoro

B5 FS Piazza Mameli; www.comune.nuoro.it

En esta ciudad, ubicada bajo el monte Ortobene y el Sopramonte, nació Grazia Deledda, Premio Nobel de Literatura en 1926 por su retrato del poder y de las pasiones en las comunidades de su alrededor. El excelente **Museo Etnografico Sardo** guarda una colección de objetos étnicos como trajes típicos y joyería.

Nuoro está en un extremo de la región de Barbagia, que alberga pueblos aislados de pastores a los que nunca ha gobernado nadie; así de inaccesibles son las montañas Gennargentu. Los romanos conocían la región como Barbaria y no lograron someterla. Este rasgo aún se aprecia en Orgosolo, con murales que piden la independencia de Cerdeña.

Museo Etnografico Sardo

Via Mereu 56 10.00-13.00 y 15.00-19.00 ma-do (mar-sep: hasta 20.00) isresardegna.it

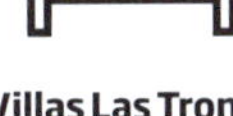

Villas Las Tronas

Este hotel palaciego tiene bonitas vistas, jardines, piscina interior y exterior y baño turco. Ofrece elegancia al viejo estilo y abre todo el año.

A5 Lungomare Valencia 1, Alghero hotelvillalastronas.it

€€€

Hotel Cala Di Volpe

Tranquilo hotel con vistas de la Costa Smeralda y diseño inspirado en la artesanía sarda.

B5 Loc Cala di Volpe, Porto Cervo caladivolpe.com

€€€

Valle dell'Erica Resort Thalasso & Spa

Establecimiento familiar que mira al archipiélago La Maddalena. Tiene cuatro piscinas y un *spa* con *hammam*.

B5 Loc Valle dell'Erica, Santa Teresa Gallura hotel valledellerica.com

€€€

TOP 5 PLAYAS DE CERDEÑA

Cala Granara, Isole della Maddalena
B5
Cala turquesa en forma de media luna con arena plateada y vegetación.

Cala Goloritzé, cerca de Baunei, Orotzei
B5
A los pies de un acantilado, esta pequeña playa de arena blanca es estupenda para el snorkel.

Cala Gonone, Orotzei
B5
Pintoresca bahía con preciosas playas a las que se llega a pie.

Península de Sinis, Oristano
A6
Exquisitas playas de reluciente arena blanca.

Costa Rei, Sarrabus
B6
Fabulosas playas de aguas turquesas y arena blanca y dorada.

6 Cala Gonone

B6 Nuoro
Pro Loco, Viale Bue Marino; 0784 936 96
Desde Dorgali a las grutas
347 720 96 96

Al este de Nuoro, encajada entre el mar y las montañas, está Cala Gonone, un animado centro playero y puerto pesquero con magníficas playas. A lo largo de la costa se hallan las aisladas cala Luna, unida a Cala Gonone por un sendero de dos horas, y cala Sisine. A la famosa Grotta del Bue Marino, con extrañas formaciones de roca, solo se puede llegar por barco.

7 Oristano

A6 Cagliari
Pro Loco, Via Ciutadella de Menorca 14; 0783 706 21

La provincia de Oristano corresponde más o menos a la antigua Arborea, donde gobernó Leonor de Arborea en el siglo XIV. Hay una estatua conmemorativa suya del siglo XVIII en la Piazza Eleonora. En el Corso Vittorio Emanuele está la Casa di Eleonora (siglo XVI); no lejos queda el **Antiquarium Arborense,** con objetos neolíticos, nurágicos, púnicos y romanos. La Torre di San Cristoforo (1291), en Piazza Roma, formaba parte de las murallas defensivas de Oristano. El Duomo (siglo XIII) se reconstruyó en estilo barroco, pero son más interesantes las iglesias de Santa Chiara (1343), en la Via Garibaldi, y San Martino (siglo XIV), en la Via Cagliari.

La catedral (siglo XII) de estilo románico pisano de Santa Giusta tiene columnas tomadas probablemente de Tharros, un asentamiento púnico del siglo VIII a. C. cuyas ruinas se encuentran en la península de Sinis, 20 km al oeste de Oristano.

Antiquarium Arborense
Piazza Corrias
0783 791 262 9.00-20.00 lu-vi, 9.00-14.00 y 15-20.00 sá y do

↑ La isla de Sant' Antioco, vista desde la laguna

Sant'Antioco

A6 Cagliari FS 🚌 i Pro Loco, Piazza Repubblica 41; 0781 84 05 92

La ciudad principal de esta isla es Sant'Antioco, antiguo puerto fenicio y también una importante base romana. Prueba de la ocupación casi continua son las **catacumbas** que hay bajo la basílica de Sant'Antioco Martire (siglo XII), de origen fenicio y más tarde usadas por los cristianos. El **Museo Archeologico** contiene restos fenicios. El púnico Tophet (santuario de la diosa Tanit) y la necrópolis no quedan lejos.

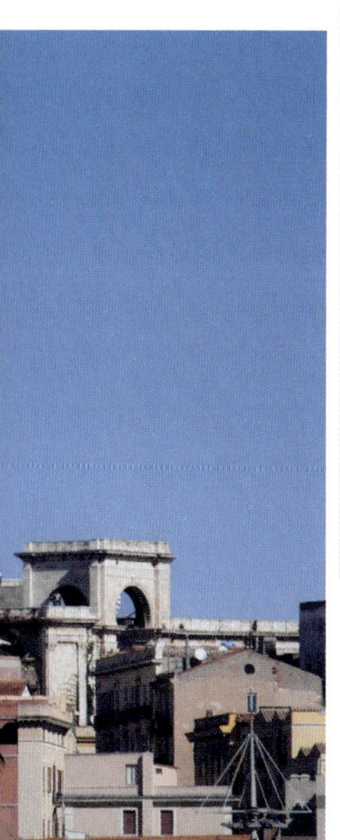

Catacumbas

Piazza Parrocchia 22 0781 92 18 87 9.00-12.00 y 15.30-17.15 lu-sá (hasta 20.00 sá), 11.00-12.00 y 15.30-18.00 do y festivos

Museo Archeologico

Via Sabatino Moscati 0781 82 105 9.15-19.00 diario

Cagliari

B6 ✈ FS 🚌 ⛴ i Via Roma 145; www.cagliari turismo.it

La capital de Cerdeña estuvo anteriormente poblada por fenicios, cartagineses y romanos, y las ruinas de la ciudad fenicia de Nora yacen al suroeste de Cagliari. Se conserva también un anfiteatro romano del siglo II, pero para descubrir la historia de la ciudad es mejor ir al **Cittadella dei Musei,** que alberga varios museos, incluido el Museo Archeologico Nazionale. Los objetos nurágicos son los más interesantes de la colección. La Cittadella alberga también la Pinacoteca, una galería de arte. El centro de Cagliari tiene un atractivo aire árabe. En el barrio de Castello, los romanos y más tarde los pisanos construyeron defensas.

El Bastione San Remy, en la Piazza Constituzione, ofrece espléndidas vistas de la ciudad. El Duomo es una rehabilitación moderna de un edificio románico. La entrada está flanqueada por dos púlpitos del siglo XII destinados originariamente a la catedral de Pisa.

Cerca se alza la pisana Torre San Pancrazio (siglo XIV). En el barrio Stampace está la Piazza Yenne, el animado centro del viejo Cagliari. En la Piazza San Cosimo, la iglesia de San Saturnino (siglo VI) es una recuerdo de la ocupación bizantina.

← Los edificios en tonos pastel del casco antiguo de Cagliari

Cittadella dei Musei

Piazza Arsenale 070 605 182 45 9.00-20.00 ma-do

Antico Caffè
Histórico bistró con terraza en la plaza.
B6 Piazza Costituzione 10/11, Cagliari 070 65 82 06

Dal Corsaro
Cocina clásica de un experimentado chef.
B6 Viale Regina Margherita 28, Cagliari 070 66 43 18

Stella Marina di Montecristo
Osteria sencilla a base de marisco.
B6 Via Sardegna 140, Cagliari 347 578 89 64

Su Cumbidu
Variedad de platos tradicionales sardos.
B6 Via Napoli 13, Cagliari 070 67 07 12

GUÍA ESENCIAL

Via della Conciliazione y San Pedro, en Roma

ANTES DE PARTIR

La planificación es esencial para que el viaje sea un éxito. Hay que estar preparado para cualquier situación, teniendo en cuenta los siguientes datos antes de viajar.

DE UN VISTAZO
MONEDA
Euro (EUR)
GASTO MEDIO DIARIO
BAJO
50 €
MEDIO
100 €
ALTO
+200 €
AGUA MINERAL
1,30 €
CAFÉ
1 €
CERVEZA
5 €
CENA PARA DOS
60 €

FRASES ESENCIALES

Hola	Buongiorno
Adiós	Arrivederci
Por favor	Per favore
Gracias	Grazie
¿Habla español?	Parla spagnolo?
No comprendo	Non capisco

RED ELÉCTRICA
Los enchufes son del tipo F y L, aptos para clavijas de dos y tres varillas. El voltaje estándar es de 220-230 V.

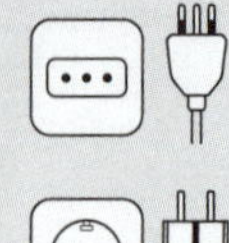

Documentación

Los españoles y otros ciudadanos de la UE pueden viajar a Italia con el DNI o pasaporte en vigor. Para ampliar esta información se recomienda consultar la información del Ministerio de Asuntos Exteriores y de la embajada de Italia más cercana.
Embajada de Italia en España
W ambmadrid.esteri.it/

Consejos sobre seguridad

Antes de viajar hay que consultar las recomendaciones de viaje específicas para cada país publicadas en la web del **Ministerio de Asuntos Exteriores.**
Ministerio de Asuntos Exteriores
W exteriores.gob.es

Aduana

Cada viajero tiene permitido introducir las siguientes cantidades de productos en la UE para uso personal:

Derivados del tabaco: 800 cigarrillos, 400 cigarrillos, 200 puros o 1 kg de tabaco de liar.

Alcohol: 10 litros de bebidas alcohólicas de más de 22 grados, 20 litros de bebidas alcohólicas de menos de 22 grados, 90 litros de vino (de los cuales 60 litros pueden ser vino espumoso) y 110 litros de cerveza.

Dinero en metálico: Introducir o abandonar la UE con 10.000 € o más en metálico, o el equivalente en otras monedas, exige declararlo ante las autoridades aduaneras. Fuera de la UE los límites varían, así que es preciso comprobar las restricciones antes de partir.

Seguros de viaje

Es recomendable contratar un seguro que cubra robos, pérdida de pertenencias, problemas médicos, cancelaciones y retrasos. Los ciudadanos de la UE tienen derecho a atención sanitaria urgente de modo gratuito en Italia si portan una

tarjeta sanitaria europea en vigor. Los viajeros de países ajenos a la UE deben contratar sus propios seguros privados.

Vacunas

No se necesitan para Italia.

Dinero

La mayoría de los establecimientos aceptan las principales tarjetas de crédito, débito y prepago, pero siempre es buena idea llevar dinero en efectivo para pequeños abonos.

El norte de Italia es, por lo general, más caro que el sur, debido a la histórica disparidad de riqueza que data de la unificación del país en 1871. En la actualidad, las ciudades del norte cuentan con una economía saneada, mientras que las del sur, como Nápoles y Palermo, sufren un elevado índice de desempleo y tienen bajos ingresos per cápita.

Reservas de alojamiento

En verano los alojamientos se llenan pronto y los precios se disparan. En algunas ciudades se aplica una tasa turística al precio de la habitación (habitualmente unos pocos euros por persona y noche).

Las leyes italianas obligan a los hoteles a remitir el registro de huéspedes a la policía y extender un recibo de pago *(ricevuta fiscale)* que hay que conservar hasta que se abandone el país.

Viajeros con necesidades especiales

Los pueblos y ciudades históricas están mal equipadas para el acceso de discapacitados. Muchos edificios carecen de entrada para sillas de ruedas y ascensores. En Milán, **AIAS**, y en Roma **CO.IN. Sociale** ofrecen información y asistencia general para viajeros con problemas de movilidad.

Los usuarios de Trenitalia *(p. 538)* pueden contratar reservas especiales y asistencia en las estaciones.

AIAS
W aiasmilano.it
CO.IN.Sociale
W coinsociale.it

Idioma

El italiano es el idioma oficial, pero se hablan muchas lenguas regionales, como el friulano, el piamontés, el sardo y el siciliano.

En la calle y en la mayoría de establecimientos de Roma hay bastantes posibilidades de hacerse entender hablando en español. En cualquier caso resulta sencillo y práctico aprender un poco de italiano para usar las frases más utilizadas.

Horarios de cierre

Hora de comer La mayoría de las iglesias y negocios pequeños cierran durante unas horas a mediodía.
Lunes Museos y algunos restaurantes y cafés cierran todo el día.
Domingo Los restaurantes suelen cerrar a la hora de comer. Iglesias y catedrales prohíben las visitas turísticas durante la misa y los transportes públicos ofrecen servicio reducido.
Días festivos Tiendas, iglesias, museos y algunos restaurantes cierran antes o no abren.

DÍAS FESTIVOS EN 2020

1 ene	Año Nuevo
6 ene	Epifanía del Señor
12 abr	Domingo de Resurrección
13 abr	Lunes de Pascua
25 abr	Día de la Liberación
1 may	Día del Trabajo
2 jun	Día de la República
15 ago	Ferragosto
1 nov	Todos los Santos
8 dic	Inmaculada Concepción
25 dic	Navidad
26 dic	San Esteban

LLEGADA Y DESPLAZAMIENTOS

Tanto si la visita es breve y a una ciudad concreta como si se trata de un viaje por el interior rural, aqui está toda la información para llegar de la mejor manera al destino y viajar como un profesional.

DE UN VISTAZO

PRECIO DEL TRANSPORTE PÚBLICO

MILÁN

1,50 €

Billete sencillo
Autobús, tranvía y metro

ROMA

1,50 €

Billete sencillo
Autobús, tranvía y metro

FLORENCIA

1,20 €

Billete sencillo
Autobús y tranvía

LÍMITES DE VELOCIDAD

AUTOPISTA
130 km/h

AUTOVÍA
110 km/h

CARRETERA SECUNDARIA
90 km/h

ÁREA URBANA
50 km/h

Llegar en avión

Los aeropuertos Leonardo Da Vinci (Fiumicino), en Roma, y Malpensa, en Milán, son los dos principales para vuelos de larga distancia.

Las aerolíneas de bajo coste vuelan a ciudades de toda Italia todo el año a precios económicos. También tienen buenas tarifas en vuelos internos, algo ideal si se quieren visitar varios destinos en un mismo viaje.

En la siguiente página se ofrece información sobre llegadas y salidas desde los principales aeropuertos italianos.

Viajar en tren

Viajes de tren internacionales

Italia está conectada mediante líneas férreas de alta velocidad con las principales ciudades de Francia, quye a su vez están conectadas con España. Es indispensable reservar con antelación y los billetes se agotan rápido.

Pueden adquirirse billetes y pases para múltiples viajes internacionales vía **Eurail** o **Interrail;** no obstante, algunos trayectos pueden tener un coste adicional, dependiendo de la compañía ferroviaria. Hay que verificar siempre que el pase está vigente.

Eurail
W eurail.com
Interrail
W interrail.eu

Trenes regionales

Trenitalia es la principal compañía en Italia. Los billetes pueden comprarse *online*, pero conviene adquirirlos con anticipación.

Para viajes interurbanos, **Italo Treno** (NTV) y **Trenitalia** (FS) ofrecen también trenes de alta velocidad. Es indispensable reservar; si se hace con tiempo, el precio es más económico.

Los billetes deben validarse sellándolos antes de embarcar en las máquinas a la entrada de los andenes. Viajar sin un billete válido puede acarrear una multa cuantiosa.

Italo Treno
W italotreno.it
Trenitalia
W trenitalia.com

CONEXIONES CON LOS AEROPUERTOS

Aeropuerto	Distancia a la ciudad	Tarifa de taxi	Transporte público	Duración del trayecto
Bérgamo (Orio al Serio)	6 km	30 €	autobús	25 min
Florencia (Amerigo Vespucci)	8 km	22 €	autobús	20 min
Milán (Linate)	8 km	20 €	autobús	20 min
Milán (Malpensa)	50 km	95 €	tren (PS)	1 h
Nápoles (Capodichino)	13 km	25 €	autobús	30 min
Palermo (Falcone-Borsellino)	37 km	45 €	autobús	50 min
Pisa (Galileo Galilei)	2 km	10 €	tren (PS)	15 min
Roma (Fiumicino)	35 km	48 €	tren (PS)	30 min
Roma (Ciampino)	15 km	30 €	autobús	45 min
Turín (Torino-Caselle)	20 km	30 €	tren (GTT)	45 min
Venecia (Marco Polo)	10 km	35 €	autobús	20 min
Venecia (Treviso)	30 km	75 €	autobús	40 min
Verona (Villafranca)	10 km	25 €	autobús	20 min

TRAYECTOS EN TREN

Este mapa sirve de referencia para los viajes regionales en las principales líneas ferroviarias. La duración del trayecto que aparece corresponde al servicio disponible más rápido para cada recorrido.

Milán a Bolonia	1 hr
Milán a Florencia	2 h
Milán a Roma	3 h
Milán a Turín	1 h
Nápoles a Bari	4 h
Nápoles a Palermo	12 h
Pisa a Florencia	1 h
Roma a Florencia	1,5 h
Roma a Nápoles	1 h
Venecia a Bolonia	1,5 h
Venecia a Milán	2,5 h

Transporte público

La mayoría de las ciudades cuentan con múltiples transportes públicos, como autobús, tranvía, metro y embarcaciones en el caso de Venecia. Conviene recordar que la mayoría de los cascos antiguos de las ciudades son más o menos compactos y fáciles de recorrer a pie.

Operadores de transporte público

Florencia: ATAF
W ataf.net
Roma: ATAC
W atac.roma.it
Milán: ATM
W atm.it
Venecia: Venezia Unica
W veneziaunica.it

Autobuses y tranvías

Los billetes *(biglietti)* están a la venta en quioscos, estaciones, bares y puntos de información.

Los billetes son válidos para cualquier medio de transporte, incluido el metro, e incluye trasbordos siempre que se hagan en un periodo de tiempo determinado (normalmente una hora).

Algunos operadores aceptan el pago con tarjetas inteligentes o *contactless* en lugar de los billetes tradicionales en papel. Siempre es mejor consultar la página web de la compañía de transporte antes de viajar.

Los abonos de varios viajes (un *blocchetto* o un carné) o los billetes para un día o una semana suelen salir más a cuenta que los individuales.

Los billetes han de ser validados al subir al medio de transporte. Las máquinas suelen estar en el vestíbulo de las estaciones de metro y en el propio autobús o tranvía.

Autocares de largo recorrido

Eurolines ofrece varias líneas de autocar a diferentes destinos del país desde ciudades españolas. Las tarifas son muy razonables, y hay descuentos para estudiantes, niños y mayores.

SITA ofrece viajes en autocar a precios asequibles por toda Italia. Se pueden comprar los billetes en el propio autocar y en recorridos de larga distancia (*pullman* o *corriera*) entre ciudades.

Parten a menudo de los alrededores de las principales estaciones de trenes o de la plaza principal de la localidad. En zonas rurales hay que comprobar en las paradas los horarios y los detalles de las compañías locales.

Eurolines
W eurolines.es
SITA
W sitabus.it

Metro

Las principales ciudades de Italia tienen un sistema de metro (*la metropolitana* o *la metro*), salvo Florencia y otras ciudades históricas. Milán, Nápoles y Roma son las que tienen una red más amplia, con varias líneas, mientras que Brescia, Catania, Génova y Turín solo tienen una línea.

Conviene consultar el principal operador del transporte público de cada ciudad para obtener información más detallada.

Taxis

Los taxis no se paran en la calle, sino que hay que dirigirse a una parada oficial (habitualmente en la estación, la plaza principal o cerca de monumentos) o reservar uno por teléfono.

Cuando se pide un taxi por teléfono, el contador se activa en el momento de la llamada.

En Roma, los taxis oficiales son blancos, tienen el distintivo de "taxi" en el techo y el número de la licencia en la puerta. Optar siempre por un taxi con licencia y contador.

Se aplican suplementos a la tarifa por cada bulto guardado en el maletero, para viajes entre las 22.00 y las 7.00 o en domingos y festivos, y por trayectos a o desde el aeropuerto. También operan empresas de vehículos con conductor como UBER.

Conducir

Una de las mejores formas de recorrer Italia es en coche. Sin embargo, también puede ser estresante. Los italianos tienen fama de conducir de forma errática, lo que es más cierto en el sur. Hay que asegurarse de que se conocen las normas de circulación y tener toda la documentación necesaria, porque los *carabinieri* suelen hacer controles rutinarios.

Viajar a Italia en coche

Es fácil llegar a Italia desde España a través de las vías marcadas con la E, de la la Red de Carreteras Europeas, que conecta las principales rutas transfronterizas continentales, o por carreteras nacionales (N) y secundarias (SS) a través de Francia.

Los vehículos también pueden entrar en el país por ferri o tren.

Alquiler de coche

Para alquilar un coche en Italia es preciso tener más de 21 anos y permiso de conducir en vigor desde al menos un año antes. Los permisos de conducir expedidos en cualquier país de la Unión Europea son válidos en Italia.

Los viajeros procedentes de fuera de la UE pueden necesitar un permiso internacional de conducción. Es preciso consultarlo a las autoridades de tráfico nacionales antes de partir.

Conducir en Italia

Si se entra en Italia con vehículo propio, se ha de tener la tarjeta verde del coche, los documentos de registro y un carné de conducir en vigor. Los principales pueblos y ciudades tienen una Zona de Tráfico Limitado **(ZTL).** Para evitar multas se puede consultar el **reglamento de acceso urbano en Europa.**

En la mayoría de las autopistas *(auto strade)* se pagan peajes en efectivo, tarjeta de crédito o tarjetas prepago VIA, que se venden en estancos y en el **ACI** (Automobile Club d'Italia). Para evitar los peajes, se pueden usar las carreteras nacionales *(strade nazionali)* o secundarias *(stradi statali).* Aunque menos directas, a menudo son vías con mejores paisajes y lugares que ver en ruta.

Las llamadas carreteras blancas *(strade bianche)* son de grava. A menudo son estrechas y empinadas, pero permiten el paso de vehículos. Conviene comprobar el estado de la carretera antes de viajar.

ACI
W aci.it
Reglamento de acceso urbano en Europa
W urbanaccessregulations.eu

Normas de circulación

Se conduce, como en España, por el carril derecho, con el izquierdo solo para adelantar. Todos los pasajeros deben ajustarse el cinturón de seguridad y el uso del móvil al volante está penalizado con multas elevadas. Hay un estricto límite para beber alcohol si se conduce *(p. 542).*

Es obligatorio llevar encendidas las luces cortas durante el día en autopistas, autovías y cualquier vía interurbana. Debe disponerse de un triángulo rojo de advertencia y chalecos reflectantes para su uso en caso de emergencia.

Si se sufre un accidente o avería hay que encender las luces de posición y colocar un triángulo de advertencia 50 m antes del vehículo. En caso de avería, llamar al número de emergencia del ACI (116) o los servicios de emergencia (112 o 113).

El ACI remolca gratis a los vehículos de matrícula extranjera al taller afiliado más cercano.

Autostop

Está prohibido en autopistas, pero en áreas rurales es un medio de transporte habitual para viajeros con presupuesto ajustado. Conviene evaluar la propia seguridad antes de entrar al vehículo de un desconocido.

Alquiler de bicicletas y motos

En la mayoría de las ciudades hay bicicletas de alquiler público, como **BikeMi** en Milán y **[TO] BIKE** en Turín. Se pueden alquiler bicicletas y motos por horas o por día. Puede que haya que dejar el pasaporte como depósito, y hay que tener carné para alquilar cualquier motocicleta. Los conductores italianos tienen fama de no cumplir las normas de seguridad vial, por lo que solo hay que salir a la carretera si se tiene la suficiente confianza.

BikeMi
W bikemi.com
[TO]BIKE
W tobike.it

Barcos y ferris

Las islas italianas suelen estar conectadas con la península a través de un servicio regular de ferris que incluye ferris para coches e hidrodeslizadores.

Los principales puertos que ofrecen servicios a las islas más grandes, Sicilia y Cerdeña, son Génova, Livorno, Civitavecchia, Fiumicino, Nápoles y Villa San Giovanni.

Los ferris son más frecuentes y fiables en verano, pero conviene reservar por anticipado si se viaja en julio o agosto, especialmente si se lleva vehículo propio.

Desde España hay al menos dos líneas regulares de ferri a Italia, las dos con salida de Barcelona. Grimaldi Lines tiene seis trayectos semanales a Civitavecchia y Grandi Navi Veloci dos trayectos semanales a Génova.

Gnv Grandi Navi Veloci
W gnv.it
Grimaldi Line
W grimaldi-lines.com

MOVERSE EN VENECIA

Venecia cuenta con una red de transporte única compuesta por las siguientes embarcaciones:

Góndolas
Un transporte de lujo. Antes de subirse, conviene comprobar las tarifas oficiales y acordar el precio con el gondolero.

Traghetti
Son botes tipo góndola que sirven para cruzar el Gran Canal en siete puntos diferentes. Los embarcaderos están señalizados con un cartel amarillo y el dibujo de una góndola.

Vaporetti
Conectan muchos puertos de Venecia y son la forma más barata y eficaz de moverse. Los pequeños son *motoscafi* y los grandes *motonave:* ambos dan servicio a la línea de los *vaporetti.*

Taxis acuáticos
Es el medio más rápido y práctico de Venecia. Se debe tener cuidado con los recargos extra.

INFORMACIÓN PRÁCTICA

Con unos pocos conocimientos locales se llega muy lejos en Italia. Aquí están todos los consejos y la información esencial que pueden resultar necesarios durante la estancia.

DE UN VISTAZO

NÚMEROS DE EMERGENCIAS

ZONA HORARIA

Italia está incluida en la misma zona horaria que España y aplica el mismo horario de verano.

AGUA DEL GRIFO

A menos que se indique lo contrario, el agua del grifo en Italia es potable.

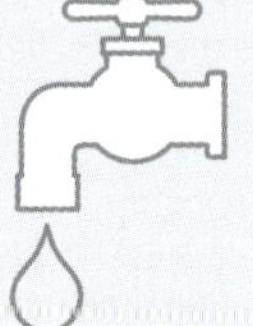

PROPINAS

Camarero	No se acostumbra
Botones	1 € por bulto
Limpieza	1 € al día
Conserje	1-2 € al día
Taxistas	No se acostumbra

Seguridad personal

Los motoristas que roban el bolso de un tirón son un problema en algunas ciudades de Italia, por lo que es recomendable colgárselo del lado que da a la acera siempre que sea posible.

Es común que haya carteristas en el transporte público y en los centros de las ciudades en hora punta.

Si se sufre un robo, hay que denunciarlo antes de 24 horas en la comisaría más cercana, llevando el DNI. Con la copia de la denuncia se podrá reclamar al seguro.

Hay que contactar con la embajada si se sufre un robo de pasaporte, o en caso de un accidente o delito grave.

Salud

Para dolencias menores, se puede ir a la farmacia. En las puertas de las farmacias se informa de la farmacia de guardia más cercana.

El servicio de urgencias en Italia es gratuito para todos los ciudadanos de la UE *(p. 537)*. Si se tiene la tarjeta sanitaria europea, se debe presentar cuanto antes. En ocasiones hay que pagar por el tratamiento y reclamar luego el dinero.

Para visitantes de fuera de la UE, el pago del hospital y otros gastos médicos son responsabilidad del paciente, por lo que es importante contratar un seguro médico.

Tabaco, alcohol y drogas

Fumar está prohibido en lugares públicos cerrados. La posesión de narcóticos está prohibida y podría conllevar una pena de cárcel.

Italia tiene un estricto límite de 0,05 por ciento de contenido de alcohol en sangre para los conductores. Eso significa que no se puede beber más que una cerveza o un vaso pequeño de vino si se va a conducir. Para quienes tengan el carné desde hace menos de tres años, el límite es 0.

Carné de identidad

En Italia, por ley se debe ir identificado en todo momento, aunque debe bastar una fotocopia de

la página con foto del pasaporte (y visa si se necesita) o el pasaporte. Si la policía lo pide, se deberá presentar el documento original en las siguientes 12 horas.

Costumbres

En algunos pueblos y ciudades tirar basura, sentarse en los escalones de los monumentos o comer o beber a la puerta de una iglesia, monumento histórico o edificio público puede ser penado con una multa. Es delito bañarse en las fuentes públicas.

Hay venta ilegal en las calles, pero hay que evitar comprar, puesto que la policía municipal puede multar.

Seguridad para LGTB

La homosexualidad es legal y ampliamente aceptada en Italia, en especial en grandes urbes como Roma y Milán. Sin embargo, en zonas rurales y pueblos pequeños, que suelen ser más tradicionales, las muestras de afecto pueden ser mal recibidas.

Visitas a iglesias y catedrales

Existe un estricto código de vestimenta: hay que cubrirse el torso y la parte superior de los brazos y asegurarse de que los pantalones y las faldas tapen la rodilla. Los zapatos son obligatorios.

Teléfonos móviles y wifi

El acceso a wifi está generalizado, y cafés y restaurantes permiten usar su wifi a los clientes.

Los viajeros de la UE pueden usar sus teléfonos sin verse afectados por las tarifas de itinerancia. Las tarifas serán las mismas para datos, SMS y llamadas de voz que en el país de origen.

Correos

Los sellos *(francobolli)* están a la venta en quioscos y estancos. La Ciudad del Vaticano y San Marino tienen sus propios sellos y servicios postales. En los buzones de San Marino y el Vaticano solo pueden echarse cartas con sellos de esos países.

El servicio de correos italiano es famoso por su informalidad. Las cartas y las postales pueden tardar en llegar entre cuatro días y dos semanas, dependiendo del destino.

Impuestos y devoluciones

El IVA habitualmente es del 22% aunque, en ciertas circunstancias, los ciudadanos que no sean de la UE pueden solicitar una devolución.

Hay que hacerlo antes de la compra (mostrando el pasaporte al vendedor y rellenando un formulario), o posteriormente presentando a un funcionario de aduanas los recibos al abandonar el país.

Tarjetas de descuento

Muchas ciudades ofrecen tarjetas de descuento para exposiciones y entradas a museos. Algunos incluyen también el transporte público mientras dura la estancia. Es recomendable estudiar todas las opciones antes de comprar.

Para obtener una lista completa de las tarjetas de descuento disponibles en Italia, conviene visitar la web de ENIT *(abajo)*. A continuación, algunas de las principales opciones:

Campania Artecard
W campaniartecard.it
Firenze Card
W firenzecard.it
Roma Pass
W romapass.it

PÁGINAS WEB Y APPS

ENIT
El sitio oficinal de ENIT, la agencia nacional de turismo de Italia www.italia.it
ProntoTreno
Para comprar billetes de tren y comprobar horarios y actualizaciones.
Navigazione Laghi
Esta aplicación muestra la información sobre las rutas de los ferris que cruzan los grandes lagos.
WiFi°Italia°
Conecta rápida y fácilmente con puntos de acceso wifi gratuitos en Italia.

ÍNDICE

Los números en **negrita** hacen referencia a las entradas principales

J

K

L

M

R

VOCABULARIO

EMERGENCIAS

¡Socorro!	**Aiuto!**
¡Deténgase!	**Ferma!**
Llamen a un médico	**Chiama un medico**
Llamen a una ambulancia	**Chiama un' ambulanza**
Llamen a la policia	**Chiama la polizia**
Llamen a los bomberos	**Chiama i pompieri**
¿Dónde está el teléfono?	**Dov'è il telefono?**
¿El hospital más próximo?	**L'ospedale più vicino?**

COMUNICACIÓN BÁSICA

Sí/No	**Si/No**
Por favor	**Per favore**
Gracias	**Grazie**
Perdón	**Mi scusi**
Hola/buenps días	**Buon giorno**
Adiós	**Arrivederci**
Buenas noches	**Buona sera**
mañana	**la mattina**
tarde	**il pomeriggio**
noche	**la sera**
ayer	**ieri**
hoy	**oggi**
mañana	**domani**
aquí	**qui**
allí	**la**
¿Qué?	**Quale?**
¿Cuándo?	**Quando?**
¿Por qué?	**Perchè?**
¿Dónde?	**Dove?**

FRASES HABITUALES

¿Cómo está?	**Come sta?**
Muy bien, gracias	**Molto bene, grazie**
Encantado de conocerle.	**Piacere di conoscerla.**
Hasta pronto	**A più tardi.**
De acuerdo/Está bien.	**Va bene.**
¿Dónde está?	**Dov'è/Dove sono...?**
¿Cuánto tiempo se tarda en llegar a..?	**Quanto tempo ci vuole per andare a ...?**
¿Qué debo hacer para ir a..?	**Come faccio per arrivare a ...?**
¿Habla usted español?	**Parla spagnolo?**
No entiendo.	**Non capisco.**
¿Podría hablar más despacio, por favor?	**Può parlare più lentamente, per favore?**
Lo siento.	**Mi dispiace.**

PALABRAS HABITUALES

grande	**grande**
pequeño	**piccolo**
caliente	**caldo**
frío	**freddo**
bueno	**buono**
malo	**cattivo**
bastante	**basta**
bien	**bene**
abierto	**aperto**
cerrado	**chiuso**
a la izquierda	**a sinistra**
a la derecha	**a destra**
todo recto	**sempre dritto**
cerca	**vicino**
lejos	**lontano**
arriba	**su**
abajo	**giù**
pronto	**presto**
tarde	**tardi**
entrada	**entrata**
salida	**uscita**
lavabo	**il gabinetto**
libre	**libero**
gratis	**gratuito**

AL TELÉFONO

Quisiera poner una conferencia.	**Vorrei fare una interurbana.**
Quisiera hacer una llamada a cobro revertido.	**Vorrei fare una telefonata a carico del destinatario.**
Probaré más tarde.	**Ritelefono più tardi.**
¿Podría dejar un mensaje?	**Posso lasciare un messaggio?**
Un momento, por favor	**Un attimo, per favore**
¿Podría hablar más alto, por favor?	**Può parlare più forte, per favore?**
Llamada local	**la telefonata locale**

COMPRAS

¿Cuánto cuesta esto?	**Quant'è, per favore?**
Quisiera ...	**Vorrei ...**
¿Tienen ustedes..?	**Avete ...?**
Solo estaba mirando	**Sto soltanto guardando**
¿Aceptan tarjetas de crédito?	**Accettate carte di credito?**
¿A qué hora abren/cierran?	**A che ora apre/ chiude?**
Este	**questo**
Ese	**quello**
caro	**caro**
barato	**a buon prezzo**
talla (ropa)	**la taglia**
número (zapatos)	**il numero**
blanco	**bianco**
negro	**nero**
rojo	**rosso**
amarillo	**giallo**
verde	**verde**
azul	**blu**
marrón	**marrone**

TIPOS DE TIENDAS

anticuario	**l'antiquario**
panadería	**la panetteria**
banco	**la banca**
librería	**la libreria**
carnicería	**la macelleria**
pastelería	**la pasticceria**
farmacia	**la farmacia**
grandes almacenes	**il grande magazzino**
delicatessen	**la salumeria**
pescadería	**la pescheria**
florista	**il fioraio**
frutería	**il fruttivendolo**
tienda de comestibles	**alimentari**
peluquería	**il parrucchiere**
heladería	**la gelateria**
mercado	**il mercato**
quiosco de prensa	**l'edicola**
oficina de correos	**l'ufficio postale**
zapatería	**il negozio di scarpe**
supermercado	**il supermercato**
estanco	**il tabaccaio**
agencia de viajes	**l'agenzia di viaggi**

VISITAS TURÍSTICAS

galería de arte	**la pinacoteca**
parada de autobús	**la fermata dell'autobus**
iglesia	**la chiesa la basilica**
jardín	**il giardino**
biblioteca	**la biblioteca**
museo	**il museo**
estación de tren	**la stazione**
oficina de turismo	**l'ufficio turistico**
cerrado por festivo	**chiuso per la festa**

EN EL HOTEL

¿Tienen habitaciones?	**Avete camere libere?**
Habitación doble	**una camera doppia**
con cama de matrimonio	**con letto matrimoniale**
con dos camas	**una camera con due letti**

habitación individual	**una camera singola**
habitación con baño, con ducha	**una camera con bagno, con doccia**
portero	**il facchino**
llave	**la chiave**
Tengo una reserva.	**Ho fatto una prenotazione.**

EN EL RESTAURANTE

¿Tienen mesa para..?	**Avete un tavolo per … ?**
Quisiera reservar una mesa.	**Vorrei riservare un tavolo.**
desayuno	**colazione**
almuerzo	**pranzo**
cena	**cena**
La cuenta, por favor.	**Il conto, per favore.**
Soy vegetariano.	**Sono vegetariano/a.**
camarera	**cameriera**
camarero	**cameriere**
menú a precio fijo	**il menù a prezzo fisso**
plato del día	**piatto del giorno**
entrante	**antipasto**
primer plato	**il primo**
segundo plato	**il secondo**
guarnición	**il contorno**
postre	**il dolce**
precio por cubierto	**il coperto**
carta de vinos	**la lista dei vini**
poco hecho	**al sangue**
en su punto	**a puntino**
muy hecho	**ben cotto**
vaso	**il bicchiere**
botella	**la bottiglia**
cuchillo	**il coltello**
tenedor	**la forchetta**
cuchara	**il cucchiaio**

LA CARTA

manzana	**la mela**
alcachofa	**il carciofo**
berenjena	**la melanzana**
al horno	**al forno**
judías	**i fagioli**
ternera	**il manzo**
cerveza	**la birra**
cocido	**lesso**
pan	**il pane**
caldo	**il brodo**
mantequilla	**il burro**
tarta	**la torta**
queso	**il formaggio**
pollo	**il pollo**
patatas fritas	**patatine fritte**
almejas	**le vongole**
café	**il caffè**
calabacín	**gli zucchini**
seco	**secco**
pato	**l'anatra**
huevo	**l'uovo**
pescado	**il pesce**
fruta	**frutta fresca**
ajo	**l'aglio**
uvas	**l'uva**
a la parrilla	**alla griglia**
jamón cocido/curado	**il prosciutto cotto/crudo**
helado	**il gelato**
cordero	**l'abbacchio**
langosta	**l'aragosta**
carne	**la carne**
leche	**il latte**
agua mineral agua con gas	**l'acqua minerale gasata/naturale**
setas	**i funghi**
aceite	**l'olio**
aceituna	**l'oliva**
cebolla	**la cipolla**
naranja	**l'arancia**
zumo de naranja/limón	**succo d'arancia/ di limone**
melocotón	**la pesca**
pimienta	**il pepe**
cerdo	**carne di maiale**
patatas	**le patate**
gambas	**i gamberi**
arroz	**il riso**
asado	**arrosto**
pan de bocadillo	**il panino**
ensalada	**l'insalata**
salt	**il sale**
salchicha	**la salsiccia**
marisco	**frutti di mare**
sopa	**la zuppa, la minestra**
filete	**la bistecca**
fresas	**le fragole**
azúcar	**lo zucchero**
te	**il tè**
tisana	**la tisana**
tomate	**il pomodoro**
atún	**il tonno**
ternera asada	**il vitello**
verdura	**i legumi**
vinagre	**l'aceto**
agua	**l'acqua**
vino tinto	**vino rosso**
vino blanco	**vino bianco**

NÚMEROS

1	**uno**
2	**due**
3	**tre**
4	**quattro**
5	**cinque**
6	**sei**
7	**sette**
8	**otto**
9	**nove**
10	**dieci**
11	**undici**
12	**dodici**
13	**tredici**
14	**quattordici**
15	**quindici**
16	**sedici**
17	**diciassette**
18	**diciotto**
19	**diciannove**
20	**venti**
30	**trenta**
40	**quaranta**
50	**cinquanta**
60	**sessanta**
70	**settanta**
80	**ottanta**
90	**novanta**
100	**cento**
1.000	**mille**
2.000	**duemila**
5.000	**cinquemila**
1.000.000	**un milione**

TIEMPO

un minuto	**un minuto**
una hora	**un'ora**
media hora	**mezz'ora**
un día	**un giorno**
una semana	**una settimana**
lunes	**lunedì**
martes	**martedì**
miércoles	**mercoledì**
jueves	**giovedì**
viernes	**venerdì**
sábado	**sabato**
domingo	**domenica**

AGRADECIMIENTOS

La editorial quiere agradecer a las siguientes personas, instituciones y compañías el permiso para reproducir sus fotografías:

a=arriba; b=abajo; c=centro; f=extremo; l=izquierda; r=derecha; t=superior

10 Corso Como: 146tl.

123RF.com: Boris Breytman 307t; gonewiththewind 138-9b, 140bl; Yulia Grogoryeva 66tl; itsajoop 328tc; Olena Kachmar 397b; manjik 288t; marcovarro 339br; Valerio Mei 29cl, 324b; Yana Menshchikova 274cra; mikolaj64 473tr; Christian Mueller 336cl; Luca Pescucci 341cl; alex postovski 339tr; Davide Ferdinando Precone 193tl; Roman Smirnov 126tl; Ekaterina Spirina 486tr; Vaclav Volrab 137bl.

4Corners: Marco Arduino 6-7b; Matteo Carassale 341tr; SIME / Paolo Giocoso 504br.

500px: David Juan 14-5b; Carlo Murenu 447bl, 526-7; Gabi Rusu 250bl.

Alamy Stock Photo: AF archive 275tl age fotostock 66-7b, 365br; AGF Srl 150br, 152-3t, 188-9t, 430bc; Ambrosiniv 347c; Artexplorer 339cl; avphotosales / Lorenzo Quinn *Support* 2017 Venice Biennale 35tr; Awakening / Simone Padovani 64-5b; Azoor Photo 305tl; Bailey-Cooper Photography 13br; Stuart Black 13tHolger Burmeister 232b; Giuseppe Cammino 235tr; Nattee Chalermtiragool 276t; Loetscher Chlaus 172crb; Chromorange / Lynne Otter 109cr; Classic Image 42bc, 242cl; Sorin Colac 346t; Davide D'Amico 521b; Luis Dafos 259bc; Ian Dagnall 348-9, 349cra; massimo danza 234tl; De Agostini / M. Leigheb 518br; Martin A. Doe 515cb; saturno dona' 336cr; Adam Eastland 281tr, 290bl; FC_Italy 109cra; Paul Fearn 85tr; Kirk Fisher 347crb; Florilegius 45bc; Nicola Forenza 273; Funky Stock - Paul Williams 381t; Jeff Gilbert 160bl; GL Archive 258cb; Susana Guzman 277br; Dennis Hallinan 294tl; Andrew Hasson 354t; Gary Hebding Jr. 291t; Hemis 152br, 237t, 340-1b, 430tc, / Jean-Pierre Degas 19cla, / Francis Leroy 456t, / Jacques Sierpinski 518crb; John Heseltine 41bl; Peter Horree 289clb; Jiri Hubatka 179tl, 179br; imageBROKER 20-1b, 186tl, 259bl, 447t, 500-1, / Katja Kreder 530b; Interfoto 43bc; Alexander Karelin 272cla; John Kellerman 272cl, 343ca; Kiefer 352br; Art Kowalsky 351tr; Raimund Kutter 328bl; Lanmas 260clb; Lifestyle pictures 242clb; ; Angelo Fausto Lo Buglio 188bl; Luca Antonio Lorenzelli 141t; Lphoto 351cr; Cedric Maes 453tc; angel manzano 435tr; Marka 147br, 452-3b; Stefano Politi Markovina 134bc; Martin Thomas Photography 114; mauritius images GmbH 289fcrb; Valerio Mei 18cla, 236b; Andrew Michael 295; Mikel Bilbao Gorostiaga- Travels 288bl, Hercules Milas 81tr, 86-7t, 230br; Julian Money-Kyrle 520t; muART 40br; MuseoPics - Paul Williams 342crb, 499br; National Geographic Creative 405; Olivia Nitaji 161t; North Wind Picture Archives 45cr; B.O'Kane 75cr; Pacific Press/ Leo Claudio De Petris 235br; Panther Media GmbH 20tl; Photononstop 483cr; PhotoStock-Israel 34tl; J. Pie 244cra; Prisma Archivo 72fcrb; QEDimages 136tl; Andrea Raffin 148crb; M Ramírez 315cr; Realy Easy Star / Luca Scamporlino 15t, / Toni Spagone 518cr; REDA &CO srl 36-7t, 157c; John Rees 248clb; robertharding 233cb, 304clb; Giorgio Rossi 68-9t; Alexandre Rotenberg 147cl; Sagaphoto.com / Stephane Gautier 232cra; marco scataglini 360br; Scenics & Science 111tl; Peter Scholey 515ca; Andrea Spinelli 40cl; Marina Spironetti 21tr; Wojciech Stróżyk 385; Krystyna Szulecka 248br; TravelCollection 237bl; Travelwide 14t; Trigger Image 25br; Viennaslide 81br; WaterFrame 518cra; WENN UK 154bl; World History Archive 236tr.

Armani/Silos Museum/Giorgio Armani: Davide Lovatti 159bl.

AWL Images: Marco Bottigelli 219t, 320-1; ClickAlps 371tl, 445t, 462-3; Matteo Colombo 2-3, 39clb; Christian Handl 308t; Francesco Iacobelli 221t, 414-5, 446t, 490-1; Maurizio Rellini 4, 48-9, 258t; Mark Sykes 336br.

Bridgeman Images: Basilica San Francesco, Arezzo / Piero della Francesca *The Verification of the True Cross, The Victory of Heraclius and the Execution of Chosroes in 628 AD* (c. 1415-92) 384bc; Gabinetto Comunale delle Stampe, Rome, Italy / De Agostini Picture Library / A. Dagli Orti 258clb.

Cortina Adrenalin Center: 133crb.

Depositphotos Inc: Bertl123 94t; borisb17 305cra; diabolique04 408tl; Ody1988 109tr; scorton 220cb, 400-1; scrisman 212t; siculodoc 116br; tan4ikk 304b.

Dorling Kindersley: Nigel Hicks 327tr; Mockford and Bonetti 280b, / MAXXI 316t.

Dreamstime.com: Adrea 522-3t; Akulamatiau 209b; Alfiofer 455br; Alkan2011 30-1t; Amoklv 470t; Giuseppe Anello 523br; Antonel 67br; Piotr Antonów 41tl; Anyaivanova 81tl, 317b; Stefano Armaroli 433tr; Roberto Atzeni 21br; Kushnirov Avraham 166br; Frank Bach 43tl; Andrea Bacuzzi 40bl; Claudio Balducelli 41cl; Barmalini 331tr; Bbeckphoto 25c; Gordon Bell 363; Yulia Belousova 467b; Alexey Belyaev 290tr; Benkrut 310bl; Alexander Bezmolitvennyy 15cr; Blitzkoenig 357bl, 381br, 515cr; Bographics 468clb; Boris Breytman 252bl; Theodor Bunica 309br; Callistemon3 41br; Duncan Campbell 407cla; Marco Dal Canto 398b; Francesco Carniani 191cra; Stefano Carocci 311tl; Adriano Castelli 41cra; Ana Del Castillo 110bl; Joaquin Ossorio Castillo 171tl; Ekaterina Chernenko 68br; Christophefaugere 101tl; Claudiodivizia 151tl, 191tr; Mike Clegg 99t; Sorin Colac 307bc; Claudio Giovanni Colombo 394b; Andrea Comari 50-51; Copora 62cr; Cosmin - Constantin Sava 22-3t; Alessandro Cristiano 191cr, 197cra; Daliu80 246-7tl, 389t; Dogofg 147tr; Dennis Dolken 234-5b; Dreamfotografs 37crb; Eddygaleotti 513bl; Emicristea 74-5b, 279bl, 296-7b; Enzodebe 115cl, 422cla; Ermess 390tl, 409bl, 410-1b, 412t, 437b; F11photo 62t; Fedecandoniphoto 233t; Prochasson Frederic 226c, 238-9; Freesurf69 31cla; Filip Fuxa 386-7t; Giovanni Gagliardi 498t; Veronika Galkina 355b; Markus Gann 418-9t; Gianluigibec 467cl, 532-3b; Ruslan Gilmanshin 242cla; Giorgiobonalumi 174t; Giuseppemasci 436tl, 481tr; Viktor Gladkov 161bc; Rostislav Glinsky 198b; Golasza 489t; GoneWithTheWind 31crb, 487b; Kaspars Grinvalds 67cl; Marco Guidi 388bl; Sven Hansche 112t; Eliane Haykal 87br; Francesco Riccardo Iacomino 8cl; Ilongplay 392bl; Inavanhateren 133cla; Gabriela Insuratelu 474bl; Iryna1 374t; Mihail Ivanov 98b; Ivansmuk 120bl; Wieslaw Jarek 112bc, 298br; Javarman 94bl; Jorisvo 431clb; Thomas Jurkowski 154-155; Kasto80 127crb, 191br; Sergii Kolesnyk 12-3b, 356t; Nikolai Korzhov 134t; Krivinis 512t; Lachris77 40tr; Laudibi 457r; Ethan Le 19tr; Lejoch 391tr; Leochen66 410tc; Lindom 98tr; Markos Loizou 186-7b; Loren Image 135tc; Luca Lorenzelli 32-3t, 140tc, 194t, 195tr; Luxerendering 306b; Mirko Macari 191crb; Madrabothair 370tr; Roberto Maggioni 195br; Marcorubino 517br; Marinv 254tc, 254-5; Alberto Masnovo 28-8b; Ewa Mazur 138tl; Aliaksandr Mazurkevich 8clb; Antony Mcaulay 242c; Mfron 522bl; Giulio Mignani 38-9b; Milacroft 511tr; Hercules Milas 75bl; Minnystock 70b, 176-177b, 213b, 370-1c, 404cra, 432t; Martin Molcan 372-3t, 524bl, 530-1t; Luciano Mortula 30-1b; Sergey Mostovoy 172-3t; Roland Nagy 82-3t; Nejron 260crb; Neneo 32tc, 47br; Corina Daniela Obertas 384cra; Andrey Omelyanchuk 77t, 77cra, 244-5b; Dmitry Ometsinsky 92tl; Michelangelo Oprandi

38tl; Anna Pakutina 376cra; Ralph Paprzycki 109tl; Pavlinec 519tr; Roberto Pecci 533tl; Valery Pechinsky 13cr; William Perry 72crb, 247tr, 286bl; Perseomedusa 193br; Sergey Peterman 39br; Photogolfer 22bl, 289bl, 292-3, 456bl; Enrico Della Pietra 318, 466bl, 468cra, 496-7t; Beatrice Preve 158t; Progosu81 483tr; Dzianis Rabtsevich 466-7t; Rigmanyi 382t; M. Rohana 375br; Valerio Rosati 264bl, 319br; Rosshelen 221bl, 424-5; Rudi1976 55t, 102-3, 420-1t; Rusel1981 252t; Marco Saracco 166-7t, 190-1t, 407t; Sborisov 372bl; Scaliger 39tr, 78-9b, 84b, 93cl, 93b, 148bl, 150-1t, 251tl, 308br, 458-9b; Schlenger86 132b; Uta Scholl 65cl; Jozef Sedmak 65br, 81cr, 97t, 253br, 278bc; Olena Serditova 108t; Sikeyplus 189cr; Serghei Starus 169br; Cellai Stefano 40cr, 41tr; Stefanocar75 198tc; Stevanzz 377, 391b, 393tr, 399t; Kanokrat Tawokhat 452cra; Tcantlon 471bl; Theripper 483cra; Thevirex 525t; Timedreamer 338-9b, 353tl; Tomas1111 8-9b; Anibal Trejo 347br; Lev Tsimbler 276crb; Tupungato 262tl; Mirco Vacca 32bl; Gian Marco Valente 434bl; Stefano Valeri 299t, 330tl; Vdvtut 266bc; Alvaro German Vilela 461br; Mirko Vitali 187tr; Volodymyr Vyshnivetskyy 378t; Wallaceweeks 350-1; Hilda Weges 62cl; Xantana 196-7b, 211t; Xbrchx 168t; Catalina Zaharescu Tiensuu 233cl; Natalia Zakharova 111tr; Andreas Zerndl 504t, 508; Znm 291cr; Zoom-zoom 17tr.

Fondazione Musei Civici di Venezia: 70clb, 79tr, / Palazzo Ducale - Sala dell'Anticollegio / Paolo Caliari detto il Veronese *Il ratto di Europa* (1576 – 1580) 78cla.

Getty Images: AFP / Marco Bertorello 35br, / Vincenzo Pinto 235cl, / Alberto Pizzoli 47tr, 344bl; AGF 206-7b; Alinari Archives 315tc; Ayhan Altun 365tl; alxpin 431bl; Jon Arnold 64tl; Rob Atkins 44tl; Atlantide Phototravel 71cra, / Igor Mitoraj © ADAGP, Paris and DACS, London 2018 *Ikaro crashed* 514-5; Andrew Bain 483crb; Salvator Barki 429bc; Lutz Bongarts 47bl; Marco Bottigelli 54c, 56cb, 58-9, 162-3; Thekla Clark 338tl; Corbis / Stefano Montesi 314-5b, / Steve Schapiro 37cla; Pietro D'aprano 236cla; Luis Davilla 445bl, 476-7; De Agostini 21cl, 72cb, / Biblioteca Ambrosiana 260bc, / G. Cigolini 439br, / G. Dagli Orti 510br, / G. Nimatallah 23cla, 520bl, / L. Romano 488bl, / V. Pirozzi 315clb; Sofie Delauw 26-7t; Dosfotos 242bl; Norbert Eisele-Hein 133tr; EyeEm / Jerry Hoekstra 515br, / Devis Marchetto 516tr, /Antonio Sangermano 428t; EyesWideOpen 34-5b; Fine Art 345br; Mark Harris 23b; Heritage Images 45tr, 297tc, Fine Art Images 153cr; Francesco Riccardo Iacomino 440-1; Italian School 44bc; Jumping Rocks 299bl; Omar Kamel 484-5t; Dmitri Kessel 289crb; Keystone-France 46br, 47cra; Leemage 159tc, / Photo Josse 46-7t; Brian LoPiccolo 274-5b; Mondadori Portfolio 95br, 151br, 345cr; Flavia Morlachetti 340tl; Popperfoto / Bob Thomas 46bl; Andrea Pucci 326tl; Vittoriano Rastelli 293br; REDA&CO 106crb; Maurice Rougemont 341br; Slow Images 230cl; Ekaterina Smirnova 88bc; soblue. weina@gmail.com 344-5t; Sylvain Sonnet 69cla; Laszlo Szirtesi 261; ullstein bild Dtl. 46tl, 453cra; Universal Images Group Editorial 72clb, 294br; Guy Vanderelst 518tr; Eric Vandeville 248cr; Venturelli 35cl; Elisabetta A. Villa 37tr; Tim E White 237c; Gary Yeowell 219bl, 332-3cl.

Glass Hostaria: Giovanna Di Lisciandro 244tl.

iStockphoto.com: agustavop 73; aizram18 331br; AlexPro9500 26tl; Alfaproxima 124b; alle12 184crb; Alphotographic 72cra; ArtMarie 444c, 448-9, 455t; bdsklo 207tr; belenox 230t; benedek 266-7t; bennymarty 218c, 222-3; binabina 171cla; bluejayphoto 28tl, 116t; boggy22 43cla; borchee 342-3t; Francesco Cantone 263br; chang 12clb; Charles03 178b; ChiccoDodiFC 125tr; Creativaimage 29tr; dade80 419tr; deimagine 148br; edella 469; Ekspansio 395tr; ermess 494-5t; eugenesergeev 33b; EunikaSopotnicka 480t; Eva-Katalin 534-5; Fabrizio_Esposito 26cra; fazon1 227bl, 268-9; Flory 43br; FooTToo 438-9t; frankix 383t; gaffera 397cr; gameover2012 127b; Javier GarcÃa Blanco 62br; Garsya 204-5t; georgeclerk 12ca, 287cla; Giacomomo 122-3b; Gim42 14clb; GitoTrevisan 106t, 120-1t; Givaga 89b; holgs 18tl; InnaFelker 371tr; ipag 56tl, 142-3; Jag_cz 370tl; KavalenkavaVolha 259clb; kenex 539tl; Uğur Keskin 17cla; Kisa_Markiza 187br; Anna Kolesnikova 536bl; kurmyshov 244cr; Ladiras 175br; lillisphotography 275cr; lkonya 16-7t; Mableen 184t; mammuth 118-9b; MatteoCozzi 460; Maudib 220tl, 366-7; mikolajn 472t, 475t; mrtom-uk 29br; NAPA74 18-9t; narvikk 25tr; Nastasic 277bc; nejdetduzen 260cla; nicolamargaret 16-7cra; NiseriN 214-5; oreundici 187cl; pabloborca 276bl; peeterv 506b; piola666 40tl, 327b; QQ7 57bl, 200-201; Remedios 55bl, 128-129; repistu 360-1t; rez-art 27crb; ribeiroantonio 24tl; RolfSt 119cr; RomanBabakin 18-9cra; ROMAOSLO 228cb, 248cra, 278t, 300-1, 506-7t; RossHelen 16tl, 26b; sandrixroma 265tr; Marco Saracco 199t; SerrNovik 336t; Shaiith 396t; sphraner 123tr; spooh 325tr; StevanZZ 208t; TatyanaGl 287cr; tomazl 15br; TommasoT 106bl; TommL 146-7b; treeffe 422-3b; tunart 72cl; ultramarinfoto 132-3t; undefined undefined 27cl; ValerioMei 482-3b; ventdusud 24-5b, 148-9; WEKWEK 246br; Wicki58 106cr; Waler Zerla 406b; Zolga_F 67tr; zorazhuang 243t; ZU_09 277clb, 287tc.

Museo MADRE, Nápoles: 454bl.

Museo Poldi Pezzoli, Milán: /Walter Gumiero 156br; / Piero del Pollaiolo *Retrato de una joven* 156tl.

Museo Teatrale alla Scala: 157t.

Picfair.com: Turzo Almerindo 494bc.

Rex by Shutterstock: Kobal / Merchant Ivory / Goldcrest 36bl.

Robert Harding Picture Library: Neale Clark 228tl, 282-3; Marco Cristofori 229, 312-3; Christian Goupi 468br; Ben Pipe 65tr; Ingolf Pompe 184cl, 184cr; Matthew Williams-Ellis 509cla, 510-1t; Walter Zerla 57t, 180-1.

Photo Scala, Florencia: DeAgostini Picture Library 155cr; cortesía del Ministero Beni e Att. Culturali e del Turismo 384cl, 384clb, 384cb, 384bl; Mauro Ranzani 155clb, 171br.

SuperStock: 4X5 Collection 115cb, 115br; age footstock / Marco Brivio 90cl, 171cra, ; Funkystockk 230cr, 452bl, / Phil Robinson 42bl, / Ivan Vdovin 192bl; AGF photo / Smith Mark Edward 90-1b; The Art Archive 46cr; Peter Barritt 88tr; ClickAlps / Mauritius 497br; DeAgostini 42t, 43tr, 45cra, 349br; Hemis / Bertrand Rieger 210bl; Iberfoto 44-5t, 45br; imageBROKER / Barbara Boensch 379bl, / Christian Handl 484bl, / Raimund Kutter 329t, / Michael Nitzschke 358-9b; Prisma / van der Meer Rene 399br; Quint & Lox Limited 44br.

Solapa delantera: 500px: Carlo Murenu cra; **AWL Images:**
Francesco Iacobelli bl; **Dreamstime.com** Tomas1111 cb; **Getty Images:** Marco Bottigelli t; **iStockphoto.com:** cla; **Picfair.com:** monti br.

Portada del plano desplegable: Picfair.com: monti.

Imágenes de la cubierta:
Portada y lomo: **Alamy Stock Photo:** StevanZZ.
Trasera: **Dreamstime.com:** Francesco Riccardo Iacomino cl; **iStockphoto.com:** ipag c, QQ7 tr; **Alamy Stock Photo:** StevanZZ b.

Cartografía:
Lovell Johns Ltd.

Para más información, visitar: www.dkimages.com

MIX
Paper from responsible sources
FSC™ C018179

Toda la información de esta Guía Visual se comprueba regularmente.

Se han hecho todos los esfuerzos para que esta guía esté lo más actualizada posible a fecha de su edición. Sin embargo, algunos datos, como números de teléfono, horarios, precios e información práctica, pueden sufrir cambios. La editorial no se hace responsable de las consecuencias que se deriven del uso de este libro, ni de cualquier material que aparezca en los sitios web de terceros, además no puede garantizar que todos los sitios web de esta guía contengan información de viajes fiable. Valoramos mucho las opiniones y sugerencias de nuestros lectores. Por favor escriba a: Publisher, DK Eyewitness Travel Guides, Dorling Kindersley, 80 Strand, London, WC2R 0RL, UK, o al correo electrónico: travelguides@dk.com

Colaboraciones principales Ros Belford, Paul Duncan, Tim Jepson, Andrew Gumbel, Christopher Catling, Sam Cole

Edición sénior Alison McGill

Diseño sénior Laura O'Brien

Edición de proyecto Sophie Adam

Diseño de proyecto Bess Daly, Tania Gomes, Ben Hinks, Stuti Tiwari Bhatia, Bharti Karakoti, Priyanka Thakur, Vinita Venugopal

Edición Lucy Sienkowska, Danielle Watt, Freddie Marriage, Sands Publishing Ltd

Documentación fotográfica Ellen Root

Iconografía Lucy Sienkowska, Mark Thomas

Ilustración Stephen Conlin, Donati Giudici Associati srl, Stephen Gyapay, Roger Hutchins, Maltings Partnership, Simon Roulstone, Paul Weston, John Woodcock, Andrea Corbella, Richard Draper, Kevin Jones Associates, Chris Orr and Associates, Robbie Polley, Simon Roulstone, Martin Woodward

Cartografía sénior Casper Morris

Cartografía Mohammad Hassan, Suresh Kumar, Simonetta Giori

Diseño de cubierta
Maxine Pedliham, Bess Daly

Iconografía de cubierta
Susie Peachey

Diseño DTP Jason Little

DTP George Nimmo

Producción sénior Stephanie McConnell

Responsable editorial Rachel Fox

Dirección de arte Maxine Pedliham

Dirección editorial Georgina Dee

De la edición española

Coordinación editorial Elsa Vicente y Cristina Gómez de las Cortinas

Servicios editoriales Moonbook

Título original: Eyewitness Travel Guide, Italy
Decimoctava edición, 2020

Publicado originalmente en Gran Bretaña en 1996 por Dorling Kindersley Limited, 80 Strand, London, WC2R 0RL

ISBN 978-0-241-43271-6

Impreso y encuadernado en China